Hermann Kamp
Friedensstifter und Vermittler im Mittelalter

Symbolische Kommunikation in der Vormoderne

Studien zur Geschichte, Literatur und Kunst

Herausgegeben von
Gerd Althoff, Barbara Stollberg-Rilinger
und Horst Wenzel

Hermann Kamp

Friedensstifter und Vermittler im Mittelalter

Wissenschaftliche Buchgesellschaft

Einbandgestaltung: Neil McBeath, Stuttgart.

Die Deutsche Bibliothek – CIP-Einheitsaufnahme
Ein Titeldatensatz für diese Publikation ist bei
Der Deutschen Bibliothek erhältlich.

Das Werk ist in allen seinen Teilen urheberrechtlich geschützt.
Jede Verwertung ist ohne Zustimmung des Verlages unzulässig.
Das gilt insbesondere für Vervielfältigungen,
Übersetzungen, Mikroverfilmungen und die Einspeicherung in
und Verarbeitung durch elektronische Systeme.

© 2001 by Wissenschaftliche Buchgesellschaft, Darmstadt
Gedruckt auf säurefreiem und alterungsbeständigem Papier
Printed in Germany

Besuchen Sie uns im Internet: www.wbg-darmstadt.de

ISBN 3-534-15167-4

Inhalt

Vorwort zur Reihe VII

Vorwort IX

Einleitung 1

I. Friedensstiftung im frühen Mittelalter 13
   1. Vermitteln ohne Vermittler? 14
   2. Richten und Verhandeln 27
   3. Formen der Schlichtung 38

II. Von der Fürsprache zur Vermittlung 63
   1. Das Bitten um Nachsicht und Milde 64
   2. Der Einsatz für den Familienfrieden der Karolinger 82
   3. Die vermittelnde Fürsprache der Großen 110

III. Die Vermittler des Friedens 129
   1. Der König als Schlichter 130
   2. Die Königin und die Magnaten als Agenten der Huld 155
   3. Bischöfe und Fürsten als Gesandte des Friedens 173

IV. Die Institutionalisierung der Vermittlung 185
   1. Die Kunst der Vermittlung und ihre Spezialisten 186
   2. Die bitteren Erfahrungen der Päpste 215
   3. Vermitteln im Schatten der Schiedsgerichtsbarkeit 236

Anmerkungen 261

Quellen- und Literaturverzeichnis 345

Register 369

Vorwort zur Reihe

Thematisch enger gebundene Reihen begegnen in den Kulturwissenschaften nicht gerade häufig. Zu groß ist das Risiko, unter einem genauer umgrenzten Thema in der Zukunft nicht genügend Bücher versammeln zu können, die der Reihe ausreichendes quantitatives und qualitatives Profil geben. Daher scheinen einige Hinweise sinnvoll, die Rahmen und Konzeption erkennen lassen, die dem hier begonnenen Versuch zugrunde liegen.

Mit den Begriffen Vormoderne und symbolische Kommunikation sind der zeitliche wie der inhaltliche Schwerpunkt des Unternehmens fixiert. Aufgegriffen wird damit das geradezu sprunghaft steigende Interesse verschiedener Fächer an jener Art von Kommunikation, in der Gesten und Gebärden, Ritualen und Symbolen ein hoher Stellenwert zukommt. Die internationale historische Mittelalter- und Frühneuzeitforschung, die Historische Anthropologie wie die Literatur- und Kunstwissenschaften haben in den letzten Jahrzehnten die Bedeutung der symbolischen Dimension vormoderner Kommunikation aus ganz verschiedenen Perspektiven hervorgehoben. Gemeinsames Ziel aller Ansätze war und dürfte weiterhin sein, Sinn, Leistung und Funktionsweise dieser Kommunikation besser zu verstehen, die in Akten der Herrschaftsrepräsentation ebenso eindringlich begegnet wie im Konflikt oder im religiösen Kontext, die in der Literatur wie in der bildenden Kunst reflektiert oder auch ironisiert wird. Zum besseren Verständnis scheint eine transdisziplinäre Öffnung der Forschung ebenso nötig wie ein Blick über die Epochengrenzen hinweg. Beides soll mit dieser Reihe erleichtert werden. Denn welchen Veränderungen die Semantik der Gesten, Gebärden und Symbole unterworfen war, unter welchen Bedingungen und nach welchen Gesetzen sich 'Kulturen der Performativität' entwickelten, welche Geschichte Rituale hatten, ist bisher nur in Ansätzen bekannt.

Die Reihe will fachlichen Studien, die sich der Erhellung dieser Fragen verpflichtet fühlen, die besondere Aufmerksamkeit aller interessierten Disziplinen dadurch sichern, daß sie diese im Kontext benachbarter Bemühungen darbietet. Damit wird einem Befund Rechnung getragen, der sich in Arbeiten und Diskussionen nicht nur der Herausgeber als unabweisbar abzeichnet: daß die Fächer wie die Epochen sich auf dem Feld der symbolischen Kommunikation etwas zu sagen haben und von den Erfahrungen wechselseitig lernen können. Zweifelsohne handelt es sich hier um Phänomene einer longue durée, die in aller Regel älter sind und weiter reichen, als es das Auge eines einzelnen Forschers zu überblicken vermag. Sie überdauerten Zeiten- und Medienwechsel selten unverändert, was jedoch nur dann auffällt, wenn man ein Niveau von Deutungskompetenz erreicht, wie es Zeitgenossen der jeweiligen Epoche durch Sozialisation und Partizipation besaßen.

Die Herausgeber sind der Wissenschaftlichen Buchgesellschaft dankbar, daß sie sich dem hier nur knapp skizzierten Anliegen geöffnet hat, das aus vitalen Forschungsinteressen erwuchs. Es wurde aber auch Konsens darüber erzielt, daß der Adressatenkreis der hier gebotenen Bücher nicht allein, eigentlich nicht einmal in erster Linie der enge Kreis der Spezialisten sein sollte. Die Ausrichtung auf einen größeren Leserkreis zwingt zu Kompromissen, von denen der für Fachwissenschaftler schmerzlichste die Verbannung der Anmerkungen von den Textseiten in den Anhang ist. Dies wurde notwendig, um den Preis der Bücher für Interessierte erschwinglich zu halten.

Daß Phänomene symbolischer Kommunikation auch unser modernes Leben vielfältig begleiten, macht einen Teil der Faszination aus, den diese Thematik noch auf den Leser des 21. Jahrhunderts ausübt. Die Reihe richtet sich daher nicht zuletzt an den weiten Kreis derjenigen, die an den anthropologischen Dimensionen von Geschichte und Literatur Interesse zeigen, die im vermeintlich ganz Fremden das frappierend Ähnliche ebenso zu entdecken bereit sind wie im Vertrauten das Fremde.

Gerd Althoff, Barbara Stollberg-Rilinger, Horst Wenzel

Vorwort

Die vorliegende Arbeit wurde im Frühjahr 2000 vom Fachbereich Geschichte/Philosophie der Universität Münster als Habilitationsschrift angenommen. Den Anstoß, mich eingehender mit dem Problem der Konfliktbeilegung zu beschäftigen, lieferte ein Vortrag, den ich in Spoleto über die Vermittlung im 10. und 11.Jahrhundert hielt, weil der vorgesehene Referent, Herr Prof. Dr. Gerd Althoff, verhindert war. Als ich anschließend großes Interesse daran fand, das Thema weiterzuverfolgen, unterstützte er mein Vorhaben, wo er nur konnte, stand immer für Gespräche und Diskussionen zur Verfügung und ließ mich in der Zeit des Schreibens fast vergessen, daß ich auch noch sein Assistent war. Für all das sei ihm ganz besonders gedankt.

Mein Dank geht zudem an Frau Prof. Dr. Barbara Stollberg-Rilinger, Herrn Prof. Dr. Hagen Keller, Herrn Prof. Dr. Reimer Schulze und Herrn Prof. Dr. Bernd Schneidmüller für ihre Gutachten, die der Druckfassung zugute kamen. Zu Dank verpflichtet fühle ich mich sodann den Herausgebern für die Aufnahme des Buches in die neue Reihe der Wissenschaftlichen Buchgesellschaft. Für ihre akribische Arbeit am Register danke ich Frau Stefanie Mamsch. Und Dank schulde ich nicht zuletzt Theo Broeckmann, der das Manuskript mit großem Einsatz und aller Sorgfalt Korrektur las.

Münster, im März 2001   Hermann Kamp

Einleitung

Seit einiger Zeit ist der Einsatz von Vermittlern zu einem vertrauten Phänomen geworden. Wo Konflikte zwischen Staaten eskalieren, Bürgerkriege oder Aufstände ausbrechen, ertönt schnell der Ruf nach Personen und Organisationen, die die Kontrahenten an den Verhandlungstisch und zum Ausgleich bringen sollen.[1] Auch in der Wirtschaft hat der Vermittler seinen festen Platz gefunden. Bei festgefahrenen Tarifauseinandersetzungen ist es in vielen Staaten schon Tradition geworden, einen Schlichter mit der Suche nach einer einvernehmlichen Lösung zu beauftragen.[2] Große, weltweit operierende Unternehmen ziehen überdies, streiten sie sich untereinander, immer weniger vor Gericht, sondern streben mit Hilfe von Vermittlern nach einer gütlichen Einigung.[3] An Bedeutung gewonnen haben die Vermittler zuletzt auch im Rechtswesen. Die steigende Überlastung der Gerichte veranlaßte den Staat, bei zivilrechtlichen Auseinandersetzungen zunächst einmal den Gang zu einem Vermittler vorzuschreiben.[4] Einen starken Schub erhielt die Vermittlungstätigkeit schließlich im Zuge der wachsenden Sensibilisierung für ökologische Fragen. Angesichts der Schwierigkeiten, Akzeptanz für umweltpolitische Entscheidungen herzustellen, haben die öffentliche Hand, aber auch einzelne Großkonzerne vermehrt Vermittlungsverfahren angestrengt, um ihre entsprechenden Vorhaben im Konsens mit den Betroffenen umzusetzen.[5]

Erscheint somit auch die Vermittlung im ausgehenden 20. Jahrhundert als das kommende Instrument der Konfliktbeilegung, so ist sie doch keineswegs eine Erfindung der Gegenwart. Schon im Dreißigjährigen Krieg oder zu Zeiten des Absolutismus agierten Diplomaten und Gesandte als Friedensstifter, wenn es galt, Kriege zwischen den europäischen Mächten abzuwenden oder zu beenden.[6] Vor allem aber gehört die Praxis der vermittelnden Konfliktschlichtung seit jeher in den sogenannten traditionalen Gesellschaften zu den vorrangigen Instrumentarien der Friedensstiftung. Wie bei der UNO oder in den Etagen amerikanischer Konzerne trifft man den Vermittler nämlich auch im vorrevolutionären China oder bei den nordamerikanischen Indianern, in den Dörfern der Kabylei, auf Stammesversammlungen in Somaliland oder in den Bergen Albaniens.[7] Aus dieser Perspektive erscheint die Vermittlungstätigkeit als eine jener elementaren sozialen Institutionen, die über alle Zeit- und Kulturunterschiede hinweg das gesellschaftliche Leben der Menschen gleichsam zwangsläufig begleiten. Dies gilt um so mehr, als es im sozialen Leben unzählige Situationen gibt, die zur Vermittlung einladen. Ob Familienkonflikte, Nachbarschaftsstreitigkeiten oder die Schlägerei auf der Straße, in all solchen Fällen können schnell Dritte hinzutreten oder herbeigezogen werden, die eingreifen, um den Streit nicht eskalieren zu lassen oder ihn sogar zu beenden.

Und doch wäre es falsch, die Vermittlung als eine ahistorische Größe zu betrachten. Schon die Unterschiede, die sich in der Praxis von einer Gesellschaft zur anderen beobachten lassen, widersprechen einer solchen Annahme. Welche Schritte Vermittler unternehmen müssen, um die Konfliktparteien ins Gespräch zu bringen, welche Beziehungen sie zu diesen unterhalten, ihre institutionelle Einbindung, die Autorität, die sie geltend machen können, ihre Handlungsspielräume und nicht zuletzt der Formalisierungsgrad des Verfahrens, all das ändert sich je nach Zeit und Kultur, erscheint abhängig von den jeweils vorherrschenden Formen der Konfliktaustragung, den Streitobjekten, dem Stand der Technik und den möglichen Interessensgegensätzen.[8] Darüber hinaus variiert auch die gesellschaftliche und die politische Bedeutung dieser Form der Schlichtung erheblich. Die Konfliktfelder, in denen Vermittler agieren, unterscheiden sich je nach Zeit und Gesellschaft, ihr Einsatz kann sich auf mehrere oder wenige Bereiche beschränken. Dabei hängt der Grad ihrer Verbreitung in hohem Maß von den staatlichen Strukturen ab. Vermittelte Konfliktlösungen spielen gerade in Gesellschaften, die kaum oder nur rudimentär staatliche Institutionen besitzen, eine große Rolle. Das kaum anerkannte Gewaltmonopol, die beschränkte Reichweite von Institutionen und die Schwierigkeiten, Entscheidungen gegenüber potentiell Gleichberechtigten durchzusetzen, fördern vielfach den Einsatz von Vermittlern, deren Aufgabe es nun einmal ist, eine Lösung im Einverständnis mit allen Betroffenen zu erzielen.[9] Nicht minder verdeutlicht die gegenwärtige Entwicklung den Zusammenhang zwischen Vermittlung und Staatlichkeit. Die zunehmende Anwendung von Vermittlungsverfahren ist, wenn man an die Einführung der Schlichtung bei zivilrechtlichen Streitfällen denkt,[10] auch einem allenthalben feststellbaren Rückzug des staatlichen Regelungsanspruchs geschuldet. Darüber hinaus wird die Vermittlung vornehmlich in den Bereichen praktiziert, in denen staatliche Regelungen nicht mehr greifen: bei den zwischenstaatlichen Beziehungen und bei internationalem Handel und Wettbewerb. Als zentrales Instrument der Konfliktbeilegung erscheint also die Vermittlung dort, wo der Staat fehlt oder nur in Ansätzen vorhanden ist, dort, wo er indes im Zentrum der Gesellschaft steht, kann sie sich offenbar nur an seinen Rändern entfalten.

Von daher besitzt die Vermittlungstätigkeit eine historische Dimension, die allerdings bisher kaum ins Blickfeld getreten ist. Ihre aktuelle Bedeutung auf dem Feld der internationalen Beziehungen, ihr Gewicht bei der Lösung von zivilrechtlichen, tarif- oder umweltpolitischen Problemen hat die Aufmerksamkeit vornehmlich auf die Frage des Verfahrens und die Bedingungen des Erfolgs gelenkt.[11] Und wer traditionale Kulturen untersuchte, der konzentrierte sich darauf, die Existenz von Vermittlern nachzuweisen, um sodann ihren Beitrag zur Aufrechterhaltung und Reproduktion der jeweiligen politischen und sozialen Ordnung abzumessen.[12] Diese systematische Betrachtungsweise führte zwar den variierenden Stellenwert der Vermittlung in den einzelnen Gesellschaften vor Augen.[13] Die Frage aber, inwieweit, in welcher Form und unter welchen Bedingungen sich Art und Bedeutung der Vermittlung im Laufe der Geschichte und durch diese selbst verändern, wurde kaum gestellt, oder sehr schematisch beantwortet.

Doch sobald man einen Blick auf die Geschichte Europas wirft, drängt sich diese Frage unverzüglich auf. Denn unbestritten haben sich die europäischen Staaten über Jahrhunderte hinweg aus politischen Gebilden entwickelt, die einiges mit jenen Gesellschaften gemein haben, bei denen sich staatliches Handeln in engen Grenzen und kaum institutionalisierten Formen vollzog. Die Königsherrschaft des frühen und hohen Mittelalters wies gewiß staatliche Strukturen auf. Sie stellte sich als eine öffentliche Gewalt dar, kannte Gerichte und Gesetze, Ämter und öffentliche Versammlungen und zumindest zu Anfang auch noch Steuern, sie kannte das Majestätsverbrechen und ließ dem Herrscher das Recht, Todesurteile und andere Strafen über widerspenstige Empörer zu verhängen.[14] Und doch bestimmten diese Elemente das politische Leben nur in Grenzen. Gerichtsentscheide ließen sich nur schwer durchsetzen, die königliche Gesetzgebung stand weithin im Schatten von Einzelfallentscheidungen und die Vorstellung vom Gesetz bildete sich erst spät heraus.[15] Die öffentliche Gewalt ging nicht allein vom König aus, sondern wurde von anderen, untergeordneten Herrschaftsträgern aus eigenem Recht auch ohne Delegation beansprucht. Ämter wurden sogar erblich, und förmliche Verfahren, die das Mit- und Gegeneinander der politischen Akteure regelten, gab es ebenso selten wie Institutionen mit festen Zugangsregeln und eindeutigen Kompetenzen, von regelrechten Behörden ganz zu schweigen.[16] Umgekehrt prägten Ehre und Ansehen, familiäre, verwandtschaftliche und persönliche Bindungen das politische Leben und das Verhalten der Herrschaftsträger. Die Grenzen zwischen öffentlichem und privatem Handeln blieben durchlässig und waren permanent im Fluß.[17] Aufs Ganze gesehen bestimmten staatliche Strukturen die Politik des frühen und hohen Mittelalters nur ansatzweise. Doch im 12. Jahrhundert setzte dann ein fundamentaler Wandel ein. Das politische Handeln wurde zunehmend institutionalisiert. Allmählich entstand ein staatlicher Apparat, der das Gewaltmonopol beanspruchte, sich als Exekutor und Schöpfer einer verbindlichen Rechtsordnung verstand und immer mehr Bereiche des politischen wie sozialen

Lebens zu reglementieren suchte.[18] Entwickelten sich die staatlichen Instanzen im Verlauf der europäischen Geschichte regional auch sehr unterschiedlich, so zerfällt die Geschichte Europas idealtypisch doch in eine Zeit geringer und eine Zeit ausgeprägter Staatlichkeit sowie in Phasen des Übergangs.

Allerdings bedeutet weniger Staat nicht zwangsläufig mehr Vermittlung. Selbst einige Kulturen mit geringfügig ausgebildeten staatlichen Institutionen lösen ihre internen Konflikte ohne den Einsatz von Mediatoren.[19] Der Rekurs auf die Gewalt oder die bloße Verhandlung zwischen den Konfliktparteien reichen ihnen als Alternativen aus. Bis vor einigen Jahren hätte man die gleiche Diagnose wohl auch für das Mittelalter gestellt. Expressis verbis war in der ganzen Literatur über das politische und rechtliche Leben dieser Zeit von Vermittlern so gut wie keine Rede. Zwar fiel manchmal das Wort in irgendwelchen Darstellungen zur politischen Geschichte oder man las von vermittelten Friedensverträgen, doch mehr als ein alltäglicher Sprachgebrauch spiegelte sich darin nicht wider. Worin die Vermittlungstätigkeit bestand, wurde nicht thematisiert.

Der negative Befund indes trügt. Denn wenn auch spät, so haben in jüngster Zeit doch einige Arbeiten, die sich mit den Formen der Konfliktaustragung im Mittelalter beschäftigt haben, ein anderes Bild gezeichnet. Sie lassen das bisherige Schweigen als Ausfluß einer Geschichtsschreibung erkennen, die im Bann der Frage nach dem mittelalterlichen Staat und seinen genuinen Institutionen ihr Hauptaugenmerk auf die Gerichte und die Formen des Krieges richtete und vor allem die Motive der Akteure und die Rechtmäßigkeit der gerichtlichen wie kriegerischen Auseinandersetzungen zu klären suchte.[20] Doch als man, inspiriert von ethnographischen und rechtsethnologischen Studien, weniger nach Recht und Gesetz, denn nach dem Umgang mit Konflikten und der Funktion der dabei genutzten Instrumente für die jeweilige gesellschaftliche Ordnung fragte und damit auch der informellen Seite der Konfliktaustragung mehr Aufmerksamkeit schenkte, offenbarte sich – so die Ergebnisse all dieser Studien – ohne jede Frage die Relevanz der gütlichen Konfliktbeilegung im Mittelalter.[21]

Schon vor 25 Jahren wies Frederic Cheyette, als er die Besitzstreitigkeiten im königsfernen Süden des frühkapetingischen Frankreichs untersuchte, auf die Bedeutung des gütlichen Ausgleichs hin, der durch gemeinsame Freunde der Streitparteien zustande kam.[22] In ihnen erkannte er Vermittler und Schlichter, denen er eine entscheidende Rolle bei der Konfliktbeilegung zuschrieb, da diese Art der Vermittlung gegenüber dem gerichtlichen Verfahren, das nur Gewinner und Verlierer kennt, mehr den Kompromiß und damit dauerhafte Lösungen fördere. Zu ganz ähnlichen Ergebnissen kam später auch William Ian Miller, der zeigte, wie im isländischen 'Freistaat' bis ins 13. Jahrhundert hinein neben der vielzitierten Rache und dem Gang vor Gericht auch die gütliche Einigung zu den entscheidenden Optionen im Rahmen der Fehdeführung gehörte.[23] Zwar traten hier die Friedensstifter in erster Linie als Schiedsrichter auf, aber im Vorfeld einer Schlichtung spielte die Vermittlung eine erhebliche Rolle.

Doch Schlichtung und Vermittlung spielten nicht nur im königsfernen Langue d'Oc und im königsfreien Island eine Rolle. Schon lange wußte man von der wichtigen Rolle, die die merowingischen Bischöfe als Friedensstifter gespielt hatten,[24] und erst jüngst wurde auf die Bedeutung der außergerichtlichen Konfliktlösungen im Merowingerreich hingewiesen.[25] Vermittelt wurde auch im Vor- und Umfeld von gerichtlichen Untersuchungen, zumindest gilt das für Aquitanien in der späten Karolingerzeit.[26] Während Untersuchungen zur Karolingerzeit weithin fehlen, liegen für die sogenannten Nachfolgereiche inzwischen weitere Arbeiten vor. So konnte auch für den Norden Frankreichs und den flandrischen Raum für das 10. und 11. Jahrhundert eine starke Tendenz zur gütlichen Einigung nachgewiesen werden.[27] Hierbei taten sich besonders die Äbte und Mönchsgemeinschaften hervor, die immer wieder eingriffen, wenn sich die tonangebenden Adelsfamilien untereinander befehdeten oder mit den Klöstern der Gegend in Streit gerieten.[28] Ohne diese Tradition sind wohl auch die vielfachen Vermittlungstätigkeiten Bernhards von Clairvaux nicht zu denken, die zuletzt anhand seiner Briefsammlung analysiert wurden.[29]

Auch im ostfränkisch-deutschen Reich, dessen Könige ihre Ansprüche auf Gefolgschaft und mithin ihre Strafgewalt stärker als in Frankreich zur Geltung bringen konnten, wurden gewalttätige Auseinandersetzungen nicht selten gütlich und durch die Intervention einzelner Großer beigelegt. Dies haben vor allem die Arbeiten von Gerd Althoff für die Zeit vom 10. bis zum 12. Jahrhundert gezeigt.[30] Sie konzentrierten sich auf den Nachweis der Vermittlungstätigkeit und erläuterten ihre ordnungsstabilisierenden Funktion in den Konflikten zwischen König und Adel. Andere haben dann diesen Ansatz weiterverfolgt. So wurden schon früh die Vermittlungsinitiativen der salischen Zeit überblicksartig zur Sprache gebracht, wobei unter anderem ein Rückgang unter Heinrich IV. diagnostiziert wurde.[31] Als Vermittler erfuhren sodann die Fürsten und der Papst eine eingehende Würdigung im Zusammenhang mit der Auseinandersetzung zwischen Heinrich IV. und Gregor VII.[32] Eine eigenständige Studie widmete sich zudem den Vermittlungsversuchen Papst Innozenz' III. im deutschen Thronstreit.[33] Daneben sind noch drei kleinere Arbeiten zu nennen. Von ihnen thematisiert eine die Schwierigkeiten, die sich einer Vermittlung im Streit zwischen Barbarossa und den italienischen Kommunen entgegenstellten.[34] Die beiden anderen hingegen widmen sich der Frage, wie diese

Form gütlicher Einigung in zwei einschlägigen Texten mittelalterlicher Literatur dargestellt wurde.[35]

Blickt man auf das späte Mittelalter, so sind die Arbeiten über Vermittlung und Vermittler spärlich geblieben. Hier konzentrierte sich das historische Interesse eindeutig auf die Entwicklung des Schiedswesen.[36] Ausnahmen gibt es nur wenige. So ist die Vermittlungstätigkeit der Päpste im 12. und 13. Jahrhundert vor einiger Zeit ausführlich dargelegt worden,[37] nachdem man schon früher auf die Bedeutung der päpstlichen Friedensstiftung zwischen den spätmittelalterlichen Königreichen hingewiesen und ihren Beitrag zur Ausbildung der internationalen Schiedsgerichtsbarkeit gewürdigt hatte.[38] Darüber hinaus haben auch die Vermittlungsversuche des Basler Konzils im Vorfeld des Kongresses von Arras 1435 Aufmerksamkeit gefunden.[39] Doch auch jenseits von Papst und Konzil trifft man im späten Mittelalter auf Vermittler, wie eine Analyse der politischen Freundschaftsbündnisse im 13. Jahrhundert erbracht hat.[40]

Wie dieser kurze Überblick zeigt, traten Vermittler über das ganze Mittelalter verteilt in vielen Ländern im Zuge der Konfliktbeilegung hervor. Und so wurde unlängst die Vermittlung als ein Instrument der Konfliktbeilegung beschrieben, das das ganze Mittelalter über in Gebrauch war.[41] Doch das ist etwas voreilig.

Denn die Geschichte der Vermittlung ist entgegen den bisher genährten Erwartungen nicht einfach die Geschichte einer Praxis, die, einst für das soziale und politische Leben äußerst wichtig, zunehmend marginalisiert wurde. Vielmehr entwickelte sich die Vermittlung überhaupt erst im hohen Mittelalter zu einer speziellen Praktik der Konfliktbeilegung. Und ebenso trat der Vermittler, wie man ihn heute als weithin unabhängige und vielfach neutrale Person kennt, erst damals in Erscheinung. Zwar wurde – und dies belegen ja die oben zitierten Arbeiten – zuvor schon vermittelt. Doch dies geschah im Rahmen der Friedensstiftung, ohne daß man dabei im einzelnen unterschied, in welcher Art und Weise der Prozeß der Konfliktbeilegung vonstatten ging. Dementsprechend war denn auch vor dem 12. Jahrhundert in der Überlieferung kaum von *mediatores*, also von Vermittlern, die Rede, im übrigen ein wichtiger Grund, warum die Vermittler lange Zeit kein Thema für die Historiker waren, die sich mit früh- und hochmittelalterlichen Jahrhunderten beschäftigten.[42] Erst am Ausgang des 11. Jahrhunderts gewannen die Vermittler genügend an Statur, um auch mit ihrer Tätigkeit identifiziert werden zu können. Und so entstand genau gesehen der Vermittler erst, als auch die staatlichen Dispositive zunehmend ausgebaut wurden. Schon hier offenbart sich also, daß sich im Verlauf des Mittelalters Art und Bedeutung der Vermittlung verändert haben und das Mittelalter für sich selbst genommen bereits eine historische Betrachtung ermöglicht, noch ehe sich der Prozeß der Staatsbildung in Europa voll entfaltet hat. Aber eine solche Betrachtung wird damit nicht nur möglich, sondern auch notwendig. Denn der skizzierte Wandel wirft unverzüglich die Frage auf, inwieweit das Bild, das man sich gemeinhin vom Vermittler macht, auch den frühmittelalterlichen Verhältnissen angemessen ist, da es ja selbst im Großen und Ganzen auf jenem Differenzierungsprozeß beruht, der damals erst in Gang kam. Damit aber stellen sich eine Reihe von Fragen neu. Was bedeutete Vermitteln vor jenem Umbruch überhaupt? Aus welchen Traditionen heraus entfaltete sich die spätere Vermittlungstätigkeit? Wie kam es zu jener Entwicklung? Und umgekehrt: Warum ließ sie solange auf sich warten, warum trat die Vermittlung erst spät als eigenständige Form der Friedensstiftung ins Blickfeld, ja welchen Stellenwert hatte sie überhaupt vor dem 12. Jahrhundert? Kurzum, erst wenn man auf diese Fragen eine Antwort gefunden hat, erscheint es sinnvoll, die Geschichte der Vermittlung in einem größeren Rahmen zu verfolgen. Und so wird in dieser Untersuchung das Hauptaugenmerk allein auf jene Entwicklung gelegt, in deren Folge sich die Vermittlungstätigkeit allmählich verfestigte und institutionalisierte.

Nun kann sich ein solches Unterfangen nicht auf die unmittelbare Zeit der Institutionalisierung, auf die Entwicklung vom 10. bis zum 12. Jahrhundert konzentrieren. Sie muß vielmehr, um diesen Prozeß nachzuvollziehen, bis weit in die fränkische Zeit zurückgehen, da sich damals bereits jene Praktiken herausbildeten, auf denen schließlich die Vermittlungstätigkeit beruhen sollte. Und sie muß andererseits deren Entwicklung bis in das 14. Jahrhundert weiterverfolgen, da sich erst in dieser Zeit die Kennzeichen und Folgen der schleichenden Institutionalisierung deutlicher abzeichnen. Angesichts dieses zeitlichen Rahmens mußte das Untersuchungsterrain allerdings stark begrenzt werden, und zwar sowohl geographisch-politisch als auch im Hinblick auf die zu betrachtenden Konfliktfelder. Was den ersten Punkt anbelangt, kamen eigentlich nur Frankreich und das Reich in die nähere Wahl, da die beiden politischen Gebilde aus der fränkischen Geschichte hervorgingen und zugleich vom späten Mittelalter aus gesehen über genügend Kontinuität verfügten, um jenen Hintergrund zu liefern, vor dem sich die Entwicklungen und Brüche in der Vermittlungspraxis deutlich abzeichnen und, soweit möglich, erklären lassen.[43] Die Wahl fiel dann auf das ostfränkisch-deutsche Reich, nicht zuletzt, weil hier die ersten 'Probebohrungen' stattgefunden hatten und man auf einen umfassenderen Kenntnisstand zurückgreifen kann.

Darüber hinaus beschränkt sich die nachfolgende Untersuchung auf die politischen Konflikte. Dabei ist in erster Linie an offene, zuweilen gewalttätige Auseinandersetzungen um Herrschaftsrechte, Besitz und Einfluß zu denken, die aber immer auch um Recht, Ehre und Ansehen geführt wurden. Grundsätzlich sind diese Motive nicht voneinander zu trennen, da

Ehr- oder Rechtskonflikte ebensogut Auseinandersetzungen um Macht und Einfluß darstellten oder diese als solche wahrgenommen wurden und umgekehrt.[44] Deshalb bedeutet der Rekurs auf die politischen Konflikte auch keine Beschränkung auf einzelne besondere Konfliktypen, sondern eher auf bestimmte Akteure, und zwar auf Akteure, die aufgrund ihrer gesellschaftlichen Stellung Herrschaft ausübten oder an deren Ausübung teilnahmen oder teilnehmen wollten.

Da es somit vornehmlich um Konflikte unter den verschieden Herrschaftsträgern – vom König über den Bischof bis zur Stadt – und zwischen diesen Herren und den ihnen unterworfenen Subjekten und Gemeinschaften gehen wird, kann die Frage nach dem Stellenwert der Vermittlung im Mittelalter nicht mehr nach quantitativen Gesichtspunkten entschieden werden. Eine begrenzte Antwort ist aber trotzdem noch möglich, vorausgesetzt man konzentriert sich auf die Frage, in welchem Maß die Vermittlung, von deren Existenz man in bestimmten Bereichen des Alltagslebens fast überall auszugehen hat, im politischen Raum in Anspruch genommen wurde. Statt also die Bedeutung an der Verbreitung zu messen, wird im folgenden die Rolle, die die Vermittlung in der Politik gespielt hat, zum Gradmesser, also die Frage, inwieweit die politischen Verhältnisse Vermittler zugelassen, ihren Einsatz gefördert haben oder gar durch deren Agieren geprägt wurden.

Daß im Mittelalter die Vermittlungstätigkeit über lange Strecken kaum von anderen Formen der Schlichtung geschieden und dementsprechend auch nicht eigens benannt wurde, stellt eine historische Betrachtung vor kein geringes Problem. Wie soll man Vermittlung sinnvoll definieren, wenn der Begriff oder sein Äquivalent kaum gebraucht wurden, man zwar hinter anderen Bezeichnungen eine der heutigen Praxis verwandte Tätigkeit erblicken kann, diese jedoch Merkmale aufweist, die sich mit den modernen Begriffsbestimmungen nur schwer vertragen. Diesem Dilemma entkommt man wohl nur, indem man eine möglichst offene und geschmeidige Definition sucht. Sie muß allerdings einen unverwechselbaren Kern haben, der die Entscheidung erlaubt, ob vermittelt wird oder nicht. Von daher hat man die Vermittlung zu allererst systematisch von anderen Formen der Friedensstiftung abzugrenzen. Dies fällt nicht schwer, wenn man nur davon ausgeht, daß Auseinandersetzungen zwischen mehreren Parteien grundsätzlich auf zweierlei Art und Weise friedlich beigelegt werden können. Entweder führen die Streitenden Verhandlungen miteinander oder aber Dritte greifen ein, um den Disput zu befrieden.[45] In diesen Fällen ändert sich die Kommunikationsstruktur grundlegend, die Position des Dritten wird für den Informationsfluß wie für das Vorgehen der Akteure entscheidend.[46] Tritt eine dritte Partei hinzu, lassen sich noch einmal zwei unterschiedliche Vorgehensweisen erkennen. Einmal werden die Außenstehenden dazu ermächtigt, einen Ausgleich zu finden, den zu respektieren die Konfliktparteien vorab versprechen. Sie erscheinen hier als Schiedsleute oder Schiedsrichter, ihnen wird richterliche Kompetenz zugesprochen. Dennoch unterscheidet sich ihr Tun pro forma von dem eines Richters. Sie urteilen fallbezogen und weniger nach dem Buchstaben von Recht und Gesetz. In jedem Fall ist es der Verzicht auf ein bindendes Urteil, der den Vermittler vom Schiedsmann oder Schiedsrichter trennt. Wo der Dritte auf richterliche Kompetenz verzichtet oder sie ihm nicht zugesprochen wird, da läßt sich sein Tun als Vermitteln beschreiben, als die Suche nach einem Ausgleich, der von beiden Konfliktparteien getragen wird. So gesehen ist es der Verzicht auf ein Urteil, der der Vermittlungstätigkeit ihre Besonderheit und ihre spezifische Aussagekraft verleiht, der die Eigenständigkeit der Konfliktparteien und damit den Gedanken der Selbstregulierung unterstreicht. Zugleich ist damit auch das dritte Kriterium genannt, das allerdings aus der Funktion des Tuns hervorgeht: das Streben nach einer gütlichen Einigung. Diese Zwecksetzung trennt Schiedsverfahren wie Vermittlung vom gerichtlichen Prozeß, der eben gemeinhin darin besteht, bestimmte Normen durchzusetzen und zumeist Sieger und Besiegte kennt. Die gütliche Einigung ist indes kein hinreichendes Kriterium, um die Vermittlung vom gerichtlichen Verfahren abzugrenzen, da die Gerichte zumindest im frühen Mittelalter bei einer Reihe von Konflikten den Ausgleich suchten, mit dem beide Parteien leben konnten.[47] Doch diese Überschneidung macht deutlich, daß die Grenzen zwischen der Vermittlung und anderen Formen der Einigung stets nur relativ sind. Überdies bleiben sie auch selten innerhalb eines Verfahrens stabil. Die Vermittlung ist häufig nur ein Moment im Bemühen um eine Konfliktbeilegung und steht neben Verhandlungen, Versuchen der richterlichen Einflußnahme und der Bildung eines Schiedsgerichts. Und dementsprechend wird aus dem Vermittler schnell auch einmal ein Schiedsrichter wie auch ein Schiedsrichter zwischenzeitlich in die Rolle eines Vermittlers schlüpfen kann. Daneben ist der Grad der Einflußnahme, den ein Vermittler ausübt, sein Spielraum, seine Macht nicht genau festgeschrieben. Manchmal wird er kaum mehr tun, als Botschaften zwischen den Streitparteien hin- und herzutragen.[48] Dann aber wieder vermag er auch selbst Vorschläge für eine Lösung zu unterbreiten. Im ersten Fall würde man von passiver, im zweiten von aktiver Vermittlung sprechen.[49] Je mehr Befugnisse ein Vermittler besitzt, um so stärker gleicht sich seine Rolle der des Schiedsrichters an. Die äußerste Grenze markiert hier die sogenannte imperative oder auch autoritative Vermittlung, wie sie etwa aus den deutschen Tarifverhandlungen bekannt ist, und wo dem Vermittler das Urteil in der Sache, aber nicht das letzte Wort vorbehalten ist.[50] Diese Tätigkeit wird auch häufig nicht mehr als Vermittlung, sondern als Schlichtung bezeichnet, wobei der Begriff des Schlichters nicht selten und auch im folgenden dazu benutzt wird, um Verfahren zu bezeichnen, die schiedsartige Elemente aufweisen, ohne alle Voraussetzungen zu erfüllen, die dem Schiedsgericht zugeschrieben werden.[51] In jedem Fall aber verbietet es sich von Vermittlern zu reden, sobald der Friedensstifter ein sanktionsfähiges Urteil in der Sache spricht. Eine deutliche Grenze läßt sich auch zwischen Vermittlung und Verhandlung ziehen, selbst wenn man berücksichtigt, daß aus Verhandlungsführern im Verlauf einer Befriedungsaktion Vermittler werden können. Solange der Kommunikationsprozeß nur zwischen zwei Polen hin- und herläuft, liegt noch keine Vermittlung vor. Und so kann man zumindest negativ die Praxis der Vermittlung mit einem Ensemble von Kriterien immer wieder eingrenzen und Fall für Fall entscheiden, ob vermittelt oder nicht vermittelt wird, respektive die Grenzen zwischen der Vermittlung und anderen Formen der Einigung überschritten werden.

Um der Vermittlungstätigkeit im Mittelalter auf die Spur zu kommen, bedarf es nicht nur einer prinzipiellen, doch offenen Definition, es bedarf ebenso eines bestimmten methodischen Zugriffs. Aufgrund der fehlenden eingespielten Terminologie waren zuerst einmal die Begriffe, Bezeichnungen und Tätigkeitsbeschreibungen, die im Kontext der Konfliktbeilegung auftauchen, daraufhin zu untersuchen, ob sie auch auf die Praxis der Vermittlung verweisen. Es war zu klären, inwiefern sich beispielsweise im Friedensstifter, im Gesandten oder Legaten, im guten Freund oder Verwandten ein Vermittler verbirgt. Zugleich mußte man aber auch, um die Vorgeschichte der institutionalisierten Vermittlung zu schreiben, all jene Phänomene einsammeln, die die Ausprägung des Vermittlers im heutigen Sinne befördert haben und auf sie schon hindeuten. Da die Vermittlung stets nur eine von mehreren Optionen darstellt,[52] galt es bei der Untersuchung der Vermittlungspraxis, grundsätzlich die Möglichkeiten und Schwierigkeiten anderer Regulierungsmechanismen im Auge zu behalten und das Verhältnis zu Gewaltanwendung und gerichtlichem Procedere, schiedsrichterlichem Auftrag oder der bloßen Verhandlungslösung zu bestimmen. Des weiteren mußte der politische Kontext, in dem es zum Konflikt und seiner Befriedung kam, berücksichtigt werden, um die Rolle des Vermittlers im konkreten Fall zu erfassen, nicht zuletzt, weil das Personengeflecht, in das die Akteure eingebunden waren, eine hervorragende Rolle spielte. Denn wie häufig Vermittler zum Einsatz kommen, scheint, wenn man ethnologischen Studien folgt, weithin von der Intensität und Komplexität sozialer Bindungen abhängig zu sein.[53]

Der größte Feind einer Geschichte der Vermittlung sind zweifellos die Quellen. Da die Vermittlung selbst weithin zu den informellen Verfahren der Konfliktbeilegung gehört und vielfach ihr eigentliches Arbeitsfeld in der Sphäre des Geheimen und Verborgenen liegt, hinterläßt sie kaum schriftliche Spuren. Das ist noch heute der Fall,[54] gilt aber noch viel mehr für die Zeit des Mittelalters, in der sich die Schriftlichkeit ohnehin erst langsam entwickelte. Die Vermittlungstätigkeit erfolgte mündlich, und standen am Ende ihres Wirkens konkrete Abmachungen oder Bündnisse, so sind diese in nennenswerter Zahl erst seit dem 13. Jahrhundert bekannt.[55] Gewiß hat es auch schon früher Verträge gegeben, aber sie sind nur vereinzelt überliefert, und ohnehin wurden die getroffenen Vereinbarungen kaum schriftlich fixiert. Dementsprechend ist von Friedensstiftern und Vermittlern vor allem in den erzählenden Quellen die Rede, in der Geschichtsschreibung und in der Hagiographie, wobei besonders die Bischofsviten zu nennen sind. Nur den Briefen kommt daneben noch eine größere Bedeutung zu. Doch selbst für sie und besonders dann für die Urkunden gilt, daß ihre Informationen kaum einen anderen Stellenwert als die Mitteilungen haben, die man den verschiedenen Geschichtsschreibern verdankt. Auch sie berichten zumeist im nachhinein von der entsprechenden Vermittlungstätigkeit, ohne unmittelbar von ihr Zeugnis abzulegen. Das ändert sich seit dem Ende des 12. Jahrhunderts. Nun wird auch in Verträgen und Urkunden zunehmend von Vermittlern geredet, ihre Vorschläge werden sogar vereinzelt schriftlich fixiert. Die dokumentarische Überlieferung bietet von nun an häufig mehr Informationen als die Geschichtsschreibung, ohne daß die Historiographie ihren Aussagewert gänzlich einbüßt. Aber selbst jetzt bleibt das Bild vom Vermittler blaß, seine Tätigkeit wird nur in Umrissen sichtbar. Mit welchen Vorschlägen, Ideen, vor allem mit welchen Druckmitteln und mit welchen Versprechungen er im einzelnen operierte, wodurch er Eindruck machte und warum sich Verhandlungen zerschlugen, all das ist nur in Ausnahmefällen zu ermitteln. Allein, daß vermittelt wurde, in welcher Beziehung der Vermittler zu den einzelnen Parteien stand, welche Forderungen und Lösungsvorschläge er aufgriff und durchsetzen konnte und das Ergebnis seiner Unterhandlungen, das sind die Aspekte, die die Überlieferung in den besser dokumentierten Fällen beleuchtet.

Wenngleich das auswertbare Material aufs ganze gesehen das Geschäft der Vermittlung nur in seinen grundlegenden Strukturen erkennen ließ, nehmen die aussagekräftigen Quellen nach 1200 in einer Weise zu, die einen anderen Zugriff als für die vorhergehende Zeit einforderte. Für das frühe und hohe Mittelalter wurden vor allem die wichtigsten Werke der Geschichtsschreibung und die einschlägigen Briefsammlungen ausgewertet. Davon ausgehend wurden einige relativ gut dokumentierte Fälle herangezogen, um exemplarisch die Formen der Konfliktbeilegung als auch die Beziehungen und die Vorgehensweise der Akteure als Friedensstifter zu analysieren. Angesichts der reichen spätmittelalterlichen Überlieferung wurde für diese Zeit nur nach einschlägigen Beispielen für die zuvor festgelegten Konfliktkonstellationen Ausschau gehalten, um daran die grundlegenden Veränderungen in Form und Bedeutung der Vermittlungstätigkeit aufzuzeigen. Daß auf diese Weise die Bedeutung der Vermittlung im politischen Leben nur noch grosso modo erfaßt werden konnte, liegt auf der Hand. Aber im folgenden geht es ja auch nicht um die nachhaltige Relevanz des Phänomens, sondern um jenen langen Prozeß, in dem sich im Verlauf des Mittelalters die Vermittlungspraxis allmählich herausbildete und in ihren zeittypischen Formen mehr oder weniger institutionalisierte.

I. Friedensstiftung im frühen Mittelalter

„Nicht als Richter oder Schiedsrichter, sondern als Vermittler und Freunde beider Seiten", wünschte sich nach den Worten Papst Benedikts XII. der englische König Eduard III. die päpstlichen Legaten, die 1339 den Frieden zwischen ihm und Philipp VI. von Frankreich wiederherstellen sollten.[1] Unverkennbar wußten König wie Papst damals ziemlich genau, was ein Vermittler war und was man von ihm erwarten konnte. Wer vermittelt, so wird hier deutlich erklärt, will nicht Schiedsrichter, nicht Richter sein, wobei das Oberhaupt der Christenheit mit dem Richten an ein unanfechtbares päpstliches Machtwort in der Sache dachte, also auch an ein außergerichtliches Vorgehen.[2] Vermitteln hieß für den Papst, von sich aus auf ein eigenständiges Urteil in der Angelegenheit zu verzichten. Indem er zudem die Vermittler als Freunde beider Seiten ansprach, gab er seiner Vorstellung von der Vermittlungstätigkeit zusätzlich Kontur. Denn mit diesem gleichsam feststehenden Ausdruck bezeichnete man schon seit langer Zeit Leute, die eine Auseinandersetzung zwischen Personen oder Gruppen, die ihnen nahestanden, gütlich zu beenden suchten.[3] Damit war die Sache klar: Als Vermittler sollten die Legaten vertrauensvolle und damit auch gleichwertige Beziehungen zu beiden Seiten aufnehmen, bei ihrer Arbeit keine Partei bevorzugen und eine von beiden Königen akzeptierte Lösung auf den Weg bringen.

Das Bild, das hier in der ersten Hälfte des 14. Jahrhunderts vom Vermittler und seinen Aufgaben gezeichnet wird, unterscheidet sich kaum von den heutigen Vorstellungen und Definitionen. Das Bestreben, in die Angelegenheit nicht als urteilende oder gar verurteilende Instanz einzugreifen, die Suche nach einer einvernehmlichen Lösung und ein unparteiisches Auftreten gehören auch im 20. Jahrhundert zu den entscheidenden Merkmalen der Vermittlung. Doch so vertraut das königliche oder päpstliche Diktum heutzutage klingt, so ungewöhnlich war es zu seiner Zeit. Genauer betrachtet erweist es sich als eine der frühesten Äußerungen, die die Vermittlungstätigkeit von anderen Formen der außergerichtlichen Konfliktbeilegung eindeutig absetzten. Keine hundert Jahre zuvor wurden Schlichter für gewöhnlich noch unterschiedslos als Vermittler oder Schiedsrichter tituliert.[4] Und Ende des 12. Jahrhunderts war es nichts Ungewöhnliches von einem richtenden Vermittler zu sprechen.[5] Darüber hinaus verfügte man bis ins hohe Mittelalter hinein über keinen festen Begriff, um einen Vermittler oder das Verfahren der Vermittlung als solches zu bezeichnen. Das

Wort *mediator* spielte im Zusammenhang der Konfliktbeilegung in den Jahrhunderten zuvor nur selten eine Rolle, und ein anderes Wort mit gleicher oder ähnlicher Bedeutung existierte nicht. Insofern markiert die Formulierung in dem Brief Benedikts XII. einen tiefgreifenden Wandel – offenkundig in Sprache und Wahrnehmung, letztlich aber auch in der Praxis.

Um zu erkennen, worin dieser Wandel bestanden hat, muß man zunächst einmal den Blick auf die Begrifflichkeit und die Praxis der Friedensstiftung im frühen und hohen Mittelalter richten. Denn Eigenart und Bedeutung der Vermittlung lassen sich erst aufgrund ihrer Stellung im Kontext der verschiedenen Formen von Konfliktbeilegung erfassen. Dabei kommt der Terminologie insofern ein besonderer Wert zu, als sie es auf den ersten Blick überhaupt als problematisch erscheinen läßt, von Vermittlern im frühen Mittelalter zu sprechen.

1. Vermitteln ohne Vermittler?

Wenn Eduard III. und Benedikt XII. mit dem Begriff *mediator* im 14. Jahrhundert einen bestimmten Typ des Friedensstifters bezeichneten, so griffen sie auf ein Wort zurück, das schon seit dem 2. Jahrhundert nach Christus belegt ist, aber mit dem Vermitteln im Konfliktfall damals nur entfernt etwas zu tun hatte.[6] Der Terminus *mediator* diente in der Spätantike vor allem dazu, die vermittelnde Stellung Christi zwischen Mensch und Gott zu bezeichnen. Immer wieder titulierten die Kirchenväter, allen voran Augustinus, in Anlehnung an die Briefe des Paulus sowie zuweilen mit Bezug auf das Buch der Richter[7] Christus als *mediator inter deum et homines* respektive als *mediator Dei et hominum*.[8] Dabei blieb diese Formel anfänglich nur Christus vorbehalten, da er allein in den Augen der Kirchenväter Menschliches und Göttliches in sich verkörperte, zum Vermittler zwischen Gott und Mensch taugte.[9] Daneben wurden allerdings auch – in negativer Absetzung – Teufel und Dämonen als Mediatoren bezeichnet, wenngleich selten der Hinweis fehlte, daß es sich um falsche Vermittler, um Vermittler der Lüge oder des Todes handle.[10]

Bezogen wurde der Begriff *mediator* zuweilen aber auch auf zwischenmenschliche Verhältnisse. Mit dem Ausdruck bezeichnete man etwa Mittelsmänner, die ein Geschäft zwischen zwei Personen in die Wege leiteten, oder Personen, die als Fürsprecher auftraten, die sich also für das Anliegen eines Nahestehenden bei einem Dritten stark machten.[11] Diese Vorstellung vom *mediator* vertrug sich im übrigen bestens mit dem allgemeinen Bild, das man sich in dieser Zeit vom Vermittler machte und das vor allem von der Gleichsetzung mit Christus geprägt war. Denn Christus als Vermittler war nicht nur eine Figur, die zwischen zwei deutlich voneinander geschiedene, aber aufeinander bezogene und hierarchisch geordnete Welten trat. Er stellte auch eine Verbindung zwischen diesen Welten, denen er beiden angehörte, her, indem er sich für die Menschen bei Gott einsetzte, sozusagen als deren Fürsprecher auftrat.[12]

Der Sprachgebrauch der Spätantike lebte im Mittelalter fort. Demgemäß erschien das Wort *mediator* bis ins 11. Jahrhundert hinein vornehmlich im religiös-theologischen Diskurs. Immer wieder wurde Christus in theologischen Traktaten und Predigten als Vermittler bezeichnet. Vor allem in Schriften zur Trinitätslehre sowie in exegetischen Kommentaren zum Hohelied und den Paulus- Briefen war dies der Fall. Gregor der Große gebrauchte das Wort *mediator* fast schon als Synonym für Christus, aber auch bei Beda Venerabilis, den karolingischen Theologen und später dann den scholastischen Denkern ist immer wieder von Christus als dem Vermittler zwischen Gott und Mensch die Rede, wenngleich im Unterschied zur Spätantike der Gegenstand selbst kaum noch der Reflexion unterworfen wurde.[13]

Ganz allmählich vergrößerte sich der Kreis derjenigen, die man als Mediatoren bezeichnete. Heilige, der Papst, schließlich auch Bischöfe und Presbyter kamen im Laufe des frühen Mittelalters in den Genuß dieser Benennung, vermittelten sie, wenn auch in anderer Weise, nicht minder zwischen Gott und den Menschen.[14] Der Vermittler wurde damit vor allem als Fürsprecher begriffen, als eine Person, die Gott für den Sünder um die Vergebung anging.[15] Und so nannte sich dann schon in den Bußordnungen des 9. und 10 Jahrhunderts der Priester in dem Gebet, das die Beichte eröffnete, einen geringfügigen Vermittler, der im Auftrag Gottes sein Wort für den Sünder einlegt.[16]

Im 10. Jahrhundert bezeichnete man schließlich sogar den König als Vermittler. Die liturgischen Vorschriften, die den Ablauf der Herrscherweihe im ottonischen Reich regelten, sprachen vom König als *mediator clerum et populum* respektive *cleri et plebis*.[17] Unverkennbar stand bei dieser Bezeichnung das Modell Christi Pate, wie denn auch erst die schleichende Sakralisierung des Königtums, an deren Ende der König als Stellvertreter Christi auftrat, zu dieser Entwicklung geführt hatte. Das Attribut des Vermittlers war dem König dank eines Analogieschlusses zugeschrieben worden; sein Verhältnis zu Klerus und Volk entsprach durch und durch der Position, die Christus gegenüber Gott und den Menschen zugeschrieben wurde. Dank der Herrscherweihe, die den König als Laien auch zum Gesalbten des Herrn machte,[18] vereinte er wie Christus zwei Naturen in sich. Und man konnte ihm so auch ohne weiteres die Fähigkeit zusprechen, die zwei verschiedenen Stände zu verbinden, deren Natur er in sich trug. Dabei verlief, ebenso wie bei Christus, die Vermittlung zwischen einem Oben und einem Unten.

Der enge Bezug zu Christus prädestinierte den Begriff *mediator* eigentlich von vornherein für eine erfolgreiche Karriere auf dem Felde der Friedensstiftung. Schon für Augustinus gab es keinen Zweifel: Der Mediator, und das ist Christus, ist der Versöhner, der den Zorn des Vaters besänftigt.[19] Und diese Vorstellung lebte im frühen Mittelalter fort; Jonas von Orléans griff die Definition des Augustinus in seinem Traktat über den Laienstand unmittelbar auf.[20] Doch bezeichnenderweise ist vom Versöhnen, vom Besänftigen des Zorns wiederholt im frühen Mittelalter die Rede, wenn die Beilegung von Konflikten geschildert wurde, nur das Wort *mediator* taucht nicht auf. Das ist um so auffälliger, als der Begriffsinhalt etwa von Augustinus oder später von Rusticus wiederholt anhand der Streitschlichtung im allgemeinen erörtert wurde. Ein Vermittler, so erläuterte der Bischof von Hippo seinen Lesern, das ist jemand, der Feinde miteinander versöhnt.[21] Und schließlich hätte auch der klassische Sprachgebrauch diese Anwendung nahegelegt, leitete sich der Begriff doch von dem Wort *medius* ab, das in der Antike zur Bezeichnung von Mittlerpositionen herangezogen wurde und das in der Wendung *medium paci se offerire* eine Person benannte, die sich anbot, einen Frieden zu vermitteln.[22] Doch all dieser Anknüpfungspunkte zum Trotz blieb der Transfer in den politisch-historischen Diskurs im Großen und Ganzen bis ins 11. Jahrhundert aus.

Bis dahin stellte der Begriff *mediator* im weltlichen Bereich eine zu vernachlässigende Größe dar. Er wurde, wie schon in der Spätantike, vereinzelt in der Bedeutung Mittelsmann oder Bote verwandt.[23] In den merowingischen und karolingischen Kapitularien erschien der Begriff einige Male, aber nur ausnahmsweise im Zusammenhang mit der Beilegung von Konflikten. Da wird er zum einen in seiner allgemeinen Bedeutung benutzt und gibt sich als Zitat aus längst vergangenen Tagen zu erkennen. Im Zusammenhang des Simonieverbots taucht mehrmals das Wort *mediator* auf und dient dazu, jene Personen zu bezeichnen, die das Geschäft mit der Weihe vermittelt haben, wobei man, wie jeweils vermerkt, eigentlich bloß einen Beschluß des Konzils von Chalcedon aus dem Jahre 451 wörtlich aufgriff.[24] Mit einem ähnlich allgemeinen Sinngehalt trifft man auf den Ausdruck sodann in einem Brief, der den Konzilsakten von Tribur 895 vorangestellt ist. In einer der überlieferten Fassungen ist von *mediatores* mit Blick auf eine Gruppe von Bischöfen die Rede, die im Namen der Bischofsversammlung den König um eine Auskunft bittet und ihm Vorschläge unterbreitet.[25] Angesprochen ist damit ein Bedeutungsspektrum, das später auch im Kontext der Konfliktschlichtung anklingt, nämlich dort, wo man mit dem Wort Personen betitelt, die von ihrer Partei zu Verhandlungen mit der Gegenseite gesandt werden.[26] Ansonsten bewegen sich die Kapitularien im religiös-theologischen Diskurs und gebrauchen das Wort

Vermitteln ohne Vermittler? 17

mediator für die Bischöfe und die Priester, insofern diese zwischen Gott und den Menschen vermitteln.[27]

Daß in den Kapitularien von friedensstiftenden Vermittlern so gut wie nie die Rede ist, mag zunächst nicht weiter erstaunen, handelt es sich doch um Dokumente, die allgemeine Normen und Verfahrensvorschriften erließen und dementsprechend vornehmlich die Konfliktaustragung vor Gericht thematisierten. Aber auch die in wesentlich größerer Anzahl und über einen längeren Zeitraum hinweg überlieferten Urkunden und Briefe verwenden das Wort *mediator* bis ins 11. Jahrhundert so gut wie gar nicht im Zusammenhang mit der Beilegung von Konflikten. Vor allem aber kennt die Geschichtsschreibung keine Mediatoren. Ob Gregor von Tours am Ende des 5. Jahrhunderts, Fredegar oder die fränkischen Annalenwerke zur Zeit Karls des Großen, ob Widukind oder Thietmar von Merseburg um das Jahr 1000, von *mediatores* ist bei ihnen nicht die Rede.

Das ist der Befund aus der Vogelperspektive. Bei genauerem Hinsehen hat man indes das Bild etwas zu korrigieren. Denn seit der Regierung Ludwigs des Frommen zeigt sich für einige Zeit eine deutliche Abweichung vom sonstigen Sprachgebrauch. Im Zuge der Auseinandersetzungen zwischen seinen Söhnen und Enkeln fällt der Begriff *mediator* mehrfach. Damit sind jeweils Personen gemeint, die den Ausbruch von Feindseligkeiten zwischen den karolingischen Königen verhindern sollen. Ludwig der Deutsche ließ in seiner feierlichen Stellungnahme zu den auf dem Herrschertreffen in Savonnières erlassenen Beschlüssen verlauten, er habe als *privatus mediator* in den Konflikt zwischen seinem Bruder Karl dem Kahlen und seinem Neffen Lothar II. eingegriffen.[28] Und gleichsam zur Bestätigung nannte ihn Lothar in seiner öffentlichen Anrede einen Vermittler, wobei er diese Bezeichnung auch auf die Bischöfe ausdehnte, die Ludwig bei den Verhandlungen unterstützten.[29] Er hob damit eindeutig auf seine Bemühungen um eine Beilegung des Konfliktes ab. Nichts anderes hatte auch Papst Hadrian II. im Sinn, als er schrieb, daß Karl der Kahle ihn gebeten habe, als Vermittler des Friedens zwischen ihm und seinem Neffen, dem Kaiser Ludwig, tätig zu werden.[30] Und schließlich bezeichnete auch Johannes VIII. in einem Schreiben an Karl den Dicken den Bischof Liutward von Vercelli als *mediator*. Dabei sprach er den Bischof, der zu den engsten Ratgebern Karls III. gehörte, allerdings nicht als Konfliktmittler, sondern als den gleichsam institutionalisierten und autorisierten Verbindungsmann zwischen ihm, dem Papst, und dem König an.[31]

Schon vergleichsweise früh erschien der Ausdruck in den sogenannten Einhardsannalen, die nachträglich über die päpstlichen Vermittlungsversuche zwischen Karl dem Großen und Tassilo berichten und dabei im Gegensatz zu den zeitgenössischen Darstellungen das Wort verwenden.[32] Von hier übernahm dann auch der Poeta Saxo den Begriff, als er die gleichen

Ereignisse in Versen beschrieb.³³ Doch blieb das Wort *mediator* aufs ganze gesehen der Geschichtsschreibung fremd und fand so auch in den großen fränkischen Annalenwerken keine Erwähnung. Lediglich Flodoard griff den Wortgebrauch später wieder auf und benannte mit dem Ausdruck *mediator* den Vermittler eines Ausgleichs.³⁴

Rezipiert wurde der Begriff allerdings in der zweiten Hälfte des 9. Jahrhunderts auch in einer verwandten und doch wieder anderen Bedeutung. So bediente sich Papst Nikolaus I. seiner – unter anderem im Zusammenhang mit dem Verfahren gegen den Bischof Rothad von Soissons – um einen Richter oder Schlichter zu bezeichnen, wobei er sich auf jene überkommene Maxime bezog, derzufolge ein Vermittler beide Seite hören müsse.³⁵ Wie schon beim Vermittler geistlicher Weihen stand auch bei dieser Verwendung des Begriffs die lateinische Übersetzung der Konzilsakten von Chalcedon Pate.³⁶ Dieser Vorstellungshorizont war möglicherweise auch der Kanzlei Ludwigs des Deutschen vertraut. So wird in einer Notiz des Freisinger Liber Traditionum der König selbst als *mediator* angesprochen, der einen Konflikt zu beenden suche, wobei das anschließend präsentierte Verfahren als gerichtliche Klärung zu erkennen ist, so daß der Begriff hier in erster Linie den Schlichter meint.³⁷ Seit dem 9. Jahrhundert erscheint obendrein in italienischen Urkunden der Begriff *mediator*, um Bürgen und Zeugen zu bezeichnen.³⁸ Ein unmittelbarer Zusammenhang mit dem karolingischen Sprachgebrauch läßt sich nicht nachweisen. Aber der Begriff stand durchaus in einem engen nachbarschaftlichen Bezug zur Beilegung von Konflikten und verwies auf Tätigkeiten, die sich mit der Vermittlung verbinden konnten. So wird in einer italienischen Urkunde von 973, die einen Kauf regelte, von den Bürgen verlangt, im Falle eines Streits einen umfassenden Vergleich mit dem Käufer zu arrangieren.³⁹ Letztlich trifft man hier jedoch auf einen eigenen Traditionsstrang, der auf den exegetisch-theologischen Diskurs der Spätantike zurückgeht und der, ausgehend von der Vulgata, jenen Satz aus dem Buch der Richter wiederholt reflektiert, in dem Gott als Bürge und Zeuge menschlicher Gelübde und Eide beschrieben wird.⁴⁰

Die Motive für den zeitweiligen Rückgriff auf den *mediator*-Begriff seien an dieser Stelle nicht weiter verfolgt. Entscheidend ist zunächst einmal nur, daß in bestimmten Fällen die Rede vom Vermittler ohne weiteres verstanden wurde, es also eine entsprechende Praxis gab. Zugleich aber umfaßte der Begriff ein Bedeutungsspektrum, das über die heutige Vorstellung von Vermittlung hinaus in den Bereich des Richtens einerseits und andererseits in den der Fürsprache hineinreicht.

Aufs ganze gesehen blieb jedoch der spätkarolingische Sprachgebrauch ein isoliertes Phänomen und darf nicht darüber hinwegtäuschen, daß das Wort *mediator* im frühen Mittelalter fast ausschließlich benutzt wurde, um die Stellung Christi zwischen Gott und Mensch zu bezeichnen. Allem Anschein nach hatte der enge Bezug zu Christus dem Wort zu einer sakralen Aura verholfen, die einer allzu schnellen und häufigen Übertragung auf weltliche Belange im Wege stand. So verwundert es denn auch nicht, daß seine allmähliche Verbreitung auf dem Feld der Friedensstiftung zunächst unter Einbeziehung der Gestalt Christi vonstatten ging. Man erkannte in der erfolgreichen Friedensstiftung das Werk Christi und bezeichnete diesen wiederholt auch als den Vermittler des Friedens, als *mediator pacis*. So nennt etwa eine Urkunde Ludwigs des Deutschen aus dem Jahre 876 Christus als *mediator*, der zugleich der Freund und Spender von Frieden sei. Dabei steht die Formel durchaus in Beziehung zu der urkundlichen Vereinbarung, mit der ein Streit zwischen dem Mainzer Erzbischof und Abt von Fulda über den Zehnten des Klosters geschlichtet wurde.[41] Noch in der ersten Hälfte des 11. Jahrhunderts beschrieb der Autor der jüngeren Mathilden-Vita die Aussöhnung, die die Königin zwischen ihren Söhnen bewirkte, als Werk Christi, das vermittels der Königin zustande gebracht worden sei.[42] Allem Anschein nach traute er sich nicht, der Königin den Titel eines Vermittlers zu übertragen. Der Frieden selbst war ein Werk Gottes, das nur durch Christus vermittelt werden konnte. Alles in allem sollte es dann noch ein halbes Jahrhundert dauern, bis man zunehmend dazu überging, auch menschliche Wesen als Friedensvermittler zu bezeichnen, was aber die herkömmliche Sehweise nicht einfach ersetzte, so wie denn auch Bischof Embricho von Augsburg 1075 einem Amtsbruder anbot, ihn mit dem König auszusöhnen, und zwar unter „der Ägide des Vermittlers, der den Frieden bedeutet", sprich mit Christi Hilfe.[43]

Im ostfränkisch-deutschen Reich hielt der Begriff *mediator* seinen Einzug im politisch-historischen Diskurs im Zuge der Sachsenkriege. Bruno wie auch Lampert von Hersfeld gehörten zu den ersten, die ihn benutzten. Bruno bezeichnete die Fürsten, die einen Frieden zwischen Heinrich IV. und den Sachsen aushandelten, als *pacis faciendae mediatores vel auctores*.[44] Lampert nannte sie *mediatores pacis* und *ordinatores pacis*.[45] Er übertrug damit jene Formel, die zunächst auf Christus bezogen wurde, auf die friedensstiftenden Fürsten, ein Vorgang, der an die Veränderungen in der Krönungsliturgie des 9. Jahrhundert erinnert, als dort der König nunmehr wie Christus als Vermittler charakterisiert wurde. Aber der Begriff *mediator* wies auch im 11. Jahrhundert – und das ist von Belang – weder auf eine besondere Stellung zwischen den Konfliktparteien hin noch bezeichnete er ein spezifisches Tun. Wie es der Ausdruck *mediator pacis* schon sagt, hob der Begriff allein auf die Vermittlung des Friedens ab, gleichviel auf welche Art und Weise er zustande kam.

Insgesamt verwendete man den Terminus auch im 11. Jahrhundert noch sparsam. Erst nach 1100 setzte er sich allmählich durch. In den Briefen

Wibalds von Stablo erscheint das Wort *mediator* bereits mehrfach, um Personen zu charakterisieren, die zwei Streitparteien außergerichtlich zu versöhnen suchen.[46] Aber ebenso tritt dieser Wandel nun in der Historiographie zutage. Ekkehard von Aura rühmte den Magdeburger Erzbischof Hartwig, weil er in seinen Augen als Vermittler den Streit zwischen Heinrich V. und dem Papst beizulegen suchte.[47] Otto von Freising nannte sich dann selbst einen *mediator*, als er seine Bemühungen um einen Ausgleich zwischen Friedrich I. und einigen Fürsten beschrieb.[48] Ebenso tauchte der Begriff dann in der Historia Welforum auf.[49] Und dieses Phänomen blieb keineswegs auf das Reich beschränkt. Galbert von Brügge und Bernhard von Clairvaux, Wilhelm von Tyrus und Herbert von Bosham, der in seiner Becket-Vita das Wort geradezu inflationär verwendete, verweisen auf den europäischen Charakter des Wandels.[50] Im 13. Jahrhunderts wurde der Begriff dann vor allem in den Bündnis- und Schiedsurkunden genutzt,[51] während er in der Geschichtsschreibung nur vereinzelt Gebrauch fand.

Obschon der Begriff nunmehr vielfach ohne weiteren Zusatz erschien, allein von Vermittlern und seltener von Vermittlern des Friedens die Rede war, bezeichnete er doch weiterhin in erster Linie den Friedensstifter, der einen Streit zwischen zwei Parteien außergerichtlich beizulegen suchte. Es blieb nicht selten offen, ob der Konflikt durch einen Schiedsspruch, durch bilaterale Verhandlungen oder eine Intervention von außen beigelegt wurde. Von daher konnte man von Vermittlern reden, die jede Seite für sich bestimmte, und von daher benutzte man die Wörter *mediator* und *arbiter* zuweilen auch als Synonyme. Allerdings wurde die Stellung zwischen den Parteien mehr und mehr zu einem entscheidenden Kriterium. Für Huguccio etwa war der Vermittler, „jemand, der mitten zwischen irgendwelchen steht, um sie zu befrieden, wie denn Jesus Christus wahrlich der Vermittler zwischen Gott und den Menschen gewesen ist, der mitten zwischen Gott und die Menschen gestellt wurde, damit er die Menschen zu Gott führte".[52] Mit dieser Auffassung, die nicht allein bei Rechtsgelehrten anzutreffen war, hatte sich eine Tradition herausgebildet, aus der heraus Benedikt XII. dann gut hundert Jahre später die Vermittlung als eine bestimmte Form der außergerichtlichen Friedensstiftung hinstellen konnte.

Daß der Begriff *mediator* auf dem Feld der Friedensstiftung erst spät Anwendung fand, besagt für sich selbst noch nicht viel. Aber die Beobachtung gewinnt an Aussagekraft, wenn man zugleich das Fehlen eines äquivalenten Ausdrucks für die früheren Jahrhunderte feststellt, obwohl auch in dieser Zeit immer wieder Konflikte beschrieben wurden, in deren Verlauf Dritte auftreten, um einen Waffenstillstand, einen Ausgleich oder eine Versöhnung herbeizuführen. Von Richtern *(iudici)* und Schiedsrichtern *(arbitri)*, von letzteren gleichwohl nur vereinzelt und vor allem wesentlich seltener, war durchaus die Rede, nur eben von Vermittlern nicht.[53] Wo später von *mediatores* gesprochen wird, herrschte ein diffuser, nicht klar festgelegter Sprachgebrauch, der die Form der Konfliktbeilegung vornehmlich durch die Wahl der Verben zum Ausdruck brachte. Griffen bestimmte Personen in eine Auseinandersetzung ein, so wurden sie nicht mit einem speziellen Wort belegt, das dem Verfahren, der Rolle der Personen oder ihrem Verhältnis zu den Streitenden Rechnung trug. Wer sich einmischte, wurde mit seinem Amt, seiner Würde oder einfach seinem Namen angeführt, zuweilen auch als Schiedsrichter bezeichnet. Doch indem sein Handeln zumeist als Versöhnen und Wiederversöhnen *(reconciliare)*, als Befrieden *(pacificare)*, als Schlichten des Streites *(discordias sedare)*, als Besänftigen *(mitigare)* oder Befrieden *(pacare)* bezeichnet wurde, kam sein Wirken als Friedensstifter klar zum Ausdruck. Während in diesen Fällen das Ziel oder der Zweck des Tuns, sprich die Herstellung von Frieden und Eintracht, die Benennung motivierte, gab es daneben eine andere Art der Bezeichnung, die das konkrete Eingreifen, das Dazwischentreten und von da aus die Zwischenstellung und die Mittlerposition fixierte. Hier sind vor allem die Verben *intervenire* und *mediare* zu nennen, die vielfach in Partizipialkonstruktionen gebraucht wurden. Das Wort *intervenire* wurde zuweilen auch substantiviert; von der Intervention bestimmter Personen zu sprechen, war sogar äußerst verbreitet und zeigt, wie geläufig die Einmischung Dritter war.[54] Schließlich bediente man sich noch einer weiteren Gruppe von Verben und davon abgeleiteter oder sinnverwandter Substantive, die das konkrete Verhalten der Friedensstifter bezeichneten. Dazu zählen *supplicare*, also bitten, und *suadere*, was überzeugen oder überreden meint, aber auch *intercurrere*, das heißt hin- und herlaufen, und schließlich auch *intercedere*, das man am besten mit fürsprechen wiedergeben kann, das allerdings zugleich eine Art Zwischenstellung zum Ausdruck brachte.[55] Und nicht zuletzt tauchen vereinzelt Substantive auf, die diejenigen, die sich einmischten, im Hinblick auf ihre Mittlerstellung gegenüber den Konfliktparteien eigens benannten. Das gilt zum einen für den Terminus *intercessor*,[56] und zum anderen für das Wort *internuntius*, das eine Verschmelzung von *intercurrere* und *nuntius* darstellt und zunächst einmal den hin- und herlaufenden Boten meinte, im 11. und 12. Jahrhundert aber dem Begriff des Vermittlers sehr nahe kam.[57]

Betrachtet man dieses Vokabular im Zusammenhang, so stellt man als erstes ein hohes Maß an Unbestimmtheit fest. Der Grund ist nicht schwer einzusehen. Nirgends werden die konkrete Praxis einerseits und deren Zweck oder Funktion andererseits zusammengedacht und davon ausgehend einer eigenständigen Begriffsbildung unterzogen. Entweder ist nur von Friedensstiftung die Rede, vom Versöhnen und Besänftigen, aber dann bleibt offen, wie dies geschah, oder aber das konkrete Tun wird benannt, das Eingreifen, Dazwischentreten und Überzeugen, dann aber ist man auf den Kontext angewiesen, um zu wissen, ob diese Aktivitäten nun der Friedensstiftung galten und welche Art der Konfliktbeilegung damit angesprochen war. Daß von Friedensstiftung die Rede ist, kann man zumeist den vorangehenden und nachfolgenden Worten leicht entnehmen, aber das genaue Procedere wurde durch den Kontext meistens kaum ausgeleuchtet. Ein paar Worte, hier und da ein Substantiv, damit gaben sich die mittelalterlichen Autoren und wohl auch ihre Leser zumeist zufrieden. Allerdings war die Sprache nicht gänzlich unbestimmt. All diese Verben besaßen nämlich von sich aus oder je nachdem, was für ein Handlungssubjekt ihnen zugeordnet war, ein unterschiedliches Aussagepotential im Hinblick auf die Form der Friedensstiftung, das im Zusammenspiel ein bestimmtes, wenngleich nicht strenges und vom heutigen abweichendes Ordnungsraster aufscheinen läßt, dessen Fixpunkte Gericht, Schiedsgericht, Verhandlung und Fürsprache hießen.

Ohne eine feste Richtschnur zu sein, war die Trennung zwischen gerichtlichen und außergerichtlichen Formen der Konfliktbeilegung für die Terminologie grundlegend. Nahezu alle Verben, die das Stiften von Frieden zum Inhalt haben, verweisen eindeutig auf Formen der außergerichtlichen Konfliktbeilegung. Wo von *reconciliare*, vom Versöhnen die Rede war, da ging es nicht darum, jemanden per Gerichtsurteil zu einem bestimmten Verhalten zu zwingen.[58] Wer versöhnte, suchte zumindest nach außen hin die freiwillige Lösung, das Einverständnis der Konfliktgegner. Prägend wirkte dabei das kirchliche Verständnis der *reconciliatio* im Sinne der Bußtheologie, in der jedwede Wiederversöhnung mit der Kirche Reue und Buße und somit das freiwillige Sündenbekenntnis voraussetzte.[59] Wurde der Begriff auch für die Konfliktbeendigung im weltlichen Bereich verwandt, blieb nicht nur die Vorstellung einer selbst gewählten Aussöhnung, sondern auch der Gedanke an eine im Vorgriff zu erbringende Bußleistung im Sinne einer Wiedergutmachung lebendig.[60] Insofern evozierte das Wort *reconciliare* im Zusammenhang mit der Beendigung von Auseinandersetzungen stets den Gedanken an eine gütliche Einigung. Ein Konzilsbeschluß von 567 kann das verdeutlichen: Bei einem Streit zwischen den Priestern einer Bischofskirche sollten diese erst untereinander von ihresgleichen versöhnt werden, ehe man sie vor eine Synode zitieren wollte, um sie dann zu verurteilen.[61]

Nicht anders als *reconciliare* wurden auch die Verben *pacare* und *mitigare* im Umkreis der außergerichtlichen Konfliktschlichtung gebraucht. Beim Wort *pacare (compacare)*, das man mit befrieden oder besänftigen übersetzen kann, schwang ähnlich wie beim Versöhnen eigentlich stets der Gedanke mit, daß es vor allem darum ging, eine Bußleistung als Unterpfand der Befriedung auszuhandeln.[62] *Faidam pacare* war denn auch eine feststehende Redewendung, die auf die Beendigung einer bewaffneten

Auseinandersetzung durch Vereinbarung einer Genugtuungsleistung verwies.[63] *Mitigare* wiederum hob stärker das konkrete Tun hervor: Besänftigen hieß, sich persönlich bei den Streitenden dafür einzusetzen, daß sie ihr Gegenüber schonten.[64] Und wo vom Bitten *(supplicare, rogare, petire, depraecari)* und Überzeugen *(suadere)* die Rede war, schloß die Bedeutung des Wortes von vornherein ein gerichtliches, ja jedwedes autoritative Vorgehen aus.

Weniger eindeutig stellt sich der Bedeutungshorizont des Wortes *pacificare* dar. In der Mehrzahl aller Fälle spielte es wohl auch auf Praktiken außergerichtlicher Konfliktbeilegung an. Wenn es heißt, dieser oder jener habe den Streit zwischen zwei Parteien befriedet, so gibt der Zusammenhang selten Anlaß, dabei an ein prozeßförmiges Verfahren zu denken.[65] Aber *pacificare* schloß den Rückgriff auf ein gerichtliches Procedere keinesfalls aus. Die mannigfaltige Bedeutung, die der Begriff Frieden im Mittelalter besaß, schlug hier zu Buche. Da der Frieden nicht selten mit der Aufrechterhaltung der politischen und sozialen Ordnung gleichgesetzt[66] und die Ausübung der Gerichtsbarkeit als ein Mittel zu diesem Zweck angesehen wurde, lag es nur nahe, das Wort *pacificare* auch dann zu benutzen, wenn Herrscher irgendwelche Übeltäter vor Gericht brachten.[67] Insofern trug dieses Verb den Unterschied zwischen gerichtlichem und außergerichtlichem Vorgehen nicht in sich und konnte sich auf beiden Praktiken beziehen. Das galt in gleicher Weise für die feststehenden Ausdrücke mit dem Verb *componere*, mit denen ganz allgemein die Streitschlichtung ohne weitere Differenzierung beschrieben wurde.[68]

Ähnlich und doch wieder anders liegt der Fall bei den Wörtern, die wie *intervenire* und *mediare* das Eingreifen Dritter festhalten.[69] Wurde mit ihnen auch das Procedere stärker akzentuiert, so blieb doch das Verhältnis der intervenierenden Personen zu den Parteien und ihre Vorgehensweise unterbelichtet. Allein das ihnen zugeordnete Subjekt und der sachliche Zusammenhang gaben hier einen Hinweis auf den Charakter der Konfliktbeilegung.[70] Soweit die Personen nicht über eine richterliche Gewalt verfügten, verwiesen diese Verben wohl stets auf eine außergerichtliche Lösung. Doch selbst wenn eigens von Richtern, die eingriffen, die Rede war, mußte nicht unbedingt ein Gerichtsverfahren gemeint sein, da auch die Richter in diesen Jahrhunderten vielfach eine gütliche Einigung suchten.[71]

Während dennoch zumeist der Unterschied zwischen gerichtlichem und außergerichtlichem Vorgehen im Sprachgebrauch zutage trat, wurden die verschiedenen Möglichkeiten einer außergerichtlichen Konfliktbeilegung auf der Ebene der Begrifflichkeit kaum voneinander abgegrenzt, es sei denn, es war ausdrücklich von Schiedsrichtern die Rede. Keines der gängigen Verben verwies für sich selbst genommen unmittelbar auf eine Vermittlungstätigkeit. Sie bezeichneten zwar vielfach Tätigkeiten, die im Rahmen einer Vermittlung Platz hatten, konnten jedoch stets auch andere Formen der Konfliktbeilegung meinen. Es wurde von Versöhnung und Befriedung gesprochen, von Leuten, die intervenierten und sich zwecks Friedensstiftung einschalteten, was alles durchaus der Praxis der Vermittlung entsprechen konnte, aber nicht mußte, weil immer auch Schiedsverfahren oder autoritative Regelungen mit diesen Worten belegt wurden.[72] Wörter wie *suadere, supplicare* und *intercurrere* wiederum fanden auch dort Verwendung, wo der Frieden zwischen den Parteien durch Gesandte, Boten oder Parlamentäre ausgehandelt wurde.[73] Besondere Beachtung verdient an dieser Stelle jedoch das Wort *intervenire*. Obwohl es den Gedanken an eine Intervention von außen nahelegt, deutet es keineswegs immer auf das Eingreifen einer dritten Partei hin, sind es doch vielfach Gesandte oder Boten, von deren Eingreifen zum Nutzen des Friedens gesprochen wird.[74]

Schließlich gewann ein Gutteil der genannten Begriffe und Wörter zusätzlich an Mehrdeutigkeit, weil er auch auf die Fürsprache bezogen werden konnte. Damit war im Zusammenhang der Friedensstiftung zumeist das Engagement einzelner gemeint, die sich bei den höher- oder hochgestellten Personen ihrer Umgebung für deren offenkundige Gegner stark machten, indem sie um Nachsicht oder Frieden baten. Wurde diese Form der Friedensstiftung beschrieben, so war von Leuten die Rede, die durch Bitten *(supplicare)*, Überzeugungsarbeit *(suadere)* oder die Besänftigung von Zorn *(mitigare)* Streit beenden. Zwar benannten diese Wörter gemeinhin Praktiken, die offenkundig einer Konfliktbeilegung durch schiedsrichterliches Tun widersprachen. Doch wo immer diese Wörter auftauchen, bleibt offen, ob da zwischen zwei Parteien verhandelt oder von außen vermittelt wurde oder ob sich jemand gegenüber den eigenen Leuten zum Anwalt des Friedens aufgeworfen hatte.

Im Unterschied zur Vermittlung besaß die Fürsprache eine eigene, vielfach benutzte Terminologie. In erster Linie bezeichneten das Wort *intercessio*, das entsprechende Verb und später auch das Substantiv *intercessor* das Phänomen.[75] Aber auch *intervenire* mit seinen Ableitungen erfüllte diese Funktion.[76] Der Begriff *intercessio* war wie der Ausdruck *mediator* im theologisch-religiösen Diskurs fest verankert und bezog sich häufig auf Heilige, die für die Menschen bei Gott ihr Wort einlegten.

Was die Texte der Zeit Fürsprache *(intercessio* und *interventio)* nannten, kam der Praxis der Vermittlung schon deshalb sehr nahe, weil jedwede Vermittlung ohnehin der Fürsprache bedarf. Ohne Zweifel konnte aus einem Fürsprecher in der Praxis schnell ein Vermittler werden. Die Unterschiede und Übergänge zwischen Fürsprache und Vermittlung wurden sprachlich indes nicht markiert, weil es über lange Zeit keinen eigenständigen Begriff für den Vermittler gab. Obendrein war das Wort *mediator* bis ins 13. Jahrhundert hinein selbst mit dem Gedanken der Fürsprache eng verbunden. Schon für Christus galt ja, daß seine Mittlerposition auf die Fürsprache hin angelegt war, wie ohnehin der Begriff in der Spätantike als Synonym für das Wort *intercessor* stehen konnte.[77] Die enge Verwandtschaft offenbart sich dann erneut, als der Begriff *mediator* im 12. Jahrhundert auf dem Feld der Friedensstiftung dort Verwendung fand, wo man zuvor vom Einsatz eines *intercessor* lesen konnte. So wird etwa bei Thietmar von Merseburg eine Person, die zwischen einem Rebellen und dem König einen Ausgleich herzustellen sucht, als *fidus intercessor* bezeichnet, während ein staufischer Chronist einem Mann, der genau das gleiche tat, das Etikett *fidus mediator* aufdrückte.[78] Von daher kann der Ausdruck *intercessor* am ehesten als Äquivalent für den nicht gebrauchten Begriff *mediator* angesehen werden. Allerdings setzte auch die Rede vom getreuen Fürsprecher erst spät ein; weit bis ins zehnte Jahrhundert kam man ohne dieses rollenbezeichnende Nomen aus.

Die funktionelle Ähnlichkeit zwischen Fürsprache und Vermittlung, die die synonyme Verwendung der Begriffe *mediator* und *intercessor* ermöglichte, sollte jedoch nicht über die semantische Differenz hinwegtäuschen, die schließlich den unterschiedlichen Gebrauch erlaubte. Mit dem Begriff *mediator* wurde, wie das Beispiel Christi zeigt, in erster Linie auf die Qualität der Beziehungen abgehoben, während bei der Fürsprache das konkrete Tun und mithin die besondere Beziehung zu einer der beiden involvierten Parteien zum Ausdruck kam. So gesehen ist der lange Verzicht auf den Begriff *mediator* im Zusammenhang der Friedensstiftung auch ein deutliches Zeichen für die Tendenz, die einzelnen Praktiken zum Gegenstand der Benennung auf diesem Terrain zu machen. Umgekehrt zeigt sich dann an der Renaissance des Begriffs *mediator*, daß den Beziehungen, die die Friedensstifter zu den Konfliktparteien besaßen, bei deren Vorgehen eine größeres Gewicht zukam, zumindest in der Wahrnehmung der Zeitgenossen.

Der Ausdruck *intercedere* verweist überdies noch auf einen weiteren Grundzug des Sprachgebrauchs. Er benannte eine Praxis, die keineswegs allein im Zuge der Konfliktbeendigung zum Tragen kam, sondern in allen möglichen Konstellationen eine Rolle spielen konnte. Von der Fürsprache war die Rede auch dort, wo man jemandem ein Amt oder ein Privileg verschaffte oder einem anderen einen Gefallen tat. Man denke nur an die vielen mittelalterlichen Urkunden, in denen Intervenienten und Fürsprecher erwähnt werden.[79] Im Grunde genommen deuten aber all die Verben, die im Zusammenhang der Friedensstiftung gebraucht wurden, auf Handlungsweisen hin, mit denen man auch ganz andere Ziele verfolgen konnte. Man intervenierte nicht minder, um eine Rede zu halten oder einen Rat zu geben. Und daß das Bitten und Überzeugen ebenso an verschiedenen

Orten zu unterschiedlichen Zwecken praktiziert wurde, liegt auf der Hand und bedarf keiner weiteren Erläuterung. Selbst das Wort *mediare* wurde in den verschiedensten Kontexten eingesetzt, wie etwa im Zusammenhang von Konzilien, um das Eingreifen jener Personen zu bezeichnen, die die Versammlung einberufen hatten.[80] Insofern zeigt sich bereits am Vokabular, daß die Friedensstiftung nicht mittels einer spezifischen Vorgehensweise, sondern mit Hilfe allseits eingeübter und vielfach verwendeter Praktiken betrieben wurde.

Die verschiedenen Wörter, mit denen man im frühen und hohen Mittelalter die Stiftung von Frieden beschrieb, reden also nirgends von Vermittlung. Das Vokabular hielt Unterschiede in der Vorgehensweise fest, setzte aber andere Schwerpunkte. Man ordnete die Wörter und Praktiken nach anderen Kriterien. Nicht das Verfahren, nicht das Vorgehen oder die Befugnisse, sondern das Ziel, sprich der Frieden und die Aussöhnung, und das konkrete, aber unspezifische Tun bestimmten den Diskurs. Wichtig für die Zeitgenossen war, daß in einer Auseinandersetzung für Frieden gesorgt wurde. Man nahm wahr, wer Frieden stiftete und daß Frieden gestiftet wurde, aber das Wie war nur ganz am Rande ein Thema. Die Techniken und Mittel blieben weithin unterbelichtet.[81] Zwar unterschied man grundsätzlich zwischen gerichtlichen und außergerichtlichen Lösungen, aber im Einzelfall blieb doch vielfach offen, ob der Friede das Ergebnis von Verhandlungen, eines Schiedsgerichts, eines Machtwortes von Seiten eines mächtigen Herrn oder das Resultat einer Vermittlung gewesen war.

Als eine spezifische Form der außergerichtlichen Konfliktbeilegung trat die Vermittlung somit frühestens im 12. Jahrhundert ins Blickfeld. Und so stellt sich zwangsläufig die Frage, ob zuvor überhaupt vermittelt worden war. Obwohl eine Antwort letztlich einer Analyse der Praxis vorbehalten bleiben muß, spricht doch schon die oben zitierte Äußerung Ludwigs des Deutschen von 862, er habe als *privatus mediator* agiert, gegen die völlige Absenz des Phänomens.[82] Und immerhin fußte die Begrifflichkeit ja zum großen Teil auf Praktiken, die unter bestimmten Umständen in Vermittlungsaktionen einmünden konnten.

Dennoch kommt man, selbst wenn man die Existenz einer Vermittlungstätigkeit für das frühe und hohe Mittelalter nicht bestreitet, um eine entscheidende Schlußfolgerung nicht umhin. Vermittlung war – und das zeigt die Analyse des Sprachgebrauchs sehr deutlich – in dieser Zeit eine Praktik der Friedensstiftung unter anderen, ohne von diesen deutlich abgegrenzt gewesen zu sein. Dementsprechend repräsentierte der Vermittler auch keine Instanz mit genau abgesteckten Befugnissen und Aufgaben und einem festen Rollenverständnis. Sieht man einmal von den wenigen Ausnahmen in der Zeit der Enkel Karls des Großen ab, so kamen die Friedensstifter niemals auf den Gedanken zu sagen: Ich bin ein Vermittler.

Und ein Vermittler, der sich nicht als Vermittler darstellt und darstellen kann, der sich nicht in dieser Rolle wahrnimmt oder wahrnehmen kann, ist noch keiner. Insofern gab es in der Tat bis ins 11. Jahrhundert hinein keine Vermittler sui generis, keine selbst-bewußten Vermittler. In Erscheinung traten bis dahin letztlich nur Friedensstifter, die in einen Konflikt eingriffen, um ihn beizulegen, und die dabei nach heutigen Begriffen vermitteln oder eher wie ein Schiedsrichter auftreten konnten oder gar versuchten, den Konflikt per Anweisung beizulegen, ohne daß diesen Unterschieden Beachtung geschenkt wurde. Anders gesagt: Von der Sprache und der Wahrnehmung her gesehen existierte die Vermittlung lediglich als eine informelle Praxis, die mehr oder weniger Gemeinsamkeiten mit der Vermittlung im heutigen Sinne besaß, für damalige Augen indes in der Friedensstiftung aufging. Spuren dieses Zustandes stellt man schließlich auch in der Bedeutung des Begriffs *mediator* fest, wurde er doch in der Anfangsphase ganz allgemein gebraucht, um diejenigen zu bezeichnen, die, in welcher Form auch immer, den Frieden brachten.

Erfolgte aber die Friedensstiftung weithin informell, so gewann sie ihre jeweils besondere Form vor allem durch die Umstände, unter denen sie stattfand. Sie hing von den Machtverhältnissen, den Beziehungen der Akteure und deren Selbstbewußtsein und Selbstdarstellung ab. Vor diesem Hintergrund besitzt dann allerdings die Begrifflichkeit als Indikator der Vermittlungspraxis durchaus Bedeutung. Ist nicht das Fehlen eines feststehenden Ausdrucks für den Vermittler unter solchen Bedingungen ein untrügliches Zeichen für dessen weitläufige Absenz? Selbstverständlich ist ein Wandel in der Wahrnehmung nicht ohne Veränderungen in der Praxis denkbar, die ihm vorausgehen. Stellten sich, so wird man fragen müssen, in dieser Zeit nur selten Konstellationen ein, in denen die dritte Partei de facto als Vermittler handeln konnte? Doch diese Frage führt bereits in ein neues Kapitel.

2. Richten und Verhandeln

An der Schwelle vom 6. zum 7. Jahrhundert bildeten sich im fränkischen Reich allmählich jene politischen und sozialen Strukturen heraus, die in vielerlei Hinsicht das Gesicht der kommenden Jahrhunderte schon verrieten. Auf ehemals römischem Boden war ein Königreich entstanden, dessen Könige in die Fußstapfen der kaiserlichen Statthalter getreten waren. Sie, die Merowinger, hatten sich deren Kompetenzen und Anrechte angeeignet und das kaiserliche Fiskalland in Besitz genommen.[1] Aus Schwerter schwingenden charismatischen Heerführern waren veritable, von Ostrom anerkannte Könige geworden, die Machtvollkommenheit und Autorität von Amts wegen beanspruchten.

Um das riesige Reich, das sich vom Ijsselmeer bis zum Rhônedelta und von der Atlantikküste bis zur mittleren Elbe erstreckte, zu regieren, griffen die merowingischen Könige auf Grafen zurück, die im einst römischen Süden und Westen des Reiches in den größeren Städten und in den übrigen Regionen in ländlichen Distrikten amtierten. Diesen Amtsträgern oblagen militärische wie administrative, gerichtliche und teils auch polizeiliche Aufgaben.[2] Des weiteren setzten die fränkischen Herrscher auch Herzöge ein, denen zumeist mehrere Stadtbezirke oder größere Landstriche unterstanden und die in erster Linie militärische Funktionen zu erfüllen hatten.

Neben den Grafen spielten seit dem Ende des 6. Jahrhunderts die Bischöfe eine eminent wichtige Rolle im politischen Leben. Als die Franken Gallien in Beschlag genommen hatten, stießen sie auf ein festes Netz von Bischofskirchen.[3] Bischöfe residierten in allen größeren Städten und lenkten von dort aus die Geschicke ihrer Kirche. Vielerorts kümmerten sie sich zunehmend auch um die zivile Verwaltung – die öffentlichen Belange, wenn man so will – um den Bau von Brücken und Straßen oder die Versorgung der ärmsten Teile der Bevölkerung.[4] Als regionaler Machtfaktor traten sie um so mehr in Erscheinung, als der Besitz der Kirchen dank großzügiger Schenkungen unter den Merowingern stark anstieg. Nicht selten übernahmen sie auch die Erhebung von Steuern.[5] In den gallo-römischen Städten etablierte sich in der Folge eine Art Doppelherrschaft von Bischof und Graf. War es traditionell der römische Senatorenadel, der die Bischofsämter zu besetzen suchte, so zeigten mit der Zeit die Könige immer mehr Interesse an deren Bestellung, zumal die Bischöfe von Anfang an dank ihrer administrativen Erfahrungen zu ihren engen Beratern gehörten.[6] Seit der Mitte des 6. Jahrhunderts ließen sich die Merowinger das Recht zugestehen, einer Wahl zustimmen zu müssen. Das führte soweit, daß sie nunmehr eigene Kandidaten, zuweilen sogar aus dem Laienstand, auf die Bischofssitze promovierten. Auch wenn sie sich nicht immer gegen die regionalen Gruppen durchsetzen konnten, wurde die Ernennung von Bischöfen zu einem wichtigen Instrument königlicher Herrschaft. Der Einfluß der Herrscher kam noch mehr zum Tragen, als der Dienst am Königshof vielfach eine entscheidende Etappe auf dem Weg ins Bischofsamt darstellte.

So sehr sich in den nachfolgenden Jahrhunderten auch die Stellung und Bedeutung der Grafen, Herzöge und Bischöfe geändert haben mag, so sehr das politische Gewicht dieser Titel und Chargen im einzelnen von den Personen abhing, die sie innehatten – mit diesen Ämtern und Würden war das Gefüge der politisch relevanten Funktionsträger entstanden, deren Kontrolle lange Zeit über Macht und Ohnmacht königlicher Herrschaft entschied.

Wer dem König die Kontrolle streitig machen konnte, offenbarte sich ebenfalls bereits am Ende des 6. Jahrhunderts. Aus den vornehmen fränkischen Kriegern, den römischen Senatorenfamilien und den burgundischen Adligen formierte sich damals eine Art Reichsaristokratie. Sie, die über weitläufigen erblichen Landbesitz verfügte, suchte die Nähe des Königs und wirkte an der Ausübung seiner Herrschaft mit. Aus ihrem Kreise kamen die Bischöfe, die Grafen und hohen Amtsträger am Hof.[7] Der politische Aufstieg des Adels wurde durch die vielen Erbauseinandersetzungen zwischen den merowingischen Königen befördert, die sich geradezu zwangsläufig einstellten, da das Reich unter den Söhnen aufgeteilt wurde.[8] Stets waren die Herrscher bemüht, das eigene Herrschaftsgebiet auf Kosten der anderen zu vergrößern. So hieß es, dem Gegner die Gefolgschaft durch Versprechungen abspenstig zu machen und die eigene durch Belohnungen an sich zu binden.[9] Eine grundsätzliche Frontstellung zwischen König und Adel bildete sich dabei nicht heraus, wohl aber mußten die merowingischen Könige mehr und mehr auf die Forderungen, Ansprüche und Interessen einzelner, zuweilen verbundener oder verbündeter Familien Rücksicht nehmen, und immer häufiger hatten diese am Hof ein Wort mitzureden.[10] Das politische Mit- und Gegeneinander von König und Adel war damit für die kommenden Jahrhunderte eingeleitet. Nimmt man die Bischöfe, die immer auch als Vertreter ihrer Kirchen und Fürsprecher christlicher Normen und Werte agierten, als eine eigenständige Größe hinzu, so hatten sich nunmehr jene Kräfte formiert, die für Jahrhunderte als Protagonisten der politischen Auseinandersetzung hervortraten.

Insofern verwundert es nicht, wenn sich bereits in der Merowingerzeit die typischen Konflikte der mittelalterlichen Adelsgesellschaft abzeichneten. Immer wieder hört man von Auseinandersetzungen zwischen adligen Familien, zum Beispiel um die Bischofswürde oder das Grafenamt, von Konflikten zwischen vornehmen Familien und einzelnen Kirchen um Besitzansprüche oder materielle Vorrechte, von Konfrontationen zwischen den Königen und verschiedenen adligen Gruppen, die in regelrechte Aufstände umschlagen konnten.[11] Aber auch Spannungen zwischen dem König und einzelnen oder mehreren Bischöfen und Zerwürfnisse zwischen dem Herrscher und seinen Amtsträgern und Vertrauten prägen das Bild ebenso wie Streitigkeiten zwischen diesen Amtsträgern und anderen einflußreichen Personen oder Gruppen, die sich deren Anweisungen zu entziehen versuchten.[12] Weit weniger erfährt man indes über Konflikte, in die diese Herren als Gebieter über große Grundherrschaften verwickelt waren oder die die sozialen Schranken in Frage stellten, ganz abgesehen von den alltäglichen Fehden, die die Leute in den Dörfern führten.[13] Obschon selbst noch im 7. Jahrhundert die Einführung oder besser die Wiedereinführung von Steuern Aufstände hervorrief, verloren die politischen

Auseinandersetzungen selbst in solchen Fällen ihren öffentlichen Charakter und nahmen nach heutigem Verständnis die Gestalt von privaten Konflikten zwischen verschiedenen Familien an.[14] Wer mit Steuern belegt wurde, fühlte sich nicht nur in seinen alten Vorrechten beeinträchtigt, sondern auch von dem, der sie einforderte, in seiner Familienehre herausgefordert, weshalb er dann auch die persönliche Verfolgung und Schädigung des anderen als angemessene Reaktion empfand. Wer den Kampf um ein Amt oder eine herausragende Stellung in der Umgebung des Königs oder eines Bischofs verlor, sah darin häufig vor allem eine persönliche Zurücksetzung, die seine Ehre und die seiner Familie in Mitleidenschaft zog. Und wieder wettmachen konnte man das nur, indem man die Ehre oder zumindest die Autorität dessen, der das Unrecht verursacht hatte, zu beschädigen suchte. Dies fiel den Adligen um so leichter, als sie selbst über bewaffnete Gefolgschaften verfügten, die ihnen halfen, ihren Willen notfalls mit Gewalt durchzusetzen.

Der Rahmen, in dem diese Auseinandersetzungen ausgetragen wurden, die Institutionen und die Gepflogenheiten, die das Verhalten der Betroffenen bestimmten, all das hatte nicht weniger als die Konflikte selbst in dieser Zeit eine zukunftsweisende Gestalt gefunden. Grob gesagt bildeten sich zwei Hauptwege zur Beilegung von Konflikten heraus: Der Gang vor Gericht und die direkte Verhandlung zwischen den Streitparteien.

Seit dem Beginn des 7. Jahrhunderts war im Frankenreich ein für die damaligen Verhältnisse durchaus funktionsfähiges Gerichtswesen entstanden.[15] In den Städten traf man auf Gerichte, in denen die Grafen oder deren Stellvertreter den Vorsitz führten. Gerichtsversammlungen gab es ebenfalls in den Dörfern. Daneben trat das Gericht des Bischofs in Erscheinung, das über Kleriker, sofern sie sich nicht schwerster Verbrechen schuldig gemacht hatten, Urteile fällte.[16] Wurden Bischöfe indes selbst eines Vergehens angeklagt, so hatten sie sich vor den kirchlichen Synodalversammlungen zu verantworten.[17] Und schließlich saß auch der König zu Gericht. Er stand dem sogenannten Königsgericht vor, das vor allem bei Klagen gegen königliche Amtsträger und bei Klagen des Königs gegen jene, die seine Autorität etwa durch einen Aufstand herausgefordert hatten, agierte, aber auch als eine Art Berufungsinstanz funktionierte.[18]

Dieses institutionelle Gefüge umklammerte besonders in den Anfängen eine vielstimmige Rechtskultur, die sich aus unterschiedlichen Normen und Traditionen speiste und verschiedene Rechtsgewohnheiten, seien sie römischer, kirchlicher, fränkischer oder später auch sächsischer Provenienz teils nebeneinander, teils übereinander weiterleben ließ.[19] Aufgrund dieser Vielfalt kannten die Gerichte je nach Region und Tradition unterschiedliche Verfahrensweisen. Während in den südlichen, gallorömischen Gebieten und in der Kirche römische Rechtstraditionen die Praxis stark bestimmten und hier die Richter vornehmlich selbst das Urteil fällten, führte in den fränkischen Kernlanden und mithin am Königsgericht der zuständige Richter nur den Vorsitz, während ausgewählte Urteilsfinder, die späteren Schöffen, zuweilen mit dem Richter gemeinsam, das anzuwendende Recht feststellten, das der Vorsitzende dann nur noch in Kraft treten ließ.[20] Diese Art der Gerichtsbarkeit setzte sich in den nachfolgenden Jahrhunderten im weltlichen Bereich mehr und mehr durch. Doch ganz gleich, wie die Urteile zustande kamen und welche Funktion die Richter im einzelnen ausübten, das Gericht war eine Institution, die sich durch formale Regeln, sprich ein bestimmtes Verfahren, durch die Ausrichtung an rechtlichen, zum Teil auch schriftlichen Normen, durch die Feststellung eines Urteils und den Anspruch auf richterliche Zwangsgewalt auszeichnete.[21]

Allerdings zielte das Gerichtsverfahren weniger auf Strafe denn auf Wiedergutmachung ab.[22] Gewiß, harte Strafen erhielten jene, die man der Untreue gegenüber dem König und anderer schwerwiegender Verbrechen vor dem Königsgericht überführte. Sie mußten mit dem Tod, oder aber mit Blendung, Verbannung, Amtsenthebung oder Konfiskation rechnen, wobei zur Zeit der Merowinger solche Strafen vielfach auch ohne Gerichtsverfahren vom König verhängt und exekutiert wurden.[23] Ansonsten aber stand die Wiedergutmachung im Zentrum der Aufmerksamkeit. Dem entsprachen die langen Bußkataloge in den fränkischen Rechtsaufzeichnungen, die für jedes Vergehen eine Buße vorsahen, welche dann vom Täter an die Verwandtschaft des Opfers zu zahlen war.[24] Was zählte, war die Abgeltung durch Genugtuung, auch wenn der Buße selbst ein strafendes Element innewohnte und man bei einzelnen Vergehen einen Anteil derselben an den König zu zahlen hatte.[25] Beschränkten sich die Gerichte aber in erster Linie auf einen Täter-Opfer-Ausgleich, so gewannen sie ihren spezifischen Charakter vornehmlich aus dem formalen Verfahren, das zur Feststellung der Schuld führte. Das nicht auf Gerechtigkeit, sondern auf Schadensersatz abzielende Urteil war nur insofern ein Ausweis des gerichtlichen Procedere, als es sich bei der Bestimmung des Schadensersatzes an die vorgeschriebenen Wiedergutmachungsleistungen für die einzelnen Vergehen hielt und sanktionsfähig war.[26]

Daß sich im Frankenreich eine Gerichtsbarkeit auf verschiedenen Ebenen etablierte, ist die eine Sache, die Rolle, die sie bei der Streiterledigung in der Praxis spielte, eine andere. Grundsätzlich zeigten die fränkischen Herrscher und ihre Nachfolger ein großes Interesse an der gerichtlichen Klärung von Ansprüchen, Vergehen und Streitfällen. Dieses Interesse war zum Teil materieller Natur, bezogen sie doch seit den Anfängen Abgaben und Gebühren aus den Gerichtsverfahren.[27] Darüber hinaus stellten königliches wie gräfliches Gericht die Institutionen dar, in denen sich die

Autorität des Herrschers verkörperte und in denen dessen Fürsorge für Gerechtigkeit und Friedenswahrung sichtbar wurde. Und so nimmt es nicht Wunder, wenn etwa zu Beginn des 7. Jahrhunderts merowingische Könige an spätantike Praktiken anknüpfend außergerichtliche Vergleiche bei Raub untersagten, nämliches bei Diebstahl verboten und generell verhindern wollten, daß vor Gericht erhobene Klagen zurückgezogen wurden.[28] Diese Tendenz verstärkte sich unter den karolingischen Herrschern noch mehr. Ein Gutteil ihrer Selbstdarstellung, die darauf abzielte, die gewaltsame Absetzung der Merowinger zu rechtfertigen, hob vor allem auf die Mißbräuche vor Gericht ab, die man durch Reformen zu beseitigen suchte, was allen Mißerfolgen zum Trotz immerhin zu einer Vereinheitlichung und einer Aufwertung der gerichtlichen Verfahren führte.[29]

Doch schon um 600 wurde eine Fülle von Konflikten vor Gericht ausgetragen. Auseinandersetzungen zwischen dem König und seinen Gefolgsleuten, Beratern und Amtsträgern samt den Bischöfen, als auch jene zwischen führenden Adelsfamilien oder -fraktionen gelangten vor das Gericht des Königs. Gerichtliche Untersuchungen gegen widerspenstige Grafen, Klagen gegen sogenannte Majestätsverbrecher, initiiert vom König oder von einzelnen Großen,[30] aber auch Besitzstreitigkeiten wurden vornehmlich hier erörtert.[31] Auch in der Folgezeit blieb es eine Selbstverständlichkeit, Auseinandersetzungen vor das Gericht des Königs zu bringen. Diese Beobachtung gewinnt an Aussagekraft, wenn man die vielen Gerichtsurkunden der Merowinger- und Karolingerzeit mit einbezieht, die vor allem zeigen, wie man Kontroversen um Besitzansprüche auf diese Weise zu regeln suchte.[32] So gewiß die Rolle des Königs im Rahmen der königlichen Gerichtsbarkeit im Verlauf vom 6. bis zum 9. Jahrhundert schwankte, der Rückgriff auf gerichtliche Verfahren auch von Herrscher zu Herrscher unterschiedlich stark ausfiel, so gewiß nahm die Gerichtsbarkeit am Hofe aufs ganze gesehen eine zentrale Bedeutung für die Austragung von Konflikten an, die um so höher einzuschätzen ist, als im Königsgericht die führenden Adligen und tonangebenden Bischöfe entweder selbst oder doch mit urteilten.[33]

Während bei den Auseinandersetzungen innerhalb der laikalen Führungsschicht das Gericht des Königs zuständig war, übernahmen die Synoden für die geistlichen Würdenträger die nämlichen Aufgaben. Wo der König einen Bischof der Untreue bezichtigte oder einem Bischof von Seinesgleichen bestimmte Vergehen vorgeworfen wurden, unterzog man auf den Synoden die Angelegenheit einer gerichtlichen Klärung – den kirchenrechtlichen Normen entsprechend. Das Zerwürfnis zwischen König Chilperich und dem Bischof Praetextatus von Rouen Ende des 6. Jahrhunderts wie der Konflikt zwischen Ludwig dem Frommen und Ebo von Reims zweihundertfünfzig Jahre später wurden jeweils auf Synoden gerichtlich verhandelt und bilden nur die herausragenden Beispiele für eine gängige Vorgehensweise.[34] Dabei stellten die Synoden zuweilen nichts anderes als eine Art Königsgericht in synodaler Gewandung dar.[35] So ließ etwa der merowingische König Guntram eine Synode in Chalon-sur-Saône einberufen, die zwei Bischöfe wegen Unzucht und Totschlag verurteilen sollte. Da für solche Vergehen aber nach Meinung der zu Gericht sitzenden Bischöfe nur Kirchenbußen vorgesehen waren, eine Amtserhebung jedoch nicht statthaft war, klagte man sie kurzerhand auch noch des Majestätsverbrechens an und entsetzte sie dann im Sinne des Königs ihrer Ämter.[36] Daneben traten Synoden aber auch bei anderen Konflikten als Gerichtsinstanz auf den Plan, so etwa wenn im Kloster lebende Prinzessinnen gegen die Äbtissin rebellierten,[37] wenn Bischöfe um Pfarreien stritten oder eine Gräfin ihren gewalttätigen Ehemann verlassen und bestohlen hatte.[38]

Der große Stellenwert der Gerichtsbarkeit zu jener Zeit tritt um so mehr hervor, als auch das Gericht des Grafen oder seines Stellvertreters nicht minder an der Beilegung von Auseinandersetzungen auf regionaler oder lokaler Ebene beteiligt war. Von Grafen, die Gericht halten, hört man mehrfach bei Gregor von Tours, aber es sind vor allem die Urkundenformulare der Zeit, die auf die Bedeutung des Grafengerichts hinweisen.[39] Hier wurden vornehmlich Streit um Besitz, Körperverletzung und Totschlag, Raub und ähnliche Vergehen verhandelt. Die gräfliche Gerichtsbarkeit war allerdings keineswegs auf die Behandlung 'zivilrechtlicher' Probleme und die Ahndung von kriminellen Aktivitäten beschränkt, auch fehdeartige Auseinandersetzungen, ja regelrechte Kleinkriege zwischen den Bewohnern ihrer Amtsbezirke, befriedeten die Grafen durch ihr Urteil.[40] Der königliche Auftrag an den Grafen, den Frieden in seinem Bezirk aufrechtzuerhalten, und damit seine gleichsam institutionalisierte Rolle als Friedensstifter deckten sich ganz und gar mit der Aufgabe, für Recht und Ordnung zu sorgen.[41] Sein Bemühen, Konflikte beizulegen, mündete demgemäß immer wieder in ein gerichtliches Procedere, und diese Praxis veränderte sich die ganze fränkische Zeit über nicht, ja verstärkte sich vielleicht noch unter den Karolingern, als diese die Gerichtsbarkeit zu reformieren und die Grafen durch die sogenannten Königsboten zu kontrollieren suchten.[42]

Zu guter Letzt unterstreicht auch das Gericht des Bischofs die Bedeutung der prozessualen Konfliktbeilegung. Obwohl seine Kompetenzen in der Merowingerzeit zurückgedrängt wurden und die richterliche Tätigkeit vornehmlich in normativen Quellen, sprich den Konzilsakten, zu fassen ist, verweist deren Verbreitung auf seine wichtige Rolle in kirchlichen Angelegenheiten.[43] Hinzu kommt, daß bereits die Merowinger Bischöfe wiederholt mit dem Auftrag betrauten, einen bestimmten Konflikt gerichtlich zu klären.⁴⁴ Und diese Tradition trat unter den Karolingern noch deutlicher in Erscheinung, die geistliche Würdenträger vielfach als Königsboten einsetzten, um Klagen vor Ort zu untersuchen.⁴⁵

Alles in allem fiel somit in fränkischer Zeit dem Gericht, in welcher Form auch immer, eine entscheidende Rolle für die Beilegung von Konflikten zu. Dies erklärt schon einmal, warum in jener Zeit von Vermittlung so wenig die Rede ist. Doch als ebenso wichtig erweist sich ein anderer Umstand. Zumindest größere gewalttätige Auseinandersetzungen verliefen zumeist in einer Art und Weise, daß Dritte gar nicht eingreifen konnten, um sie zu schlichten. Kam es zu Aufständen oder wurden benachbarte Völker angegriffen, bot man Gefolgsleute, Krieger und Heere auf, zog gegeneinander, vielfach durch menschenleere Gegenden, verheerte die Gebiete des Gegners, belagerte Burgen, lieferte sich zuweilen auch regelrechte Schlachten. Aber weit und breit war niemand außer den Kontrahenten zu finden, der einen Waffenstillstand oder einen Friedensschluß hätte vermitteln können. War man bereit, auf einen Waffengang zu verzichten oder gar um eine Lösung des Konfliktes bemüht, so blieben nur bilaterale Verhandlungen. Und die lagen um so näher, als man dabei an die schon von den Römern im Umgang mit den germanischen Völkern gepflegten Methoden und Verhaltensformen anknüpfen konnte.⁴⁶

So kam es denn auch in den Kämpfen der fränkischen Könige untereinander und mit anderen Völkern nahezu ausschließlich den Gesandten zu, Verhandlungen über einen Waffenstillstand oder einen Friedensschluß zu führen. Wo immer solche Vorgänge ausführlicher beschrieben werden, stößt man auf Gesandte und Boten. Nicht von ungefähr bürgerten sich auch im Laufe der Zeit stehende Redensarten ein wie die von der Befriedung, die durch hin- und herlaufende Gesandte *(legatis intercurrentibus)* beziehungsweise Boten oder vermittels von Gesandten *(mediantibus legatis)* herbeigeführt sei.⁴⁷

Das Procedere lief in all diesen Jahrhunderten nach einem ähnlichen Muster ab. Es wurden von einer oder von beiden Seiten Gesandte ins jeweils andere Lager geschickt, die die genauen Bedingungen eines Waffenstillstandes oder eines Friedens erkunden und, wo möglich, aushandeln sollten.⁴⁸ Obwohl man in den zeitgenössischen Geschichtswerken ein- und dieselbe Person im Zuge einer Friedensmission einmal als Boten *(nuntius)* und ein andermal als Gesandten *(legatus, missus)* bezeichnete,⁴⁹ gab es in der Praxis dennoch Unterschiede. Ein Gesandter war immer auch ein Bote, aber ein Bote noch lange kein Gesandter, über welche in der Regel nur Könige verfügten.⁵⁰ An Boten, die nur Informationen übermittelten, stellte man weniger Anforderungen im Hinblick auf das Prestige und die Autorität der Person. Ihre Aufgabe konnte problemlos von Leuten geringeren Ansehens und niederen Standes absolviert werden,⁵¹ und das ließ sich nutzen, wenn es galt, die Gesprächsbereitschaft des Gegenübers zu sondieren. War man sich darüber im Unklaren, ob der Gegner überhaupt zu Verhandlungen bereit war, so scheint man zunächst einmal Boten geschickt zu haben. So entsandten die Heerführer König Guntrams bei der Belagerung von Comminges als erstes heimlich Boten, um die Möglichkeit einer Übergabe zu eruieren.[52] Die Zurückweisung eines Boten war einfacher hinzunehmen und damit weniger konfliktträchtig als die Ablehnung eines Angebots, das ein ranghoher Gesandter vorbrachte. Allerdings heißt dies auch, daß man, wo auch nur die geringste Hoffnung auf den Friedenswillen des Gegners keimte, möglichst angesehene Personen, sprich eine Gesandtschaft abschickte, um so den sozialen Druck zu erhöhen, sich auf Verhandlungen einzulassen. War erst einmal die Bereitschaft zu einer gewaltfreien Lösung des Konfliktes geweckt, so verhandelten die Gesandten in der Folge über die Bedingungen eines Waffenstillstandes oder Friedens. Einigte man sich, wurde die Aussöhnung teils von ihnen im Namen ihrer Auftraggeber, teils von den Anführern der Heere selbst beschworen, und man stellte Bürgen oder Geiseln als Sicherheit.[53] Bei den Konflikten zwischen den merowingischen Königen am Ende des 6. Jahrhunderts oder den karolingischen Herrschern im 9. Jahrhundert verabredeten die Gesandten nicht selten im Anschluß an die Waffenstillstandsverhandlungen ein Treffen der involvierten Herrscher, auf dem dann ein Frieden geschlossen werden konnte.[54] Sofern sie es dann den Protagonisten selbst überließen, die neuen freundschaftlichen Beziehungen feierlich zu beschwören, hatten sie zuvor durch Eide ihren Herren jeweils Sicherheit zu garantieren.[55]

Das Wirken der Gesandten und ihre Stellung im Prozeß der Konfliktbeilegung hingen in hohem Maße von den Kräfteverhältnissen, den Konfliktgründen und den Erwartungen beider Parteien ab. Um die Neigung der Gegenseite zu einem friedlichen Ausgang zu erhöhen, brachten sie vielfach Geschenke mit.[56] Aber sie konnten ebensogut fordernd auftreten und Bedingungen für den Frieden stellen. Dabei wurden zum Teil die gleichen Mechanismen wie beim Gerichtsverfahren wirksam. Der Frieden konnte und sollte durch die Zahlung von Entschädigung für begangenes Unrecht wiederhergestellt werden. Zumindest für die Merowingerzeit war diese Praxis noch üblich, sowohl bei Konflikten zwischen den einzelnen Königen als auch im Zuge der Auseinandersetzung mit fremden Völkern. So verlangten die Gesandten der merowingischen Könige Childebert I. und Theudebert I. vom Gotenherrscher Theodahad, der ihre Nichte respektive Cousine hatte umbringen lassen, eine hohe Bußzahlung.[57] Auf gleichem Wege forderte Dagobert I. – man schrieb das Jahr 640 – von dem fränkischen Slawenherrscher Samo Buße für die Ermordung einiger fränkischer Kaufleute.[58] Aber auch in den merowingischen Bruderkriegen am

Ende des 6. Jahrhunderts verhandelten Gesandte über die Zahlung von Bußen, mittels derer ihre Herren Auseinandersetzungen friedlich beizulegen suchten. Gesandte König Chilperichs stellten dessen Bruder Guntram eine Wiedergutmachung in Aussicht, um den schon begonnenen Heerzug abzubrechen und eine Vereinbarung zu erreichen.[59] In diesem Zusammenhang wird man noch einmal an die vielen Geschenke denken müssen, mit denen Gesandte das Wohlwollen ihrer Gegenüber zu sichern suchten. Genau wie der Übergang zwischen Geschenk und Tribut gemeinhin fließend war,[60] so dürfte er auch zwischen Bußzahlung und Geschenk nicht deutlich markiert gewesen sein und manches Geschenk eine Art Buße dargestellt haben.[61]

Neben den Bußen bildeten Unterwerfungen und Tribute vielfach die Unterpfänder des Friedens. So gehörte die Vereinbarung von materiellen Leistungen insbesondere bei Auseinandersetzungen mit den Slawen, Sachsen und später auch den Langobarden zum feststehenden Aufgabenbereich der Gesandten.[62] Bei den benachbarten, teils schon länger unter fränkischer Oberherrschaft stehenden Völkern war die Unterwerfung des jeweiligen Fürsten samt einem Treuegelöbnis immer wieder die Bedingung für ein Ende der Gewalttätigkeiten. Als 749 ein fränkisches Heer gegen die Bayern zog, mußten diese schnell ihre Unterlegenheit anerkennen. Sie schickten Gesandte mit vielen Geschenken und unterstellten sich der Herrschaft der Franken, indem sie unter Geiselstellung Treue schworen.[63]

Ob bei den Auseinandersetzungen zwischen den fränkischen Königen oder den Konflikten mit den Nachbarvölkern – häufig stand ein Bündnis, ein Vertrag am Ende der Bemühungen. Ein solches Bündnis konnte ganz allgemein in einem öffentlich gegebenen Versprechen gegenseitiger Achtung und Unterstützung seinen Ausdruck finden,[64] es konnte aber auch in einem genau austarierten schriftlich fixierten Vertrag Niederschlag finden, in dem Herrschaftsgebiete aufgeteilt, Erbvorgänge geregelt und gegenseitige Verpflichtungen zur Hilfe aufgezeichnet werden – man denke an den berühmten Vertrag von Andelot, der im Jahre 596/7 die merowingischen 'Bürgerkriege' beenden sollte, oder an den Vertrag von Meersen, mit dem 870 die kriegerischen Auseinandersetzungen zwischen dem west- und ostfränkischen König um das Erbe des Mittelreiches beigelegt wurden.[65]

Doch so unterschiedlich die Gesandten im einzelnen agierten, eine eigenständige Rolle spielten sie im Laufe der Friedensstiftung so gut wie nicht. Obwohl ihr Erfolg auch von ihren persönlichen Fertigkeiten und ihrem Ansehen abhängen mochte, blieben sie doch die Sprachrohre ihrer Herren. Wie weit ihre Vollmachten reichten, ist im Einzelfall schwer zu klären. Sie hatten sicherlich einen Verhandlungsspielraum, der vorab festgelegt wurde. Nahmen sie einmal neue Positionen ein, so geschah es nur vorbehaltlich der Zustimmung ihres Auftraggebers, der stets das letzte Wort behielt und die grundsätzlichen Entscheidungen traf.[66] Das verhinderte aber nicht, daß sich Gesandte aufgrund ihrer Fähigkeiten um den Abschluß eines Waffenstillstandes oder Friedens besonders verdient machen konnten und als die eigentlichen Friedensstifter erschienen. Aus diesem Grund konnte man dann auch bereits für die spätantiken Auseinandersetzungen zwischen Römern und Barbaren von Gesandten als Vermittlern sprechen.[67] Auch die schon zitierte zeitgenössische Redewendung vom Frieden, der durch das Eingreifen von Gesandten erreicht wurde, weist in diese Richtung. Noch deutlicher tritt das Phänomen im Vertrag von Andelot hervor, der sich als ein Friedenswerk präsentiert, das vermittels der Bischöfe und der Großen des Reiches zustande gekommen sei.[68] Und doch darf man sich von derartigen Formulierungen nicht täuschen lassen. So verbergen sich hinter den vermittelnden Magnaten de facto nur die Gesandten der beiden Könige, die diesen Vertrag schlossen.

Darüber hinaus stellten die Bemühungen um Frieden für die Gesandten nur eine Tätigkeit unter anderen dar. Im Endeffekt unterschied sich ihr Vorgehen kaum, ob sie nun neue Verbündete gewinnen, Heiraten anbahnen, einzelne politische Fragen oder eben einen Friedensschluß verhandeln sollten.[69] Anders gesagt: Eine spezifische Tätigkeit eignete dieser Form von Friedensstiftung nicht.

Den Weg der Verhandlung beschritt man nicht nur, wenn es galt, die Beziehungen zu anderen Völkern und jene zwischen einzelnen Königen in friedliche Bahnen zu lenken. Auch wenn Burgen und Städte belagert wurden und die Bewohner nicht mehr in der Lage waren, Widerstand zu leisten, schickten diese vielfach Boten ins gegnerische Lager und suchten um eine friedliche Lösung nach. Dahinter verbarg sich zumeist das Angebot, die Burg zu übergeben und einen Treueid zu leisten, falls man im Gegenzug das Leben und vielleicht auch noch einen Teil der Habe zugesichert bekomme.[70] Zu vergleichbaren Situationen kam es im Zuge jedweder kriegerischen Konfliktführung, gleichviel ob bei Konflikten zwischen einzelnen Adligen oder Kämpfen mit oder gegen den König.[71]

Daß innerhalb eines Reiches die Beilegung von Konflikten mittels direkter Verhandlungen gesucht wurde, läßt sich anhand der vielen Urkunden zeigen, die im Zuge einer außergerichtlichen Vereinbarung aufgesetzt wurden.[72] Die gegenseitigen Abkommen, die im übrigen nicht immer schriftlich niedergelegt werden mußten, spielten bis ins 11. Jahrhundert hinein eine große Rolle, vor allem bei Konflikten, die sich um Besitz und Eigentum drehten. Vielfach enthielten sie Strafandrohungen für den Fall, daß die eingegangenen Verpflichtungen von der einen oder anderen Seite nicht erfüllt wurden, und diese Strafandrohungen wurden von der öffentlichen Gewalt anerkannt, ja sie bekannte sich zuweilen zu deren Durchsetzung. Das eigentliche Ziel dieser bilateralen Verträge bestand in der Wiederherstellung des Friedens zwischen den Parteien, was in Fällen von Diebstahl, Raub oder Totschlag durch Bußzahlungen bewirkt werden sollte.[73] Das erinnert zweifellos an Gerichtsverfahren, aber im Unterschied zu diesen handelte es sich bei den Abkommen zumindest pro forma um freiwillige Vereinbarungen. Von daher standen derartige Übereinkünfte auch in Konkurrenz zum Gerichtsgang und weisen somit darauf hin, daß die Beilegung von Konflikten durch Verhandlungen eine Alternative zur Einleitung eines Prozesses und nicht nur ein anderes Verfahren für andere Probleme darstellte.

Erscheinen folglich Verhandlung und Prozeß als die entscheidenden Wege der Konfliktbeilegung im fränkischen Reich, so gab es weitere Formen der Friedensstiftung, die indes weniger stark ausgestaltet und formalisiert waren. So traten zum einen zuweilen Personen auf, die die Autorität, die sie ihrem Amt oder ihrer hervorgehobenen sozialen Stellung verdankten, in die Waagschale warfen, um eine gewalttätige Auseinandersetzung ohne gerichtliches Procedere zu befrieden. Zum zweiten übertrugen die Konfliktparteien hin und wieder Dritten den Auftrag, eine gütliche Einigung herbeizuführen. Prozeduren, die eine Verwandtschaft zur Schlichtung besaßen oder zumindest deren Möglichkeit mit einschlossen, entwickelten sich zuweilen im Rahmen eines Gerichtsverfahrens oder am Ende bilateraler Verhandlungen, wie sich prozessuale und bilaterale Lösungsschritte im Einzelfall mit anderen Formen der Friedensstiftung immer wieder verschränkten konnten. Aufs ganze gesehen blieben diese Praktiken randständig. Aber da sie zum Teil den Fundus bildeten, aus dem sich im Laufe der Zeit die Vermittlungstätigkeit entwickelte, verdienen sie eine ausführlichere Erörterung.

3. Formen der Schlichtung

Die einfachste Form der Konfliktbeilegung besteht für Außenstehende darin, sich unvermittelt an die gewaltbereiten oder schon gewalttätigen Kontrahenten zu wenden und sie von der Gewaltanwendung abzuhalten. Das war auch in fränkischer Zeit nicht anders. So wäre es auf einer Versammlung von Bischöfen und Großen des Reiches am Hofe Clothars II. um das Jahr 627 fast zu einem Blutvergießen gekommen, wenn nicht Chlothar „auf besonnene Weise dazwischengetreten wäre".[1] Ein Mann, der den Palast des Königssohnes Charibert verwaltete, war von einem Gefolgsmann eines sächsischen Magnaten getötet worden, und Aufruhr hatte sich breitgemacht. Es gelang dem König jedoch, den Sachsen dazu zu bewegen, sich mit seinen Leuten auf einem nahegelegenen Berg niederzulassen. Als dann die Leute aus dem Lager Chariberts die Sachsen angreifen wollten, schickte der König vornehme Burgunder, die beide Seiten davon in Kenntnis setzen sollten, daß der König jedweden angreifen werde, der sich seiner Entscheidung widersetzen würde. Und „aus Furcht davor wurden schließlich beide Seiten auf Befehl des Königs zum Frieden bewogen."[2] Gleichsam mit einem Machtwort samt der Drohung, sich offensiv gegen jene zu wenden, die seiner Aufforderung zum Gewaltverzicht nicht nachkamen, stellte Chlothar II. hier in einer überaus brenzligen Situation den Frieden wieder her oder schaffte es zumindest, einen weiteren Ausbruch von Gewalt zu verhindern. Dabei kam ihm natürlich zugute, daß er mit seinen Kriegern die Gewaltbereiten einschüchtern konnte.

Wo indes dem Friedensstifter keine Krieger als Autoritätsreserve zur Verfügung standen, stellte ein mehr oder weniger beherztes Dazwischentreten stets ein Risiko dar. Das ist zumindest eine der Lehren, die man aus den handfesten Auseinandersetzungen ziehen kann, die sich um 750, also am Ende der Merowingerzeit, zwischen dem Hausmeier Flaochad und dem Patricius Willebad am burgundischen Königshof abspielten.[3] Eingedenk seiner früheren Feindschaft sann der Hausmeier darauf, den alten Heerführer umzubringen, nachdem dieser im Unterschied zu den meisten anderen Magnaten Gehorsam und Unterordnung verweigert hatte. Der Hausmeier lud die Großen und die Bischöfe Burgunds zu einem Hoftag nach Chalon-sur-Saône, wo er Willebad in seinem Palast hinterhältig zu ermorden hoffte. Dieser, mit einem großen Gefolge ebenfalls gekommen, war vorsichtig genug und betrat das Gebäude erst gar nicht. Doch der Hausmeier sah seine Chance noch nicht vertan. Er verließ selbst den Palast und suchte den offenen Kampf. Als beide losschlagen wollten, warf sich jedoch der Bruder Flaochads, Amalbert, dazwischen, um Frieden zu stiften.[4] Sein guter Wille wurde ihm allerdings nicht gelohnt. Willebad bemächtigte sich seiner sofort, nahm ihn als Geisel und konnte so aus der unmittelbaren Gefahr entkommen. Amalbert war das Risiko der friedensstiftenden Intervention eingegangen und hatte verloren. Mit ihm als Unterpfand sah sich Willebad nunmehr allerdings in der Lage, einen akzeptablen Ausweg aus der Konfrontation zu finden. Personen gingen hin und her und trennten die Kampfbereiten, ohne daß es zu einem Blutvergießen kam.[5] Willebad konnte schließlich abziehen, und Flaochad hatte seinen Bruder wieder.[6] Allerdings waren Zorn und Feindschaft nicht gezügelt, und Flaochad sann weiter darauf, Willebad aus der Welt zu schaffen.[7]

Auf die soeben beschriebene Art und Weise griff nach den Worten Gregors von Tours auch die Königin Brunichilde ein, als sich der Herzog der Champagne, ihr Gefolgsmann, einem Heer seiner und letztlich ihrer zahlreichen Gegner gegenübersah: „Sie gürtete sich mannhaft, warf sich mitten zwischen die feindlichen Scharen und rief: Laßt ab, ihr Männer, laßt ab davon, ein solches Unrecht zu begehen, laßt ab davon, einen Unschuldigen zu verfolgen, laßt es nicht um eines Mannes willen zum Kampfe kommen, in dem das Glück dieses Landes zugrunde gehen würde."[8] Mit diesem Worten allein gelang es der Königin allerdings noch nicht, den Kampf zwischen ihren Leuten und jenen, die nunmehr im Namen ihres unmündigen Sohnes regierten, abzuwenden. Doch immerhin, man redete erst einmal, auch wenn man sich anfänglich nicht gerade in Freundlichkeiten übte. „'Weiche von uns Weib! Genug, daß du die Herrschaft führtest unter Deinem Gemahl; jetzt aber herrscht dein Sohn und nicht du, sondern wir schützen seine Herrschaft. Weiche also von uns, daß nicht die Hufe unserer Rosse dich zu Boden treten.' So redeten sie", fährt Gregor von Tours fort, „lange Zeit hin und her, zuletzt bewirkte das Bemühen der Königin, daß es nicht zum Kampf kam."[9]

Daß man mit einem mutigen Eingreifen in letzter Minute nicht nur in der Merowingerzeit zu rechnen hatte, in der dieses Tun wie ein Spiegel der Neigung zu unmittelbaren Gewaltreaktionen erscheinen mag, zeigt ein ähnlicher Vorfall noch aus dem 11. Jahrhundert, den Thietmar von Merseburg in aller Selbstverständlichkeit berichtet. Nachdem er den Tod Bischof Anfreds von Utrecht geschildert hat, kommt Thietmar auf den Streit zu sprechen, der sich an der Frage entzündete, wo der Bischof begraben werden sollte. Hier standen die Utrechter auf der einen Seite und auf der anderen die Mönche und Vasallen des von Anfred gegründeten Klosters Hohorst bei Amersfoort. Dabei waren die Mönche im Vorteil, weil der Bischof in ihrem Kreise gestorben war. Und so kamen kurz darauf die von Utrecht barfüßig, aber mit Waffen in den Händen, sprich halb demütig, halb drohend, und baten darum, den Leichnam überstellt zu bekommen, um ihn in der Bischofsstadt beisetzen zu können. Doch diesem Ansinnen widersetzte man sich, und die Tochter des Bischofs, Äbtissin eines anderen von ihrem Vater gegründeten Konvents, pochte darauf, daß dieser begraben werden solle, wo er gestorben sei. „Es kam soweit, daß Bewaffnete beider Parteien bedrohlich aufeinander losgingen und mancher wohl sein Leben verloren hätte, wenn nicht die Frau Äbtissin sich zwischen ihnen niedergeworfen und Gott um Frieden unter ihnen, wenigstens für den Augenblick, gebeten hätte."[10] In seiner Grundstruktur gleicht auch die Intervention der Äbtissin den anderen Akten der Schlichtung. Erneut hat man es mit einem spontanen Akt zu tun, der primär auf die unmittelbare Unterbindung von Gewalthandlungen ausgerichtet war.

Der Erfolg eines solchen Vorgehens – und das offenbaren alle zitierten Fälle – hing ganz und gar von der Autorität der um Frieden bemühten Person ab und deren Fähigkeit, sich Achtung und Gehör zu verschaffen. Ein

Stück Autorität wuchs den selbsternannten Friedensstiftern stets wohl schon durch das Risiko zu, das sie, wie das Beispiel Amalbert zeigt, mit ihrer Intervention auf sich nahmen. Sie fanden Gehör, weil sie sich mit ihrem Eingreifen in größte Gefahr begaben und damit schon etwas Ungewöhnliches taten, was Aufmerksamkeit und damit auch zumindest kurzfristige Ablenkung hervorrief. Allein beim König mag dieser Faktor nicht so bedeutsam gewesen sein, da er einen schwerbewaffneten Anhang hinter sich wußte. Ihm floß die notwendige Autorität vor allem durch Amt und Ansehen zu, er konnte eben mit seinem Heer drohen. Aber auch Amalbert verfügte über eine politische Autorität kraft seiner Stellung am Hof, die ihm die berechtigte Hoffnung verlieh, die gewaltbereiten Krieger zum Einhalten zu bringen, eine politische Autorität, die durch die Verwandtschaft mit Flaochad untermauert und ergänzt wurde. Seine gescheiterte Aktion zeigt jedoch auch die Grenzen der gewachsenen Autorität. Zum einen stand er nicht wie Chlothar II. über den Konfliktparteien, hatte so gesehen keinen Autoritätsvorsprung. Zum andern aber untergrub auch das Ungleichgewicht zwischen den beiden Kontrahenten sein gut gemeintes Unterfangen. Wo jemand wie Willebad ganz mit dem Rücken zur Wand stand, schien es ihm einfach verlockend, den Friedensstifter als Geisel zu nehmen, um sich zu retten. Es bedurfte – und das macht diese Geschichte recht deutlich – einer gewissen Chancengleichheit. Ohne die Möglichkeit für beide Seiten, etwas bei der Aktion zu gewinnen, besaß diese spontane Art der Schlichtung nur geringe Erfolgsaussichten.

Die Möglichkeit, Einhalt zu gebieten, speist sich bei den Frauen von vornherein aus anderen Quellen.[11] Um einen Krieger friedlich zu stimmen, genügte es anscheinend nicht allein, Königin oder Äbtissin zu sein. Es bedurfte einer zusätzlichen Anstrengung, und das mag erklären, warum sie ihre Intervention jeweils rituell einkleideten. Sie, die im Kampfe nichts zu sagen und zu bestellen hatten, mußten ein Zeichen setzen, um Gehör zu finden. Ob es dabei feste Konventionen gegeben hat, kann man aufgrund der spärlichen Spuren, die solche Aktionen hinterlassen haben, nicht sagen. In welchem Maße der rituelle Akt sich den Gegebenheiten anpassen konnte, wird indes schnell deutlich. Wenn sich Brunichilde umgürtete und als Kriegerin auftrat, sich den Kämpfenden gleichsam assimilierte, um Autorität zu erlangen, so ließ sich das mit ihrer Stellung als Königin noch in Einklang bringen.[12] Für eine Äbtissin aber war das Anlegen von Waffen nicht gut möglich. Sie beschritt den umgekehrten Weg und hoffte, sich durch ein Zeichen der Demut jene Achtung zu verschaffen, derer es zur Befriedung bedurfte. Sie nahm den Weg über Gott und dementsprechend sprach sie im Unterschied zu Brunichilde auch nicht mit kampfbereiten Kriegern, sondern betete im Angesicht der Krieger allein zum Allmächtigen, von dem sie die friedliche Lösung erwartete.

Der Erfolg dieser einfachen Befriedungsaktionen hing also in hohem Maße von der Autorität ab, die der Friedensstifter qua Amt und Würden besaß und ad hoc durch die Aufbietung von Kriegern, seinen persönlichen Einsatz oder rituelle Akte steigern konnte. Ein besonderes Profil als Friedensstifter konnte man dabei jedoch nur in Maßen gewinnen. Denn eine Beilegung des Konfliktes im weiteren Sinn war zunächst einmal gar nicht beabsichtigt. Chlothar II. glaubte, durch sein Machtwort schon das Wichtigste getan zu haben. Und im Falle Flaochads verschob man die Regelung auf später, wo dann Boten hin- und hergingen, um eine Lösung auszuhandeln.

Solche Formen der Friedensstiftung blieben im politischen Leben jedoch marginal, zumindest wird nur selten von ihnen berichtet. Darüber hinaus mag ihre Darstellung zuweilen sogar nur einem literarischen Effekt geschuldet sein. Dies sei an einer Intervention Ludwigs des Jüngeren demonstriert, des einzigen Karolingers, von dem dergleichen überliefert ist. Nach dem Zeugnis der Annalen von Fulda soll er nämlich bei einem Streit zwischen Sachsen und Franken, als schon die Schwerter gezückt wurden, eingeschritten sein und ein Blutvergießen verhindert haben.[13] Doch ob der König buchstäblich zwischen die zur Gewalt entschlossenen Kontrahenten trat, erscheint ungewiß. Denn die Fuldaer Annalen lassen es offen, wo sich der Zwischenfall ereignete, ob auf einem Hoftag in Tribur oder anderwärts.[14] Und im zweiten Fall hätte sich der Königssohn eigens auf den Weg gemacht, um den Ausbruch von Gewalt zu verhindern, womit von einer beherzten, spontanen Intervention, wie es der Autor der Zeilen insbesondere mit der Rede von den gezückten Schwertern suggeriert, nicht mehr die Rede sein kann. Trifft dies zu, so hat man es mit einer bewußten Dramatisierung und Personalisierung des Geschehens von Seiten des Autors zu tun, in deren Gefolge das friedensstiftende Dazwischentreten nicht mehr als ein anschauliches Bild ist, mit dessen Hilfe komplexere Vorgänge eingängig vereinfacht werden. Ob es sich de facto so verhielt, sei dahingestellt; in jedem Fall verringert sich aber vor diesem Hintergrund noch einmal das Gewicht, das dieser Art der Friedensstiftung beizumessen ist.

Auf der anderen Seite bildete sie jedoch die Grundlage für komplexere Lösungen. Die selbsternannten Friedensstifter beließen es zuweilen nämlich nicht dabei, den Ausbruch von Gewalttätigkeiten zu unterbinden, sondern versuchten durch ihr Machtwort eine regelrechte Einigung der Konfliktparteien herbeizuführen, wenn auch nicht immer erfolgreich. König Theudebert I. ging in dieser Weise vor, als zwei seiner Ratgeber, Asteriolus und Secundius mit Namen, beide äußerst gebildet, sich nicht mehr damit zufriedengaben, allen anderen in seiner Gunst voranzustehen, sondern einander zu übertreffen suchten.[15] Schließlich konnte einer von ihnen, nämlich Asteriolus, den Hochmut des anderen nicht mehr ertragen, und es kam zu einem Streit. Aller Bildung zum Trotz wurde man handgreiflich und malträtierte sich gegenseitig mit den Fäusten. Der König schritt ein und sorgte für Frieden.[16] Doch einige Zeit später, Secundinus litt noch immer an seinen Verletzungen, eskalierte der Streit von neuem. Und wieder griff Theudebert ein, nahm diesmal jedoch mehr als deutlich für Secundinus Partei. Asteriolus verlor seine Stellung und wurde sogar in die Gewalt seines Feindes übergeben.[17] Wie der König den Streit das erste Mal zu beenden suchte, wird nicht erwähnt, geht aber aus dem Fortgang der Ereignisse deutlich hervor. Er wird seine Autorität als König ins Spiel gebracht und einfach damit gedroht haben, jede Zuwiderhandlung gegen sein Friedensgebot mit dem Verlust der Huld zu ahnden. Denn nur so läßt sich seine heftige Reaktion auf den erneuten Ausbruch des Konfliktes erklären. Er stellte sich ja nunmehr gegen Asteriolus, und der einzige Grund für diese Verhaltensänderung konnte nur darin liegen, daß dieser seinen Frieden gebrochen hatte. Gregor von Tours sagt es zwar nicht klipp und klar, aber er weist doch deutlich darauf hin, wenn er eigens die noch nicht abgeheilten Wunden des Secundinus erwähnt und damit suggeriert, daß dieser damals gar nicht zu größeren Aggressionen in der Lage war. Überdies läßt auch die Reaktion des Secundinus auf den erneuten Aufstieg seines alten Gegners keine andere Deutung zu. Denn er tötete Asteriolus, als dieser den Schutz der Königin verlor, mit deren Hilfe er zuvor wieder zu Amt und Würden gekommen war.[18] Verständlich ist dies aber nur, wenn man in der Absetzung des Asteriolus eine Art Wiedergutmachung für Secundinus sieht, die durch die Restituierung wieder aufgehoben wurde. Secundinus konnte aber wohl nur deshalb so erpicht auf Wiedergutmachung und Vergeltung sein, weil er zuvor eine entsprechende Demütigung erfahren hatte. Und was konnte er eher als Erniedrigung empfinden denn die Wiedereröffnung der Feindseligkeiten zu einem Zeitpunkt, als er sich aufgrund seiner Verletzung und im Glauben auf das Wort des Königs sicher fühlte. Von hier aus erklärt sich auch die eindeutige Parteinahme des Königs als Reaktion auf den Friedensbruch des Asteriolus. Er dürfte sich als Friedensstifter ganz und gar desavouiert gefühlt haben.[19] Im Grunde genommen legte der König auf diese Weise nur in besonders krasser Form ein Verhalten an den Tag, wie es später wiederholt von gescheiterten und enttäuschten Schlichtern und Vermittlern gezeigt oder – man denke an das Einschreiten Chlothars II. – angedroht wurde. Seine Reaktion verdeutlicht jedenfalls, daß er nach dem ersten Dazwischentreten glaubte, den Konflikt beigelegt zu haben, in welcher Form auch immer dies geschehen war.

Was aber den Fall Theudeberts so interessant macht, ist etwas anderes. Er ist eines der wenigen anschaulichen Beispiele dafür, daß man im Kreis der engsten Vertrauten, der *familiares*, Konflikte zunächst einmal formlos zu beenden suchte. Denn zumeist fanden derartige Vorgehensweisen in der Überlieferung kaum Niederschlag. Sofern die Aktionen nicht scheiterten, wie in diesem Fall, sorgten sie kaum für Aufmerksamkeit und dürften ohnehin nicht in die Öffentlichkeit getragen worden sein. Aber es entsprach doch ganz den gängigen Vorstellungen, wie Theudebert schlichtend einzugreifen, ja diese Art der Schlichtung wurde unter den Karolingern sogar zur Norm erhoben. So ging jenes Kapitular, das entweder noch zur Zeit Karls d. Gr. oder aber unter der Herrschaft seines Nachfolgers erlassen worden war, um die Disziplin am Königshof zu stärken, davon aus, daß ein jeglicher, der Zeuge eines Streites am Königshof werden würde, versuchen sollte, die Kontrahenten zum Frieden zu bewegen.[20]

Solche Formen der Konfliktbeilegung blieben zumindest noch in merowingischer Zeit keinesfalls auf den Kreis der *familiares* beschränkt. Nicht anders als Theudebert suchte nämlich auch die Königin Fredegunde einige Jahre später einen Streit zwischen zwei fränkischen Familien zu schlichten.[21] Ein Mann hatte seinem Schwager vorgeworfen, seine Schwester zu vernachlässigen, und als dieser sein Verhalten nicht änderte, tötete er ihn kurzerhand. Dafür bezahlte er selbst mit seinem Leben. Die Familien der beiden Toten befehdeten sich in der Folgezeit ohne Unterlaß. Dies nun veranlaßte die Königin mehrfach, sich an die Streitparteien zu wenden, um sie zum Frieden zu bewegen.[22] Sie versuchte es mit versöhnlichen Worten, ohne den Kontrahenten Repressionen oder gar ein Gerichtsverfahren anzudrohen. Sie ermahnte die Parteien zum Frieden, heißt es bei Gregor von Tours.[23] Wie dieser Frieden zustande kommen sollte, sagt er nicht. Aber wenn man sieht, wie Fehden ansonsten beigelegt oder zumindest zeitweilig befriedet wurden, so gibt es kaum Zweifel. Fredegunde dürfte die Familien dazu aufgefordert haben, für die begangenen Untaten einander Genugtuung in Form von Bußzahlungen zu leisten. Erfolg war der Königin trotz mehrmaliger Intervention allerdings nicht beschieden, und sie wußte sich schließlich nicht anders zu helfen, als die beiden rachsüchtigen Familienhäupter mit dem Beil aus der Welt zu schaffen.[24] Offenkundig fehlte es der Königin an Autorität, sich durchzusetzen, ein Mangel, den sie dann mit Gewalt kompensierte. Dieser Mangel mag persönliche Gründe gehabt haben, er mag auch mit ihrem Geschlecht in Verbindung stehen, aber hing vor allem mit dem Status der damals verwitweten und politisch marginalisierten Königin zusammen. Nicht von ungefähr führte Fredegundes brachiale Reaktion zu einer Art Aufstand und rief ihren Neffen und Gegenspieler Childebert II. auf den Plan.[25]

Die Art, wie Fredegunde anfänglich den Frieden wiederherzustellen suchte, erinnert an die Sühnevermittlung, wie sie aus den Anfängen des fränkischen Reiches, aber auch aus anderen frühen Germanenreichen bekannt ist. Die Königin schlüpfte in die Rolle jener einflußreichen und angesehenen Männer, denen es vor Zeiten oblag, Fehdegegner zur Annahme von Bußzahlungen zu überreden, um so den Frieden zwischen den Familien wiederherzustellen.[26] Diese Sühnemittler waren, wenn man so will, Repräsentanten einer Gesellschaft, die die Beilegung von Konflikten weithin durch Selbsthilfe regelte, da sie nicht über eine ausgeprägte Zentralgewalt mit richterlichen Funktionen verfügte.[27] Mit der Verbreitung eines Gerichtswesens und einer öffentlichen Sanktionsgewalt im fränkischen Reich verloren diese Vermittler indes ihre Aufgabe. Sie ging auf die Richter über, die in der frühen Zeit vielfach Konflikte vor Gericht einfach schlichteten.[28] Von daher erscheint auch das Vorgehen Fredegundes wie ein Überbleibsel alter Zeiten, wie ein Atavismus. Ihre Reaktion, der Auftrag, die Protagonisten mit dem Beil zu erschlagen, verstärkt diesen Eindruck. Doch der Anschein trügt, und zwar aus mehreren Gründen. Zum einen paßten die Schlichtungsbemühen bestens zu dem Plan, in der Gegend von Tournai wieder Fuß zu fassen und dem nachgeborenen Sohn die Herrschaft zu sichern. Zum zweiten steht das Vorgehen Fredegundes nicht allein. Bis ins hohe Mittelalter hinein haben Herrscher wiederholt versucht, Konflikte unter ihren Getreuen auch ohne Hilfe des Gerichtes zu regeln.[29] Anders gesagt, nicht der Mordauftrag, wohl aber die Art, die Familienfehde beizulegen, kann letztlich als Ausdruck einer durchaus etablierten Form herrscherlicher, ja herrschaftlicher Friedensstiftung verstanden werden. Daß schließlich die Kontrahenten umgebracht wurden, kurzum Fredegunde es nicht ertragen konnte, daß ihr Wort, ihre Mahnungen keinen Erfolg hatten, zeigt bereits deutlich den autoritären Charakter dieser Art der Konfliktbeilegung.

Allerdings sind solche Formen der Schlichtung erst wieder aus dem 9. Jahrhundert überliefert und erscheinen damit in einem ganz anderen historischen Umfeld, was denn auch so manchen Unterschied und vielleicht sogar das Fehlen entsprechender Berichte in der Zwischenzeit erklären mag. Was sich seit dem Ende des 6. Jahrhunderts vor allem verändert hatte, war der Umgang mit der Fehde. Auch schon zu Zeiten Fredegundes oder ihres Sohnes Chlothar II. hatte man dieser den Kampf angesagt und mühte sich allenthalben, Unrecht und Untat mit Bußen zu begegnen.[30] Aber der Druck von oben, die Leute zu Bußzahlungen zu zwingen, hatte sich mehr und mehr verstärkt. Herrscher, die wie Guntram noch gelobten, ihre Gegner bis ins neunte Glied auszurotten,[31] und Herrscherinnen, die wie Nanthilde noch Mitte des 7. Jahrhunderts auf den Mord an einem Amtsträger mit dem Aufruf an die Familie des Opfers reagierten, den Täter, wo es nur gehe, zu schädigen,[32] waren seit der Mitte des 8. Jahrhunderts eigentlich undenkbar. Fehdegegner, die einer Buße nicht zustimmen wollten, wurden in der Zeit Karls des Großen mit der Deportation bedroht.[33] Und den Grafen wurde eingeschärft, alles zu unternehmen, um die Ausweitung von Fehdehandlungen zu unterbinden. Da diese Vorschriften aber zugleich zeigen, wie schwer es war, derartige Auseinandersetzungen in Grenzen zu halten, lag es auf der Hand, daß man häufig nur mit Zwang eingreifen konnte, sprich die Autorität und Sanktionsgewalt des Amtes einsetzen mußte. Ein Herrscher, der zwei Familienhäupter, die sich befehdeten, höflich um Frieden bat, war unmöglich geworden, ohne daß deshalb stets eine gerichtliche Lösung vonnöten gewesen wäre. Und doch lag sie dann wieder von anderer Seite nahe, da das Ideal der Gerechtigkeit nicht zuletzt der eigenen Legitimation wegen propagiert wurde. Frieden, so vermittelten es zumindest die Historiographie und die eigenen offiziellen Verlautbarungen, stifteten schon ein Dagobert I. oder später dann ein Karl d. Gr. zuerst einmal und vor allem mit dem Schwert der Gerechtigkeit.[34] Dies aber erforderte es, in praxi festzustellen, wer im Recht war. So gab es zweifelsohne eine Tendenz zum gerichtlichen Procedere.

In jedem Falle traten erst seit dem 9. Jahrhundert die Herrscher als Versöhner und Friedensstifter in den Vordergrund. 848 söhnte zum Beispiel Ludwig der Deutsche nach dem Zeugnis der Fuldaer Annalen die Dienstleute der Mainzer Kirche mit ihrem Bischof Hrabanus Maurus aus.[35] Die Intervention erfolgte hier nicht, wie in den oben genannten Fällen, um einen Prozeß zu vermeiden. Sie schloß sich vielmehr an ihn an, da, wie eigens vermerkt wird, die Leute des Bischofs zuvor einer Verschwörung gegen ihren Herren öffentlich überführt worden waren.[36] Vor diesem Hintergrund wie der Schreiber der Annalen von Fulda von Friedensstiftung zu reden, macht eigentlich nur Sinn, wenn es galt, die Wunden zu heilen, die durch das Urteil entstanden waren. Wie und wodurch dem König das gelang, läßt sich allerdings nicht in Erfahrung bringen.

Als Ludwig der Jüngere im Jahre 879 einen Streit zu schlichten suchte, war bereits ebenfalls eine Strafe verhängt worden. Damals hatte Ludwig mit dem Grafen Ermbert einige Große aus Bayern empfangen, die sich zuvor mit seinem kranken und nahezu amtsunfähigen Bruder Karlmann überworfen und gerüchtehalber sogar dessen Ermordung geplant hatten.[37] Dessen Sohn Arnulf wiederum, der spätere Kaiser, hatte ihnen daraufhin die Lehen und Würden abgesprochen. Ludwig der Jüngere nahm sich nun der Vertriebenen an und zog nach Bayern, wo ihm bereits die Nachfolge beim Tode seines Bruders zugesagt worden war. Und nun soll er die Widerspenstigen einigermaßen zur Eintracht bewegt und mit ihren früheren Stellungen wieder betraut haben.[38] De facto handelte es sich bei dem Vorgehen Ludwigs um eine vorzeitige Machtübernahme, was selbst die dem König nahestehenden Fuldaer Annalen gar nicht erst abzustreiten, wohl aber zu rechtfertigen suchen.[39] Von daher kommt die Darstellung Ludwigs des Jüngeren als Friedensstifter nicht unschuldig daher, sondern soll zweifelsohne seinen autoritären Eingriff beschönigen. Wohl deshalb verzichtet der Autor auch auf eine präzise Schilderung dessen, was der König in

Bayern eigentlich gemacht hat, mit wem er überhaupt die Vertriebenen versöhnte. Auch weiß man nicht, ob die Wiedereinsetzung von vornherein feststand oder erst im Gefolge von Verhandlungen zustande kam. Indem sie aber das Vorgehen Ludwigs des Jüngern als eine Form der Konfliktbeilegung beschreiben, verraten die Fuldaer Annalen dennoch einiges über die damit angesprochene Art der Friedensstiftung. Ein König konnte kraft seiner königlichen Autorität eine Einigung durchsetzten, von der er glaubte, daß alle damit leben konnten oder daß diejenigen, die sich wie etwa Arnulf durch das Arrangement als Verlierer fühlen durften, nichts dagegen zu tun vermochten.

Wie sehr die königliche Autorität zu einem solchen Verhalten animierte, zeigt sich nicht zuletzt daran, daß der besagte Arnulf später als Kaiser nicht anders handelte. Denn auch er machte sich einen Namen als Friedensstifter, als er auf einem Hoftag seinen Sohn Zwentibold mit einigen Großen aussöhnte, die dieser vorher seiner Würden beraubt hatte.[40] Auch hier heißt Versöhnung Befriedung, und ein Ausgleich wurde nur insofern erreicht, als das einmal ergangene Urteil, die Absetzung, wieder aufgehoben, gleichsam rückgängig gemacht wurde. Die Darstellung bei Regino von Prüm, der Ausgleich sei auf Intervention des Königs erfolgt,[41] mag Verhandlungen nahelegen, doch ebenso wie bei Ludwig dem Jüngeren war der Ausgleich letztlich das Ergebnis eines königlichen Diktums, dem sich diesmal vor allem der Sohn des Königs, Zwentibold, beugen mußte.

Um zu sehen, wie wenig die außergerichtliche Friedensstiftung, wenn sie denn vom König betrieben wurde, mit dem Aushandeln eines Kompromisses zu tun hat, muß man sich nur die Darstellung der Reichsteilung, die Ludwig der Deutsche 872 vornahm, in den Fuldaer Annalen anschauen. Indem der König damals, so der Autor, jedem seiner Söhne die künftigen Herrschaftsbereiche zuwies, sei es ihm gelungen, die zerstrittenen Söhne zu versöhnen.[42] Da der König hier offenkundig aus einander feindlich gesinnten Söhnen wieder regelrechte Brüder machen wollte, konnte man aus der Sicht der Zeitgenossen zu Recht von Friedensstiftung sprechen. Aber es war in erster Linie Friedensstiftung durch herrscherliches Gebot. Es war der König, der seinen Söhnen vorschrieb, was sie in Zukunft erhalten sollten, auch wenn er natürlich versucht haben dürfte, die jeweiligen Interessen angemessen zu berücksichtigen, um keinen allzu sehr zu bevorteilen. An dem autoritären Charakter der Schlichtung ändert das indes nichts. Die Kontrahenten hatten nichts zu sagen. Wie sehr Ludwig der Deutsche die Situation damals beherrschte, läßt sich an der anschließenden Zeremonie ablesen, bei der die beiden Söhne Karl und Ludwig vor dem gesamten Heer ihren Treueid auf den König erneut ablegen mußten.[43]

Betrachtet man die autoritativen Schlichtungsbemühungen der Könige und Königinnen im Zusammenhang, so sind vor allem zwei Aspekte festzuhalten. Nicht als Vermittler trat der König hier auf, eher schon glich seine Rolle der eines Schiedsrichters, aber auch dieser Vergleich relativiert noch den autoritären Charakter, da das Gebot des Königs von den Kontrahenten nicht unbedingt erbeten wurde. Zum zweiten stand diese Form der Friedensstiftung in einem vielgestaltigen Verhältnis zum gerichtlichen Procedere. Sie konnte es ersetzen, setzte aber auch erst nach einem Urteil ein und konnte folglich auch dessen Vollzug aufheben, so daß die Entscheidung eines Gerichts für den Verurteilten nicht das letzte Wort sein mußte.

Wenn nun zuweilen selbst die fränkischen Könige Konflikte in ihrer Umgebung und unter ihren Getreuen durch Schlichtung beizulegen suchten, so gingen auch diejenigen, die in ihrem Namen für Recht und Ordnung sorgten, also die Grafen und Herzöge, aber fallweise auch die Bischöfe, nicht anders vor, wenn sie den Frieden im Auftrag des Herrschers zwischen zwei Parteien wiederherstellen sollten. Auch dann beobachtet man fast den gleichen autoritativen Grundzug. Als Lothar I. 846 zwei Bischöfe und den Markgrafen von Spoleto aufforderte, den Frieden in Benevent zwischen Sigenulf und Radelchis wiederherzustellen, war es für ihn eine Selbstverständlichkeit, daß seine Leute über die Bedingungen und Voraussetzungen des Friedens entschieden und eigenmächtig die Teilung des Herrschaftsgebietes vornahmen, um das die beiden Kontrahenten stritten.[44] Solch autoritatives Auftreten vertrug sich sowohl mit einer Schlichtung als auch mit einem gerichtlichen Procedere. Allerdings tritt in dem hier gewählten Beispiel der Unterschied zu einem gerichtlichen Vorgehen deutlich zutage. Die Bischöfe und Markgrafen sollten beide Konfliktparteien nach dem Grundsatz der Gleichheit behandeln, keinen übervorteilen, den Ansprüchen beider gerecht werden.[45] Die Feststellung von Schuld spielte ebensowenig eine Rolle wie die Verhängung einer Strafe. Aber nur selten kann man denen, die im Namen des Königs Konflikte beilegen sollen, so gut in die Instruktionen schauen. Zumeist erfährt man nicht mehr, als daß sie ausgesandt wurden, diese oder jene zu versöhnen. Doch hinter diesen Worten, die heutzutage nach gütlicher Einigung klingen, kann sich ebensogut der Auftrag zu einer gerichtlichen Untersuchung verbergen. Wenn Childebert II. die Bischöfe Marowech von Poitiers und Gregor von Tours auffordert, Frieden zwischen einer Mutter und ihrer Tochter, die sich wegen der Klostergründung zerstritten hatten, zu stiften, so meinte er damit, ihre Ansprüche und Rechte vor Gericht zu klären.[46] Und das gleiche galt – gut 250 Jahre später – auch für die Bischöfe und Grafen, die Ludwig der Deutsche losschickte, um den Hersfelder Zehntstreit friedlich zu beenden. Auch hier dachte der König an eine gerichtliche Klärung.[47] Wenn dann aber nach den Worten Flodoards Heinrich I. Eberhard von Franken nach Lothringen sandte, damit er dort für Gerechtigkeit sorgte und die Lothringer untereinander im Frieden vereinte,[48] so kann man mit diesen Worten sowohl Strafaktionen als auch Schlichtungsbemühungen in Zusammenhang bringen. Folglich läßt sich dank der zumeist lakonischen Überlieferung nur eines festhalten: Man sah in den zur Beilegung von Konflikten abgesandten Grafen oder Bischöfen in ihrer Zeit in erster Linie Friedensstifter. Ob sie indes als Richter oder mehr als Schlichter auftraten, fand kaum jemand erwähnenswert.

Sieht man von den speziellen Aufträgen an die Bischöfe, Markgrafen oder Grafen ab und richtet sein Augenmerk auf das Alltagsgeschäft der königlichen Amtsträger, die für Frieden und Ordnung vor Ort verantwortlich waren, also insbesondere auf die Grafen, so fällt eine Bewertung noch schwerer. Die Grafen waren zum einen die Adressaten jener königlichen Erlasse, die dazu aufriefen, allenthalben für Recht und Ordnung zu sorgen und die Maßstäbe der Gerechtigkeit anzuwenden. Zum anderen verpflichteten die Herrscher sie dazu, Fehden und gewalttätige Auseinandersetzungen durch Bußen beizulegen, ohne im einzelnen zu sagen, wie dies geschehen sollte.[49] Kombiniert man beide Ansprüche miteinander, so mußte der Graf eigentlich stets die Parteien vor Gericht ziehen. Daß die Beendigung von Fehden und gewalttätigen Auseinandersetzungen Sache der Gerichte war oder werden konnte, weiß man denn auch seit der Zeit Gregors von Tours. Die so ausführlich beschriebene und viel zitierte Fehde des Sichar, die gleich zweimal die Gerichte beschäftigte, ist das bekannteste Beispiel.[50] Ihr Verlauf zeigt aber auch, wie groß der Ermessensspielraum der Richter war. Bei der zweiten Verhandlung verrechneten nämlich die Richter die zuvor auferlegten Bußleistungen mit den späteren Schädigungen und verstießen, wie Gregor hinzufügt, damit gegen die Gesetze, nur um endlich Frieden zu schaffen.[51] Grundsätzlich aber waren Grafen gehalten, die festgelegten Bußsätze anzuwenden. Allein, wie sie die Leute dazu brachten, spielte keine große Rolle, hing letztlich vom Willen der Beteiligten ab, auf die Zahlung von Bußen einzugehen. Diese Neigung mag insgesamt nicht sehr hoch gewesen sein, weshalb die Sanktionen für Widerspenstige immer mehr in die Höhe geschraubt wurden.[52] Aber wie bereits erwähnt, kam es auch im Zuge bilateraler Verhandlungen zu Abkommen, die Bußzahlungen vorsahen.[53] Um wieviel größer mußte die Akzeptanz sein, wenn ein Graf mit seinen Sanktionsmöglichkeiten die Parteien zu deren Annahme drängte. Daß einige der oben erwähnten zweiseitigen Abkommen im Beisein von Grafen aufgesetzt wurden, ist in diesem Zusammenhang durchaus aussagekräftig, obschon man daraus nicht zwangsläufig auf eine Vermittlung oder Schlichtung von ihrer Seite aus schließen kann.[54] All dies zeigt: Den Vorschriften konnten die Grafen auch Genüge tun, ohne sich der Gerichtsbarkeit zu bedienen, und zumindest vereinzelt taten sie das auch.

Da nun aber die Friedensstiftung in jenen Zeiten nicht nur die Form eines gerichtlichen Verfahrens annehmen, sondern diesem auch vorausgehen oder gar nachfolgen konnte, werden die Grafen in so manchem Fall sich beider Praktiken bedient haben. Eine Geschichte, die Gregor von Tours erzählt, macht dies deutlich. Als König Chilperich 584 starb, kam es zwischen Loire und Seine zu heftigen Auseinandersetzungen zwischen den Bewohnern verschiedener Städte, wobei die Frage, zu welchem Teilreich man in Zukunft gehören werde, zumindest der Anlaß war. Leute aus Orléans und Blois überfielen die Stadt Châteaudun. Sie steckten die Häuser in Brand und raubten, was ihnen in die Hände fiel. Ihre Tat blieb nicht ohne Folgen. Châteaudun suchte Verstärkung in der Gegend von Chartres, und gemeinsam machte man sich nun über die Bewohner der beiden Städte an der Loire her, indem man plünderte und brandschatzte.[55] Als die Einwohner von Orléans erneut zu den Waffen griffen, um in Châteaudun einzufallen, traten jedoch die Grafen dazwischen, und es wurde, wie Gregor von Tours formuliert, Frieden gemacht: Man verordnete einen Waffenstillstand und beraumte einen Gerichtstag an. Hier wollten sie ein Urteil fällen und denjenigen, der den anderen auf ungerechtfertigte Weise angegangen hatte, zu einer angemessenen Bußleistung, so wie es die Billigkeit verlangte, verpflichten.[56] Anders gesagt: Um überhaupt einen Prozeß zu führen, mußten die Grafen in dem Konflikt zunächst Frieden stiften. Sie hatten beide Seiten davon zu überzeugen, daß es besser sei, die Waffen beiseite zu legen und sich auf das anvisierte Untersuchungsverfahren einzulassen. Sie griffen also erst einmal schlichtend ein und führten dann einen Prozeß. Es liegt auf der Hand, daß es relativ häufig zu solch informellen Akten der Friedensstiftung gekommen sein dürfte. Denn überall, wo Gewalt ausgeübt wurde, waren sie eigentlich der erste Schritt auf dem Weg zu einer Beilegung, die dann auch, wie in diesem Fall, mit einem späteren Gerichtsverfahren enden konnte. Insofern nimmt es auch nicht Wunder, wenn etwa in den Aufrufen an die königlichen Amtsträger, für Frieden zu sorgen, der Gedanke an eine Schlichtung und der Gedanke an Gericht und Gerechtigkeit im Begriff der Friedensstiftung zusammengedacht wurden.

Im Unterschied zum weltlichen Bereich besaßen die außergerichtlichen Formen der Konfliktbeilegung innerhalb der Kirche ein institutionelles Fundament. Seit der Merowingerzeit existierten Konzilsbeschlüsse, die im Falle von innerkirchlichen Auseinandersetzungen, aber auch bei Konflikten zwischen Laien und geistlichen Würdenträgern zunächst einmal eine Phase der Nächstenliebe vorschrieben. In ihr sollten sich die Kontrahenten von selbst einigen. Gelang dies nicht, so galt es, sie durch Personen aus ihrem Umfeld mit Ermahnungen, aber auch mit konkreten Vorschlägen, insbesondere im Hinblick auf Wiedergutmachungsleistungen, zur Aussöhnung zu bewegen.[57] Erst für das Scheitern derartiger Bemühungen wurde ein Urteil ins Auge gefaßt, sei es durch die zuständigen Bischöfe, den Erzbischof oder durch eine Synode. Bei den Personen, die sich einschalten sollten, hatten die Synoden zum einen die Freunde und Priester aus derselben Kirche oder, falls Bischöfe miteinander in Konflikt gerieten, die entsprechenden Würdenträger aus der Umgebung im Blick.[58] Der Status dieser Intervenienten war nicht genau festgelegt, aber wo von der Einflußnahme der Freunde oder den Ermahnungen der benachbarten Bischöfe die Rede ist, liegt eine Weisungsbefugnis fern. Was hier eingefordert wurde, war Vermittlung. Bei Auseinandersetzungen zwischen Bischöfen war die Phase der Nächstenliebe beim Scheitern der vermittelten Ausgleichsbemühungen noch nicht beendet. Denn bevor hier die Synode zu einem Urteil schritt, sollte erst noch eine Art Schiedsgericht aus ausgewählten Bischöfen eingesetzt werden, um die Angelegenheit zu beenden.[59]

Solche Vorschriften vermochten um so leichter Anwendung zu finden, als man den Bischöfen ohnehin seit der Spätantike beigebracht hatte, eine gütliche Einigung der gerichtlichen Klärung vorzuziehen.[60] In jedem Fall war die kirchliche Tradition so stark, daß sie in der Karolingerzeit zumindest auf der Ebene des Diskurses mit in den weltlichen Bereich übernommen wurde. Als die karolinigischen Könige begannen, sich wie Bischöfe als Hirten zu gebärden, als sie anfingen, Regelungen über dies und das zu erlassen und dabei Konzilsbeschlüsse zum Vorbild nahmen, da tauchten auch verwandte Formulierungen in den Kapitularien auf. So geht das Kapitular über das Gerichtswesen von 811/813 davon aus, daß bei Konflikten zwischen Bischöfen, Äbten, Grafen oder anderen Großen die Angelegenheit zunächst gütlich aus der Welt geschafft und erst im Falle des Scheiterns vor dem König entschieden werden sollte.[61] Im Unterschied zu den Konzilstexten bleiben die Bestimmungen aber vage. Von besonderen Personen, die sich dabei engagieren sollten und damit die Rolle von Vermittlern oder Schlichtern übernommen hätten, ist nirgends die Rede.

Dennoch gab es im fränkischen Reich bis in die späte Karolingerzeit eine Gruppe von Personen, zu deren Aufgabenbereich auch die Schlichtung von Konflikten gehörte. Ihr Wirkungsfeld bildete allerdings nicht die große Politik, sondern der alltägliche Zwist und Hader vor Ort. Gemeint sind die *boni homines*.[62] Diese Männer, die sich durch einen guten Leumund und wohl auch durch hohes Ansehen auszeichneten und damit als lokale Autoritäten auswiesen, sind in erster Linie als Zeugen faßbar, die die Aufsetzung von Urkunden beglaubigten, mit denen Konfliktparteien einseitig oder beiderseitig ihre Auseinandersetzung für beendet erklärten und die eine Selbstverpflichtung auf ein Gerichtsurteil enthielten oder eine gütliche Einigung fixierten. Diese Männer beteiligten sich über den

Beurkundungsvorgang hinaus manchmal auch an der Beilegung des Konfliktes selbst. Mal fungierten sie bei einem Gerichtsverfahren als Urteilsfinder und Schöffen, mal nahmen sie die Position eines Schlichters ein. Inwiefern sie dabei als Schiedsrichter oder nur als Vermittler tätig waren, läßt sich im einzelnen nicht klären, ja manchmal weiß man sogar nicht einmal, ob sie schlichtend oder als Urteilsfinder eingegriffen haben. Bleibt folglich auch ihr konkretes Vorgehen vielfach im dunkeln, so gibt es genug Fälle, bei denen sie offenkundig eine gütliche Einigung bewirkt haben. Allerdings kam es zu derartigen Schlichtungen vornehmlich bei Besitzstreitigkeiten und weniger bei Auseinandersetzungen, die mit Raub, Körperverletzung oder Totschlag in Zusammenhang standen.[63]

Als Schlichter konnten die *boni homines* auftreten, weil sie vor Ort dank ihrer Position in der Rechtsordnung und ihrer sozialen Stellung über die nötige Autorität verfügten. Insofern zeigt auch ihr Auftreten, daß es in dieser Zeit einer institutionell verankerten Autorität bedurfte, um überhaupt eigenständig als Außenstehender einen Konflikt beilegen zu können, was de facto darauf hinauslief, daß fast jeder Schlichter potentiell immer auch ein Richter oder Schöffe war.

Diesem Befund widerspricht auf den ersten Blick eine andere Beobachtung. So wird die Beilegung eines Konfliktes fast mit den gleichen Formulierungen zuweilen sogenannten ehrwürdigen respektive tüchtigen Männern zugeschrieben, den *viri strenui* oder den *viri magnifici*, nicht selten in einem Atemzug mit Bischöfen. Und im Unterschied zu den *boni homines* handelt es sich bei diesen Personen nicht um eine feste Institution des Rechtslebens.[64] Vielmehr verdankten sie ihre besondere Position ihren individuellen Fähigkeiten, ihrer moralischen Unangreifbarkeit oder allein ihrem sozialen Prestige. Dieser Personenkreis wurde zudem bei allen möglichen Konflikten als Friedensstifter genannt und spielte auch bei Auseinandersetzungen auf höchster Ebene, etwa zwischen zwei fränkischen Königen, eine Rolle. Und wo diese Männer Frieden stifteten, ging es um mehr oder weniger gütliche Einigungen. Wenn man insofern auf einen Sühnevertrag trifft, der durch das Eingreifen von ehrwürdigen Männern und Priestern zustande gekommen ist, so kann man dabei durchaus an Vermittler oder Schlichter denken, deren Autorität allein auf ihrem Prestige beruht.[65]

Aber in vielen Fällen ist das nicht möglich. Und dann fällt die Abgrenzung zu rein bilateralen Verhandlungen schwer. Und das gilt auch für die Bischöfe, die Priester oder Freunde, die als Friedensstifter genannt werden. Erinnert sei hier an den Vertrag von Andelot, den die jeweiligen Gesandten König Guntrams und König Childeberts II. aushandelten. Wie schon erwähnt, führte ihn Gregor von Tours auf das Eingreifen von Bischöfen und Großen zurück, wobei er aber nur die Gesandten beider

Seiten im Auge hatte.[66] Und wenn es später in karolingischen Quellen heißt, ein Ausgleich sei vermittels ehrwürdiger Männer zustande gekommen, so kann man ebenfalls nicht ausschließen, daß auch diese Männer nur Abgesandte beider Parteien waren und keinesfalls eine eigenständige Rolle spielten.[67] Und selbst die sogenannten Freunde, die einen Ausgleich oder Frieden aushandelten, dürften häufig nichts anderes als die Gefolgsleute beider Seiten gewesen sein[68] und nicht unbedingt eine Gruppe von Personen, die sich von den anderen dadurch abhob, daß sie gute Beziehungen zu beiden Seiten hatte. Wenn etwa in den Annalen von Saint-Bertin geschildert wird, wie ein Frieden zwischen Ludwig von Italien und Lothar II. vermittelst der Freunde und der Dienstmannen zustande kam, so zeigt der Hinweis auf die Dienstmann, daß hier aus dem beiderseitigem Gefolge Leute als Unterhändler aktiv geworden sind.[69] Selbstverständlich kann man den Gesandten und anderen Gefolgsleuten im Einzelfall durchaus eine eigenständige Rolle zutrauen, zumal bilaterale Verhandlungen dazu führten, Schiedsleute mit der Beilegung des Konfliktes zu betrauen. Aber zumeist hat man es bei den genannten Friedensstiftern nicht mit Außenstehenden zu tun.

Mit dem letzten Hinweis ist man bereits bei einer weiteren Form der Friedensstiftung angelangt, die sich im frühen Mittelalter zwischen Verhandlung und Gericht etablierte und vor allem bei Auseinandersetzungen zwischen den fränkischen Königen zum Einsatz kam: dem Schiedsgericht.

Von einem regelrechten Schiedsgericht kann allerdings für diese Zeit nicht mehr und noch nicht die Rede sein. Die römische Tradition der Schiedsgerichtsbarkeit fand im Frankenreich nur noch einen schwachen Widerhall.[70] Selbst die *episcopalis audientia*, jene spätantike Institution, die dem Bischof das Recht gab, bei Streitfällen zwischen Christen auf deren Verlangen einen Schiedsspruch zu fällen, zeigte nur geringe Nachwirkungen und stand zunehmend im Schatten der innerkirchlichen Richtertätigkeit.[71] Noch weniger hört man von Schiedssprüchen im weltlichen Bereich, insbesondere bei den politisch bedeutsamen Auseinandersetzungen. Eine bemerkenswerte Ausnahme bildet hier der Theoderich d. Gr. zugeschriebene Versuch, den Konflikt zwischen Chlodwig und Alarich II. durch einen Schiedsspruch zu lösen. Ob es de facto dazu gekommen ist, läßt sich heute nicht mehr feststellen, da nur Fredegar in einem Abstand von 150 Jahren darüber berichtet und das, wie man sagt, mit sagenhaften-mythischen Elementen.[72] Dennoch verraten seine Vorstellungen einiges über den Status, den diese Form der Friedensstiftung damals besaß, und die Haltung, die man ihr gegenüber einnahm.

Obwohl Fredegar in seiner ausführlichen Darstellung weder vom Schiedsgericht noch vom Schiedsrichter spricht, schildert er die typischen Merkmale eines solchen Verfahrens.[73] Gescheiterte Friedensverhandlungen bildeten den Ausgangspunkt für die Akteure, die Hilfe eines Schiedsrichters in Anspruch zu nehmen. Man hatte sich bereits auf ein Treffen Chlodwigs mit Alarich geeinigt, als die Franken die Westgoten gleichsam in flagranti dabei erwischt haben sollen, das anvisierte Friedenstreffen zu einem schmählichen Hinterhalt zu nutzen. Aber die Franken liebten, wie der Chronist dem Leser weismachen will, den Frieden über alles, und so schlug man nicht gleich los, sondern verständigte sich mit den Westgoten darauf, den Konflikt durch das Urteil Theoderichs beilegen zu lassen. Die Gesandten beider Parteien sagten dann vorab zu, die Entscheidung des ostgotischen Königs anzuerkennen. Im nächsten Schritt trugen sie ihre jeweilige Sicht der Dinge dem König vor, wobei laut Fredegar die Westgoten ihre Schuld gar nicht abstreiten konnten und so nur noch die Art der Buße, die sie zu leisten hatten, Gegenstand des Urteils war. Nachdem Theoderich dann die Reden der Abgesandten vernommen hatte, versprach er, ein gerechtes, der Eintracht dienliches Urteil zu fällen, zog sich mit seinen Ratgebern zurück und erließ dann, in den Augen Fredegars von Anfang an geplant, einen Entscheid, der nicht den Frieden, sondern zwangsläufig den Krieg brachte: ein „Gesandter der Franken sollte nämlich hoch zu Roß, den Wurfspieß aufrecht in der Hand, vor der Palasthalle des Alarich erscheinen, und so lange sollten Alarich und die Goten Solidi auf ihn schütten, bis sie den Gesandten, sein Pferd und die Spitze des Wurfspießes mit den Münzen bedeckten."[74] Das war als Demütigung gedacht und so suchten sich die Westgoten dem Urteil denn auch zu entziehen. Sie trachteten dem fränkischen Gesandten nach dem Leben und stellten sich arm. Doch da spielten die Franken nicht mit, überzogen ihre ungeliebten Nachbarn mit Krieg, töteten deren König und vernichteten einen Großteil des gegnerischen Heeres. So stellte sich hundertfünfzig Jahre später einem Franken die Vorgeschichte der Schlacht von Vouillé dar, die 507 mit einem Sieg seiner Vorfahren über die Westgoten geendet und das fränkisch Reich weit in den Süden des alten Gallien ausgedehnt hatte. Aus einem gut vorbereiteten Angriffskrieg war ein Verteidigungskrieg gegen die Perfidie der Westgoten geworden, für den auch noch der Ostgote Theoderich den Rechtsgrund geliefert hatte.[75]

Wenngleich der Schiedsspruch Theoderichs aus der Welt der Legenden und Anekdoten zu stammen scheint, so zeigt die Art und Weise, wie der Geschichtsschreiber seine Entstehung beschreibt, ein genaues Wissen über die Mechanismen der Schiedsgerichtsbarkeit. Fredegar wußte genau, wie es zu derartigen Schiedssprüchen kam. Er wußte, daß die vorherige Anerkennung des späteren Urteils dazugehörte und man deshalb auch anschließend kaum das ergangene Urteil in Frage stellen konnte. Deshalb wollten die Westgoten den fränkischen Abgesandten zwar umbringen und belogen ihn über ihre pekuniären Möglichkeiten, kamen aber nicht auf die

Idee, den Spruch wegen seiner offenkundigen Unausgewogenheit abzulehnen. Das Verfahren, das die Antike als Rechtsinstitut ausgebildet hatte, war also in seinen Grundzügen im 7. Jahrhundert noch bekannt, und man konnte sich vorstellen, daß sich zwei Könige in einem Streit auf diese Weise vergleichen konnten. Doch ebenso deutlich offenbart die Darstellung gerade in ihrer Zeitgebundenheit, warum diese Form der Konfliktschlichtung so gut wie gar nicht mehr praktiziert wurde. Der Schiedsrichter nimmt sich bei Fredegar wie ein gewöhnlicher Richter aus. Er fällt nach Absprache mit seinen Großen ein Urteil über die Höhe der Buße, er will auf diese Weise die rechte Ordnung wiederherstellen und damit Frieden schaffen. Wenn aber der Schiedsrichter de facto nichts anderes tut als ein Richter, dann braucht man ihn nur, wo kein Gericht vorhanden ist. Bezeichnenderweise schildert dieser einzig nennenswerte Fall, in dem ein Schiedsrichter im frühen Mittelalter als Friedensstifter genannt wird, einen Konflikt zwischen zwei Königen. Doch nicht nur das. Die Schilderung offenbart zugleich, warum sich ein solches Unterfangen für einen fränkischen König, ja für jeden König, der etwas auf sich hielt, nicht ziemte. Wer die Entscheidungsgewalt aus der Hand gibt, liefert sich allzuleicht den Ränken und Intrigen des Schiedsrichters aus und erkennt zudem eine übergeordnete Macht an. Ein fränkischer König, so lautet die Botschaft, tut gut daran, sein eigener Herr zu bleiben. Bezeichnenderweise stellt das in so düsteren Farben gemalte Schiedsgericht des ostgotischen Königs zugleich einen Wendepunkt in der Darstellung Fredegars dar. Bis dahin wurde Theoderich als Lichtgestalt und als die Autoritätsperson im Westen des römischen Reiches präsentiert, und so ist es für den Leser auch verständlich, warum beide Parteien dessen Urteil suchten.[76] Mit dem Schiedsspruch aber sinkt Theoderichs Stern und der Chlodwigs beginnt zu strahlen, nicht zuletzt weil er diesen unfreundlichen Schiedsspruch für seine Interessen nutzt und die damit ausgelegten Schlingen mit einem überwältigenden militärischen Sieg einfach zerreißt. Von nun an mußten sich fränkische Herrscher nicht mehr auf Schiedssprüche anderer Könige einlassen.

Ihren Aussagewert erhält die Geschichte Fredegars, weil in der Tat Chlodwigs Nachfolger ihre Konflikte nicht mehr durch einzelne Schiedsrichter beilegen ließen. Daß man Auseinandersetzungen mit fremden Völkern nicht in dieser Form beenden mußte und auch nicht wollte, lag am zunehmenden politischen Gewicht des Frankenreiches und entsprach einem wachsenden fränkischen Selbstbewußtsein. Aber auch bei Konflikten zwischen den fränkischen Königen verhielt es sich nicht anders. Wer sich wie die Frankenkönige stets als gleichberechtigter Herrscher ansah und diesen Status mit allem Eifer verteidigte, hätte niemals einem Konkurrenten den Gefallen getan, ihn als Schiedsrichter zu beanspruchen und sich ihm auf diese Weise unterzuordnen. So gesehen verdeutlicht die geringe Verbreitung des Schiedsrichters im frühen Mittelalter noch einmal, wie wenig die rangbewußte Gesellschaft dazu neigte, die Regelung ihrer Konflikte Dritten zu überlassen, sofern sie nicht schon eine Autoritätsperson darstellten, auf die zu hören ihnen ohnehin vorgegeben war.

Doch so selten von regelrechten Schiedsrichtern im frühen Mittelalter die Rede ist, auf verwandte Praktiken griff man doch immer wieder zurück. Allerdings legte man die Entscheidung nicht in die Hände eines außenstehenden Dritten, sondern betraute Leute aus der Umgebung der Konfliktparteien mit einer Lösung. Das galt für die Kirche, das galt aber auch für den weltlichen Bereich. Zu nennen ist hier in erster Linie das in den Konzilsbeschlüssen angemahnte und schon erwähnte Vorgehen bei Streitigkeiten zwischen Bischöfen. Ehe es zu einer gerichtlichen Klärung kam, sollten beide Parteien aus ihren Reihen Priester wählen, deren Aufgabe es war, die Angelegenheit im Sinne beider Kontrahenten zu schlichten.[77] Daß die Schiedsrichter aus dem jeweiligen Anhang berufen wurden, zeigt zunächst einmal den gütlichen Charakter des Verfahrens. Von einer expliziten Unterwerfung unter den Urteilsspruch ist in den frühen Konzilstexten nicht die Rede, aber in den Akten der Frankfurter Synode von 794 werden die Konfliktparteien dazu aufgefordert, den Schiedsspruch gewählter Richter anzuerkennen.[78] Dahinter verbirgt sich allem Anschein nach ein Institutionalisierungsschub, der das Verfahren immer mehr aus der gütlichen in die gerichtliche Sphäre überführte. In jedem Fall ist in der zweiten Hälfte des 9. Jahrhunderts das innerkirchliche Schiedsgericht gleichsam zu einer festen Instanz der Gerichtsbarkeit geworden. Als Hinkmar von Reims im Streit zwischen seinem Namensvetter und Amtskollegen Hinkmar von Laon und Karl dem Kahlen die Aufhebung eines Urteils, das ein weltliches Gericht gegen den Bischof gefällt hatte, erlangte und nunmehr dafür eintrat, die Angelegenheit nach den Gesetzen der Kirche zu regeln, forderte er, den Streit durch ein Urteil gewählter Richter in der zuständigen Kirchenprovinz zu entscheiden.[79] Hier ging es allerdings nicht mehr um einen Ausgleich, sondern allein darum, die Abstrafung des renitenten Bischofs von Laon der in den Augen des Erzbischofs allein verantwortlichen Kirche vorzubehalten. Für den Fall, daß die bestellten Richter scheiterten, sah Hinkmar von Reims auch vor, durch eine Synode das Urteil fällen zu lassen. Den Stellenwert, den diese Form des Schiedsgerichtes im Zuge der innerkirchlichen Streiterledigung hatte, kann man insgesamt allerdings kaum erfassen, da seine Existenz vornehmlich durch normative Quellen beglaubigt wird.

Anders sieht die Lage im weltlichen Bereich aus. Die fränkische Geschichtsschreibung weiß von einigen bewaffneten Konflikten zu berichten, in deren Verlauf man auch eine Beilegung durch schiedsartige Verfahren ins Auge faßte. Dabei handelte es sich zumeist um Auseinandersetzungen zwischen Mitgliedern der jeweiligen Herrscherfamilie. Für ihre Differenzen war kein Gericht zuständig, und doch schien ihnen in vielen Fällen ein Urteil der beste Weg, um die Angelegenheit zu regeln. Angesichts der Probleme, Entscheidungen an Außenstehende zu delegieren, gab es da nur einen Ausweg: Männer oder Frauen aus dem Anhang, sprich dem Kreis der Großen, mit der Lösung zu beauftragen. Schon in den merowingischen Bruderkriegen am Ende des 6. Jahrhunderts verfiel man auf solche Lösungen. Als Chilperich 583 seine Krieger gegen Guntram aufbot, mußte er schon nach kurzer Zeit heftige Verluste verzeichnen.[80] Es kam dann zu Verhandlungen; die Gesandten beider Seiten vereinbarten, einen Waffenstillstand und die Könige gaben überdies einander das Versprechen, „daß der Teil, der die Grenzen des Rechts überschritten hätte, dem anderen die Buße zahlen sollte, welche die Bischöfe und die Vornehmen im Volk bestimmen sollten."[81] Und so gingen die Parteien dann befriedet auseinander, fügt Gregor von Tours hinzu. Ob später ein Urteil erging, wie es gegebenenfalls aussah und welche Großen es fällten, sagt er jedoch nicht. Ein klares Bild kann man sich von daher nur verschaffen, wenn man vergleichbare Fälle daneben stellt. Dazu eignet sich unter anderen das Angebot, mit dem Chlothar II. die Königin Brunichilde zu besänftigen suchte, nachdem er in ihr Reich eingefallen war und von ihr durch Gesandte aufgefordert wurde, sich zurückzuziehen. Denn er erklärte zunächst einmal sein Einverständnis, „einem Urteil auserwählter Franken zu folgen, was immer von den Franken zuvor unter Gottes Führung entschieden worden sei".[82] Ganz ähnlich hatten sich zuvor die zerstrittenen Enkel der Brunichilde darauf verständigt, in Selz zusammenzukommen, um ihren Streit durch ein Urteil der Franken zu beenden, was aber nicht zur Ausführung kam.[83] Doch nicht alle überlieferten Versuche sind im Stadium des Planens stecken geblieben. So berichtet Fredegar ausführlich über die schiedsförmige Beilegung eines Zwistes zwischen Chlothar II. und dessen Sohn Dagobert in den Jahren 625/626.[84] Kurz nach seiner Hochzeit hatte Dagobert den Vater mit der Bitte konfrontiert, ihm nunmehr das ganze austrasische Reich zu überantworten, doch der Vater lehnte kategorisch ab. In aller Öffentlichkeit als nicht vertrauenswürdig bloßgestellt, konnte Dagobert de facto nicht mehr von seinem Ansinnen ablassen. Doch um den Streit nicht eskalieren zu lassen, wählten Vater und Sohn schließlich zwölf Franken aus, denen sie es übertrugen, durch ihr Urteil die Auseinandersetzung zu schlichten.[85] Es gelang dann auch diesen zwölf Franken, Vater und Sohn miteinander zu versöhnen, indem sie Dagobert das austrasische Reich ohne die anderwärtigen Enklaven zusprachen.[86]

Fraglos weist die Art der Konfliktbeilegung zwischen Chlothar II. und Dagobert am deutlichsten den Charakter eines Schiedsverfahrens auf.

Beide Kontrahenten wählten eine bestimmte Anzahl von Schiedsleuten aus, die den Streit mit ihrem Urteil beenden sollten. Die gemeinsame Wahl weist darauf hin, daß man sich an das Urteil zu halten gedachte und davon ausging, nicht übervorteilt zu werden. Die auserwählten Franken legten sodann eine Entscheidung vor, die die Ansprüche beider Seiten in Einklang zu bringen versuchte, eine Entscheidung, mit der Vater und Sohn leben konten und die man als gütlich bezeichnen kann, auch wenn der Sohn wohl etwas besser wegkam. Kurzum, sowohl angesichts der Bestellung der Richter als auch im Hinblick auf deren Kompetenz und das Ergebnis hat man es mit einem klassischen Schiedsverfahren zu tun. In anderen Fällen läßt sich das nicht so einfach entscheiden. Von einer bestimmten Anzahl von Schiedsleuten ist denn auch ansonsten nicht die Rede, ja im ersten und dritten Fall wird nicht einmal von einer Wahl der zum Urteil berufenen Bischöfe und Großen respektive Franken gesprochen. Das kann natürlich dem mangelnden Interesse der Chronisten an den Formen der Friedensstiftung ebenso geschuldet sein wie dem Umstand, daß jeweils bloß ein geplantes Verfahren beschrieben wird, das möglicherweise bis dato auch nur in seinen Grundzügen festgelegt worden war. Doch die Art der Darstellung rückt das Verfahren immer mehr in die Nähe des regelrechten Gerichtsverfahrens. Es scheint, als habe man weniger an eine bestimmte Form der Schlichtung denn an eine besondere Spielart des Gerichtsverfahrens gedacht. Schon das Vokabular, das von Richtern und vom Urteilen spricht, weist darauf hin, aber ebenso das Fehlen aller Angaben zur Auswahl der Richter. Und schließlich traten ja auch in der Praxis die Unterschiede notgedrungen zurück, da das Ziel einer solchen Schlichtung nicht zwangsläufig ein gütlicher Ausgleich war, sondern wie etwa bei der Auseinandersetzung zwischen Chilperich und Guntram, die Richter nur dazu berufen wurden, Bußen für die unrechtmäßigen Taten beider Seiten festzulegen.

Wenn in dieser Zeit die Unterschiede zwischen Schieds- und Gerichtsverfahren zurücktraten, so hatte das vor allem einen Grund: Die bestellten oder gewählten Richter stammten aus dem gleichen Kreis von Personen und waren immer auch potentielle Urteilsfinder am Königsgericht. Trotz aller Ämter war der Hof der fränkischen Könige kaum institutionalisiert, und die unterschiedlichen Aufgaben wurden von den gleichen Personen je nach Lage wahrgenommen.[87] Im Grunde tritt hier das entscheidende Problem bei der Bewertung der außergerichtlichen Konfliktbeilegung deutlich zutage. Wenn überhaupt eine Schlichtung möglich war, dann bedurfte es dazu Personen, die von Haus aus oder besser sogar von Amts wegen Autorität besaßen. Da aber diese Autoritätspersonen zumeist auch richterliche Kompetenzen besaßen, bildete sich eine Grauzone der Konfliktschlichtung, in der nur in Einzelfällen sichtbar wird, ob die Auseinandersetzung durch Vermittlung, Schlichtung, Schiedsspruch oder regelrechtes Gerichtsurteil beigelegt wurde.

Wo dies indes wie in den zuvor genannten Beispielen weithin möglich ist, darf man die Unterschiede zum gerichtlichen Verfahren nicht für gering erachten. Hier wurde nicht aufgrund einer Klage verhandelt, vor allem aber stellten sich die beiden Beteiligten jeweils freiwillig dem Urteil, und so wird man denn auch von Schiedsverfahren sprechen. Wie bedeutsam das letzte Kriterium, die gemeinsame Unterstellung unter das Urteil anderer, für die Frage nach der Existenz von Schiedsverfahren ist, sei am Friedensschluß von 756 zwischen Pippin dem Jüngeren und dem langobardischen König Aistulf veranschaulicht.[88] Nachdem Pippin Aistulf in Italien zum zweiten Mal besiegt hatte, ließ der langobardische König durch einige fränkische Bischöfe und Magnaten dem Karolinger seinen Wunsch nach Frieden überbringen und versprach, seine Eide zu halten und alles nach dem Urteil der Franken und Bischöfe wiedergutzumachen. Daß sich der König hier ohne weiteres dem Urteil der fränkischen Großen anheimstellte, mag erstaunen. Aber Aistulf war seit dem letzten Friedensschluß mit Pippin kein unabhängiger König mehr, sondern hatte sich der Oberherrschaft Pippins bereits unterworfen. Pippin ging auf das Angebot ein, und die Großen verurteilten dann Aistulf unter anderem dazu, einen Teil des Königsschatzes an die Franken auszuliefern. Die Handlungsweise der urteilenden Franken unterschied sich kaum von dem Vorgehen jener Großen, die den oben erwähnten Krieg zwischen Guntram und Chilperich beilegten und sich dabei selbst das Recht zusprachen, die Buße für denjenigen der beiden Könige festzulegen, der als erster die Grenzen seines Reiches überschritten hatte.[89] Auch die Franken setzten 756 die Wiedergutmachung fest, obschon hier der politische Charakter des Urteils offenkundiger ist. Selbst daß mit Aistulf nur einer der Kontrahenten zur Wiedergutmachung verurteilt wurde, widerspricht nicht der Vorstellung, die man sich von einem Schiedsgericht machte, wie man an dem schon erwähnten Schiedsspruch Theoderichs d. Gr. ablesen kann. In gewisser Weise unterwarf sich Aistulf auch freiwillig dem Urteil, aber eben nicht gemeinsam mit Pippin. Von einem Schiedsspruch also keine Spur, doch von einem regelrechten Urteil der Großen, wie es etwa beim Lehnsentzug erging, ebenso wenig. Aufgrund dieser Unbestimmtheit des Verfahrens konnte man je nach Lage die Art des Friedensschlusses unterschiedlich beurteilen. Der eine mochte da eher einen Schiedsspruch, der andere eher ein gerichtliches Urteil sehen. Ob das auch bei Pippin und Aistulf der Fall war und es Aistulf erleichterte, sich dem Urteil der Franken zustellen, kann man nicht sagen.

Aufs ganze gesehen blieben regelrechte Schiedssprüche im fränkischen Reich eine Ausnahme und beschränkten sich weithin auf die Zeit der merowingischen Teilungskriege. Dabei mochte für bestimmte Konflikte die Anrufung von Schiedsrichtern niemals ganz aus der Übung gekommen sein, wie der Aufruf der Frankfurter Synode von 794 zeigt, demzufolge sich niemand dem Urteil der von ihm gewählten Schiedsrichter entziehen möge.[90] Aber wenn man die politischen Auseinandersetzungen in den Blick nimmt, so spielten derartige Verfahren seit der Zeit König Dagoberts I. eigentlich keine Rolle mehr. Selbst als mit den karolingischen Bruderkriegen eine Zeit häufiger Konflikte zwischen den einzelnen fränkischen Königen anbrach, kam es nicht zu einer erneuten Blütezeit des Schiedsgerichts. Die verfeindeten Karolinger verfielen nicht darauf, den Großen die Regelung ihrer Auseinandersetzungen in die Hand zu geben, obwohl diese mit der Zeit immer größeren Anteil daran nahmen.

Allerdings kamen verwandte Formen der Konfliktschlichtung nunmehr zum Tragen, die durchaus in der Tradition jener Regelungen standen, wie sie einst Chlothar und Dagobert getroffen hatten oder wie sie in der merowingischen Kirche praktiziert worden waren. Wiederholt beauftragten die Karolinger nämlich eine bestimmte Anzahl von Großen mit der Aufgabe, ihnen Vorschläge für einen Friedensschluß auszuarbeiten. So stellten Karl der Kahle und Ludwig der Deutsche 842 jeweils zwölf Vertrauensleute ab, um das Reich ihres Bruders Lothar, den sie gerade für abgesetzt erklärt hatten, unter sich aufzuteilen.[91] Wesentlich ausführlicher wird dann ein entsprechendes Vorgehen der Brüder aus dem gleichen Jahr von der Geschichtsschreibung geschildert. Nachdem sich die beiden einig geworden waren, verfolgten sie ihren Bruder Lothar bis nach Mâcon und zwangen ihn dort zu Friedensverhandlungen. Alle drei verziehen sich das einander angetane Unrecht und vereinbarten, eine Kommission von Großen zu berufen, die das Reich erfassen und in drei gleiche Herrschaftsbereiche teilen sollte. Jeweils 40 tüchtige Männer wollte jeder der drei Könige abstellen, um so zu einem dauerhaften Frieden zu kommen.[92] Diese Kommission sollte im Herbst ihre Arbeit in Metz aufnehmen, doch die politischen Gegensätze verhinderten dies zunächst. Schließlich kam man Ende des Jahres in Koblenz zusammen, doch hier konnten sich die abgeordneten Großen nicht einigen.[93] Die eine Partei warf der anderen fehlende Kenntnisse vor und beanstandete aus diesem Grund deren Eid, das Reich gewissenhaft teilen zu wollen. Die angegriffenen Großen aus dem Lager Karls und Ludwigs replizierten, Lothar habe bewußt verhindert, daß sie sich ein vollständiges Bild von der Beschaffenheit des gesamten Reiches hätten machen können. Nun bildete man noch eine Kommission in der Kommission und beauftragte die anwesenden Bischöfe beider Seiten, die Frage des Eides zu klären, eine Frage, die gemeinhin in die Zuständigkeit der Bischöfe fiel. Doch auch das half nichts. Die Bischöfe interpretierten die Eidesleistung je nach Parteistandpunkt, und so ging man ohne Ergebnis, wohl aber mit dem Willen, zum Frieden zu kommen, auseinander. Und eine jede Abordnung traf sich erst einmal wieder mit den jeweiligen Herrschern, um insbesondere in der Frage des Eides deren Meinung einzuholen. Erst im folgenden Jahr kamen sie wieder zusammen, und nun gelang es ihnen, die Teilung des Reiches vorzunehmen, die als Vertrag von Verdun in die Annalen der Geschichte einging. Die vielfältigen Probleme, mit denen die Kommission zu kämpfen hatte, lassen keinen Zweifel, daß die Großen mit dem Eintritt in die Kommission ihren Status als Gesandte nicht verloren. Sie hielten Rücksprache, wenn größere Schwierigkeiten auftraten, und die Teilung selbst legten sie am Schluß den Königen vor, die sie dann annehmen oder verwerfen konnten.

Die unverhältnismäßig hohe Anzahl von Großen, die den Teilungsplan erarbeiten sollten, mag auf den ersten Blick verwundern. Denn wenn ein solches Verfahren Sinn machte, dann deshalb, weil man hoffen konnte, im kleinen Kreis die Differenzen schneller zu überbrücken. Aber dieser Maxime stand hier die Notwendigkeit gegenüber, ein möglichst umfangreiches Wissen über die Beschaffenheit des Reiches zu versammeln, und dieses Wissen verteilte sich nun einmal dank der riesigen Ausmaße desselben nur auf viele Köpfe. Darüber hinaus ging es natürlich auch darum, eine möglichst hohe Anzahl Großer auf diese Weise auf die Teilung zu verpflichten. Auf der anderen Seite – und deshalb hatte der eingeschlagene Weg dann doch Erfolg – waren die Großen von vornherein dazu angehalten, das Reich so zu teilen, daß alle Könige mit ihrem Vorschlag übereinstimmten. Kurzum, wenn man sich erst einmal generell auf die eigentlich Arbeit konzentrieren konnte, dann mußte man notwendigerweise die Interessen der anderen mitbedenken, so daß der Gedanke des Ausgleichs in diesem Gremium, auch wenn es viele Personen umfaßte, an Gewicht gewann, und zwar um so mehr, als es mit einer konkreten Zielvorgabe versehen worden war.

Nicht anders als beim Vertrag von Verdun hoffte man auch 870 im Vorfeld der Teilung von Meersen mit Hilfe einer gemeinsamen Kommission einen dauerhaften Frieden zu bewerkstelligen. Nachdem Karl der Kahle unmittelbar nach dem Tod Lothars II. dessen Reich besetzt hatte, gelang es Ludwig dem Deutschen ihn mit dem Versprechen zum Rückzug zu bewegen, das Herrschaftsgebiet des Neffen mit ihm zu teilen.[94] Und so schickte er denn bald darauf zwölf Gesandte in das Reich des Bruders. Vor dem Hintergrund ihres oben erwähnten gemeinsamen Vorgehens im Jahre 842 scheint dies eine klarer Hinweis darauf zu sein, daß Ludwig hier ein identisches Verfahren ins Auge gefaßt hatte. Diesmal jedoch waren die Schwierigkeiten größer, und so kam es vorerst nicht zu einer gemeinsam besetzten Kommission. Weitere Verhandlungen wurden notwendig, und man kam schließlich überein, im Beisein der Könige die Teilung vorzunehmen. Allerdings einigte man sich auch diesmal auf ein Procedere, das nach den gleichen Prinzipien gestaltet wurde. Der Kreis der beteiligten Großen wurde begrenzt, von jeder Seite sollten nur vier Bischöfe und zehn weltliche Magnaten und nicht mehr als dreißig Vasallen und Ministerialen den König begleiten. Die Regelung wurde also wieder einer kleinen ausgesuchten Gruppe übertragen, die jedoch groß genug war, um einerseits die Akzeptanz in den eigenen Reihen sicher zu stellen und andererseits das Gefühl zu verbreiten, daß die gegenüberliegende Seite geschlossen die Abmachung mit trägt. Genau das war dann auch der Grund, warum man überhaupt solche Kommissionen mit der Beilegung beauftragte und die Angelegenheit nicht einfach durch Gesandte aushandelte. Und deshalb wählte man auch wiederholt zwölf Personen zu dieser Aufgabe aus. Sie repräsentierten die jeweilige Seite als Ganzes, die Zahl 12 war ein Symbol der Vollständigkeit, und das nicht nur in diesem Bereich.[95] Wo zwölf Gesandte auftraten, standen und sprachen sie demzufolge stets für das ganze Reich, dem der Herrscher vorstand, und konnten demgemäß auch an seiner Statt agieren. Und so war denn auch die Bildung solcher Kommissionen nicht nur auf die fränkischen Reichsteilungen beschränkt, sondern spielte generell im Verkehr zwischen den Völkern eine Rolle, wie der Frieden zwischen Karl dem Großen und dem Dänenkönig Hemming zeigt, der in Abwesenheit der Herrscher von jeweils zwölf Großen beider Reiche geschlossen wurde.[96] Vor diesem Hintergrund lohnt es, noch einmal auf die Beilegung des Konfliktes zwischen Clothar II. und seinem Sohn Dagobert zu schauen. Wenn hier von beiden Seiten bloß zwölf Große mit der Friedensstiftung beauftragt wurden, so offenbart das nicht nur den schiedsartigen Charakter der Konfliktlösung, sondern zeigt zugleich, daß man sich diese Auseinandersetzung als internen Konflikt innerhalb des Reiches dachte, der folglich auch nur von den gemeinsamen Repräsentanten des ganzen Reiches entschieden werden konnte. Wenn zudem auch bei den andern Schiedsverfahren zwischen den merowingischen Königen niemals davon die Rede ist, daß jeder der Kontrahenten eine bestimmte Anzahl von Großen auswählt, so kann man in den Kommissionen der Karolingerzeit durchaus ein Produkt des Zerfalls entdecken, der Aufsplitterung des Frankenreiches in eigenständige, gleichberechtigte Teilreiche.

Verweisen nun auch die karolingerzeitlichen Kommissionen auf die Bedeutung bilateraler Verhandlungen, so stellten sie doch zugleich den Versuch dar, das schlichtende Element in den Verhandlungen zu stärken, indem sie die Beteiligten dazu aufforderten, die Interessen der anderen Partei stets mitzubedenken. Dieser Gedanke wurde indes in jener Zeit durch eine andere Institution viel stärker verkörpert, die dann auch zum eigentlichen Motor der mittelalterlichen Vermittlungstätigkeit wurde: Gemeint ist die Fürsprache.

II. Von der Fürsprache zur Vermittlung

Daß im frühen Mittelalter trotz der strukturellen Widrigkeiten einzelne Personen als Vermittler auftraten, daß die Vermittlung bei der Austragung der politischen Konflikte im Laufe der Zeit sogar zu einem Faktor wurde, mit dem man rechnen mußte, hängt viel mit einem Phänomen zusammen, das damals weite Bereiche von Politik und Gesellschaft erfaßte: mit der Fürsprache. Wie selbstverständlich wandte man sich an einflußreiche Personen, die sich für das eigene Anliegen bei jenen, die darüber entscheiden konnten, stark machen sollten. Die Verbreitung und Verwurzelung dieses Phänomens entsprach der Bedeutung, die der Bildung von Klientelen schon in der Antike für die Ausübung von Herrschaft zukam.[1] Der Zugang zu Autoritätspersonen war begrenzt, und das galt besonders für den Herrscher, in dessen Umgebung die Fürsprache regelrecht institutionalisiert war.[2] Nur wenige Personen in seinem Umfeld hatten direkten Zugang, nur wenige verfügten darüber, wer sich ihm nähern durfte, und nur wenige hatten unmittelbar Einfluß auf seine Entscheidungen. Dieses System hatte praktische Gründe, die auch heute noch ihre Gültigkeit haben, wie die Zeitökonomie oder die Sicherheit, aber es lebte ebenso oder vielleicht noch mehr von den Rang- und Ehrvorstellungen, die sich mit der Vorherrschaft adliger Familien paarte. Rang und Ehre verlangten nach Demonstration, und die persönliche Nähe war ein Privileg und Zeichen, mit dem ranghohe Personen, angefangen mit dem König, ihren eigenen Wert sichtbar machen konnten, vorausgesetzt, sie verliehen dieses Privileg nicht allzu vielen. Wer also etwas wollte, der mußte sich an die Personen wenden, die im Umfeld eines Mächtigen, eines Königs oder Großen agierten, und hoffen, daß sie etwas für ihn tun konnten. Die Logik, der die Fürsprache folgte, war bestechend einfach: Je mehr ein Person über Macht, Rang und persönlichen Einfluß verfügte, desto weniger konnte ihr ein Mächtiger etwas abschlagen.

Die Angelegenheiten, die Gegenstand der Fürsprache wurden, waren so unterschiedlich wie die Anliegen, mit denen man an einen König oder Grafen, einen Bischof oder Grundherrn herantreten konnte. Ob man seinen Besitz bestätigt oder erweitert sehen wollte, ob man von Abgaben befreit werden, ob man Rechte erwerben oder Ämter bekleiden wollte, man bediente sich der Fürsprache. Und so wäre es seltsam, wenn die Fürsprache im Zusammenhang der Friedensstiftung keine Rolle gespielt hätte. Doch nicht nur das – sie war von Anfang an ein wichtiges Moment im Prozeß der Friedensstiftung und beförderte die Intervention Dritter.

1. Das Bitten um Nachsicht und Milde

Im Unterschied zu den bisher betrachteten Formen der Einmischung handelte es sich bei der Fürsprache um keinen gebieterischen Gestus. Man bat zumeist Höhergestellte, in einem Konflikt Nachsicht gegenüber dem Feind, Gegner oder Übeltäter walten zu lassen. Der Fürsprache oder Fürbitte bedienten sich die Bischöfe in der Merowingerzeit vornehmlich, um für Barmherzigkeit und Frieden zu sorgen.[3] Ihr traditionelles Engagement gegen die Todesstrafe stand gerade zu Anfang dabei Pate. Zunächst einmal sieht man sie denn auch vielfach im Anschluß an Gerichtsverfahren um das Leben der zum Tode Verurteilten bitten. Gregor von Tours berichtet mehrmals von solchen Eingaben, und intervenierte selbst in einigen Fällen zu diesem Zweck.[4] Sowohl einfache Diebe und Räuber, aber auch aufständische oder treulose Grafen und Herzöge profitierten von bischöflicher Fürsprache.[5] So intervenierten etwa eine Reihe von Bischöfen um 585 zugunsten des Herzogs Berulf vor König Childebert, und es gelang ihnen, den wegen Unterschlagung schon zum Tode Verurteilten vor diesem Schicksal zu bewahren.[6] Der Kampf gegen die Todesstrafe ließ die Bischöfe nicht allein für zum Tod verurteilte Missetäter aktiv werden, er veranlaßte sie zuweilen auch, sei es bei Gericht oder außergerichtlich, die Zahlung von Bußen zu übernehmen, um so zu verhindern, daß Übeltäter aus Rache getötet wurden.[7] Niemand, der sich schuldig gemacht hatte, war in ihren Augen für Gott und die Welt verloren, wenn er nur Reue zeigte und zur Buße bereit war.[8] Dieses christliche Gedankengut rief sie immer wieder als Fürsprecher auf den Plan. Hinzu trat noch ein zweites christliches Motiv. Die Bischöfe hielten es seit langem für ihre Pflicht, reuigen Gefangenen beizustehen, und, wo möglich, deren Los zu lindern, ein Unterfangen, das sie als Werk der Barmherzigkeit verstanden.[9] Infolgedessen versuchten sie nicht allein die Todesstrafe zu verhindern, sondern baten ebenso darum, Strafen zu reduzieren oder gar aufzuheben. Es war folglich auch nichts Besonderes, wenn die Bischöfe im Fall des Herzog Berulfs nicht nur dessen Leben, sondern auch dessen Freilassung erwirkten.[10]

Neben den Bischöfen legten hin und wieder auch die Könige Fürsprache für einen ihrer Großen beim Herrscher eines anderen Teilreiches ein. Sie schickten dann zumeist eine Gesandtschaft aus Großen und Bischöfen, die sich für den Verbannten verwenden sollte. Dank einer solchen Aktion König Guntrams konnten etwa zwei von Childebert II. verbannte hohe Amtsträger, der Marschall Sunnegisil und der Referendar Gallomagnus, wieder in ihre Heimat zurückkehren.[11] Ganz ähnlich verfuhr König Dagobert einige Zeit später, als ein gewisser Godinus, der von seinem Vater, Chlothar II. verfolgt wurde, in sein Reich gekommen und in einer Kirche Zuflucht gesucht hatte. Er bat seinen Vater mehrmals durch Gesandte,

dem Mann das Leben zu schenken, was dieser schließlich auch versprach, aber nicht hielt, als er erfuhr, daß der Betreffende einen Mordanschlag auf ihn geplant habe.[12]
Fürsprache, insofern sie das Strafmaß heruntersetzte und dazu beitrug, Gnade vor Recht ergehen zu lassen, war vielfach Teil der Konfliktbeilegung. Sie ließ das Gerichtsverfahren nicht zwangsläufig als die endgültige Lösung erscheinen und verlieh so auch denjenigen noch Hoffnung auf ein besseres Los, die vor den Richtern und Urteilsfindern standen und mit einer Verurteilung rechnen mußten. Obwohl die Zeitgenossen in ihr vornehmlich ein Mittel sahen, um die Todesstrafe zu verhindern, besaß die Fürsprache von sich aus eine deeskalierende Wirkung. Sie konnte die Gemüter derjenigen beruhigen, die, in welcher Form auch immer, dem Verurteilten verbunden waren.

Zu einem eigenständigen Mittel der Friedensstiftung wurde die Fürsprache aber erst dort, wo man sich ihrer im voraus versicherte, sei es, um seine Chancen auf Vergebung zu erhöhen, sei es, um überhaupt einen Prozeß vor Gericht zu verhindern und eine gütliche Einigung anzustreben. Man könnte an dieser Stelle eine Fülle von Beispielen anführen, die zeigen, wie gebräuchlich dieses Instrument von der Merowingerzeit bis zum Ende der Karolingerzeit und noch darüber hinaus genutzt wurde, um eine Befriedung zu erlangen.[13] Aber sowohl im Hinblick auf die Wurzeln dieser Praktik als auch auf die damit verbundenen Motive, auf ihren vielgestaltigen Einsatz und ihre Wirksamkeit ist wohl kaum ein Fall instruktiver als das Ende der verwickelten Auseinandersetzungen um den Herzog Guntram Boso in den Wirren des ausgehenden 6. Jahrhunderts. Und deshalb sei er hier ausführlicher dargestellt.

Dieser Herzog hatte, wie es Gregor von Tours sagt, schon seit längerer Zeit den Haß der Königin Brunichilde auf sich gezogen.[14] Er gehörte zu jener Gruppe von Adligen und Bischöfen, die nach dem Tod König Sigiberts gegen die Politik des austrasischen Hofs opponierten.[15] Dieser war mit Unterstützung der Königswitwe Brunichilde im Interesse ihres minderjährigen Sohnes Childebert ein enges Bündnis mit König Guntram eingegangen. Für eine Zeitlang setzten sich jedoch die Gegner dieser Politik durch. Sie schlossen ein Bündnis mit Chilperich, nahmen der Königin jeden Einfluß und richteten ihre Aktionen gegen König Guntram, gegen den sie den angeblichen Königssohn Gundowald als Konkurrenten aufbauten. Doch nach dem Tod Chilperichs und der Übernahme der Regierungsgeschäfte durch Childebert änderten sich die Kräfteverhältnisse. Childebert suchte die Unterstützung seines Onkels Guntram, und beide gingen mit Erfolg gegen ihre und der Königin Widersacher vor. Und so befahl denn auch Childebert, man solle um den Schimpf der Mutter zu rächen, Guntram Boso verfolgen und töten. Der Herzog erfuhr davon und floh in die Kirche von Verdun, „denn er hoffte zuversichtlich durch Bischof Agerich, der des Königs Taufpate war, Verzeihung zu erlangen. Darauf eilte der Bischof zum Könige und legte Fürbitte für Guntram ein; da der König ihm nicht abschlagen konnte, worum er bat, sagte er: 'Er erscheine vor uns, stelle uns Bürgen und begebe sich dann zu unserem Oheim; was der über ihn beschließen wird, das wollen wir tun.' Darauf wurde er ohne Waffen und in Handfesseln an den Ort gebracht, wo der König sich aufhielt, und von dem Bischof diesem vorgestellt. Er warf sich dem König zu Füßen und sprach: 'Ich habe gesündigt an dir und deiner Mutter, da ich euch Übles getan habe.' Der König befahl ihm, von der Erde aufzustehen und übergab ihn dem Bischof mit folgenden Worten: 'In deinem Schutze stehe er, heiliger Bischof, bis daß er König Guntram vor die Augen kommt.' Und er befahl ihm wegzugehen".[16]

Offenkundig bediente sich der verfolgte Herzog hier der Fürsprache, um seine Auseinandersetzung mit dem König zu beenden. Er übernahm die Initiative, wohl wissend, daß er mit dem Rücken zur Wand stand. Seine Hoffnung speiste sich aus der Versöhnungsbereitschaft des Königs beziehungsweise der Fähigkeit des Bischofs, diese zu wecken. Bis hierhin ging seine Strategie auf, der Bischof wirkte auf den König ein, nur gelang es ihm nicht, den König dazu zu bewegen, einen endgültigen Schlußstrich zu ziehen. Dies dürfte vornehmlich den besonderen Umständen geschuldet sein. Entweder konnte Childebert II. gegenüber König Guntram, dem Guntram Boso ebenso verhaßt war wie der Brunichilde, zu diesem Zeitpunkt keine eigenständige Politik führen, so daß er davon Abstand nahm, die Angelegenheit allein zu entscheiden.[17] Oder er hat einfach bloß die Situation ausgenutzt, um den Herzog nicht davon kommen zu lassen.[18] In jedem Fall konnte der König nicht die Bitte des Bischofs einfach abweisen. Für seinen Teil mußte er dem Herzog so gut wie verzeihen und vermochte die Angelegenheit nur deshalb in der Schwebe lassen, weil er mit Guntram eine gleichsam höhere Autorität zugleich für zuständig erklärte.

Welche Macht man der bischöflichen Fürsprache zuschrieb, offenbaren die nachfolgenden Ereignisse. Die Widersacher der austrasisch-burgundischen Koalition hatten immer noch nicht aufgegeben, sie verbündeten sich mit jenen Großen, die für den minderjährigen Sohn Chilperichs in dessen Reich die Regentschaft führten, und gedachten Childebert zu töten, wobei man darüber spekulieren kann, ob diese Verhärtung nicht auch eine Folge der verweigerten Versöhnung darstellte. Denn die Aussicht, sich mit Childebert arrangieren zu können, war mit dessen Entscheidung erst einmal hinfällig. Vor dem Hintergrund dieser Aktivitäten jedenfalls lud Guntram seinen bedrängten Neffen Childebert zu einem Treffen, auf dem auch über das weitere Schicksal Guntram Bosos gerichtet werden sollte. Dieser erschien dort auch, allerdings ohne Bischof Agerich, in dessen Schutz er ja stand. „Denn man war zuvor übereingekommen, daß er ohne von jemand verteidigt zu werden, vor dem König erscheinen sollte; wenn dieser entschiede, er sei des Todes schuldig, so sollte er nämlich nicht durch den Bischof vor der Strafe bewahrt werden."[19] Anders gesagt, indem Childebert Guntram Boso in den Schutz Agerichs von Verdun gestellt hatte, konnte er wie auch Guntram Boso davon ausgehen, daß dem Herzog zumindest die Todesstrafe erspart bliebe. Und das glaubten ja auch jene, die den Prozeß durchführten, weshalb sie den Bischof außen vor ließen. Sie wußten, daß die Bitte um Strafnachlaß gleichsam automatisch zu einem positiven Ergebnis führte, der Herrscher sich einer solchen Bitte kaum widersetzen konnte, und so ließen sie es einfach nicht zu, daß der engagierte Fürsprecher seiner Aufgabe nachkam.

Seines Fürsprechers beraubt, hatte Guntram Boso keine Chance mehr. Er wurde für schuldig befunden und zum Tode verurteilt. Es gelang ihm jedoch zu fliehen und sich in die Herberge des Bischofs Magnarich von Trier zu begeben, den er sodann mit gezücktem Schwert um Fürsprache bat: „Ich weiß, heiliger Bischof, daß du bei den Königen in hohen Ehren stehst. Und jetzt flüchte ich zu dir, damit ich mit dem Leben davon komme ...; wisse also, daß, wenn du mich nicht rettest, ich dich töten werde, ehe ich hinausgehe ... O heiliger Bischof, ich weiß, daß du gleich dem Könige selbst seines Sohnes Vater bist, und es ist mir wohlbekannt, daß du alles, was du von ihm bittest, erlangst; er wird dir, heiliger Vater, daher nicht versagen können, was du von ihm forderst. Erwirke mir also entweder Verzeihung, oder wir werden beide sterben."[20] Der Bischof hoffte der bedrohlichen Situation zu entkommen, indem er sich, wie verlangt, auf den Weg zu den Königen machte, um seinen Auftrag auszuführen. Doch Guntram, der in seinem potentiellen Fürsprecher zugleich seine Geisel sah, hieß ihn Boten schicken. Diese Boten meldeten nun allerdings nicht das, was sie sollten, sondern bezichtigten den Bischof, mit dem Herzog gemeinsame Sache zu machen. Daraufhin gab König Guntram den Befehl, die Behausung des geistlichen Würdenträgers in Brand zu stecken. Der Bischof konnte sich retten, doch Guntram Boso wurde, als er heraustreten wollte, mit seinem gesamten Anhang von den bereits wartenden Kriegern getötet.

Die Versuche Guntram Bosos, mit Hilfe der Fürsprache von Bischöfen Verzeihung zu erlangen, waren beide gescheitert. Das stellte zweifelsohne die Ausnahme dar, die aber gerade deshalb nicht weniger aussagekräftig ist. Sie verlangte nach Begründungen und erregte jene Aufmerksamkeit, die Gregor von Tours zu seiner ausführlichen Darstellung veranlaßte. Und so werden gerade in diesem Scheitern grundlegende Aspekte der Fürsprache als Instrument der Konfliktbeilegung sichtbar.

Die Ursache für den ausbleibenden Erfolg teilt Gregor von Tours dem

Leser gleich zu Anfang mit. Der Herzog habe sich zu spät um die Gunst der Bischöfe und Vornehmen gekümmert.[21] Schon mit diesem Satz verweist der Bischof von Tours auf eine entscheidende Voraussetzung für den Einsatz der Fürsprache, die dann auch am Wendepunkt der Geschichte deutlich hervortritt. Daß nämlich Agerich von Verdun von den einflußreichen Großen des Königs im Vorfeld der Versammlung, die über Guntram Boso entscheiden soll, nicht zugelassen wurde, zeigt deutlich, daß die Intervention eines Bischofs, wo dieser über keinen unmittelbaren Zugang zum König verfügte, nur möglich war, wenn er auch die Zustimmung der Magnaten besaß, die im Umfeld des jeweiligen Herrschers agierten. Von daher waren denn auch die Chancen, als Fürsprecher aufzutreten, grundsätzlich begrenzt, was aber wiederum die Chance erhöhte, Gehör zu finden, wenn man erst einmal die Barrieren überwunden hatte.

Darüber hinaus offenbaren die Ereignisse, unter welchen Bedingungen die Fürsprache Erfolg verhieß. Verpflichtend wirkte sie zum einen schon als bloße Fürbitte, denn sonst hätten die Großen Guntrams Agerich nicht aussperren müssen. Aber ebenso entscheidend war das Ansehen, in welchem die Person des Fürsprechers bei den Adressaten seiner Bitte stand, wie sich an den Erwartungen ablesen läßt, die der Herzog gegenüber Magnarich von Trier äußerte. Doch noch mehr Macht gewann die Fürsprache, wenn enge persönliche Bindungen zwischen dem bittenden Bischof und seinem Gegenüber bestanden, wie in diesem Fall durch die Patenschaft. Childebert konnte seinem Taufpaten Agerich eigentlich nichts abschlagen, und in den Augen Guntram Bosos konnte nämliches auch Magnerich für sich als Taufpate eines Sohnes des Königs in Anspruch nehmen.[22] Wie sehr in dieser Zeit die Taufpatenschaft als verbindendes und mithin beschwichtigendes Moment bei der Konfliktbeilegung wirkte, läßt sich an vielen Stellen beobachten. Man braucht in diesem Zusammenhang aber nur auf Chlothar II. verweisen, von dem Fredegar schreibt, er habe die Söhne Theuderichs II. gefangengenommen und alle bis auf jenen, dessen Taufpate er war, umbringen lassen.[23]

Wo diese engen persönlichen Beziehungen fehlten, wurde die Fürsprache zu einem schwierigen Geschäft. Als Graf Garachar und Herzog Bladast, die sich zuvor an der gegen König Guntram gerichteten Erhebung Gundowalds beteiligt hatten, nach deren Scheitern Zuflucht in der Kirche des Hl. Martin in Tours suchten, nahm sich Gregor von Tours als Bischof ihrer an. Doch trotz mehrmaliger Fürbitten vermochte er König Guntram nicht zur Versöhnung zu bewegen.[24] Seine Diözese gehörte nicht zum Reich des Königs, und auch sonst gab es nichts, was den König besonders für ihn hätte einnehmen können. Allerdings gelang es ihm dann doch, den König für sein Gesuch, den beiden ihre entzogenen Güter wiederzugeben, zu gewinnen, und zwar auf eine Art und Weise, die ein weiteres

Kapital erkennen läßt, das die Bischöfe gegebenenfalls einsetzen konnten. Er präsentierte sich dem König nämlich als Gesandter des Heiligen Martin, dem man nichts abschlagen dürfe, und das wirkte.[25] Die beiden Flüchtlinge wurden vorgelassen, und nachdem der König ihnen einige Vorhaltungen gemacht hatte, nahm er sie zu Gnaden auf und gab ihnen den konfiszierten Besitz zurück.[26] Das Prestige des Heiligen hatte Gregor von Tours hier mit Erfolg in Anspruch genommen, und so mochte nicht nur in diesem Fall die sakrale Autorität, die der Bischof als Herr über die heiligen Stätten für sich reklamieren konnte, dazu dienen, den Mangel an persönlicher Bindung wettzumachen.[27]

Das Verhalten Bladasts und Garachars unterscheidet sich in einem Punkt nicht von dem Guntram Bosos. Alle, die verfolgt wurden oder sich verfolgt fühlten, und die Zahl der Beispiele ließe sich ohne weiteres fortsetzen, suchten zunächst einmal Schutz in einer Kirche, um den Nachstellungen zu entkommen. Schon in der Antike waren Heiligtümer Zufluchtsstätten für verfolgte Gesetzesbrecher gewesen, und diese Funktion war den Kirchen im Zuge der Christianisierung auch von den spätantiken Kaisern zugesprochen worden.[28] Die Franken übernahmen nicht nur diese Tradition. Mit dem steigenden Einfluß der Bischöfe unter den Merowingern erweiterten sich sogar die Rechte, die der einzelne durch seine Flucht in eine Kirche beanspruchen konnte. Und so wurde die Suche nach Kirchenasyl zu einem Weg, Bischöfe als Fürsprecher zu gewinnen, die bei den Gegnern um Nachsicht und Vergebung nachsuchen sollten. Dabei stellte das Kirchenasyl zumindest in den Augen der Kirche und jener, die ihren Ansichten zu folgen bereit waren, schon für sich selbst genommen eine Versicherung gegen die Todesstrafe dar. Als der Marschall Childeberts II. mit Namen Sunnegisil und der Referendar Gallomagnus einer Verschwörung gegen ihren König beschuldigt wurden, flohen sie, wie es üblich war, in eine Kirche. Der König folgte ihnen und forderte sie auf, sich einem Gerichtsverfahren zu stellen. Selbst wenn sie schuldig seien, wollte er ihnen das Leben schenken und fügte als Begründung hinzu: „Denn wir sind Christen, und es ist ein Frevel, selbst Verbrecher, wenn sie aus der Kirche vorgeführt werden, am Leben zu strafen."[29] In den Augen des Königs war die Sache klar: Wer sich in eine Kirche geflüchtet hatte, durfte, sollte er sich stellen, sein Leben behalten. Doch schon der Fall Guntram Bosos lehrt, wie wenig diese Vorstellungen Allgemeingut waren. Sie wurden nicht von allen geteilt und fanden wohl nur unter den Bischöfen unbedingte Anhänger. Dementsprechend mußten ihnen denn auch die Bischöfe immer wieder Geltung verschaffen, und das bedeutete im Einzelfall nichts anderes, als für den Verfolgten beim Verfolger Fürsprache einzulegen, was sich, wie die verschiedenen oben besprochenen Fälle zeigen, immer wieder abgespielt hat. Von daher erweist sich das Kirchenasyl als ein entscheidender Faktor für die Verankerung der Fürsprache im Procedere der Konfliktbeilegung.

Jenseits aller christlichen Barmherzigkeit verwandten sich die Bischöfe insbesondere für die Verurteilten, Gefangenen oder Verfolgten, zu denen sie in einem persönlichem Verhältnis standen. Sie fühlten sich verpflichtet, für einen Freund, für die Familie eines Taufpaten, für einen Bischofskollegen oder einen politischen Verbündeten ihr Wort einzulegen.[30] Für Gregor von Tours war der Umstand, daß er Taufpate eines Sohnes des Oberkämmerers Eberulf war, Grund genug, um sich für diesen beim König als Fürsprecher einzusetzen, obwohl dieser Eberulf früher stets die Kirche von Tours bedrängt und allerlei Intrigen gegen den Bischof lanciert hatte.[31]

Voraussetzung einer erfolgreichen Intervention war ungeachtet der persönlichen Beziehungen stets das Schuldbekenntnis dessen, für den sich der Fürsprecher stark machte. Es war gleichsam die Schwelle, die eine Konfliktpartei überschreiten mußte, um in den Genuß der Versöhnung zu kommen. Dies entsprach ganz der von den Bischöfen vertretenen Auffassung, derzufolge Reue und Buße Vergebung nach sich ziehen sollten. Und so warf sich eben auch Guntram Boso Childebert zu Füßen, gestand seine Schuld, seinen mangelnden Gehorsam ein und verband dies mit der Bitte um Vergebung, wobei der Fußfall als Form der Selbstdemütigung, aber auch als Zeichen der Bußfertigkeit der Bitte Nachdruck verschaffte. Wie sehr diese Verhaltensweise einer allgemeinen Norm entsprach, läßt sich besonders deutlich an der erschlichenen Verurteilung des Bischofs Praetextatus von Rouen ablesen. Bei König Chilperich in Ungnade gefallen, wurde dieser Bischof vor eine Synode geladen.[32] Nach einigem Hin und Her gelang es ihm, sich in den Augen seiner geistlichen Mitbrüder zu rechtfertigen. Der König indes wünschte eine Verurteilung und bediente sich einer List, um den Bischof doch noch zu überführen. Er beauftragte einige von den ihm ergebenen Bischöfen, mit einem verfänglichen Rat an den Ungeliebten heranzutreten. Sie sollten ihm überzeugend darlegen, daß der König ein frommer und weichherziger Mann sei, der sich leicht zu Mitleid bewegen ließe. Kurzum, er solle sich vor Chilperich demütigen und seine Schuld eingestehen, dann würden sie sich ihrerseits dem König zu Füßen werfen und ihm Verzeihung erwirken.[33] Vertrauensselig ging der Bischof Praetextatus darauf ein, warf sich dem König zu Füßen und bezichtigte sich des Mordes. Doch nun kam der König den Bischöfen zuvor und warf sich umgehend den Bischöfen zu Füßen, um die Größe des Verbrechens zu beklagen und die Bestrafung des Bischofs einzufordern.[34] Der maliziöse Plan gelang und der Bischof wurde verurteilt. Das böse Spiel war aber nur erfolgreich, weil man gemeinhin erwartete, daß das Schuldbekenntnis und die demütige Bitte, die im Fußfall gleichsam zur symbolischen Gewalt wurden, den Weg für die Vergebung und den Strafnachlaß frei machten. Wäre dem nicht so, der Bischof hätte sich niemals auf den Vorschlag eingelassen. Die Bedeutung, die das Eingeständnis der Schuld für die Fürsprache besaß, hatte weitreichende Folgen. So stellten zum einen diejenigen, die diesen Weg beschritten, zumeist dem Gegenüber die Verhängung einer Buße anheim, wobei der Fürsprecher selbst dann auf die Annahme derselben drängte oder sogar bat, diese partiell oder vollständig zu erlassen. Zugleich veranlaßte sie diejenigen, die mit dem Rücken zur Wand standen, zu einem Schuldbekenntnis, gleichviel ob sie sich selbst für schuldig hielten. Egidius von Reims, der Verschwörung gegen Childebert II. angeklagt, wußte sich nicht mehr zu verteidigen und ging dann in die Offensive, indem er sich gleich des Majestätsverbrechens bezichtigte und verlautbaren ließ, den Tod verdient zu haben. Genau das verschaffte dann den ihm wohlgesonnenen Bischöfen wieder Handlungsfähigkeit. Sie, die schon alles verloren glaubten, erwirkten ihm das Leben und beließen es dabei, ihn zur Verbannung zu verurteilen.[35] Nicht zuletzt aber bedingte das obligatorische Schuldeingeständnis eine ungleiche Lösung des Konfliktes. Denn nur eine Partei mußte die Schuld eingestehen, sie übernahm gleichsam die Verantwortung, während die andere Wiedergutmachung beanspruchen konnte. Als König Chlothar II. seinen Sohn Dagobert bei einem Zusammentreffen bat, den Agilofinger Chrodoald, der sich zu ihm geflüchtet hatte, nicht mit dem Tode zu bestrafen, willigte der Sohn unter der Bedingung ein, daß der Betreffende Wiedergutmachung leisten würde.[36] Allerdings mußte die durch Fürsprache vermittelte Versöhnung nicht zwangsläufig diesen Charakter annehmen, da zuweilen auch die Huld vollständig wiedererlangt wurde.[37]

Während der Bischof Egidius von Reims von selbst seine Schuld eingestand und es ohne weitere Absprache zu einer Intervention der Bischöfe zu seinen Gunsten kam, erscheint der Akt der Fürsprache in anderen Fällen als Ergebnis längerer Vorverhandlungen. Noch ehe man seinen Mandanten dessen Konfliktgegner vorstellte und offiziell um Vergebung bat, holte man dessen Einverständnis ein. So traf Bischof Agerich mit Childebert II. zusammen, beredete mit ihm den Fall und ließ den Herzog Guntram Boso erst dann hinzukommen. Und daß der Bischof von Verdun für Guntram Boso nicht vor Gericht als Fürsprecher auftreten konnte, offenbarte ex negativo bereits das Gebot informeller Vorabsprachen. Auch Gregor von Tours hatte, wie er schreibt, bereits mehrmals König Guntram gebeten, Herzog Bladast und Graf Garachar zu verzeihen. Erst als er dessen Zustimmung bekam, präsentierte er die beiden dem König, der sie dann in seine Huld aufnahm.[38] Diese Vorverhandlungen, die zuweilen auch Boten übertragen wurden, zogen sich nicht selten länger hin. Von den Beteiligten erforderte dies Geduld. Gleichsam als Lehrstück in dieser Hinsicht erzählt Gregor von Tours die Geschichte vom Ende des Grafen

Leudast, die zugleich auch die Wirkung dieser Vorabsprachen verdeutlicht.

Dieser Leudast hatte einst die Grafschaft Tours verwaltet und war dabei zu einem der heftigsten und meistgehaßten Gegner Gregors selbst geworden. Als er schließlich den Bischof beschuldigte, der Königin ein Verhältnis mit dem Bischof von Bordeaux nachzusagen, sein Vorwurf aber entkräftet werden konnte, wurde er exkommuniziert und aus der Gegend vertrieben.[39] Nach einiger Zeit kam Leudast mit Unterstützung des Königs nach Tours zurück und wünschte, wieder in die Kirche aufgenommen zu werden.[40] Gregor sperrte sich, er schrieb der Königin, die ihn bat, davon abzusehen. Der Brief verhieß dem Bischof nichts Gutes. Er befürchtete, man wolle den Grafen umbringen. Doch das wollte er verhindern, auch wenn es seinen Feind betraf. Gregor bestellte also Leudasts Schwiegervater zu sich – ein direktes Gespräch schien die Feindschaft unmöglich zu machen – und legte es ihm nahe, Leudast zu warnen. Er solle vorsichtig sein, bis die Königin besänftigt sei, was nichts anderes hieß, als daß er sich nun für Leudast bei ihr verwenden wollte. Doch Leudast hörte nicht auf die Worte Gregors und begab sich nunmehr zum König, um dessen Huld zu gewinnen und damit die Angelegenheit in seinem Sinne zu beenden. Er bat, wie Gregor schrieb, das Volk, also einige einflußreiche Große, für ihn bei König Chilperich zu intervenieren, auf daß er eine Audienz erhalte. Und so trat der Graf vor den König, warf sich zu dessen Füßen und bat um Gnade.[41] Der König wies ihn nicht ab, was auch nicht zu erwarten war, nachdem sich die Großen für ihn eingesetzt hatten. Aber Chilperich sah sich nicht in der Lage, einen Schlußstrich zu ziehen, ehe auch seine Frau dem Grafen verziehen hatte. Und so forderte er ihn auf, noch einige Zeit zu warten, damit er ihm inzwischen die Gnade seiner Frau verschaffe.[42] Doch vom König in dieser Weise empfangen, glaubte sich Leudast in der Lage, die Sache selbst in die Hand zu nehmen, und nutzte einen gemeinsamen Kirchgang des Königspaares, um sich vor versammelter Mannschaft nunmehr der Königin zu Füßen zu werfen. „Sie aber stieß ihn wutknirschend und seinen Anblick verwünschend von sich und rief unter Tränen aus: 'Da von meinen Söhnen keiner lebt, so lege ich meine Sache in deine Hände, Herr Jesus!' Darauf warf sie sich dem Könige zu Füßen und fuhr fort: 'Wehe mir, die ich meinen Feind vor mir sehe und vermag nichts gegen ihn.'"[43] Das Flehen der Königin zeitigte Erfolg. Leudast wurde aus der Kirche geschickt und einige Zeit später von den Dienern der Königin nach einem heftigen Kampf gefaßt. Die Wunden, die er davontrug, waren lebensgefährlich, doch eines natürlichen Todes sollte er nicht sterben: Auf Geheiß der Königin, aber auch im Einverständnis mit dem König, legte man dem Schwerverletzten einen Balken unter den Nacken und schlug von der anderen Seite auf die Gurgel. Ein verdienter

Tod war das nicht nur in den Augen Fredegundes und Chilperichs, sondern auch des berichtenden Bischofs. Bei dieser Bewertung kommt selbstverständlich der ganze Groll, der sich im Laufe der Zeit in Gregor von Tours angesammelt hatte, zum Ausdruck. Sein harsches Urteil war eine Folge der Ungerechtigkeiten, vor denen der Graf in seinen Augen nie Halt gemacht hatte, und so sah er denn auch in dem qualvollen Tod einen Fingerzeig Gottes, war es doch Christus gewesen, den Fredegunde angerufen hatte, um sich der Bitte um Verzeihung zu entziehen. Aber diesen Tod hatte Leudast in den Augen Gregors von Tours zugleich selbst verursacht. Der Graf hatte gleich zweimal die Fürsprache verschmäht, er hatte weder dem Bischof noch später dem König die Zeit gelassen, um die Voraussetzungen für den Gnadenakt zu schaffen. Umgekehrt hatte er gehofft, eingedenk des königlichen Wohlwollens, Fredegunde mit Hilfe des Fußfalls zur Verzeihung zu zwingen. Er war nicht zu Unrecht davon ausgegangen, daß diese Form der Selbstdemütigung eine Bitte um Gnade unwiderstehlich machte. Wer sich zu solch einer Handlung in aller Öffentlichkeit genötigt sah, dem konnte man ohne weiteres nichts abschlagen.[44] Das war eben die Folge der Vorabsprachen, die man gemeinhin führte. Denn sie sorgten dafür, daß die Fürsprache, wurde sie in der Öffentlichkeit geübt, ihr Ziel erreichte. Und so hatten die Vorverhandlungen in der Praxis das Bild von der in solchen Situationen stets vergebenden Autoritätsperson geschaffen, ein Bild, von dem diese nicht mehr abweichen konnte, ohne ihre Autorität selbst in Frage zu stellen. Denn in einem solchen Fall würde man nur zeigen, daß der Bittende es nicht für nötig empfunden hatte, sich im voraus des Wohlwollens zu versichern oder daß man selbst nicht über jene Qualitäten der Milde und Nachsicht verfügte, die für jede herausgehobene Stellung in der damaligen Gesellschaft den Bodensatz der Legitimität bildeten. Von daher hatte Leudast mit seinem Vorpreschen die Königin Fredegunde im buchstäblichen Sinne bloßgestellt, die dann auch in ihrem ersten Ausruf ihrer Schwäche und Ungeschütztheit Ausdruck verlieh. Ihre Reaktion, ihr Fußfall vor dem König, machte aus ihrer Schwäche wieder eine Stärke. Denn nun mußte sich der König zwischen ihr und dem Grafen entscheiden, und diese Entscheidung fiel ihm nicht schwer, da der Graf mit seinem unvorhergesehenen Fußfall in der Kirche auch ihn herausgefordert hatte. Und dafür mußte der Graf mit seinem Leben büßen. Das alles – und das ist die Quintessenz – hätte er sich natürlich sparen können, wenn er auf die geduldige Fürsprache des Bischofs gesetzt hätte.

Welches Ergebnis seine Intervention bei der Königin gezeigt hätte, sagt Gregor von Tours nicht, und das ist verständlich. Denn wenn es im einzelnen auch Vorverhandlungen gab und wenn diese Vorabsprachen den Gnadenakt wie eine automatische Folge der Fürsprache erscheinen ließen, so erfährt man über den Inhalt dieser Verhandlungen so gut wie gar nichts. Sicher war für die Betroffenen allein, daß sie bei erfolgreicher Fürsprache ihr Leben behalten oder im Falle der Verbannung zurückkehren konnten. Hier und da vermochten sie mit ihrem Eingeständnis sogar die Huld des Herrschers wiederzugewinnen. Ob sie nun aber unverzüglich die Huld wiedererlangten oder ob sie noch weitere Bußen oder Strafen ertragen mußten, ob ihnen in Zukunft ihre Ämter und die damit verbundenen Erträge wieder offenstanden oder sie sogar auf ihren Besitz verzichten mußten, all das war der Entscheidung dessen, der zu vergeben hatte, vorbehalten. Und inwieweit er darüber bereits bindende Aussagen vorab traf, war wohl von Fall zu Fall verschieden. Da das Schuldeingeständnis dem Gegenüber den Anspruch auf eine Form der Buße einräumte, dürfte seine Neigung jedoch nicht allzu groß gewesen sein, sich hier im voraus bis ins einzelne festzulegen. Agerich von Verdun wußte zwar, daß Childebert vergeben wollte, aber von der Einschaltung Guntrams erfuhr er erst, als sein Mandant vor dem König stand und um Verzeihung bat. Umgekehrt dürfte dort, wo die vollständige Wiedererlangung der Huld das Ergebnis der Fürsprache war, diese bereits im Vorfeld ausgehandelt worden sein. Wenn die Bischöfe bei König Guntram intensiv Fürsprache für den abtrünnigen Herzog Desiderius einlegten und es ihnen nach den Worten Gregors gelang, ihm die königliche Huld zu erwirken,[45] so dürfte diese vollständige Aussöhnung vorher abgesprochen worden sein. Allerdings könnte der König den Herzog auch als Zeichen seiner großen Gunst ohne vorherige Zusage in die Huld aufgenommen haben. Der Grad der Unsicherheit bleibt also hoch.

War indes wie bei der Bitte um das Leben des Verurteilten eine konkrete Frage Gegenstand der Fürsprache, so kann man mit einiger Sicherheit davon ausgehen, daß die Lösung verhandelt wurde. Dies galt etwa im Fall jenes Sachsen namens Chulderich, der, bei König Guntram in Ungnade gefallen, zu seinem Schutz in die Kirche des Hl. Martin nach Tours flüchtete.[46] Seine Frau war im Reich Guntrams geblieben. Der König hatte ihr allerdings jeglichen Kontakt untersagt, bis ihr Mann seine Huld wiedergewonnen habe. Gregor von Tours schaltete sich ein, schickte Boten zum König und verwandte sich für ihn. Das Ergebnis war positiv. Die Frau konnte nachkommen, und es wurde ausgemacht, daß sich beide diesseits der Loire niederlassen sollten und Chulderich dem König Treue versprechen werde. Da der Vereinbarung offenkundig nicht einmal eine Gegenüberstellung zwischen dem Empörer und dem König vorausging, das ganze also über Boten ausgehandelt worden war, kann man in solchen Fällen im Resultat auch den Verhandlungsgegenstand sehen.

Bis auf wenige Ausnahmen stammen die meisten der bisher angeführten Beispiele aus dem Werk Gregors von Tours, das neben den weniger aussagekräftigen normativen Zeugnissen das meiste Material für das 6. Jahrhundert bietet. Das Bild, das der Bischof von Tours von der friedlichen Konfliktbeilegung entwirft, ist indes einseitig. Wo man nur hinschaut, sieht man Bischöfe agieren. Sie stehen im Vordergrund und treten an den entscheidenden Stellen auf, und besonders gilt dies für das Feld der Fürsprache. Insofern erkennt man hier die Spuren eines ausnehmend starken bischöflichen Sendungsbewußtseins, das mehr beschreibt, wie es sein sollte, als wie es gewesen ist.[47] Und doch wäre es verfehlt, hier nur von Wunschvorstellungen reden zu wollen. Zum einen war auch für Gregor von Tours die Fürsprache kein Privileg der Bischöfe. Die Passagen über das Ende des Grafen Leudast zeigten ja auch weltliche Große und Könige in dieser Rolle.[48] Und zum zweiten tauchen die Bischöfe einfach deshalb so häufig als Fürsprecher in Friedensangelegenheiten auf, weil Gregor von ihren Aktivitäten generell soviel Aufhebens machte. Vergleicht man etwa seine Aussagen mit denen des fünfzig Jahre später schreibenden Fredegar, so kommen in dessen Werk die Bischöfe wesentlich weniger vor und dementsprechend auch deren Friedensaktivitäten. Friedensstifter und Fürsprecher in dieser Sache sind bei ihm häufig irgendwelche Magnaten oder Personen aus dem Umfeld der Konfliktgegner, ohne daß er diese wie Gregor weiter nach ihrem Stand differenziert und die geistlichen Würdenträger dann auch noch mit Namen benennt. Genau dieser Unterschied ist es, der die Bischöfe bei Gregor so stark hervortreten läßt. Doch dessenungeachtet sind es auch bei Fredegar und seinen Fortsetzern, wenn sie denn die Geschehnisse detailliert beschreiben, wiederholt Bischöfe, die als Fürsprecher und Friedensstifter auftreten.[49] Anders gesagt: An der hervorragenden Rolle der Bischöfe in dieser Zeit besteht kein Zweifel, und das gilt um so mehr, als sie die besten Voraussetzungen dafür mitbrachten. Denn ihr Amtsverständnis, das Kirchenasyl und ihre politische Funktion, ihre Nähe zum Herrscher, ihre Position in den Bischofsstädten und ihre moralische Sonderstellung schrieben ihnen die Rolle des versöhnenden Fürsprechers gleichsam auf den Leib.

Doch unterlag auch ihr Handeln und damit einhergehend ihre Rolle als Friedensstifter dem historischen Wandel. So traten sie als Fürsprecher seit dem Ende des 7. Jahrhundert in bestimmten Feldern nicht mehr so deutlich in den Vordergrund. Bischöfe, die sich etwa gegenüber dem König für Empörer und Übeltäter verwandten, wurden selten. Das hatte einmal gewiß etwas mit einem Wandel in ihrer Amtsauffassung zu tun. Denn mit dem Aufstieg der Karolinger waren die Bischöfe in erster Linie Politiker und Krieger geworden. Sie hatten ihre Sonderstellung gegenüber den anderen weltlichen Großen verloren[50] und ein Selbstverständnis gewonnen, das den Auftrag zur Friedensstiftung an den Rand gedrängt hatte. Ebenso dürfte zu Buche geschlagen sein, daß das Kirchenasyl seit den Karolingern an Bedeutung verlor. Auf Konzilien spielte die Verteidigung dieses Privilegs kaum noch eine Rolle,[51] und Mördern und Empörern wurde nun untersagt, in Kirchen Zuflucht zu suchen.[52] Obwohl dieses Gebot so manches Mal unterlaufen wurde,[53] kam es jetzt kaum noch zu Situationen, in denen ein Bischof gleichsam von außen in die Rolle des Friedensstifters gedrängt wurden. Darüber hinaus traten nun auch die Herrscher selbst als Anwälte der Nachsicht auf. Es war Karl der Große, der um das Leben Pippins des Buckligen ebenso bat wie um dasjenige Tassilos, und nicht anders verhielt sich Ludwig der Fromme, der vor den Großen Fürsprache für seinen Neffen, König Bernhard von Italien, einlegte, um zu verhindern, daß das Todesurteil gegen den Empörer vollstreckt wurde. Diese Rollenübertragung war in erster Linie dem Umstand zu verdanken, daß hier Verwandte zum Tode verurteilt wurden.[54]

All die genannten Veränderungen trugen nun dazu bei, daß die Fürsprache der Bischöfe nicht mehr so stark im Vordergrund stand. Doch am Grundsätzlichen änderten sie nichts. Fürsprache spielte weiterhin im Prozeß der Konfliktbeilegung eine wichtige Rolle. Die Großen im Gefolge Pippins des Jüngeren, die, wie schon erwähnt, ein Urteil über die angemessene Buße des Langobardenkönigs Aistulf sprachen, hatten selbst zunächst ihren König gebeten, Nachsicht zu üben.[55] Als sich ostfränkische Adlige unter dem Grafen Hadrad gegen Karl den Großen erhoben, suchten sie schließlich in Fulda Zuflucht, wo sie den Abt dazu bewegen konnten, sich bei Karl für sie einzusetzen.[56] Es waren ebenfalls Mönche aus Fulda, die die Verurteilung Bernhards von Italien durch ihre Fürsprache lange hinauszögerten.[57] Karl der Große selbst übernahm es, bei König Offa für eine Gruppe englischer Großer, die sich mit diesem überworfen hatte und ins Frankenreich geflohen war, Versöhnung zu erbitten.[58] Mit Landramnus von Tours an der Spitze erklärte sich eine Schar von westfränkischen Bischöfen 851 bereit, dem Bretonenfürsten die Huld des Herrschers zu erwirken.[59] Stärker hervor taten sich nunmehr auch die Päpste. Als Karl der Große die Römer, die Papst Leo III. abgesetzt hatten, wegen Majestätsbeleidigung zum Tod verurteilte, da schritt das Opfer selbst ein und verlangte eine Umwandlung der Strafe, was ihm auch gewährt wurde.[60] Auch jetzt war die Fürsprache keinesfalls auf Konflikte zwischen dem König und seinen untreuen Getreuen beschränkt. Darauf verweist etwa ein Brief Einhards, der sich für einen Mann, der der Gewalt des Mainzer Erzbischofs unterstand, einsetzte, damit dieser statt der verdienten Strafe nur eine Buße zahlen mußte.[61] Die Liste der Beispiele ließe sich nun ohne weiteres auch bis in die Zeit der Enkel und Urenkel Karls des Großen fortsetzen, doch kann hier darauf verzichtet werden.

Wenn nun auch die Fürsprache als Instrument der Konfliktbeilegung kontinuierlich zum Einsatz kam, so war ihr Gebrauch doch Schwankungen unterworfen, die in der Karolingerzeit zum Tragen kamen, aber grundsätzlich immer möglich waren. Ihr Erfolg hing nämlich stets davon ab, ob derjenige, der gebeten wurde, Gnade vor Recht ergehen zu lassen, sich darauf einließ. Nun waren Milde und Nachsicht über den ganzen Zeitraum hinweg zwar ebenso anerkannte wie eingeforderte Herrschertugenden, aber sie standen doch in einem steten Spannungsverhältnis zur herrscherlichen Strenge, ohne die ebenfalls kein fränkischer König Autorität beanspruchen konnte. Deshalb legten die Herrscher seit der Zeit der Merowinger wechselnde Verhaltensweisen an den Tag, straften und verziehen auch hin und wieder.

Dennoch kommt man nicht umhin, einen schleichenden Wandel zwischen dem Ende des 6. und dem Anfang des 9. Jahrhunderts festzustellen. Ein Gnadenakt, der zur vollständigen Verzeihung führte, wurde zur Rarität,[62] und der Strafnachlaß fiel zumeist auch geringer aus. Der milde Herrscher aus karolingischer Familie bat selbst seine Großen um die Aufhebung von Todesurteilen, zumindest bei Verwandten. Doch auch die abgemilderte Strafe blieb sichtbar, abschreckend und wirksam: Wer in den Genuß eines Gnadenaktes kam, wurde geblendet oder tonsuriert ins Kloster geschickt.[63] Und wer gar unversehrt nur verbannt wurde, konnte sich äußerst glücklich und privilegiert schätzen.[64] Zumindest bis in die Endphase der Herrschaft Ludwigs des Frommen war dies ein Grundzug im Umgang mit Opponenten, Aufrührern und Aufständischen. Für den Einsatz der Fürsprache hatte dies entscheidende Konsequenzen. Sie kam in erster Linie nach einem Gerichtsurteil zum Tragen und galt primär als Mittel, Todesurteile abzuwenden. Wie schon in merowingischer Zeit blieben von daher Gerichtsurteile nicht zwangsläufig das letzte Wort in der Sache. Man konnte hoffen, das Leben zu behalten und ausnahmsweise auch seine Stellung wiederzuerlangen – wie es zum Beispiel nach der Verschwörung König Bernhards von Italien zu einer Restituierung der verurteilten Mitverschwörer kam.[65] Aber als ein Instrument der Friedensstiftung, als eine Möglichkeit, ein gerichtliches Procedere zu verhindern, verlor sie an Wert und blieb als solches vornehmlich auf die Gestaltung der auswärtigen Beziehungen beschränkt.

Diese Entwicklung hing zuerst einmal damit zusammen, daß über lange Zeiten nur ein Herrscher regierte und folglich die Möglichkeiten des Adels, sich mit Konkurrenten einzulassen, geringer waren, wie denn umgekehrt der einzelne Herrscher auch nicht befürchten mußte, durch strenge Strafmaßnahmen seine loyale Gefolgsleute zu verlieren. Wie bedeutsam dieser Faktor war, zeigt die offenkundige Zunahme der nachsichtigen Behandlung unter den Enkeln und Urenkeln Karls des Großen. Doch der sparsame Umgang der ersten Karolinger mit der Milde entsprach vor allem ihrer geregelteren Herrschaftspraxis, die, wie schon gezeigt, nicht zuletzt zu einer Ausdehnung der Gerichtspraxis und damit einhergehend zur systematischeren Anwendung von Strafen führte. Dies ist besonders hervorzuheben, weil es deutlich auf die politischen Bedingungen der Fürsprache hinweist. Die erfolgreiche Fürsprache gedieh da besonders gut, wo auch der Willkür nur wenig Grenzen gesetzt waren. Nicht von ungefähr korrespondiert die Blütezeit der Fürsprache unter den Merowingern mit einer Herrschaftspraxis, die im Notfall auch vor der Ermordung irgendwelcher Widersacher nicht zurückschreckte. Und nicht von ungefähr verurteilten jene Könige, die Gnade vor Recht ergehen ließen, zugleich auch ihre Gegner oder die Untreuen wiederholt zum Tode, ohne ein regelrechtes Urteil zu fällen, ein Vorgehen, das man den Karolingern nicht nachsagen kann.[66]

Die Begrenzung willkürlicher Herrschaftspraktiken seitens der karolingischen Herrscher ließ zwar die Fürsprache als Mittel der Friedensstiftung bei Konflikten zwischen dem König und den aufrührerischen Adligen insgesamt betrachtet zurücktreten, aber in bestimmten Fällen fand sie nunmehr fast immer Anwendung. Denn seit Pippin bürgerte es sich zunehmend ein, die Verwandten, die sich gegen den Herrscher verschworen hatten, zu begnadigen, wenngleich dies dann doch Blendung oder Tonsurierung zur Folge hatte. Während noch Karl Martell seinen Verwandten, den Abt Wido von Sankt Vaast und Sankt Wandrille gnadenlos umbringen ließ,[67] ging schon Pippin mit seinem Halbbruder Grifo, der sich gleich mehrmals gegen ihn erhob, pfleglicher um. Beim ersten Mal sperrte er ihn für ein paar Jahre ins Gefängnis. Nachdem sich dieser dann in Bayern erneut an einer schnell niedergeschlagenen Erhebung beteiligt hatte, übertrug er ihm sogar des Friedens wegen zwölf Grafschaften in Neustrien, was Grifo allerdings nicht davon abhielt, bald darauf wieder Kontakt zu den Feinden des Bruders zu suchen, weil er sich wohl zu mehr als zu einem untergeordneten Grafen berufen fühlte.[68] Für Karl den Gr. waren es die verwandtschaftlichen Beziehungen zu Tassilo, die ihn um dessen Leben bitten ließen.[69] Nach der gleichen Maxime schickte er seinen aufständischen Sohn Pippin ins Kloster, während die Großen, die hinter Pippin standen, durch das Schwert, teils auch mit dem Strick hingerichtet wurden.[70] Nicht anders verhielt sich Ludwig der Fromme. Bernhard von Italien verlor sein Leben nicht, wurde allerdings auf Geheiß des um Gnade bittenden Kaisers durch Blendung herrschaftsuntauglich gemacht.[71] Und ebenso kamen Ludwigs Stiefbrüder, die an dem Aufstand Bernhards teilgenommen hatten, mit dem Leben davon, wiewohl geschoren und ins Kloster verbannt.[72] Kurzum, das Leben der Familienmitglieder wurde nunmehr fast automatisch geschont, was für die Zeit der Merowinger nicht galt: Erinnert sei nur an Chram, den sein Vater Chlothar I. verbrennen ließ,[73] oder Chlothar II., der seine Neffen mit Gewalt aus der Welt schaffte.⁷⁴ Für die Betroffenen mochte der jeweilige Gnadenakt und die zur Schau gestellte Milde wie ein Hohn erscheinen – und insbesondere das Beispiel Bernhards von Italien, der sich mit Händen und Füßen gegen die Blendung wehrte und an deren Folgen kurz darauf starb, erlaubt hier keinen Zweifel. Und doch veränderten diese Praktiken den Stil der Konfliktbeilegung dauerhaft. Denn jetzt begann man andere Maßstäbe bei den Verfehlungen von Mitgliedern der Herrscherfamilie anzulegen und mit diesen auch bei Ungehorsam nachsichtiger als bei anderen Rebellen und Missetätern zu verfahren.

Schon unter den Enkeln Karls des Gr. war dies zur Selbstverständlichkeit geworden. Weder Lothar I., der seinen Vater vom Thron stieß, noch Ludwig der Deutsche, der ihm mehrmals die Treue aufkündigte, fanden den Tod, ja wurden nicht einmal mehr hart bestraft. Und gleiches galt in der nächsten Generation dann auch für Karlmann und Ludwig den Jüngeren, die sich mehr als einmal gegen Ludwig den Deutschen erhoben hatten; aber auch Karlmann, der sich immer wieder gegen seinen Vater Karl den Kahlen erhob, und Hugo, der nicht anerkannte und von seinem Onkel verfolgte Sohn Lothars II., erhielten nicht die Todesstrafe.⁷⁵

Ein einheitliches Vorgehen resultierte aus diesem eher schleichenden Wandel allerdings nicht. Karl der Kahle verfuhr mit Karlmann anders als Ludwig der Deutsche mit seinem gleichnamigen Sohn. Während der westfränkische König seinen Sohn zunächst tonsurieren und dann sogar blenden ließ, mußte Ludwig der Jüngere nicht einmal eine Haft über sich ergehen lassen.⁷⁶ Das Handeln, der Umgang mit dem Gegner aus der eigenen Familie, erwuchs aus einem Knäuel von politischen Absichten, besonderen Machtkonstellationen, taktischen Überlegungen und auch moralischen Vorsätzen. Wenn Karl der Kahle seinen Sohn schließlich blenden ließ, so stellte dies einen letzten Schritt in einer Reihe von sich allmählich steigernden Strafaktionen dar. Mit ihnen versuchte er sich jenes Stück Autorität zurückzuerobern, das er mit jedem neuen Akt des Ungehorsams von seiten seines Sohnes verloren hatte, ein Verlust, der für ihn um so schmerzlicher wirkte, als er über keinen großen Rückhalt im eigenen Reich verfügte.⁷⁷ Umgekehrt saß Ludwig der Deutsche viel fester im Sattel und konnte dem aufsässigen Treiben seiner Söhne gelassener gegenüberstehen, obschon der Aufstand von 866 auch deshalb keine weiteren Konsequenzen nach sich zog, weil Ludwig der Jüngere damals einen starken Rückhalt beim sächsischen und fränkischen Adel fand.⁷⁸ Die relativ stabilen Verhältnisse im ostfränkischen Reich ließen auch ein persönliches Moment stärker zur Entfaltung kommen. Glaubt man den Gesta Karoli des Notker Balbulus, so soll die von ihm veranlaßte grausame Niederschlagung des sächsischen Stellinga-Aufstandes Ludwig dem Deutschen so zu Herzen gegangen sein, daß er von da an keine Todesurteile mehr fällte und jegliches Blutvergießen an Christen ablehnte.[79] Auch wenn der Verzicht auf abschreckende Strafen seine Grenzen hatte,[80] wird man doch einen Zusammenhang zwischen seinem nachsichtigen Verhalten gegenüber den Söhnen und den moralischen Lehren, die der König aus der Bekämpfung der Stellinga gezogen hatte, nicht gänzlich abstreiten, und zwar um so weniger als man eine ähnliche Entwicklung auch bei seinem Vater beobachten kann. Denn die starken Schuldgefühle, die die tödliche Blendung Bernhards von Italien bei Ludwig dem Frommen hinterließen, kompensierte der Kaiser nicht nur mit der öffentlichen Buße von 821 und der Rehabilitierung der Anhänger Bernhards.[81] Eine Folge dürfte ebenso in dem nachsichtigen Verhalten bestehen, das er gegenüber seinen Söhnen Ludwig und Lothar an den Tag legte, nachdem diese gegen ihn konspiriert hatten.[82] Indem er ihnen damals ihre Untreue vergab, lieferte er im übrigen ein Vorbild, dem sein Sohn Ludwig bei den Problemen mit den eigenen Nachkommen folgen konnte und das sich so verfestigte. In jedem Fall führte die mehr oder minder geübte Nachsicht dazu, daß man sie als Regel fixierte und Hinkmar von Reims 860 schreiben konnte: „Auf diese Weise soll der Herrscher die Kinder und Verwandten, wenn sie denn gesündigt haben, dies anerkennen und zur Buße bereit sind, schonen."[83]

Die mildere Behandlung der Söhne brachte es mit sich, daß die Möglichkeit, bei Infidelität ohne vorheriges Gerichtsurteil die Huld des Königs zu gewinnen, auf höchster Ebene wieder zum Zuge kam. Damit erweiterte sich auch der Spielraum für die Fürsprache als Instrument der Friedensstiftung. Doch nicht nur das. Zugleich entwickelte sich nun auch aus diesem Institut eine regelrechte Vermittlungstätigkeit.

Zum Verständnis dieser Entwicklung muß man allerdings zunächst einmal das Verhältnis von Fürsprache und Vermittlung grundsätzlich in Betracht ziehen. Beide sind verschiedene, doch in bestimmten Situationen auch wieder sehr ähnliche, ja zuweilen nicht unterscheidbare Praktiken. Vereinfacht könnte man sagen, daß Vermittlung stets die Fürsprache einschließt, aber Fürsprache noch lange keine Vermittlung darstellt. Letzteres galt selbstverständlich für all jene Formen der Fürsprache, die einem Verurteilten oder Verbannten Strafnachlaß erwirken wollten. Das wird man auch über die Rolle, die Agerich von Verdun für seinen Mandanten Guntram Boso spielen sollte, sagen können.[84] Der Fürsprecher war hier nichts anderes als eine Art Anwalt mit der Macht, Todesurteile abzuwenden. Aber selbst wenn die Intervention Dritter auf die Beilegung eines Streitfalls ausgerichtet war, kann man nur unter bestimmten Bedingungen von Vermittlung reden. Es hängt dann davon ab, in welcher Position der Fürsprecher zu den Parteien stand und ob verhandelt wurde. Im Hinblick auf diese beiden Aspekte erscheint das Institut der Fürsprache grundsätzlich Vermittlungsverfahren diametral gegenüberzustehen. Denn die

Möglichkeit und die Notwendigkeit der Fürsprache lag ja gerade darin begründet, daß der Fürsprecher privilegierte Beziehungen zu einer der Konfliktparteien unterhielt. Seine Autorität stieg mit der Nähe zu der Konfliktpartei, an die er seine Bitte richtete. Je fester er also im Lager der einen Seite stand, um so mehr konnte er erreichen. Insofern offenbarte sich in seinem Tun von vornherein ein Ungleichgewicht der Kräfteverhältnisse, das er dann mit seinem Eingreifen nur fortschrieb. Allerdings stellte sich dieser Zustand nicht zwangsläufig ein. Unter bestimmten Bedingungen konnte der Fürsprecher eine eigenständigere Position gewinnen. Das galt vor allem dann, wenn die Bischöfe der Merowingerzeit für jene, die in ihren Kirchen Zuflucht gesucht hatten, Fürsprache einlegten, da sie hier ja gerade aufgrund ihrer privilegierten Stellung bei diesem oder jenem Herrscher zu Fürsprechern wurden. Aber auch in dieser Stellung waren sie nicht notwendigerweise Vermittler. Als solche kann man sie im Grunde nur apostrophieren, wenn ihre Fürsprache Teil und Ergebnis einer ausgehandelten Lösung war. Dies ist allerdings nur schwer zu ermitteln, da die Quellen zumeist nur das Ergebnis, selten die Verhandlungen im Vorfeld und nur in Ausnahmefällen den Gegenstand der Verhandlungen festhalten. Und so kann man wie in einigen der bereits untersuchten Fälle zwar feststellen, daß es Vorabsprachen gab, ob sie aber über die Übermittlung der Bitte, sich mit einem Schuldeingeständnis und einer Form der Wiedergutmachung zufriedenzugeben, hinausgingen, bleibt vielfach im Unklaren. Doch erst dann wäre der Fürsprecher auch ein regelrechter Vermittler geworden, der einen Ausgleich zwischen Parteien aushandelt. Selbst bei den gut dokumentierten Fällen der Merowingerzeit läßt sich dies kaum nachweisen. Von Vermittlung kann man dementsprechend hier auch nur unter der Maßgabe reden, daß man auch die Überzeugungsarbeit, die nur gegenüber einer der Parteien geleistet wurde, als hinreichendes Kriterium anerkennt, da bereits auf diese Weise die Beilegung nicht mehr allein eine Angelegenheit der Konfliktparteien war und die Kommunikation durch Dritte, wenngleich eben auch nur in eine Richtung, erfolgte.

Stellte die Fürsprache nun zumeist auch nicht mehr als diese schwache Form der Vermittlung dar, so konnte sie jedoch ohne weiteres schleichend in komplexere Verhandlungslösungen übergehen, und sei es nur, daß das erste Angebot den Adressaten der Fürbitte nicht zufriedenstellte und nach Rücksprache ein neues vorgelegt wurde. Folglich waren die Übergänge zur Vermittlung fließend, und je nach Engagement des Fürsprechers respektive seiner relativen Distanz zu beiden Konfliktparteien und deren Konzessionsbereitschaft konnte die Beilegung des Konfliktes wenn nicht alle, so doch entscheidende Züge einer Vermittlung tragen. Ob es zur Vermittlung kam, hing aber nicht allein vom Einzelfall, sondern ebenso vom

Charakter der Konflikte ab. Von daher waren es dann auch insbesondere Auseinandersetzungen zwischen gleichwertigen Gegnern, bei denen Dritte am ehesten in die Rolle eines Vermittlers hineinwuchsen. Doch erst im Verlauf der Karolingerzeit entwickelten sich die politischen Strukturen, die solche Konstellationen in zwei entscheidenden Bereichen häufiger hervorbrachten. Zum einen bildeten sich seit dem Vertrag von Verdun 843 immer wieder Dreiecksverhältnisse zwischen den karolingischen Herrschern, die es einem von ihnen ermöglichten, als Friedensstifter zwischen den anderen zu agieren. Zugleich sahen sie sich nun auch vermehrt dazu veranlaßt, bei ihren regierenden Verwandten für den einen oder anderen in Ungnade gefallenen Großen zu intervenieren. Zum zweiten wuchsen auch die Päpste in eine ähnliche Position gegenüber den karolingischen Königen hinein, hatten sie doch die Machtübernahme der Karolinger und erst recht die Kaiserkrönung Karls des Gr. zu einer moralischen wie politischen Instanz für die fränkischen Könige werden lassen. Und so sind es vor allem die Friedensinitiativen der karolingischen Herrscher selbst und der Päpste, bei denen in dieser Zeit am deutlichsten die Ansätze zur Vermittlungstätigkeit hervortreten. Daß man seit etwa 830 Friedensstifter auch als Mediatoren bezeichnete,[85] erweist sich vor diesem Hintergrund denn auch nicht nur als bloßer Wandel im Sprachgebrauch, sondern ebenso als Reflex einer gewandelten Praxis der Friedensstiftung.

2. Der Einsatz für den Familienfrieden der Karolinger

Eines der frühesten Beispiele für eine regelrechte Vermittlungstätigkeit stammt aus den Jahren 846 bis 849, als Ludwig der Deutsche eine offene Konfrontation zwischen seinen Brüdern zu unterbinden suchte. Anlaß für die Interventionen des ostfränkischen Königs bildete das für die damaligen Verhältnisse ungebührliche Verhalten des Grafen Giselbert, der sich gegen den Willen Lothars I. mit einer von dessen Töchtern liierte und diese, nach Aquitanien geflohen, geheiratet hatte.[1] Lothar I. nahm das Geschehen als eine Beleidigung ersten Ranges auf und machte seinen Stiefbruder Karl dafür verantwortlich, zu dessen Vasallen der Graf gehörte und in dessen Herrschaftsbereich er Zuflucht gefunden hatte. Lothar unterstützte feindselige Aktionen seiner Vasallen gegen den Bruder ganz offen. Der Ärger des Kaisers ist verständlich, zumal er sich darauf berufen konnte, daß schon seit den Tagen Karls des Gr. jene, die die Huld eines karolingischen Herrschers verloren und sich in das Herrschaftsgebiet eines anderen geflüchtet hatten, nicht unterstützt werden sollten.[2] Aber diese Regelung stieß hier an ihre Grenzen, da der Graf ja der Vasall des Königs war, in dessen Reich er Zuflucht gesucht hatte. Das friedliche Gleichgewicht zwischen den karolingischen Brüdern, mit dem Vertrag von Verdun drei Jahre zuvor erst geschaffen, wurde jedenfalls durch die Affäre ernsthaft bedroht.[3] Doch zugleich hatten der westfränkische wie der ostfränkische König genug Probleme in ihren eigenen Reichen. Ludwig der Deutsche mußte mehrmals gegen die Slawen ziehen, um deren Abfall zu verhindern.[4] Karl sah sich Angriffen von seiten der Normannen ausgeliefert und hatte erst vor einem Jahr eine herbe Niederlage gegen die Bretonen eingesteckt.[5] In jedem Fall konnte keiner von beiden zu diesem Zeitpunkt eine neue Auseinandersetzung mit Lothar gebrauchen. Und so trafen sie sich kurz darauf und ließen laut verkünden, daß die inkriminierte Verbindung niemals von ihnen beabsichtigt worden wäre, „damit sich Lothar, wenn er dies höre, leichter beschwichtigen lasse".[6] Schon dieses Treffen war auf Anraten Ludwigs zustande gekommen. Er stellte von Anfang an die aktive Kraft bei dem Versuch dar, den Konflikt mit Lothar so schnell wie möglich zu beenden.[7] Diese Politik setzte er fort, indem er sich anschließend mit ihm traf. Zwar brachte die Zusammenkunft kein Ergebnis in der Sache, aber immerhin gelang es Ludwig, seinen Bruder weiterhin auf dem Verhandlungswege zu halten. Im Jahr darauf verstärkte er seine Bemühungen, was sich zunächst in einer Demonstration von Gemeinsamkeiten mit Lothar niederschlug. Lothar und Ludwig, so heißt es in den Fuldaer Annalen, verbrachten das Jahr „in gegenseitiger Vertraulichkeit, denn jeder wurde in des anderen Haus geladen und durch Festgelage und königliche Geschenke geehrt."[8] Die Zeichen, die man aussandte, waren eindeutig: Beide Herrscher wollten trotz der angespannten Lage Frieden wahren und erfüllten ihr 843 gemeinsam mit dem Stiefbruder geschlossenes Bündnis mit Leben. Ludwig hatte es erreicht, daß Lothar in ihm keinen Gegner mehr sah, hatte dessen Vertrauen erworben und das eröffnete ihm die Möglichkeit, eine Aussöhnung zwischen beiden zu betreiben, wobei das demonstrierte Einvernehmen mit dem Kaiser zugleich eine Drohung an Karl enthielt, sich einem Ausgleich nicht zu widersetzen und gegebenenfalls Druck auf den flüchtigen Vasallen auszuüben. Das gelang zunächst nicht, aber immerhin ließ sich Lothar auf ein gemeinsames Treffen mit Karl in Meersen ein, das nicht nur die alten Bande bestätigen sollte, sondern vornehmlich der Abwehr der Dänen und Bretonen gewidmet war. Hier versprach man ganz allgemein einander Frieden und brüderlichen Umgang, und Lothar erklärte sich sogar bereit, jene Vasallen, die Karl dem Kahlen zu schaffen machten, zum Rückzug zu bewegen. Obwohl man nun miteinander sprach, blieb jedoch eine umfassende Versöhnung aus, da es in der Giselbert-Frage zu keiner Annäherung kam.[9] Noch wog das Unrecht, in das sich Lothar gesetzt fühlte, zu schwer.[10] Lothar lehnte aller gegenseitigen Freundlichkeiten zum Trotz eine Aussöhnung ab, hoffte in der Folge sogar Ludwig als Bündnispartner gegen Karl zu gewinnen.[11]

Ludwig verweigerte sich jedoch dem Ansinnen seines Bruders und setzte seine Bemühungen um einen Ausgleich fort. Deutlich zeigt sich hier sein Bestreben, trotz der Bindungen, die er mit Lothar eingegangen war, eine Mittlerposition zwischen beiden Brüdern einzunehmen. Und dementsprechend empfing dieser dann auf einem Hoftag im Herbst Abgeordnete beider Seiten, und es scheint, daß hier die endgültige Lösung anvisiert wurde. Denn als er bald darauf nochmals selbst Gesandte zu Lothar schickte, hielt dieser gerade einen Hoftag in Diedenhofen ab, der sich mit dem Schicksal Giselberts beschäftigte.[12] Obwohl die einzelnen Schritte der Konfliktbeilegung nicht überliefert sind, wurde am Ende, soweit zu sehen, ein Kompromiß zwischen beiden Seiten gefunden: Die Ehe Giselberts wurde nicht annulliert, aber im Gegenzug leistete der Graf Lothar einen Treueid und wurde damit dessen Vasall und Schwiegersohn.[13]

Ob damit die gesamte Lösung des Konfliktes umrissen ist, bleibt zweifelhaft. Denn vor dem genannten Hoftag in Diedenhofen soll der Graf bereits den Treueid geschworen haben. Von daher macht die Gesandtschaft, die Ludwig der Versöhnung wegen schickte, nur unter der Annahme Sinn, daß Giselbert vielleicht noch zusätzlich bestraft werden sollte und es den Gesandten nun oblag, im Namen Ludwigs Fürsprache für ihn einzulegen.[14] Doch wie dem auch sei: Man sieht recht deutlich, wie Ludwig über einen längeren Zeitraum hinweg den Konflikt immer wieder durch Verhandlungen zu entschärfen trachtete und nach einer Lösung suchte, mit der alle leben konnten. Der ostfränkische König nahm stets eine eigenständige Position gegenüber den Konfliktparteien ein und engagierte sich weit mehr als ein Fürsprecher, der für eine andere Person sein Wort einlegt. Diesem Vorgehen entsprach auch das Ergebnis, das eigentlich keinen Verlierer kannte. Auf den ersten Blick mag Karl der Kahle etwas schlechter dabei weggekommen sein, tauschte er doch mit Giselbert einen Vasallen gegen die Möglichkeit, dessen Besitzungen neu zu vergeben, und die bloße Aussicht auf ein friedliches Auskommen mit dem Bruder ein. Aber da sich diese Erwartung schnell erfüllte, zog auch er einen Gewinn aus dem Ausgleich. Schon im Januar 849 schloß er ein Freundschaftsbündnis mit Lothar und dieser gab von nun an seine Unterstützung für Karls gefährlichste Gegner, nämlich für dessen aquitanische Neffen Pippin und Karl, auf.[15]

Gut zehn Jahre später trat Lothar II. dann als Vermittler hervor. Ihm fiel diese Aufgabe nach dem erfolglosen Zug seines Onkels, Ludwigs des Deutschen, ins Westfrankreich zu. Der ostfränkische König hatte 858 das Angebot einiger westfränkischer Großer angenommen, an seines Bruders Statt die Herrschaft im Westreich zu übernehmen.[16] Doch trotz anfänglicher Erfolge mußte er zu Beginn des Jahres 859 den Rückzug antreten, da sich das Gros der westfränkischen Magnaten gegen ihn stellte. Das Verhältnis zwischen den beiden Brüdern war zerrüttet, aber die Notwendigkeit, zu einem Frieden zu kommen, stand allen Beteiligten vor Augen, den Königen wie den Großen. Die Bemühungen mündeten schließlich mit dem Vertrag von Koblenz in einer allseits beschworenen Aussöhnung. Daß Lothar II. diesen Frieden zu einem erheblichen Teil mit herbeigeführt hatte, läßt sich einer Ansprache entnehmen, die Karl der Kahle wohl im Vorfeld der Verhandlungen von Koblenz an seine Getreuen gerichtet hatte.[17] Dort heißt es, der liebenswerte Neffe habe nach dem Rückzug Ludwigs des Deutschen daran gearbeitet, daß zwischen den Königen wieder Friede herrsche, so wie es sich zieme, und auf Mahnung der Bischöfe wieder die brüderliche Eintracht eingekehrt sei.[18] Dabei habe Lothar II., so Karl der Kahle, ihm zunächst ein Angebot für einen Ausgleich unterbreitet, das er abgelehnt habe, dann aber ein zweites vorgebracht, dem er sich nicht versagen wollte, da es gottgefällig und nützlich sei.[19] Mehr über den besonderen Einsatz Lothars II. erfährt man nicht, da die einschlägigen Annalen seiner Sonderrolle mit keinem Wort gedenken. Wann und wie im einzelnen Lothar sich als Friedensstifter engagiert hat, bleibt deshalb auch unklar. Aber aufs ganze gesehen reichen die Indizien, um Lothar II. als Vermittler zu betrachten, und zwar sowohl im Hinblick auf die Stellung, die er gegenüber den Konfliktparteien einnahm, als auch im Hinblick auf die Form der Verhandlungen. Was seine Position als Mittler anbelangt, so muß man allerdings als erstes darauf hinweisen, daß er bis zum Friedensschluß von Koblenz keinesfalls als neutrale Person intervenierte, stand er doch seit 857 im Bündnis mit Karl dem Kahlen, mit dem er sogar gemeinsam gegen die Normannen gekämpft hatte, als sein Onkel ins Westfrankenreich einfiel.[20] Dennoch ermöglichte erst dieses Bündnis seine Vermittlungstätigkeit. Denn bis zu seinem Zusammengehen mit dem westfränkischen König stand Lothar II. eindeutig auf der Seite Ludwigs, mit dessen Zustimmung er 855 zum König über das nördliche Mittelreich erhoben worden war, nicht zuletzt um den Begehrlichkeiten seines westfränkischen Onkels einen Riegel vorzuschieben.[21] Der Pakt mit Karl löste diese eindeutige Zuordnung auf und verschaffte Lothar II. jene Vertrauensstellung, die sein Wort bei Karl etwas gelten ließ. Zugleich zog das Bündnis keinen endgültigen Bruch mit Ludwig dem Deutschen nach sich, auch wenn dieser die neue Politik seines Neffen keinesfalls begrüßte.[22] Schon kurz nachdem der Ostfranke 858 ins Westfrankenreich gezogen war, empfing er Lothar II. in Attigny und erneuerte mit ihm das alte Bündnis.[23] Grundsätzlich schlossen also die Vereinbarungen mit einem Herrscher ein Bündnis mit einem anderen nicht aus, was dann noch deutlicher hervortrat, als Lothar nach dem Rückzug Ludwigs sein Bündnis mit dessen Bruder wieder aufleben ließ.[24] Anders gesagt bewahrte man trotz vertraglicher Bindungen genügend Eigenständigkeit gegenüber dem Vertragspartner, um auch für deren Gegner als Ansprechpartner und Verbündeter akzeptabel zu sein.

Betrachtet man nun die Verhandlungen selbst, so wird der Vermittlungscharakter der Aktion Lothars ebenfalls deutlich. Lothar II. hatte über eigene Gesandte und Boten Vorschläge für eine mögliche Einigung mit Karl und Ludwig ausgetauscht. Zwar spricht Karl der Kahle in seiner Ansprache nur von zwei Angeboten, die Lothar II. ihm unterbreitet habe, aber da Ludwig laut den Fuldaer Annalen durch mehrfache Gesandtschaften sich zu versöhnen trachtete,[25] wird man mit Sicherheit von einer Abstimmung der Vorschläge mit beiden Konfliktparteien ausgehen müssen. Schwerer fällt es dann schon, Zeit und Gegenstand der Vermittlung genauer zu bestimmen und zu bewerten. Das Koblenzer Vertragswerk nimmt sich zuerst einmal als ein Abkommen zwischen allen drei dort anwesenden Herrschern aus, das auch die abwesenden Brüder Lothars II. mit einbezog.[26] Ein Gutteil der Abmachungen wiederholte bloß, was schon zuvor 851 in Meersen beschlossen worden war.[27] Nur vier Artikel sind neu, und von diesen verdient eigentlich nur jener ein größeres Interesse, der auf die Großen einging, die in den letzten Jahren an den verschiedenen Unruhen beteiligt und von einem Karolinger zum anderen übergegangen waren. Ihnen gegenüber wollte man Nachsicht zeigen, ihnen Besitz und Ämter sogar lassen, sofern sie sich zu ihrer Schuld bekennen würden.[28] Die Bedeutung dieses Artikels wird von der anschließenden Ansprache Karls des Kahlen unterstrichen, der sich eigens dazu bekannte, denen, die sich 858 gegen ihn gewandt hatten, zu vergeben und ihnen allen Besitz und alle früheren Schenkungen mit Ausnahme derjenigen, die er ihnen gemacht hatte, wieder einzuräumen, wobei er sogar die Rückgabe selbiger Schenkungen und der Ämter in Aussicht stellte, vorausgesetzt sein Bruder Ludwig verhalte sich ebenso generös gegenüber seinen Anhängern im Hinblick auf deren Besitz im ostfränkischen Reich.[29] Dieses Versprechen samt der Regelung zeigen deutlich, wie stark in Koblenz der Ausgleich zwischen Karl und Ludwig trotz der Einbindung Lothars und seiner Brüder weiterhin die Verhandlungen bestimmte, und es ist insofern auch verständlich, daß Lothar in seiner Ansprache am Ende des Treffens im Unterschied zu seinen Onkeln nicht eigens auf die dort gefaßten Beschlüsse einging.[30] Darüber hinaus weist das Versprechen Karls auf die Frage hin, die im Zentrum der Ausgleichsbemühungen stand und der damit wohl auch hauptsächlich das Engagement Lothars gegolten haben dürfte: die Schwierigkeit, Karl davon zu überzeugen, den Parteigängern Ludwigs zu vergeben. Dieser Schluß drängt sich um so mehr auf, als das erste zwischen Ludwig und Karl organisierte Treffen im vorausgehenden Jahr bei Andernach genau um dieses Problem kreiste. Denn dort ging man ohne Ergebnis auseinander, weil keine für beide Seiten akzeptable Lösung gefunden wurde. Damals, so schreiben die Annalen von Fulda, sei es Ludwig nicht gelungen, Karl zur Restituierung der Lehen an die westfränkischen Parteigänger des Ostfranken zu bewegen.[31] Da sich Karl 860 in Koblenz aber zu diesem Schritt unter den genannten Bedingungen bewegen ließ, erweist sich dieser Friedensschluß auch als Kompromiß und somit als Ergebnis einer Vermittlungsaktion. Zugleich offenbart sich aber auch, wie stark die Vermittlung in der Tradition der Fürsprache stand. Denn ihre zentrale Aufgabe bestand in nichts anderem, als Karl auf eine nachsichtige Haltung gegenüber den Untreuen einzuschwören.

Ob die Lösung des Konfliktes selbst das Werk Lothars war, ist damit nicht gesagt. In Koblenz scheinen wie üblich die Getreuen aller Seiten einen starken Einfluß auf die Ausformulierung der Beschlüsse und der verschiedenen Ansprachen gehabt zu haben,[32] und der Hinweis Karls des Kahlen, daß auch die Mahnungen der Bischöfe den Frieden mit bewirkt haben, deutet in die gleiche Richtung. Die entscheidenden Interventionen Lothars erfolgten wahrscheinlich im Vorfeld des gescheiterten Treffens auf einer Rheininsel bei Andernach. Denn schon damals begannen die Getreuen beider Seiten, durch die jeweils andere Partei ausgewählt,[33] einen großen Einfluß auszuüben. Folglich dürfte seine Rolle als Friedensstifter vornehmlich darin bestanden haben, die beiden Brüder überhaupt erst an den Verhandlungstisch gebracht zu haben, indem er ihnen eine im Kern akzeptable Lösung für den Umgang mit den westfränkischen Gefolgsleuten vor Augen stellte, die dann aber erst in weiteren Schritten Konturen annahm.

Während diese Tätigkeit Lothars II. als Arbeit am Frieden bezeichnet wurde,[34] nannte sich sein Onkel Ludwig der Deutsche zwei Jahre später aufgrund eines ganz ähnlichen Engagements einen Vermittler. Auch sein Bruder Karl bezeichnete ihn so und belegte obendrein die Bischöfe, die Ludwig bei den Friedensbemühungen zur Seite standen, mit demselben Wort.[35] Die Rolle des Mediators war dem ostfränkischen König zugefallen, nachdem sich Karl und Lothar II. kurz nach dem Abkommen von Koblenz entzweit, ja regelrecht verfeindet hatten. Folgt man den Annalen von Saint-Bertin, so war es die Angst vor Karl, die Lothar II. noch im Jahre 860 zum Verbündeten Ludwigs machte.[36] Wovor Lothar sich fürchtete, erfährt man nicht. Die Hintergründe des Zerwürfnisses bleiben unklar; ins Zentrum des Konfliktes traten jedoch bald die Eheprobleme Lothars II., der seine Frau Theutberga verstoßen und sich mit seiner einstigen Friedelfrau Waldrada offiziell liiert hatte.[37] Darüber hinaus attackierte ihn Karl, weil er einer Frau namens Engiltrud, die ihren Mann Boso verlassen hatte und mit einem Vasallen geflohen war, in seinem Reich Zuflucht gewährt und die Exkommunikation, der sie verfallen war, nicht durchgesetzt habe. Und ebenso warf der westfränkische König seinem Neffen die Unterstützung Balduins von Flandern vor, der sich mit seiner unlängst verwitweten Tochter Judith ohne die väterliche Zustimmung auf und davon gemacht hatte.[38] Inwieweit diese Anschuldigungen tiefer liegende Konfliktlinien nur überdeckten, muß dahin gestellt bleiben. In jedem Falle bestimmten sie in Zukunft die Agenda und ließen den Konflikt soweit anwachsen, daß sich Ludwig zum Handeln aufgefordert sah.

Wie schon Lothar II. 860 wuchs auch Ludwig der Deutsche in seine Rolle als vermittelnder Friedensstifter hinein, obwohl er zunächst einmal eindeutig Partei war. Seit 860 war er mit Lothar verbündet, und beide Könige hatten noch im Sommer 862 in einem gemeinsamen Schreiben an Papst Nikolaus II. Karl dem Kahlen vorgeworfen, das zurückliegende Friedensabkommen gebrochen zu haben.[39] Aber auch diesmal verhinderte das enge Bündnis die Vermittlungsaktion nicht. Ludwig schrieb einige Zeit darauf an seinen Bruder einen, wie die westfränkischen Annalen eigens vermerken, freundlichen Brief, der zugleich als Einladung zu einem gemeinsamen Treffen diente.[40] Karl ging darauf ein. Daß sich Lothar mit Ludwig verbunden hatte, sprach in seinen Augen nicht gegen Ludwig. Die Brüder trafen sich einmal zu zweit, wo Karl Ludwig seinen Standpunkt darlegte.[41] Ludwig selbst agierte bei seinen Friedensbemühungen nicht mehr allein. Er hatte sich mit vier Bischöfen, je zwei aus seinem Anhang und zwei aus dem Gefolge Lothars II., umgeben,[42] was die enge Kooperation zwischen Onkel und Neffen deutlich machte, aber auch praktische Gründe hatte. Denn so konnte er, ohne ständig mit Lothar II. Rücksprache halten zu müssen, die Verhandlungen voranbringen. Da Karl sich weigerte, überhaupt mit Lothar II. zu reden, ehe dieser zu der Versicherung bereit sei, Rechenschaft für sein Verhalten abzulegen,[43] lag es nun an Ludwig, seinen Verbündeten dazu zu überreden. Er hatte Erfolg, im Grunde genommen blieb Lothar auch keine andere Wahl, als den Vorschlag anzunehmen, da er die Friedensbemühungen seines Bundesgenossen nicht torpedieren konnte, wollte er ihn nicht verlieren. Lothar sagte also zu und wurde von Karl dem Kahlen mit einem Kuß in Savonnières als Gesprächspartner und Teilhaber des in Koblenz geschlossenen Friedens anerkannt. Hier zeigte sich dann allerdings, daß Ludwig Lothar nicht einfach vor vollendete Tatsachen gestellt hatte, sondern wohl darauf bedacht war, auch dessen Interessen mit einzubeziehen. Als Karl der Kahle die Anschuldigungen gegen Lothar in aller Öffentlichkeit darlegen wollte, verhinderte er es gemeinsam mit Lothar und ihren Getreuen.[44] Ohnehin war das Ergebnis seiner Intervention ein Kompromiß, mit dem Lothar gut leben konnte, hatte er sich doch auf nicht mehr denn auf eine Willensbekundung eingelassen, in Zukunft Rechenschaft abzulegen. Sowohl die Stellung Ludwigs des Deutschen als auch das Verhandlungsergebnis lassen also keinen Zweifel an der Vermittlungstätigkeit des Königs.

Dies unterstreicht zu guter Letzt auch das Epitheton, das Ludwig verwandte, um seine Tätigkeit als Friedensstifter genauer zu benennen. Denn wenn er sich einen *privatus mediator*, sprich einen allein aufgrund der familiären Verbundenheit agierenden Vermittler, nannte,[45] so zielte dieser Sprachgebrauch vor allem darauf ab, seine Autorität als König bewußt aus dem Spiel zu nehmen, die Friedensbemühungen vom Geruch des Eigennutzes zu befreien und die familiäre Verbundenheit mit den Konfliktparteien zum alleinigen Ausgangspunkt und Motor seiner Anstrengungen zu deklarieren. In seinen Augen stellte sich somit aber auch die königliche Autorität samt der damit verbundenen Interessen als ein Hindernis für sein Vorhaben dar. Diese Auffassung dürfte sich aus politischen Erfahrungen gespeist haben. Unweigerlich wird man an die Probleme bei der Vermittlung in der Affäre um den Grafen Giselbert erinnert. In jedem Fall weist sie gleichsam als Reflex darauf hin, warum es auch in den Zeiten, in denen mehr als zwei karolingische Teilherrscher nebeneinander regierten, so selten zu derartigen Formen der Friedensstiftung gekommen ist. Wenn Probleme in der Herrscherfamilie stets ein Politikum darstellten, konnte Vermittler nur werden, wer seine Interessen und Ansprüche, die ja auch immer die seiner Vasallen waren, in den Augen der anderen hintanstellen oder voll und ganz in der Beilegung des Konfliktes aufgehen lassen konnte. Das aber gelang nur in Ausnahmesituationen, sei es wie bei Lothar aus einer Position der Schwäche heraus oder wie bei Ludwig dem Deutschen aus einer Position der Stärke. Sobald aber auch nur der geringste Zweifel am uneigennützigen Tun aufkam, der Gedanke an einen zusätzlichen Prestigegewinn entstand und hegemoniale Absichten, wie sie jedem Karolinger eigen waren, ruchbar wurden, da gab es keinen Raum für eine erfolgreiche Vermittlung.

Ludwigs Rede vom *privatus mediator* macht aber noch etwas anderes deutlich. Sie ließ die Familie als den eigentlichen Ort der Vermittlung erscheinen und verwies so zugleich auf den Weg, auf dem die Vermittlung zum politischen Werkzeug wurde. War sie stets eine Option bei der Beilegung innerfamiliärer Konflikte, so mußte sie sich auf dem politischen Felde zuerst dort aufdrängen, wo Familienangelegenheiten und Politik unauflöslich verbunden waren, also innerhalb der Herrscherfamilie. Und das Wissen um diesen Prozeß scheint denn auch bei dem Diktum des ostfränkischen Königs Pate gestanden haben. Sucht man nämlich nach den ersten Ansätzen für die Vermittlungstätigkeit im frühen Mittelalter, so wird man stets auf Auseinandersetzungen gestoßen, bei denen Politik und familiäre Fragen ineinander spielten: auf Konflikte zwischen Brüdern und vor allem auf Konflikte zwischen den Königen und ihren immer wieder rebellierenden Söhnen.[46]

Und so sieht man denn auch die karolingischen Könige mehrmals gerade in derartigen Konflikten als Vermittler eingreifen. Das gilt zunächst einmal für Karl den Kahlen, dem es 865 auf einem Treffen in Köln gelang, Ludwig den Deutschen wieder mit dessen Sohn Ludwig zu versöhnen, nachdem sich der letztere gegen den Willen des Vaters mit der Tochter Adalhards verlobt hatte.[47] Er überredete den Sohn dazu, von seinen Heiratsplänen Abstand zu nehmen und den Frieden mit dem Vater wiederherzustellen.[48] Seine Intervention hat allerdings weniger den Charakter eines Kompromisses, als das etwa beim Koblenzer Frieden der Fall gewesen war. Die Friedensstiftung bestand letztlich darin, der einen Partei die Aufgabe ihre Position ans Herz zu legen, kurzum, den alten Zustand wiederherzustellen. Diese Form der Vermittlung ähnelte also wieder stärker den Praktiken der Fürsprache.

Einen vorläufigen Höhepunkt im Hinblick auf die innerfamiliäre Vermittlung karolingischer Könige brachte dann das Jahr 871.[49] Sowohl Karl der Kahle als auch Ludwig der Deutsche sahen sich rebellierenden Söhnen gegenüber. Im Westfrankenreich hatte sich Karlmann nicht zum ersten Mal von seinem Vater losgesagt und genügend Gefolgsleute gefunden, um in einem bewaffneten Aufstand zu verharren. Und Ludwig dem Deutschen war es noch immer nicht gelungen, sich mit seinen jüngeren Söhnen zu vergleichen, die nach einer offenen Empörung und einem gescheiterten Friedensabkommen dem Vater mit dem Gehorsam auch jegliches Gespräch verweigerten. Dennoch waren sie unter bestimmten Bedingungen zu einer Versöhnung bereit und deshalb persönlich bei Karl dem Kahlen mit der Bitte vorstellig geworden, einen Ausgleich mit dem Vater in die Wege zu leiten. Auch Ludwig war einem Frieden nicht grundsätzlich abgeneigt, und da er zudem auch einige Probleme mit dem Bruder aus dem Weg zu räumen beabsichtigte, bat er ihn um ein Treffen. Karl der Kahle ließ sich darauf ein. Er nahm die Gesandten seiner Neffen mit dorthin, damit sie, wie die Annalen von Saint-Bertin schreiben, „ihre Bitte dem Vater aus eigenem Munde vortragen."[50] Doch deren Forderungen gab der ostfränkische König nicht nach. Die den Söhnen unlängst versprochenen Lehen wollte er ihnen zum jetzigen Zeitpunkt noch nicht übertragen, so daß die Einigung nicht zustande kam. Das galt auch für den Versuch Ludwigs, Karl zu einer Verständigung mit dessen Sohn zu bewegen. Boten des abtrünnigen Karlmann waren mit der Bitte, sich für ihren Herrn zu verwenden, bei ihm eingetroffen, und Ludwig ließ sie während des gemeinsamen Treffens ihr Anliegen vor seinem Bruder unterbreiten. Karl der Kahle reagierte allerdings nicht wie gewünscht. Er quittierte die Vorschläge mit der Aufforderung an den Sohn, reuig zurückzukehren, eine Antwort, die offenkundig zu vage war, da Karlmann sich nicht darauf einließ.[51] Die Vermittlerrolle, die beide Könige 871 einnahmen, zeichnet sich nur in Umrissen ab. Nimmt man allein die Berichte, die etwas über ihre Handlungen verraten, so hat man es höchstens mit einer Art passiven Vermittlung zu tun. Ludwig wie Karl eröffneten jeweils den Gesandten der einen Konfliktpartei die Möglichkeit, ihre Bitten und Forderungen der an-

Der Einsatz für den Familienfrieden der Karolinger 91

deren Seite darzulegen. Sie baten den jeweils anderen um eine Audienz für die Gesandten des Konfliktgegners, legten in diesem Sinne Fürsprache ein, aber von eigenständigen Verhandlungen kann keine Rede sein. Aus diesem Grunde konnte man ihre Vermittlerrolle auch so einfach übersehen, wie denn auch die Annalen von Fulda die Ausgleichsbemühungen zwischen Ludwig und seinen Söhnen ohne Hinweis auf Karl den Kahlen schildern.[52] Umgekehrt genügte aber dieser einfache Eingriff, um sich als Friedensstifter darstellen zu können. Denn anders als die Fuldaer Annalen betonen die Annalen von Saint-Bertin die Vermittlerrolle Karls des Kahlen, der offenbar ein großes Interesse an einer solchen Selbstdarstellung hatte.[53] Die kaum ausdifferenzierte Praxis der Friedensstiftung ließ, so sieht man hier ganz nebenbei, einer interessengeleiteten Wahrnehmung und Bezeichnung alle Möglichkeiten.

Daß sich im Jahre 871 gleich beide Könige als Vermittler zwischen Vater und Sohn einschalteten, mag der besonderen Situation entsprungen sein. Doch ob man den Blick zeitlich zurück oder nach vorne richtet, der Befund ist immer der gleiche. Die Beilegung der Auseinandersetzungen zwischen einem König und dessen Söhnen bildete den Humus, auf dem die Vermittlung gedeihen konnte, und das tritt um so deutlicher hervor, als nicht nur Könige, sondern auch andere Familienmitglieder und Bischöfe, die ihnen nahestanden, in dieser Weise eingriffen. Ein sehr frühes Beispiel liefert Gregor von Tours, der ausführlich über die Auseinandersetzungen zwischen dem westgotischen König Leovigild und dessen Sohn Hermenegild berichtet, der sich auf Anraten seiner merowingischen Ehefrau vom arianischen Glaubensbekenntnis seiner Väter abgekehrt hatte und zur Freude Gregors zum römischen Glauben übergetreten war, ein Akt, der zugleich eine offene Rebellion gegen den Vater darstellte.[54] Nachdem der König zunächst einmal das Problem durch Verhandlungen aus der Welt schaffen wollte, dabei jedoch auf keine Gesprächsbereitschaft seines Sohnes traf, setzte er schließlich Gewalt ein und belagerte den mit den Byzantinern verbündeten Sohn in Sevilla.[55] Hermenegild rief nun seine Bundesgenossen herbei, doch das Geld seines Vaters hielt sie zurück. Der Sohn floh nach Cordoba und suchte dort in einer Kirche Zuflucht vor seinen Verfolgern.[56] Das war der Moment, in dem sich wie so oft in jenen Zeiten die Möglichkeit zu einer gewaltlosen Beilegung des Konfliktes eröffnete. Leovigild schickte, nachdem ihm eine Botschaft Hermenegilds zugegangen war, seinen anderen Sohn namens Reccared in die Kirche, und der schwor dem verfolgten Bruder einen Eid, daß er nicht gedemütigt werde, ja daß ihm verziehen werde, wenn er sich zu seinem Vater begebe und sich ihm zu Füßen werfe.[57] Der Vater kam, und der Sohn tat, was ihm geraten. Er wurde vom Vater wieder aufgerichtet, geküßt und ins Lager geführt.[58] Allerdings hielt sich Leovigild nicht an den Eid, er entkleidete den Sohn coram publico seiner königlichen Gewänder und schickte ihn anschließend in die Verbannung.[59] All das schildert Gregor so, als wäre es eine Selbstverständlichkeit.[60] Er hebt allein die Hinterlist des Königs hervor, was bestens zu seinen antiarianischen Überzeugungen paßt. So offenbart die Geschichte, wie schon im 6. Jahrhundert gewaltsam ausgetragene Konflikte zwischen einem König und seinem Sohn durch die Vermittlung von Verwandten beigelegt wurden und in einer Unterwerfung mündeten. Dabei beschränkte sich das Geschäft der Friedensstiftung mehr oder minder darauf, den Vorschlag zur Unterwerfung zu überbringen und für seine Annahme zu werben.

Da indes Vater-Sohn-Konflikte seit dem 7. Jahrhundert im Frankenreich angesichts des frühen Todes vieler Herrscher selten wurden, blieb diese Art der Konfliktbeilegung marginal. Aber sie war doch stets eine Option, was man nicht zuletzt an der Politik der merowingischen Hausmeier ablesen kann, die in dieser Hinsicht wie die Könige agierten. So soll Bischof Audoin von Rouen den Sohn des Hausmeiers Waratto, wenngleich vergeblich, aufgefordert haben, sich mit seinem Vater auszusöhnen.[61]

Als nach 830 die Auseinandersetzungen zwischen Vätern und Söhnen stark zunahmen, lebte deren Beilegung nach dem oben skizzierten Verfahren auf. 866 wurde der Konflikt zwischen Ludwig dem Deutschen und dessen Sohn Ludwig durch Luitbert von Mainz und einige andere Friedensfreunde, wie es in den Annalen von Fulda heißt, geschlichtet. Zwar erfährt man nicht, wie diese Aussöhnung im einzelnen zustande kam, aber mit einiger Sicherheit hatte der Sohn dem Vater Treue und Gehorsam versprechen müssen, und es dürfte der Erzbischof gewesen sein, der ihn zu diesem Akt überredet hatte.[62] Möglicherweise verstand es Luitbert von Mainz sogar, Ludwig den Deutschen zu einer zurückhaltenden Position zu bewegen. Von einer wie auch immer gearteten Form der Selbstdemütigung zum Ausweis der Bußfertigkeit, wie sie wohl 873 vom Vater eingefordert wurde, ist in diesem Zusammenhang nicht die Rede.[63] Hinzu kommt der Hinweis auf die nicht namentlich genannten Friedensstifter. Das Abkommen mußte augenscheinlich nach vielen Seiten hin abgesichert werden, nicht zuletzt, weil Ludwig der Jüngere massiv von sächsischen und fränkischen Adligen unterstützt wurde,[64] die auch zufriedengestellt werden wollten. Und so erlaubte es auch diese Auseinandersetzung zwischen Vater und Sohn dem Friedensstifter, als eine Art Mittelsmann aufzutreten, der sich nicht allein auf die Bitte um Nachsicht beschränken mußte. Wie dem nun auch im einzelnen sei, die Aussöhnung von 866 machte Schule. Sobald sich im ostfränkischen Reich in der Folgezeit vergleichbare Situationen einstellten, und das ergab sich eigentlich erst unter den Ottonen, machten sich wiederholt Bischöfe einen Namen, indem sie die Auseinandersetzungen zwischen dem regierenden König und dessen Sohn auf solche Weise befriedeten. Man muß nur an die Aufstände Liudolfs gegen seinen Vater Otto I. denken, bei denen sowohl der Erzbischof Friedrich von Mainz als auch sein Kölner Amtsbruder Brun in die Rolle des mehr oder minder vermittelnden Friedensstifters schlüpften.[65]

All diese Beispiele dürfen indes eins nicht vergessen machen: Derartige Konflikte konnten auch ohne Vermittlung und Fürsprache gelöst werden. Als sich etwa Ludwig der Fromme mit seinem Sohn Lothar aussöhnte, erfolgte dies über bilaterale Verhandlungen und auf dem gleichen Weg kam es im Jahre 873 auch zum Frieden zwischen Ludwig dem Deutschen und seinem gleichnamigen Sohn, der sich dann seinem Vater unterwarf und dessen Huld wiedererlangte.[66]

Wenn die Vermittlung auf dem Boden familiärer Konflikte gedeihen konnte, wenn sich vornehmlich auf diesem Feld aus der Fürsprache Formen der Vermittlung entwickelten, so stellt sich die Frage nach der Rolle, die die Königinnen dabei spielten, gleichsam von selbst. Eine Antwort fällt allerdings schwer. Denn so gewiß die Königin von ihrer Stellung her eine geborene Vermittlerin zwischen Vater und Sohn oder zwischen den Söhnen war und so gewiß man dank des familiären Charakters der Vermittlung davon ausgehen muß, daß sie de facto immer wieder vermittelnd eingegriffen haben dürfte, so wenig Widerhall hat dies doch in der frühmittelalterlichen Geschichtsschreibung gefunden. Denn sobald die Konflikte eine Dimension erreichten, die sie der Notierung für würdig erscheinen ließen, beschränkte sich der den Königinnen zugeschriebene Part zumeist darauf, Sicherheiten im Hinblick auf Ausgleichsverhandlungen zu geben und Fürsprache einzulegen. So schickte etwa Lothar II. eine Gesandtschaft an seinen Onkel Karl in der Absicht, Sicherheitsversprechen zu erhalten, um in Kürze ein Bündnis mit ihm abzuschließen.[67] Dies wurde ihm, wie die Annalen von Saint-Bertin berichten, dann auf Fürsprache der Königin Irmentrud gewährt, und bald darauf trafen sich beide Könige und vereinbarten einen Freundschaftspakt.[68] Die Königin machte sich also für ihren Neffen stark und unterstützte ganz einfach dessen Anliegen. Ob die Gesandten Lothars selbst die Königin aufgesucht hatten, um sie für eine Intervention zu gewinnen, oder ob sie es überhaupt erst war, die ihnen eine Audienz verschaffte, das alles bleibt im dunkeln. Doch wie sich die Sache auch immer verhalten hat, eine eigene Vermittlungstätigkeit wird man der Königin kaum zusprechen können. Das gilt im Grunde genommen auch für jene Fälle, bei denen die Herrscherinnen allein die Sicherheit der einen Seite verbürgten. Als Vermittlerin wird man so auch kaum die Kaiserin Angilberga titulieren, nur weil sie, als ein Streit zwischen dem Papst und Kaiser Ludwig eskalierte, zum Papst geschickt wurde und ihm ein sicheres Geleit zusicherte, damit er sich mit ihrem Mann über die Lage der Dinge unterhalten konnte.[69]

Eine andere Intervention der Kaiserin Angilberga glich dann allerdings schon eher einer Vermittlung. Als 869 Lothar II. nach Italien kam, um sich mit Hadrian II. über seine Ehehändel zu einigen, zog er sogar seinem gegen die Sarazenen kämpfenden Bruder Kaiser Ludwig bis nach Benevent hinterher. Auf sich genommen hatte Lothar diese Strapaze aus einem einzigen Grunde: Er wollte die Kaiserin an seiner Seite haben, wenn er mit dem Papst verhandelte.[70] Um dafür die Zustimmung seines Bruders zu erlangen, hatte er bereits die Kaiserin mit Bitten und Geschenken bei ihrem Gemahl intervenieren lassen.[71] Lothar begab sich sodann nach Montecassino, wo er den Papst erwartete, der wiederum von seinem Bruder Ludwig aufgefordert worden war, sich am gleichen Ort einzufinden. Dort erreichte der gebannte König dann durch das Zureden Angilbergas, daß der Papst ihm die Messe sang und ihm das Abendmahl reichte, womit man einer Lösung bereits nähergekommen war. Ganz offenkundig spielte Angilberga bei den Verhandlungen mit Hadrian II. eine entscheidende Rolle, auch wenn man wieder einmal nichts Genaueres erfährt. Ihre Anwesenheit machte in den Augen Lothars II. offenbar eine Annäherung erst möglich. Direkte Verhandlungen verbaten sich ohnehin dank seiner Exkommunikation. Aber die Wahl dürfte nicht zuletzt auch deshalb auf Angilberga gefallen sein, weil sie stets in enger Verbindung mit den Päpsten gestanden hatte und deren Vertrauen besaß.[72] Und da auch der König ihr vertrauen konnte, war sie für die ihr zugedachte Rolle bestens geeignet. Auch das Ergebnis, ein Kompromiß, verweist auf eine Vermittlungstätigkeit Angilbergas: Der Papst nahm Lothar unter bestimmten Bedingungen wieder in die Kirche auf, versprach seinen Fall auf einer Synode in Rom erneut zu beraten, ließ sich aber nicht darauf ein, die exkommunizierten Geistlichen Lothars vom Bann zu lösen und wiedereinzusetzen.[73]

Derartige Vermittlungsaktionen von seiten der Herrscherinnen haben in diesen Jahrhunderten allerdings kaum Spuren hinterlassen, und auch die Hinweise auf ihre Rolle als Fürsprecherin sind in den zeitgenössischen Berichten eher rar gesät.[74] Und doch müssen ihre friedensstiftenden Interventionen so selbstverständlich gewesen sein, daß man die Königinnen gleichsam für die geborenen Friedensstifterinnen hielt. Dies läßt sich nirgends deutlicher erkennen, als dort, wo mit diesen Erwartungen gespielt wurde wie im Fall der Tochter Lothars II. namens Gisela, die mit dem Normannenfürsten Gottfried verheiratet war.[75] Als man in der Umgebung Karls III. beschlossen hatte, besagten Normannen durch einen Hinterhalt zu töten, bediente man sich einer List, damit die Königstochter nicht in Mitleidenschaft gerate. Um sie aus der Nähe Gottfrieds zu entfernen, wurde einem Bischof der Auftrag erteilt, sie ins eigene Lager zu bestellen, um, wie es hieß, „ihren Eifer für den Frieden rege zu machen".[76] Die hier zutage tretende Zuversicht, auf diese Weise weder bei Gisela noch bei dem Normannenfürsten selbst einen Verdacht zu erregen, zeigt deutlich, in welchem Maße man die Sorge um Frieden und Versöhnung von einer Herrscherin erwartete. Dieses Bild konnte aber nur entstehen, wenn die Herrscherinnen weit häufiger, als es die Überlieferung verzeichnete, intervenierten, um ihren Mann oder auch einen anderen nahen Verwandten zum Frieden zu bewegen. Daß insbesondere die Königinnen aufgrund der gegebenen Nähe zum König ohnehin in allen Belangen eine ideale Fürsprecherin waren und die Fürsprache eine ihrer wichtigsten Aktivitäten darstellte, verlieh diesem Bild von vornherein an Konsistenz, trug aber ebenso dazu bei, ihre Rolle im Rahmen der Friedensstiftung primär in der Fürsprache zu sehen.[77] Dem entsprach es dann nur, wenn andere Friedensstifter sie in dieser Funktion in ihre Unternehmungen einzuspannen versuchten. Als Nikolaus I. Karl den Kahlen mit dessen Vasallen Balduin von Flandern versöhnen wollte, schrieb er unter anderem auch an die Königin Irmentrud, die sich für sein Anliegen bei ihrem Gemahl verwenden sollte.[78]

Mehr als die Königinnen und früher als die Könige fanden sich in karolingischer Zeit die Päpste bei bestimmten Konflikten in einer Mittlerposition wieder. Das kam nicht von ungefähr. Einerseits waren sie Bischöfe und verstanden sich damit von vornherein als geborene Friedensstifter. Als Oberhaupt der römischen Kirche fühlten sie sich zudem dazu berufen, den Völkern den Frieden zu bringen.[79] Daß diese hehren Bestrebungen auch praktische Folgen zeitigten, verdankten die Päpste dem Bündnis mit den Karolingern, das ihnen im Westen Europas zu Ansehen und in Maßen zu politischem Einfluß verholfen hatte.[80] Sie hatten die neue Herrscherdynastie anerkannt und damit legitimiert und im Gegenzug Schutz und Beistand der Karolinger garantiert bekommen. Beide waren aufeinander angewiesen und beide hatten ein stetes Interesse an den Angelegenheiten des anderen.

Das allmähliche Hineinwachsen der Päpste in eine Vermittlerrolle, aber auch die Schwierigkeiten, sie auszufüllen, lassen sich nirgends besser verfolgen als an den päpstlichen Interventionen in den Konflikten zwischen den Karolingern und den bayerischen Herzögen. Die traditionell guten Beziehungen zwischen Rom und Bayern[81] bildeten hier lange Zeit ein Gegengewicht zu der wachsenden päpstlichen Anlehnung an die Karolinger und sorgten somit für eine Konstellation, in der sich eine vermittelnde Position herausbilden konnte.

Dem entsprach es folglich, daß der Papst vor 751, wenn überhaupt, auf seiten der Bayern intervenierte. So soll im Jahre 743, als die fränkischen Hausmeier Pippin und Karlmann gemeinsam ein Heer gegen den bayerischen Herzog Odilo aufboten und die kampfbereiten Bayern ihnen bereits entgegentraten, ein päpstlicher Gesandter, ein Priester namens Sergius, vom bayerischen Herzog ins gegnerische Lager geschickt worden sein, um die karolingischen Brüder zu einem Rückzug zu bewegen, ein Unterfangen, dem allerdings kein Erfolg beschieden war.[82] Ob der Gesandte dabei im Namen des Papstes gehandelt hat, ist nicht zu klären, da von dieser Friedensmission allein die durch und durch prokarolingischen, erst zu Anfang des 9. Jahrhunderts niedergeschriebenen Metzer Annalen berichten.[83] Sie aber denunzieren das Vorgehen des päpstlichen Gesandten auf ganzer Linie. Der Priester habe, so wird behauptet, fälschlicherweise die päpstliche Autorität für seine Forderungen in Anspruch genommen.[84] Um diesen Vorwurf zu untermauern, wird Pippin eine Rede in den Mund gelegt, in der er dem Priester, den er nach der gewonnenen Schlacht zu sich kommen ließ, vorhielt, den Friedensappell und die damit einhergehende Zurückweisung fränkischer Anrechte an Bayern zu Unrecht im Namen des Apostelfürsten und des damaligen Papstes an ihn gerichtet zu haben. Dies beweise sein Sieg über den bayerischen Herzog. Denn damit habe sich gezeigt, daß Gott und auch der heilige Petrus eindeutig auf seiner Seite ständen.[85] Die Botschaft, die die Metzer Annalen mit dieser Geschichte in die Welt setzen wollen, ist leicht zu erkennen: Die fränkischen Anrechte sind durch Gott verbürgt, und wer anderes behauptet, lügt. Und um diese Botschaft anschaulich zu machen, wird der Intervention des päpstlichen Legaten auch soviel Platz eingeräumt. Dabei erscheint dann der Priester nur als ein Gesandter der anderen Partei, deren unangemessene Ansprüche zurecht mit Gewalt zurückgewiesen wurden. War aber der Krieg gerecht und im Sinne Gottes, so konnten die Friedensbemühungen nur unangebracht und falsch sein. Dementsprechend stilisiert man die Friedensmission des Priesters zu einem selbstherrlichen Akt, bei dem mit der päpstlichen Autorität Schindluder getrieben wurde. Damit gibt die Geschichte, die für sich selbst betrachtet noch keine päpstliche Friedensmission belegt, zu erkennen, daß man eine päpstliche Intervention in einem solchen Konflikt durchaus für selbstverständlich erachtete und meinte, sie ohne weiteres auch gar nicht zurückweisen zu können.

Trotz der offenkundigen Verzerrungen muß man an der Tatsache jedoch nicht zweifeln, daß hier ein päpstlicher Gesandter die Auseinandersetzung zwischen Herzog Odilo und den Karolingern beizulegen suchte und dazu von bayerischer Seite beauftragt worden war. Denn als päpstlichen Gesandten präsentieren die Metzer Annalen den Priester expressis verbis, und die nachfolgende päpstliche Intervention ging auch auf die Initiative des bayerischen Herzogs zurück, so daß der Vorgang von 743 nicht allein dasteht.

Im Jahre 766 – vielleicht auch schon zwei Jahre zuvor – war es nun Herzog Tassilo, der Sohn Odilos, der den Papst selbst darum bat, zwischen ihm und Pippin einen Ausgleich herzustellen. Die Bitte dürfte aller Wahrscheinlichkeit mit dem tiefen Zerwürfnis zwischen dem bayerischen Herzog und dem inzwischen zum König erhobenen Pippin in Zusammenhang stehen. Tassilo hatte sich, wenn das Zeugnis der Reichsannalen nicht trügt, geweigert, mit dem König gegen das aufständische Aquitanien zu ziehen.[86] Angeblich wollte er Pippin nie wieder vor die Augen treten, doch kurz darauf hatte er es sich anders überlegt, wie ein Brief Pauls I. bezeugt. Der Papst berichtet darin Pippin über das Schicksal einer Gesandtschaft, die er im Auftrag Tassilos des Friedens wegen geschickt habe, die aber von dem Langobardenkönig Desiderius zurückgehalten worden sei.[87] Obwohl man mehr über diese Aktion des Papstes nicht erfährt, sieht man deutlich, wie Tassilo seine guten Beziehungen zum Papst nutzte, um sein Verhältnis zu Pippin wieder ins rechte Lot zu bringen.[88]

Während zu diesem Zeitpunkt also der Papst von bayerischer Seite erneut als Friedensstifter ins Spiel gebracht wurde, war es 781 genau umgekehrt. Nunmehr wandte sich Karl d. Gr. an Hadrian I., der daraufhin Gesandte an den bayerischen Herzog schickte mit der Bitte, dieser möge die alten Eide gegenüber dem fränkischen König erneuern.[89] Der Wechsel hatte seine Gründe, er selbst verweist auf die neue Qualität der Beziehungen zwischen dem fränkischen König und dem Papst. Zustande gekommen war der Auftrag zu jener Mission im Verlauf eines längeren Besuchs des Königs in Rom. Hier hatte Karl seinen Sohn Karlmann in Pippin umbenennen und von Hadrian I. taufen und hier hatte er besagten Pippin und dessen Bruder Ludwig zu Königen von Italien beziehungsweise Aquitanien salben lassen.[90] Damit überführte der König, wie es schon sein Vater begonnen hatte, das politische Bündnis mit den Päpsten in ein geistliches. Zwischen Papst und König herrschte dank der Patenschaft Hadrians I. für den ältesten Sohn eine Art geistlicher Gevatterschaft, kurzum, man war in ein nahezu verwandtschaftliches Verhältnis getreten.[91] Diese neue Bindung war im Hinblick auf die päpstliche Friedensmission von grundlegender Bedeutung. Der Papst stand nun nämlich zu beiden Konfliktparteien in einem Verhältnis geistlicher Gevatterschaft. Schon 772 hatte der bayerische Herzog mit einiger Sicherheit seinen Sohn Theodo von Hadrian I. aus der Taufe heben lassen.[92] Diese geistlich begründete Nähe zu beiden Kontrahenten prädestinierte Hadrian I. in der Tat zum Friedensstifter und ließ ihn zumindest auf den ersten Blick eine Mittlerposition einnehmen. Das mußte ihm um so leichter fallen, als aufgrund der geistlichen Verwandtschaft mit beiden Konfliktparteien und deren verwandtschaftlichen Bindungen untereinander – Tassilo war Karls Vetter und Ex-Schwager – quasi jener familiäre Zusammenhang geschaffen war, der das Auftreten eines Vermittlers in diesen Zeiten zumeist erst ermöglichte.

Die jeweiligen Bindungen an die beiden Konfliktparteien hat man mitzubedenken, wenn man die Aufgaben und Aktivitäten der päpstlichen Gesandtschaft genauer zu fassen sucht. Das gilt insbesondere für die Frage nach der Rolle, die den päpstlichen Gesandten bei den Verhandlungen mit Tassilo zugeschrieben werden muß. Sie gingen nämlich nicht allein, sondern gemeinsam mit zwei Gesandten Karls d. Gr. nach Bayern.[93] Aus diesem Umstand, den Forderungen der Gesandten an Tassilo und dessen Bereitschaft, Karl den Eid zu leisten, hat man auf die untergeordnete Bedeutung der päpstlichen Mission geschlossen.[94] Das ist allerdings aus drei Gründen keineswegs zwingend. Zum einen heben die Metzer Annalen deutlich die eigenständige und entscheidende Rolle der päpstlichen Delegation hervor.[95] Zum anderen wiesen die Abgesandten Hadrians I., die Bischöfe Damasus und Formonsus, einen höherem Rang auf als der Diakon Riculf und der Obermundschenk Eberhard, die Karl mitgeschickt hatte.[96] Und zum dritten erinnert das Vorgehen an die weiter oben schon beschriebene Vermittlungstätigkeit Ludwigs des Deutschen, der sich, als er den Streit zwischen seinem Neffen Lothar II. und seinem Bruder Karl beizulegen suchte, mit Gesandten oder Vertrauten der einen Partei auf den Weg zur anderen machte, um so die Verhandlungen zu vereinfachen und zu beschleunigen.[97] Die gemeinsame Reise mit den königlichen Gesandten nimmt von daher der päpstlichen Mission nichts von ihrem Vermittlungscharakter und nichts von ihrer Eigenständigkeit.

Für diese Einschätzung sprechen auch die Gründe, die Karl den Gr. bewogen haben dürften, den Papst einzuschalten. So wenig man über die Vorgeschichte des Konfliktes weiß, einiges ergibt sich doch aus seinen frühen Anfängen unter Pippin und einiges aus seinem späteren Verlauf. Verhandelt wurde hier augenscheinlich über das erste Treffen des Bayernherzogs mit einem fränkischen König seit etwa 18 Jahren. Die Beziehungen waren bis zu diesem Zeitpunkt kühl. Das Freundschaftsbündnis, das der Fuldaer Abt Sturmi zwischen Karl und Tassilo ausgehandelt haben soll, zeigt, daß die Differenzen mit dem Tod Pippins keineswegs aus der Welt geschafft waren, sondern eigens ruhiggestellt werden mußten.[98] Die Situation war gespannt und konnte sich jederzeit entladen. Noch deutlicher aber umreißen die anschließenden Verhandlungen den Zustand zu Beginn der päpstlichen Mission. Auch sie künden von gegenseitigem Mißtrauen. Immerhin hielt es Tassilo für angebracht, einem Zusammentreffen mit Karl nur gegen die Stellung von Geiseln zuzustimmen.[99] Anders gesagt: Der fränkische König brauchte jemanden, der ihm die Türen bei Tassilo öffnete, der ihm die Möglichkeit gab, dort vorsprechen und seine Forderungen an den Herzog bringen zu können. Und das vermochte niemand besser als der Papst, der ja in der Vergangenheit von Tassilo in Anspruch genommen worden war, um die Kommunikation mit den Franken auch in Krisenzeiten aufrechtzuerhalten.

Der Einsatz für den Familienfrieden der Karolinger 99

Während somit aus verschiedener Perspektive die Mittlerposition des Papstes hervortritt, scheinen die Verhandlungen und deren Ergebnis das Gegenteil nahezulegen. Die päpstlichen Gesandten sollten den Herzog auffordern, die Eide, die Tassilo Pippin und Karl vor Jahren geschworen hatte, zu erneuern und im Geiste dieser Versprechungen zu handeln.[100] Der Herzog ging darauf ein, nachdem er zu seiner Sicherheit Geiseln zugesprochen bekommen hatte, begab sich nach Worms und erfüllte den Wunsch des fränkischen Königs. Von einem Kompromiß kann man kaum reden. Allein der Forderung Tassilos nach Geiselstellung wurde nachgegeben, was immerhin zeigt, daß hier von den päpstlichen Gesandten mit beiden Parteien verhandelt wurde. Andererseits lagen die entscheidenden Zugeständnisse alle auf seiten Tassilos, der sich de facto dem Willen Karls beugte.

Nun ist es allerdings eine offene Frage, ob Karl d. Gr. 781 Tassilo wirklich vermittels der päpstlichen Intervention zur Leistung des Treueids gebracht hat. Da davon nur die Geschichtsschreiber berichten, die sich bei ihrer Darstellung auf die Reichsannalen stützen, hat man berechtigte Zweifel erhoben und auf jene wenigen unabhängigen Nachrichten verwiesen, die nur von dem Treffen beider Herrscher in Worms wissen, in dessen Verlauf man gegenseitig Geschenke ausgetauscht habe.[101] Was nun für oder gegen den Bericht der Reichsannalen spricht, sei hier nicht weiter ausgeführt, da es am Grundsätzlichen nichts ändert. Die Vorstellung, die dort von der päpstlichen Friedensstiftung vermittelt wird, war nicht aus der Luft gegriffen. Sie reflektierte vielmehr modellhaft die Eigenarten, die für die Beilegung derartiger Konflikte auch in den kommenden Jahrhunderten typisch werden sollten. Wer einen Konflikt zu befrieden suchte, nahm deshalb wie in diesem Fall noch lange keine neutrale Position ein, sondern konnte durchaus als das Sprachrohr einer der Parteien in Erscheinung treten, ohne daß dies als Widerspruch erfahren werden mußte. Das zeigte sich auch sechs Jahre später, als der Papst nochmals zwischen Tassilo und Karl intervenieren sollte.

Damals war es nun erneut Tassilo, der die Initiative ergriff. Er schickte zwei Gesandte, den Bischof Arn von Salzburg und den Abt des Klosters Mondsee namens Hunrich nach Rom, um den Papst zu bitten, „Frieden zwischen ihm und Karl zu stiften".[102] Der Papst nahm den Auftrag an und setzte sich beim König für eine Beilegung des Konfliktes ein.[103] Der König ging auf die Bitte des Papstes ein, weil er, wie die Reichsannalen vermerken, nunmehr erlangen konnte, was er lange Zeit nicht erreicht hatte. Als jedoch der Papst die Gesandten Tassilos aufforderte, den Frieden vor Ort abzuschließen, weigerten sich diese unter Berufung auf eine fehlende Vollmacht. Nach den Angaben der Reichsannalen sah der Papst darin nur ein Zeichen für den mangelnden Friedenswillen Tassilos und drohte diesem nun mit einem Bannfluch, falls er sich Karl gegenüber nicht als gehorsam erweise. Doch damit nicht genug: Er ließ dem bayerischen Herzog zugleich übermitteln, daß er, gehe er auf das Angebot nicht ein, alle Konsequenzen selbst tragen müsse und Karl und die seinen, sollte es zu einem Blutvergießen kommen, keine Schuld treffe. Worin das Angebot des Papstes bestand, vermelden die Reichsannalen nicht, aber der Fortgang der Ereignisse macht klar, daß der Papst sich letztlich die Positionen des Frankenkönigs zu eigen gemacht hatte. Denn nachdem Karl aus Italien zurückgekehrt war, schickte er von Worms aus Boten an Tassilo, die diesen aufforderten, dem päpstlichen Befehl nachzukommen und sich bei ihm einzustellen, was der Herzog indes ablehnte. Damit offenbart sich denn auch der Grund, der die Gesandten Tassilos in Rom dazu bewogen hatte, das Ansinnen des Papstes abzulehnen. Es war für den Herzog unannehmbar. Das gilt auch dann, wenn damals von Tassilo noch nicht eine regelrechte Unterwerfung samt anschließender vassalitischer Huldigung verlangt wurde, sondern diese erst eine Konsequenz der anschließenden Weigerung des Herzogs war, Karl Gehorsam zu leisten.[104]

Die für die damaligen Verhältnisse ausnehmend breite Schilderung der päpstlichen Intervention resultiert weithin aus dem Bemühen der Reichsannalen, das Tun Karls d. Gr. zu legitimieren. Sie erklären den Papst zur treibenden Kraft und verdecken so hinter dessen Forderungen die fränkischen Ansprüche und Zumutungen an den Bayernherzog.[105] Aus diesem Grund wird denn auch dem Papst ein gehöriges Maß an Eigenständigkeit zugeschrieben. Er stiftet Frieden zwischen den Parteien und er stellt Forderungen an Karl d. Gr., der wiederum den Eindruck erweckt, als seien die päpstlichen Überlegungen etwas, womit er nicht gerechnet habe.[106] Selbst die harsche Reaktion des Papstes auf die Weigerung der Gesandten kann noch als Zeichen seiner eigenständigen Rolle verstanden werden, erscheint er doch auf diese Weise wie ein Friedensstifter, der auf die Ablehnung seines Vorschlags mit Drohungen und der Parteinahme für die andere Seite reagiert. Daß es sich de facto kaum so verhielt, wird dann erst am Ende der Schilderung deutlich, als Karl die Befolgung des päpstlichen Befehls verlangte, der sich mit seinen Forderungen ganz und gar deckte.[107] Obwohl ihr in praxi jeglicher Kompromißcharakter abging, nimmt die Friedensmission der Papstes also in der gebrochenen Schilderung der Reichsannalen stärker als alle bisher erwähnten Interventionen die Züge einer Vermittlung an. Diesen Eindruck bestätigt gleichsam der nach 814 wirkende Geschichtsschreiber, der damals die Reichsannalen überarbeitete.[108] Er fühlte sich nämlich animiert, den Papst aufgrund der ihm von Tassilo zugedachten Friedensmission als *mediator pacis* zu bezeichnen, womit er zu den ersten Chronisten gehörte, die einen realen Friedensstifter mit diesem Begriff belegten, wenn er nicht gar der erste war.¹⁰⁹ Zum einen macht dies zunächst einmal deutlich, daß bei der Benutzung des Wortes durchaus der Gedanke an eine vermittelnde Position des Friedensstifters mitschwang und somit die Darstellung der Reichsannalen die entsprechende Assoziation nahelegte. Der Begriff suggerierte eine Zwischenstellung, zumindest wenn das Wortfeld weitere Anhaltspunkte lieferte. Und so kam den Apologeten der karolingischen Politik, die die Mittlerstellung des Papstes zu betonen suchten, bei ihrer Interpretation der Ereignisse der Begriff zupaß. Dieser ideologische Gebrauch des Wortes verrät aber auch, daß eine Mittlerposition des Friedensstifters diesem in den Augen der Beteiligten zusätzlich Legitimität verschaffen konnte.

Doch andererseits meinte auch das Wort *mediator pacis* nicht mehr als den Vermittler des Friedens, ohne für sich selbst eine Aussage über die Stellung und das Vorgehen zu treffen.¹¹⁰ Damit entsprach es einer Praxis der Friedensstiftung, die zwar von gleichberechtigten Beziehungen zu den Akteuren ihren Antrieb bekam, aber im Procedere keine Mittlerposition und keine Neutralität zuließ. Denn genau dies zeigen die friedensstiftenden Aktivitäten des Papstes, sobald man die konkrete Umsetzung in den Blick nimmt: Einen Ausgleich sollte und konnte er nicht herbeiführen, ihm kam es allein zu, Tassilo zum Nachgeben zu überreden. Das verlangte sein Verhältnis zu Karl, und das verlangten letztlich auch die Vorstellungen, die man sich gemeinhin vom Verhältnis zwischen einem König und einem Herzog machte. Und daran konnten auch die quasi-familiären Bindungen zu Tassilo nichts ändern, die aber umgekehrt die Durchsetzung solcher Forderungen ohne Gewalt möglich machten.

Wie schwierig es war, der grundsätzlichen Parteinahme für eine der beiden Konfliktparteien zu entkommen, zeigt sich an allen päpstlichen Interventionen in diesem Konflikt. Der Papst stützte erst eher Tassilo, dann Karl den Großen. Bezeichnenderweise wurde ihm im einen wie im anderen Falle zugeschrieben, die jeweiligen Rechtspositionen der Partei, die er unterstützte, mit seinen Forderungen oder Bitten zu übernehmen. Aber diese Parteinahme – und das ist wichtig – disqualifizierte den Papst nicht als Friedensstifter. Auch beim letzten Mal wandte sich Tassilo an ihn, obwohl Hadrian nunmehr eindeutig auf seiten Karls stand. Dieser Umstand mag auf die besonderen und außergewöhnlichen Beziehungen des Bayernherzogs zum Papst zurückzuführen sein, gehörte er doch zu den letzten Fürsten, die noch das Monopol der Könige auf Beziehungen zum Papsttum unterliefen. Aber es weist eben auch erneut darauf hin, daß das Bündnis mit dem Gegner der Anbahnung von Friedensverhandlungen nicht im Wege stand.

Die päpstlichen Versuche der Friedensstiftung zwischen Tassilo und Karl d. Gr. bildeten den Auftakt zu einer ganzen Reihe solcher Bemühungen. Angesichts der innerfamiliären Verwurzelung der Vermittlungstätigkeit nimmt es dann auch nicht wunder, daß diese Bestrebungen mit den Aufständen der Söhne gegen Ludwig den Frommen und den anschließenden Bruder- und Verwandtenkriegen zunahmen. Die Art und Weise, wie sich die Päpste einmischten, änderte sich nicht grundlegend, obwohl nun Karolinger gegen Karolinger und König gegen König standen. So wurden die Päpste auch in den Auseinandersetzungen des 9. Jahrhunderts nicht zu neutralen Friedensstiftern. Sie nahmen Partei für die eine Seite und suchten doch den Frieden mit der anderen Seite zu vermitteln. Besonders Gregor IV. liefert hierfür ein gutes Beispiel. 833 war er eigens aus Rom aufgebrochen, um den Frieden in der karolingischen Familie und damit auch im Reich wiederherzustellen. Der erneute Aufstand Lothars I. und seiner Brüder Ludwig und Pippin gegen den Vater bewegte sich auf eine Entscheidungsschlacht zu.[111] Ludwigs Bemühungen, seinem nachgeborenen Sohn Karl ein angemessenes Herrschaftsgebiet zu verschaffen, hatten seine übrigen Söhne erneut zusammengeführt. An der Spitze der Aufstandsbewegung stand Lothar I., der von Italien aus mit einem Heer die Alpen überquert hatte und sich nun mit den Aufgeboten seiner Brüder Ludwig und Pippin vereinen wollte. In seinem Gefolge reiste der Papst mit, um, wie er sagte, Frieden zu stiften.

Seine gemeinsame Reise mit Lothar I. zeigt, in wessen Lager der Papst stand. Hinzu kommt sein Verhalten in der Nähe von Colmar, wo sich beide Heere zum Kriege rüsteten. Er blieb weiterhin in der Umgebung Lothars und unterließ es, dessen Vater die gebotene Aufwartung zu machen, was dieser dann später auch monierte.[112] Doch nicht minder zeigten die Positionen den einseitigen Standpunkt des Papstes in dem Konflikt. Seiner Ansicht nach war es ohne Wenn und Aber Ludwig der Fromme gewesen, der den Frieden aufs Spiel gesetzt hatte, als er seine eigene Nachfolgeordnung, die *Ordinatio imperii* von 817, außer Kraft gesetzt und eine neue Reichsteilung vorgenommen hatte.[113] Die neue Regelung habe nur Unruhe und Unfrieden geschaffen, und deshalb müsse die Ordnung von 817 wieder zum Maßstab werden. Das war die Position Lothars I. und all jener, die ihn unterstützten und ihm ideologischen Rückhalt gaben.[114] Daß der Papst im Lager Lothars I. stand, kann also kaum bezweifelt werden. Eine schiedsrichterliche Rolle hatte er von Anfang an nicht angestrebt, er wollte keine ausgleichende, auf Kompromisse dringende Politik betreiben.[115] Selbst als er von den Bischöfen Ludwigs des Frommen der Anmaßung bezichtigt wurde, weil er plane, den Kaiser zu exkommunizieren, wies er nicht nur den Vorwurf zurück, damit die Ehre des Kaiser zu beschmutzen, sondern verkündete, daß nicht die Exkommunikation, sondern die Taten, die einer Exkommunikation würdig seien, die Ehre des Kaisertums beschädigten.[116]

Doch diese Parteinahme stand für den Papst zu seinem Selbstverständnis als Friedensstifter nicht im Widerspruch. Er wollte eben Ludwig zum Frieden überreden.[117] Schon im Frühjahr hatte Gregor IV. in einem Brief Agobard von Lyon zu Fasten und Fürbitten aufgerufen, um so Gottes Segen für seine Friedensmission zu erlangen.[118] Zudem wollten auch die Parteigänger Lothars kein Blutvergießen, zumindest war dies ihre offen verkündete Politik.[119] Um die Intervention des Papstes zu rechtfertigen, mußten sie ohnehin dessen Reise als Friedensmission deklarieren, wie es denn auch der Papst selbst tat und für sich in Anspruch nahm, allein des Friedens wegen ins Frankenreich zu kommen. Insofern hatte sich der Papst, wollte er seinen eigenen Ankündigungen nicht untreu werden und in der Öffentlichkeit seinen Kredit nicht verspielen, zwangsläufig in die Rolle des Friedensstifters begeben.[120]

Und diese Rolle nahm er dann auch vor Ort an. Zwar hielt er sich zunächst noch einige Zeit im Lager der aufständischen Söhne auf, aber als dann schließlich die Schlacht unmittelbar bevorstand, begab er sich in das Lager Ludwigs, um ein Blutvergießen zu verhindern. Der Kaiser, schon für die Schlacht gerüstet, empfing ihn. Obwohl er sein Mißfallen für die bisherige Politik des Papstes durch ein eingeschränktes Zeremoniell deutlich machte,[121] ließ er sich auf Friedensverhandlungen ein. Die Parteinahme des Papstes zugunsten der Söhne stand ihnen also nicht im Wege. Ein Erfolg war den Gesprächen dennoch nicht beschieden. In der Zwischenzeit war es den Parteigängern Lothars gelungen, viele Magnaten aus dem väterlichen Lager auf ihre Seite zu ziehen. Ludwig der Fromme sah die Niederlage ein und begab sich kurz darauf in die Hände seiner Söhne.[122]

Über die Verhandlungen zwischen dem Papst und Ludwig dem Frommen erfährt man nur Bruchstücke und Ungereimtheiten. Die Rolle, die Gregor dabei spielte, tritt nur schemenhaft zutage. Niemand sagt etwas über den Gegenstand der Verhandlungen, und da die Aktion kein Ergebnis zeitigte, erhält man auch von dieser Seite keinen Fingerzeig. Was bleibt, sind die vagen widersprüchlichen Hinweise auf das Zusammentreffen zwischen Kaiser und Papst. Am ausführlichsten berichtet die Vita Hludowici des Astronomus, die von mehrtägigen Verhandlungen weiß. Ihren Angaben zufolge sprach der Papst davon, einen Frieden in beide Richtungen stiften zu wollen, und ihren Angaben zufolge hörte er sich auch die Sichtweise Ludwigs an.[123] Schenkt man der Vita Vertrauen, so war der Papst bereit, eine Lösung herbeizuführen, mit der beide Seiten leben konnten: Er habe angesichts des bevorstehenden Gewaltausbruchs im Gespräch mit dem Kaiser seinen Standpunkt zumindest aufgeweicht. Dieser Eindruck wird dann noch verstärkt, wenn der Autor das Scheitern den Söhnen zuschreibt, die dem Papst verboten hätten, ein zweites Mal in das Lager Ludwigs zu kommen. Damit liegt auch auf der Hand, was der Astronomus beabsichtigt: Gregor IV. wird als Friedensstifter hingestellt, um als Kronzeuge für die unaufrichtige Politik der Söhne herzuhalten. Aus diesem Grund schenkt die Vita seinem Tun mehr Zeit und Raum als die sonstigen Berichte. Doch worüber verhandelt wird, sagt sie nicht. Da sie damit aber ihr stärkstes Argument für ein Ausgleichsbemühen des Papstes aus der Hand gibt, spricht einiges dafür, daß dieser weiterhin Ludwig allein zum Einlenken bringen wollte. Darüber hinaus bietet Thegan, der eine andere Vita Ludwigs des Frommen verfaßte, eine Version des Geschehens, die genau das Gegenteil sagt: Hier ist von kurzen und knappen Verhandlungen die Rede.[124] Und schließlich ist der Bericht der Vita auch in sich selbst widersprüchlich. Während noch zu Anfang die päpstliche Friedensmission als bloßer Vorwand hingestellt wird,[125] deren wahre Absichten im Fortlauf der Schilderung ans Licht kommen sollen, läßt die Vita des Astronomus diese Anschuldigung anschließend kommentarlos unter den Tisch fallen und konstruiert nun eben jenes Bild, das den Papst zu einem Friedensstifter werden läßt, der beiden Seiten gerecht werden will.[126] Im Schreibprozeß erlag der Autor fast unmerklich der Verlockung, den Papst und seine Friedensmission gegen Lothar und seine Anhänger ins Feld zu führen. Dies schien leichter, als ihn als bloßen Parteigänger der Aufständischen zu desavouieren. Die Eigenständigkeit, die Gregor hier gegenüber beiden Konfliktparteien zugeschrieben wird, ist in erster Linie dem Darstellungszweck und weniger der exakten Beobachtung geschuldet. Gregor IV. blieb auch in den Verhandlungen aller Wahrscheinlichkeit der, der er war: ein Friedensstifter, der die Sache Lothars vertrat. Die Parallelen zu den päpstlichen Interventionen in den Konflikten um Tassilo sind damit offenkundig. Die Position eines eher vermittelnden, beide Seiten befriedigenden Mittlers bezog der Papst eigentlich nie, obwohl er es durchaus gekonnt hätte, da er zu beiden Konfliktparteien im Verhältnis geistlicher Verwandtschaft stand. Diese Doppelbindung machte es dann auch möglich, daß in der historiographischen Aufarbeitung eine solche Mittlerstellung angedeutet wurde. Aber der Widerspruch zwischen Theorie und Praxis blieb bestehen: Man konnte sich so etwas vorstellen, bewertete es eigentlich positiv, aber in praxi schien es doch eher unmöglich, eine solche Position einzunehmen.

Daß die Päpste in den Konflikten zwischen den Karolingern im 9. Jahrhundert stärker noch als die Könige in vergleichbaren Fällen einseitig Partei ergriffen, hat einen einfachen Grund. Die karolingischen Herrscher selbst hatten die Päpste zu Bürgen und Zeugen ihrer Nachfolgeordnungen und gegenseitigen Abmachungen erhoben.[127] Sowohl Karl der Große als auch Ludwig der Fromme schickten ihre Verfügungen nach Rom, und 843 wurde dann auch der Teilungsvertrag von Verdun dem päpstlichen Archiv überantwortet.[128] Die fränkischen Könige banden auf diese Weise die Nachfolger Petri stärker in die Verantwortung für die politische Entwicklung im Reich ein. Päpstliche Interventionen wurden so geradezu herausgefordert. Und da die Verletzung von Rechten nicht nur eine Bedrohung des Friedens darstellte, sondern auch als dessen Verletzung angesehen wurde, nahmen diese Interventionen folgerichtig den Charakter von Friedensmissionen an, die – und das ist das Entscheidende – einen zuvor festgelegten Rechtszustand wiederherstellen, sprich den einen oder anderen wieder in seine verbürgten Rechte setzen sollten. So war das schon bei Gregor IV. der Fall gewesen, der sich auf die *Ordinatio imperii* von 817 berief und dementsprechend Lothar unterstützte. Noch deutlicher trat dieses Dilemma der päpstlichen Friedensmissionen dann ein Vierteljahrhundert später zutage, als nach dem Tod Lothars II. dessen Erbe die Begehrlichkeiten seiner Onkel weckte und Hadrian II. sich zum Eingreifen gezwungen sah. Von Anfang an stand der Papst hier auf der Seite Kaiser Ludwigs, der in seinen Augen der rechtmäßige Nachfolger seines Bruders war. Für ihn sprachen das Erbrecht und die einzelnen Verfügungen des Vaters. Gleichsam prophylaktisch, wohl um die Eroberungspläne Karls des Kahlen wissend, formulierte er seine Auffassung klipp und klar in einer Reihe von Briefen, die er, keine vier Wochen nach dem Tod Lothars II., an die westfränkischen Magnaten und Bischöfe sowie den westfränkischen König selbst richtete.[129] Zudem verwies er auf die Eide, die Karl Ludwig geleistet und mit denen der westfränkische König den Besitz und die Anrechte seines Neffen anerkannt hatte.[130] Schon jetzt drohte er allen, die sich dem Anrecht Kaiser Ludwigs in den Weg stellten und eine Invasion in das einstige Reich Lothars durchführten, planten oder beförderten, mit dem Anathem. Kurzum, an der Position Hadrians besteht kein Zweifel. Zudem war er es selbst, der hier die Initiative ergriff, allerdings im Namen des Friedens, den er gleich zuerst als die nützlichste und wichtigste päpstliche Aufgabe hinstellte.[131] Von seiner Warte aus gesehen, engagierte er sich als Anwalt Ludwigs ebenso wie als Fürsprecher des Friedens.

Seine Briefe kamen allerdings zu spät. Karl der Kahle hatte inzwischen das Nachbarreich besetzt und sich als neuem König huldigen lassen.[132] Als er die päpstlichen Gesandten, die die Briefe überbrachten, und die Bevollmächtigten seines Neffen Ludwigs etwa einen Monat später, wohl im November 869, in Gondreville empfing, nahm er die störende Botschaft zur Kenntnis, ohne allerdings den Rückzug anzutreten.[133] Ob er schon jetzt oder erst später auf die päpstlichen Schreiben reagierte, bleibt im dunkeln. Er hielt jedenfalls den Kontakt aufrecht und bemühte sich, den Papst nicht zu brüskieren. Zwar ging er in keiner Form auf dessen Forderungen ein, aber in anderer Hinsicht nahm er den Papst doch wieder beim Wort. Er bat Hadrian II., der sein Eintreten für Ludwig mit dem päpstlichen Auftrag, für Frieden zu sorgen, verknüpft hatte, ganz einfach, als Vermittler eines Friedens zwischen ihm und seinem Neffen tätig zu werden.[134] Das war durchaus ein geschickter Schachzug. Der westfränkische König tat so, als ob der Papst gar nicht sein Gegner sei, sondern sein ganzes Vertrauen besäße. Hadrian jedenfalls nahm nach eigenen Angaben das Angebot an, sah sich deshalb aber nicht veranlaßt, seine Position zu ändern. Als er Karl antwortete, sprach er davon, daß er seine Versuche zur Vermittlung eines Friedens nicht zum Erfolg habe führen können, weil Karl sich nicht wie ein Friedensfreund benommen, sondern gleich einem Tyrannen an seiner Eroberungspolitik festgehalten habe.[135] Für Hadrian II. blieb auch nach der Aufforderung zur Vermittlung die Stiftung des Friedens unauflöslich mit der Durchsetzung der seiner Ansicht nach anerkannten Rechte verbunden.[136] Ein Ausgleich der Interessen stand für ihn gar nicht zur Debatte.

Obgleich Hadrian II. den von ihm gewünschten Frieden auf diese Weise nicht erlangte und letztlich scheiterte, war eine solche Haltung nicht zwangsläufig einer friedlichen Einigung abträglich. So konnte Hadrian Ludwig den Deutschen, der nicht minder als Karl der Kahle einen Teil von Lothars Reich zu erwerben trachtete und mit dem Meersener Vertrag von 870 auch gewann, schließlich zur Anerkennung der Rechte Kaiser Ludwigs und zu einer Aussöhnung mit diesem bewegen, ohne daß der Ostfränkische de facto seinen Anteil aufgeben mußte.[137] Allerdings war dies nur möglich, weil der Kaiser selbst keine Erben hatte und Onkel und Neffe den künftigen Erbfall gleichsam antizipieren konnten, kurzum man es mit einem Sonderfall zu tun hat.

Betrafen die päpstlichen Vermittlungstätigkeiten auch Familienkonflikte unterschiedlicher Natur, so richteten sie sich doch besonders auf die Auseinandersetzungen zwischen regierenden Vätern und Söhnen. Die Bemühungen Gregors IV., Ludwig mit seinen Söhnen zu versöhnen, um den Familienfrieden wiederherzustellen, stehen insofern nicht allein. So griff der soeben gewürdigte Hadrian II. auch in den Konflikt zwischen Karl dem Kahlen und dessen Sohn Karlmann ein. Dieser hatte sich 870 gegen den Vater erhoben, wurde dann aber gefaßt, seiner Lehen enthoben und in Gewahrsam genommen.[138]

Kurz darauf gelang es dem Papst, den König davon zu überzeugen, seinen Sohn aus der Haft zu entlassen – der König wird seiner Bitte wohl stattgegeben haben, weil er so hoffte, den Zorn des Papstes über die Besetzung des Lotharreiches ein wenig zu besänftigen.[139] Bis zu diesem Zeitpunkt trat Hadrian augenscheinlich eher in der Rolle eines Fürsprechers auf, der um Nachsicht bat. Als sich Karlmann indes abermals gegen seinen Vater erhob und der Papst erneut intervenierte, agierte dieser jedoch nicht mehr als Bittsteller, sondern war zum Anwalt des einst zum Diakon geweihten Karlmann geworden. Dieser hatte nämlich nach seiner Exkommunikation durch die fränkischen Bischöfe an den Papst appelliert, um die Rechtmäßigkeit des Verdiktes zu überprüfen. Und so sah sich der Papst gezwungen, im Namen des kirchlichen Rechts zu handeln und forderte Karl den Kahlen dazu auf, den Sohn wieder in die alte Stellung aufzunehmen, bis durch seine Legaten alle Vorwürfe geklärt seien. Allerdings bildete die Verwandten- oder besser noch die Elternmoral weiterhin den entscheidenden Beweggrund für sein Handeln, appellierte er doch vor allem an die Pflichten, die der König als Vater gegenüber seinem Sohn habe.[140] Im übrigen verzichtete der Papst auch diesmal nicht auf die Rhetorik des Friedensapostels, derer er sich vor allem gegenüber den westfränkischen Bischöfen bediente. Er forderte sie unter Androhung der Exkommunikation auf, den Frieden zwischen Vater und Sohn wiederherzustellen, zumindest aber mit allen Mittel einen Kriegszug zu verhindern.[141] Am Ende scheiterte Hadrian II. jedoch, aber das lag nicht nur an ihm. Vater und Sohn hatten sich zu weit einander entfremdet, und nicht einmal die kurz darauf einsetzenden Vermittlungsbemühungen Ludwigs des Deutschen hatten Erfolg.[142]

Daß aber die Vermittlung zwischen den Vätern und ihren Söhnen nicht immer scheitern mußte, läßt sich an den Interventionen Nikolaus I. im Jahre 862 ablesen. Damals hatten sich sowohl Ludwig von Neustrien als auch Karl von Aquitanien gegen ihren Vater aufgelehnt und sich zum Teil mit dessen politischen Gegnern verbunden. Ein besonderer Stein des Anstoßes war in beiden Fällen eine Eheschließung wider den Willen des Vaters, was – man erinnere sich an die königlichen Vermittlungsversuche – nicht nur Konflikte schuf, sondern auch zur Vermittlung einlud. Nikolaus I. jedenfalls intervenierte. Das Gleichnis vom verlorenen Sohn, den man dem Vater wieder zuführen muß, leitete dabei seine Vorstellungen.[143] Die Söhne zeigten sich jedenfalls schuldbewußt, baten um Verzeihung und erhielten die Huld des Vaters zurück. Ludwig, der sich eingedenk einer militärischen Niederlage noch im Jahr 862 mit dem Vater versöhnte hatte, durfte die Frau an seiner Seite behalten und erhielt auch einigen Besitz zurück, mußte allerdings noch drei Jahre warten, ehe er eine regelrechte Ausstattung wieder sein eigen nennen konnte.[144] Ein Jahr später, im Herbst 863, unterwarf sich dann auch Karl seinem Vater.[145] Der Sohn blieb zunächst in dessen Begleitung, während die aquitanischen Großen ohne ihn gegen die Normannen zogen. Zwei Jahre später setzte ihn Karl dann auf Fürsprache der Bischöfe, wie es in den Annalen von Saint-Bertin heißt, wieder als König von Aquitanien ein.[146] Ob die Frist allein der Verletzung zuzuschreiben ist, die der Königssohn zwei Jahre zuvor erlitten hatte und die immer noch nicht ganz ausgeheilt war,[147] oder in den Augen des Königs erst jetzt die Bewährungsfrist abgelaufen war, ist schwer zu sagen. Jedenfalls erhielt ja auch Ludwig erst in diesem Jahr seine verbesserte Ausstattung.

Im Zusammenhang mit der Erhebung der beiden Söhne Karls des Kahlen steht noch ein weiterer Konflikt, in dem der Papst ebenfalls intervenierte. Auch er verdient besondere Aufmerksamkeit, weil hier der Nachfolger Petri seine Vermittlungsbemühungen in gewisser Weise über die engere Königsfamilie hinaus ausdehnte. Gemeint ist die Auseinandersetzung zwischen dem westfränkischen König und dem flandrischen Grafen Balduin. Entzündet hatte sich der Streit an der Ehe, die der Graf mit Karls Tochter Judith gegen dessen Willen eingegangen war.[148] Der Widerstand Karls veranlaßte das Paar zur Flucht ins Reich Lothars II. Da Lothar jedoch damals dank seiner eigenen Ehehändel mit dem Rücken zur Wand stand, konnten sie auf Dauer von dieser Seite keine Unterstützung erwarten. Und so begab sich Balduin nach Rom, wo er Nikolaus I. aufforderte, ihm die Huld des Königs zu verschaffen. Der Papst sah sich damit in einer ähnlichen Situation wie die Bischöfe des 6. und 7. Jahrhunderts, in deren Kirchen man Zuflucht vor der Verfolgung durch den König gesucht hatte. Und nicht anders als sie fühlte sich Nikolaus I. dann auch im Namen der Barmherzigkeit veranlaßt, den Grafen mit dem König zu versöhnen. Mehrere Briefe schrieb er in der Folgezeit an den König und bat darum, dem Grafen seine Schuld zu vergeben und ihm die Tochter zu lassen, da dieser Reue für seine Tat zeige, die er, der Papst, mit deutlichen Worte verurteile.[149] Die Verhandlungen in dieser Sache zogen sich länger hin, führten dann aber doch zum Erfolg. Karl erklärte sich schließlich damit einverstanden, den Grafen wiederaufzunehmen und ihm die Hochzeit mit der eigenen Tochter zu erlauben.[150] Als Hinkmar von Reims dem König jedoch dessen Tochter zuführen wollte und die Ehe mit Balduin offiziell geschlossen werden sollte, kam es nochmals zu einer Verzögerung, die ein bezeichnendes Licht auf die Rolle des Papstes wirft. Karl und Hinkmar verlangten nämlich damals von Balduin und Judith, vorab öffentlich eine Kirchenbuße zu vollziehen. Die beiden lehnten jedoch ab, da eine solche Forderung nicht mit dem Papst vereinbart worden sei. Der König wie sein wichtigster Berater Hinkmar nahmen dann doch Abstand von ihrem Plan. Sie wollten sich das Wohlwollen des Papstes angesichts einer Reihe anderer Konflikte erhalten. So beließen sie es dabei, der Hochzeit fernzubleiben. Auch zögerte Karl der Kahle die vollständige Wiedereinsetzung Balduins in seine Lehen und Ämter hinaus. Erst als ihn Nikolaus I. 866 nochmals ermahnte, fühlte er sich dazu veranlaßt.[151] Allerdings zeigt die Behandlung seiner beiden Söhne in diesen Jahren, daß eine gewisse, ein- bis dreijährige Frist immer wieder der vollständigen Erlangung aller früheren Privilegien vorausging. In jedem Falle offenbart sich aber in der letzten päpstlichen Intervention wie in der Weigerung des Paares, eine Kirchenbuße zu vollziehen, daß der Papst hier Bedingungen für das verfolgte Paar aushandelte und so de facto als Vermittler agierte.

Wenngleich die Tochter Karls des Kahlen entscheidend an diesem Konflikt beteiligt war und er insofern durchaus den Charakter eines Familienzwistes trug, so standen sich in den Augen des Papstes doch primär Karl und Balduin als Konfliktgegner gegenüber. Wo der Papst auf vergleichbare Fälle anspielte, da hatte er die gnädige Wiederaufnahme eines Vasallen in die Huld des Königs vor Augen.[152] Wie schon Ludwig der Deutsche im Fall Giselberts, so sah auch der Papst Konflikte zwischen einem Herrscher und dessen Vasallen als ein Terrain für seine Vermittlungstätigkeit an. Indem er dies praktisch umsetzte, gab auch er ein Vorbild für andere und ließ die Vermittlung in solchen Fällen als einen möglichen Ausweg erscheinen. Gewiß blieb ein Einschreiten, das über die bloße Fürsprache hinausging, auch jetzt noch eine Rarität, und ebenso standen die wenigen Interventionen immer noch im Bann der Beilegung von Familienzwistigkeiten, aber ein erster Schritt war getan.

Die zuweilen gute, im Vergleich unüberbietbare Überlieferungslage bei den päpstlichen Friedensmissionen läßt zu guter Letzt auch die organisatorischen Schwierigkeiten erkennen, vor denen die Päpste immer wieder standen, Schwierigkeiten, mit denen aber auch andere Friedensstifter zum Teil zu tun gehabt haben dürften. Das gilt etwa schon für das Problem der weiten Kommunikationswege, das bei den Päpsten besonders gravierend war. Die großen Entfernungen zwischen Rom und den fränkischen Zentren nördlich der Alpen machte es von vornherein unmöglich, daß die Päpste bei jedem Zwist unter den Karolingern sich selbst auf den Weg machten. Eine Reise über die Alpen dauerte, bei einer durchschnittlichen Reisegeschwindigkeit von 30 bis 40 Kilometern pro Tag, lange,[153] war beschwerlich und gefährlich. Auch der Briefverkehr nahm viel Zeit in Anspruch, so daß der Papst nicht schnell genug reagieren konnte, seine Vorschläge teils schon zur Makulatur geworden waren, wenn sie im Frankenreich eintrafen – seine Bitte an Karl, nicht in das Reich Lothars einzumarschieren, kam erst beim Empfänger an, als dieser sich bereits in Metz zum Nachfolger seines Neffen erheben ließ.[154]

Um den Strapazen der Reisen zu entgehen, agierten die Päpste vielfach mit Hilfe von Legaten, die in ihrem Namen entweder die Angelegenheit erst einmal untersuchen sollten oder aber bestimmte Vorschläge, teils mehr als Bitte, teils mehr als Befehl formuliert, zu überbringen hatten. Eine eigenständige Rolle als Friedensstifter wurde ihnen in dieser Zeit allerdings nicht zugeschrieben, von dem Legaten Arsenius vielleicht einmal abgesehen, der seine herausgehobene Rolle indes weniger seinen friedensstiftenden Aktivitäten denn der Durchsetzung der päpstlichen Politik gegenüber Lothar II. verdankte.[155]

Aber die päpstlichen Gesandten hatten nicht allein die Aufgabe, die Konfliktgegner mit der Position des Papstes vertraut zu machen. Ihnen oblag es ebenso, Briefe an ganz verschiedene Personen zu übermitteln, die der Papst auf seiner Seite an der Beilegung des Konfliktes teilnehmen lassen wollte. Bischöfe, Fürsten, aber ebenso die Königin schrieb der Papst an, um sie als Fürsprecher zu gewinnen.[156] Sie sollten den päpstlichen Vorschlägen das notwendige Gehör verschaffen. Anhand der päpstlichen Friedensmissionen wird somit recht deutlich, wie kompliziert die Vermittlungstätigkeit im einzelnen vonstatten ging. Ein ganzes Netz von Intervenienten mußte aufgebaut werden, um durch Überzeugungsarbeit den Frieden voranzutreiben. Die Großen im Reich, Bischöfe wie Grafen, wurden damit zu einem wichtigen Faktor im Prozeß der vermittelnden Friedensstiftung.[157] Daß dieser Personenkreis selbst eigenständig bei Konflikten intervenierte, um eine Verhandlungslösung zu initiieren, war damit im Grunde genommen schon angelegt.

Aber zunächst einmal verblaßten auch diese Versuche gegenüber der päpstlichen und königlichen Vermittlungstätigkeit. Sie allein verfügten im 9. Jahrhundert über die Autorität, den Einfluß und mithin die organisatorischen Möglichkeit, um im Zuge der Konfliktbeilegung als eine dritte Instanz zu wirken.

3. Die vermittelnde Fürsprache der Großen

Wenn schon der Papst trotz der wachsenden Autorität seines Amtes und seiner quasi-verwandtschaftlichen Beziehungen zur karolingischen Herrscherfamilie nur in Maßen eine eigenständige Rolle bei der Beilegung von Konflikten spielte, um wieviel weniger dürfte dies dann für die Großen des Reiches gegolten haben, die jeweils nur einem Herrscher verbunden waren? Und wenn schon der Papst kaum den Anschein der Unparteilichkeit erwecken wollte oder konnte, dann sollte man dies auch nicht von den Bischöfen, den Herzögen und Grafen oder sonstigen Vasallen des Königs erwarten, die ihrem Herrn zu Treue und Gehorsam verpflichtet waren. Gerieten zwei Könige miteinander in Konflikt, so konnte es für sie nur heißen, sich hinter ihren Herrn zu stellen und Partei zu ergreifen. Und das traf nicht minder zu, wenn einer der ihren den König herausgefordert hatte. Allein wo sie selbst miteinander haderten, da hätte auch einer von ihnen seinen Platz als Friedensstifter behaupten können. Aber auf diesem Feld konkurrierten sie mit dem König, der dazu im buchstäblichen Sinne berufen und dank seiner Autorität auch geeignet war.

So nimmt es denn auch nicht Wunder, daß von regelrechten Vermittlungsaktionen der Großen kaum die Rede ist. Was man beobachten kann, sind erste Ansätze dazu, Vorformen, die ganz unterschiedliche Wurzeln haben. Ein Gutteil von ihnen entwuchs den Gepflogenheiten des Gesandtenverkehrs. Es handelte sich um gewöhnliche Praktiken, die Leistung von Sicherheitseiden, die Übernahme von Bürgschaften oder die Wahl von Gesandten mit Blick auf deren Beziehung zum Verhandlungspartner. Es waren Praktiken, die die betreffenden Personen in verschiedener Form dem Gegner verpflichteten und die sie nicht mehr allein nach den Gesetzen der Gruppensolidarität handeln ließen. So erhielten sie einen speziellen Status im Prozeß der Konfliktbeilegung. Dies nutzten sie zuweilen aus, um eine eigenständige Rolle bei Ausgleichsverhandlungen zu spielen, ohne deshalb allerdings ihre Parteizugehörigkeit aufzugeben. Zu einer solchen Entwicklung kam es zumeist bei Verhandlungen über die Konditionen einer Unterwerfung, sei es einer Burgbesatzung, einer Stadt, eines Großen oder eines fremden Herrschers.

Daß die Gewährung von Sicherheitseiden Boten und Gesandten eine Selbständigkeit verleihen konnte, kann man schon in der Merowingerzeit beobachten. Als das Heer König Guntrams über längere Zeit hinweg Gundowald, den eine Gruppe von Großen gleichsam als Gegenkönig ins Land geholt hatte, vergeblich in Comminges belagerte, kam es zu Verhandlungen hinter dem Rücken Gundowalds.[1] Die Belagerer schickten heimlich Boten, die die wichtigsten Helfer Gundowalds zur Aufgabe und zur Auslieferung ihres Herrn veranlassen sollten. Sie wandten sich insbesondere an Mummolus, den einstigen Herzog König Guntrams und zeichneten ein aussichtsloses Bild seiner Lage, um ihn zur Unterwerfung zu bewegen. Ihre Rede entfaltete die beabsichtigte Wirkung, und Mummolus sah nur noch die Möglichkeit, sich im Gegenzug das Leben auszubedingen. Während die Boten wieder mit den Leuten Guntrams Kontakt aufnahmen, besprach sich Mummolus mit den wichtigsten Parteigängern Gundowalds, und man einigte sich darauf, jenen auszuliefern, vorausgesetzt, sie alle würde am Leben gelassen. Den Boten, die inzwischen das Plazet für die Abmachung bekommen hatten und wieder zurückgekommen waren, teilte Mummolus den soeben gefaßten Entschluß mit und sagte zu, sich Guntram zu unterwerfen. Und darauf, so fährt Gregor von Tours fort, „versprachen die Boten ihm, sie würden ihn, wenn er dies ausführe, in Freundschaft aufnehmen, und wenn sie ihm beim König nicht Gnade erwirken könnten, würden sie ihn in eine Kirche bringen, damit er nicht mit dem Verlust seines Lebens bestraft würde."[2] Der Fortgang der Ereignisse ist kurz erzählt. Mummolus überredete Gundowald, mit falschem Eid für dessen Sicherheit einstehend, sich zu stellen, was dieser auch tat und mit dem Leben bezahlen mußte. Er wurde, als ihn seine Gegner in Empfang nahmen, getötet. Kurz darauf nahmen die Krieger Guntrams Comminges und veranstalteten ein Blutbad. Doch Mummolus erging es nicht besser als den anderen. Nachdem er sich gestellt hatte und der König auf seinem Tod bestand, wußten sich die königlichen Gefolgsleute nur zu helfen, indem sie ihn umbrachten.

Gerade weil hier ein Hinterhalt den nächsten jagt und immer wieder unvermutete Wendungen eintreten, liefert die Geschichte en passant ein Bild dessen, was man in derartigen Situationen gewöhnlich zu erwarten hatte. Denn die Listen, derer sich die Protagonisten bedienten, funktionierten ja nur deshalb, weil sie die Reaktionen der Gegenüber berechnen konnten, sprich einen Fundus von eingeübten Verhaltensformen und Erwartungen voraussetzten. Es war – und nur dies macht das Verhalten des Mummolus einsichtig – eine Selbstverständlichkeit, angesichts einer drohenden Niederlage sich zu ergeben und im Gegenzug sein Leben zu retten.[3] Dazu bereit fand man sich allerdings nur, wenn die Abgesandten der Gegner eidlich garantierten, für die eigene Sicherheit zu sorgen. Daß die Boten beziehungsweise ihre Auftraggeber und in anderen Fällen die Gesandten damit auch Verantwortung für das Schicksal der Kapitulierenden übernahmen, wird in diesem Fall besonders deutlich. Der König, der allein Gnade vor Recht ergehen lassen konnte, war nicht zugegen. Und so beließ man es dabei, die Abmachung durch die führenden Leute unter den Belagerern ohne weitere Rücksprache abzusichern. Da infolgedessen aber das Angebot für Mummolus ein gewisses Risiko barg, gingen die Leute König Guntrams zusätzlich in eigenem Namen eine Vereinbarung ein. Sie versprachen, ihm zur Not eigenhändig das Leben zu retten und ihm die Flucht in eine Kirche zu ermöglichen, falls sich der König ihrem Vorschlag versagen sollte. Damit leisteten sie ein Versprechen, das sie gegebenenfalls in Widerspruch zu ihrem König setzte, ja in den Ungehorsam trieb. Sie bekamen einen Sonderstatus unter den Parteigängern Guntrams, zumindest potentiell. Aufgrund der mit dem aufständischen Herzog eingegangenen Verpflichtungen konnten sie entweder als vertrauenswürdige Mittelsmänner bei weiteren Verhandlungen fungieren oder aber im Falle eines königlichen Nein schnell zu Dissidenten im eigenen Lager werden.

Daß Mummolus auf das Angebot der Belagerer ohne weiteres einging und somit tat, was man in solchen Fällen gemeinhin zu tun pflegte, offenbart sich, wenn man sieht, wie häufig Leute in fränkischer Zeit den gleichen Listen zum Opfer fielen.[4] Das erlebte unter anderen auch ein gewisser Munderich, der sich um 530 gegen König Theuderich I. erhoben hatte und selbst nach dem Königtum strebte.[5] Als ihn der König schließlich in einer Burg einschloß und einen Gesandten schickte, der ihm sein Leben im Gegenzug für die Unterwerfung versprach, hatte er zwar zunächst Zweifel, ob ihn der König wirklich verschonen wollte.[6] Doch als der Gesandte ihm einen Eid schwor, daß er sicher die Burg verlassen könne und der König das Vorgefallene vergesse, willigte er ein und verließ Hand in Hand mit dem Abgesandten die Burg.[7] Nun wurde die Täuschung offenbar: Auf ein zuvor verabredetes Zeichen stürzten sich die Gefolgsleute Theuderichs auf Munderich. Nachdem es diesem immerhin noch gelang, den meineidigen Unterhändler niederzustrecken, wurde er selbst getötet. Während Munderich davon ausgehen konnte, daß der König den Gesandten zu seinem Eid bevollmächtigt hatte, zeigt ein anderer Fall, von dem Gregor von Tours berichtet, wie man sich wie der oben erwähnte Mummolus auf solche Versprechungen auch dann einließ, wenn die Zusage des Königs noch ausstand. So berichtet Gregor von einem Mann namens Dacco, der König Chilperich die Treue aufgekündigt hatte und ohne festen Aufenthalt im Land umherzog, bald jedoch in die Hände des Herzogs Dracolen fiel.[8] Dieser überredete den Mann eigenmächtig, sich zu stellen, und leistete ihm dafür den Eid, sein Leben beim König zu erwirken.[9] Dacco ließ sich auf das Angebot ein. Als ihn der Herzog in Fesseln jedoch an den Königshof gebracht hatte, vergaß dieser seinen Eid, überschüttete den gefangenen Mann beim König mit üblen Verleumdungen und erreichte so dessen Todesurteil.[10]

Derartige Vorkommnisse blieben nicht auf die Zeit der merowingischen Bürgerkriege beschränkt. Hundertfünfzig Jahre später, man schrieb das Jahr 680, war es der neustrische Hausmeier Ebroin, der nach einer gewonnenen Schlacht gegen Pippin den Mittleren dessen Verbündeten, den Herzog Martin, auf gleiche Weise beseitigen ließ, zumindest in der Darstellung der karolingischen Geschichtsschreibung. Er schickte zwei Gesandte an dessen Zufluchtsort Laon, die ihm eidlich Frieden und Sicherheit versprachen, sofern er sich zu König Theuderich III. begebe, wobei sie den Schwur angeblich auf leere Reliquiare ablegten. Der Herzog jedenfalls glaubte ihnen und wurde dafür bei seiner Ankunft im Lager Ebroins samt seinem Gefolge mit dem Tod bestraft.[11] Und schließlich kann man an dieser Stelle auf das Ende der Babenberger Fehde zu Beginn des 10. Jahrhunderts verweisen, als der Mainzer Erzbischof Hatto gemeinsam mit dem bayerischen Grafen Liutpold den Babenberger Adalbert mit einem Sicherheitseid dazu gebracht haben soll, sich freiwillig dem König zu stellen, dann aber dessen Vertrauen ausnutzte, ihn gefangensetzte und dem König auslieferte, der ihn zum Tode verurteilte.[12] Wie in den früheren Geschichten kehrt auch hier das gleiche Verhaltensmuster wieder. Die Abgesandten der einen Partei überreden den Gegner zur Aufgabe und sichern ihm per Eid zumindest das Leben zu.[13] Was man diesen Geschichten selbstredend nicht entnehmen kann, sind Hinweise auf eine besondere friedensstiftende Rolle der Abgesandten. Diese bleiben allesamt ein Sprachrohr ihrer Herrn. Das erfordert schon die Logik der Geschichten, die ja zumeist Listen inszenieren, die die betreffenden Personen im Auftrag und zum Nutzen ihrer Herrn ins Werk setzen. Und da sie erfolgreich waren, kam es erst gar nicht dazu, daß sie durch ihren Eid in einen Gegensatz zu ihrem Herrn traten. Und so spielt jener Moment, in dem sie aus der Rolle des Boten und Gesandten in die des Fürsprechers hinüber wechseln könnten, in den soeben erwähnten Fällen auch keine Rolle, sondern bleibt bloße Andeutung.

Dies galt aber auch über diese Geschichten hinaus und erklärt die wenigen Hinweise auf einen solchen Rollentausch in der fränkischen Überlieferung. Funktionierte nämlich diese Art der Konfliktbeilegung ohne Komplikationen, gewährte die eine Konfliktpartei der anderen das Leben, so kam es generell nicht zu einer Entfremdung zwischen deren Anführer und jenen, die den Sicherheitseid geschworen hatten. Solange derjenige, in dessen Namen das Leben oder der freie Abzug garantiert wurde, die Erwartungen erfüllte, blieben die Boten, die Gesandten oder anderwärtig Bevollmächtigten das, was sie waren: bloße Repräsentanten ihrer Partei.

Wie allerdings die Beispiele des Mummolus und des Dacco offenbaren, brachte es bereits die Abwesenheit des Herrschers zuweilen mit sich, daß die Initiative, den Gegner zu einer Unterwerfung zu veranlassen, von den Großen selbst ausging. Gerade bei Belagerungen und militärischen Auseinandersetzungen waren schnelle Entscheidungen unumgänglich, wenn man eine Wende einleiten wollte. Hielten sich nun die entscheidenden Leute in allzu großer Entfernung vom Ort des Geschehens auf und waren nicht schnell genug zu erreichen, dann sahen sich die Großen von selbst zu eidlich garantierten Abmachungen aufgefordert, ohne zuvor eine gleichsam offizielle Zustimmung eingeholt zu haben. Inwieweit ihnen allerdings dies als besondere Tat zugeschrieben wurde, ist eine andere Frage. Geht man ihr nach, so zeigt sich sehr schnell, daß eigentlich erst mit der Karolingerzeit das Wort der Großen und ihre Rolle bei der Sicherung einer Unterwerfung Anerkennung fand, als die Fürsprache für Verfolgte und Empörer, für Rebellen und Abtrünnige den sicheren Hort des Kirchenasyls verließ. Um diese Entwicklung zu skizzieren, sei zunächst noch einmal ein Blick auf die merowingische Zeit geworfen.

Wie sehr das Institut des Kirchenasyls den Anteil der Großen beim Aushandeln einer Unterwerfung in merowingischer Zeit relativierte oder ausblendete, offenbarte ja bereits der Fall des Mummolus. Die Heerführer König Guntrams konnten dem Herzog nicht mit letzter Sicherheit zusagen, daß er aufgrund ihrer Fürsprache von einem Todesurteil verschont bliebe, allein die Flucht in eine Kirche vermochten sie ihm als Lebensversicherung anzubieten.[14] Noch deutlicher tritt die bestimmende Kraft des Kirchenasyls im Rahmen der Konfliktbeilegung im Zuge des erfolgreichen Heereszugs hervor, den die Franken 636 gegen die aufständischen Basken unternahmen.[15] Die Basken mußten nach einiger Zeit mit ansehen, wie die Franken ihr Land mehr und mehr verwüsteten, und wandten sich schließlich an deren Anführer mit der Bitte, ihnen beim König Gnade und Frieden zu verschaffen.[16] Sie erklärten sich bereit, vor Dagobert zu erscheinen und seine Friedensbedingungen zu akzeptieren. Ein Jahr später kam dann eine baskische Abordnung, begleitet von dem in ihrem Land eingesetzten Herzog Aeghyna, nach Clichy, um das Versprechen zu erfüllen. Kurz vor der Zusammenkunft überfiel die Basken aber plötzlich eine so große Furcht vor dem König, daß sie in Saint-Denis Zuflucht suchten. Ob dieser Schritt notwendig war, muß dahingestellt bleiben: Jedenfalls schenkte ihnen der König das Leben. Obwohl in der Darstellung der Ereignisse nicht von einem Sicherheitseid die Rede ist, wird man davon ausgehen müssen, daß die fränkischen Heerführer den Basken für den Fall ihrer Unterwerfung das Leben zugestanden haben, da sich diese ansonsten wohl kaum darauf eingelassen hätten. Folglich hatten die Großen anschließend Dagobert für das Abkommen zu gewinnen und ihre Pflichten einzulösen. Das dürfte im übrigen auch gar nicht so schwer gewesen sein, da die Basken zugesichert hatten, jedwede Bedingungen zu akzeptieren. Ob sie nun aber das Einverständnis des Königs vor der Reise nach Clichy eingeholt hatten oder ob sich der besagte Herzog erst in Clichy für die Basken verwenden sollte, bleibt im dunkeln, ja es ist auch möglich, daß man zunächst informell um Zustimmung bat und dann in aller Öffentlichkeit den zuständigen Herzog noch einmal offiziell Fürsprache hat einlegen lassen. Für die letzte Variante spricht, daß auf diese Weise die Milde des Königs ganz besonders herausgestellt werden konnte.[17] Nachdem die Basken in der Kirche Zuflucht gesucht hatten, mußten sich der Herzog oder andere Große, man könnte insbesondere an den Abt von Saint-Denis denken, dann aber ohnehin als Fürsprecher betätigen. Wer sollte sonst die Kommunikation mit dem König aufrechterhalten, die nötig war, um die Basken in den Genuß eines königlichen Gnadenaktes kommen zu lassen. Auch wenn dieser Vorgang in dem Bericht über die Ereignisse keine Erwähnung findet, besteht also kein Zweifel, daß die fränkischen Großen von den Basken notgedrungen als Ansprechpartner anerkannt wurden, um einen gnädigen Ausgang der Empörung beim König in die Wege zu leiten.

Bezeichnend ist für die Einflußmöglichkeiten des Herzogs oder Großen ist das Mißtrauen, das ihnen die Basken am Ende entgegenbrachten. Und dabei ist es auch gleichgültig, wie man die Flucht der Basken nach Saint-Denis versteht. Vertraut man der Darstellung Fredegars und geht davon aus, daß die Basken dies aus Furcht vor Dagobert taten, so spricht sich in diesem Umstand bereits der Zweifel an der Wirksamkeit der Fürsprache der Großen aus. Die Basken glaubten, der König könne sich über deren Stimme hinwegsetzen und sahen sich so veranlaßt, zusätzlich den Schutz des Kirchenasyls in Anspruch zu nehmen, das von sich aus ja dem Flüchtenden das Recht auf Leben garantierte. Dieses Mißtrauen gegenüber dem bloßen Wort des Herzogs oder auch anderer Großer tritt aber auch dann zutage, wenn man die Flucht der Basken nach Saint-Denis als Arrangement des Herzogs betrachtet oder sie gar im Einverständnis mit dem König vonstatten gehen sieht, des Königs, der auf diese Weise den Gnadenakt besonders unterstreichen und ihn als Gabe an den heiligen Dionysius hinstellen konnte. Unter dieser Prämisse wären es der Herzog selbst oder der König, die der Fürsprache eines Großen erst im Zusammenhang mit dem Kirchenasyl ihre unabweisliche Wirkung zuschrieben. Diese Auffassung steht noch ganz in den Traditionen, die zu Zeiten Gregors von Tours das Geschäft der Friedensstiftung beherrschten, und erinnert auch an dessen eigenes Verhalten vor König Guntram, als er erst den Hl. Martin als engagierten Fürsprecher ins Spiel bringen mußte, um den König zu veranlassen, den nach Tours geflohenen Herzog Bladast zu begnadigen.[18]

Solange das Kirchenasyl aber den Sicherheitseid von gesandten Großen in den Schatten stellte, taugten die Sicherheitsgarantien, die die Verhandlungsführer der einen Partei der anderen von sich aus gaben, nicht dazu, diese Gesandte eigenständig im Zuge der Konfliktbeilegung hervortreten zu lassen. Das galt darüber hinaus vielfach auch für jene Bischöfe und Äbte, die aufgrund des Kirchenasyls in die Rolle eines Fürsprechers gedrängt wurden. Als 786 der Aufstand der ostfränkischen Adligen um den Grafen Hadrad gegen Karl den Großen zusammenbrach und die Empörer ins Kloster Fulda flohen, wurde der Abt aktiv und bewog die Flüchtigen dazu, sich dem König zu stellen, und veranlaßte diesen umgekehrt, einen Gesandten zu schicken, um eine friedliche Vereinbarung auszuhandeln.[19] Man sieht hier den Abt deutlicher als in vielen verwandten Fällen in eine Mittlerposition hineinwachsen, da er sowohl Überzeugungsarbeit gegenüber den Flüchtlingen wie gegenüber dem karolingischen Hof leisten mußte.[20] Aber in der detaillierten Darstellung der Murbacher Annalen führt das keineswegs dazu, seine Stellung hervorzuheben oder auch nur das Ergebnis seiner Bemühungen zu erwähnen. Zwar verdankten die Flüchtlinge ihr Leben letztlich der Intervention des Abtes.[21] Doch ergab sich diese Lösung allein schon aus der Wahrnehmung des Kirchenasyls, und derjenige, der die Empörer vor dem Tod bewahrte, war in den Augen den Zeitgenossen der in Fulda begrabene Hl. Bonifatius. Denn für die Murbacher Annalen war mit dem Hinweis auf das Ansinnen der Rebellen, mit Hilfe der Heiligen bei Karl dem Gr. Vergebung zu finden,[22] im Grunde schon alles Wichtige gesagt. Kam es zu einer Beilegung, so war jeder Gnadenakt dem Heiligen zu verdanken, und folglich konnten sie das Engagement des Abtes problemlos ausblenden.

Das Ende des Hadrad-Aufstandes ist aber noch aus einem anderen Grund von Interesse. Denn es handelt sich mehr oder weniger um einen letzten Abgesang auf die dabei praktizierte Form der Konfliktbeilegung. Von nun an wurde das Kirchenasyl bei den Konflikten zwischen den Königen und den wichtigsten Fürsten und Vasallen zu einer zu vernachlässigenden Größe. Bewußt schränkte man, wie bereits erwähnt, unter Karl dem Großen die damit verbundenen Garantien ein, wie auch bereits für die Verschwörer um Hadrad das Ergebnis eher bescheiden ausfiel, wurden sie doch teils zur Verbannung, teils zur Blendung verurteilt.[23] Indem das Kirchenasyl nunmehr an den Rand trat, verlagerte sich die Hoffnung auf Vergebung und Begnadigung in vergleichbaren Situationen, also namentlich bei vorzeitigen Unterwerfungen, auf die mit der Gewährung von Sicherheitsversprechen verbundene Fürsprache der Großen. Allerdings wäre es wohl nie zu dieser Entwicklung gekommen, wenn nicht zugleich der Einfluß der königsnahen Adelsfamilien auf den Herrscher immer mehr zugenommen hätte und deren Konsens zu einem unverzichtbaren Bestandteil der Königsherrschaft geworden wäre.[24]

Erste Ansätze zu dieser Entwicklung zeichneten sich bereits im Anschluß an die siegreichen Langobardenzüge Pippins des Jüngeren in den Jahren 754 und 756 ab. Hier traten die Großen in seinem Gefolge als die eigentlichen Friedensstifter hervor, zumindest nach den fränkischen Berichten.[25] Als Pippin 754 nach Italien kam, hielten die Langobarden schon bald nicht mehr den Plünderungen und Verheerungen des fränkischen Heeres stand und zogen sich nach Pavia zurück, wo sie dann von Pippin einige Zeit belagert wurden. In dieser Situation sah der Langobardenkönig Aistulf keine andere Lösung mehr, als die fränkischen Bischöfe und Großen um Frieden zu bitten, und gab ihnen das Versprechen, Wiedergutmachung zu leisten.[26] Von einem Zusammentreffen der beiden Könige ist nicht die Rede, und so dürfte hier von den Franken kein Sicherheitseid geleistet worden sein. Aber nichtsdestotrotz zeigt das Verhalten Aistulfs, daß er der Wirksamkeit der Fürsprache der Bischöfe und weltlichen Großen im Lager Pippins vertraute. Und darin wurde er nicht getäuscht. Denn der König schenkte ihm schließlich nicht nur das Leben, sondern beließ ihm auch die Herrschaft über die Langobarden. Am Ende der Verhandlungen stand ein schriftlich fixierter Vertrag, in dem sich der langobardische König verpflichtete, die fränkische Oberherrschaft anzuerkennen und dem Papst Ravenna und andere besetzte Städte zurückzugeben, was er dann noch mit Eiden und durch die Stellung von Geiseln zu bekräftigen hatte.[27] Die besondere Rolle, die die fränkischen Großen im Zuge dieser Friedensstiftung spielten, offenbart sich dann nochmals nach Abschluß des Vertrages, als Aistulf auch sie mit üppigen Geschenken beehrte und ihnen damit für ihr Vertrauen dankte.[28] De facto mögen die genannten Magnaten mehr oder minder die Aufgabe von Gesandten erfüllt haben, aber ihre Hervorhebung in der zeitgenössischen Historiographie wie auch die Geschenke offenbaren doch ein Bewußtsein, das ihnen gegenüber dem König eine gesonderte

Stellung zusprach und ihrem Wort ein ganz anderes Gewicht verlieh als noch zu Zeiten Dagoberts I.

Bestärkt wird man in dieser Ansicht durch die Ereignisse beim zweiten Italienzug Pippins, als sich Aistulf nach einer Belagerung in Pavia erneut gezwungen sah, die Bischöfe und Großen im fränkischen Lager zu veranlassen, ihren König um Gnade und Frieden zu bitten.[29] Und sein Vertrauen auf den Einfluß dieser Männer zahlte sich aus. Auf deren Fürsprache zeigte der fränkische König abermals seine unermeßliche Barmherzigkeit und ließ dem Langobarden Leben wie Reich.[30] Noch stärker tritt hier im Bericht des Fredegar-Fortsetzers die Rolle der Großen als Makler des Friedensschlusses hervor. Von ihrer Fürsprache ist eigens die Rede, und indem Aistulf nunmehr nicht allein Wiedergutmachung verspricht, sondern deren Höhe und Art dem Urteil der Franken überläßt,[31] also auch dem Urteil jener, die er als Fürsprecher gewonnen hatte, weist er diesen sogar eine noch entscheidendere Rolle bei der Beilegung des Konfliktes zu. Gewiß, das Gewicht, das den Großen hier beigemessen wird, gleichviel ob dies nun realiter oder nur auf der Ebene der Darstellung gilt, rührt vornehmlich aus dem Bestreben her, die vor zwei Jahren über Aistulf instituierte Oberherrschaft besonders herauszustreichen. Denn indem sich der langobardische König dem Urteil der Franken unterwirft, stellt er sich wie ein untreuer vornehmer Franke dem Gericht des Königs und erkennt damit von vornherein dessen Herrschaft über sich an.[32] Wurde nun auch die Rolle der Großen in der Darstellung besonders akzentuiert, um den Herrschaftsanspruch Pippins seit seinem Sieg von 754 zu unterstreichen, so erscheinen die fränkischen Magnaten dessenungeachtet hier als Friedensstifter, die von sich aus genug Autorität und Einfluß aufbrachten, um den König zu Friedensschluß und Gnadenakt zu bewegen.

Aufs ganze gesehen blieben derartige Vorgänge zunächst einmal die Ausnahme. Erst seit der Zeit Ludwigs des Frommen liest man wiederholt von Großen, die andere zur vorzeitigen Unterwerfung bewogen oder als Gesandte aus der bloßen Repräsentationsrolle heraustraten. In der Folge verschafften die erneuten Teilungskriege und Eroberungspläne einzelner karolingischer Herrscher den Großen mehr Handlungsfreiheit. Um Loyalität zu wahren oder herzustellen, mußten die Könige den Adligen mehr entgegenkommen.[33] Überdies forderten auch die Auseinandersetzungen der Karolinger mit illoyalen Adelsgruppen immer wieder die Beteiligung der Großen an Friedensverhandlungen und schufen so eine Situation, die diesen das Bewußtsein verlieh, besondere Verantwortung für den Frieden im Reich zu tragen. Ein um das Jahr 840 an die Kaiserin Irmingard geschriebener Brief eines Vasallen Karls des Kahlen, der wahrscheinlich mit dem Grafen Adalhard identisch ist, kündet deutlich von einem solchen Selbstbewußtsein, wenngleich die reklamierte Sorge für den Frieden apologetische Züge trägt.³⁴ Aber es ist eben bezeichnend, daß der Briefschreiber, um sich gegen den Vorwurf der Unruhestiftung zu rechtfertigen, seine wiederholten Bemühungen hervorhob, Lothar mit Ludwig dem Frommen zu versöhnen und später zwischen dessen Söhnen Frieden zu stiften.³⁵ Auch wenn er damit keineswegs eine vermittelnde Position zwischen den Königen in Anspruch zu nehmen gedachte, sich vielmehr weiterhin als Diener seines Herrn verstand, so erblickte er eben doch seine Aufgabe darin, seinen Herrn auf den mit seiner Hilfe geschlossenen Frieden zu verpflichten.³⁶ Und so offenbart diese selbstbewußte Haltung das gestiegene Gewicht, das dem Wort der Großen nunmehr im Prozeß der Konfliktbeilegung zugesprochen wurde und das sich ja schon in der Bildung der verschiedenen Kommissionen niedergeschlagen hatte, in die man sie immer wieder berief, wenn es galt, die Auseinandersetzung um die angemessene Teilung des Reiches beizulegen. Am Ende des 9. Jahrhunderts verstärkte sich diese Entwicklung nochmals, als minderjährige Könige sowohl im Westen als auch im Osten des Reichs regierten, de facto aber die Großen in ihrem Gefolge die Macht innehatten. Der Einfluß, den sie dabei auf den König ausübten, wird allerdings nicht immer sichtbar. So beschreibt etwa Regino von Prüm die Beilegung eines Konfliktes durch Ludwig das Kind ganz so, wie man es ansonsten von volljährigen Königen berichtet. Der König, so der Chronist ganz lakonisch, sei im Jahr 906 nach Straßburg gezogen und habe dort die Eintracht zwischen dem Bischof Baltram und seiner Stadt wieder hergestellt.³⁷ Doch de facto kann man die Versöhnung hier nicht der königlichen Autorität, einem Machtwort des Königs zuschreiben, da die Großen in seinem Gefolge um den Mainzer Erzbischof die Entscheidungen trafen.³⁸ Sie stifteten den Frieden, und daß sie unter diesen Umständen sich selbst als die quasi natürlichen Friedensstifter sahen, liegt auf der Hand.

Betrachtet man nun die Konflikte zwischen den Karolingern und deren Auseinandersetzungen mit fremden Herrschern und Völkern, so führte das gewachsene Gewicht der Großen auch im diplomatischen Verkehr hin und wieder zu Prozeduren, die einzelnen von ihnen einen höheren Grad an Eigenständigkeit verliehen. Das geschah zum einen auf eher informellem Weg, sprich war durch die momentanen Kräfteverhältnisse oder die spezifischen Beziehungen respektive Fertigkeiten der einzelnen Akteure bedingt, aber es geschah auch in institutionellen Bahnen. Die ohnehin bestehende Gepflogenheit, Personen als Gesandte auszuwählen, die das Vertrauen des Gegenüber besaßen oder leicht erwerben konnten, bildete dafür den Ausgangspunkt.³⁹ Wurde das Vertrauen nämlich zum ausschließlichen Kriterium und der Betreffende allein mit der Beilegung einer akuten Auseinandersetzung beauftragt, so gewann er zwangsläufig an Statur. Er verkörperte die Hoffnung auf eine Einigung, weil er über besondere

Beziehungen zur anderen Seite verfügte, was aber auch hieß, daß man gewillt war, deren Positionen mit einzubeziehen. Der Übergang von der Gesandtentätigkeit zur vermittelnde Fürsprache war dabei allerdings kaum sichtbar. Da gab es zum einen jene Situationen, in denen es sich geradezu von selbst verstand, auf Personen zurückzugreifen, die beiden Seiten bekannt waren, ohne daß man darin schon ein besonders Bemühen um eine einvernehmliche Lösung wiedererkennen kann. Das galt etwa für das Vorgehen des Bischofs von Meaux im Jahre 888, der einer Belagerung durch die Wikinger nicht mehr standzuhalten glaubte und dann in Verhandlungen über einen freien Abzug mit denjenigen Normannen trat, die ihm bekannt waren.[40] Schon stärker in der Rolle eines Mittelsmanns agierte vier Jahre zuvor der königstreue, zum Christentum übergetretene Däne Siegfried, den die Großen des Reichs auf einem Hoftag eigens beauftragt hatten, mit den im Lande umherstreifenden Normannen einen Abzug gegen die Zahlung von Tributen auszuhandeln.[41] Hier war die Wahl eindeutig von dem Bestreben geleitet, jemanden zu finden, dessen Wort etwas bei dem Gegner galt, dem dieser Vertrauen entgegenbrachte, auch wenn klar war, in wessen Namen der Däne zu verhandeln hatte. Vergleichbar damit war das Vorgehen Karls des Kahlen, als er seinen Sohn Karl von Aquitanien zur vorzeitigen Unterwerfung animieren wollte. Er schickte, so heißt es in den Annalen von Saint-Bertin, unter anderem den Grafen Balduin, den Schwager des aufmüpfigen Sohnes, ein Hinweis, der sprechend genug ist, wenn man nur sieht, wie sich zur gleichen Zeit eben die karolingische Familie als der Hort und Motor der Vermittlung präsentierte.[42]

Während in den oben genannten Fällen die gezielte Wahl der Gesandten durch ihren Auftraggeber zu einem eigenständigen Vorgehen einlud, konnte auch die eigene Initiative oder die des Gegners dazu führen. Ein frühes und zugleich außergewöhnliches Beispiel liefert der Markgraf Bernhard von Septimanien, der mehrmals Karl dem Kahlen versprach, Pippin von Aquitanien zur Unterwerfung zu bewegen.[43] Herausgefordert wie berufen zu einem solchen Unterfangen sah er sich aufgrund seiner Bündnisverpflichtungen gegenüber Karls Halbbruder Pippin, die ihn zunächst veranlaßten, Karl die Huldigung zu verweigern, wozu er dann aber mit Gewalt gezwungen wurde. Er unterwarf sich, wurde aber von Karl nicht nur begnadigt; vielmehr schloß der König nun selbst ein Freundschaftsbündnis mit dem Markgrafen und schickte ihn dann zu Pippin, auf daß er sein altes Versprechen einlöse.[44] Zwar kam Bernhard seiner Zusage nicht nach,[45] doch schon die Absichtserklärungen allein lassen die Möglichkeit erkennen, daß er hier zumindest eine Rolle hätte spielen können, die die reine Gesandtentätigkeit überstieg. Denn er hatte die Initiative selbst ergriffen und Karl diesen Vorschlag unterbreitet. Zugleich gewann er dank seiner doppelten Bindungen eine ganz eigene Stellung gegenüber den beiden Königen. Schon aufgrund seiner engen Beziehungen zu Pippin war er für diesen mehr als ein Gesandter Karls des Kahlen. Und umgekehrt verpflichtete das Freundschaftsbündnis, das Karl mit ihm eingegangen war, den Markgrafen in zumindest gleichwertiger Weise. Diese Doppelbindung brachte ihn von vornherein in eine vermittelnde Stellung, selbst wenn sich seine Tätigkeit möglicherweise nur darin erschöpfen sollte, Pippin zu überreden.

Wenn aber in diesem Fall der Markgraf nur deshalb eine eigenständige Position als Friedensstifter erlangen konnte, weil er gegenüber zwei Königen regelrechte Bündnisverpflichtungen besaß, so erklärt sich von selbst, warum einzelne Große in jener Zeit fast nie eine derartige Rolle spielten. Denn solche Freundschaftsbündnisse waren in karolingischer Zeit ohnehin schon zwischen einem König und einem Großen eine Rarität.[46] Auf der anderen Seite aber stellte Bernhard von Septimanien nur wieder den Prototyp all jener Magnaten dar, die ihrem Herrn untreu wurden, sich dann aber unterwerfen mußten und anschließend ihre erneuerte Treue unter Beweis stellten, indem sie ihre noch im Widerstand begriffenen Verbündeten zur Aussöhnung überredeten. Von daher wird man an die Versprechungen Bernhards von Septimanien erinnert, wenn man sieht, wie sich ein halbes Jahrhundert später der Graf Gottfried Ludwig dem Stammler unterwarf und kurz darauf die aufsässigen Bretonen mit dem König versöhnte.[47] Und noch in anderer Hinsicht ist das mißglückte Unternehmen Bernhards von Septimanien durchaus stilbildend. Denn wenn es sich hier auch als Ding der Unmöglichkeit erwies, einen Karolinger zur Unterwerfung unter seinen (Halb-)bruder zu bringen,[48] so erscheint Bernhard doch auch als Vorläufer jener, die später die Söhne mit den regierenden Vätern aussöhnten, wie es etwa von Luitbert von Mainz überliefert ist.

Kennzeichnet das Verhalten Bernhards von Septimanien eine Mischung aus Eigeninitiative und offizieller Beauftragung, so galt das auch für jene Fälle, in denen sich einzelne Große bei der Beilegung von Konflikten mit fremden Völkern hervortaten. Dabei trat mal der eine, mal der andere Aspekt stärker in den Vordergrund. So scheinen bei der Belagerung Elsloos durch Karl den Dicken im Jahre 882 dessen enger Berater Bischof Liutward von Vercelli und der Graf Wigbert mehr oder weniger auf eigene Faust gehandelt zu haben, als sie an den Kaiser herantraten und ihm, zur Überraschung der übrigen Räte, den Führer der belagerten Normannen Gottfried präsentierten, um Karl dann mit Erfolg zu einem Abkommen mit dem Normannen zu bewegen.[49] Für die Wiener Fassung der Fuldaer Annalen war die ganze Angelegenheit nichts anderes als ein Betrug der beiden Ratgeber, wodurch der in ihren Augen schon sichere Sieg verspielt wurde.[50] Doch gerade der Gestus der Anklage läßt den Autor im Bemühen, seinen Vorwurf abzusichern, Roß und Reiter nennen. Und so machte er die Ratgeber zu den eigentlichen Initiatoren eines wenn auch in seinen Augen falschen Friedens. Inwieweit sich nun die beiden de facto des Betruges und der Bestechung des Kaisers schuldig gemacht haben, sei dahingestellt. Aber an deren entscheidender Rolle im Zuge der Konfliktbeilegung muß man deshalb noch lange nicht zweifeln. Denn wie die durchgehend negative Darstellung des Kaisers in dieser Handschrift zeigt,[51] ging es dem Autor nicht darum, Karl III. zu entschuldigen, indem er dessen Fehler den Ratgebern anlastete, was man ansonsten nicht selten bei mittelalterlichen Autoren beobachtet. Darüber hinaus schreiben aber auch die Annalen von Saint-Bertin das Ende der Belagerung einer Intervention ungenannter Großer zu.[52] Von daher dürfte das Szenarium, das die Wiener Fassung der Fuldaer Annalen nachzeichnet und indirekt andeutet, in den Grundzügen stimmen. Liutward von Vercelli und der Graf Wigbert werden an Gottfried herangetreten sein und ihn für ein Abkommen gewonnen haben, das, wenn man das Ergebnis betrachtet, in der Tat verlockend war. Denn Gottfried erlangte nicht nur freien Abzug, sondern wurde zudem mit den Grafschaften und Lehen ausgestattet, die einst sein Landsmann Rorich in Friesland erhalten hatte; und obendrein bekam er auch noch eine illegitime Tochter Lothars II. namens Gisela zur Frau.[53] Zusätzlich konnten Normannen, die nicht unter der Führung Gottfrieds standen, auch noch einen Tribut von etwa 2000 Pfund für sich verbuchen.[54] Im Gegenzug mußte Gottfried allerdings versprechen, sich von Karl aus der Taufe heben zu lassen.[55] Doch wie dem auch sei, es war für den Normannen ein gutes Geschäft, was den Ingrimm des Autors der Wiener Fassung verständlich macht, aber ebenso offenbart, daß der Bischof und der Graf in der Tat viel bewegt, viel verhandelt und gegenseitige Forderungen und Ansprüche ausgeglichen hatten. Dabei mußten die beiden Großen Überzeugungsarbeit in beide Richtungen leisten und waren mehr als bloße Verhandlungsführer des Kaisers. Schon der Vorwurf der Bestechung, mag er stimmen oder nicht, deutet darauf hin, daß der Kaiser für die anvisierte Lösung erst gewonnen werden mußte, was zur Gewißheit wird, wenn man den Hinweis auf die Fürsprache in den Annalen von Saint-Bertin in Rechnung stellt und in der Wiener Fassung liest, wie die beiden Großen den Normannenführer dem Kaiser präsentierten. Das Procedere glich dabei den schon erwähnten Gepflogenheiten. Es wurden Verhandlungen angeknüpft, an deren Ende die beiden Ratgeber der anderen Seite eigenständig Sicherheiten boten – in diesem Fall durch die Stellung von Geiseln – und so ein Treffen der Protagonisten ermöglichten. Und dabei galt es dann, Karl III. für die anvisierte Lösung zu gewinnen. Die beiden dürften also nun ihr Wort für das Abkommen eingelegt haben und konnten dabei darauf setzen, daß Karl dem fait accompli zustimmte, da er sonst seine engsten Mitarbeiter desavouiert hätte. Indem er allerdings dem Bischof wie dem Grafen seine Zustimmung erteilte, brüskierte er die anderen Ratgeber, die, nicht minder vor vollendete Tatsachen gestellt, dank ihres geringeren Einflusses auf den Kaiser das Geschehen ohnmächtig über sich ergehen lassen mußten. Ihre Reaktion ist bekannt: Sie ließen an dem Abkommen kein gutes Haar und brachten jene Geschichten in Umlauf, die hier nur Hinterlist, Betrug und Bestechung am Werke sahen.

Während Liudward von Vercelli und Wigbert gleichsam durch Selbstmandatierung zu Friedensstiftern wurden, liefert der Markgraf Thachulf, der über die sorbische Mark herrschte, geradezu den Prototyp des Vermittlers, der die Sonderstellung seinem Ansehen beim Gegner verdankt. Er war 849 mit einem fränkischen Heer unter der Führung des Herzogs Ernst gegen das benachbarte Böhmen gezogen, um dort einen slawischen Aufstand niederzuschlagen.[56] Nach einigen Kämpfen, in deren Folge auch Thachulf verwundet wurde, suchten die Böhmen um Frieden nach. Und dabei wandten sie sich durch Gesandte an Thachulf, „dem sie mehr als den anderen trauten, da er mit den Gesetzen und Bräuchen des slavischen Volkes bekannt war."[57] Man wandte sich also an den, von dem man wußte, daß er die eigenen Vorstellungen und Gepflogenheiten kannte, gewiß auch die eigene Sprache verstand, und hoffte, so nicht hinters Licht geführt zu werden und die eigenen Interessen besser wahren zu können. Aus dieser Erwartungshaltung ergab sich sodann die Rolle, die der Markgraf zu spielen hatte. Er sollte als Mittelsmann fungieren und für die Akzeptanz der böhmischen Angebote sorgen. Interessant für den Ablauf solcher Verhandlungen ist zunächst einmal, daß die Slawen mit dem Markgrafen unbemerkt von den anderen Heerführern in Kontakt treten konnten, wobei das Treffen nicht im Geheimen vor sich ging, Thachulf vielmehr Wert darauf legte, die Abgesandten zu Pferde zu empfangen. Anders gesagt: Obwohl der Markgraf eindeutig im Lager der Franken stand, lagerte er doch so getrennt von den anderen, daß man ihn vertraulich angehen konnte. Wenn der Herzog sodann durch Boten nur einen Teil der übrigen Großen von dem Vorschlag der Böhmen in Kenntnis setzte, agierte er, wie man es schon etwa schon bei Nikolaus I. gesehen hatte.[58] Er suchte zunächst einmal im eigenen Lager nach Unterstützung für ein Friedensabkommen, um schließlich mit der nötigen Rückendeckung die Sache öffentlich zu machen. Allerdings scheiterte er schon in diesem Stadium, da die angesprochenen Großen hinter dem Angebot vor allem den Wunsch des Markgrafen zu erkennen glaubten, die oberste Leitung im Heere an sich zu ziehen. Und so gingen sie nicht weiter darauf ein, sondern griffen die Slawen sofort an, was sie indes mit einer Niederlage bezahlen mußten. Insofern blieb die Vermittlungstätigkeit des Markgrafen hier allein darauf beschränkt, die Kommunikation zwischen beiden Seiten zu ermöglichen.

Führen nun auch die beiden letzten Beispiele die Schwierigkeiten vor

Augen, die einzelne Magnaten bekamen, wenn sie sich vermittelnd in bestimmte Konflikte einschalten wollten, so trifft man dennoch auf Versuche, ihre eigenständige Rolle im Prozeß der Konfliktbeilegung zu institutionalisieren. Diese Bemühungen lassen sich nur vereinzelt beobachten, aber sind doch insofern zeittypisch, als sie dem gleichen Denken verpflichtet waren wie die paritätisch besetzten Kommissionen, die die Karolinger einsetzten, um Fragen der Reichsteilung entscheiden zu lassen. Das offenbart sich bereits im ersten Fall. Als sich Ludwig der Deutsche 859 mit seinem Bruder und seinem Neffen bei Andernach traf, da hatte man zuvor ausgemacht, daß jeder Herrscher von der gleichen Anzahl von Großen begleitet werden sollte, ein Vorschlag, der deutliche Anleihen an das Institut der Kommissionen verrät. Wichtiger aber in diesem Zusammenhang ist die zweite Bestimmung, derzufolge die jeweiligen Großen der einen Partei von der anderen Seite ausgewählt werden sollten.[59] Dadurch gedachte man zusätzliches Vertrauen zu schaffen und wollte den Versöhnungswillen betonen. Vor allem aber lockerte man die Parteienbindung der Mitwirkenden auf. Ihre Wahl durch die andere Partei stellte einen Vertrauensbeweis dar, dem man dann in der Folge auch gerecht werden mußte. Ganz ähnlichen Charakter hatte die Vereinbarung, die Ludwig der Deutsche und Karl der Kahle 865 beim Frieden von Tuesey trafen. Jeder von ihnen sollte nämlich aus dem Kreis der Großen des anderen zwei Zeugen und Mahner auswählen, „damit die Bestimmungen des Vertrages, wenn sie etwa von einem verletzt würden, durch ihre Anmahnung und Erinnerung an das frühere Geschehen leichter in den alten Stand zurückgebracht werden."[60] Man schaffte auch hier ein sich überkreuzendes Verpflichtungsnetz, daß abermals die Gruppensolidarität aufweichen sollte und mußte. Man ging aber noch einen Schritt weiter, indem man die Verantwortung für den Frieden expressis verbis in die Hände einzelner Großer legte und diesen ein legitimes Eingriffsrecht für die Zukunft verschaffte. Einen dauerhaften Frieden erlangte man auch auf diese Weise nicht. Aber das Instrument wurde genutzt. Als Karl der Kahle 869 in das Reich Lothars II. einfiel, schickte sein verärgerter Bruder mit Altfrid von Hildesheim und Liutbert von Mainz die beiden von seinem Bruder auserwählten Gewährsleute, um diesen zum Rückzug zu bewegen.[61] So erscheint hier eine Praktik, die die Gesandten in eine bis dato kaum gekannte eigenständige Stellung gegenüber ihren Auftraggebern brachte. Gewiß, schon in der Merowingerzeit sah man in den Großen, die an der Ausarbeitung der Verträge beteiligt waren, Personen, die man für den Bestand oder Bruch derselben verantwortlich machte.[62] Und doch geht die über Kreuz verlaufende Wahl von speziellen Gewährsleuten weit darüber hinaus. Sie wurden zumindest für die künftigen Konflikte aus ihrer reinen Gesandtenrolle befreit und konnten bei ihrem Vorgehen mit einbeziehen, daß ihr Gegenüber sie einst selbst ausgewählt hatte. Damit stieg ihr Handlungsspielraum und ihre Möglichkeit, auch unmittelbar die Protagonisten zum Frieden zu bewegen. Im Ansatz wurden hier bereits aus Gesandten Vermittler.

Doch nicht allein bei den Konflikten zwischen den karolingischen Herrschern und den Auseinandersetzungen mit fremden Völkern konnten Große seit dem 9. Jahrhundert zunehmend eine Sonderrolle spielen. Das Gewicht, das ihnen nunmehr in der Politik zukam und das sie für sich beanspruchten, samt dem schon erwähnten Bewußtsein, für den Frieden zuständig zu sein, ließ zumindest die Einflußreichen unter ihnen wiederholt als die eigentlichen Agenten einer Unterwerfung oder einer andersgearteten Übereinkunft mit einem in Ungnade gefallenen Standesgenossen hervortreten. Grundsätzlich unterschied sich ihr Handeln dabei nur unmerklich von dem Vorgehen eines Gesandten oder Großen, der mit fremden Königen oder Fürsten verhandelte und dabei durch eigene Initiativen von sich reden machte.

Das gilt auch für Robert den Tapferen, der 864 den Grafen Egfrid mit Karl dem Kahlen aussöhnte.[63] Zunächst dürfte auch er den Grafen überredet haben, sich zu stellen, und ihm, in welcher Form auch immer, ein Sicherheitsversprechen geleistet haben. Das klingt auf den ersten Blick unwahrscheinlich, da er den Grafen dem König in Fesseln vorführte. Dennoch taugt dieser Umstand nicht zum Argument gegen einen Sicherheitseid. Zum einen hatte ja auch der Herzog Draccolen jenem Gegner Chilperichs, den er dann verriet, zunächst einmal die königliche Vergebung eidlich zugesagt und diesen nichtsdestotrotz gefangen an den Hof gebracht. Gegen die Anwendung von Zwang spricht aber zum zweiten die anschließende Versöhnung mit dem König, die ein Schuldbekenntnis des Grafen voraussetzte. Gab er sich aber dazu her, so geschah dies ja nur in der Absicht, sein Leben zu retten. Um dieses Ziel zu erreichen, war es jedoch geboten, sich von Anfang an auf den Plan Roberts einzulassen. Und von daher ist es auch wahrscheinlich, daß Robert den Grafen dazu überredet hatte, sich zu stellen, und die Fesseln eher dazu dienten, den Strafanspruch des Königs allen sichtbar vor Augen zu führen, um so dessen Güte um so leichter einzufangen.

Als Friedensstifter trat Robert der Tapfere dann allerdings erst hervor, als er sich vor dem König dafür stark machte, dem Grafen uneingeschränkte Verzeihung zukommen zu lassen. Daß er dabei nicht allein als Fürsprecher auftauchte, sondern noch andere Getreuen ihr Wort für den Grafen einlegten, schmälert seine besondere Stellung nicht unbedingt, sondern läßt vielmehr einen längerfristigen Plan vermuten. Denn diese zusätzlichen Fürbitten können durchaus Teil einer konzertierten Aktion gewesen sein, wie man es etwa bei den Bemühungen Nikolaus I. um den Grafen Balduin beobachten kann. In jedem Fall nahm Robert als Friedensstifter eine vermittelnde Position ein. Er mußte zunächst den Grafen überzeugen, sich zu stellen, und dann sein Versprechen, das eventuell schon die vollständige Verzeihung umfaßte, einlösen, indem er Karl den Kahlen zu einem Gnadenakt überredete. Was man bei dieser Aussöhnung vermißt und was später immer wieder eine Rolle spielen sollte, ist das Versprechen von Genugtuungsleistungen von seiten des Grafen. Ob von diesen wirklich nicht die Rede war, oder ob sie dem Berichterstatter der Annalen von Saint-Bertin nur nicht erwähnenswert waren, weil Karl darauf verzichtete, läßt sich nicht entscheiden. Aber in jedem Falle konnten auch sie schon zu jener Zeit Gegenstand der Verhandlungen werden. Das zumindest ist die Lehre, die man aus der erfolgreichen Aussöhnung, die der gleichnamige Sohn Roberts des Tapferen zwischen dem westfränkischen König – seinem Bruder Odo – und dem flandrischen Grafen Balduin II. im Jahr 897 zustande brachte. Denn er veranlaßte den Grafen auch dazu, dem König eine angemessene Genugtuung zu versprechen.[64]

Aufmerksamkeit verdient die Intervention des jüngeren Robert aber noch aus einem anderen Grund. Denn der Fall offenbart, daß eine derart vermittelte Aussöhnung eine längere Vorgeschichte haben konnte, in der der jeweilige Große seine Rolle als Mittelsmann bereits eingeübt hatte. Denn ein Jahr zuvor hatte sein Bruder, König Odo, die Burg Arras, die Balduin gehörte, belagert und nach einiger Zeit die Belagerten aufgefordert, sich ohne Blutvergießen zu ergeben.[65] Im Bewußtsein ihrer Unterlegenheit schickten die bedrängten Einwohner zunächst Boten an Balduin, um dessen Einverständnis einzuholen, öffneten jedoch, da eine Antwort ausblieb, bald schon von selbst dem König die Tore. Kurz darauf traf dann dessen Bruder Robert mit Abgesandten des flandrischen Grafen ein. Es kam zu Verhandlungen, über deren genauen Inhalt nichts bekannt ist. Doch das Ergebnis spricht Bände. Odo verließ mit seinen Kriegern die Burg, und Robert erhielt die Schlüssel, so daß, wie die Annalen von St. Vaast festhalten, die Leute Balduins wieder in ihren Besitz kamen. Robert agierte hier wie die karolingischen Könige, die zwischen ihren nahen Verwandten Frieden zu stiften suchten. Er ließ sich von den Gesandten der einen Partei begleiten und handelte dann in deren Beisein ein Abkommen mit dem Gegner aus, wobei seine Rolle als Mittelsmann noch deutlicher hervorgehoben wurde, als er buchstäblich die Übergabe der Schlüssel vermittelte. Kurzum, Robert war schon länger der Verbindungsmann Balduins zu Odo gewesen, als er 897 deren Aussöhnung vermittelte. Ihm wurde von beiden Protagonisten ein Vertrauen entgegengebracht, das ihn möglicherweise in die Lage versetzte, die Aussöhnung durch bloße Absprachen ohne eidliche Versprechen zu erzielen.

Betrachtet man nun diese wenigen Interventionen von einzelnen Großen im Zusammenhang,[66] so weist schon der hohe Bekanntheitsgrad der dabei erwähnten Personen auf die Hindernisse hin, die solchen Aktionen entgegenstanden. Denn ob Bernhard von Septimanien, ob Robert der Tapfere und sein gleichnamiger Sohn oder ob Liutward von Vercelli, bei allen handelt es sich um Personen, die zum jeweiligen Zeitpunkt einen außergewöhnlich großen Einfluß auf den jeweiligen Herrscher besaßen. Das aber war die Ausnahme, und die Vorwürfe, mit denen man Liutward von Vercelli bedachte, aber auch das Scheitern der Vermittlung Thachulfs lassen keinen Zweifel, daß die übrigen Adligen es nicht allzu gern sahen, wenn sich einzelne im Umkreis des Königs besonders auszeichneten. Insofern stand der Vermittlungstätigkeit der Großen zumindest grundsätzlich auch der aristokratische Egalitarismus entgegen. Zudem beschränkten sich die Interventionen vornehmlich auf das westfränkische Reich, in dem der Adel im Laufe des 9. Jahrhundert eine wesentlich stärkere Position gegenüber dem König für sich beanspruchen konnte.

Die Fälle, in denen die Großen vermittelnd intervenierten, zeichnen sich alle durch die gleiche Struktur aus. Stets hatten sie einen anderen Magnaten zur Unterwerfung zu bewegen, und das bedeutete, daß sich die Kräfteverhältnisse, in denen sie agierten, immer zugunsten des Königs entwickelt hatten, da man ja gemeinhin erst dann einer vorzeitigen Unterwerfung zustimmte, wenn man bereits mit dem Rücken zur Wand stand.[67] Doch zumindest in einem Fall wird einmal davon berichtet, daß der König einem rebellierenden Großen weichen mußte. Dabei handelt es sich um Kaiser Ludwig, der 871 in Benevent vor den Kriegern des langobardischen Herzog Adalgis in seinen Palast fliehen mußte und dort für einige Zeit gleichsam gefangen gehalten wurde. Hier initiierte dann der Bischof des Ortes ein Abkommen und erreichte für den König den freien Abzug unter der Bedingung, daß Ludwig und die Seinen sich bereit erklärten, auf jegliche Bestrafung zu verzichten und in Zukunft das Herzogtum Benevent nicht mehr in feindlicher Absicht zu betreten.[68] In dieser Konstellation wurde der Bischof zum Vermittler, der nach beiden Seiten hin verhandelte und einen Ausgleich bewirkte, der nicht die Rückkehr zu den alten Machtverhältnissen einläutete, sondern die bestehenden vorerst festschrieb. Zugleich hoben die faktischen Kräfteverhältnisse die hierachische Ordnung auf, so daß der Bischof nicht mehr bloß als Fürsprecher der unterlegenen Partei agierte, sondern zwischen gleichwertigen Parteien verhandelte. Hier entstand einmal nicht der Eindruck, daß der Große im Auftrag seines Herrn eigentlich nichts anderes durchsetzte als einen Diktatfrieden. Aber dieser Fall war die große Ausnahme.

Alles in allem hatten die Ansätze zur Vermittlungstätigkeit von seiten der Großen ein relativ einfaches Fundament. Sie entwickelten sich, wo immer ein- und dieselbe Person einer Partei Sicherheiten versprach und zusagte, später beim Gegner, der zugleich der eigene Herr war, Fürsprache einzulegen. Wo beide Praktiken auf diese Weise in Verbindung traten, entstand ein nach zweiten Seiten hin verlaufender Kommunikationsvorgang. Allerdings blieb die Koppelung stets locker, weil das Institut der Fürsprache nach außen hin die Reaktion des Adressaten in der Sache nicht vorwegnahm und die Sicherheitsversprechen nur selten über die Zusicherung des Lebens hinausgingen. Und doch trifft man hier auf einen festen Kern, der auch die Vermittlungstätigkeit prägte, wie sie in den nachfolgenden Jahrhunderten bei Konflikten zwischen Herrschern und deren untreuen Vasallen praktiziert wurde, wobei auch dann noch das Handeln der Vermittler zwischen der Tätigkeit eines Gesandten und dem Vorgehen eines Fürsprechers oszillierte.

III. Die Vermittler des Friedens

Das Ende der karolingischen Herrschaft im Westen wie im Osten des Frankenreiches stellte für die Geschichte der Vermittlungstätigkeit keine Zäsur dar. Etabliert in einer wenn auch weitläufigen Grauzone zwischen gerichtlicher Abklärung und bilateraler Verhandlung, blieb sie auch jetzt weithin ein unspezifisches Tun. Im ostfränkischen Reich, auf das sich im folgenden die Untersuchung beschränkt, fanden selbst die Ansätze zu einer selbst-bewußten Vermittlertätigkeit, wie sie sich in der Mitte des 9. Jahrhunderts unter den karolingischen Königen abzeichneten, vorerst keine Fortsetzung. Doch selbst als man Ende des 11. Jahrhunderts erneut von Friedensmittlern und Mediatoren sprach und diese Bezeichnungen nunmehr im Diskurs der Friedensstiftung zu einer festen Größe wurden, veränderten sich die Koordinaten der Konfliktbeilegung nicht sofort. Die sogenannten Vermittler verstanden sich zunächst einmal als Friedensstifter, als *mediatores pacis*, ohne damit bereits eine besondere Stellung gegenüber den Konfliktparteien oder gar ein besonderes Tun geltend zu machen.

Allerdings trat seit dem 10. Jahrhundert die praktische Vermittlungstätigkeit im Bereich der politischen Auseinandersetzung aus ihrem bisherigen Nischendasein heraus. Was in karolingischer Zeit in Ansätzen zu beobachten ist, häufte sich nun und gewann an Dichte. Mehr und mehr konnten die Friedensstifter bei der Suche nach einer außergerichtlichen Konfliktlösung eine eigenständige Position und schließlich auch eine Zwischenstellung einnehmen. Durch ständige Wiederholung entstand so eine Gewohnheit, und die Vermittlungstätigkeit wurde allmählich in ein bestimmtes, wenngleich weitgefaßtes Rollenverhalten überführt. Der Friedensvermittler, von dem seit 1050 dann die Rede war, konnte ebenso ein König oder Fürst sein, der Konflikte von oben herab schlichtete, wie ein Bischof, der einen Grafen zur Unterwerfung bewog und ihm im Gegenzug die Huld des König verschaffte, es konnte aber auch ein Gesandter sein, dem *expressis verbis* die Lösung bestimmter Streitfragen wie einem Schiedsrichter übertragen wurde. Während solche Mediatoren weiterhin partei- und auftragsgebunden agierten, zeichnete sich bei den Vermittlungsbemühungen, die die Herrschaftsträger und insonderheit der König unternahmen, im Verlauf des 12. Jahrhunderts mehr und mehr der Anspruch ab, sich zwischen die Parteien zu stellen und eine vermittelnde Position einzunehmen, ein Anspruch, der allerdings de facto nur selten eingelöst werden konnte. So unterschiedlich die Handlungsspielräume der Vermittler des Friedens im einzelnen auch ausfielen, so war ihnen doch etwas gemeinsam: ein Auftrag zur Beilegung des Konfliktes, der sie gegenüber den Konfliktparteien zu einer mehr oder weniger eigenständigen Kraft werden ließ.

1. Der König als Schlichter

Mit dem Tod Ludwigs des Kindes im Jahre 911 endete zwar die Herrschaft der Karolinger im ostfränkischen Reich, doch deren Herrschaftspraxis lebte zu einem Gutteil unter den Nachfolgern fort.[1] So wurde eine der entscheidenden Triebfedern der Vermittlungstätigkeit – die wie auch immer motivierte Sorge um den Frieden zwischen den karolingischen Brüdern, Onkeln oder Neffen – nicht mit einem Male gegenstandslos. Sie wirkte unter veränderten Bedingungen, den neuen Verhältnissen angepaßt, weiter. Gewiß, das verwandtschaftliche Element verlor an Bedeutung. Als Kaiser Arnulf sich in die westfränkischen Auseinandersetzungen zwischen Karl dem Einfältigen und König Odo einmischte, um für Frieden zu sorgen, vermittelte er nicht mehr zwischen zwei Verwandten, sondern zwischen zwei Königen, die verschiedenen Familien entstammten, wobei auch er als illegitimer Sprößling kaum verwandtschaftliche Verpflichtungen in die Waagschale werfen konnte.[2] Schon hier trat das Familienbewußtsein als Antriebsfeder zurück, auch wenn das Verhalten Arnulfs durchaus in der Tradition jener Friedensmissionen stand, die sein Großvater Ludwig der Deutsche einst zwischen Lothar II. und Karl dem Kahlen durchgeführt hatte. Doch wo damals die Familienethik regierte, stand nunmehr ein gleichsam gesamtfränkisches Verantwortungsgefühl, das sich mit hegemonialen Bestrebungen verband, deren deutliches Zeichen die anschließende Krönung Odos durch Arnulf darstellte.[3] Anders als Ludwig trat Arnulf nicht als *mediator privatus* auf, sondern suchte die beiden Könige im Nachbarreich zu versöhnen, um seinen eigenen Vorrang zu demonstrieren und seine Macht auszubauen.

Obwohl Arnulf keinen Frieden zustande brachte, da ihn Karl der Einfältige von Anfang an der Parteilichkeit zieh,[4] liefert seine Intervention doch ein Modell, dem die Politik seiner Nachfolger aus sächsischem Hause folgte. Auch die Ottonen wuchsen allmählich gegenüber den westfränkischen Herrschern in eine Vormachtstellung hinein, die sie dann wiederholt als Friedensstifter auf den Plan rief. Diese Neigung wurde noch durch die vielfältigen politischen Bündnisse verstärkt, die die sächsischen Herrscher mit den wichtigsten westfränkischen Akteuren schlossen. Heinrich I. stand sowohl mit Karl dem Einfältigen als auch mit dessen Gegenspielern Robert von Franzien und Heribert von Vermandois im Bunde.[5] Auch sein

Sohn Otto verbündete sich zeitweilig mit den Robertinern, dann wieder mit dem karolingischen König. Anfänglich waren es allerdings weniger die Ottonen selbst, sondern die verschiedenen westfränkischen Gruppierungen, die die Verbindungen wünschten, um ihre Gegner zu isolieren.[6] Unter Otto I. bekamen die friedensstiftenden Aktivitäten jenseits des Rheins wieder einen familiären Anstrich. Seine Schwestern heirateten die Protagonisten der beiden Parteien, deren Feindschaft das Westfrankreich fast Jahr für Jahr in den Krieg stürzte. Hadwig wurde Hugo dem Großen zur Frau gegeben, dem robertinischen Mit- und Gegenspieler des Königs.[7] Der karolingische König wiederum ging, zunächst wohl gegen den Willen Ottos, eine Ehe mit dessen Schwester Gerberga ein.[8]

Hegemoniale Ziele, ernstgemeinte Hilferufe und nunmehr auch verwandtschaftliche Verpflichtungen ließen so eine Konstellation entstehen, die den König geradezu aufforderte, als Vermittler in die westfränkischen Auseinandersetzungen einzugreifen. Allerdings nicht zwangsläufig. Denn die gleichen Faktoren führten auch zu kriegerischen Interventionen. Fast ebenso oft unterstützten die Ottonen ihre jeweiligen Bündnispartner in den kriegerischen Auseinandersetzungen und nahmen selbst aktiv daran teil. Otto I. stellte 946 ein riesiges Heer auf, um dem Karolinger Ludwig die Herrschaft zurückzuerobern, und sein Bruder Brun stand später Lothar, dem Sohn und Nachfolger Ludwigs, mehrmals militärisch bei.[9] Und vor diesem Hintergrund nehmen sich ihre Vermittlungsbemühungen eher bescheiden aus, auch wenn sie weit häufiger als unter den letzten Karolingern zu verzeichnen sind.

Traten die Ottonen als Friedensstifter auf den Plan, so griffen sie entweder selbst als Vermittler ein oder delegierten diese Aufgabe an einzelne Große, die dann auf königlichen Befehl für Frieden sorgen sollten. Beide Vorgehensweisen lassen sich schon bei Heinrich I. beobachten. Das erste Mal schickte er die Herzöge Giselbert und Eberhard sowie einige lothringische Bischöfe, die sich in seinem Namen für Heribert von Vermandois bei König Rudolf einsetzen sollten. Ihnen gelang es, einen Waffenstillstand zwischen dem König und Heribert auszuhandeln, wobei sie den König und den Grafen von Vermandois zu einem Tausch von Burgen bewogen.[10] Das zweite Mal agierte dann der König eigenständig, wenn auch zusammen mit dem westfränkischen König Rudolf und dem burgundischen Herrscher gleichen Namens. Denn die drei Könige nutzten die Anwesenheit der zerstritten Großen auf einem gemeinsamen Hoftag in Ivois am Chiers, um Hugo den Großen mit Heribert von Vermandois zu versöhnen.[11]

Erscheinen folglich die Interventionen Heinrichs noch ganz verhalten, so trat sein Sohn in den Jahren zwischen 940 und 950 mehrfach selbständig als Vermittler auf. Ihm glückte es 942, Hugo den Großen und Heribert von Vermandois zur Unterwerfung unter Ludwig IV. zu überreden,[12] und fünf

Jahre später handelte er einen Waffenstillstand zwischen Ludwig und Hugo aus.[13] Die Anerkennung, die Otto als Vermittler fand, kam drei Jahre später nochmals zum Ausdruck, als ihn Ludwig IV. bat, einen Frieden mit Hugo in die Wege zu leiten. Diese Aufgabe übertrug der sächsische König dann allerdings Konrad dem Roten, der schon zuvor auf Bitten des westfränkischen Königs einen Waffenstillstand zwischen diesem und dem Robertiner ausgehandelt hatte.[14]

Die Italienpolitik des Königs, aber auch die schweren und langwierigen Auseinandersetzungen mit dem eigenen Sohn brachten es in den folgenden Jahren mit sich, daß die westfränkischen Auseinandersetzungen in der Politik Ottos zurücktraten. Doch sein Bruder Brun, den er auf den Kölner Erzstuhl berufen und dem er schon bald darauf die Verantwortung für die lothringischen Angelegenheiten übertragen hatte, setzte seine Politik fort. Er suchte nunmehr seine karolingischen und robertinischen Neffen, die mit dem Erbe der Väter auch deren Konflikte übernommen hatten, mehrmals zu versöhnen.[15] 959 handelte er zwischen Lothar, der seit 954 regierte, und den Söhnen Hugos einen Waffenstillstand in Compiègne aus und konnte Weihnachten 960 sogar die Robertiner zum Frieden mit König Lothar bewegen, indem er ihnen die Belehnung mit Burgund und dem Poitou zusicherte.[16] Kurz vor seinem Tod reiste Brun ein weiteres Mal ins Westfrankenreich, um den erneut aufgeflammten Streit zwischen den beiden Parteien durch einen Ausgleich zu befrieden.[17]

Was die ottonischen Initiativen von Anfang an kennzeichnete, war die deutliche Unterstützung, die sie stets einer der Parteien zukommen ließen. Heinrich beauftragte seine Großen, den Waffenstillstand zwischen Rudolf und Heribert zu vermitteln, um in der Not dem Freund zur Seite zu treten.[18] Als Otto I. Hugo den Großen und Heribert von Vermandois zur Unterwerfung bewog, stand er bereits deutlich auf seiten des westfränkischen Königs, und das galt auch in der Folgezeit, als er die verschiedenen Waffenpausen zwischen beiden Parteien in die Wege leitete. Sein Auftritt auf der Synode von Ingelheim inszenierte dieses Bündnis in aller Deutlichkeit. Hier präsentierte sich der sächsische König im gleichen Zuge als Entscheidungsinstanz in westfränkischen Angelegenheiten und als Parteigänger Ludwigs.[19] Nicht anders verhielt sich sein Bruder Brun, der später stets im Sinne von Ludwigs Sohn und Nachfolger Lothar agierte. Seine Ausgleichsbemühungen standen, wie sein Biograph eigens festhielt, unter dem Ziel, „die Söhne Hugos ... und alle Großen dieses Reiches unter dessen Joch gebeugt" zu sehen.[20] Doch lief die eindeutige Stellung in einem der beiden Lager keineswegs immer nur auf die Vermittlung eines Diktatfriedens hinaus. Das mochte gewiß bei der Unterwerfung Hugos des Großen der Fall gewesen sein, der zu diesem Akt in erster Linie durch den Übertritt zweier mächtiger Herzöge in das Lager des karolingischen Königs gezwungen und dementsprechend von Otto eigentlich nur noch dazu ermuntert werden mußte.[21] Aber sowohl die Vermittlung Heinrichs zwischen König Rudolf und Heribert als auch die spätere Mission Bruns führten jeweils zu einem Kompromiß, der sich im Austausch von Burgen respektive im Austausch von Treueid und großzügiger Belehnung widerspiegelte.

Mit ihren Eingriffen in die westfränkischen Angelegenheiten handelten die Ottonen in den Bahnen, die ihre Vorgänger seit dem 9. Jahrhundert vorgezeichnet hatten. Aber im Unterschied zu den Zeiten Ludwigs des Deutschen oder Arnulfs waren es nicht mehr zwei Könige, sondern stets ein König und aufbegehrende Große, die sie zu versöhnen suchten. Von daher beschränkte sich ihre Vermittlungstätigkeit auf die Vereinbarung von Waffenstillständen oder Huldigungen. Und insofern schufen die verwandtschaftlichen Beziehungen zu beiden Familien auch keine Großfamilie der Könige, in der man von gleich zu gleich agierte. Der Stellenwert der familiären Bindungen beschränkte sich darauf, bei beiden Seiten leichter Zugang und Gehör finden zu können. Ohnehin scheint die Verwandtschaft nur in Maßen ein Motiv für die Interventionen gewesen zu sein, wie Otto I. denn auch nicht nur Hugo, sondern auch Heribert von Vermandois mit seinem Schwager versöhnte. Lediglich unter Brun gewann der familiäre Impetus noch einmal an Gewicht.

Die königliche Vermittlung über die Grenzen hinweg reduzierte sich so weithin auf ein Mittel hegemonialer Politik. Auf den Gedanken, sich selbst zurückzunehmen, wie es einst Ludwig der Deutsche getan hatte, kam kein Ottone mehr und vermochte es vielleicht auch gar nicht, da er sein Eingreifen allein durch die Autorität, die er seiner hegemonialen Stellung verdankte, legitimieren konnte. Mit der Aufteilung des Frankenreiches auf verschiedene Herrscherfamilien trat somit trotz der ottonischen Heiratspolitik die Sorge um den königlichen Familienfrieden als Motiv einer solchen Vermittlungstätigkeit zurück – und zwar auf lange Sicht. Der Antrieb zur Vermittlung, der den familiären Bindungen entsprang, ging vereinzelt auf die Herrscherinnen über. Sie waren, wenn sie denn fremden Königsfamilien entstammten, in der Lage, bei Konflikten zwischen ihrem Elternhaus und ihrem Gatten einzuschreiten. Bekannt ist dies zum Beispiel von der Kaiserin Gisela, die ihren Mann Konrad II. mit ihrem Onkel Rudolf, dem burgundischen König, wieder versöhnen konnte.[22]

Doch auch dort, wo hegemoniale Bestrebungen den familiären Antrieb ergänzten oder ersetzten, führte dies nicht zur festen Verankerung einer wie auch immer gearteten Vermittlungstätigkeit. Zwar besaßen die ostfränkischen Herrscher vor allen anderen für eine derartige Politik eine solide Legitimation, nachdem sie in der Nachfolge Ottos I. die kaiserliche Würde für sich reklamieren konnten.[23] Aber ihre Eingriffsmöglichkeiten blieben de facto von den Machtverhältnissen abhängig, und das einstige Westfrankenreich und künftige Frankreich ließ Interventionen seit dem Ende des 10. Jahrhunderts kaum mehr zu. Die Vermittlung im Geiste der bestehenden oder zu errichtenden Hegemonie beschränkte sich nunmehr auf die randständigen Königtümer, etwa auf Ungarn unter Heinrich III. oder später auf Dänemark, wie in der Stauferzeit.[24] Dabei nahmen die Herrscher allerdings dank Vorrang und Vormacht sehr schnell die Rolle eines Schiedsrichters an wie etwa Friedrich Barbarossa, der 1152 auf einem Hoftag in Merseburg gemeinsam mit den Fürsten die dänischen Thronstreitigkeiten zwischen Sven Grathe und dessen Gegenspieler Knut im Sinne des ersten entschied.[25]

Ein König, der zwischen zwei, wenn möglich auch noch gleichrangigen Herrschern vermittelte, blieb indes fortan eine Ausnahme. Die Friedensstiftung vollzog sich auf bilateralem Wege, sprich durch Gesandte – und das galt für die Ottonen ebenso wie für die nachfolgenden Herrscher.[26] Die Vermittler, die die Konflikte zwischen Königen auf den Plan riefen, kamen seit dem 11. Jahrhundert aus Rom.[27] Der Papst trat an die Stelle, die einst einzelne karolingische Könige gegenüber ihren Brüdern oder Neffen in den Nachbarreichen eingenommen hatten. Im 12. Jahrhundert finden sich daneben, vornehmlich in Grenzregionen, auch vereinzelt selbstbewußte Magnaten, die sich als Vermittler zwischen zwei Königen anboten. Das galt um so mehr, wenn die nachbarschaftlichen Beziehungen durch Lehnsbindungen an beide Könige verstärkt wurden und zu regelrechten Loyalitätskonflikten führten, die so oft zur Vermittlungstätigkeit Anlaß gaben. Der Graf Philipp von Flandern wußte ein Lied davon zu singen: Er, der Lehnsmann des Kaisers, aber auch des englischen und des französischen Königs war, versuchte 1168 den Frieden zwischen Heinrich II. und Ludwig VII. wiederherzustellen und engagierte sich dann 1184 für die Aussöhnung zwischen Barbarossa und Heinrich II. von England.[28]

Mit dem Aufstieg des Papsttums zu einer eigenständigen politischen Größe am Ende des 12. Jahrhunderts fanden indes hier und da einzelne Könige ein neues Aktionsfeld, indem sie vermittelnd in die Konflikte zwischen ihresgleichen und den Apostelfürsten eingriffen. So versuchte sich der französische König Ludwig VII. als Friedensstifter zwischen Friedrich Barbarossa und Alexander III. zu profilieren,[29] und in der gleichen Weise agierte sein Nachfolger Philipp August, der nach der Doppelwahl von 1198 bemüht war, einen Ausgleich zwischen seinem Kandidaten Philipp von Schwaben und Innozenz III. herbeizuführen.[30]

Darüber hinaus kam es auch im 12. Jahrhundert vereinzelt immer noch zu königlichen Vermittlungsbemühungen, wenn ein auswärtiger Herrscher mit seinen Vasallen oder auch mit den eigenen in Auseinandersetzung stand. Hier mag man an den englischen König Heinrich II. denken, der sei-

Der König als Schlichter 135

nen Schwiegersohn Heinrich den Löwen mit Barbarossa auszusöhnen trachtete.[31] Einige Jahre später war es Otto IV., der mit dem Markgrafen von Brandenburg eigens einen Vertrag schloß, in dem er sich verpflichtete, als Vermittler zwischen dem Markgrafen auf der einen und dem dänischen König und den Slawen auf der anderen Seite tätig zu werden.[32]

Von solchen Versuchen abgesehen, blieb die königliche Vermittlung weithin auf den eigenen Herrschaftsbereich beschränkt und kam vornehmlich bei Konflikten zwischen den Großen zum Einsatz. Hier lebte sie fort, war Teil der königlichen Sorge für Recht und Frieden, die die Könige als das zentrale Ziel ihrer Herrschaft ausgaben. Und so schlug sich die königliche Friedensstiftung weiterhin ebenso in der Verurteilung im Königsgericht nieder wie in der Beilegung durch ein königliches Machtwort oder in der Suche nach einer Einigung, mit der beide Konfliktparteien leben konnten. Die Vermittlungstätigkeit des Königs blieb eingebunden in ein Repertoire von Handlungsformen, an deren einem Ende die Einleitung eines gerichtlichen Verfahrens stand und am anderen Ende die Bitte, sich zu vertragen – Formen, die aber alle innerhalb der Beilegung eines Konfliktes neben- und hintereinander auftreten konnten.

Dies resultierte nicht zuletzt aus dem autoritativen Element, das der Suche einer Einigung stets innewohnte, wenn sie durch den König vermittelt wurde. Weil er sein Amt und seine Würde einsetzte, glich sich sein Tun immer wieder der Tätigkeit eines Richters an: Er entschied, ordnete an oder befahl, nun Frieden zu halten. Sehr deutlich tritt dies naturgemäß bei den einfachsten Formen königlicher Konfliktbeilegung, beim spontanen Eingriff in einen gerade ausbrechenden Tumult, zutage. Das bekannteste Beispiel dürfte hier der Hoftag von Besançon sein, auf dem Friedrich Barbarossa nach eigener wie nach der Darstellung Rahewins die aufgebrachten Fürsten durch ein beherztes Dazwischentreten davon abbrachte, den päpstlichen Legaten mit Waffen anzugreifen, der zuvor mit seiner Behauptung, daß das Kaisertum ein päpstliches Lehen sei, deren Zorn heraufbeschworen hatte.[33] Es war, wie Rahewin eigens festhält, der Einsatz seiner Autorität, der Barbarossa hier seinen Erfolg verdankte.[34] Solche spontanen Schlichtungsbemühungen sind allerdings nur selten überliefert. Aber die Vorstellung, ein König könne in seiner unmittelbaren Umgebung entstehende Konflikte allein durch seine Autorität, durch sein bloßes Wort beilegen, war doch in jenen Zeiten lebendig. Fünfzig Jahre zuvor soll Lothar III. in Aachen ebenfalls einen Tumult, der vor seinen Augen in aller Öffentlichkeit ausbrach, durch sein unverzagtes Eingreifen aufgelöst haben.[35] In jedem Fall war es nicht viel mehr als ein Machtwort, das in diesen Fällen zur Beilegung des Konfliktes führen sollte, was hier aber nicht nur der autoritären Grundstruktur königlicher Friedensstiftung zuzuschreiben ist, sondern auch der Notwendigkeit entsprang, unvermittelt eingreifen zu müssen.

Doch selbst dort, wo die königliche Intervention etwas komplizierter ausfiel, scheint der autoritative Charakter durch. So spricht Thietmar von Merseburg von der Macht Kaiser Heinrichs II., die es vermocht habe, den Herzog Gottfried von Niederlothringen und den elsässischen Grafen Gerhard, die über Jahre in heftige, äußerst gewalttätige Auseinandersetzungen verwickelt waren, zum Friedensschluß zu bringen.[36] Und ebenso war die Aussöhnung zwischen dem Bischof Dietrich von Münster und Graf Hermann von Werl laut Thietmar dem kaiserlichen Gebot geschuldet, das beide veranlaßt hatte, ihre Feindseligkeiten einzustellen und sich am Hof des Kaisers einzufinden. Zwar bleiben in vielen Fällen die konkreten Anstrengungen des Königs im dunkeln, doch dürfte der Prozeß der Friedensstiftung zumeist ähnlich verlaufen sein, und nicht nur in ottonischer Zeit.[37] Wenn Heinrich V. 1114 Herzog Lothar von Süpplingenburg und den Markgrafen Rudolf von Stade vor sich lud und zur Aufgabe ihrer Feindseligkeiten bewog,[38] oder wenn Friedrich Barbarossa zunächst einmal eine Burg des Grafen Hugo von Dagsburg zerstörte, um ihn dann zu veranlassen, Frieden mit seinen Feinden zu schließen,[39] wird man ein ähnlich autoritatives Vorgehen annehmen müssen.

Die einfachste Form der königlichen Intervention bestand in derartigen Fällen darin, die Kontrahenten einander Frieden schwören zu lassen. So versuchte Heinrich II. den Konflikt zwischen dem Grafen Wichmann III. und dem Präfekten Baldrich auf diese Weise beizulegen.[40] Parallelen zu den seit dieser Zeit sich häufenden Versuchen, in einzelnen Regionen die Adligen eidlich auf einen zeitlich befristeten Frieden zu verpflichten,[41] sind unverkennbar, zumal die Herrscher zuweilen sogar die Beilegung eines konkreten Konfliktes zum Anlaß nahmen, um dann sämtliche Große der Region per Eid zur Friedenswahrung anzuhalten.[42] Von daher wirken all die frühen Landfrieden, mögen sie auch von der Gottesfriedensbewegung anfänglich inspiriert worden sein,[43] wie eine Verallgemeinerung und Ausdehnung der bis dato auf den Einzelfall bezogenen Praktik, die damit aber ihren Charakter änderte, da sich der Verpflichtungshorizont vom konkreten Konfliktgegner auf den König hin verlagerte. Davon unbesehen wurde der gegenseitige Friedenseid im hohen Mittelalter immer wieder den Kontrahenten auferlegt und dürfte selbst dort praktiziert worden sein, wo sich die zeitgenössischen Berichte mit dem Hinweis auf eine Befriedung durch den König zufriedengeben.[44] Hinter dem bloßen Rekurs auf einen Friedensschwur verbarg sich allerdings nicht selten bereits das Eingeständnis, mit den Bemühungen um eine Versöhnung gescheitert zu sein. Heinrich II. beließ es im Falle Wichmanns von Hamaland bei dem eidlichen Versprechen der gegenseitigen Friedenswahrung, nachdem er die beiden Kontrahenten nicht durch vertrauliche Verhandlungen hatte versöhnen können.[45]

Und so bemühten sich die Könige denn auch generell um eine Versöhnung der Gegner, die dann zusätzlich mit einem Eid abgesichert wurde.[46] Ein solches Unterfangen lief vielfach darauf hinaus, die eine oder andere Partei dazu zu drängen, Buße für begangenes Unrecht zu leisten. Als sich Heinrich II. in den Konflikt zwischen dem Magdeburger Erzbischof Gero und dem Markgrafen Bernhard einschaltete, bewog der König den Markgrafen nicht nur zu einem beeideten Gewaltverzicht, sondern ließ ihn auch dem Bischof eine Buße von 500 Pfund Silber versprechen, allem Anschein nach für die Verluste, die der Kirche durch den nächtlichen Angriff des Markgrafen auf die Stadt an der Elbe entstanden waren.[47] Auch der Konflikt zwischen dem Markgrafen Bernhard und den Erben des Markgrafen Werner wurde von Heinrich II. primär durch die Vereinbarung einer Buße geschlichtet.[48]

Darüber hinaus veranlaßte der König zuweilen eine der Parteien zu einer regelrechten Unterwerfung. Das geschah vornehmlich bei Konflikten zwischen Bischöfen und weltlichen Magnaten. Nach dem Zeugnis Ekkehards IV. von St. Gallen legte es König Arnulf den sogenannten schwäbischen Kammerboten auf, sich öffentlich vor dem Bischof Salomon III. von Konstanz zu demütigen.[49] Daß sich die Ereignisse damals so abgespielt haben, ist zwar mehr als fraglich,[50] aber ihre Darstellung reflektiert doch eine Praxis, wie man sie zumindest in der Zeit, in der Ekkehard schrieb, nämlich in der ersten Hälfte des 11. Jahrhunderts, antrifft. Heinrich II. ergriff nämlich die gleiche Maßnahme, als er den soeben erwähnten Konflikt zwischen dem Markgrafen Bernhard und dem Erzbischof von Magdeburg schlichtete. Er forderte den Markgrafen über die Bußzahlung hinaus auf, barfuß und in Leinen gekleidet den Erzbischof um Barmherzigkeit und Verzeihung zu bitten. Die erzwungene Selbstdemütigung stellte hier deutlich einen kirchlichen Bußakt dar, mit dem der Markgraf, wie der Chronist eigens berichtet, die Wiederaufnahme in die Kirche erreichte und das ausgesprochene Anathem durch den Bischof indirekt aufhob.[51] In vergleichbarer Weise wurde wohl auch der Konflikt zwischen Erzbischof Albero von Trier und dem Grafen von Namur beigelegt. Auf Vermittlung König Konrads erbat der Graf die Gnade des Erzbischofs. Dies erfolgte mit Sicherheit nicht ohne einen signifikanten Akt der Bußfertigkeit. Das war nämlich für den Erzbischof in solchen Fällen eine Selbstverständlichkeit, wie etwa das Ende seiner lang andauernden Auseinandersetzung mit dem Trierer Burggrafen zeigt, den er zu guter Letzt veranlaßte, ihm zu Füßen zu fallen und um Gnade zu flehen.[52] So sahen die Bedingungen Alberos aus, und so wird wohl auch Konrad III. den Grafen von Namur zu einem derartigen Akt bewegt haben, als er ihn mit dem Erzbischof aussöhnte. Wie die letzte Unterwerfung vor dem Trierer Erzbischof, aber auch jene der Kammerboten zeigen, mußte einer rituellen Selbstdemütigung vor einem Bischof nicht zwangsläufig ein Anathem oder die Exkommunikation vorausgegangen sein. Von einem Bannspruch ist in keinem der Fälle die Rede, und das nimmt auch nicht Wunder, da sich ein Auftritt im Bußgewand schon allein aus dem Bestreben erklären läßt, seine Schuld sichtbar einzugestehen. Und das war bekanntlich unumgänglich, wollte man Vergebung erwirken.

Nur selten forderte indes der König Personen zu derartigen Unterwerfungsakten vor weltlichen Magnaten auf. Eine größere Bekanntheit erlangte immerhin das Ende der Tübinger Fehde. Hier mußte sich der Pfalzgraf Hugo auf Geheiß Barbarossas vor seinem Gegner Welf VII. demütigen.[53]

Diese Art der Konfliktbeilegung produzierte zwangsläufig Sieger und Verlierer. Da sich beide Parteien nicht selten im Recht sahen, war eine solche Lösung aber nur möglich, wenn der König den einen mehr oder weniger dazu zwang oder der Betroffene bereits mit dem Rücken zur Wand stand. Den sogenannten Kammerboten blieb eigentlich gar nichts anderes übrig, als sich zu unterwerfen. Die Alternative war das Todesurteil, das der König schon verkündet hatte, auf dessen Exekution er dann aber auf Bitten des Geschädigten, sprich Bischof Salomons, verzichtet hatte. Auch die Zwangslage des Grafen von Namur, der auf Geheiß Konrads III. die Gnade des Erzbischofs Albero von Trier zu erflehen hatte, ist nicht zu übersehen. Er hatte zuvor fast auf der ganzen Linie militärisch verloren.[54]

Etwas anders nimmt sich der Fall des Tübinger Pfalzgrafen aus, da dieser den Welfen ein Jahr zuvor eigentlich im Kampf besiegt hatte. Aber die politischen Entwicklungen hatten den Pfalzgrafen zunehmend isoliert, sein wichtigster Bundesgenosse, Friedrich von Rothenburg, war ihm durch ein Eheversprechen abspenstig gemacht worden, und nun stand er allein dem Kaiser und den Welfen gegenüber.[55] So konnte man ihn vor die Alternative zwischen Verbannung und Unterwerfung stellen, wobei die Unterwerfung zwar die Hoffnung auf spätere Vergebung einschloß, andererseits aber um so härter ausfiel, als er sich damit in die Gewalt seines Gegners begeben mußte, der nunmehr frei die angemessene Buße festsetzen konnte. Nicht auf die Milde des Kaisers, sondern auf die seines Gegners mußte er setzen, und daß er damit ein hohes Risiko einging, zeigt der Fortgang der Ereignisse. Der junge Welfe nahm ihn in Haft und behielt ihn dort bis zu seinem Tod, der allerdings schon anderthalb Jahre später eintrat.[56]

Bleibt noch zu fragen, was den oben erwähnten Markgrafen Bernhard dazu verleitete, sich vor dem Magdeburger Erzbischof zu demütigen und zugleich eine Buße von 500 Mark Silber zu zahlen. Er lag weder in den Kerkern des Königs, noch war er militärisch geschlagen oder politisch isoliert. Er tat es, wie Thietmar sagt, auf Befehl des Kaisers, und es dürften wohl zwei Faktoren gewesen sein, die ihn gehorsam sein ließen und die in

Der König als Schlichter 139

vergleichbaren Situationen immer wieder eine Rolle spielten. Zum einen hatte er bis dato ein sehr enges, vertrauliches Verhältnis zum König, das er nicht aufs Spiel setzen wollte.[57] Und zum zweiten – und das verlieh dem königlichen Wort noch mehr Gewicht – mußte er damit rechnen, bei einer Weigerung vom König selbst des Majestätsverbrechens geziehen zu werden. Diese Gefahr bestand generell. Wer Bußen nicht zahlte, wurde bestraft, gleichviel ob diese Buße nun vor Gericht oder in einem zwanglosen Gespräch unter vier Augen vom König verhängt oder vorgeschlagen worden war. Konrad II. zitierte 1037 den Mailänder Erzbischof Aribert vor sein Antlitz, hörte sich die verschiedenen Klagen, die einzelne gegen den Metropoliten erhoben, an und forderte den Beschuldigten auf, Genugtuung zu leisten. Als der Bischof sich nach langem Bedenken weigerte, klagte der König ihn unverzüglich des Majestätsverbrechens an und ließ ihn verhaften.[58] Und Friedrich Barbarossa verfuhr gegenüber Heinrich dem Löwen nach den Worten Arnolds von Lübeck nicht anders, als er ihn 1179 in Haldensleben zu einem informellen Gedankenaustausch traf: Er forderte 5000 Mark Silber als Ehrenzoll, will sagen als Wiedergutmachung für die Beleidigung seiner Majestät, die sich der Löwe hatte zuschulden kommen lassen, weil er sich trotz Aufforderung dem Kaiser nicht gestellt hatte.[59] Zugleich versprach er ihm, einen Ausgleich mit den Fürsten zu erwirken. Als der Herzog ablehnte, nahm die Anklage auf Majestätsbeleidigung ihren Lauf und führte zu einer Verurteilung, die dem Herzog bekanntlich sämtliche Ämter und Lehen kostete[60] und de facto den Ausschluß aus der Rechtsgemeinschaft nach sich zog.[61] Anders gesagt: Es gab gute Gründe, dem königlichen Wort zu folgen, wenn es Bußen einforderte, und das wußte auch der Markgraf Bernhard zu seiner Zeit. Und es war diese latente Drohung mit einem Gerichtsverfahren, die der königlichen Schlichtung von Anfang an ihren autoritären Grundzug, aber auch eine gewisse Aussicht auf Erfolg verlieh. Wo allerdings befohlen, wo mit Zwangsmaßnahmen gedroht wurde, da verwandelte sich der Schlichter schnell in einen Richter, und diese Tendenz wurde noch einmal durch die gleichsam selbstverständliche Verhängung von Bußen gefördert. Denn sie setzte eine Schuldzuweisung voraus.

In all den bisher betrachteten Schlichtungsversuchen des Königs war es im Verlauf der Konflikte zur Anwendung von Gewalt gekommen. Schuldzuweisungen erschienen von daher vielfach unumgänglich, was im Endeffekt auch den ausgleichenden Charakter der königlichen Schlichtungsbemühungen häufig verdeckte oder gar aufhob. Lenkt man aber den Blick auf Auseinandersetzungen um Besitz- und Herrschaftsrechte, so tritt das Moment des Interessenausgleichs doch ungleich stärker hervor. So wurde vor Heinrich I. der Streit zwischen dem späteren lothringischen Herzog Giselbert und der Trierer Kirche um die Servatius-Abtei in Maastricht durch einen Kompromiß gelöst, der die Ansprüche beider Seiten reduzierte, aber keinen leer ausgehen ließ. Der Trierer Bischof erhielt das Besitzrecht zugesprochen, mußte aber dem späteren Herzog die Abtei auf Lebenszeit übertragen.[62] Nicht anders kam es unter der Vormundschaftsregierung für Heinrich IV. zu einem Ausgleich im Streit zwischen der Straßburger Kirche und einem Grafen Heinrich. Der Kirche wurden zwei Drittel und dem Grafen das restliche Drittel der Anrechte zugesprochen.[63] Heinrich IV. selbst entschied bald darauf die verwickelte Auseinandersetzung um den thüringischen Zehnten zwischen dem Mainzer Erzbischof und dem Abt von Fulda mit einem Kompromiß, der beiden Seiten einen Teil der Einkünfte sicherte.[64] Und es war schließlich das gleiche Prinzip, dem Barbarossa folgte, als er Heinrich den Löwen mit Otto von Freising wieder versöhnen wollte. Der Herzog hatte eine Markt- und Zollstätte bei Föhring an der Isar, deren Einkünfte die Freisinger Kirche beanspruchte, zerstört und auf seinem Gebiet wieder aufgebaut. Barbarossa beließ Heinrich im Besitz des eigenmächtig geschaffenen Marktes, sprach aber dem Bischof von Freising ein Drittel der Einnahmen zu.[65]

Spielte bei diesen eher 'zivilrechtlichen' Konflikten auch die Sorge um einen Ausgleich eine größere Rolle, so konnte die königliche Intervention von sehr unterschiedlicher Intensität sein. Im Falle Heinrichs I. weiß man eigentlich nur, daß er anwesend war, als die Urkunde aufgesetzt wurde, mit der sich Giselbert und die Trierer Kirche verglichen. Inwieweit er überhaupt eingriff und mehr tat, als den Vorgang zu bezeugen, kann man nur aufgrund seiner Interessen an einem Ausgleich abschätzen. Und so ist in vergleichbaren Fällen niemals auszuschließen, daß der König letztlich nur ein Agreement zwischen zwei Parteien, das diese selbst ausgehandelt hatten, sanktionierte – man denke hier etwa auch an die Tauschurkunden, die von königlicher Hand besiegelt wurden. Heinrich IV. nahm im Thüringer Zehntstreit die Rolle eines Schiedsrichters ein, er war zu einer Entscheidung von den Konfliktparteien aufgerufen worden und verkündete sie dann als Edikt.[66] Und am anderen Ende glich das Eingreifen Barbarossas schon in hohem Maße einem Gerichtsverfahren. Sein Urteil kam auf eine einseitige Klage des Freisinger Bischofs hin zustande und unterschied sich nur insofern von einem förmlichen Prozeß, als hier kein Urteil von den Fürsten eingeholt wurde, sondern der König eigens beschied. Hier kam das königliche Alleinentscheidungsrecht, das man insbesondere von Besitzrestitutionen kennt, ebenso zum Durchscheinen wie der Versuch, der gütlichen Einigung mehr Gewicht zu verleihen, indem man sie in die Form eines königlichen Urteils kleidete.[67] Man sieht also auch hier: Wiewohl das Moment des Kompromisses eine größere Rolle spielte, tendierte der König selbst bei Konflikten um Besitz- und Herrschaftstitel dazu, sich einem Richter anzugleichen.

Der Einsatz der königlichen Autorität erleichterte es dem Herrscher, in einem Konflikt eindeutig Partei zu nehmen. Man denke an den Magdeburger Erzbischof, dem Heinrich II. rituelle wie materielle Genugtuung zukommen ließ, oder an Welf VII., für den Barbarossa eintrat. Im letzten Fall verwischt de facto das schlichtende Moment des kaiserlichen Eingriffs. Für Otto von Sankt Blasien hatte denn auch Barbarossa mit seiner Intervention allein Welf VII. besänftigt,[68] will sagen, seinen Groll über die bis dato erlittene Schmach wettgemacht. Das andere Extrem von parteilicher Einmischung findet man dann dort, wo der König einen Frieden nach gewalttätigen Auseinandersetzungen durchsetzte, indem er alles beim alten beließ, damit aber auch die Klagen, die den Ausbruch der Gewalt mit ausgelöst hatten, einfach überging. In dieser Art und Weise schlichtete Friedrich Barbarossa den Streit zwischen Heinrich dem Löwen und seinen sächsischen Gegnern 1168/69, indem er einfach einen weiteren Waffengang unterband und damit klar und deutlich zugunsten des sächsischen Herzogs agierte. „Alles aber ging nach dem Wunsch des Herzogs, der aus der Umklammerung durch die Fürsten befreit ward ohne jede eigene Einbuße."[69]

Selbst in Konflikten, in denen beide Seiten den König um eine Entscheidung baten, konnte er dank seiner Autorität deutlich Partei ergreifen, auch wenn dies im Einzelfall eine Frage der Perspektive war und er sich selbst als unparteiisch begriffen haben mag. Jedenfalls warf Lampert von Hersfeld Heinrich IV. im Thüringer Zehnstreit vor, seine Autorität mißbraucht zu haben, als er die Hersfelder dazu brachte, seine Entscheidung, die dann nach Lamperts Ansicht den Mainzer Erzbischof begünstigte, mitzutragen. So berichtet er, wie zunächst die Sache noch unentschieden stand, aber die Thüringer eine Niederlage nicht mehr ausschlossen und mit dem Gedanken spielten, an den Papst zu appellieren. „Da erklärte der König, er werde jeden, der dies wage, mit dem Tod bestrafen und sein ganzes Eigentum restlos vernichten." Die Drohung genügte, denn „so überließ der Hersfelder Abt, durch die Gefahr für seine Schutzbefohlenen eingeschüchtert, die Entscheidung dem König, weil in dieser Zwangslage kein anderer Ausweg offen stand: er möge den Streit zwischen ihm und dem Erzbischof entscheiden, wie er es für recht und billig halte."[70] Und schließlich drängte der König auch den Fuldaer Abt, ihm den Schiedsspruch zu überantworten, indem er ihm zum einen seine Huld, zum anderen aber die Erlaubnis, sich zu entfernen, verweigerte, was der gute Abt nur einige Tage aushielt.[71] Selbst wenn Heinrich IV. hier das Habit des Tyrannen übergeworfen wird und Lampert verschiedene Ereignisse des Zehnstreits vermischt, so hält die Entscheidung, die der Hersfelder Mönch Heinrich zuschreibt, doch der urkundlichen Überlieferung stand. Frei phantasiert hat er an dieser Stelle nicht, er hat nur, mag es im Detail stimmen oder nicht, die autoritativen Grundzüge der königlichen Schlichtung ausgemalt. Denn genau die Aussichtslosigkeit, die der Abt von Hersfeld und später dann der Abt von Fulda empfanden, erwiesen sich ja immer wieder als ein wichtiges Moment, wenn der König als Schlichter auftauchte. Daß das geschilderte Vorgehen Heinrichs IV. kein Ding der Unmöglichkeit war, zeigen überdies ähnliche Entscheidungen anderer Herrscher. So löste Philipp von Schwaben 1205 die Differenzen zwischen dem Landgrafen von Thüringen und dem Kloster Hersfeld eindeutig zugunsten der Mönchsgemeinschaft, als er beide Parteien zu einem Friedensvertrag verpflichtete.[72]

Kennzeichnend für die königliche Schlichtung und teils mitverantwortlich für ihre autoritativen Tendenzen waren bis zum 12. Jahrhundert die engen Verflechtungen mit dem förmlichen Rechtsgang. Gericht und Schlichtung griffen im Verlauf eines Konfliktes immer wieder ineinander. Und erst allmählich traten beide Formen der Konfliktbeilegung auseinander, obwohl weiterhin in ein und demselben Fall auf sie rekurriert werden konnte.

Wie durchlässig zunächst die Grenzen zwischen einem richtenden Schlichter und dem König als Richter bei Hof waren, sei an einem Beispiel aus der Zeit Heinrichs II. erläutert. Ein Überfall einiger Vasallen des Markgrafen Gero auf den Bischof von Halberstadt war dem König zu Ohren gekommen. Er ließ den Markgrafen vor sein Antlitz schaffen und wollte ihn verurteilen.[73] Doch dem Markgrafen gelang es, durch Vertrauensleute Heinrich zu besänftigen. Und nach Zahlung einer vertraulich ausgehandelten Buße an den Bischof und dem Gebot, daß die Schuldigen sich reinigen oder nach kanonischem Recht Genugtuung leisten sollen, setzte der König ein gütliches Verfahren in Gang. Die Parteien gelobten sich gegenseitig Frieden, und man vereinbarte einen Tag, an dem sich die Kontrahenten treffen und die Einzelheiten der Aussöhnung untereinander klären sollten. Der König agierte hier zunächst als Richter, nahm dann aber auf Wunsch der einen Partei davon Abstand. Seine Bedingungen, die Zahlung von Buße und die Leistung einer Genugtuung, offenbaren den Richter im Schlichter und zeigen, wie er seine Autorität als Friedensstifter aus seiner Stellung als Verhandlungsführer und Richter beim Königsgericht bezog. Aber die Forderungen stellten trotz allen Anscheins kein Gerichtsurteil dar, sondern waren bloß die Vorbedingungen für eine gütliche Regelung, die der König im groben vorgab, während er dann die Regelung der Detailfragen den Parteien überließ.

Das Vorgehen Heinrichs II. verweist schon für sich genommen auf eine Gerichtspraxis, die sich, kaum institutionalisiert, an allen möglichen Stellen für nicht-prozessuale Beilegungsformen öffnete. Dies tritt noch deutlicher hervor, wenn man sieht, wie etwa Otto III. ein schon begonnenes

Der König als Schlichter 143

Gerichtsverfahren im Einverständnis mit beiden Parteien abbrach, um die Angelegenheit mit einer gütlichen Übereinkunft zu beenden.[74] Im Fall des Markgrafen Gunzelin erweist sich sogar die Mitwirkung der Großen nicht als Garant für ein regelrechtes Urteil. Denn statt Heinrich II. eine Verurteilung des Angeklagten vorzuschlagen, rieten sie ihm, die bedingungslose Unterwerfung des Markgrafen anzunehmen und dann Milde walten lassen.[75]

Doch Schlichtung und gerichtliches Procedere verknüpften sich auch in umgekehrter Reihenfolge. Im Gandersheimer Streit vermittelte Heinrich II. lange Zeit zwischen den Parteien, um sie schließlich dazu zu bewegen, sich einem Urteil anheimzustellen, das der König gemeinsam mit den Bischöfen fällen wollte.[76] Hier also mündete die Schlichtung in eine gerichtliche Klärung ein, wenngleich nicht das Königsgericht, sondern der Entscheid des Königs auf Vorschlag der Bischöfe das Urteil erbringen sollte. Diese Lösung wurde in solchen Fällen auch nicht unbedingt als Gegensatz, sondern als Komplement zur Schlichtung verstanden. Die Vita Bernwardi rühmt Heinrich II. als den großen Friedensstifter, der immer gleich zur Stelle war, wo die Großen ausgesöhnt werden mußten, und der sich keine Ruhe gönnte, ehe er damit Erfolg gehabt hatte, wie im Falle des Gandersheimer Streites, wo er den Erzbischof dazu bewegt hatte, sich seinem Urteil zu stellen.[77] Schlichten hieß in dieser Zeit zuerst einmal, beide Parteien auf einen bestimmten Lösungsweg festzulegen, und konnte mit einem Rechtsgang ebenso beginnen wie es in einer gerichtlichen Klärung münden konnte. Dabei unterschied man im Einzelfall zwar genau zwischen gerichtlichen und außergerichtlichen Lösungen,[78] aber ein spezifisches Profil als Schlichter mit bestimmten Handlungsmaximen konnte sich unter diesen Bedingungen nicht oder nur rudimentär ausformen.

Grundsätzlich stand die königliche Schlichtung im hohen Mittelalter im Bann der richterlichen Gewalt, die der König beanspruchte. Aber sie gewann in Ansätzen seit dem 12. Jahrhundert doch mehr an Konturen und Eigenständigkeit gegenüber dem förmlichen Rechtsgang. Der Versuch Friedrich Barbarossas, den Konflikt zwischen Heinrich dem Löwen und dem Babenberger Heinrich Jasomirgott um das Herzogtum Bayern zu lösen, liefert da viel Anschauungsmaterial. Er zeugt vom überkommenen autoritären Zugriff ebenso wie von der Verbindung, aber eben auch der Trennung von Gericht und Schlichtung.[79] Der Streit selbst war für Barbarossa eine Hinterlassenschaft Konrads III., der dem Vater Heinrichs des Löwen das Herzogtum Bayern abgesprochen und später dem Babenberger zugewiesen hatte. Bald nach dem Tod seines Vaters hatte Heinrich vor Konrad III. auf die Wiederherausgabe des bayerischen Herzogtums geklagt, war aber selbst den Verhandlungen fern geblieben, wohl weil er glaubte, dank der politischen Kräfteverhältnisse nur zu verlieren. Für Friedrich Barbarossa drängte der Konflikt seit seiner Wahl zum König auf eine Lösung. Er hatte aller Wahrscheinlichkeit nach Heinrich dem Löwen die Rückgabe des bayerischen Herzogtums in Aussicht gestellt, um dessen Stimme bei der Wahl zu erhalten. Ein Jahr nach der Krönung lud er dann beide Parteien zu einem Hoftag ein, um die Angelegenheit zu verhandeln, doch diesmal ließ sich der Babenberger nicht blicken.[80] Daß die Klage des Löwen auf die Restituierung Bayerns nun erneut verhandelt werden sollte, deutet allerdings nicht zwangsläufig, wie so oft behauptet, auf die Einleitung eines förmlichen Prozesses hin.[81] Denn seine Befugnis, Streitfälle an sich zu ziehen und die Kontrahenten zu sich zu bestellen und anzuhören, nutzte der König zu jener Zeit auch in anderen Fällen bewußt, um Konflikte zu schlichten. Schon Heinrich II. hatte im Streit zwischen dem Grafen Wichmann III. und Baldrich die beiden allein mit der Absicht nach Nijmegen geladen, sie zu versöhnen, und mit dem gleichen Ziel hatte auch Heinrich V. den späteren Kaiser Lothar und den Markgrafen Rudolf an den Hof gebeten.[82] Und nicht anders wird sich die Sache auch bei Heinrich Jasomirgott und Heinrich dem Löwen verhalten haben.

Die Hinweise auf ein Gerichtsverfahren, die man der Darstellung Ottos von Freising entnimmt, sind ohnehin weniger eindeutig als man gemeinhin glaubt. Wenn Barbarossa nach den Worten seines Onkels die beiden Herzöge zu dem Würzburger Hoftag lud, um den Konflikt durch Urteil und Rat zu entscheiden, so kann diese Redewendung durchaus an eine gerichtliche Entscheidung denken lassen, aber sie muß es nicht. Und in diesem Fall spricht einiges dafür, daß der konkrete Sachverhalt Otto von Freising animiert hat, die Paarformel abzuändern oder die Worte nicht als Formel, sondern als spezifische Aussage zu gebrauchen. Der typische Hinweis auf die Mitwirkung der Fürsten fehlt an dieser Stelle.[83] Die spätere Lösung bezeichnet Otto von Freising mit dem Wort *consilium* und meint damit eine politische Übereinkunft, einen Vergleich. Und mit diesem assoziierte er, der dies im Nachhinein schrieb, stets das Ende der Auseinandersetzung. Und indem Otto nun die geläufige Formel *consilio et iudicio* umkehrte und, was zuweilen vorkam, das *et* durch ein *vel* ersetzte, das nicht nur 'und', sondern auch 'oder' heißen konnte,[84] gebrauchte er sie genau so, wie sie am besten den gesamten Verlauf der Konfliktbeilegung charakterisierte. Denn in der Tat hat man es mit einem zweigleisigen, mal in Form der Schlichtung, mal in Form eines Prozesses ablaufenden Vorgang zu tun, der dann mit einer durch Friedrich erwirkten gütlichen Einigung, mit einem *consilium*, endete. Doch selbst wenn Otto von Freising mit der Paarformel keine Alternative hat aufzeigen wollen, so hat er de facto mit dieser Formulierung jene Form der Entscheidungsfindung auf den Begriff gebracht, die im thüringischen Zehntstreit Heinrich IV. als Schlichter zugesprochen worden war, sprich eine Mischung aus Gebot und Vermittlung. Alles in

Der König als Schlichter 145

allem läßt sich Otto von Freising damit also noch nicht zum Bürgen für ein von Anfang an ablaufendes förmliches Gerichtsverfahren aufbauen. Und das gilt um so weniger, als er stets das Bemühen Barbarossas, eine einvernehmliche Lösung zu erzielen, betont.[85]

Einen weiteren Beleg für einen förmlichen Prozeß hat man sodann in den Begründungen gesehen, die Heinrich Jasomirgott auf zwei aufeinanderfolgenden Hoftagen vorbrachte, um eine Entscheidung in seiner Sache zu unterlaufen. Denn beide Male berief er sich darauf, nicht rechtmäßig geladen worden zu sein.[86] Doch auch hier ist Vorsicht bei der Interpretation geboten. Wozu diese Begründung, wenn er doch gekommen war, und das gleich zweimal hintereinander? Und sollte der Kaiser, wenn er eine Gerichtsentscheidung anstrebte, gleich zweimal der Sinn für die passenden Formalitäten abhanden gekommen sein? Wohl nicht. Viel wahrscheinlicher ist etwas anderes. Man verhandelte auf beiden Hoftagen und suchte nach einem Ausgleich. Die Vorbedingung angesichts der Kräfteverhältnisse war aber die Wiederverleihung Bayerns an Heinrich den Löwen, der der babenbergische Herzog zunächst nicht zustimmen wollte. Und wie bei jeder königlichen Schlichtung war eine der wenigen Möglichkeiten, Heinrich Jasomirgott zu einem Kompromiß zu drängen, die Drohung mit dem Gericht, eine Drohung, die der bayerische Herzog jeweils mit dem Hinweis auf die unkorrekte Ladung zurückweisen konnte. Anders gesagt, er unterband mit diesem Hinweis die Einleitung eines förmlichen Verfahrens, was aber eben zeigt, daß der König bis zu diesem Zeitpunkt einen Ausgleich gesucht hatte. Auch spricht das Fernbleiben Heinrichs auf dem ersten von Barbarossa angesetzten Hoftag nicht gegen diese Annahme, da sich der Herzog wahrscheinlich schon allein durch die Wiederaufnahme der Angelegenheit brüskiert fühlte und durch seine Abwesenheit den Affront zurückgeben und seinen Dissens kenntlich machen wollte. Und dazu paßt dann auch seine Anwesenheit auf den nachfolgenden Hoftagen, die nur Sinn machte, wenn er etwas von seinem Kommen erwarten konnte. Das war eigentlich nur der Fall, wenn Barbarossa ihm hatte deutlich machen können, daß er einen Ausgleich erstrebte. Der König hatte also den Konflikt 1153 auf die Tagesordnung gesetzt und dabei wohl weniger an eine gerichtliche Klärung gedacht, sondern gehofft, zu einer gütlichen Einigung zu kommen.

Erst als der Italienzug unmittelbar bevorstand und Barbarossa auf die Hilfe des sächsischen Herzogs angewiesen war, änderte er seine Haltung und ließ das Damoklesschwert der gerichtlichen Entscheidung fallen. Nun mußte eine Lösung her, und so lud er Heinrich Jasomirgott, wie es sich gehörte, nämlich schriftlich per Edikt, zu einem Hoftag.[87] Damit erkennt man im nachhinein, daß Barbarossa bis zu jenem Zeitpunkt den bayerischen Herzog mehr oder weniger nur gebeten hatte, zu den jeweiligen

Hoftagen zu kommen, um über die Angelegenheit zu verhandeln. Denn wäre es ihm von Anfang an um einen Gerichtsentscheid gegangen, hätte er die Herren gleich schriftlich einbestellen können.

Mit der schriftlichen Ladung wurde indes aus dem außergerichtlichen Verfahren ein ordentlicher Prozeß, und jetzt kamen auch die Fürsten mit ins Spiel, die Heinrich dem Löwen das Herzogtum Bayern zusprachen.[88] Heinrich Jasomirgott erschien erst gar nicht. Da das Urteil von vornherein feststand, ersparte er auf diese Weise eine regelrechte Demütigung – die öffentliche Aberkennung seines Herzogstitels – und ging zugleich der Gefahr aus dem Wege, sich dem Drängen des Königs nach Zustimmung auszusetzen. Allerdings bedeutete sein Fernbleiben Ungehorsam und lieferte damit den Grund für die Aberkennung des Herzogtums.[89] Doch mit diesem Urteil war für Friedrich die Angelegenheit noch nicht beendet. Nach seiner Rückkehr aus Italien nahm er seine Schlichtungsbemühungen wieder auf, obwohl oder gerade weil sich der bayerische Herzog während seiner Abwesenheit aller Wahrscheinlichkeit nach an der sächsischen Verschwörung gegen Heinrich den Löwen beteiligt hatte.[90] Barbarossa trat jedenfalls in intensive Verhandlungen mit ihm ein. Sie, die teils auch durch Abgesandte beider Seiten geführt wurden, brachten zunächst kein Ergebnis.[91] Kurz darauf belehnte der König dann Heinrich den Löwen in Regensburg mit dem Herzogtum Bayern.[92] Nichtsdestotrotz suchte er weiterhin nach einer Einigung mit dem Babenberger und hatte schließlich im Juni des darauffolgenden Jahres Erfolg. Es gelang ihm, Heinrich Jasomirgott für eine allseits akzeptierbare Lösung zu gewinnen: Die Markgrafschaft Österreich und einige Grafschaften sollten von Bayern abgetrennt und zusammen zu einem neuen Herzogtum erhoben werden.[93] Auch konzedierte er dem Babenberger über das Vorrecht der weiblichen Erbfolge hinaus die ausschließliche Gerichtsbarkeit in dem neugegründeten Herzogtum und reduzierte seine Präsenzpflicht auf Hoftagen erheblich. Damit verlieh er Heinrich Jasomirgott eine besonders privilegierte Stellung unter den übrigen Fürsten, was den Verlust Bayerns in Hinblick auf Rang und Ehre zumindest in dessen Augen kompensierte. Eine zusätzliche Entschädigung stellte dann sicher auch das vereinbarte Procedere für die Übergabe dar.[94] Die Vereinbarung wurde zunächst geheimgehalten. Im September sagte der König dann einen Hoftag an, zog dorthin, erwartete nun aber nicht das Kommen des Babenbergers, sondern machte sich gemeinsam mit den Fürsten selbst auf den Weg, um ihn in seinem, vor den Toren der Stadt gelegenen Zeltlager abzuholen. Hier wurde der vorab gefundene Kompromiß allen Anwesenden feierlich mitgeteilt. Einige Tage später ging man dann in Regensburg dazu über, ihn in die Tat umsetzen: Heinrich Jasomirgott gab dem Kaiser das Herzogtum Bayern zurück, der anschließend Heinrich den Löwen damit belehnte. Der sächsische Herzog wiederum restituierte nun die Markgrafschaft Österreich samt einiger anderer Lehen dem König, und dieser ließ das Territorium auf einen Fürstenspruch hin, den der böhmische Herzog Vladislav verkündete, in ein Herzogtum umwandeln. Damit belehnte er sodann Heinrich und dessen Frau Theodora.

Am Ende der Auseinandersetzungen stand also ein Ausgleich, mit dem beide Parteien leben konnten und dem sie offenkundig ihre Zustimmung gegeben hatten, eine gütliche Einigung, die auf dem Wege der Verhandlungen zustande gekommen war. Vom Ende her erweist sich so auch das gerichtliche Procedere als ein Zwischenspiel. Das Urteil auf dem Hoftag in Goslar, das dem sächsischen Herzog Bayern zusprach, wurde, soweit man sehen kann, nicht einmal mehr annuliert, ja selbst die spätere Belehnung samt Vereidigung wurde ignoriert. Die gütliche Einigung hob hier das Gerichtsurteil einfach auf.

Ohnehin scheinen beide Gerichtsurteile von Angang an deutlich auf das Endziel, die gütliche Einigung, abgestimmt gewesen zu sein. Schon das erste Urteil wurde nicht mit der Absicht getroffen, den Fall abzuschließen. Es fungierte als bloßes Beugemittel, sollte den Herzog zwingen, sich endlich auf substantielle Verhandlungen um eine Beilegung des Konfliktes einzulassen. Es war nicht als letztes Wort in der Angelegenheit gedacht. Allerdings konnte es dies auch sein, da es vom Inhalt her einer Strafe gleichkam. Hätte sich Heinrich Jasomirgott den erneuten Verhandlungen verweigert, wäre die Aberkennung Bayerns die passende Strafe gewesen, wie sie denn auch die Reaktion auf sein Nichterscheinen darstellte. Aber genau dieser Umstand verlieh dem Urteil erst seine Wirksamkeit als Beugemittel. Wollte der Herzog nicht zu den Waffen greifen, hatte er Bayern so oder so verloren, gewinnen konnte er lediglich, wenn er sich mit Barbarossa und Heinrich dem Löwen verständigte. Auch der Fürstenspruch im letzten Akt diente der Konfliktbeilegung nur mittelbar: Er war notwendig, um die Umwandlung der Markgrafschaft in ein Herzogtum zu erreichen,[95] und mag nützlich gewesen sein, um die Fürsten einzubinden. So wurde ihre Zustimmung zur Privilegierung des Babenbergers öffentlich und damit einklagbar gemacht. Aber auch das heißt nichts anderes, als daß er bewußt der gütlichen Einigung, die ja ein Ergebnis der Gespräche zwischen dem König und dem Babenberger war, untergeordnet war und allein ihrer Verankerung diente.

Die Suche nach einer gütlichen Einigung änderte allerdings nichts am autoritären Zugriff des Königs. Er äußerte sich in den Ladungen zu den Hoftagen, in der Drohung mit einem Gerichtsverfahren und der offiziellen Aberkennung Bayerns; er kann aber ebenso an den Redewendungen abgelesen werden, mit denen Otto von Freising das Vorgehen Friedrichs beschreibt, also an jenem *iudicio vel consilio* oder dem *iudicium principis*, dem sich die beiden Gegner in Speyer stellten.[96] Barbarossa war eben ein König, und wenn der schlichtete, dann glitt er in die Rolle des Richters hinein, mußte es vielleicht auch, um die Vorteile, die aus seiner Stellung über den Parteien erwuchsen, zur Geltung zu bringen. Bis hierhin stand er ganz in den überkommenen Traditionen und unterschied sich kaum von Heinrich II.

Auf der anderen Seite sind die Unterschiede nicht zu übersehen. Das Verhältnis zwischen gerichtlicher Klärung und Schlichtung hatte neue Formen angenommen als noch zu Zeiten des letzten Ottonen. Auf einen Nenner gebracht offenbart sich gerade im Vorgehen Barbarossas eine wesentlich stärkere Abgrenzung und Ausdifferenzierung der beiden Formen der Konfliktbeilegung. Man hat man den Eindruck, daß Barbarossa im Falle Heinrichs Jasomirgott zwischen zwei deutlich voneinander geschiedenen Sphären hin und her wechselte. Ihm ging es von vornherein um eine gütliche Einigung, die zwar durch sein Urteil zustande kommen sollte, aber eben nicht im Rahmen eines Gerichtsverfahrens. Daß man inzwischen deutlich beide Formen der Konfliktbeilegung in praxi auseinanderhielt, mag ein Rückblick auf die Zeit Konrads III. verdeutlichen. Der hatte 1151, im letzten Jahr seiner Herrschaft, die Utrechter, die ihren Bischof verjagt und einen neuen an seiner Statt eingesetzt hatten, an den Hof gebeten und ihnen sodann vorgeschlagen, zunächst „eine friedliche Einigung mit ihren Gegnern ohne förmlichen Prozeß zu veranlassen".[97] Ganz ähnliche Vorstellungen standen auch Pate, als Friedrich Barbarossa dem Bremer Erzbischof Hartwig 1158 ein Privileg ausstellte, in dem er ihn aufforderte, bei Konflikten mit Heinrich dem Löwen nicht Selbsthilfe zu üben, sondern den Dissens der kaiserlichen Gerechtigkeit zur Prüfung vorzulegen, um so zu einer Klärung der Streitigkeiten zu kommen.[98] Und dabei hatte Barbarossa mit Sicherheit nicht von vornherein an einen förmlichen Prozeß gedacht. Der explizite Vorsatz, die beiden Herren auf diesem Wege durch das Band der Zuneigung zu einigen, weist in die entgegengesetzte Richtung. Barbarossa ging es darum, ein Forum anzubieten, wo die Kontrahenten im Zusammenspiel mit ihm ihre Konflikte aus der Welt schaffen konnten. Und nicht anders als im Falle Heinrichs Jasomirgott wird denn auch hier das Urteil des Herrschers als Unterscheidungsmerkmal gebraucht, um das Verfahren vom förmlichen Rechtsgang abzusetzen.[99]

Wie gerichtliches Procedere und Schlichtung zunehmend auseinandertraten, offenbart und erklärt sich auch, wenn man Barbarossa, läßt man die Tübinger Fehde einmal außer Acht, weithin auf den Octroy von Bußleistungen verzichten sieht, wie es etwa Heinrich II. in den meisten Fällen noch getan hatte. Denn damit fehlte das Passe-partout, das die Grenzen zwischen Gericht und Schlichtung so durchlässig machte. Doch nicht nur das. Statt Bußen verteilte Barbarossa Land und Privilegien, und das vermochte er, weil er die entscheidenden Auseinandersetzungen unter den Großen als Konflikte um Besitz- und Herrschaftsansprüche definieren konnte. Da bei solchen Konflikten Kompromisse einfacher waren, beide Seiten häufiger etwas gewinnen konnten, vermochte der König als Schlichter seine eigene Autorität zurückzunehmen. Die Lösung, die Barbarossa im Konflikt zwischen Albrecht dem Bären und Heinrich dem Löwen fand, als sich die beiden sowohl um das Erbe des Grafen Hermann von Winzenburg als auch um jenes der Plötzkauer Grafen stritten, kann als Paradebeispiel gelten. Der König wies beiden jeweils eine Erbschaft zu.[100] In gleicher Weise agierte er bei dem Konflikt um das Herzogtum Bayern, wo er das Herzogtum kurzerhand teilte, mit der entscheidenden Einschränkung, daß er hier selbst etwas einbringen mußte, da er durch die besondere Privilegierung des Babenbergers auf eigene Anrechte verzichtete.

Indem Barbarossa als Schlichter in Konflikte eingriff, die als Auseinandersetzungen um Besitz- und Herrschaftstitel ohnehin mehr Raum für Ausgleichsbemühungen boten und deren Lösung keine Bußzahlungen erforderten, konnte er sich als Schlichter deutlich von seiner Funktion als ordentlicher Richter abheben. Das wiederum war aber nur möglich, weil solche Konflikte im Zuge der Territorialisierung an Quantiät und politischer Bedeutung gewonnen hatten, so daß das Vorgehen Barbarossas auch ein Produkt der ausgreifenden Territorialisierung darstellt.[101]

Der Konflikt zwischen Albrecht dem Bären und Heinrich dem Löwen um die sächsischen Erbschaften, der Streit des Löwen mit dem Bischof von Freising anläßlich der Gründung des Münchener Marktes und die Auseinandersetzungen Heinrichs mit den norddeutschen Fürsten im Jahr 1168, Konflikte, in die Friedrich ebenfalls schlichtend eingriff, zeigen aber auch, daß es in der Tat mehr eine Frage der Definition als der Beschaffenheit der Konflikte war, die Friedrich Barbarossa die Auseinandersetzungen zwischen seinen Großen wie 'zivilrechtliche' Konflikte behandeln ließ. Denn in all diesen Fällen kam es zu gewalttätigen Handlungen, die dann letztlich nicht geahndet wurden.[102] Aber das – so hat man einschränkend hinzuzufügen – galt natürlich nur dort, wo die Schlichtung politisch opportun war. Denn ansonsten ging Barbarossa eher den Weg des Gerichtes und bestrafte zur Not auch gleich beide Kontrahenten. Hermann von Stahleck, der Pfalzgraf bei Rhein, und der Mainzer Erzbischof Arnold, die sich über einen längeren Zeitraum gegenseitig befehdet hatten, konnten ein Lied davon singen. Beide wurden vom König nach dem Urteil der Fürsten bestraft und zum Hundetragen verurteilt, wobei man dem Mainzer des Alters wegen dann doch die Demütigung erließ.[103] Anders gesagt: Wo primär Bußen zu verhängen waren, da endete die Sache tendenziell eher vor Gericht, wo man materielle Forderungen vergleichen oder den Konflikt primär als eine Auseinandersetzung um Besitz- und Herrschaftstitel behandeln konnte, da suchte Barbarossa zu schlichten und vergaß dann auch, die Gewalttaten der Kontrahenten einer Sühne zu unterwerfen. So gesehen hatten Rechtsgang wie Schlichtung jeweils an funktioneller Eigenständigkeit gewonnen.[104] Angesichts dieser Entwicklung, so rudimentär sie auch sein mochte, erklärt sich denn auch, warum der unter Barbarossa diagnostizierte sprunghafte Anstieg der Urteile des Königsgerichts[105] mit einem deutlichen Bedeutungszuwachs der Schlichtungsbemühungen einherging, die sich ja bei den meisten bedeutsamen Konflikten nördlich der Alpen verzeichnen lassen.[106]

Daß Barbarossa im Streit um Bayern von Anfang an eine einvernehmliche Lösung suchte, schlug sich auch direkt in seinem Verhalten nieder. Er versuchte in der Tat zwischen den Parteien zu stehen und beiden gerecht zu werden, und zwar selbst noch nach der Verurteilung Heinrichs Jasomirgott. Hier handelte er als König, der seine Befehlsgewalt nicht aufgab, aber immer wieder zurücknahm. Im Vordergrund stand für ihn von vornherein der Ausgleich der Interessen, die Suche nach einer Entschädigung. Indem der König so die Rolle eines selbsternannten Schiedsrichters oder Richters mit dem Bemühen um einen Ausgleich zwischen den Parteien verknüpfte, glich sich sein Verhalten deutlich dem Bild vom Vermittler an, das seit dem 11. Jahrhundert vornehmlich im Kontext kirchlicher Konflikte an Gestalt gewonnen hatte. Hier hatte das Gebot der gütlichen Einigung ausgehend von den karolingerzeitlichen Praktiken, sogenannte ausgewählte Richter zu bestellen, unter dem Einfluß kirchenrechtlicher Überlegungen größere Verbreitung gefunden.[107] Damit erhielt die nichtgerichtliche Beilegung bei kirchlichen Konflikten einen Formnucleus, der nach außen abstrahlte, und half, die alte kirchenrechtliche Maxime, derzufolge ein Mediator auf beide Konfliktparteien Rücksicht zu nehmen hatte, in der Realität zu verankern.[108]

In der Praxis wurde die Rücksichtnahme auf beide Parteien im Zuge einer gütlichen Einigung zweifelsohne da am schnellsten zur Norm, wo der König regelrecht zum 'Schiedsrichter' berufen wurde oder sich dazu berufen ließ, und das galt eben primär für innerkirchliche Konflikte. So trat nicht von ungefähr Heinrich II. im Jahre 1007, als er mit dem Gandersheimer Streit einen Konflikt zwischen einem Erzbischof und einem Bischof zu lösen suchte, tendenziell bereits wie ein Vermittler auf und damit doch ganz anders als in den sonstigen Konflikten, die er zu schlichten suchte. Zwar unterwarf er ja die Angelegenheiten einem Urteil, das er auf Vorschlag der Bischöfe umsetzen wollte. Und dieses Urteil gab in der Sache der Hildesheimer Position ganz und gar Recht und verpflichtete den Mainzer Erzbischof, öffentlich auf seine Anrechte zu verzichten.[109] Doch obwohl in dieser Hinsicht also nicht von einem Ausgleich die

Rede sein kann, bemühte sich der König darum, die Ansprüche des Mainzers in Gefälligkeiten, die von Seiten der Hildesheimer ausnahmsweise eingeräumt wurden, umzuwandeln, auf daß der Erzbischof sein Gesicht nicht wahrte.[110] Heinrich schlichtete durch Urteil, aber sein Urteil wurde durch Überzeugungsarbeit gleichsam abgemildert, und das Produkt seines Unterfangens wollte er als Übereinkunft, als *pactio*, verstanden wissen.[111] Was sich hier andeutete, wurde dann in der Zeit Heinrichs IV. auf den Begriff gebracht. So wurde der König in einer Urkunde von 1069, die seinen Schiedsspruch im Thüringer Zehntstreit festhielt, als Zeuge, Richter und Vermittler bezeichnet.[112] Dabei verwies das Wort *mediator* eben deutlich auf die Position des Königs zwischen den beiden Parteien und bezeichnete seine Funktion als Mittelsmann, während mit den Begriffen Zeuge und Richter seine Kompetenzen zum Ausdruck gebracht wurden. Der erste Begriff zeigte ihn als Schlichter in der Rolle des Bürgen, der sich, wenn er den Erwartungen der übrigen nachkommt, für den Bestand des abgeschlossenen Paktes einsetzt. Der zweite Ausdruck wies indes auf die schon mehrfach angesprochene Rolle des Richters oder Schiedsrichters hin. Zugleich offenbart sich in dieser Terminologie, daß ein Vermittler für die Zeitgenossen als Richter agieren und ein Urteil fällen konnte, das allerdings ein gütliches Moment aufzuweisen hatte. Ein nuanciertes Bild der königlichen Friedensstiftung war damit im Rahmen der innerkirchlichen Konfliktbeilegung aufgekommen.

Zwar blieb die Vorstellung vom vermittelnden, aber auch richtenden König eine Randerscheinung. Aber die Figur des Schlichters, der zwischen den Parteien steht und sie gemeinsam zum Frieden führt, gewann doch an Konsistenz. Und diese Verfestigung spürt man dann auch bei Barbarossa, der expressis verbis seinem Sohn die Rolle eines *mediator pacis* zuwies, als er die Wahlmodalitäten für das neu errichtete Augustinerchorherrenstift im schwäbischen Herbrechtingen fixierte. Dort sollte für den Fall einer Doppelwahl des Propstes sein Erbe das Recht haben, sich als Friedensvermittler einzumischen, um dann gemeinsam mit den Brüdern einen angemessenen Kandidaten zu finden.[113] Der herrschaftliche Schlichter hatte hier einen Namen bekommen, der seine Form der Einmischung mit einem bestimmten Rollenverhalten verknüpfte und so die Rücksicht auf beide Parteien und die Zusammenarbeit zu seinem Kennzeichen erhob.

Mochte nun auch die Bezeichnung selbst eine Ausnahme sein, so waren die Vorstellungen, die sich mit dem Begriff verknüpften, inzwischen relativ fest verankert. Gerade die Tatsache, daß Otto von Freising Barbarossa im Streit um Bayern an keiner Stelle als Vermittler oder auch nur als Vermittler des Friedens bezeichnet, mag da – so paradox das auf den ersten Blick klingt – als Fingerzeig herhalten. Denn er selbst benutzte diesen Begriff durchaus, verband damit aber stets eine Position zwischen den Parteien. Er selbst nannte sich einen Vermittler, als er beschrieb, wie er als Mittelsmann die Verhandlungen zwischen Barbarossa und jenen Fürsten führte, die sich 1155 gegen diesen verschworen hatten.[114] Doch die Stellung Barbarossas im Streit um das Herzogtum Bayern war weniger eindeutig. Zwar vermittelte er im heutigen Sinne aufs ganze gesehen eine gütliche Einigung zwischen Heinrich dem Löwen und Heinrich Jasomirgott, doch an entscheidenden Stellen führte er bloß bilaterale Verhandlungen mit dem Babenberger. So entwickelte sich für die Betrachter kein regelrechtes Dreiecksverhältnis, und zwar um so weniger, als der König schließlich selbst durch den Verzicht auf königliche Prärogativen etwas zur Aussöhnung beitragen mußte. Aus diesem Grund dürfte Barbarossa in den Augen Ottos von Freising kein Mediator gewesen sein. Aber dieser Umstand verweist selbst wieder indirekt auf die zunehmende Ausdifferenzierung des Bildes von der königlichen Friedensstiftung bei dem Chronisten, der ja ein Mann der Kirche war. Als Vermittler trat man eben nur in den Blick, wo man zwischen den Parteien operierte.

Beschrieb nun auch Otto von Freising Barbarossa nicht als Mediator, so kam der Kaiser aufs ganze gesehen seinem nuancierten Bild vom Vermittler doch wieder nahe. Der Fall Heinrichs Jasomirgott ist schon ein sprechendes Beispiel, aber nicht minder hinterlassen die späteren Interventionen des Staufers in den Konflikten, die Heinrich den Löwen betrafen, den gleichen Eindruck. Immer wieder versuchte Barbarossa hier zu schlichten, indem er sich bewußt zwischen die Parteien stellte, ein Gerichtsurteil umging und die eigene Autorität einsetzte, um einen Ausgleich zu erzielen. Gleichsam programmatisch äußerte er sich 1188, als er den Streit zwischen Adolf von Schauenburg und der Stadt Lübeck beilegte. Denn da nannte er es ein vordringliches Ziel seines Handels „durch Vermittlung Streit aus der Welt zu schaffen".[115] Dabei agierte Barbarossa in dem Streit allerdings fast schon wie ein Schiedsrichter, der beide Parteien anhört, sie zu einer Art Schiedsvertrag drängt und dann noch einen Spruch fällt, durch den er sich die Ansprüche des Grafen sicherte, um sie sodann den Lübeckern zu überlassen.[116] Einseitig und autoritär agierte hier der König, aber ebenso präsentierte er sich als Mann zwischen und über den Parteien, der nicht als ordentlicher Richter, sondern als Schlichter eingreift.

Fragt man nach den Gründen für die gesteigerten Schlichtungsaktivitäten unter Barbarossa, so muß man zumindest zwei nennen. Der erste ist politischer Natur. Die Schlichtung ermöglichte es dem König, ohne Rücksicht auf andere Fürsten einen Konflikt nach seinen Vorstellungen beizulegen. Denn im Unterschied zum Gerichtsverfahren war er, solange er vermittelte, nicht auf die Zusammenarbeit mit den Fürsten angewiesen.[117] Welche Bedeutung dieses Kalkül im Einzelfall besaß, ist schwer zu sagen.

Aber Barbarossa sprach immer von seinem Urteil, wenn er seine Schlichtungsbemühungen vollzog. Andererseits relativierte sich dieser Vorteil in der Praxis wieder, da die Abmachungen, wie im Fall Heinrichs Jasomirgott, häufig die Mitarbeit der Fürsten wieder voraussetzten.

Insofern dürfte der zweite Grund wesentlich entscheidender für das Vorgehen Barbarossas gewesen sein. Und dieses Motiv weist darauf hin, wie traditionell der König dann wieder agierte. Wenn er nämlich im Streit um das Herzogtum Bayern von Anfang an eine gütliche Lösung anstrebte, dann speiste sich dieses Verhalten aus Motiven, die schon in der Zeit Ludwigs des Deutschen den König zum Vermittler werden ließen. Denn Barbarossa handelte so, weil er den Konflikt als Familienkonflikt begriff, er vermittelte, weil man Konflikte in der Familie vermittelnd beizulegen suchte. Der Streit um das Herzogtum Bayern war für ihn zuerst einmal eine Auseinandersetzung zwischen seinem Vetter und seinem Onkel, und diese verwandtschaftlichen Bindungen waren es, die ihn nach den Worten Ottos von Freising alles tun ließen, um ein Blutvergießen zu verhindern.[118] Und dazu paßt, daß sich Barbarossa in den Auseinandersetzungen um Heinrich den Löwen ebenfalls stets zur Vermittlung herausgefordert sah, da auch hier verwandtschaftlichen Verpflichtungen vorlagen, wenn gleich zumeist nur gegenüber dem Welfen.

Zu guter Letzt darf man auch den propagandistischen Wert der Vermittlung nicht unterschätzen. Man stellte sich als Mittler zwischen den Parteien dar, obwohl man deutlich für eine Partei oder gar für sich selbst arbeitete. Daß Heinrich IV. im Thüringer Zehntstreit seine Stellung als Vermittler hervorhob, mag auch seinem Bestreben geschuldet sein, den Vorwurf der einseitigen Parteinahme, wie er dann auch von Lampert von Hersfeld erhoben wurden, zu konterkarieren. Und auch bei Barbarossa kommt die Vermittlungsthematik nicht ganz unschuldig daher. Wenn er in dem erwähnten Privileg für Herbrechtigen sich und seinen Erben bei strittigen Wahlen die Rolle des Friedensvermittlers zugestand, so war das eine Möglichkeit, seine nicht gedeckten Eingriffsrechte hinter dem Gebot der gütlichen Einigung, das die Kirche ja als vornehmste Form der Konfliktbeilegung kannte, zu kaschieren. Daß dieses Motiv Barbarossa nicht fernlag, zeigt die Darstellung, die Otto von Freising dem Konflikt um die Magdeburger Doppelwahl von 1152 widmet. Denn hier wird der Kaiser eben genauso porträtiert, wie er sich in der Urkunde für Herbrechtingen den König als *mediator pacis* vorstellte.[119] Die beiden verfeindeten Parteien kamen zu ihm, und dann suchte man gemeinsam nach einer Lösung.[120] Und erst als das scheiterte, entschloß sich Barbarossa dazu, im Einverständnis mit der einen Gruppe den Kandidaten durchzusetzen, an den er wahrscheinlich ohnehin die ganze Zeit gedacht hatte: den Naumburger Bischof Wichmann. Dies zeigt, warum Otto von Freising Barbarossas Sorge um eine gütliche Lösung so genüßlich ausmalt: Sie half eine Art Devolutionsrecht zu begründen.[121]

Doch so verschieden, ja so traditionell die Gründe für die Schlichtungsversuche Barbarossas sind – zu seiner Zeit hatte das Bild des königlichen Schlichters ein deutlicheres Profil gewonnen, das seine Stellung zwischen den Parteien akzentuierte und die Suche nach einer Einigung mit den Parteien aufwertete, sich allerdings im Unterschied zum heutigen Verständnis mit dem richterlichen Zugriff bestens vertrug. Der König konnte auf ein eigenmächtiges Urteil verzichten, er mußte es aber nicht, und so blieb seinem Verhalten als Schlichter stets die Spannung zwischen dem Vorgehen und den Zielen eines Vermittlers, der die Parteien zu einer einvernehmlichen Lösung bewog, und der Anwendung von Befehl und Zwang erhalten. So gesehen verdankte die königliche Friedensstiftung im hohen Mittelalter ihre Eigenart weiterhin in erster Linie der herrscherlichen Autorität, die der König in die Waagschale werfen konnte, auch wenn er im Einzelfall nicht immer Gebrauch von ihr machte. Es war stets eine Frage der Situation, der Bedeutung des Streitgegenstandes und der Aussicht auf späteren Erfolg, die darüber entschied, inwieweit der königliche Schlichter eher durch Bitten oder Befehlen oder mit einer Mischung aus beidem agierte.

Was für den König galt, traf auch auf die Fürsten zu. Wo Bischöfe und Magnaten als Friedensstifter zwischen ihren Vasallen und sonstigen Abhängigen in Erscheinung traten, brachten sie vornehmlich ihre Autorität von Amts wegen ins Spiel. Als Friedrich Barbarossa Heinrich den Löwen nach Italien rief, suchte der Herzog „die Zwistigkeiten beizulegen, die innerhalb des Herzogtums schwebten, und sorgte weißlich vor, daß in Abwesenheit der Fürsten und anderen Edlen keine Unruhen ausbrächen."[122] Ein König hätte nicht anders gehandelt. Und so verhängten die Fürsten gemeinhin als Friedensstifter auch Bußen, versuchten durch einen Vergleich, Besitzansprüche auszugleichen, oder beließen es dabei, als Zeugen einen von den Konfliktparteien selbst gefundenen Kompromiß zu stützen oder ihn wenn nötig durch ein Machtwort zu erreichen. Das bedeutete allerdings auch, daß sie, wie man es bereits beim König beobachten konnte, seit dem ausgehenden 11. Jahrhundert zunehmend Besitzansprüche miteinander zu verrechnen suchten – Albrecht der Bär oder der Magdeburger Wichmann können hier als Beispiele gelten[123] – und damit zumindest in diesem Bereich nach außen hin eine überparteiliche Stellung einnehmen konnten.

2. Die Königin und die Magnaten als Agenten der Huld

Eine ganz andere Rolle als der König spielte die Königin auf dem Feld der Friedensstiftung. Ihre Bedeutung resultierte fast ausschließlich aus ihrer Stellung in der Herrscherfamilie und ihrem Einfluß auf den König. Zwar partizipierte sie an der Herrschaft ihres Mannes und verfügte so über eine wenn auch eingeschränkte königliche Autorität.[1] Aber in ihrer Funktion als Mitherrscherin griff sie so gut wie nie in irgendwelche Auseinandersetzungen ein.[2]

Dennoch entsprangen ihre Friedensinitiativen grundsätzlich einer gefestigten politischen Stellung. Daß einzelne Königinnen bereits in der Karolingerzeit als Vermittlerinnen hervortraten, hing nicht zuletzt mit ihrer wachsenden Bedeutung in der Politik zusammen. Und da ihr politischer Einfluß in den folgenden Jahrhunderten im ostfränkisch-deutschen Reich rapide anstieg, verwundert es auch nicht, wenn sie nunmehr auf dem Feld der Friedensstiftung immer häufiger aktiv wurden. In erster Linie galt das Engagement der Königin dabei allerdings den Konflikten in der Herrscherfamilie. Das erklärt wiederum, warum ihre Stellung als Herrscherin dann wieder für die konkrete Vermittlungstätigkeit ohne große Bedeutung war. Denn in solchen Konflikten konnte sie mit ihrer königlichen Autorität ohnehin nicht viel ausrichten. Entscheidend war da allein ihr persönliches Verhältnis zum König und zu jenen, die mit ihm im Streit lagen.

Vor allem Auseinandersetzungen zwischen ihrem Mann und den Söhnen oder auch Schwiegersöhnen sowie Konflikte zwischen ihren Kindern forderten die Königin zum Einschreiten auf. Beide Seiten erwarteten Unterstützung und Loyalität, und da sie sich als Ehefrau und Mutter zumeist beiden zugleich verpflichtet fühlte, entkam sie dem Dilemma am besten, indem sie den Zwist durch Zureden beizulegen suchte. Von daher ist die Königin des hohen Mittelalters geradezu das Paradebeispiel für die vermittlungsfördernde Kraft, die verwandtschaftliche Bindungen zu beiden Konfliktparteien entfalten konnten.

Ein paar Beispiele mögen das illustrieren. Die Königin Mathilde vermittelte zwischen ihren Söhnen Otto I. und Heinrich, nachdem sich der nachgeborene Heinrich kurz hintereinander zweimal gegen den neuen König erhoben hatte.[3] Und Gisela, die Mutter Heinrichs II., wiewohl selbst nicht Königin, stand ebenfalls vor dem gleichen Problem wie Mathilde, als sich ihr jüngerer Sohn Brun mit seinem älteren Bruder, Heinrich II., überwarf. Auch sie drängte auf eine Versöhnung und verschaffte dem jüngeren Sohn, der vor seinem Bruder zu den Ungarn geflohen war, dessen Huld, nachdem sie über Mittelsleute darum gebeten worden war.[4] Eine andere Gisela, die Frau Konrads II., intervenierte, als sich ihr Sohn Herzog Ernst gegen seinen Stiefvater und ihren Mann, den König, auflehnte, und trug vorübergehend zur Entspannung bei.[5] Und nicht zuletzt sei noch auf die Kaiserin Agnes verwiesen, die zwischen ihrem Sohn Heinrich und ihrem Schwiegersohn Rudolf von Rheinfelden vermittelte.[6] Und da, so heißt es bei Lampert von Hersfeld, Rudolf von Rheinfelden „wegen seiner früheren guten Dienste bei der Kaiserin sehr beliebt und verwandtschaftlich mit ihr verbunden war durch ihre Tochter, die ihn ... geheiratet hatte ..., schickte er zu ihr und bat sie aufs dringendste, ... das aufsteigende Ungewitter eines Bürgerkrieges zu beschwichtigen". Und für Agnes war es gar keine Frage, daß „sie einem Mann, der sich um sie wohl verdient gemacht hatte, in der Not beistünde und ihrem jugendlichen überschäumenden Sohn Zügel anlegte".[7] Dabei zeigt dieser Fall die Bedeutung der verwandtschaftlichen Bindungen ebenso auf, wie er davor warnt, ihren Einfluß zu überschätzen. Ohne die zurückliegenden Gefälligkeiten des Herzogs und ohne die persönliche Zuneigung, die die Kaiserin für ihn aufbrachte, wären auch die verwandtschaftlichen Bindungen, die besonders für Rudolf Vertrauen und Einfluß verhießen, totes Kapital geblieben.

Der Part, den die Königinnen im Zuge der Konfliktbeilegung spielten, ist im Einzelfall schwer zu bestimmen. Aber generell siedelten sich ihre Aktivitäten zwischen Fürsprache und regelrechter Vermittlung an. Der oben schon erwähnte Einsatz der Königin Gisela für ihren Sohn Ernst kann als Beispiel für die erste Art der Friedensstiftung dienen. Traut man den Angaben Wipos, so wurde die Königin in diesem Fall aktiv, als ihr Sohn dem Vater in demütiger Haltung bis nach Augsburg gefolgt war, wo sie dann zusammen mit ihrem Sohn Heinrich und anderen Fürsten Konrad veranlaßte, den Sohn in Gnaden wiederaufzunehmen.[8] Ob sich die Königin nur ab einem bestimmten Zeitpunkt für ihren Sohn bei dessen Stiefvater eingesetzt oder ob sie die Aussöhnung von vornherein samt der Reue zeigenden Selbstdemütigung herbeigeführt hatte, bleibt hier unklar. Möglich ist jedenfalls beides. Im ersten Fall aber hätte man es mit einer sehr reduzierten Vermittlertätigkeit zu tun, da die Königin ihren Einfluß nur in eine Richtung als Fürsprecherin ausgeübt hätte.

Aber die Königinnen konnten durchaus in eine vermittelnde Position hineinwachsen. Ablesen läßt sich dies zum Beispiel an der tragenden Rolle, die die Kaiserin Richenza bei der Aussöhnung zwischen Lothar III. und dem schwäbischen Herzog Friedrich spielte. Sie war ihr zugefallen dank ihrer Verwandtschaft mit dem Staufer, der sich gegen ihren Mann gestellt und das Gegenkönigtum seines Bruders unterstützt hatte.[9] Als den Staufern jedoch zusehends der Rückhalt schwand und selbst in Süddeutschland der Kaiser und seine Verbündeten militärisch die Oberhand gewannen, entschloß sich Friedrich im Oktober 1134 den Hof in Fulda aufzusuchen. Ihm gelang es, Zutritt zur Kaiserin zu bekommen, und dies

Die Königin und die Magnaten als Agenten der Huld 157

nutzte er, um mit nackten Füßen und in demütiger Haltung ihre Gnade zu erflehen. Das war aber nur als erster Schritt auf dem Weg zur Aussöhnung mit Lothar gedacht. Denn er bat die Kaiserin im gleichen Atemzug auch darum, ihm die Huld ihres Mannes wiederzuverschaffen.[10] Er fand Gehör, und Richenza kam seinem Wunsch nach. Es blieb ihr auch gar nichts anderes übrig, nachdem sich ihr Friedrich auf diese Weise genähert hatte. Denn eine im Gestus der Selbsterniedrigung vorgetragene Bitte konnte man nicht ablehnen, ohne einen neuen Konflikt vom Zaume zu brechen. Man erkennt hier schon die Widerstände, die sich den Bestrebungen Herzog Friedrichs entgegengestellt und die ihn zu einem solchen Vorgehen veranlaßt hatten. Offenkundig verweigerte ihm Lothar III., der ja ebenfalls in Fulda zugegen war,[11] zu diesem Zeitpunkt jeglichen Kontakt. Was dem Staufer blieb, war der Weg über die Kaiserin. Und da die Entourage des Kaisers das Zusammentreffen der beiden nicht verhinderte, obwohl sie es wohl gekonnt hätte, dürfte man diesen Schritt dem Staufer auch von höchster Stelle an Herz gelegt haben.

In jedem Fall wurde Richenza aktiv. Zunächst ließ sie den Herzog von dem gerade anwesenden päpstlichen Legaten von der Exkommunikation lösen. Da diese Maßnahme wohl kaum ohne die Zustimmung Lothars erfolgt ist,[12] deutet sie unmißverständlich auf die intensiven Verhandlungen hin, die die Kaiserin nun mit ihrem Mann führte. Wie die Lösung vom Bann zeigt, war er schnell für eine Aussöhnung gewonnen, legte aber Wert darauf, daß der lange Weg, dessen es bedurfte, um nach der mehrjährigen Auflehnung wieder seine Huld zu gewinnen, für alle sichtbar wurde, weshalb er denn auch nicht sofort eine Unterwerfung des Staufers anzunehmen bereit war.[13] Und so umkreisten die Verhandlungen Richenzas vor allem die Frage, was wann und wie geschehen sollte. Das zeigen die Eide, die der Herzog auf ihr Geheiß hin im Gegenzug für die Aufhebung der Exkommunikation und im Vorgriff auf die Versöhnung mit dem Kaiser leisten mußte. Zunächst schwor er feierlich, Lothar in Zukunft die Treue zu halten, und versprach sodann, auf dem nächsten Hoftag vor allen Fürsten den Kaiser um dessen Huld anzugehen. Dabei konnte er mit einem Gnadenappell der Fürsten rechnen.[14]

Ob nun primär vom Hof beeinflußt oder auf eigene Initiative – die Kaiserin vermittelte hier eigenständig die Aussöhnung zwischen Friedrich und ihrem Mann. Sie leitete die ersten Schritte der Entspannung in die Wege, sorgte mit der Aufhebung der Exkommunikation und dem Treueversprechen für die Voraussetzungen einer Verständigung, arrangierte die Form der Aussöhnung und handelte wohl auch den Verzicht Lothars auf anschließende Straf- und Bußleistungen aus.[15] Sie selbst übernahm allerdings, soweit zu sehen, nicht die Rolle der Fürsprecherin, als sich Friedrich im März 1134 wie abgesprochen in Bamberg dem König per Fußfall unterwarf. Ob sie auf diesen Part verzichtete, um Bernhard von Clairvaux den Vortritt zu lassen, der, gerade auf dem Weg nach Rom, in Bamberg Zwischenstation gemacht hatte, sei dahingestellt. Daß Richenza ein halbes Jahr später bei der ebenfalls von ihr ausgehandelten Aussöhnung Lothars mit Friedrichs Bruder Konrad als Fürsprecherin auftrat, läßt jedenfalls den Gedanken an einen bewußten Verzicht zugunsten Bernhards aufkommen. In jedem Fall aber war der Ausgleich mit Friedrich ihr Werk und nicht die Leistung des renommierten Zisterziensers, bei dessen Ankunft die entscheidenden Fragen schon längst gelöst waren, und der höchstens das Versprechen Friedrichs, am nächsten Romzug des Kaisers teilzunehmen, mit ausgehandelt hat.[16]

Wenn überhaupt eine andere Person im Zusammenhang dieser Vermittlung eine besondere Erwähnung verdient, so ist es der Kardinallegat, der in Fulda den Herzog vom Bann löste. Bei ihm handelte es sich wahrscheinlich um Dietwin von Santa-Rufina, dessen Aufgabe es gewesen war, Lothar III. für einen zweiten Romzug zu gewinnen, um Innozenz II. mit Gewalt wieder als Herrn in Rom zu installieren und das leidige Schisma zu beenden.[17] Dieses Ziel setzte aber eine Versöhnung des Kaisers mit den beiden Staufern voraus, und so war Innozenz II. zum Fürsprecher einer friedlichen Lösung geworden. Nun weiß man über den Inhalt der Verhandlungen des Legaten nicht mehr als das, was oben schon erwähnt wurde. Aber sein Anteil mag doch größer gewesen sein. So hat sich ein Brief Lothars erhalten, in dem dieser davon spricht, daß die Bedingungen der Unterwerfung nicht nach seiner, sondern nach göttlicher Anweisung getroffen worden seien.[18] Darin kann man durchaus eine Anspielung auf päpstliche Vorschläge sehen. In jedem Falle offenbart sich aber in der Zusammenarbeit des Kardinallegaten mit der Kaiserin ein Faktor, der bei den Vermittlungen der Königinnen stets mitzubedenken ist: Sie waren in den Augen Roms der ideale Ansprechpartner, wenn es galt, den König mit einem Gegner auszusöhnen, eine Einstellung, die ja bereits die Päpste vereinzelt zu Zeiten der Karolinger an den Tag gelegt hatten.[19] Nicht von ungefähr hatte 1130 – unmittelbar nach Ausbruch des Schismas – der später unterlegene Papst Anaklet II. einen Brief an Richenza gerichtet, in dem er sie bat, sie möge sich bei ihrem Mann für seine Sache verwenden.[20]

Das Engagement der Herrscherinnen blieb nicht auf die Beilegung von Auseinandersetzungen im Familienkreis beschränkt. Ihre Nähe zum König ließ sie für alle, die die königliche Huld verloren hatten, als Vermittlerin interessant werden. Aus dieser Perspektive erscheint die Vermittlungstätigkeit ihr Tun als Fürsprecherin bei Hof nurmehr fortzusetzen und zu erweitern.[21] So wie sie seit dem 9. Jahrhundert für einzelne Große zunehmend ihr Wort beim König einlegte, um ihnen eine Audienz oder gar ein Privileg zu verschaffen, so nutzten sie ihren Einfluß auf den König eben auch, um ihm die Beilegung eines Konfliktes nahezubringen und ihn zu einer Verständigung mit diesem oder jenem Magnaten zu bewegen. Kunigunde, die Frau Heinrichs II., war es beispielsweise, die die Unterwerfung des schwäbischen Herzogs Hermann 1002, der wie Heinrich selbst nach der Krone gegriffen hatte, gemeinsam mit anderen Großen vermittelte, wobei der Herzog allerdings nur unter der Bedingung, Buße für seinen Überfall auf Straßburg zu leisten, in Gnaden aufgenommen wurde.[22] Kunigunde war es auch, die dem Billunger Bernhard 1020 die Gnade des Königs erbat, nachdem dieser einen Aufstand gegen ihren Mann vom Zaune gebrochen hatte und einige Zeit von königlichen Truppen auf der Schalksburg belagert worden war.[23] Und so wie Kunigunde agierten auch andere Herrscherinnen, auch die schon erwähnte Richenza sieht man in dieser Funktion, als sie die Aussöhnung zwischen ihrem Gemahl und dem Straßburger Bischof Bruno in die Wege leitete.[24]

In vielen Fällen handelten die Königinnen nicht allein, wenn sie ihr Wort für einen Gnadenakt einlegten. Es waren vor allem Bischöfe, mit denen sie sich diese Aufgabe teilten. 1002 bat die Kaiserin Kundigunde gemeinsam mit einigen Bischöfen ihren Mann darum, dem schwäbischen Herzog Hermann zu vergeben, nachdem sich dieser 1002 unterworfen hatte; und ebenso erwirkte sie die Begnadigung Bernhards II. im Jahr 1020 zusammen mit dem Bremer Erzbischof Unwan.[25] Der polnische Herzog Miezko suchte 1032 die Huld der Königin Gisela und anderer Fürsten, um die Gnade Konrads II. wiederzuerlangen, was ihm auch gelang.[26] Und gemeinsam mit dem Bischof von Halberstadt brachte dieselbe Herrscherin ihren Mann Weihnachten 1033 dazu, einem gewissen Hilderich, der sich des Totschlags schuldig gemacht hatte, die Rückkehr aus der Verbannung zu gestatten.[27]

All diese Aktionen trugen dazu bei, daß sich die Bitte um einen Gnadenakt fest mit den Erwartungen verknüpfte, die man von den Aufgaben einer Herrscherin besaß. Als sich die Mailänder 1162 Friedrich Barbarossa unterwarfen und er ihnen Hoffnung machte, bald seine Huld wiedergewinnen zu können, suchten sie unverzüglich die Kemenate der Königin Beatrix auf. Sie erhielten keinen Zutritt, und so warfen sie jene kleinen Kreuze, die sie zum Zeichen ihrer Bitte um Barmherzigkeit beim Unterwerfungsakt getragen hatten, einfach durch die Fenster hinein.[28] Die Erwartungshaltung, die hier zum Ausdruck kommt, zeigt, wie tief sich das Bild von der fürbittenden Königin inzwischen eingeprägt hatte. Im Einzelfall scheint denn auch ihr Akt der Fürbitte zum bloßen Ritual geworden zu sein, das allein demonstrieren sollte, daß die Königin ihren Aufgaben gewachsen war. Das zumindest ist der Eindruck, wenn man sieht, daß im Vorfeld der Heirat Heinrichs V. mit der erst achtjährigen englischen Königstochter Mathilde diese bei ihrem ersten Zusammentreffen mit dem

König, noch vor der Trauung, nichts besseres zu tun hatte, als ihren künftigen Gemahl um Gnade für den lothringischen Herzog Gottfried zu bitten.[29] Die Fürbitte der künftigen Königin erscheint hier ohne jeden Bezug zu den konkreten Bemühungen um die Versöhnung, sie erscheint aufgesetzt. Und so spürt man eine Tendenz zur Ritualisierung, die an die zunehmende Formelhaftigkeit denken läßt, mit der zur gleichen Zeit bei der Ausstellung von Urkunden auf das Mitwirken der Königinnen hingewiesen wurde.[30] Dennoch offenbart das geschilderte Verhalten der Mailänder, daß man generell um die Vermittlung oder auch nur die Fürsprache der Königin immer wieder kämpfen mußte.

Die meisten von den Herrscherinnen vermittelten Konfliktlösungen endeten mit einer regelrechten Unterwerfung oder zumindest mit einer Demonstration von Reue und Gehorsam von seiten derer, die die Huld des Herrschers wiedergewinnen wollten. Aber wenigstens innerhalb der Familie konnte die Intervention der Königinnen auch ein anderes Ergebnis zeitigen. Die Kaiserin Agnes ermöglichte es beispielsweise Rudolf von Rheinfelden, sich auf einem Hoftag öffentlich von den gegen ihn erhobenen Vorwürfen zu reinigen, und die Königin Mathilde brachte ihre Söhne im Streit um das väterliche Erbe dazu, auf bestimmte Ansprüche zu verzichten.[31]

Aufs ganze gesehen hing die Vermittlungstätigkeit der Königinnen in hohem Maße von externen Faktoren ab. Ihre Persönlichkeit, ihr Verhältnis zum König und ihre Beziehungen zu den anderen Konfliktparteien entschieden darüber, ob sie auch als Vermittlerin in den Vordergrund traten. Und so gab es eben Herrscherinnen, die sich auf diesem Feld einen Namen machten wie die Königinnen Gisela und Richenza,[32] wie die Kaiserin Agnes, die aufgrund ihrer engen Bindungen an den Papst eine aktive Vermittlerrolle zwischen ihrem Sohn und Gregor VII. im Streit um die gebannten Räte spielte,[33] und es gab andere, die kaum dazu Gelegenheit hatten, wie etwa Bertha von Savoyen, die einflußlose Gattin Heinrichs IV.[34] Doch die persönlichen Eigenarten und Umstände entfalteten sich nur, wo es die Verhältnisse zuließen. Und so sank dann auch die Bedeutung der Herrscherinnen auf dem Feld der Vermittlung seit der Stauferzeit, als ihr Einfluß auf der politischen Ebene aus vielerlei Gründen zurücktrat.[35]

Schon das gemeinsame Wirken einzelner Königinnen mit den Großen mag man als ersten Hinweis auf die Bedeutung verstehen, die den Fürsten im hohen Mittelalter auf dem Feld der Friedensstiftung zuwuchs. Dabei setzten sie zunächst einmal ungebrochen jene Traditionen fort, die sich im 9. Jahrhundert verfestigt hatten. Und noch im 10. Jahrhundert waren es dementsprechend die Konflikte in der liudolfingischen Herrscherfamilie, die zu allererst zum Ausgangspunkt der Vermittlungstätigkeit wurden. Der Aufstand Liudolfs gegen seinen Vater Otto I. veranlaßte gleich mehrere

Bischöfe dazu, sich um des Friedens willen einzumischen.[36] Da trat zum einen der Kölner Erzbischof Brun als Vermittler zwischen Bruder und Neffe in Erscheinung.[37] Schon zuvor hatte sich der Mainzer Erzbischof Friedrich von Mainz um einen Ausgleich bemüht, und im letzten Stadium der Auseinandersetzungen, als man es de facto mit einem Bürgerkrieg zu tun hatte, intervenierten mit Hartbert von Chur und Ulrich von Augsburg zwei weitere Bischöfe, um die Kriegshandlungen zu verhindern.[38] Und der Vollständigkeit halber müßte man hier auch noch die namentlich nicht bekannten Fürsten erwähnen, die es am Ende Liudolf möglich machten, einen Waffenstillstand mit seinem Vater zu schließen, der die ziemlich erfolgreiche Belagerung von Regensburg aufhob.[39] So gesehen rief der Konflikt zwischen Vater und Sohn nicht allein die Friedensbemühungen der Familienmitglieder, sondern auch einiger anderer Großer auf den Plan, und das sollte auch bei den künftigen Konfrontationen dieser Art nicht anders werden, ja die Bedeutung der Fürsten wuchs dabei noch an, wenngleich solche Auseinandersetzungen selbst – zum größten Teil aus biologischen Gründen – immer seltener wurden. Bei den Konflikten zwischen Heinrich IV. und seinem gleichnamigen Sohn spielten sie die entscheidende Rolle.[40] Gleiches galt auch für den letzten klassischen Vater-Sohn-Konflikt zwischen Friedrich II. und Heinrich (VII.), an dessen Beilegung der Hochmeister des Deutschen Ordens, Hermann von Salza, federführend mitwirkte und den Sohn dazu bewog, sich dem Vater zu unterwerfen.[41]

Doch nicht allein die Vater-Sohn-Konflikte animierten die Großen zur Vermittlungstätigkeit. Mehr und mehr bemühten sie sich seit dem 10. Jahrhundert darum, einzelnen Magnaten und später auch den Städten und Kommunen die herrscherliche Huld nach einer Konfrontation zurückzugewinnen, indem sie sie zur Unterwerfung überredeten. Gewiß, nicht jede Unterwerfung unter den König setzte eine Intervention von seiten Dritter voraus. Es fielen zuweilen auch Große dem Herrscher bittend zu Füßen, ohne dies zuvor mit dessen Vertrauten abgesprochen zu haben.[42] Andere wiederum übergaben sich – und das kam häufiger vor – in die Gewalt des Königs, nachdem sie über Boten mit ihm darüber verhandelt hatten.[43] Und ebenso gewiß verlangte auch nicht jede Wiederaufnahme in die herrscherliche Huld einen Unterwerfungsakt. Ekbert I. und Wichmann der Jüngere erlangten die Gunst Ottos I. allein durch die Fürsprache Bruns von Köln respektive des Markgrafen Gero wieder.[44] Noch im 12. Jahrhundert gab es vergleichbare Fälle, wie etwa Heinrich der Stolze den Grafen Dietpold von Vohburg ohne den Rekurs auf eine regelrechte Unterwerfung mit Lothar von Süpplingenburg ausgesöhnt haben soll.[45] Und doch war die vorzeitige Unterwerfung im hohen Mittelalter ein immer wieder genutztes Mittel, um in den Genuß eines herrscherlichen Gnadenaktes zu kommen und trug entscheidend dazu bei, daß einzelne Magnaten in eine Art Vermittlerposition hineinwuchsen: Friedrich von Mainz im Fall Eberhards von Franken, Bernward von Hildesheim im Fall der Stadt Tivoli, Brun von Toul im Fall Gottfrieds des Bärtigen, der Graf Eberhard im Falle Ottos von Northeim, Guido von Biandrate im Fall Mailands oder Heinrich der Löwe im Fall Cremas.[46] Wie selbstverständlich diese Art der Konfliktlösung im 12. Jahrhundert geworden war, kann man an zwei Phänomenen ablesen. Zum einen nahmen nun auch die weltlichen Fürsten selbst Unterwerfungen von ihren Gegner im eigenen Herrschaftsbereich entgegen. Heinrich der Stolze söhnte sich so mit dem Grafen Otto von Wolfratshausen aus, und sein Sohn beendete nicht anders den Konflikt mit dem slawischen Fürsten Wratislaw, um nur zwei Beispiele zu nennen.[47] Und beide Male war dieser Ausgang im übrigen von engen Beratern der Herzöge – hier von Otto von Wittelsbach und da von Adolf von Schauenburg – ausgehandelt worden.[48] Zum zweiten aber scheint man nunmehr auch das Institut der vermittelten Unterwerfung häufiger genutzt zu haben, um den Gegner hinters Licht zu führen. So versprach der Mainzer Erzbischof Adalbert sich zu unterwerfen, allein um die Auflösung des kaiserlichen Heeres, das ihn in Mainz belagerte, zu bewirken. Das gelang ihm und er nutzte es, um mit einem unvermuteten Ausfall den kaiserlichen Heerführer selbst in die Hände zu bekommen.[49] Heinrich der Stolze wiederum soll Friedrich II. von Schwaben mit dem Angebot in einen Hinterhalt gelockt haben, ihm eine Unterwerfung vor Lothar und damit seine Aussöhnung mit dem Kaiser zu vermitteln.[50] Und schließlich sei auf Ottokar von Böhmen verwiesen, der über den Markgrafen Konrad von Landsberg König Philipp von Schwaben seine Bereitschaft zu einer Unterwerfung erklärt hatte, um während der Verhandlungen fliehen zu können.[51]

Die Rolle, die die Großen und Fürsten im Vorfeld von Unterwerfungen spielten, war durch ihre abhängige Stellung bestimmt. Sie waren dem König zu Treue verpflichtet, und das wirkte sich auch auf ihre Art der Friedensstiftung aus. Die Bindung an den König war das Fundament ihres Handelns. Selbst Brun von Köln, der als Bruder und Onkel in der Auseinandersetzung zwischen Otto I. und dessen Sohn Liudolf am ehesten noch zwischen den Parteien hätte stehen können, kannte in seinem Bemühen um einen Frieden nur eine Position: die seines Bruders Otto. Für ihn hatte sich der pflichtvergessene Sohn dem Vater zu unterwerfen.[52] Nicht minder standen auch für Hartbert von Chur und Ulrich von Augsburg im Lager des Königs. Hartbert von Chur gehörte in jenen Jahren zu den Bischöfen, die ein Privileg nach dem anderen von Otto erhielten, und Ulrich von Augsburg war bekanntlich nicht nur die letzte Stütze Ottos I. in Schwaben, nachdem nahezu der gesamte Adel auf die Seite Liudolfs getreten war,

Die Königin und die Magnaten als Agenten der Huld 163

sondern auch derjenige, der mit dem Sieg seiner Vasallen über den Pfalzgrafen Arnulf die Wende zugunsten des Königs in Süddeutschland eingeleitet hatte.[53] Und schließlich agierte auch Hermann von Salza als Mann Friedrichs II., als er dessen Sohn zur Unterwerfung veranlaßte, ganz gleich, ob er den Sohn, wie zuweilen vermutet, mit falschen Versprechungen hinters Licht führte oder nicht.[54]

Wenn schon die Interventionen in der Herrscherfamilie keine Überparteilichkeit zuließen, so galt das natürlich erst recht für die Friedensstifter, die in den Konflikten zwischen dem König und jenen, die seiner Herrschaft unterworfen waren, auftraten. Bernward von Hildesheim, der die Stadt Tivoli dazu bewog, sich Otto III. zu unterwerfen, hatte noch kurz zuvor im Lager der Deutschen auf der Seite jener gestanden, die mit aller Macht die Belagerung der Stadt fortsetzen wollten.[55] Auch bei Bruno von Toul braucht man nicht an dessen Treue zum Kaiser zu zweifeln, war er es doch gewesen, der Gottfried den Bärtigen exkommuniziert hatte, ehe er dann, gerade zum Papst erhoben, dessen Unterwerfung in die Wege leitete.[56] Der Graf Eberhard, der den abgesetzten Otto von Northeim auf dem Wege der Unterwerfung mit dem König aussöhnen wollte, gehörte damals zu den engsten Beratern Heinrichs IV.[57] Und nicht anders standen auch Heinrich der Löwe und der Patriarch von Aquileja im Lager Barbarossas, als sie die Unterwerfung der Stadt Crema aushandelten.[58]

Die Parteigebundenheit dieser Friedensstifter kommt schließlich noch anderwärtig zum Ausdruck. Zuweilen wurden sie nämlich am Ende ihre Aktion belohnt, und zwar vom König. Lampert von Hersfeld berichtet davon im Zusammenhang mit den Verhandlungen um den Frieden von Gerstungen im Jahre 1074. Der König, so schreibt er, „spendete denen, die sich mit besonderem Eifer für ihn eingesetzt hatten, Schenkungen der königlichen Hochherzigkeit entsprechend".[59] Mehr als deutlich tritt hier hervor, was belohnt wurde: Nicht die Stiftung von Frieden, sondern die Vertretung der königlichen Interessen. In anderen Fällen trat dann allerdings das Motiv der Friedensstiftung wieder deutlicher hervor. So versprach etwa der dänische König Waldemar Heinrich dem Löwen 1000 Mark Silber dafür, daß er die Slawen dazu bewog, von den Raubzügen nach Dänemark Abstand zu nehmen.[60] Um jedoch als Mittelsleute in Erscheinung zu treten, müßten die intervenierenden Großen indes auch von jenen, die sich ergeben, belohnt werden, wie etwa die Langobarden unter Aistulf nach den Friedensverhandlungen, die ihre Unterwerfung einleiteten, die fränkischen Fürsten mit Geschenken ehrten.[61] Doch über den diplomatischen Geschenkaustausch hinausgehend, finden sich von dieser Praxis kaum Spuren im hohen Mittelalter. Wenn im Zuge der Unterwerfung des polnischen Herzogs unter Barbarossa, der Herzog sich verpflichten mußte, neben dem Kaiser und der Kaiserin auch den Fürsten einen geringen Betrag zu zahlen, so war das insofern etwas anderes, als hier nicht die intervenierenden Großen für ihr Eingreifen belohnt wurden.[62] Und auch jene Gefälligkeiten wird man hier nur schwer mit einbeziehen, die einzelne Große einforderten, wenn sie sich beim König für einen anderen einsetzten, wie die Fürsten, die für die Haftentlassung Ottos von Northeim eintraten und zuvor von diesem bestimmte Güter verlangt hatten.[63] Denn solche Leistungen verweisen weniger auf eine Stellung zwischen den Parteien, sondern zeigen nur, wie man die privilegierten Beziehungen zum König ausnutzen konnte.

Die enge Bindung an den König, die bei fast allen Fürsten anzutreffen ist, die sich um die Beilegung eines Konfliktes auf dem Weg der Unterwerfung bemühten, war indes die Voraussetzung ihrer Vermittlungstätigkeit, ihr notwendiges Unterpfand. Sie gab ihnen die Möglichkeit, ohne größere Probleme auch gegenüber dem König Forderungen der Gegenseite zu vertreten. Der Einfluß auf den König machte es überhaupt erst für dessen Gegner interessant, sich an diese Personen zu wenden, um über sie eine Verständigung mit dem König zu erzielen. Und da zugleich die Unterwerfung unter den König nur dann erfolgte, wenn die Machtverhältnisse sich eindeutig zu dessen Gunsten verschoben hatten, wirkte die fehlende Neutralität keineswegs als Hindernis.

Die Nähe zur Partei des Königs ließ es zuweilen vom einzelnen Beobachter und seinen Interessen abhängen, ob er die Rolle der Fürsten auf dem Weg zu einer Lösung als ein bedeutsames Moment wahrnahm oder nicht. Für die Italiener, die über die Niederlage der Stadt Crema im Jahre 1160 gegen Friedrich Barbarossa berichten, war das Ende der Auseinandersetzung das Ergebnis von Verhandlungen zwischen beiden Seiten, während die deutschen Berichterstatter den Fürsten im Lager des Kaisers eine gesonderte Rolle als Friedensstifter zuschrieben.[64]

In welchem Maße nun die Großen oder Fürsten vor diesem Hintergrund ein eigenständiges Profil gewannen, hing weitgehend von der konkreten Situation ab und variierte erheblich. Den Ausschlag gaben ihre Beziehungen zur gegnerischen Partei, ihr Wille, sich deren Wünsche zu eigen zu machen und die Autorität, die sie gegenüber dem König besaßen oder glaubten, geltend machen zu können.

Was die Beziehungen anbelangt, so spielten auch jenseits der Herrscherfamilie verwandtschaftliche Bindungen eine gewisse Rolle. Wenn Welf IV. seine Söhne mit Heinrich IV. aussöhnte, so kann man davon ausgehen, daß er deren Interessen nicht vergaß, wie denn auch einem von ihnen die Nachfolge im Herzogsamt zugesagt wurde.[65] Besonders hervorgehoben wird die Bedeutung der verwandtschaftlichen Beziehungen im Fall des Herzogs Friedrich II. von Schwaben, als dieser das trügerische Angebot seines Schwagers Heinrichs des Stolzen annahm, mit ihm über eine

Unterwerfung unter Lothar III. zu verhandeln. Zunächst einmal hob Heinrich der Stolze selbst darauf ab, als er Friedrich seine Vermittlerdienst antrug, mahnte er ihn doch „als den Gatten seiner Schwester freundschaftlich, sich dem Herrscher zu unterwerfen".[66] Als Friedrich dann den Betrug aufdeckte, war er es selbst, der die verwandtschaftliche Bindung als das Fundament seines Vertrauens bezeichnete: „Du hast, mein guter Herzog, unrecht getan, hast du mich doch in Frieden gerufen, ohne das Banner des Friedens zu tragen, und du hast dich eher als Feind denn als Freund erwiesen und weder Rücksicht auf deinen eigenen ehrbaren Ruf noch die Blutsverwandtschaft, die uns verbindet, haben dich von diesem Anschlag abgehalten."[67]

Neben verwandtschaftliche Beziehungen stärkten auch politische Bindungen das Verantwortungsgefühl. Wenn sich Otto von Northeim 1071 an den Erzbischof Adalbert von Bremen wandte, um mit dessen Hilfe beim König seine Entlassung aus der Haft zu erreichen,[68] so aktivierte er einen alten politischen Gefährten, mit dem er 1063 gemeinsam einen erfolgreichen Kriegszug gegen die Ungarn durchgeführt und dessen Regiment er in den Jahren 1064 und 1065 gestützt hatte.[69] Und berücksichtigt man, daß Otto 1066 zu jenen gehört hatte, die den Rückzug Adalberts vom Hof forderten, so bekommt seine Bitte 1071 eine zusätzliche Bedeutung. Denn er entsann sich nun in der eigenen Zwangslage nicht nur der alten Verbindung, sondern schien auf diese Weise auch den Akt von 1066 wieder ungeschehen machen zu wollen. Denn mit dem Auftrag, sich beim König für sein Geschick einzusetzen, brachte er den Erzbischof für alle Öffentlichkeit sichtbar wieder in jene hervorgehobene Stellung zurück, die dieser bis 1066 im königlichen Rat bekleidet hatte.So bekamen mit der geleisteten Wiedergutmachung auch die alten Bindungen ihren Wert zurück und der Erzbischof würde sich folglich schon für ihn einsetzen. Ähnlich wie Otto von Northeim aktivierte auch Bischof Ulrich von Augsburg alte Beziehungen, als er den Abt Craloh mit dem Konvent von St. Gallen aussöhnen wollte. Er suchte das Gespräch zu allererst mit jenen Mönchen, die einst seine Mitschüler in der Klosterschule gewesen waren, wie auch umgekehrt die Mönchsgemeinschaft diese als ihre Unterhändler bestimmt hatte.[70]

Verpflichtungen gegenüber der anderen Partei entstanden nicht zuletzt durch die bewußte Auswahl der intervenierenden Großen. So nahm der König bei der Wahl seiner Verhandlungsführer Rücksicht auf die Gegenpartei, wie er generell Gesandte hin und wieder aufgrund ihrer privilegierten Beziehungen zu dem einen oder anderen König bestimmte.[71] Als Otto I. während der Aufstände 939 Friedrich von Mainz auswählte, um mit Herzog Eberhard von Franken in Verhandlungen zu treten, da geschah dies gewiß auch aufgrund der engen Beziehungen zwischen dem Bischof und dem Herzog. Diese Bindungen hatten schon einmal dazu geführt, daß sich der Herzog auf Rat des Erzbischofs Otto I. unterworfen und schnell dessen Huld wiedergewonnen hatte.[72] Von hier aus war es dann auch kein weiter Schritt mehr, Personen, die zuvor im Lager des Gegners gestanden hatten, mit solchen Missionen zu betrauen. Und so sieht man etwa Otto I. einen Vasallen seines Bruders Heinrich namens Agina, der ihm gerade eine Burg übergeben hatte, zu Heinrich schicken, um diesen zu Friedensverhandlungen aufzufordern. Der gleichen Logik, nur mit umgekehrten Vorzeichen, folgten auch die Sachsen, wenn sie nach der Niederlage bei Homburg an der Unstrut 1075 den überzeugten Parteigänger des Königs, den Bischof Liemar von Hamburg-Bremen, gemeinsam mit dem Markgrafen Udo von Stade, der sich unlängst dem König ergeben hatte, in dessen Lager zu Friedensverhandlungen entsandten.[73] Das Verhalten der Sachsen spiegelt dabei aber nur eine gewöhnliche Praxis wieder. Denn auch schon früher wandten sich jene, die sich unterwerfen wollten, nach Möglichkeit an die Personen am Hofe, die beim jeweiligen Herrscher besonders viel galten. Man denke nur an Heinrich von Schweinfurt, der mit Bernhard von Sachsen und dem Magdeburger Erzbischof Tagino die damals engsten Vertrauten Heinrichs II. bat, einer Aussöhnung mit dem König das Terrain zu bereiten.[74]

Ob man allerdings auch den Gegner unmittelbar Einfluß auf die Wahl der Verhandlungsführer nehmen ließ, muß dahingestellt bleiben. Lampert von Hersfeld läßt jedenfalls Heinrich IV. im Vorfeld der sächsischen Unterwerfung bei Spier jene Gesandte ins Lager der Sachsen schicken, die diese sich seiner Ansicht nach zuvor gewünscht hatten.[75] Aber er ist auch der einzige, der so etwas berichtet, zumindest im Hinblick auf Verhandlungen zwischen einem König und seinen Vasallen. Andererseits scheint es in der Tat damals zu Verhandlungen über die Personen, die die Unterwerfung mit den Sachsen aushandeln sollten, gekommen zu sein. So hat sich ein Brief des Augsburger Bischofs Embricho erhalten, in dem dieser noch vor dem Zug des Königs nach Sachsen einem der Anführer der sächsischen Erhebung, dem Halberstädter Bischof Burchard, mitteilt, er möge ihm und einigen anderen namentlich genannten Großen die Vertretung der sächsischen Belange übertragen, damit sie einen Frieden vermitteln können.[76] Mit den Erzbischöfen Siegfried von Mainz und Gebhard von Salzburg sowie dem Briefschreiber selbst werden dabei drei Männer genannt, die Heinrich IV. dann später in der Tat entsandte, um die Unterwerfung der Sachsen auszuhandeln. Man führte also – und daran besteht nach dem Zeugnis des Briefes kein Zweifel – Gespräche über die Gesandten, denen man die Friedensverhandlungen anvertrauen wollte. Aber für sich genommen belegt der Brief Embrichos auch nur, daß man im Lager Heinrichs an die drei Bischöfe ohnehin dachte. Insofern muß man Lamperts Darstellung sehr eng auslegen. Wenn der Kreis der königlichen Abgesandten seiner Ansicht nach den Wünschen der Sachsen entsprach, so mußte deshalb der König seine Wahl noch lange nicht aufgrund dieser Wünsche getroffen haben. Dennoch fühlten sich natürlich die Verhandlungsführer in die Pflicht genommen, wenn sie wußten, auch von der Gegenpartei mit einem Vertrauensvorschuß bedacht worden zu sein.

Förderten die engen Beziehungen der Intervenienten zur Gegenpartei auch die Ausbildung einer eigenständigen Position, so bildete dafür doch das Aushandeln der Unterwerfung den entscheidenden Ausgangspunkt. Hier gingen die Verhandlungsführer zumeist erst jene Bindungen mit der Gegenpartei ein, die sie in eine Vermittlerrolle hineinwachsen ließen. Zwar wurde die Unterwerfung grundsätzlich zwischen dem König und dessen Gegnern ausgehandelt, weshalb denn auch die intervenierenden Großen wiederholt mit ihm Rücksprache hielten und zu guter Letzt sein Einverständnis einholten.[77] Aber da die Gesandten nicht selten keine Möglichkeit zur Rücksprache besaßen und die vorzeitige Unterwerfung im hohen Mittelalter zu einem gewöhnlichen Mittel der Konfliktbeilegung geworden war, schlossen sie gleichsam einen Pakt mit den Gegnern des Königs und gaben ihnen das Versprechen, den König zur Annahme der Unterwerfung und zu einem späteren Gnadenakt zu überreden. Dabei konnten im Einzelfall die Zusagen darüber hinaus gehen und die Form der Unterwerfung,[78] aber auch die Wiedererlangung der Huld betreffen.

Wie sich auf dem Weg zu einer Unterwerfung allmählich aus einem Abgesandten ein Vermittler entwickelte, kann man dem detaillierten Bericht Lamperts von Hersfeld über die Unterwerfung Ottos von Northeim entnehmen. Nachdem es Otto von Northeim, in Abwesenheit zum Tode verurteilt und der bayerischen Herzogswürde entsetzt, gelungen war, seine Krieger auf den Hasunger Bergen zu sammeln, um den König zu einer Entscheidungsschlacht herauszufordern, brach Heinrich IV. seinen Zug nach Bayern ab und stellte unverzüglich ein Heer zusammen, das dem ehemaligen Bayernherzog entgegentreten sollte.[79] „Als Ratgeber diente ihm damals hauptsächlich der überaus kluge Graf Eberhard. Dieser erkannte, daß die Feinde ... ohne schweren Schaden für das Reich weder besiegt werden noch siegen konnten; deshalb ging er zu Herzog Otto und beschwor ihn bei Gott, sich und seine Leute nicht in so große Gefahr zu stürzen; noch sei ja für ihn nicht alle Hoffnung auf Verzeihung, nicht alle Möglichkeit genommen, wieder zu Atem zu kommen. Wenn er sein Heer von dem Berge, den er besetzt hatte, wegführe und sich dem König unter billigen Bedingungen ergebe, so verspreche er ihm eidlich, daß er ihm beim König Verzeihung für das ihm zur Last gelegte Vergehen und Rückerstattung all dessen, was er nach Kriegsrecht verwirkt hatte, erwirken werde. Als jener einwilligte, trug er dem König die Sache vor und erlangte ohne Mühe dessen Zustimmung ... So wurde der

Friede von beiden Seiten beschworen und dem Herzog Waffenstillstand bis Ostern gewährt, dann solle er nach Köln kommen und dort unter den Bedingungen, die die Fürsten für billig erklären würden, seine Unterwerfung vollziehen."[80]

Dieser Bericht Lamperts zeigt deutlich, wie aus dem engsten Ratgeber Heinrichs IV. ein Friedensstifter wurde, der sich beiden Seiten verpflichtet fühlte. Die Unterwerfung selbst bleibt dabei weiterhin eine Angelegenheit, die zwischen dem König und dem ehemaligen Herzog von Bayern abgeschlossen wird. Der Graf fragte am Ende um die Zustimmung Heinrichs nach, der hier fraglos das letzte Wort behielt. Aber zugleich ging der Graf eben auch einen Pakt mit dem Gegner des Königs ein und verpflichtete sich, ihm die Verzeihung des Königs zu erwirken. Mit diesem Versprechen aber übernahm er die Aufgabe, den König für diese Form der Konfliktlösung zu gewinnen, die von ihm ja verlangte, den Herzog zu gegebenem Zeitpunkt wieder in seine Huld aufzunehmen. Verweigerte sich der König, stand der Graf vor erheblichen Loyalitätskonflikten. Er hatte Glück, Heinrich IV. war nicht abgeneigt und stimmte zu. Aber in anderen Fällen wurden die Vermittler böse überrascht und waren dann dementsprechend ungehalten. Konrad der Rote, der Berengar von Italien dazu bewegt hatte, mit ihm über die Alpen nach Magdeburg zu kommen, um sich Otto I. zu unterwerfen, lief zu den Aufständischen über, als er mit ansehen mußte, wie seine Versprechen durch einflußreiche Kreise am Hof torpediert wurden, indem man dem Italiener den Weg zum König ganz einfach eine Zeit lang versperrte.[81] Und auch Friedrich von Mainz, der 939 für Otto mit Eberhard von Franken verhandelte, zeigte offen Sympathie für den Gegner des Königs und seine Verbündeten, nachdem der König das unbekannt gebliebene Ergebnis seiner Verhandlungen abgelehnt hatte.[82]

Der Graf Eberhard, der die Übereinkunft zwischen Otto von Northeim und Heinrich IV. aushandelte, hatte aber noch in anderer Hinsicht Glück. Auch der bayerische Herzog hielt sich an seine Versprechungen und kam zur Unterwerfung Pfingsten nach Halberstadt.[83] Wo der Betreffende dies jedoch versäumte, hatte es weitreichende Konsequenzen für den Friedensvermittler. Nachdem Konrad von Landsberg die Unterwerfung Ottokars von Böhmen vor Philipp von Schwaben ausgehandelt und sich der böhmische Herzog in der Nacht zuvor aus dem Staub gemacht hatte, sah der Markgraf keine andere Möglichkeit mehr, als sich selbst dem König auf Gnade und Ungnade zu unterwerfen.[84] Man sieht, auch gegenüber dem König stand man in der Pflicht, und zwar mehr als ein Gesandter.

Die doppelseitige Verpflichtung erscheint im Falle des Grafen Eberhard besonders ausgeprägt, weil er sie eidlich bekräftigte. Ein solcher Eid stand zunächst einmal in der Tradition der fränkischen Sicherheitseide und stellte in gewisser Weise einen Ersatz für die Stellung von Geiseln dar, die sich nur schwer mit der königlichen Majestät vereinbaren ließ, wo sie Vasallen gegenüber erfolgen sollte.[85] Doch der Eid des Grafen war mehr als ein Sicherheitsversprechen, da er sich für die Abmachung als solche und nicht bloß für das Leben des Gegners verbürgte.[86] Überliefert sind derartige Eide mehrfach, angefangen bei Erzbischof Friedrich von Mainz, der sich auf diese Weise 939 an Eberhard von Franken band, über den lothringischen Herzog Gozelo, der 1075 den Sachsen vor ihrer Unterwerfung im thüringischen Spier einen Eid leistete, bis zu Christian von Mainz, der 1177 Alexander III. eidlich versprach, Barbarossa für eine friedliche Einigung mit ihm zu gewinnen.[87] Doch häufig waren solche Eide wohl nicht, und im Vorfeld von Unterwerfungen dürften sie eher selten oder voller Vorbehalte gewesen sein. So bildete nämlich weder bei Erzbischof Friedrich von Mainz noch bei Christian von Mainz die in Aussicht genommene Unterwerfung der Gegenpartei den Gegenstand des eidlichen Versprechens, sondern jeweils ein gegenseitiger Vertrag.[88]

Und es kommt noch etwas Entscheidendes hinzu. Das Versprechen, den König zur Annahme der Unterwerfung und zur Verzeihung zu bewegen, mochte durchaus mit einem Eid unterfüttert werden. Das gleiche galt auch noch für die Zusage auf körperliche Unversehrtheit, wie sie etwa auch die Räte Heinrichs des Löwen den Slawen per Handschlag machten, als sich deren Fürst Wratislaw unterwerfen wollte.[89] Aber darüber hinaus konkrete Versprechungen über die Art der Verzeihung eidlich zu bekräftigen, wie es Lampert sowohl von dem Grafen Eberhard als auch von Herzog Gozelo wissen will, widersprach im Grunde genommen dem Sinn einer jeden Unterwerfung. Sie erfolgte zumeist nach außen hin bedingungslos, man übergab sich der Gewalt des Königs, dem man anheimstellte, mit einem zu machen, was ihm beliebte.[90] Sich offiziell auf Bedingungen einzulassen und diese im voraus anzuerkennen, lag dem Herrscher folglich fern, zumal er auch die Verzeihung stets als herrscherlichen Gnadenakt verstanden wissen wollte. Gewiß konnten jene, die sich mit dem Gedanken an eine Unterwerfung trugen, Erwartungen äußern und den Vermittlern mit auf den Weg geben. Aber daß sich diese Personen dazu eidlich, sprich öffentlich, verpflichteten, ist doch eher unwahrscheinlich. Deshalb wird man auch Lampert von Hersfeld mehr als Mißtrauen entgegenbringen, wenn er Gozelo von Lothringen und seine Begleiter sogar einen Eid schwören läßt, mit dem diese den unterwerfungsbereiten Sachsen zusicherten, „sie würden nicht am Leben, nicht an ihren Gütern, nicht an ihrem Lehen, nicht an ihrer sonstigen Habe irgendwelche Einbuße zu spüren bekommen, sondern, wenn sie dem Antlitz des Königs und der Majestät des Reichs durch augenblickliche Genugtuung die Ehre erwiesen hätten, würden sie unverzüglich von der Übergabe losgesprochen und ohne jede Herabdrückung ihres Standes der Heimat und der Freiheit zurückgegeben werden".[91] Vorsicht ist bei dieser Darstellung um so mehr geboten, als sich die Ausdehnung des Versprechens auf alle Eventualitäten sehr gut aus dem Bemühen Lamperts erklärt, Heinrich IV. als notorischen, skrupellosen Vertragsbrecher hinzustellen, weil er anschließend einen Teil der Sachsen in Haft nahm, womit er zugleich seine eigenen Fürsten desavouierte.[92] Aber eine solche Haft war nicht ungewöhnlich und für die Anschuldigung selbst gibt es keine Anhaltspunkte. Die Sachsen mochten eine schnelle Rückkehr in die Huld des Königs erhofft und erwartet haben.[93] Doch einen Anspruch darauf hatten sie nicht, und das wußten sie. Es ist kein Zufall, daß der Magdeburger Klerus in dem Brief, den er bald nach der Unterwerfung an Erzbischof Udo von Trier sandte, um diesen zu bitten, sich für seinen in Haft gehaltenen Erzbischof zu verwenden, keinen Zweifel an der Rechtmäßigkeit des königlichen Vorgehens äußerte.[94]

Die Kritik an Lampert bedeutet natürlich nicht, daß es ähnliche Versprechen nicht gegeben hat. Es lag ja auch im Interesse der unterlegenen Partei, ihre Hoffnung auf die Wiedererlangung der königlichen Huld etwas abzusichern. Doch man wird dem Gegenüber weniger die Erfüllung konkreter Bedingungen als den eigenen Einsatz für diese oder jene Forderung zugesagt haben. Allerdings fallen die Äußerungen Lamperts in eine Umbruchssituation. Was für den einzelnen Adligen oder wahrscheinlich auch für die sächsischen Fürsten im 11. Jahrhundert galt, mußte im 12. Jahrhundert zumindest im Umgang mit Städten nicht mehr gelten. Hier konnte man, wie die Diskussionen im Vorfeld der Mailänder Unterwerfung von 1162 zeigen, die Vor- und Nachteile einer bedingungslosen Unterwerfung erörtern und eine vertragliche Übereinkunft mit einer Unterwerfung verbinden.[95] Dennoch bleiben solche Verträge bis ins 12. Jahrhundert selten und treten auch dann noch vornehmlich bei der Unterwerfung von Städten auf, sprich dort, wo das persönliche Band fehlte. Und so wird man für die vorhergehende Zeit eher von allgemeinen Versprechungen, denn von der eidlichen Zusicherung bestimmter Bedingungen auszugehen haben.

Auf den ersten Blick mögen derartige Versprechungen weit weniger verpflichtend gewirkt haben als ein Eid. Doch genauer betrachtet dürfte der Unterschied nicht allzu groß gewesen sein. Denn was die Verhandlungsführer mit ihrem Wort verpfändeten war ihre Ehre, und die zählte zumeist ebenso viel wie ein Eid. So teilten die Verhandlungsführer Heinrichs IV. den Sachsen am Anfang erst einmal mit, sie seien „in der größten Sorge, wenn nicht um das Leben der Sachsen, so doch um ihren eigenen Ruf, denn sie würden ohne Zweifel einen Makel, eine Schuld auf sich laden, die künftig ... durch keine Tugend getilgt werden könne, wenn diejenigen, die ihnen Vertrauen geschenkt hätten, auch nur der leiseste

Hauch eines Mißgeschicks berühre."⁹⁶ Vertrauen war hier alles, und für die Kontrolle hatte die Ehre zu sorgen. Zum Ausdruck kommt dieser Zusammenhang allerdings zumeist nur dort, wo Vermittlungsaktionen scheiterten oder die Kontrolle versagte. Erinnert sei hier an Konrad den Roten, der sich, wie schon erwähnt, gekränkt vom König abwandte, als er wider Erwarten die Versprechungen, die er gegenüber dem italienischen König gemacht hatte, bei Otto I. nicht einlösen konnte.⁹⁷ Zu nennen wäre aber auch der Fall Herzog Friedrichs II. von Schwaben, der an den guten Ruf, den Heinrich der Stolze zu verlieren habe, appellierte, als er bemerkte, daß das Vermittlungsangebot seines Schwagers nur eine Finte war.⁹⁸

Wenn sich nun auch die Versprechen eher auf den persönlichen Einsatz denn auf konkrete Bedingungen bezogen, so setzten sich die intervenierenden Großen jeweils für unterschiedliche Forderungen ein. Bei Unterwerfungen reichte die Palette von der als selbstverständlich anzusehenden Unversehrtheit des Lebens bis zur Wiedererlangung von Ämtern und Lehen.⁹⁹ Doch auch bei Minimalforderungen konnte der Friedensstifter in eine vermittelnde Stellung hineinwachsen. Denn eine Unterwerfung stellte für den König insofern schon ein Zugeständnis dar, als er damit die bisher ergangenen Urteile gegen den Betreffenden aufhob, und so mußte man ihn von einem solchen Schritt erst einmal überzeugen.¹⁰⁰ Auch glich nicht jede Unterwerfung der anderen, sie konnte mehr oder minder demütigend ablaufen, was den Großen die Möglichkeit gab, sich für die Gegenpartei einzusetzen.¹⁰¹ Und obwohl seit den Saliern, ja schon seit Heinrich II. das strafende Element im Zuge der Unterwerfung häufiger in Erscheinung trat und somit in dieser Angelegenheit der Einfluß der Fürsten auf den König gemindert scheint,¹⁰² blieb ihnen genügend Spielraum, um die Interessen der Gegner des Königs aufzugreifen und den Herrscher zu Nachsicht zu bewegen.

Ohnehin darf man die Entwicklung zu längeren Haftzeiten oder umfangreicheren Konfiskationen im Umgang mit den Unterworfenen nicht überbewerten. Denn deren nachsichtige Behandlung in ottonischer Zeit erklärt sich zu einem Gutteil aus dem familiären Charakter der zentralen Konflikte, und unter solchen Prämissen verstand sich für den König seit den Zeiten Karls des Großen zumindest die Schonung der Kontrahenten gleichsam von selbst. Solche Konflikte in der Herrscherfamilie spielten indes späterhin nicht mehr die gleiche Rolle. Zählt man sie nicht mit, so relativieren sich die Unterschiede erheblich. Darüber hinaus kam es auch im 12. Jahrhundert selbstredend noch zur vollständigen Wiederherstellung des einstigen Status unmittelbar nach einer Unterwerfung. Die beiden staufischen Brüder Konrad und Friedrich, die sich wie oben erwähnt dem Urteil Lothars III. überantwortet hatten, wären da zu nennen. Dietpold von Vohburg gewann die Huld Lothars auf die Intervention Heinrichs des

Stolzen möglicherweise sogar ohne eine regelrechte Unterwerfung. Und wenn man schließlich beobachtet, daß Heinrich II. einen Gunzelin von Meißen mehr als üblich bestrafte, aber den Billunger Bernhard, obwohl dieser gegen ihn selbst die Waffen erhoben hatte, ungestraft davon kommen ließ,[103] so erscheint aufs ganze gesehen die Reaktion und damit die Vorgehensweise des Königs, gleichviel ob in ottonischer, salischer oder staufischer Zeit weiterhin in hohem Maße situationsabhängig.

Sofern der König seine Huld nicht unmittelbar nach einer Unterwerfung wiederverlieh, sondern erst eine Buße etwa in Form der Verbannung auferlegte, war es Usus, daß der schon bei der Unterwerfung in Aussicht gestellte Gnadenakt später nochmals durch eine erneute Fürsprache von Seiten einiger Großer beim Herrscher eingefordert wurde. Dabei machten sich mehrfach andere Personen als die Vermittler der Unterwerfung für die endgültige Versöhnung stark. So verwandte sich beispielsweise Adalbert von Bremen für die Haftentlassung Ottos von Northeim, aber nicht der Graf Eberhard, der diesen zur Selbstübergabe überredet hatte.[104] Die Unterwerfung Heinrichs von Schweinfurt wurde primär durch Tagino von Magdeburg und den Billunger Bernhard ausgehandelt, während der spätere Gnadenakt durch einen Appell des Freisinger Bischofs Gottschalk initiiert wurde.[105] Und ebenso waren es nach der Unterwerfung der Sachsen 1075 zumindest nicht nur die königlichen Abgesandten, die sich als Fürsprecher betätigten. Der Magdeburger Klerus wandte sich an Udo von Trier, um seinem Bischof die Haft zu erleichtern, und bat ihn zudem, sich für dessen Freilassung einzusetzen.[106]

Dieses Phänomen erklärt sich zunächst einmal aus dem System der Fürsprache, das stets zu einer Vervielfältigung der Fürsprecher tendierte, da mit deren Anzahl auch die Chancen auf die Durchsetzung des Anliegens stiegen. Nicht selten ist auch von einem Konfliktende, das durch die Intervention mehrerer Magnaten erreicht worden sei, die Rede. Und so wird der einzelne Vermittler vielfach noch andere Personen hinzugezogen und ihnen den Vorzug gegeben haben, wenn er glaubte, daß ihr Wort mehr galt und den König leichter zur Gnade bewegen konnte. Und wie einst Richenza möglicherweise Bernhard von Clairvaux den Vortritt ließ,[107] so haben die Vermittler der Unterwerfung vielleicht mehr als einmal einem geistlichen Würdenträger den Vortritt gelassen, wenn es galt, den König zu Barmherzigkeit und Verzeihung und damit zur Befolgung christlicher Tugend aufzufordern. Hinzu treten noch zwei weitere Gründe, die besonders bei der Bitte des Magdeburger Klerus an Udo von Trier zum Ausdruck kommen. Zum einen zeigte sich hier, daß auch jene, denen wie dem Trierer Erzbischof der Gefangene anvertraut wurden, schnell selbst zu Fürsprechern eines engültigen Gnadenaktes werden konnten. Und zum zweiten wird mit der Bitte der Magdeburger selbst im unmittelbaren Umfeld der Betroffenen ein Reservoir von möglichen Fürsprechern sichtbar, die erst nach der Unterwerfung auf den Plan traten. Denn nicht nur die Magdeburger ergriffen nach der Inhaftierung ihres Bischofs selbst die Initiative. In gleicher Weise hatte sich einst auch der Augsburger Klerus an Otto II. gewandt, um die Freilassung seines verbannten Bischofs Heinrich zu erlangen.[108] Solche nachträglichen Friedensstifter kamen allerdings bei ihren Bemühungen kaum über die Rolle eines Anwalts hinaus und wurden auch nicht zu einer dritten Instanz im Prozeß der Konfliktbeilegung.

Umgekehrt entwickelte sich denn auch im Rahmen von Unterwerfungsverhandlungen der Ansatz zur Vermittlungstätigkeit dort am stärksten, wo eine nahezu vollständige Aussöhnung allein durch den Akt der Unterwerfung samt der unmittelbar anschließenden Fürsprache zu erreichen war und der Friedensstifter die Selbstübergabe ebenso vermittelte wie die Wiederaufnahme in die Huld des Herrschers.[109] In solchen Fällen konnte der Friedensstifter, wie zum Beispiel Bernward von Hildesheim, im Konflikt zwischen Otto III. und der Stadt Tivoli oder die Kaiserin Richenza bei der Aussöhnung ihres Mannes mit den staufischen Brüdern durch seine Zusagen beiden Seiten gegenüber in einem Maße Verpflichtungen eingehen, daß sie ihn zu einer eigenständigen Instanz erhoben.

3. Bischöfe und Fürsten als Gesandte des Friedens

Die Entfaltungsmöglichkeiten, die die Vermittler im Rahmen von Unterwerfungen besaßen, wurden durch das Übergewicht des Königs begrenzt. Ein selbständigeres Profil entwickelten die intervenierenden Großen von daher vor allem dann, wenn die Kräfteverhältnisse den König zu Konzessionen, ja Kompromissen zwangen. Hier konnten sie weit stärker in eine Mittlerposition hineinwachsen. Dieses Potential zeigt sich bereits in den wenigen Fällen, in denen der König auf die Intervention einzelner Magnaten bloß einen Waffenstillstand mit seinem Gegner abschloß. Denn unter solchen Umständen hielten sich diese Großen in ihrem Bemühen nicht mit Forderungen gegenüber ihrem Herrn zurück, wie das Vorgehen Ulrichs von Augsburg und Hartberts von Chur von Anfang an zeigt, als sie den Waffenstillstand zwischen den Heeren Ottos und Liudolfs bei Illertissen an der Iller vermittelten. Denn dort „setzte der gottgefällige Bischof Ulrich sein ganzes Vertrauen auf den Herrn, tat sich mit Hartbert, dem frommen Bischof von Chur, zusammen ... und mahnte eindringlich zu Frieden und Eintracht. Durch die eindringlichen Ermahnungen und Belehrungen der zwei ehrwürdigen Bischöfe wandelte sich der harte Sinn der beiden, Ottos, des Vaters, und Liudolfs, des Sohnes, zur Nachgiebigkeit."[1] Die beiden Bischöfe konfrontierten also auch Otto I. mit ihren Mahnungen und offenbarten damit, mehr als bloße Unterhändler des Königs zu sein. Doch während die Bitte um einen Gewaltverzicht noch im Bereich der der tolerierbaren Zumutungen lag, endete das Wohlwollen des König spätestens, wenn regelrechte Konzessionen von ihm gefordert wurden. Die teils schon erwähnten Bemühungen Friedrichs von Mainz um die Aussöhnung zwischen Otto I. und Eberhard von Franken im Jahre 939 sowie das Abkommen, das der Bischof einige Jahre später zwischen dem König und dessen Sohn vermittelte, sind ein untrügliches Zeichen. 939 war der Erzbischof vom König zu Eberhard von Franken, der sich gemeinsam mit Giselbert von Lothringen und Heinrich, dem Bruder des Königs, gegen Otto I. erhoben hatte, geschickt worden, um den Frieden wiederherzustellen. Am Ende seiner Verhandlungen stand indes nicht die Zusage Eberhards, sich zu unterwerfen, sondern ein zweiseitiger Vertrag.[2] Dieses mißfiel dem König, seine Würde schien angetastet, und so lehnte er ab, auf die Vereinbarung einzugehen. Der Erzbischof weigerte sich umgekehrt, eine neue Lösung zu suchen. Er hatte zuvor die Erfüllung dem Herzog von Franken eidlich zugesichert. Die negative Reaktion Ottos war kein Einzelfall. Auch 953 vermittelte der Erzbischof einen Vertrag, diesmal zwischen dem König und dessen aufständischem Sohn Liudolf, einen Vertrag, der den Forderungen der Rebellen um Luidolf entgegenkam.[3] Zwar zwang den König seine mißliche Situation vor Mainz dazu, in das Abkommen einzuwilligen. Doch sobald er wieder Sachsen und damit Sicherheit gewonnen hatte, stellte er die Übereinkunft als Nötigung hin und widerrief sie. Der Erzbischof, der mit dem König gemeinsam nach Sachsen gezogen war, verteidigte den Vertrag weiterhin, für den er sich zuvor verbürgt hatte. Nur auf diese Weise, so sein Argument, könne der Frieden erhalten bleiben.[4] Friedrichs Bemühungen waren auch diesmal vergeblich. Aber auch sein Scheitern kann nicht die überaus eigenständige Position überdecken, die er als Vermittler in diesem Konflikt einnahm.

In dem einen wie dem anderen Fall trat er im Gefolge der Verhandlungen mit Forderungen gegenüber dem König auf. Welche Überzeugungsarbeit der Mainzer Erzbischof Otto I. gegenüber hatte leisten müssen, wie er ihm die Zustimmung abringen mußte, offenbart die schnelle Aufkündigung des Abkommens mit Liudolf. Und auch 939 stellte der Bischof eindeutig Forderungen an seinen König, für die er um so mehr eintrat, als er sich zurvor mit einem Eid an die Gegenseite gebunden hatte. Andererseits stand Friedrich von Mainz auch nicht einfach im Lager der Aufständischen.[5] Denn allen Sympathiebezeugungen zum Trotz – man denke an die gemeinsame Rückkehr mit dem von seinem Onkel Heinrich gedemütigten Liudolf aus Italien oder das gemeinsam Weihnachtsfest in Saalfeld – sah Friedrich sein Handeln nicht im Widerspruch zur gebotenen Königstreue.

939 hatte ihn der König mit dem Auftrag, Frieden zu stiften, zu Eberhard geschickt, und 953 war er nach dem Vertragsabschluß zusammen mit Otto I. nach Sachsen geritten und konnte sich schließlich von jedwedem Verdacht der Konspiration durch einen Reinigungseid vor dem König befreien.

Friedrich spürte aber nicht allein den Unwillen Ottos. Auch sonst fand er für sein Verhalten kaum Verständnis. Man wußte einfach nicht, was man von ihm halten sollte und verdächtigte ihn deshalb, mit den Gegnern Ottos I. gemeinsame Sache zu machen.[6] Aber Anlaß zu den Verdächtigungen hatten seine Vermittlungsbemühungen nur deshalb gegeben, weil er dabei anscheinend nicht eindeutig genug die Position des Königs vertreten hatte. Anders gesagt: Man sieht hier recht deutlich, wie wenig ein einzelner in dieser Zeit noch zwischen den Parteien agieren konnte und wie sehr die Bindung an den König gemeinhin den Spielraum der Großen als Vermittler in solchen Konflikten einschränkte. Glaubt man Widukind, so war es die starke Religiosität, die bei Friedrich das ungewöhnliche Vorgehen möglich gemacht hatte, aber auch nicht verhindern konnte, daß die jeweiligen Abkommen keinen Bestand hatten.[7]

Von gleich zu gleich traf ein König keine Übereinkünfte mit jenen, die eigentlich seiner Gewalt unterworfen waren, zumindest vermied er es, solange er konnte.[8] Und dieser Widerwille äußerte sich auch in der Folgezeit, bei Heinrich IV. ebenso wie dann unter Friedrich Barbarossa, der immerhin im Unterschied zu Otto I. die Abkommen, die er mit den italienischen Städten schloß, nicht gleich bei erstbester Gelegenheit widerrief.[9] Während also die Könige ihre Abneigung gegen dererlei Kompromisse im großen und ganzen beibehielten, gelang es den Großen seit dem 11. Jahrhundert immer häufiger, den unwilligen Herrscher zu solchen Vereinbarungen zu bewegen. Damit nahmen sie aber nicht nur eine eigenständige Rolle als Friedensstifter wahr, sondern konnten diese den Beteiligten auch deutlich vor Augen führen.

Eine wichtige Wegmarke stellen dabei die Sachsenkriege dar. Damals wuchsen die Großen zunächst einmal in eine vergleichbare Rolle wie Friedrich von Mainz hinein, als Heinrich IV. im Winter 1074 um erhebliche Eingeständnisse nicht herumkam und den Vertrag von Gerstungen eingehen mußte. Der König war damals siegessicher nach Sachsen gezogen. Doch schon bald sah er sich einem sächsischen Heer gegenüber, das nach Auskunft seiner Späher doppelt soviel Krieger wie das eigene aufwies und damit eine militärische Niederlage wahrscheinlich machte.[10] Der König mußte einlenken, wenn er nicht alles verlieren wollte. Der Abt von Hersfeld wurde ins sächsische Lager geschickt, um zu erkunden, ob man dort geneigt sei, Friedensverhandlungen zu führen. Als er mit einem Ja zurückkam, entsandte der König vier Bischöfe zu den Sachsen, „um mit ihnen über den Frieden zu verhandeln und ihnen im Namen des Königs zu versprechen, daß er allem bereitwillig beistimme, was sie berechtigterweise forderten und was erwählte Schiedsrichter beider Parteien für billig erachten würden, wofern sie sich ihrerseits mit gerechten Bedingungen einverstanden erklärten ..."[11] Die Sachsen teilten daraufhin diesen Bischöfen ihre Forderungen mit und erklärten sich zum Frieden bereit, wenn der König die gesandten „Fürsprecher des Friedens" ihnen als Bürgen zur Bekräftigung der Zuverlässigkeit gebe.[12] Heinrich IV. hielt die Bedingungen der Sachsen, von denen insbesondere die Schleifung der königlichen Burgen zu nennen ist, für inakzeptabel und wollte schon zu den Waffen greifen. Doch die Großen in seinem Heer waren kaum zu mobilisieren und rieten ihm nachdrücklich zum Abschluß des Vertrages. Er kapitulierte und übertrug den Bischöfen und Fürsten den Auftrag, „daß sie die schweren Wirren nach ihrem Gutdünken beilegten und versprach – und darauf könnten sie sich unbedingt verlassen – allem beizustimmen, was sie zur Durchführung dieser großen Aufgabe für erforderlich hielten".[13] Die Fürsten verlangten nunmehr, daß er vorab den Forderungen der Sachsen zustimmen solle, was er dann auch tat. Gleichsam zu allem ermächtigt, gingen sie anschließend ins sächsische Lager und handelten den Frieden aus. Am Ende zogen die Sachsen „unter Vorantritt der Bischöfe und der übrigen Fürsten, die die Friedensvermittler gewesen waren, heran, um den König von Angesicht zu Angesicht zu sehen. Dieser empfing sie mit allen Ehren, gewährte ihnen den Kuß und bekräftigte durch die Macht des lebendigen Wortes die Friedensbedingungen, die er durch die Unterhändler kundgeben hatte."[14]

Angesichts der ungünstigen Kräfteverhältnisse ließ sich der König hier auf einen Vertrag ein, den er selbst als Diktat verstand. Nur das Drängen seiner eigenen Leute hatte ihn dazu gebracht. Diese spielten die entscheidende Rolle und handelten zusehends auf eigene Verantwortung. Sie begannen als seine Unterhändler, überbrachten ihm die Forderungen der Sachsen und versprachen erst dann etwas, wenn sie zuvor sein Plazet eingeholt hatten. Doch dann waren sie es, die ihn dazu bewogen, etwas zu tun, was er eigentlich nicht wollte, und ließen sich obendrein die Regelung der strittigen Fragen voll und ganz überantworten. Zudem verbürgten sie sich auch noch wie vom Gegner gewünscht, für die Abmachungen. Ihrer Sonderstellung verliehen sie schließlich auch im Zeremoniell des Friedensschlusses selbst Ausdruck, indem sie die Sachsen wieder an den König heranführten, was man im doppelten Sinne des Wortes verstehen kann. Von daher war es nur folgerichtig, daß Lampert von Hersfeld diese Fürsten dann expressis verbis als Vermittler des Friedens bezeichnete. Ihr Selbstbewußtsein, die Autorität, die sie auch gegenüber dem König geltend gemacht hatten, verlangten geradezu nach einem solchen Titel.

Nun könnte man allerdings erneut Zweifel an Lamperts Darstellung hegen und die Akzentuierung der fürstlichen Eigenständigkeit mehr seiner Absicht, eine heimliche Sympathie der königstreuen Fürsten für die sächsische Sache zu suggerieren, denn seiner Beobachtungsgabe zuschreiben. Auch mag er hier Vorstellungen zurückprojiziert haben, die er erst später, nämlich in Anbetracht der Konflikte zwischen Heinrich und Rudolf, gewonnen hatte. Insbesondere die Forderung nach gewählten Schiedsrichtern, die über die strittigen Fragen entscheiden sollten, nährt solche Vermutungen, da sie zumeist nur bei gleichberechtigten Kontrahenten erhoben wurde und eben auch in der Auseinandersetzung zwischen Heinrich und Rudolf eine Rolle spielte.[15] Und doch sollte das Mißtrauen nicht zu weit gehen. So zeigt das zuvor genannte Beispiel Friedrichs von Mainz, wie bei einer schwachen Position des Königs die Fürsten gleichsam zwangsläufig stärker zwischen die Parteien traten. Hinzu kam jetzt aber noch der allenthalben zu beobachtende Zuwachs an fürstlicher Eigenständigkeit. Die Fürsten erklärten sich mehr und mehr gemeinsam mit dem König für das Reich verantwortlich und forderten mehr Teilhabe an der Politik ein.[16] Das war eine Entwicklung, die sich schon seit langem anbahnte, aber seit 1050 offenkundig an Bedeutung gewann und mit der Wahl der Gegenkönige in den Jahren 1077 und 1081 einen ersten Höhepunkt erreichte. Es war einfacher geworden, zum König auf Distanz zu gehen, und vor diesem Hintergrund erscheinen dann die Ausführungen Lamperts von Hersfeld in weiten Teilen plausibel.

In jedem Fall stieg in der zweiten Hälfte des 11. Jahrhunderts der Einfluß der Großen im Zuge der Konfliktbeilegung sichtbar an. Man könnte an dieser Stelle auch schon die Verhandlungen von 1073 in Corvey und Gerstungen zitieren, bei denen die Fürsten auf seiten des Königs ebenfalls in einer Weise eigenständig agierten, daß man ihnen eine Vermittlerposition zuschreiben möchte. Sie brachten nämlich nach den Worten Lamperts von Hersfeld den König damals zu dem Versprechen, „alle Bedingungen, die sie ihm auferlegt hätten, bereitwilligst auf sich zu nehmen, wenn nur der Friede zustande käme".[17] Auch sollen sich damals die königlichen Gesandten eidlich verpflichtet haben, selbst gegen ihren Herrn vorzugehen, sofern dieser seine Zusage nicht halte. Allerdings läßt sich hier kein klares Bild über die Geschehnisse gewinnen. Allein an der Notlage des Königs wird man ohne Zweifel festhalten können. Für Lampert kaschierten die Fürsten mit ihrem Vorgehen nur ihren Plan, den König bald abzusetzen, während ihnen andere Zeitgenossen schlicht und einfach Verrat vorwarfen.[18] Mag man in diesem Fall also noch an der Mittlerposition zweifeln, so erübrigt sich dies, sobald man nur die Kriege zwischen Heinrich IV. und Rudolf von Rheinfelden und dann die Auseinandersetzungen zwischen Heinrich IV. und Heinrich V. in Betracht zieht. In beiden Fällen initiierten einzelne Fürsten, als die Schlacht schon drohte, Friedensverhandlungen. 1077 standen sich die Heere Heinrichs und Rudolfs am Neckar gegenüber, als von den Fürsten beider Seiten ein Waffenstillstand mit dem Ziel vereinbart wurde, die unterschiedlichen Standpunkte in Abwesenheit der beiden Könige anschließend gemeinsam zu prüfen. Schon diese Abmachung verrät ein gestiegenes Selbstbewußtsein, dessen Bedeutung für die Ausbildung einer gezielten Vermittlungstätigkeit dann zur Geltung kam, als Heinrich die lang ersehnte Verstärkung bekam, die Vereinbarungen brechen und Rudolf angreifen wollte. Denn jetzt traten die Fürsten, die für ihn verhandelt hatten, auf den Plan und hinderten ihn an seinem Vorhaben mit dem Argument, ihre Glaubwürdigkeit durch den Bruch der zuvor erzielten Einigung dauerhaft zu verlieren.[19] Indem ihr Einsatz für den Frieden sie dazu veranlaßte, sich in dieser Weise von ihrem Herrn zu distanzieren, verdienten sie es in den Augen Brunos auch, als Urheber und Vermittler des Friedens bezeichnet zu werden.[20] Die gleiche Auszeichnung verlieh dann die Vita Heinrichs IV. den Fürsten, die 1105 Verhandlungen führten, um eine Entscheidungsschlacht zwischen Heinrich IV. und dessen gleichnamigen Sohn zu verhindern, und das obwohl oder gerade weil die Großen, die auf der Seite des Vaters standen, im Zuge dieser Friedensgespräche von ihm abfielen.[21] Während sowohl 1077 als auch 1105 zwei Könige einander gegenüberstanden, kam es dann 1121 zu einem Konflikt zwischen König Heinrich V. und einer Gruppe von Großen um den Mainzer Erzbischof Adalbert, bei dem die Fürsten beider Lager eine vergleichbare Rolle spielten und in einer Weise vorgingen, wie sie sich in den Sachsenkriegen schon angedeutet hatte, ohne jedoch realisiert worden zu sein. Von beiden Seiten kamen die Abgesandten zusammen, um ein Blutvergießen zu verhindern, und beschlossen, von jeder Partei zwölf Personen bestimmen zu lassen, um die Streitpunkte gemeinsam zu klären. Ein regelrechtes Schiedsgericht wurde avisiert, das für sich das Recht beanspruchte, auch für den König verbindliche Regelungen zu treffen, und zwar in so entscheidenden Fragen seiner Politik wie im Hinblick auf sein künftiges Verhältnis zum Papsttum.[22] Damit hatten sich die Fürsten als Friedensstifter zwischen dem König und den Großen eine Position zugesprochen, wie sie bis dato allein der Herrscher beansprucht hatte. Wie sich der schlichtende König stets ein Urteil vorbehielt, so fällten hier die Großen einen Spruch über den Herrscher und seine Gegner. Nichts verdeutlicht mehr den Aufstieg der Fürsten zu einem bestimmenden Faktor der Politik, und nichts konnte besser die eigenständige Position widerspiegeln, die sie damit auch in Konflikten, an denen der König beteiligt war, einzunehmen verstanden.

Das wachsende Gewicht der Fürsten auf dem Feld der Friedensstiftung ist ohne eine andere, eng damit verbundene und doch wieder für sich selbst stehende Entwicklung nicht zu verstehen, die den Wandel zu mehr Eigenständigkeit zunächst gefördert und später vertieft hat. Gemeint ist die seit dem 11. Jahrhundert feststellbare Tendenz, die Fürsten weniger als Einzelpersonen mit besonderem Draht zum Herrscher denn als Repräsentanten der Entourage des Herrschers zur Beilegung eines Konfliktes hinzuzuziehen. Die Fürsten bildeten nunmehr gleichsam als Kollektiv einen nahezu unumgänglichen Ansprechpartner, der sich wie eine Relaisstation zwischen den König und dessen Kontrahenten schob. Zutage tritt dies vor allem bei Auseinandersetzungen mit Konfliktparteien, die aufgrund der geographischen Lage eher in Distanz zum Hof standen. Schon in der Zeit Heinrichs III. machte sich dieser Wandel bemerkbar. So schickte der böhmische Herzog 1041, nachdem seine Boten beim König zuvor nichts hatten ausrichten können, seine Gesandten zu den Fürsten, um sie zu bitten, Heinrich zu Friedensverhandlungen zu bewegen.[23] Genauso agierten auch die Mailänder Gesandten 1158, als es ihnen nicht gelang, Barbarossa von der Eröffnung eines Gerichtsverfahrens abzubringen. Sie zogen zu den Fürsten in seinem Lager in der allerdings vergeblichen Hoffnung, durch deren Fürsprache den Kaiser noch einmal umzustimmen.[24] Eingeschaltet wurden die Fürsten aber auch ohne vorheriger Tuchfühlung mit dem Herrscher. Beeindruckt von der militärischen Stärke des kaiserlichen Heeres, wandte sich der polnische Herzog Boleslav unmittelbar an die Barone und Fürsten, als er sich Barbarossa unterwerfen wollte.[25] Der gleichen Vorgehensweise begegnet man dann erneut in dem Konflikt zwischen Mailand und dem Kaiser. Nachdem das Urteil gegen sie ergangen war und die Mailänder heftig belagert worden waren, traten sie zunächst einmal mit dem König von Böhmen und dem Herzog von Österreich zu zwei Reichsfürsten in Kontakt. Dann gewannen sie durch deren Verwendung weitere Fürsten für ihr Ansinnen und überließen es diesen gemeinsam, ihrer Bitte um Frieden und Unterwerfung beim Kaiser Nachdruck zu verleihen.[26] Der Weg oder Umweg über die Gruppe der Fürsten war zu einer eingeübten Praxis geworden. Gleichviel ob man sie als Fürsprecher oder Vermittler einer Unterwerfung ins Spiel zu bringen suchte, wie selbstverständlich wurden sie bei der Lösung eines Konfliktes einbezogen. Ihr Einfluß auf den König galt als gegeben, seit sie unter den letzten Saliern gezeigt hatten, daß sie im Notfall den König im Namen des Friedens mehr oder minder auf eine bestimmte Art der Konfliktbeilegung festlegen konnten.

Diese Entwicklung war nun für das künftige Bild des Vermittlers von großer Bedeutung. Sie stärkte das Vertrauen in die Autorität, die die Großen aus ihrer politischen Stellung heraus gegenüber dem König geltend machen konnten, und gab damit auch der Vorstellung von einem Friedensvermittler Raum, der einen Konflikt durch seinen Spruch oder sein Urteil beizulegen vermochte. Der Gedanke an ein schiedsrichterliches Urteil von Fürsten, das auch den König binden konnte, verknüpfte sich mit dem Begriff des Friedensvermittlers. Und auch in praxi tendierte die Friedensvermittlung zumindest dort, wo die Großen wie 1121 als Kollektiv handelten, wie beim König zur Schlichtung. Zugleich und damit einhergehend verstärkte sich die Vorstellung von einem zwischen den Parteien stehenden Vermittler. Das galt selbst für jene Mediatoren, die als Einzelpersonen Konflikte zu befrieden suchten. Wenn Ekkehard von Aura in seiner Weltchronik den Magdeburger Erzbischof Hartwig als einen unermüdlichen Vermittler zwischen Papst und Kaiser hinstellte, wenn Rahewin den Grafen Guido von Biandrate als idealen Vermittler zwischen Barbarossa und Mailand bezeichnete und wenn die Historia Welforum Otto von Wittelsbach als Vermittler zwischen Heinrich dem Stolzen und dessen süddeutschen Gegnern preist, dann lag dem ein Bild vom Vermittler zugrunde, das auf dessen intermediäre Position abhob.[27] Allerdings standen dabei weiterhin die guten Verbindungen der Friedensstifter zu beiden Seiten unabhängig von ihrem jeweiligen Standpunkt und ihrer Parteizugehörigkeit im Vordergrund. Ein guter Vermittler war derjenige, der zu beiden Seiten Zugang hatte. Weil er von Geburt an Mailänder Bürger und gleichzeitig am Hof beliebt war, ohne deshalb das Ansehen in der Stadt verloren zu haben,[28] erschien Guido von Biandrate Otto von Freising als idealer Vermittler eines Ausgleichs. Daß der Graf, wie aus Ottos eigenen Schilderungen hervorgeht, stets ein Mann Barbarossas war, störte ihn dabei nicht.[29]

Zu diesem Bild vom Vermittler gesellte sich aber ein zweites, das den Gedanken an eine überparteiliche Stellung nicht nur zurücknahm, sondern auch verhinderte, daß die friedensstiftenden Fürsten als neutrale oder unabhängige Dritte angesehen wurden oder sich selbst so verstanden. Auch dieses Bild verdankte seine Entstehung dem gewachsenen Gewicht der Fürsten im Zusammenhang der Konfliktbeilegung, und zwar um so mehr, als es sich auf solche Fürsten bezog, die in eine schiedsrichterliche Stellung hineinwuchsen. Aber diese Fürsten, die im Zusammenhang der Konflikte zwischen Heinrich IV. und Rudolf von Rheinfelden und zwischen Heinrich IV. und seinem Sohn als Friedensvermittler bezeichnet wurden, waren anders als ein Guido von Biandrate oder ein Otto von Wittelsbach nicht die Abgesandten einer Partei, die den Konflikt beizulegen suchten und dabei aufgrund ihrer persönlichen Bindungen zur Gegenseite oder ihrer Versprechungen zu einer dritten Kraft wurden. Es handelte sich vielmehr um die Bevollmächtigten, die beide Seiten jeweils zu den Verhandlungen abgestellt hatten. Und solche Friedensvermittler traten nunmehr nicht nur zwischen zwei Königen auf, sondern auch in Konflikten zwischen dem König und seinen Großen, zunächst einmal allerdings ohne schiedsrichterliche Kompetenzen. Als etwa Konrad III. und Heinrich der

Stolze vor Augsburg lagerten und Verhandlungen über eine Lösung ihrer Differenzen suchten, wurden von beiden Seiten solche Friedensvermittler benannt, die dann über drei Tage hinweg allerdings ohne Erfolg verhandelten.[30] Und so bildete sich eben auch die Vorstellung, daß jede Konfliktpartei ihre Friedensvermittler besaß. Gewiß konnten auch diese Vermittler zur dritten Kraft werden, konnten, wenn sie sich einmal geeinigt hatten, gegen ihren jeweiligen Herrn auftreten und sogar wie die Räte Heinrichs IV. 1105 die Seite wechseln. Entscheidend für ihr Handeln blieb aber im Regelfall die strikte Gebundenheit an eine der Parteien, so daß sich ihr Status weithin kaum von dem des Gesandten unterschied, weshalb es denn auch nicht selten regelrechte Gesandte waren, die als Friedensvermittler bezeichnet wurden.[31]

In diesem Zusammenhang erweist sich die Rede vom Friedensvermittler nicht so sehr als Hinweis auf ein selbständiges Vorgehen denn auf eine zusätzliche situationsweise verliehene Qualifikation, die zu mehr Autorität verhelfen sollte. Nur selten konnte sich das Tun dieser Vermittler denn auch vollkommen von der Gesandtentätigkeit emanzipieren. Die Verhandlungen, die der Mainzer Erzbischof und Kanzler Christian von Mainz im Vorfeld des Vertrages von Venedig gemeinsam mit einigen anderen führte, illustrieren dies zur Genüge. Dort trat der Kanzler nämlich stets als Bevollmächtigter Friedrich Barbarossas auf.[32] Er führte die Verhandlungen in dessen Sinn,[33] wandte sich an ihn, als der Papst neue Vorschläge auf den Tisch legte[34] und bezeichnete sich dementsprechend auch als Gesandter des Kaisers. Doch zugleich reklamierte er für sich und seine Mitstreiter in den offiziellen Dokumenten den Titel eines Friedensvermittlers.[35] Damit betonte er den Auftrag, einen Frieden mit dem Papst auszuhandeln, aber ebenso die daraus erwachsende Verpflichtung, den Frieden auch gegenüber den eigenen Reihen durchzusetzen. Diese Verantwortung fand im eidlichen Versprechen an Alexander III., Barbarossa zu dem ausgehandelten Abkommen zu bewegen, Ausdruck und zusätzlichen Antrieb.[36] Das änderte allerdings grundsätzlich nichts an seinem Gesandtenstatus, verschaffte ihm aber das Gefühl, im Recht zu sein, als er versuchte, das ausgehandelte Friedenswerk gegenüber dem Kaiser mit Drohungen durchzusetzen. Nach der papstfreundlichen Darstellung Romualds von Salerno soll der Mainzer Erzbischof, als Barbarossa zögerte, dem ausgehandelten Vertrag seine Zustimmung zu geben, folgende Rede gehalten haben: „Die kaiserliche Majestät sollte sich erinnern, daß einige von uns auf euren Auftrag nach Anagni gingen und mit Papst Alexander über den Frieden für Kirche und Imperium ... verhandelten. Und er, als ein heiliger Mann, begierig auf Frieden, ... verließ auf unseren Rat hin die Campagna und kam schon nach Venedig und ist bereit, unverbrüchlich zu vollenden, was er in bezug auf das Gut des Friedens versprochen hatte. Ihr aber – wie wir glauben, auf die Einflüsterung schlechter Menschen hin – wollt von unserem Rat ablassen und von dem Friedensvorsatz abweichen. Wir sind zwar aufgrund der Rechtsschuld, durch die wir dem Imperium fest verbunden gehalten werden, bereit, euch als dem Herrn in zeitlichen Angelegenheiten zu gehorchen ... Da ihr indessen der Herr unserer Leiber, doch nicht der Seelen seid, wollen wir nicht um euretwillen unsere Seelen verlieren und Irdisches dem Himmlischen voranstellen. Daher nehme die kaiserliche Klugheit zur Kenntnis, daß wir fürderhin Alexander als katholischen Papst annehmen und in den geistlichen Angelegenheiten ihm als Vater gehorchen."[37] Angesichts der Würzburger Eide, mit denen die Fürsten auf das Gebot des Kaisers hin jegliche Anerkennung Alexanders III. ausgeschlossen hatten,[38] war diese Ankündigung gewiß mehr als einem Gesandten gemeinhin auch in Verteidigung des eigenen Verhandlungsergebnisses zustand. So gesehen mag der Autor die Rolle der kaiserlichen Gesandten auch im Sinne des Papstes überzeichnet haben. Nichtsdestotrotz klingt sein Bericht insofern überzeugend, als er zeigt, wie sehr die Unterhändler ausgehend von dem Eid, mit dem sie ihr eigenes Seelenheil aufs Spiel setzten, ihre Verantwortung für den Frieden zur obersten Maxime erklärten und damit auch in Gegensatz zu ihrem Auftraggeber geraten konnten. Aber dies stand nicht im Widerspruch zur ihrer Gesandtenrolle, da der König ihnen ja selbst den Auftrag zu einem Friedensschluß gegeben hatte. Insofern waren diese Forderungen wie auch das Eintreten für den friedenswilligen Papst mehr als legitim. Und um dies herauszustreichen und ihr Handeln von vornherein abzusichern, lag es nahe, sich selbst über den Gesandtenstatus hinaus aufzuwerten und als Friedensvermittler zu bezeichnen, um damit zusätzliche Autorität gegenüber dem eigenen Herrn geltend machen zu können, ohne jedoch deshalb anders zu handeln. Doch mochten sich auch die Gesandten Barbarossas in besonderer Weise dem Frieden mit dem Papst verschrieben haben, ihre Loyalität gegenüber dem Kaiser und ihre Aufgabe, seine Interessen wahrzunehmen, stellten sie damit nicht in Frage. Was die weltlichen Angelegenheiten betraf, so standen sie, wie sie es selbst sagten, in seiner Rechtsschuld.

Solche auftragsgebundenen Vermittler standen ganz in der Tradition der Zwischenträger und Friedensgesandten, die schon um das Jahr 1000 von einer Konfliktpartei ausgesandt wurden, um eine friedliche Lösung mit dem Gegner zu bewirken.[39] Was sie davon zuweilen unterschied, war nichts anderes als die mit den Abgesandten der anderen Partei geteilte gemeinsame Verantwortung für den Frieden, die man ihnen zuschrieb oder die sie gar für sich reklamierten. Wie wenig es bedurfte, um aus den Gesandten, die Frieden schließen sollten, Friedensvermittler zu machen, verrät ein Blick auf die diplomatischen Gepflogenheiten der Zeit. Denn nicht selten wurden Verträge zwischen zwei Herrschern als Produkt einer Intervention ihrer Gesandten hingestellt, als deren Werk sozusagen, und da war es nur noch ein kleiner Schritt, diese auch gleich als die Vermittler des Friedens zu bezeichnen.[40]

Dazu kam es dann aber nicht allein dank des neu gewonnenen Selbstbewußtseins der Fürsten, sondern auch wegen der Nähe zu anderen Formen der Konfliktbeilegung, die täuschend ähnlich solche Anwälte des Friedens hervorbrachten und schon lange dort praktiziert wurden, wo sich gleichberechtigte Große gegenüberstanden. Denn auf diesem Feld spielten, wenn auch vielfach informell, Verfahren eine Rolle, bei denen von beiden Seiten eine begrenzte Anzahl von Personen ausgewählt wurde, die dann gemeinsam eine Lösung des Konfliktes suchen sollten. Das Procedere stand in der Nachfolge jenes bereits in fränkischer Zeit geübten Verfahrens, Freunde und Vertraute beider Seiten mit der Klärung der Differenzen zu beauftragen. So war es auch im Falle der schon erwähnten Aussöhnung zwischen dem Abt Craloh und seinem Konvent, als mit Ulrich von Augsburg und dem Laien Amelung gleichsam von jeder Seite ein Repäsentant die Verhandlungen führte.[41] Diese im Grunde bilaterale Form der Konfliktbeilegung entwickelte sich allerdings fallweise zu einer Art Schiedsverfahren, so daß der Zwang zu Konsens und Einigung dann das Verhalten der Verhandlungsführer stärker bestimmte denn die Vertretung der eigenen Interessen. Deutlich wird dies etwa im Fall der Auseinandersetzung zwischen den Vasallen des Markgrafen Gero und dem Halberstädter Bischof Arnulf, der in den Augen seiner Gegner einen Priester, den er mit einem Falken in der Hand erwischte, zu Unrecht abgeführt hatte.[42] Zur Rede gestellt beteuerte der Bischof seine Unschuld, unterbreitete aber den besagten Vasallen den Vorschlag, durch gemeinsame Freunde klären zu lassen, ob er schuldig sei und eine Genugtuung zahlen müsse, ein Vorschlag, der dann jedoch nicht umgesetzt wurde.[43] Auch wenn man nicht weiß, an welche gemeinsamen Freunde der Bischof dachte und wie sie eingesetzt werden sollten, so ist die Nähe zu einem Schiedsverfahren, das die ausgesuchten Personen zu mehr Rücksicht auf die Interessen der anderen Seite animierte, unverkennbar. Die fließenden Übergänge zwischen bilateralen und schiedsartigen Verhandlungslösungen offenbaren sich auch in der Art und Weise, wie man – im übrigen ebenfalls zu Beginn des 11. Jahrhunderts – den Konflikt zwischen dem Paderborner Bischof Meinwerk und dem billungischen Grafen Thietmar um das Kloster Helmarshausen beilegte. Hier wurden namentlich vier Personen als Friedensstifter aktiv, von denen zwei dem Billunger nahestanden und zwei als Lehnsleute des Bischofs dessen Interessen einbringen sollten und die gemeinsam eine für beide Kontrahenten tragfähige Lösung fanden.[44] Mit der Zeit nahm diese Form der Konfliktbeilegung immer deutlicher die Konturen eines Schiedsverfahrens an. So schlug Friedrich Barbarossa, um den Streit zwischen dem Bremer Erzbischof Hartwig und der Verdener Kirche zu beenden, dem Metropoliten die Einsetzung eines regelrechten Schiedsgerichtes vor, und nicht anders bot der Oldenburger Bischof Gerold, der sich ebenfalls mit dem Bremer Erzbischof überworfen hatte, diesem an, die Differenzen durch Schiedsrichter aus dem Weg zu räumen.[45] Daß an all diesen Fällen stets kirchliche Institutionen und Amtsträger beteiligt waren, ist kein Zufall, da diese Form der Konfliktbeilegung mit der Ausbildung des kanonischen Rechts im hohen Mittelalter als Instrument der Streitschlichtung einen Aufschwung erlebte.[46] Und doch zeigen die Konflikte um den Halberstädter und um den Paderborner Bischof, daß auch die Laien mit derartigen Verfahren in Berührung kamen und insofern die entsprechende Vorstellung vom eingesetzten, dann aber selbstverantwortlichen Friedensstifter auch jenseits der Kirche ihren Platz hatte. Da zwischen den schiedsartigen Verfahren und den Bemühungen weltlicher Großer, über Boten und Zwischenträger untereinander eine friedliche Übereinkunft zu erlangen, eine mehr als durchlässige Grenze zumindest bis ins 12. Jahrhundert hinein bestand, konnte auch bei den von jeder Partei eigens bestimmten Verhandlungsführern der Gedanke an die besondere Verantwortung für den Frieden schnell aufkommen. Die Abgesandten erschienen dann als Anwälte des Friedens und erhielten seit dem ausgehenden 11. Jahrhundert zuweilen den Titel eines Friedensvermittlers oder Vermittlers.

Diese Auszeichnung teilten sie aber auch mit jenen Personen, die sich um die Unterwerfung eines Magnaten oder einer Stadt und den damit verbundenen Wiedergewinn der königlichen Huld verdient gemacht hatten, ja auch mit dem König, der sich um eine gütliche Einigung bemühte. Weil jede dieser Formen der Konfliktbeilegung dem Friedensstifter eine andere Rolle zuwies, deckte der Begriff des Mediators zunächst einmal ganz verschiedene Typen des Vermittlers ab.

IV. Die Institutionalisierung der Vermittlung

Obwohl die Vermittler des Friedens mit unterschiedlicher Autorität in die Konflikte eingriffen und sich ihr Status je nach Konfliktfall anders darstellte, führten sie doch immer wieder die gleichen Handlungen aus. Auf diese Weise entstand mit der Zeit ein Ensemble von Praktiken, das mit der Rolle eines Mediators identifiziert werden konnte. Die so verknüpften Tätigkeiten entsprachen zunächst einmal nicht den heutigen Vorstellungen von der Vermittlungspraxis, da sie schiedsartige wie richterliche Entscheidungen mit einschlossen. Doch sieht man einmal von dieser Dimension ab, so trifft man auf ein Ensemble von Handlungsweisen, welches sich schließlich im Verlauf des hohen Mittelalters verfestigte und die Vorstellung von einem nicht richtenden, unparteiischen Vermittler hervorbringen konnte.

Dieser Prozeß ist allerdings ohne die Entwicklung der päpstlichen Friedensstiftung seit den Zeiten Gregors VII. nicht zu erklären. Zum einen spielten die Päpste bei der Ausbreitung der Schiedsgerichtsbarkeit im späten Mittelalter eine Vorreiterrolle.[1] Damit verstärkten sie zunächst einmal die Tendenz, die Vermittlerrolle nach dem Modell eines Schiedsrichters auszugestalten. Zugleich aber mußten sie erfahren, daß ihre Versuche, die Konflikte autoritativ zu lösen, immer wieder scheiterten. Was bei Königen, Herzögen oder Erzbischöfen, kurzum, bei Herrschaftsträgern, die zwischen untergebenen Personen eingriffen, gelingen mochte, erwies sich gerade bei den päpstlichen Interventionen außerhalb der Kirche als ein gravierendes Problem, obwohl oder gerade weil die Päpste seit dem 11. Jahrhundert gegenüber den europäischen Königreichen in eine Position hineinwuchsen, die sie zu den prädestinierten Vermittlern machte. Aber ihr Anspruch, Auseinandersetzungen zwischen den weltlichen Potentaten durch ihr Urteil zu lösen, wurde immer wieder als unangemessene Einmischung in die inneren Angelegenheiten abgewiesen. Diese Schwierigkeiten ließen die eigenen Eingriffs- und Vorgehensweisen zunehmend problematisch erscheinen. Und so entwickelte sich im Umkreis der Kurie ein sich mehr und mehr differenzierendes Bild von den Möglichkeiten und Verfahren, die einem Friedensstifter für sein Unterfangen offenstanden, ein Bild, das am Ende auch den vermittelnden Mediator als eigenständigen Typus in Erscheinung treten ließ.

In Erscheinung wohlgemerkt, aber nicht ins Rampenlicht. Denn das späte Mittelalter war zunächst einmal die Zeit der Schiedsgerichtsbarkeit.

Sie wurde – und davon war schon die Rede – zum vorrangigen Mittel, um Auseinandersetzungen zwischen verschiedenen Herrschaftsträgern beizulegen, zwischen Königen, zwischen Städten oder zwischen Grafen, Herzögen und Kirchenfürsten. Damit einhergehend verlor das ordentliche Gericht gegenüber dem Schiedsverfahren in vielen Regionen Europas an Bedeutung. Besonders galt dies für das römisch-deutsche Reich, in dem der König die ihm angetragenen Konflikte mehr als Schiedsrichter denn im Rahmen des Hofgerichts zu lösen suchte. Für die Praxis der Vermittlung bedeutete die Ausbreitung der Schiedsgerichtsbarkeit keinesfalls den Tod. Vermittelt wurde weiterhin, nur verlagerte sich der Schwerpunkt. Die Aufgabe der Vermittler bestand nun vielfach einfach darin, die Kontrahenten dazu zu bringen, ein Schiedsverfahren zu akzeptieren. Und so besaß die Vermittlungstätigkeit in dieser Zeit einen eigenartigen Status. Auf der einen Seite wurde sie von der Schiedsgerichtsbarkeit in den Schatten gestellt, aber durch deren Vormarsch gewann sie andererseits vereinzelt jene Konturen, die dann auch die neuzeitliche Vermittlungspraxis prägten.

1. Die Kunst der Vermittlung und ihre Spezialisten

Blieb die Vermittlungstätigkeit auch noch im 12. Jahrhundert nicht genau abgegrenzt und tendierte je nach Konfliktfall mal mehr zur Gesandtentätigkeit, mal mehr zur Fürsprache oder zur Schiedsmannschaft, so bildete sich doch ausgehend von den karolingischen Frühformen im hohen Mittelalter ein Bündel von immer wiederkehrenden Verhaltensweisen heraus. Sie waren gleichsam das Fundament, auf dem die Vermittlung mit all ihren zeittypischen Eigenarten selbst an Kontur gewann, so daß die Aufgaben und Techniken des Vermittlers deutlicher hervortraten.

Friedensvermittler und ihre Vorläufer waren zunächst einmal dazu da, die abgerissene Kommunikation zwischen verfeindeten Parteien wiederherzustellen.[2] Wer sich stritt, wer gar gewillt war, einen Krieg gegeneinander zu führen, oder sich bereits bekämpft hatte, redete nicht mehr mit dem Gegner. Dieses bis in die Gegenwart hinein feststellbare Verhalten war im Mittelalter ausgeprägter. Zum einen zielte das politische Handeln in einem Maße auf Konsens, daß Dissens zumeist buchstäblich zur Distanzierung führte und jeglicher Kontakt abgebrochen wurde.[3] Heinrich IV. befahl 1075 seinem fürstlichen Gefolge, ja keinen der aufständischen Sachsen in seine Nähe kommen zu lassen.[4] Ebenso ließ Friedrich Barbarossa die sächsischen Fürsten, die nach seinem Italienfeldzug seine Huld wiedergewinnen wollten, nicht in seine Umgebung und führte die Verhandlungen über seinen Intimus Otto von Freising. Und als die Gespräche ergebnislos verlaufen waren, trennte er sich, wie der Chronist und Augenzeuge hinzufügt, ohne Gruß von ihnen.[5] Dieses Detail verweist zugleich auf einen zweiten Faktor, der die bewußte Distanzierung im Konfliktfall förderte: der Hang der damaligen Führungsschicht zu ostentativem, zu demonstrativem Verhalten. Man wollte allen zeigen, daß man nicht miteinander konnte, und was lag da näher, als sich nicht zu grüßen und sichtbar voneinander Abstand zu halten.[6] Dem entsprach es nur, wenn umgekehrt die Nähe semantisch zum Symbol für Eintracht, Übereinstimmung und gegenseitiger Anerkennung aufgeladen wurde und man folgerichtig die Gegenwart des anderen allein schon deshalb mied, um seinen Status oder seine beanspruchte Stellung nicht anzuerkennen. Das mag nicht häufig der Fall gewesen sein, aber scheint immerhin bei den Verhandlungen zwischen Konrad III. und Heinrich dem Stolzen 1138 dazu geführt zu haben, daß der König nur über Unterhändler mit dem Herzog von Bayern und Sachsen sprach, um ihn in dieser Stellung nicht anerkennen zu müssen.[7]

Schließlich gab es noch einige Faktoren, die im Einzelfall die Kommunikation zwischen den Protagonisten unmöglich machten. Das gilt etwa für die Exkommunikation der einen oder anderen Partei. Schon die Vermittlungsaktivitäten Ludwigs des Deutschen 862 erwuchsen aus der Weigerung Karls des Kahlen, mit dem von seinen Bischöfen gebannten Neffen Lothar II. überhaupt zu reden.[8] Und ebenso kann man hier auf die Auseinandersetzung zwischen dem gebannten Heinrich IV. und Gregor VII. verweisen.[9] Auch politische Schwäche und moralische Defizite machten die Kommunikation so manches Mal schwierig, weil die Akteure ihr Gesicht nicht verlieren wollten. Wer wie Kaiser Ludwig öffentlich geschworen hatte, daß er Benevent nicht eher verlassen werde, als bis er den rebellierenden Herzog Adalgis gefangen wegführe, der konnte nicht mehr an diesen herantreten und um eine friedliche Übereinkunft bitten. Das vermochte nur ein Dritter zu erreichen, und in diesem Wissen näherte sich Ludwig dem Papst mit der Bitte, bei ihm selbst für den Herzog zu intervenieren, auf daß er, der Kaiser, die Wiederaufnahme des Herzogs in seine Huld vor aller Welt allein der päpstlichen Bitte zuschreiben könne.[10] Und im gleichen Bewußtsein wandte sich Barbarossa an Heinrich II. von England, damit dieser den Papst bitte, bei ihm selbst, dem Kaiser, für eine Begnadigung Heinrichs des Löwen zu intervenieren.[11] Auf diese Weise hätte der Kaiser einen Gnadenakt als Ehrerweis gegenüber dem Heiligen Stuhl darstellen können. Der Papst war auch deshalb die richtige Adresse, weil er Eide lösen konnte, denn Barbarossa hatte einst den Fürsten versprechen müssen, Heinrich dem Löwen keine Begnadigung mehr zuteil werden zu lassen.[12]

Die unterschiedlichen Gründe, die Kommunikation mit dem Gegenüber zu verweigern, führten zwangsläufig dazu, daß die Initiative zur Vermittlung sowohl von den Konfliktparteien als auch von dritter Seite ausgehen konnte. Es war Otto I. selbst, der Friedrich von Mainz beauftragte, eine Lösung im Konflikt mit Eberhard von Franken zu finden, und es war Heinrich von Schweinfurt, der sich an den Magdeburger Erzbischof Tagino und den billungischen Herzog Bernhard wandte, um sich mit dem König auszusöhnen.[13] Es war zuweilen Heinrich IV., der die ihm ergebenen Fürsten die Sachsen zur Unterwerfung auffordern ließ, es waren aber auch die sächsischen Fürsten, die sich über Mittelsleute an die führenden Räte Heinrichs IV. wandten und diese um Übergabeverhandlungen ersuchten, und es waren die Cremasken, die Heinrich den Löwen und den Patriarchen von Aquileja baten, mit dem Kaiser ihre Unterwerfung auszuhandeln.[14] Zum Einsatz kamen Mediatoren aber auch auf bloße Aufforderung von oben. Die Versöhnung zwischen dem geflohenen Abt Craloh und der Mönchsgemeinschaft von St. Gallen überantwortete Otto I. expressis verbis Bischof Ulrich von Augsburg.[15] Und nicht anders schickte Friedrich Barbarossa den Zähringer Berthold und den Mainzer Erzbischof Christian im Jahre 1167 nach Sachsen, um dort zumindest einen Waffenstillstand zwischen Heinrich dem Löwen und dessen sächsischen Gegnern herbeizuführen.[16]

Die Initiative ging aber auch von den Vermittlern selbst aus, und in diesen Fällen tritt der Vermittlungscharakter ihrer Friedensstiftung deutlicher zutage. Den Bedingungen der mittelalterlichen Vermittlung entsprechend, befanden sich die Friedensstifter zu Beginn ihrer Aktion zumeist im Lager der einen oder anderen Partei. Von da aus nahmen sie entweder selbst oder über Boten Kontakt mit der anderen Seite auf, nachdem sie die eigene Partei und deren Anführer, in vielen Fällen also den König, für ein solches Unterfangen gewonnen hatten. Standen Kriegshandlungen bevor, so warteten sie nicht selten bis zum letzten Augenblick. Auf diese Weise konnten sie sich als Retter in höchster Not präsentieren. Ihre Angebote und Vorschläge für eine Versöhnung gewannen an Überzeugungskraft, stand doch nunmehr die einzige Alternative, nämlich Krieg und Blutvergießen, allen Beteiligten offen vor Augen. So wartete der päpstliche Gesandte, der zwischen dem bayerischen Herzog Odilo und Pippin 743 zu vermitteln suchte, bis zu dem Moment, als die Krieger kampfbereit waren, um einzugreifen. Gregor IV. kam 833 erst ins Lager Ludwigs des Frommen, als sich der Kaiser schon an die Spitze seines Heeres gestellt hatte, und auch Ulrich von Augsburg und Hartbert von Chur begannen ihre Friedensmission zwischen Otto I. und dessen Sohn Liudolf erst, als die Schlacht unmittelbar drohte.[17] Bei der Belagerung von Burgen und später von Städten war das Eingreifen im letzten Augenblick ein wiederkehrendes Faktum. Allerdings erfolgte in solchen Fällen die Intervention erst, nachdem schon Blut geflossen war, also kurz vor dem alles entscheidenden Angriff. Hier führte weniger die Taktik der Vermittler denn die immanente Logik der Konfliktführung zu einem solchen Verhalten. Der Gegner mußte soweit in die Enge getrieben werden, daß er sich zur Unterwerfung bereit erklärte.[18]

Während etwa Ulrich von Augsburg und Hartbert von Chur erst auf dem Schlachtfeld zu Vermittlern wurden, waren andere schon mit dem Bewußtsein, im Falle eines Falles einzugreifen, mit in den Kampf gezogen. Adalbert von Bremen schloß sich dem Heerzug Herzog Bernhards an, um eine kriegerische Auseinandersetzung zu verhindern.[19] Dieser Vorsatz offenbart sich noch klarer bei Bischof Embricho von Augsburg, der, mit Heinrich IV. nach Sachsen reitend, einen Brief an Burchard von Halberstadt schrieb und diesem mitteilte, nicht des Krieges wegen zu kommen, sondern allein um des Friedens willen, und dem Bischof, wie schon einmal erwähnt, vorschlug, ihn und eine Reihe anderer Bischöfe und Fürsten mit der Lösung des Konfliktes zu beauftragen.[20]

War die Kommunikation erst einmal hergestellt, hieß es, soweit nötig Vertrauen zu bilden. Von besonderen Vorleistungen liest man indes nur wenig. Von Gregor IV. wird allerdings berichtet, er habe Ludwig den Frommen mit Geschenken beehrt. Obwohl es sich hier gleichsam um eine Gepflogenheit des Gesandtenverkehrs handelt, blieb ein solches Vorgehen doch die Ausnahme,[21] und erklärt sich in diesem Fall aus dem mangelnden Vertrauen, das ihm, dem Papst, von Seiten Ludwigs entgegengebracht wurde und das er so zurückzugewinnen trachtete. Eine solche Konstellation führte zuweilen auch dazu, das Vertrauen durch gemeinsame Gelage zu erneuern – so jedenfalls suchte Ludwig der Deutsche Lothar II. für sein Friedenswerk zu gewinnen[22] – oder durch besonders spendable Einladungen, wie es von Brun von Köln überliefert ist, der seinen Neffen herzlich nach Bonn bat und ihm dort alle Vergnügungen bot, die sich mit dessen königlicher Würde vertrugen, wobei man zuerst einmal an die Jagd zu denken hat.[23] Auch hier galt es, das lange herrschende Mißtrauen abzubauen.

Zumeist aber vermittelten gerade Personen, von denen man wußte, daß sie das Vertrauen der anderen Seite besaßen – sei es, weil sie über verwandtschaftliche Bindungen verfügten, sei es, weil sie alte Freunde waren oder einst selbst im gegnerischen Lager gestanden hatten. Dementsprechend richteten sich auch diejenigen, die von sich aus vermittelnd in den Konflikt eingriffen, zuerst einmal an die Leute, die sie kannten und für vertrauenswürdig hielten. Um nur ein besonders aussagekräftiges Beispiel herauszugreifen, sei auf das Vorgehen des bayerischen Pfalzgrafen Otto von Wittelsbach hingewiesen, der sich, als er die Empörer gegen Heinrich den Stolzen zur Unterwerfung bewegen wollte, zunächst einmal an seine Verwandten im Heer der Aufständischen wandte: „Darauf bedacht, wie man in Güte den Frieden herbeiführen könne, ermahnt er zunächst den mit ihm verwandten Vogt Friedrich, sich zu ergeben. Dieser fügt sich ...

dem Rate des Pfalzgrafen, geht in dessen Begleitung in das Lager des Herzogs, wirft sich ihm zu Füßen und wird in Gnaden angenommen. Als der Pfalzgraf dies erreicht hat, drängt er unter Vorstellungen über das den Seinigen drohende Unglück auch seinen Schwiegersohn Otto [von Wolfratshausen], sich zu ergeben und Sühne zu leisten."[24] Hier zeigt sich, wie die schon bestehenden Bindungen zur gegnerischen Partei für genügend Kredit sorgten, um sich auf Gespräche einzulassen. Insgesamt hing es natürlich auch von den Machtverhältnissen ab, welches Gewicht der Frage der Vertrauenswürdigkeit zukam. Wer vom König in die Enge getrieben, nur noch vor der Alternative zwischen Vernichtung und Unterwerfung stand, konnte sich seine Gesprächspartner nicht mehr aussuchen.

Von daher nimmt es auch nicht Wunder, daß die sogenannten Vermittler zu Beginn ihrer Arbeit kaum Verständnis für das Tun des Gegners aufbrachten, zumindest bei den Konflikten, wo Ungehorsam mit im Spiel war. Das jedenfalls verraten die Reden, die man diesen Vermittlern in der Geschichtsschreibung zuweilen in den Mund gelegt hat. Nach Ruotger ließ Brun von Köln seinen Neffen Liudolf gleich wissen, daß er sich mit seinem Aufstand gegen seinen Vater, Otto I., schwerster Verfehlungen schuldig gemacht hatte.[25] Der Patriarch von Aquileja konfrontierte die Cremasken, die sich zur Unterwerfung bereit gefunden haben, mit einer Philippika auf ihr bis dato ungebührliches Verhalten.[26] Auch Adolf von Schauenburg zeigte kein Verständnis für den aufständischen Slawenfürsten Wratislaw, als dieser ihn dank alter Verbundenheit bat, sich bei Heinrich dem Löwen für ihn zu verwenden.[27] Allein die Rede, die Lampert von Hersfeld den Fürsten zuschreibt, die im Auftrag Heinrichs IV. die Sachsen 1075 zur Unterwerfung bewegen sollten, fällt aus dem Rahmen. Hier äußerten die Abgesandten zunächst einmal ein wenig Sympathie für die sächsischen Forderungen.[28] Allerdings entspricht dies so ganz und gar dem Verständnis, das der Autor selbst den Sachsen entgegenbringt, wie er denn überhaupt im Einklang mit deren Ambitionen versucht, lauter Diskrepanzen zwischen Heinrich IV. und die Fürsten, die auf dessen Seite agierten, aufscheinen zu lassen.[29] Die Fürsten im Lager des Königs, so will er dem Leser klar machen, würden den Sachsen Recht geben, wenn nicht der böse König davor wäre. Und dazu paßt das Wohlwollen, das die Verhandlungsführer den Aufständischen entgegenbringen. Dennoch halten auch bei Lampert die Abgesandten nicht mit ihrer Meinung zurück und werfen den Sachsen vor, Verbrechen begangen zu haben, die sie nur durch eine bedingungslose Unterwerfung wieder wettmachen könnten.[30] Dies aber zeigt genau, warum die eindeutige Schuldzuweisung mit zum Geschäft des Friedensstifters gehörte: Erst ein Schuldeingeständnis machte eine Unterwerfung zu einem Akt, durch den man später einmal wieder in die Huld und Gnade des Herrschers eintreten konnte.

Die Kunst der Vermittlung und ihre Spezialisten

Wurde indes zwischen zwei gleichrangigen Kontrahenten eingegriffen, so sah die Sache anders aus. Die Bischöfe, die nach einem Ausgleich zwischen Paschalis II. und Heinrich V. suchten, zeigten jedenfalls zu Beginn ihrer Mission Verständnis für den Papst, den Heinrich V. zuvor gefangengesetzt und in einer bis dato unbekannten Weise gedemütigt hatte.[31] Aber auch dort, wo der Konflikt nicht in einem solchen Maße eskalierte und man um Besitz- und Herrschaftstitel stritt, dürfte man sich zunächst einmal das Vertrauen durch ein gewisses Verständnis für die jeweilige Position erworben haben.

Sobald die Vermittler beide Seiten für die Aufnahme von Gesprächen gewonnen hatten, organisierten sie den Austausch von Informationen. Übernahmen sie selbst diese Aufgabe, pendelten sie zumeist zwischen den beiden Lagern respektive den Aufenthaltsorten der Kontrahenten hin und her, wie etwa der Herzog Gozelo von Lothringen und die übrigen Friedensmittler vor der Unterwerfung von Spier 1075 mehrmals zu den Sachsen gingen, um dann wieder im eigenen Lager Rücksprache mit dem König zu halten.[32] Auch die Verhandlungen zwischen Konrad III. und Heinrich dem Stolzen führten die von beiden Seiten bestellten Friedensvermittler, indem sie zwischen den Lagern hin- und hergingen.[33] Im Vorfeld von Unterwerfungen beschränkte sich ihr Tun vielfach auf zwei oder drei Begegnungen: Sie überredeten die eine Seite zur Selbstübergabe, nannten die Bedingungen, nahmen Vorschläge auf, gingen dann zurück, holten sich das Plazet des Königs und signalisierten dem Gegner am Ende dessen Einverständnis.[34] Wo sich indes ein Herzog, eine Stadt oder eine Burgbesatzung dem König unterwerfen wollten und angesehene Personen in dessen Umgebung um Vermittlung baten, brauchten sich diese Vermittler häufig kaum zu bewegen. Der Gegner verhandelte mit ihnen über Boten, und für sie selbst war der Weg ins Zelt des Königs nicht allzu weit.[35] Um ihre Vorschläge und Antworten, Verbesserungen und Präzisierungen weiterzugeben, griffen die Vermittler ebenfalls zuweilen auf Boten zurück. Der schon genannte Augsburger Bischof Embricho bat etwa Burchard von Halberstadt, einen Boten mit seiner Antwort auf den Vermittlungsvorschlag zu schicken. Und auch Ulrich von Augsburg und sein Churer Mitbruder verhandelten mit Liudolf und den Seinen über Boten.[36]

Vermittlungsversuche fanden natürlich auch an einem festen Ort statt. Das galt zunächst einmal ganz selbstverständlich für die königlichen Schlichtungsbemühungen, zu denen es vielfach auf Hoftagen oder auch auf Synoden kam.[37] Ebenso boten die Hoftage für die Großen, wenn sie für einen der ihren intervenierten, ein willkommenes Forum, zumal sich hier einfacher das zumeist notwendige Netz von Fürsprechern aufbauen und dann aktivieren ließ. Selbst wenn der König nicht an dem Konflikt beteiligt war, wurde ein Hoftag genutzt, um einen Streit zu schlichten. So fand die Vermittlung zwischen Meinwerk von Paderborn und dem billungischen Grafen Thietmar auf dem Hoftag zu Werla statt.[38]

Nicht allein dem König war es vorbehalten, die Streitenden zu sich zu bestellen. Gleiches taten zuweilen auch die Großen, wenn sie in Konflikte zwischen ihresgleichen eingriffen und kein herrschaftliches Verhältnis den Gehorsam sicherte. So lud der Utrechter Bischof Adalbold Graf Wichmann III. und den Präfekten Baldrich eigens zu einer Versammlung, um sie hier zu versöhnen.[39] Dem Bischof war damit indes ein Mißerfolg beschieden, der zunächst einmal weniger dem Procedere zuzuschreiben ist als dem Überfall auf einige Verwandte des Präfekten, den Wichmann von Hamaland unmittelbar vor der Zusammenkunft veranlaßt hatte. Aber das Ende zeigt sehr schön die Vorteile und Nachteile, die ein Hoftag für eine Vermittlung besaß. Einerseits übte die große Öffentlichkeit zunächst einen verstärkten Zwang zur Einigung aus. Aber ebenso verlangte sie von den Beteiligten Zugeständnisse, die sie gar nicht eingehen wollten. Als der besagte Baldrich sich aufgrund des oben erwähnten Überfalls weigerte, einem befristeten Gewaltverzicht zuzustimmen, bestürmte ihn die Menge und drohte ihm mit dem Tod, wenn er nicht das mache, was der Bischof von ihm verlange. Insofern war es immer auch gefährlich, sich auf ein Treffen einzulassen, wo man sich schnell gegenüber dem Vermittler und der anderen Partei in der Minderheit wiederfand und deren Anfeindungen ausgesetzt war.[40] Dabei darf man eben nicht außer acht lassen, daß ein vermittelnder Bischof über einen Anhang von Vasallen verfügte, der manchmal auch gegen den Willen seines Herrn schnell mit der einen oder anderen Seite fraternisierte – und genau dies scheint nicht nur in diesem Fall geschehen zu sein, sondern etwa auch einst in Mainz, als sich Otto I. zu einem Vertrag mit seinem aufständischen Sohn gezwungen sah, den er dann bei erstbester Gelegenheit widerrufen hatte.[41] Die Furcht vor dem Druck, der sich in einer öffentlichen Zusammenkunft in dieser oder jener Richtung entfalten konnte, war es im übrigen auch, die immer wieder die Parteien davon abhielt, am Hofe zu erscheinen, wenn man ein Gerichtsverfahren gegen sie einleiten wollte.[42] Insofern kam es selten zu direkten Verhandlungen auf eigens vom Vermittler einberufenen öffentlichen Versammlungen, zumindest dann, wenn keine Gehorsamspflicht bestand.

Zuviel Öffentlichkeit – und das wußte man – vertrug die Vermittlungstätigkeit ohnehin nicht. Ganz gleich in welchem Umfeld sie Frieden zu stiften suchten, handelten die Vermittler häufig unter Ausschluß der Öffentlichkeit. Die vertrauliche Zusammenkunft, das *colloquium familiare*, war der typische Kommunikationsrahmen.[43] Als der Lütticher Bischof Wolbodo den Erzbischof von Köln mit Heinrich II. aussöhnen wollte, bat er den Kaiser im Geheimen, den Kölner nicht weiter zu verfolgen.[44] Brun von Köln nahm seinen Neffen Liudolf beiseite, als er ins Lager des

Königs kam, um ihn unter vier Augen zur Aufgabe zu überreden.[45] Und im Streit zwischen dem St. Galler Abt Craloh und seinem Konvent tauschten die beiden Vermittler, von denen der eine mehr die Interessen des Abtes und der andere mehr die des Konventes vertrat, in der Gegenwart anderer zuweilen flüsternd ihre Überlegungen aus und zogen sich später erst einmal zurück, um konkrete Lösungsvorschläge auszuarbeiten.[46] Wie stark man die Vermittlungsarbeit schließlich mit Zurückgezogenheit und Vertraulichkeit identifizierte, wird an jener fingierten Vermittlungsaktion deutlich, die Heinrich dem Stolzen von Otto von Freising zugeschrieben wird. Denn dem Chronisten zufolge schöpfte der Staufer keinerlei Verdacht, als ihn sein Schwager in das abgelegene Kloster Zwiefalten bat, um dort „vertraulicher von Mund zu Mund sich darüber auszusprechen".[47] Ein solches Vorgehen war einfach zu selbstverständlich.

Die Herstellung von Kommunikation war die eine wichtige Aufgabe der Vermittler, die Überzeugungsarbeit die andere. Vermittler wußten zu überreden, zu überzeugen, und das machte sich auch in der Terminologie bemerkbar, genügte doch das Wort *suasio* ganz allein, um auf die vermittelnde Intervention einer Person hinzuweisen.[48] Wie die Vermittler die Kontrahenten für den Frieden zu gewinnen trachteten, erfährt man nur in wenigen Fällen. Dies ist der Preis, den die Nachwelt für die Vertraulichkeit zu zahlen hat. Zumeist trat nur das Resultat der Verhandlungen nach außen. Gewiß mochte der eine oder andere Chronist von Einzelheiten gehört haben, und mit Otto von Freising begegnet man einem Geschichtsschreiber, der selbst Erfahrungen als Vermittler gesammelt hatte. Doch in den meisten Fällen begnügten sich die Chronisten mit stehenden Redensarten.

Trotz aller Formelhaftigkeit verraten indes auch diese Redewendungen einiges über den Charakter der Verhandlungsführung. Immer wieder liest man von Mahnungen und Drohungen, von Warnungen, Vorhaltungen und Belehrungen und schließlich von Versprechungen, die bei den Konfliktparteien dem Friedenswillen zum Durchbruch verhalfen. So besteht die Vermittlungsarbeit Bruns von Köln darin, seinen Neffen mit süßen, schmeichlerischen Worten zu gewinnen, ihm aber auch „die Medizin der Mahnungen" zu verabreichen.[49] Von Mahnungen spricht auch die Vita Ulrichs von Augsburg, als sie dessen Friedensmission im Konflikt zwischen Otto I. und Liudolf beschreibt.[50] Schon für sich genommen deuten diese formelhaften Hinweise immerhin darauf hin, daß sich die Vermittlungstätigkeit im Grunde nicht von den Aktivitäten unterschied, die ein Ratgeber in anderen Bereichen an den Tag legte und die, wenn man so will, die rudimentären Formen der Machtausübung darstellen.[51]

Was sich nun im einzelnen hinter den Drohungen und Verheißungen verbarg, mit denen die Vermittler operierten, läßt sich in seinen Grundzügen aus den verstreuten weitergehenden Bemerkungen einiger Chronisten herausfiltern. Um dem friedlichen Übereinkommen das Wort zu reden, stellten die Vermittler besonders die negativen Konsequenzen heraus, die ein Beharren auf den bisherigen Zielen und Standpunkten nach sich ziehen würde. Sie warnten vor dem Ausbruch von Gewalttätigkeiten oder den Folgen fortgesetzter Gewaltanwendung. Im Vorfeld von Unterwerfungen wurde dem Gegner immer wieder die unausweichliche Niederlage, die ihm im Falle seiner Weigerung bevorstand, vor Augen geführt. Die Vermittler, die 1075 die Unterwerfung der Sachsen bei Spier aushandelten, mahnten diese mit Nachdruck, sich unverzüglich zu ergeben, weil sie ansonsten ihre Landsleute in den Untergang führen würden.[52] Der Graf Eberhard appellierte in gleicher Weise einige Jahre zuvor an Otto von Northeim, die Seinigen nicht in den Tod zu treiben.[53] Umgekehrt wurde mit dem Hinweis auf die militärische Überlegenheit der anderen Seite auch die eigene Partei zum Einlenken aufgefordert. Auf diese Weise erreichten die Fürsten 1074 die Einwilligung Heinrichs IV. zu dem von ihm als Zumutung empfundenen Vertrag von Gerstungen.[54] Und das gleiche Argument findet sich auch 1158 in der Rede wieder, die Graf Guido von Biandrate an die Mailänder richtete, um sie zur Unterwerfung unter Barbarossa zu bewegen.[55] Wie schon die beiden zuerst genannten Beispiele andeuten, verknüpfte sich das Argument der militärischen Zwangslage unversehens mit einem Appell an die Verantwortung der Herrschaftsträger für die ihnen verpflichtete gemeine Bevölkerung, von der ansonsten so wenig die Rede ist. Das war auch dann der Fall, wenn die sinnlosen Opfer eines bevorstehenden Waffengangs oder der zurückliegenden Fehdehandlungen beschworen wurden. Das Leiden des Volkes stellte Bischof Adalbold von Utrecht den beiden unversöhnlichen Kontrahenten vor Augen, als er den Grafen Wichmann III. und den Präfekten Baldrich zwecks Versöhnung zu der schon erwähnten Versammlung geladen hatte,[56] und ebenso suchte Ulrich von Augsburg bei Otto I. und Liudolf Mitleid für das geschundene Volk zu wecken.[57] Dieser Appell an die Verantwortung samt der Betonung der eigenen Übermacht findet sich auch in jener Rede wieder, die Rahewin dem Patriarchen von Aquileja in den Mund legte, als dieser mit einer Abordnung der Stadt Crema über die Unterwerfung der Stadt verhandelte. Eine Rede, die, weil sie konstruiert ist, aber auch durch die Berichte von Zeitgenossen gespeist sein dürfte, Modellcharakter beanspruchen kann[58]: „Da ihr", so sagt der Patriarch, „nun aber von Anbeginn des Krieges ohne Voraussicht gehandelt habt, so möge wenigstens späte Reue euer Vorgehen mildern … Erbarmt euch, wenn nicht eurer schon verlorenen und der Zerstörung sehr nahen Stadt, so doch wenigstens eurer noch lebenden Söhne und Frauen. Schont die Reste der Einwohner … Ihr habt die Wildheit der Deutschen kennengelernt, die Stärke und

Größe ihrer Leiber, zweifelt nicht daran, daß sie einen Geist in sich tragen, der noch stärker ist als ihre Leiber, und daß sie Seelen haben, die den Tod verachten. Ich will euch kurz sagen, was ich denke. Es ist an der Zeit, vor dem siegreichen Kaiser eure Nacken zu beugen, es ist zu eurem Vorteil, wenn ihr euer ganzes Heil in der Unterwerfung, nicht in den Waffen sucht. Denn wenn ihr, den Frieden verschmähend, weiter im Aufstand verharrt, werdet ihr euch unzweifelhaft noch größeren Gefahren aussetzen, als ihr schon überstanden habt."[59] Man sieht: Die Argumente, derer sich der Patriarch bediente, sind nicht neu, allein mit den Anleihen an die im 12. Jahrhundert aufkommende Völkerpsychologie betritt er in gewisser Weise Neuland, aber auch nur, um eine bekannte Argumentation auszumalen. Gewiß, nicht jeder Vermittler dürfte so fordernd aufgetreten sein, aber generell entsprach die kompromißlose Rede des Patriarchen dem, was man auch anderswo in vergleichbaren Konstellationen beobachten kann. So wies Adolf von Schauenburg den slawischen Fürsten Wratislaw in ähnlicher Weise zurecht: „Ärztlicher Rat kommt zu spät, wenn der Kranke aufgegeben ist. Die jetzt drohenden Gefahren hätte man vorhersehen müssen. ... Es war eine große Dummheit, den Fuß in den Bock zu setzen, wo es keinerlei Ausweg noch Entrinnen gibt. Nun bleibt nichts als Übergabe. Wenn es noch Rettung geben kann, so ist sie, glaube ich, allein durch Unterwerfung zu erlangen."[60] Gib auf, du hast keine Chance, das war und sollte die Botschaft solcher Reden sein,[61] und das war der historische Kern, der diese literarischen Konstrukte – denn das waren die zitierten Reden allemal – mit den Anforderungen der zeitgenössischen Geschichtsschreibung, nur der Wahrheit zu dienen, versöhnte.[62] Etwas anderes ist es selbstverständlich, ob diese Reden auch der Wirklichkeit entsprachen, ob die Überlegenheit, die sie beschworen, auch gegeben war. Im Einzelfall ist dies von heute aus gesehen kaum mehr zu erkennen. Doch davon unberührt kann man sehen, wie sich gerade in diesem Punkt das Können und Nicht-Können, die Kunstfertigkeit des Vermittlers herauskristallisierte. Daß Otto von Wittelsbach die Gegner Heinrichs des Stolzen zur Unterwerfung brachte, erklärt die Historia Welforum indirekt. Indem sie nämlich nur bestimmte Aktionen des Pfalzgrafen festhielt, gab sie dem Leser schon eine Erklärung zur Hand, die eben darauf abhob, daß der Pfalzgraf es verstand, dem Gegner peu à peu dessen Ohnmacht vor Augen zu führen. Als erstes und gleich zu Anfang sorgte der Wittelsbacher im Lager des Gegners für Schrecken, indem er – zu Recht oder zu Unrecht – seine dort mitkämpfenden Verwandten auf die zahlenmäßige militärische Überlegenheit des Herzogs hinwies.[63] Dabei wirkte er so überzeugend, daß die Motivation der feindlichen Vasallen bereits gegen Null sank und sich einer seiner Verwandten kurz darauf ergab. Das war die Voraussetzung, um den übrigen noch überzeugender ihre Unterlegenheit vor Augen zu führen, und so unterwarf sich dann schließlich auch einer der Hauptakteure dem Herzog auf sein Wirken hin. Die Fähigkeit, die Kräfteverhältnisse so zu schildern, wie es der anvisierten Lösung des Konfliktes am förderlichsten war, erweist sich nicht nur hier als das Herz der Vermittlungskunst. In den Kriegen Heinrichs II. gegen die Familie der Luxemburger wurde diese Fähigkeit dem Vermittler sogar zum Verhängnis. Der König hatte die Trierer Pfalz, die von dem aufständischen Erzbischof Adalbero, Mitglied der Luxemburger Grafenfamilie, gehalten wurde, schon länger belagert und erreicht, daß die Verteidiger, „von Hunger und ständigem Kampf erschöpft, die Wahl hatten zwischen dem Tod drinnen und unfreiwilliger Übergabe in die Gewalt des Königs draußen. Doch das vermied Herzog Heinrich mit überraschender Geschicklichkeit, indem er beim König freien Abzug erwirkte."[64] Dieser Herzog war niemand anderes als der Bruder des belagerten Erzbischofs und stand zu diesem Zeitpunkt im Lager des Königs. Er war wohl aufgrund seiner verwandtschaftlichen Beziehungen dazu auserkoren worden, die Übergabeverhandlungen zu führen.[65] Dabei zeigte er aber dann wohl mehr Verständnis für seinen Bruder als geboten und schaffte es offenkundig, dem König die Lage so zu schildern, daß dieser vermeinte, nicht mehr als die faktische Aufhebung der Belagerung erwirken zu können. Zweifelsohne ein Kunststück, wie auch Thietmar von Merseburg andeutet, aber nicht in den Augen des Königs. Als Heinrich II. nämlich darüber informiert wurde – von wem sagt Thietmar von Merseburg nicht –, daß sich die Situation der Trierer viel mißlicher als geschildert ausgenommen hatte, kannte sein Zorn auf den Bayernherzog keine Grenzen mehr, und dieser verlor bald darauf sein Amt und für lange Zeit auch seine Bewegungsfreiheit.[66] Das Verhalten des bayerischen Herzogs war gewöhnlich und ungewöhnlich zugleich – gewöhnlich, weil er mit der Thematisierung der Kräfteverhältnisse genau dort ansetzte, wo der Vermittler großen Einfluß gewinnen konnte und stets auch suchte, ungewöhnlich, weil jene, die von seiten des Königs aus ansonsten eine Übergabe in die Wege leiteten, den anderen höchstens mehr, aber nicht weniger, als es den Umständen entsprach, drohten.

Die Drohung mit der eigenen Übermacht war allenthalben einsetzbar, besonders dort, wo bereits gekämpft worden war oder der Ausbruch von Gewalt unmittelbar bevorstand. Von daher begegnet man ihr auch immer wieder, was nur den kriegerischen Charakter dieser Gesellschaft reflektiert, deren führende Männer Jahr für Jahr in den Krieg zogen.

Aber Vermittler wurden auch in anderen Stadien eines Konfliktes aktiv und mußten dann andere Argumente ins Spiel bringen. Was die königliche Schlichtung anbelangt, so ist hier nur noch einmal an ihre beiden hauptsächlichen Druckmittel zu erinnern: die Drohung mit dem Huldverlust und mit der gerichtlichen Verurteilung.[67] Wesentlich bedeutender war indes eine andere Drohung, die sowohl bei der königlichen Schlichtung, aber vor allem bei der fürstlichen Vermittlung zum Tragen kommen konnte: die Drohung mit dem Abbruch jeglicher Beziehungen an die Adresse derer, die sich den Vorschlägen widersetzten. Von diesem Mittel wird allerdings kaum berichtet. Wo das Argument zog und man sich einigte, wird man sich gehütet haben, seine Wirkungsmacht öffentlich zu machen. Immerhin soll sich nach den Worten Lamperts von Hersfeld Heinrich IV. diese Drohung zu eigen gemacht haben, als er zwischen dem Herzog von Polen und dem Herzog von Böhmen in Meißen Frieden zu stiften suchte. Hier erklärte er kurz und bündig, daß derjenige, der sein Wort zuerst mißachte und den andere angreife, „ihn als Feind und Rächer kennenlernen" werde.[68] Ähnlich äußerte sich auch Philipp August 1199, als er Innozenz III. mit seinem Protegé Philipp von Schwaben zu versöhnen suchte. Er versicherte dem Papst, die Freundschaft mit dem Staufer aufzukündigen, sollte dieser seinem Rat bei den Friedensverhandlungen nicht folgen.[69] Zumeist aber erfährt man von derartigen Drohungen lediglich dann etwas, wenn die Vermittlung scheiterte und der Vermittler die Beziehungen tatsächlich abbrach, wie es Friedrich von Mainz und Konrad der Rote getan haben sollen, als sie den Königssohn Liudolf nicht zur Unterwerfung überreden konnten.[70]

Mit der Kündigung der eigenen Beziehungen konnte ein Vermittler in allen erdenklichen Situationen drohen. Bündnisse stellten ein eminent wichtiges politisches Kapital dar und bildeten einen entscheidenden Machtfaktor. Von daher war die Bündnisfrage gerade in Konfliktsituationen, in denen Macht ja herausgefordert wurde, von Belang. Mit dieser Karte konnte man gut stechen. Aber man mußte ja gar nicht seine eigenen Bindungen zur Disposition stellen. Man konnte ebenso – und da begann dann die situationsbedingte politische Argumentation – den Akteuren potentielle Bündnispartner ihrer Gegner vor Augen führen oder auch solche, die man mit einem Frieden zusätzlich gewinnen konnte. Doch nur selten hört man etwas von solchen Überlegungen. Daß die Vermittler aber auch damit operiert haben, kann man an der schon einmal erwähnten Intervention Papst Nikolaus' I. zugunsten des flandrischen Grafen Balduin erkennen. In dem Brief, den er an Karl den Kahlen schickte, ging der Papst soweit, dem König drohend vor Augen zu stellen, daß sich der Graf, wenn er nicht vor ihm Gnade finden würde, zu den heidnischen Normannen begeben könnte.[71] Auch in seinen Augen war ein solches Verhalten verwerflich. Aber der Papst machte Karl für einen solchen Schritt Balduins verantwortlich, enthob sich damit aller moralischen Bedenken, mit einer Person, die derartige Pläne hatte, zusammenzuarbeiten, und nutzte so die Bedrohung Karls durch die Normannen aus, um den König zu einer Aussöhnung zu bewegen. Eine politische Argumentation ohne Zweifel, die der Papst aber dann noch geistlich überhöhte, indem er aus einem möglichen Zusammengehen Balduins mit den Normannen eine Stärkung der Heiden ableitete, die für das Volk Gottes, so Nikolaus, eine große Gefahr darstelle. Lasse Karl dies durch seine Weigerung, sich mit Balduin zu versöhnen, zu, so verfehle er seinen Herrscherauftrag und gefährde sein Seelenheil. Inwieweit dieser Gedankengang Karl beeindruckte, ist schwer zu sagen. Aber die Drohung, Balduin könne sich mit den Normannen verbinden, traf doch den Nerv Karls. Schon bald forderte er den in Friesland agierenden Normannen Rorich auf, Balduin die Aufnahme zu verwehren.[72] Die Bedeutung, die die konkreten Umstände für die Argumentation der Vermittler spielten, tritt hier klar zutage. Aber dies blieb weithin die Ausnahme, sieht man einmal von Selbstverständlichkeiten ab, daß man etwa bei ungehorsamen Söhnen an die Vaterliebe appellierte, um sie zur Versöhnung zu veranlassen.[73]

Schließlich verfügten die kirchlichen Würdenträger noch über ein eigenes Zwangsmittel, das sie zuweilen selbst, vielfach aber auch im Auftrag einer der Konfliktparteien benutzten, um diese wieder auf den Verhandlungsweg zu führen. Gemeint ist die Drohung mit der Exkommunikation, die seit karolingischer Zeit zu den Waffen der geistlichen Vermittler, vor allem der Päpste gehörte. So wurde Tassilo von Hadrian I. mit dem Bann gedroht,[74] so soll Gregor IV. gegenüber Ludwig dem Frommen mit diesem Gedanken gespielt haben,[75] und so kündigte Hadrian II. es Karl dem Kahlen an, als dieser sich des Mittelreichs bemächtigte.[76] Auch später drohte man mit geistlichen Strafen, um die Kontrahenten zum Frieden zu bewegen. So tat etwa Leo IX. in Absprache mit Heinrich III. Herzog Gottfried den Bärtigen in den Bann, um ihn dann später wieder mit dem König zu versöhnen, und auch Gregor VII. drohte nach der Wahl Rudolfs von Rheinfelden 1077 beiden Königen mit der Exkommunikation, sollten sie sich seinen Friedensinitiativen widersetzen.[77] Dabei weist der Fall Leos IX. darauf hin, daß die betreffenden Würdenträger zum Zeitpunkt der Exkommunikation möglicherweise auf ein Einlenken gehofft hatten, aber noch nicht expressis verbis in die Rolle des Friedensstifters geschlüpft waren, sondern als Verbündete der einen Seite agierten. Gegen Ende des 12. Jahrhunderts wurde dann die Drohung mit der Exkommunikation so selbstverständlich, daß ihre Wirkung im Verlauf des 13. und 14. Jahrhunderts wieder verblaßte.[78]

Mehr Wirkung aber als die Drohungen oder Mahnungen dürften die sogenannten süßen Worte und Versprechungen, dürften die Vorteile, die die Vermittler anzubieten hatten, bei den Konfliktparteien gezeigt haben. Hier ist an erster Stelle die Hoffnung auf den Wiedergewinn der Huld zu nennen, die die Friedensstifter weckten, um Zustimmung für ihr Vorhaben zu erzielen. Wie stark dieser Gedanke das Feld der Konfliktschlichtung seit fränkischer Zeit beherrschte, mag man an dem zunächst erfolgreichen Versuch Chilperichs ablesen, durch ihm wohlgesonnene Bischöfe deren Mitbruder Praetextatus zu einem Schuldbekenntnis zu animieren, indem sie ihm die unvergleichliche Milde des Königs vor Augen stellen sollten, die ihm nach einer Selbstdemütigung Verzeihung verschaffen werde.[79] Die westfränkischen Bischöfe, die 851 einen Brief an den Bretonenfürsten Nominoë richteten, um dessen Zusammenarbeit mit dem abtrünnigen westfränkischen Grafen Lantbert zu denunzieren und ein Ende der Verwüstungen im Grenzgebiet zu fordern, setzten ebenso auf die Wirkungsmacht dieser Hoffnung, als sie allen, die sich von den Machenschaften des Grafen distanzierten und Reue zeigten, die königliche Milde in Aussicht stellten.[80] Von der Hoffnung auf Versöhnung sprach Bischof Embricho von Augsburg sogar schon in der Begrüßungsformel zu Beginn seines Briefes an den Bischof von Halberstadt, dem er dann seine Vermittlungsdienste anbot.[81] Aber nicht nur Bischöfe, denen natürlich das Modell von Reue, Buße und Rekonziliation aus der kirchlichen Bußpraxis mehr als vertraut war, machten sich dieses Argument zu eigen.[82] Der Graf Eberhard führte ebenso die Hoffnung auf die Gnade des Königs ins Feld, als er Otto von Northeim zur Unterwerfung überredete.[83]

Blieb vielfach auch die Hoffnung auf den Wiedergewinn der Gnade recht unbestimmt, so verknüpfte sie sich in anderen Fällen mit konkreten Versprechungen. Brun von Köln sagte seinem Neffen Liudolf zu, ihm die Huld des Vaters samt der verlorenen Ämter und Würden wiederzuverschaffen, und fand so zum ersten Mal Gehör, während seine vorhergehenden Vermittlungsversuche gescheitert waren.[84] Häufig verweist allerdings nur das spätere Geschick der betroffenen Konfliktpartei auf derartige Zusicherungen, so etwa wenn sich Herzog Eberhard von Franken auf Intervention des Mainzer Erzbischofs Friedrich dem König unterwarf, daraufhin kurz verbannt und dann „huldreich wieder zu Gnade aufgenommen und in seine frühere Würde wieder eingesetzt" wurde.[85] Ebenso scheint es den vermittelnden Bischöfen und der Kaiserin Kundigunde gelungen zu sein, den billungischen Herzog Bernhard nach seinem Aufstand gegen den König vor dem Verlust der väterlichen Lehen zu bewahren.[86] Und auch die staufischen Brüder Konrad und Friedrich mußten keine Einbußen hinnehmen, nachdem sie sich Lothar III. auf Vermittlung der Kaiserin Richenza hin unterworfen hatten.[87] Am Ende kam es allerdings nur selten zu einer vollständigen Restitution. Anders als bei Eberhard von Franken und den beiden Staufern wurden die einstigen Gegner vorerst mit kleineren Würden bedacht. Konrad der Rote blieb ohne Herzogsamt und durfte sich zunächst einmal nur als Befehlshaber eines militärischen Kontingents im Kampf gegen die Ungarn bewähren, Liudolf, der Sohn Ottos I., verlor ebenso sein Herzogtum und wurde nach Italien geschickt, um sich dort eine neue Stellung aufzubauen.[88] Auch unterhalb der Herrscherfamilie wird das gleiche Muster sichtbar. Der flandrische Graf Balduin IV. mußte seine Grafschaft aufgeben, bekam aber dafür ein Kommando über die Stadt Valenciennes, nachdem er sich wieder in die Botmäßigkeit des Königs begeben hatte.[89] Otto von Northeim verlor das schon zuvor aberkannte Herzogtum Bayern, behielt aber zumindest einen Teil seiner Eigengüter und stieg trotz einiger Rückfälle später wieder in der Gunst des Königs auf.[90] Gut hundert Jahre danach verlor Heinrich der Löwe mit seiner Unterwerfung in Erfurt gleichfalls seine Herzogtümer Bayern und Sachsen unwiderruflich und konnte nur seine Eigengüter retten.[91] Dennoch hoffte wohl auch er, über kurz oder lang seinen einstigen Stand wiederzuerlangen.[92]

Während die Vermittler gegenüber jenen, die sie zur Unterwerfung überreden wollten, mit der Hoffnung auf Versöhnung ein Einlenken zu befördern suchten und dabei nach Möglichkeit auch die Erfüllung konkreter Bedingungen in Aussicht stellten, war es das Versprechen einer möglichst bedingungslosen Unterwerfung, mit der sie den König am ehesten zu Nachgiebigkeit bewegen konnten. Inwieweit die Vermittler die Hoffnung auf Vergebung und die Bereitschaft zur Versöhnung mit konkreten Bedingungen unterfütterten, hing somit stets von den jeweiligen Umständen ab, dem Grad der Entfremdung zwischen den Konfliktparteien, den Vergehen, die sie einander vorwarfen, der Heftigkeit, mit der die Auseinandersetzungen bis dato geführt worden waren, und den Kräfteverhältnissen. Das galt um so mehr, als die Frage, ob Bedingungen zu stellen waren, sowohl unter denen, die sich unterwerfen mußten, als auch im Kreis derer, die die Unterwerfung annahmen, kontrovers diskutiert wurde. So überlegte man 1162 im Rat Barbarossas, ob es besser sei, eine bedingungslose Unterwerfung der Mailänder zu akzeptieren oder eine regelrechte Übereinkunft damit zu verbinden.[93] Und ebenso gab es bei der von Ulrich von Augsburg vermittelten Aussöhnung zwischen dem Abt Craloh und dem Mönchskonvent von St. Gallen von seiten der Mönche zunächst den Vorschlag, an den Abt Bedingungen zu stellen, was dann aber abgelehnt wurde.[94]

Variierte nun auch der Verhandlungsspielraum der Vermittler und damit die Palette ihrer Versprechungen und Drohungen, so blieb er in vielen Fällen doch sehr begrenzt. Denn insbesondere bei Auseinandersetzungen zwischen dem König und seinen Großen, die das meiste Interesse der Zeitgenossen gefunden haben, aber auch generell bei der Belagerung von Burgen und Städten gab es nicht viel zu verhandeln, weil die Gegner des Königs sich einfach zu unterwerfen hatten und vielfach bereits mit dem Rücken zur Wand standen. Sie konnten dann keine Forderungen mehr stellen, die über die Zusicherung von Leben und körperlicher Unversehrtheit hinausgingen. Und selbst wenn der König in die Bredouille geriet, öffneten sich dem Vermittler nicht ungeahnte Eingriffsmöglichkeiten. Das sieht man an jenen raren von ihnen ausgehandelten Verträgen des 10. und 11. Jahrhunderts, die dann für die Könige nichts anderes als bloße Diktatfrieden darstellten.[95] Auch von daher erscheint die Vermittlungstätigkeit vorwiegend als Überzeugungsarbeit, als die Fähigkeit, den Betroffenen die Einsicht in die Notwendigkeit zu vermitteln.

Zumindest wenn man höhergestellte Personen zu Frieden und Versöhnung gewinnen wollte, vertraute man nicht allein auf die eigenen Argumente, sondern bemühte sich, dem Unterfangen weitere Fürsprecher zu gewinnen. Schon die Päpste zur Karolingerzeit hatten sich insbesondere an die Herrscherinnen gewandt, um ihren Bitten Nachdruck zu verleihen.[96] Allerdings tritt dieser Aspekt vielfach nur indirekt zutage, etwa durch den Hinweis auf die Intervention mehrerer Personen in einer Angelegenheit, was aber nicht verwundert, weil die entsprechenden Gespräche vielfach hinter dem Rücken der Öffentlichkeit abliefen. Doch immerhin läßt Helmold von Bosau in seiner Chronik der Slawenmission den Leser einmal hinter die Bühne schauen. Ausführlich schildert er, wie der holsteinische Graf Adolf von Schauenburg die Unterwerfung des slawischen Fürsten in die Wege leitete, nachdem dieser ihn um die Übermittlung dieses Angebots gebeten hatte: „Der Graf begab sich ... zum Herzog und wendete sich an die, von denen die Beschlüsse abhingen, und offenbarte ihnen den Handel."[97] Erst danach wandte man sich an den Herzog und holte sein Plazet ein.[98] Vermitteln hieß, so wird hier deutlich, weitere einflußreiche Kräfte auf seine Seite zu ziehen. Man konnte allein durch die latente Drohung, es sich bei einer Weigerung mit den wichtigsten Beratern zu verderben, den König oder den Herzog besser für die anvisierte Lösung gewinnen.

Und noch in anderer Hinsicht konnten die Vermittler trotz der begrenzten Verhandlungsmöglichkeiten ihren Einfluß geltend machen. Denn sie handelten die Versöhnungs- und Unterwerfungsrituale mit aus, deren Bedeutung schon deshalb nicht zu unterschätzen ist, weil sie die künftige Stellung, das Ansehen und die Ehre der Konfliktparteien sowie deren Verhältnis untereinander über den Moment hinaus fixierten und die symbolischen Handlungen beim Friedensschluß konstitutiv waren.[99] Im Großen und Ganzen kannte man die Rituale, mit denen man gemeinhin Reue und Bußfertigkeit signalisierte und die herrschaftliche Stellung des Gegenübers wieder anerkannte. Wer um Verzeihung bat, hatte auf die Knie zu fallen, und das wußte man auch ohne den Ratschlag eines Vermittlers. Wo indes die Rituale Auskunft über die Anerkennung von Unrechtstaten, Herrschaftsrechten und Rangordnungen geben sollten, konnte der Vermittler selbst mehr zu deren Gestaltung beitragen. Auch hier gilt im übrigen, daß die entsprechenden Verhandlungen nicht offen geführt wurden und man zumeist nur mit einem Ergebnis konfrontiert wird, das über die möglichen Differenzen und Kontroversen, die seine Entstehung begleiteten, nichts aussagt. Um so wertvoller ist deshalb auch der ausführliche und schon erwähnte Bericht Ekkehards IV. über die Wiedereinsetzung des Abtes Craloh in Sankt Gallen. Er liefert sowohl Anschauungsmaterial für den vertrauten und unkomplizierten Umgang mit den Versöhnungsritualen als auch für die Schwierigkeiten, sie den konkreten Macht- und Rechtsverhältnissen anzupassen. So offenbart gleich die mißlungene Ouvertüre des Schlichtungsversuches, wie vertraut den Beteiligten die Versöhnungsrituale waren.[100] Ulrich von Augsburg hatte nämlich bei der Ankunft im Kloster zunächst einmal die friedliebenden Absichten seinem Gefühl für Anstand und Ehre geopfert. Als die Mönche ihm feierlich in einer Prozession entgegenzogen und ihm das Evangelium wie einem eingetragenen Mitbruder zum Kusse reichten, dem verhaßten Abt aber vorenthielten, konnte der Bischof nicht anders, als den Schulleiter namens Viktor, der die Fronde gegen den Abt mit anführte und nun, das Evangelium in die Händen, bereits den Rückweg angetreten hatte, an den Haaren zu greifen, um ihn zu zwingen, auch dem Abt die gebotene Reverenz zu erweisen. Statt dessen flog dem Bischof aber das Evangelium entgegen, und der Schulleiter entfernte sich wutschnaubend. Kein guter Anfang, und so mußte dieser Konflikt in einem besonderen Akt erst einmal gelöst werden, ehe man an die Aussöhnung von Abt und Konvent überhaupt nur denken konnte. Die entsprechenden Verhandlungen führte der Bischof dann mit einer Gruppe von Mönchen, die er noch aus gemeinsamen Schultagen kannte und die schließlich den Bruder von einem der ihren mit der Vertretung ihrer Angelegenheit betrauten und ihn so zum Vermittler ernannten. Dieser bat nun den Bischof, „jenen Bruder, an den er Hand angelegt habe, und desgleichen auch die Brüder insgesamt möglichst zu besänftigen ...", woraufhin Ulrich von Augsburg sich erhob, um Verzeihung bat und sich vor dem Schulleiter zu Boden warf.[101] Der Bischof wußte, was in solchen Fällen zu tun war, eine besondere Anleitung von Seiten des Vermittlers war hier nicht vonnöten.

Anders verhielt es sich indes bei der endgültigen Aussöhnung zwischen Abt und Konvent. Hier wurde das Ritual selbst zum Gegenstand der Beratungen zwischen Ulrich von Augsburg, dem von der Mönchsgemeinschaft ernannten Vermittler Amelung einerseits und dem Abt und der auserwählten Gruppe von Mönchen auf der anderen Seite: „Man hielt Rat, wie sich der ganze Leib mit dem Haupt und das Haupt mit dem Leib wieder versöhnen lasse. Man faßte den Beschluß, den Vater, um ihn den Söhnen darzubringen, auf den Stuhl des heiligen Benedikt zu setzen, dessen Bildnis da aufgemalt prangte. Er wurde an der Hand des Bischofs hereingeführt, nahm seinen Platz ein und blieb eine Weile sitzen. Und endlich erhob er sich und sank unter Tränen zum Kniefall nieder; doch mit ihm fiel auch der Bischof und fielen ihrerseits alle Brüder nieder."[102] Unverkennbar hatte man sich hier vorab auf ein minutiös geregeltes Ritual geeinigt, das es allen Beteiligten erlaubte, das Gesicht zu wahren. Der Abt fiel auf die Knie und bekannte so seine Schuld, wie er zugleich den Konvent um Vergebung bat. Aber indem auch die anderen Beteiligten auf die Knie fielen, verzichtete der Konvent darauf, sich selbst in die Rolle dessen zu begeben, der nunmehr über das Geschick des Abtes zu befinden hätte. Das Ansehen des Abtes als Abt war so nicht beeinträchtigt worden, und damit war man einer Forderung Cralohs nachgekommen, der nur unter dieser Bedingung den Vermittlern die Lösung des Konfliktes überantwortet hatte.[103] Und auch die Mönchsgemeinschaft konnte zufrieden sein, hatte der Abt ihr doch mit seiner Selbstdemütigung eine Art Genugtuung geleistet.

Kaum weniger Mühe auf die rituellen Fragen verwandte Heinrich II., als er – wovon schon die Rede war – den langwierigen Gandersheimer Streit schlichtete.[104] Er legte damals genau fest, wie die zu versöhnenden Bischöfe von Mainz und Hildesheim gemeinsam die Weihe der Gandersheimer Kirche feiern sollten. Er bestimmte, an welchem Tage das Fest zu begehen sei, er bestimmte, daß der Erzbischof die Besprengung mit dem Weihwasser vorzunehmen hatte, während der Hildesheimer dann mit der Meßfeier in der Kirche beginnen sollte; er bestimmte, daß das Offizium dann zu unterbrechen sei und der Erzbischof auf seine kaiserliche Ansprache hin, ein öffentliches Schuldbekenntnis zu liefern und zum Zeichen seines Verzichts den Stab an den Hildesheimer zu übergeben habe. Und er bestimmte obendrein, daß anschließend beide gemeinsam die Messe zu Ende führen sollten und der Bischof von Hildesheim am nächsten Tag die Einkleidung der Schwestern vornehmen sollte, die den Streit ausgelöst hatten. So war, fährt die Vita des Hildesheimer Bischofs Bernward fort, „durch Gottes Gnade und durch die Weisheit des frommen Fürsten ... alles in Friede und Eintracht beigelegt".[105]

Ob die Vermittler bei der Gestaltung von Ritualen stets solche Feinarbeit an den Tag legen mußten, kann man nicht sagen. Man weiß nur, daß diese Fragen für die Betroffenen eine immense Bedeutung gehabt haben, wie ja auch im diplomatischen Verkehr und insbesondere bei Herrscherbegegnungen das Protokoll von entscheidender Bedeutung gewesen ist.[106] Man verhandelte im Vorfeld von Unterwerfungen darüber, ob man barfuß vor den einstigen Gegner treten mußte, man verlangte, das Spalier bei der Unterwerfung ohne das übliche Geschrei von seiten der gegnerischen Gefolgsleute durchmessen zu dürfen.[107] Aber so deutlich wie Ekkehard IV. und der Verfasser der Vita Bernwards diese Arbeit der Vermittler am Ritual im Zuge innerkirchlicher Konflikte beschrieben haben, hat niemand das nämliche für den weltlichen Bereich getan. Erst im 13. Jahrhundert, als das Ergebnis solcher Verhandlungen schriftlich niedergelegt wurde,[108] tritt hervor, wie selbstverständlich diese Fragen Thema der Friedensgespräche waren. Daß man lange Zeit so wenig darüber erfährt, mag auch an dem festen Grundschema liegen, nach dem die Versöhnungs- und Unterwerfungsrituale in den meisten Fällen abliefen und das den Beteiligten so vertraut war. Wer jemanden um Verzeihung bat, wußte wie der Bischof Ulrich von Augsburg, daß er sich zu gegebener Zeit zu dessen Füßen zu werfen hatte, wie man es auch umgekehrt dort, wo man zwischen gleich und gleich einen Konflikt beilegte, für selbstverständlich erachtete, sich gegenseitig als Zeichen des wiedergefundenen Friedens zu küssen, ohne dazu genauerer Anleitungen zu bedürfen.

Aufs ganze gesehen kreiste das Tun der Vermittler immer wieder um die gleichen Fragen. Sie verhandelten über das Eintreten und die Dauer von Waffenstillständen, legten den Ablauf des freien Abzugs oder einer Unterwerfung fest, thematisierten gegebenenfalls die Dauer von Haft oder Verbannung und warfen zuweilen auch die Frage nach dem Besitz auf, den der Unterworfene am Ende behalten durfte. Fast all diese Fragen berührten den Umfang und die Art der Genugtuungsleistungen, die als Ausgleich für das begangene Unrecht von den Unterwerfungswilligen eingefordert wurden. Dabei trat an der Wende vom 11. zum 12. Jahrhundert insofern eine Veränderung ein, als nunmehr auch für die Unterwerfung eines Großen vorab einmalige Entschädigungsleistungen verlangt wurden. Der Graf Gerhard von Geldern mußte Lothar III. 1000 Mark Silber zahlen, ehe er sich unterwerfen konnte.[109] Damit stand er am Anfang einer Tradition, die sich im 12. Jahrhundert immer mehr ausbreitete und nicht allein von Königen praktiziert wurde.[110] Auch Heinrich der Löwe nahm die Bremer Bürgerschaft, die sich auf die Seite des aufständischen Oldenburger Grafen Christian von Ammerland geschlagen hatte, nur gegen die Zahlung der etwa gleichen Summe wieder in seine Huld auf.[111] Es wurde üblich, daß man den Frieden gleichsam erkaufte, wie Helmold von Bosau es nannte.[112] Die Geldwirtschaft forderte ihren Tribut, und so erstreckte sich das Tun der Vermittler nunmehr auch auf das Aushandeln eines Friedensgeldes, wie man an der Lösung des Bremer Falles selbst sehen kann, die durch ein Eingreifen des dortigen Erzbischofs zustande kam. Diese Aufgabe war zwar insofern nicht neu, als man bekanntlich seit fränkischer Zeit durch Geldbußen Wiedergutmachung leistete. Aber im Unterschied dazu waren die Zahlungen des 12. Jahrhunderts immer auch ein Ehrenzoll, der den Königen oder auch Fürsten zu zahlen war und der insofern keinen konkreten, etwa rechtlich fixierten Gegenwert besaß. Über solche Zahlungen ließ sich einfacher verhandeln, und das galt um so mehr, als sie, auch als Wiedergutmachung gedacht, die herkömmlichen Remeduren wie die Haft und die Konfiskation von Lehen oder sogar Eigengütern ersetzen konnten. Mit diesem Friedensgeld war eine abstrakte Verrechnungseinheit gefunden, mit der man flexibler auf die spezifischen Anforderungen der einzelnen Situationen reagieren konnte.

Und noch etwas veränderte sich im 12. Jahrhundert. Die anwachsende Schriftlichkeit führte dazu, daß die Vermittler – nicht anders als die Gesandten – zunehmend regelrechte Verträge mit aushandelten. Erste Ansätze hatte es bereits im 11. Jahrhundert gegeben – man denke nur an den Vergleich von Gerstungen 1074 –, und in gewisser Weise ist auch das Aufsetzen von Urkunden im Zuge von Schiedsverfahren durchaus damit vergleichbar, so daß die schriftliche Fixierung der Verhandlungsergebnisse nie gänzlich aus der Übung gekommen war. Und doch ist seit 1100 ein qualitativer Sprung nicht zu übersehen, der allerdings zunächst vor allem auf die schiedsartigen Verfahren beschränkt blieb. Ein sichtbares Symbol der zunehmenden Verschriftlichung stellt schon das schon mehrfach zitierte Ergebnis der Friedensverhandlungen zwischen Heinrich V. und einer großen Gruppe von Fürsten aus dem Jahr 1121 dar, das von einem von beiden Seiten bestückten Gremium schriftlich fixiert wurde.[113] Daneben spielten die Vermittler auch eine Rolle beim Abschluß bilateraler Verträge, aber sofern sie nicht zugleich auch Gesandte waren, kann ihr Einfluß kaum bemessen werden.[114]

Schon die Abmachungen zwischen Friedrich Barbarossa und Mailand aus dem Jahr 1158 zeigen deutlich, daß das Tun der Vermittler aber auch in solchen Fällen immer noch vorrangig auf einem anderen Gebiet lag. Sie sorgten in erster Linie für die Verläßlichkeit im Umgang der Konfliktparteien miteinander. So wird denn auch den Vermittlern, und namentlich dem König von Böhmen, in diesem Vertrag eine wichtige Rolle bei der Absicherung der Zusagen selbst zugeschrieben. Ein Teil der Geiseln, die die Stadt Mailand stellen mußte und die über die Alpen gebracht werden durften, wurde ihm persönlich anvertraut, ihre Gefangenen sollten die Mailänder an den König von Böhmen übergeben, „der ihnen persönlich sowie durch angesehene Fürsten Sicherheit dafür bieten soll, daß er jene Gefangenen erst dann dem Herrn Kaiser übergeben wird, wenn der Herr Kaiser Frieden zwischen Mailand und Cremona ... und Vercelli gestiftet hat".[115] Was hier festgehalten wurde, war nicht neu, nur konnte es eben dank der gewachsenen Schriftlichkeit nunmehr präziser und minutiöser geregelt und festgehalten werden. Aber die Bemühungen um Sicherheit oder Verläßlichkeit gehörten stets zum Geschäft des Vermittlers, der der einen Partei klar zu machen hatte, daß sich die andere an ihre Versprechungen und Angebote halten werde. Dabei bediente er sich unterschiedlicher Instrumente. Zuweilen wurden diese Versprechen auch im

12. Jahrhundert wie schon in fränkischer Zeit mit einem Eid bekräftigt,[116] Mönche, die einen Eid verweigerten, verpfändeten ihr Wort,[117] zuweilen begnügte man sich auch mit einem Handschlag.[118] Allerdings beließ man es seit dem 11. Jahrhundert immer weniger bei einem bloßen Versprechen, sondern forderte auch wieder Geiseln und machte seit dem ausgehenden 12. Jahrhundert das sogenannte Einlager zu einer festen Institution. Zuvor benannte Bürgen mußten sich bei Vertragsbruch in die Gewalt des Kontrahenten begeben.[119] Doch arbeitslos wurden die Vermittler als Vertrauenspersonen dadurch nicht. Man betraute sie, wie am Beispiel der Mailänder Unterwerfung zu sehen, nun mit der Regelung und Organisation dieser Sicherheiten und ging dann dazu über, die ausgehandelten Verträge auch ihnen auszuhändigen, auf daß sie bei Vertragsbruch einschritten.[120]

Der Einsatz für die Glaubwürdigkeit dieser oder jener Seite brachte es natürlich mit sich, daß diese Vermittler über die ausgehandelte Beilegung des Konfliktes hinaus gleichsam in einer Art Interventionsbereitschaft blieben. Der Mainzer Erzbischof Friedrich wirkte – es war schon einmal davon die Rede – auf Otto I. ein, um ihn davon abzuhalten, den kurz zuvor geschlossenen Vertrag für null und nichtig zu erklären. Noch mehr Engagement wurde von Hugo von Cluny verlangt, als der päpstliche Legat Bernhard von Saint-Victor im Reich festgenommen und gefangengehalten wurde. Der Abt, der im Januar des gleichen Jahres noch sein Wort für die Aufrichtigkeit Heinrichs bei Gregor VII. verpfändet hatte, wurde aktiv, wandte sich an den König und bewegte ihn in der Tat dazu, die Freilassung des Legaten zu veranlassen.[121] In diesem Fall wurde aus der Bürgschaft, die der Abt einst übernommen hatte, eine lebenslange Vermittlertätigkeit. Denn noch 1106, als ihm der Sohn die Krone nahm, wandte sich der König an den Abt von Cluny, um ihn abermals zu bitten, sein zerrüttetes Verhältnis zu Rom wieder zu glätten.[122]

Zu guter Letzt fand das Bemühen um Verläßlichkeit in zwei öffentlichen Akten seinen Niederschlag, die die Vermittler als Friedensstifter besonders hervorhoben und dafür sorgten, daß sie aller Vertraulichkeit zum Trotz als solche von den Zeitgenossen wahrgenommen werden konnten. Zum einen gaben sie jenen, die sich unterwarfen oder eine belagerte und bezwungene Burg verließen, freies Geleit. Bernward von Hildesheim führte die Bewohner der Stadt Tivoli, deren Unterwerfung er ausgehandelt hatte, aus der Stadt vor das Angesicht Ottos III.[123] Und von der Übergabe der Stadt Crema im Januar 1160 wird das gleiche erzählt. Ein deutscher Herzog habe den Cremasken Geleit gegeben, als sie die Stadt verließen, deren vorzeitige Übergabe sie zuvor mit einigen Fürsten des kaiserlichen Lagers vereinbart hatten.[124] Das Geleit war weder eine italienische Besonderheit noch wurde es von den Friedensstiftern allein bei Unterwerfungen praktiziert. Als einige Bischöfe und Fürsten 1074 zwischen Heinrich IV.

und den Sachsen den sogenannten Vertrag von Gerstungen schlossen, gingen diese Vermittler des Friedens den Sachsen voraus und führten sie zum König, in dessen Gegenwart der Frieden vollzogen wurde.[125] Diese Gepflogenheit war nichts anderes als die Fortschreibung der alten Praxis, Sicherheitsversprechen zu leisten.

Eine zweiter ritueller Akt stand ebenfalls im Zusammenhang mit der Aufgabe des Vermittlers, sich für die eine oder andere Partei zu verbürgen: sein Auftritt als offizieller Fürsprecher. Indem er in aller Öffentlichkeit um Gnade bat, zeigte der Betreffende, daß er es mit seinem Versprechen ernst meinte. In solchen Fällen gehörte dann auch die öffentliche Bitte um Nachsicht einschließlich der damit verbundenen Gesten zum Geschäft eines Vermittlers, wie dies etwa von Bernward von Hildesheim nach der Selbstübergabe der Stadt Tivoli überliefert ist.[126] Doch die Fürsprache hatte noch einen anderen Sinn. Sie sollte den Gnadenerweis oder die Annahme der Unterwerfung nicht wie ein Nachgeben gegenüber dem Gegner aussehen lassen, sondern wie eine Konzession, die man einem Dritten, nämlich dem Fürsprecher, gewährte. Und von daher machte es Sinn, zu diesem Zweck die würdigsten und angesehensten Personen vorzuschicken.[127] Insbesondere galt dies für Laien, die, wenn sie Bischöfe, Erzbischöfe oder bekannte Äbte als Fürsprecher gewannen, dem König insofern noch weniger die Möglichkeit ließen, sich den Bitten zu versagen, da dieser Personenkreis ihn im Namen Gottes weit überzeugender zur Barmherzigkeit aufzurufen vermochte. Und um den Druck noch zu erhöhen, ließen es sich dann die Bischöfe zuweilen auch nicht nehmen, im Verlauf einer Predigt den König zur Milde, Vergebung und Nachsicht aufzurufen.[128]

Erschien der Handlungsspielraum der Vermittler in den bisherigen Fällen auch eher begrenzt, so konnte sich doch ihre Tätigkeit dank der fließenden Übergänge zwischen Vermittlung und autoritativer Schlichtung bis zur Ausarbeitung einer eigenen Lösung, eben bis zu einem Schiedsspruch, erweitern. Von dieser untergründigen Tendenz, auch substantiell eingreifen zu wollen, ist etwa die Intervention des Mainzer Erzbischofs im Bamberger Kirchenstreit von 1075 getragen. Damals hatte der Konflikt bereits sein letztes Stadium erreicht. Der Bamberger Klerus, der seinem Bischof Hermann die Umwandlung eines Kollegiatstiftes in ein Kloster der vermeintlich abzusehenden finanziellen Einbußen wegen übelgenommen hatte, war in Rom mit dem damals allzu gern gegen einen geistlichen Würdenträger erhobenen Vorwurf der Simonie durchgedrungen und hatte so die vorläufige Amtsenthebung des Bischofs erreicht.[129] In dieser Situation wandte sich der verfolgte Bischof an Siegfried von Mainz, seinen treuesten Freund, wie Lampert von Hersfeld hinzufügt, und bat diesen zu kommen, um den Klerus zu zähmen.[130] Der Erzbischof erschien und verhielt sich zunächst so, wie man es von Vermittlern dieser Zeit, die zwischen einem Herrn und seinen Untergebenen Frieden zu stiften suchten, gewöhnt ist: Er „verhandelte, wie er gebeten worden war, mit den Klerikern; sie sollten doch ihrer Ehrfurcht und ihres Gehorsams gegen den Bischof nicht vergessen, ... habe er sie doch weder durch ein Wort noch durch ein Tun, worüber sie sich mit Recht beklagen könnten, wissentlich herausgefordert." Für den Fall jedoch, daß sie meinten, dem Bischof etwas vorwerfen zu können, bot er an, daß der Bischof „ihnen auf Grund einer Untersuchung und schiedsrichterlichen Entscheidung durch ihn für die Kränkung Genugtuung" leisten werde.[131] Obwohl der Klerus von seinem Anerbieten nichts wissen wollte und letztlich die ganze Mission scheiterte, läßt der Vorschlag des Erzbischofs nicht nur ein ungezwungenes Hinübergleiten in die Rolle eines Schiedsmanns erkennen, sondern auch den Versuch, auf diese Weise die Genugtuungsleistungen zu fixieren.

Die Frage der angemessenen Genugtuung verknüpfte sich für einen Schlichter oder auch Schiedsmann immer wieder mit der Aufgabe, die verschiedenen Forderungen der Konfliktparteien miteinander zu verrechnen und zu vergleichen, und zwar allein schon deshalb, weil es zu solchen Interventionen vielfach bei Besitzstreitigkeiten kam.[132] Zuweilen bestand die Kunst auch darin, adäquate Entschädigungen zu finden oder gar materielle Verluste durch Gewinne auf der Ebene von Rang und Ansehen auszugleichen. Man muß nur an den Ausgleich, den Barbarossa zwischen Heinrich dem Löwen und Heinrich Jasomirgott ausgehandelt hat, erinnern, der den Verlust des bayerischen Herzogtums mit der Verleihung einer kleinen, dafür aber besonders privilegierten herzoglichen Würdenstellung kompensierte. Stand am Ende der Auseinandersetzung ein regelrechtes Schiedsgericht, mußten die Schlichter auch Zeugen befragen, alte Privilegien überprüfen und sonstige Beweise aufnehmen, um die Rechtslage angemessen zu berücksichtigen.[133] In Ausnahmefällen ging der Verhandlungsspielraum der Friedensstifter sogar noch darüber hinaus. Die Friedensmittler, die 1121 eingesetzt wurden, um das Zerwürfnis zwischen Heinrich V. und der großen Schar seiner Gegner zu beenden, forderten den Kaiser zum Gehorsam gegenüber dem Papst auf, suchten die Voraussetzungen für eine Übereinkunft zwischen Kaiser und Papst zu schaffen und erklärten einen Frieden für das Reich unter der Voraussetzung, daß ein jeder, und dazu zählten der Kaiser wie die Kirche, nur seine angestammten Rechte und Besitztümer in Anspruch nehmen solle.[134] Im einzelnen bleiben diese Bestimmungen vage. Aber es wird immerhin deutlich, daß für den Schlichter und insonderheit für den Schiedsrichter jedes Thema verhandelbar wurde, sofern es nur die Kontrahenten zuließen.

Daß die Schiedsrichter sich bei ihrem Spruch in den Bahnen des vorgezeichneten Rechtes bewegten, daß sie ähnlich wie im ordentlichen Gerichtsverfahren Beweismittel gebrauchten, ist schon gesagt worden. Aber wie stand es mit jenen, die mehr vermittelten als urteilten? Auf den ersten Blick scheint das Ergebnis eindeutig. Wo sie agierten, stand nicht das Recht, sondern das Ansehen oder die Ehre im Zentrum der Aufmerksamkeit. Immer wieder ging es darum, am Ende der Auseinandersetzungen das Gesicht nicht zu verlieren. Da war der Abt, der unter der Voraussetzung, in seiner Würde als Abt nicht beeinträchtigt zu werden, jedem Kompromiß im voraus sein Plazet gab, da wurde um die Gestaltung einer Unterwerfung gerungen, um möglichst wenig an Selbstachtung und Ansehen zu verlieren, und da war wiederholt die Rede davon, die früheren Würden oder den alten Rang wiederzugewinnen, wobei der *honor*, die Ehre, beides umfaßte. Von daher spielte die Frage, wie man das Ansehen beider Seiten angesichts der Kräfteverhältnisse am besten wahren konnte, gewiß eine große Rolle. Doch zugleich darf man den immer wieder zu beobachtenden Rückgriff auf rechtliche Normen nicht unterschätzen. Gewiß, die Friedensstifter enthielten sich wohl häufig eines Urteils über die Rechtmäßigkeit von Forderungen. So unterschied man etwa im Vorfeld des Friedens von Gerstungen zwischen jenen, die als Mediatoren für ein Schweigen der Waffen unter bestimmten Bedingungen sorgten, und jenen *iudices*, die laut der vereinbarten Abmachung dann später über die Rechtmäßigkeit der Anschuldigungen gegen Heinrich IV. urteilen sollten.[135] Doch umgekehrt stand es gar nicht im Ermessen der Vermittler, ob diese Frage nach der Rechtmäßigkeit für sie relevant war. Denn es hing ganz einfach von den Kontrahenten ab, ob sie sich damit auseinanderzusetzen hatten. Adalbold von Utrecht mußte sich, als er um der Befriedung willen den Präfekten Baldrich und den Grafen Wichmann III. zu sich bestellte, als erstes die Rechtspositionen beider Seiten anhören.[136] Und ohnehin führte die enge Bindung an die eine oder andere Partei dazu, daß man der anderen Seite ungeschminkt einen Rechtsbruch vorwarf. So soll der Priester Sergius den Franken jegliches Anrecht auf Bayern abgesprochen haben, als er zwischen das bayerische und fränkische Heer trat, um einen Waffengang zu verhindern.[137] Darüber hinaus wurde selbst bei Unterwerfungen und deren Gestaltung auf die jeweiligen Rechtsgewohnheiten zurückgegriffen. Konrad II. nahm von den Einwohnern Ravennas die Unterwerfung nach dem Recht der Stadt entgegen.[138] Und im Hinblick auf die Unterwerfung Ottos von Northeim wurde 1071 festgelegt, daß sie nach dem Recht, welches die Fürsten für billig erachteten, erfolgen sollte.[139] Rechts-, Ehr- und Rangfragen waren in der damaligen Gesellschaft so miteinander verbunden, daß man sie nicht einfach auseinander dividieren konnte. Der Abt, der um seine Würde bangte, hatte Angst, seine herrschaftlichen Vorrechte würden durch eine unangemessene Bitte um Verzeihung in Mitleidenschaft gezogen. Heinrich II. achtete penibel darauf, daß die symbolischen Kompensationen für den Erzbischof von Mainz nicht zu neuen Vorrechten führten. Und wenn Heinrich IV. Hugo von Cluny um die Regelung seines Disputes mit dem Papst bat und vorab jedweder Lösung, die seiner Würde nicht schade, zustimmte,[140] so benannte er mit einem Wort die Vorrechte und Anrechte, den Rang und die Ehrenstellung, die ihm aus seinem Amt zuflossen, und machte es dem Vermittler zur Aufgabe, seine Lösung in Kenntnis und unter Wahrung von Recht und Ehre zu finden. Beides fiel so immer wieder zusammen und so mußte der Vermittler auch mit beidem zu hantieren wissen. Allerdings blieb das Aushandeln der konkreten Beilegung vielfach eine Angelegenheit der jeweiligen Konfliktparteien. Zumeist genügte es, wenn er die Kommunikation zwischen den Kontrahenten wieder in Gang brachte und aufrechterhielt, die Bereitschaft zu Frieden und Aussöhnung, zu Unterwerfung und Vergebung herstellte und für die Verläßlichkeit der jeweils gemachten Zusagen sorgte. Das stand im Zentrum seiner Tätigkeit.

Diese Tätigkeit aber erforderte bestimmte Eigenschaften und Fähigkeiten, über die offenkundig nicht alle gleichermaßen verfügten. Zumindest ist das der Eindruck, wenn man sieht, in welchem Maße die Bischöfe über lange Zeit auf diesem Gebiet eine führende Rolle spielten. Friedrich von Mainz, Brun von Köln und Ulrich von Augsburg in der Ottonenzeit, Meinwerk von Paderborn oder Unwan von Bremen in der ersten Hälfte des 11. Jahrhunderts, Siegfried von Mainz und Adalbert von Bremen zur Zeit Heinrichs IV.[141] oder eben auch Otto von Freising und Wichmann von Magdeburg unter Friedrich Barbarossa und schließlich auch – und davon wird noch die Rede sein – Konrad von Mainz im deutschen Thronstreit –, all diese Personen prägten das Bild von der Friedensstiftung ihrer Zeit, und all diese Personen waren Bischöfe. Anführen kann man auch noch die vielfach ungenannten Bischöfe, die aus dem Lager ihrer Partei hervortraten, um mit den Friedensvermittlern der Gegenseite die Friedensgespräche zu führen. Die Verhandlungen zwischen Heinrich IV. und Heinrich V., zwischen Konrad III. und Heinrich dem Stolzen oder auch zwischen Barbarossa und Alexander III. lagen in den Händen von Bischöfen.[142] Und wenn einmal Konflikte zwischen einzelnen Großen nicht durch den König oder durch bilaterale Verhandlungen beigelegt wurden, so waren es vornehmlich Bischöfe, die gleichsam als dritte Instanz intervenierten. Die Versuche des Utrechter Bischofs Adalbold, den sogenannten Präfekten Baldrich und den billungischen Grafen zu versöhnen,[143] kann man hier ebenso erwähnen wie die etwa fünfzig Jahre später zu verzeichnenden Bemühungen des Hamburger Erzbischofs Adalbert, einen Frieden zwischen dem sächsischen Herzog und den Friesen zu vermitteln.[144] Und hinzugefügt sei noch der Ausgleich, den 1167 der Bremer Erzbischof Hartwig zwischen den Bürgern seiner Stadt und Heinrich dem Löwen zustande brachte.[145] Kurzum, das Übergewicht der Bischöfe ist nicht zu übersehen.

Gründe für diese Hegemonie gab es mehrere. Zum einen verfügten die Bischöfe häufig über exzellente Bindungen zum König, und gerade diejenigen, die als Friedensstifter hervortraten, gehörten zugleich zu seinen engsten Ratgebern. Dies war nicht zuletzt ein Resultat des politischen Aufstiegs, den der Episkopat seit dem 10. Jahrhundert im ostfränkischen Reich erlebt hatte. Ein zweiter Faktor hing eng damit zusammen. Zunehmend für politische und militärische Angelegenheiten in Anspruch genommen und im Gegenzug mit Herrschaftsrechten ausgestattet, besaßen die Bischöfe gegenüber dem König eine eigene Machtbasis.[146] Folglich mußte es sich der Herrscher zweimal überlegen, ob er ihre Bitten um Verständigung und Nachsicht einfach ablehnte und sie damit brüskierte. Zum dritten vermochten die Bischöfe aufgrund ihrer Stellung am Hofe, aber auch in der Kirche, vielfältige soziale Beziehungen zu knüpfen, die gerade in Krisensituationen, ob nun von ihnen oder einem der Kontrahenten, genutzt werden konnten.

All diese Gründe würden jedoch allein nicht genügen, um ihre hervorstechende Rolle als Friedensstifter zu erklären. Denn dieselben Faktoren lassen sich für die weltlichen Magnaten ebenso ins Feld führen wie für den König und die Königin. Und so wird man das entscheidende Moment ohne Zweifel in ihrem Amtsverständnis sehen.[147] Es legte ihnen stets die Pflicht auf, den Frieden zumindest unter den Christen wiederherzustellen, sich für den Frieden stark zu machen und in der Nachfolge Christi die Streitenden zu versöhnen. Das Ideal des Friedensstifters wird in allen Bischofsviten beschworen: Ein Bischof, der nicht den Frieden zu stiften wußte, war kein rechter Bischof, und so berichten diese Lebensbeschreibungen immer wieder über solchen Missionen.[148] Die große Anzahl der im hohen Mittelalter entstandenen Bischofsviten mag nun auch den Anteil der Bischöfe an der Vermittlungstätigkeit überzeichnen. Aber das immer wieder beschworene Ideal, so unerreichbar es im einzelnen auch gewesen sein mag, hatte doch zwei wichtige Folgen. Zum einen motivierte es immer wieder die Bischöfe zu intervenieren, und das um so mehr, als sie mit dem Engagement für den Frieden ihre stets umstrittenen weltlichen und namentlich ihre kriegerischen Aktivitäten rechtfertigen und kompensieren konnten. Jedesmal wenn Brun von Köln in der Darstellung Ruotgers Waffen anlegt, erscheint bald schon der Hinweis auf die meisterhafte Kunst des Bischofs, kraft seiner Worte und dank seines Ansehens für Frieden zu sorgen.[149] Auch der seiner politischen Ambitionen wegen höchst umstrittene Bremer Erzbischof Adalbert wird von Adam von Bremen auf ähnliche Weise gerechtfertigt. Die Beteiligung des Erzbischofs an den Kriegszügen Heinrichs III. wird nicht verschwiegen, aber sogleich kommentiert und mit der Bemerkung unschädlich gemacht, der Bischof habe mit seinem Rat die meisten Konflikte gelöst.[150] Und zu guter Letzt sei in diesem Zusammenhang nochmals auf die Vita des Trierer Erzbischofs Albero hingewiesen, die die bestimmende Rolle ihres Helden bei der fragwürdigen Wahl Konrads III. in ein günstigeres Licht zu stellen sucht, indem sie gleich anschließend seine erfolgreichen Bemühungen schildert, den ausbrechenden Krieg mit den Sachsen zu verhindern. Dabei gleitet sie auch noch ins Anekdotische, als sie den dauernden Erfolg zu einem Gutteil dem Scharfsinn des Bischofs zuschreibt, der den sächsischen Magnaten anschließend einzelne Fuhren Wein habe zukommen lassen und damit deutlich gemacht habe, „daß, um zu siegen, mit einem Vorrat an Wein ... mehr auszurichten war als mit einem vieltausendköpfigen Heer von armen Schluckern".[151]

Das bischöfliche Amtsverständnis wirkte aber nicht nur als Motiv. Es umgab die Bischöfe von vornherein mit der Aura des Friedensstifters und verlieh ihren Aktivitäten ein gutes Stück Glaubwürdigkeit. Wenn sich ein Bischof einmischte, so unterstellte man ihm nicht gleich eigene Interessen. Und noch etwas kam hinzu. In einer kriegerischen Gesellschaft war der bewußte Verzicht auf die Anwendung von Gewalt etwas Besonderes. Obwohl die Bischöfe durchaus ihre Vasallen zu den Waffen greifen ließen oder es zuweilen auch selbst taten, gehörte nach allgemeiner Ansicht das Schwert nicht in ihre Hände.[152] Das Gewicht dieser Anschauung läßt sich besonders gut an der Rede ablesen, die Otto I. gehalten haben soll, als er seinen Bruder Brun um Hilfe gegen seinen aufbegehrenden Sohn Liudolf und dessen Verbündete bat. „Ich weiß daher mein Bruder, ich weiß, du bist zu klug, als daß dir jemand einreden könnte, es gehe dich nichts an, wie sehr die Bösen sich des Untergangs der Guten rühmen könnten ... Sie werden vielleicht sagen, das alles müsse mit den Waffen ausgetragen werden, und dafür seist du nicht zuständig, das läge unter der Würde deines Amtes."[153] Scheint der König mit diesen Worten auch zunächst anzudeuten, selbst anderer Meinung zu sein, so schließt er sich dann letztlich der zitierten Auffassung doch an, da er zum Schluß seinen Bruder nicht um Waffenhilfe, sondern um Vermittlungsdienste anging: „Tu also alles, gottgeweihter Mann, ich bitte dich, tu alles, um durch deinen Einfluß, durch den du so viel vermagst ... die Kämpfe entweder zu verhindern oder sie durch irgendein Vertragswerk beizulegen."[154] Der Bischof trug nach Möglichkeit kein Schwert, so wird hier deutlich, und weil er keines trug und damit den weltlichen Händeln – wider so manche Erfahrung – abseits stand, war er der geborene Friedensstifter.

Nicht zuletzt verdankten die Bischöfe ihre führende Rolle auf dem Gebiet der Friedensstiftung auch ihrer Ausbildung.[155] Denn eine erfolgreiche Vermittlung verlangte nicht nur, wie das soeben erwähnte Tun des Trierer Erzbischofs vermuten lassen könnte, ein gehöriges Maß an Lebensklugheit, es erforderte ebenso die Fähigkeit, die Gegner von den Vorteilen einer Einigung zu überzeugen. Und da zahlte sich die christliche Schulbildung ebenso aus wie spätere Erfahrungen auf der Kanzel. Die Bischöfe waren in der Kunst der Rhetorik unterwiesen worden, vor allem aber stellte ihnen das christliche Traditionsgut, das sich im Kern ja als Friedensbotschaft verstand, eine Fülle von Argumenten zur Verfügung, die die Pflicht, Frieden zu schließen, untermauerten. Hier fanden sie auch den Begriff des Mediators, mit dem sie ihre Verantwortung für den Frieden herausstellen konnten und der damit den Weg dafür frei machte, eine eigenständige Position zu reklamieren. Für sie, die zumeist mit diesem Titel bedacht wurden oder ihn in Anspruch nahmen, lag es nahe, sich am Vorbild Christi zu orientieren. Seit dem 9. Jahrhundert begriffen sie sich ohnehin in ihrer Eigenschaft als Priester als Mediatoren zwischen Gott und Mensch, und da war es dann kein großer Schritt mehr, die eigenen Friedensmissionen im Sinne der neutestamentarischen Aussagen über das Wirken Christi als Friedensvermittler auszumalen. Anstelle Christi wolle er die Söhne der Kirche versöhnen wie ein Eckstein, der aus zwei Dingen eins macht, ließ der Mainzer Erzbischof Heinrich Mitte des 12. Jahrhunderts verlauten, als er einen Streit in seiner Diözese schlichtete,[156] und schon Embricho von Augsburg hatte sich – es sei daran erinnert – auf den Friedensstifter Christus berufen, als er den aufständischen Sachsen anbot, sie mit dem König zu versöhnen.[157] Aber die Kirche lieferte den Bischöfen nicht nur Argumente und die passenden Worte für ihr Tun, sie stattete sie auch mit Kenntnissen in der Verfahrensführung aus. Das galt insbesondere für die schiedsartigen Formen der Konfliktbeilegung, die in der Kirche nie ganz in Vergessenheit geraten waren und dann seit dem 11. Jahrhundert zunehmend bewußt nach bestimmten Regeln gestaltet wurden.[158] Und mit diesem Wissen waren die Bischöfe auch bei der Schlichtung weltlicher Auseinandersetzungen gefragt, wie die stete Verankerung dieser Verfahren auch in diesem Bereich seit dem 12. Jahrhundert belegt.

Solche Kenntnisse, aber auch die rhetorischen Fähigkeiten wird man natürlich auch den Äbten und Mönchen zusprechen können, die seit dem 10. Jahrhundert unter den Friedensstiftern zu finden sind. Doch blieben sie gegenüber den Bischöfen lange Zeit eine verschwindende Minderheit. Offenkundig fehlte es ihnen gemeinhin an Druckmitteln und den notwendigen sozialen Kontakten. Denn die wenigen Äbte, die als Friedensstifter im Reich eine Rolle spielten, zeichneten sich gerade durch ihre außergewöhnlich engen Beziehungen zu den Herrscherhäusern aus. Maiolus von Cluny, der Otto II. und dessen Mutter Adelheid versöhnte, hatte über eben diese Adelheid Kontakt zum ottonischen Hof gefunden.[159] Das Engagement Hugos von Cluny im Streit zwischen Heinrich IV. und dem Papst 1077 und 1106 ist vornehmlich das Resultat quasi-verwandtschaftlicher Bindungen, war der Abt doch der Pate des Königs.[160] Etwas anders sieht die Sache bei einem weiteren Reformer, bei Poppo von Stablo, aus, der unter Heinrich II. zu den wichtigsten politischen Ratgebern des Königs aufstieg und unter dessen Nachfolger Konrad weiterhin am Hof agierte. Seine Position kam somit in der Tat der eines Bischofs nahe.[161] Daß die drei genannten Äbte allesamt zur Gruppe der Reformer gehörten, scheint kein Zufall gewesen zu sein. Dieser Umstand verlieh ihnen eine Aura der Interessenlosigkeit und Glaubwürdigkeit und konnte die gemeinhin fehlenden Machtmittel kompensieren. Dafür spricht auch die weitere Entwicklung. Im 12. Jahrhundert waren es nämlich dann die Zisterzienser und – weniger auffällig – die Kartäuser, aus deren Kreis die Mönche unter den Friedensstiftern stammten.[162] Von Bernhard von Clairvaux war schon die Rede, auch wenn er sich seine Sporen auf diesem Gebiet naheliegenderweise vornehmlich in Frankreich verdiente, aber mit ihm wurde die Friedensstiftung zu einem zentralen Anliegen des Zisterzienserorden.[163] Auch Bruno von Claravalle, der die Übergabe der Stadt Tortona an Friedrich Barbarossa aushandelte, war Zisterzienser.[164] Und im Vorfeld des Friedens von Venedig griff Barbarossa auf die guten Dienste der Zisterzienser zurück, als er zwei der ihren, die sich in seinem Gefolge befanden, beauftragte, Geheimverhandlungen mit Alexander III. zu führen.[165] Dieser Vorgang weist überdies auf eine Entwicklung hin, die den Mönchen in der Zukunft ihren Platz im Zuge der Konfliktbeilegung sicherte. Verhandlungen, in deren Folge sich hochgestellte Würdenträger an die andere Seite banden, sich auf diese oder jene Position festlegten und dafür mit ihrem Ansehen einstanden, mangelte es naturgemäß an Flexibilität. Wo Vorabsprachen getroffen werden mußten oder die Aufnahme von Verhandlungen selbst eine der Parteien kompromittierte, da half nur noch die Verhandlung hinter dem Rücken der Öffentlichkeit, für die sich unscheinbare Mönche bestens anboten.[166] Auf diese Weise wurden sie natürlich gemeinhin nicht zu Vermittlern, aber nahmen doch eine wichtige Funktion als Boten wahr, deren Wirken schließlich zu einem Waffenstillstand führen konnte.

Selbst wenn die Bischöfe beim Geschäft der Friedensstiftung dominierten, spielten auch die weltlichen Magnaten eine wichtige Rolle. Herzog Gozelo von Lothringen, Welf IV., Heinrich der Löwe, Otto von Wittelsbach, Adolf von Schauenburg, Konrad von Landsberg wurden unter anderen schon erwähnt. Wer von ihnen über enge Verbindungen zum König, über eine anerkannte herrschaftliche Stellung und vielfältige soziale Kontakte verfügte, konnte schnell zum Vermittler werden. Doch die Auflistung, so unvollständig sie ist, weist auch darauf hin, daß die weltlichen Magnaten im ostfränkischen Reich erst seit dem 11. Jahrhundert stärker aus dem Schatten der Bischöfe hervortraten. Möglicherweise hatten sie im

Hinblick auf die individuellen Fertigkeiten erst einen gewissen Rückstand aufzuholen. Denn auch von den weltlichen Vermittlern wurde Verhandlungsgeschick und Überzeugungsgabe gefordert. Doch einen Rhetorikunterricht hatten zunächst nur die wenigsten genossen, und so blieb die nicht zu vernachlässigende Fähigkeit, die Dinge so darstellen, wie es gerade am besten paßte, vorerst wohl nur einer Minderheit unter den weltlichen Großen vorbehalten.[167]

Zudem waren die weltlichen Magnaten in Fremd- und Selbstwahrnehmung zuerst einmal Krieger. Der gleichsam natürliche Nimbus des Friedensstifters fehlte ihnen. Insofern waren für sie auch die Bindungen an die gegnerische Partei wichtig, um ihnen die notwendige Glaubwürdigkeit zu verschaffen, wie sie auch umgekehrt besonders dann in die Rolle des Vermittlers gedrängt wurden, wenn ihre politischen und verwandtschaftlichen Bindungen miteinander in Widerstreit gerieten. Zum Teil dürften sie aber auch die fehlende Aura des Friedensstifters durch die Anzahl und die Schlagkraft ihrer Krieger und dem damit verbundenen Renommee wieder wettgemacht haben. In den Augen Lamperts von Hersfeld war die Wahl des lothringischen Herzogs Gozelo zum Vermittler nicht allein aufgrund der Klugheit des Mannes erfolgt, sondern ebenso mit Blick auf sein großes Gefolge und seinen stattlichen Reichtum.[168] Hier sorgte nicht das Ideal christlicher Friedensliebe, sondern das Charisma des großen Kriegers für Glaubwürdigkeit und Akzeptanz.[169]

Für die Zeitgenossen indes ergänzten sich beide Formen der Autorität bestens. Der Wille zum Frieden und die Drohung mit dem Schwert gehörten zusammen, wenn man Streitende zusammenführen oder Unterlegene zur Unterwerfung bringen wollte. Und so waren es in vielen Fällen Bischöfe und weltliche Magnaten, die Seite an Seite die Tätigkeit der Vermittlung betrieben, was die Dominanz der Bischöfe auf diesem Feld nicht aufhob, aber relativierte.

2. Die bitteren Erfahrungen der Päpste

Für die Geschichte der päpstlichen Friedensmissionen stellt die Zeit Gregors VII. einen wichtigen Markstein dar. Von nun an gewann der Papst als Schlichter sowohl in der Kirche als auch im weltlichen Bereich an Gewicht. Zwar waren die Päpste nach der Karolingerzeit auf diesem Feld nicht ganz untätig geblieben, doch aufs ganze gesehen erwiesen sich ihre Interventionen in dieser Zeit als quantité négligeable.[1] Zu sehr war das Papsttum mit sich selbst und seinem römischen Umfeld beschäftigt, zu selbständig waren die Kirchen jenseits der Alpen, zu wenig trug es selbst weitergehende Ansprüche mit sich herum. Hinzu kam die enge Anbindung an den Kaiser und damit an den deutschen König.² Es fehlte dem Papst an Macht und an Eigenständigkeit, um eine größere Rolle als Friedensstifter zu spielen.

Mit dem Aufstieg des sogenannten Reformpapsttums änderte sich dies. Die Verbreitung der Kirchenreform, die moralische Erneuerung, vor allem aber das Streben nach gesamtkirchlicher Autonomie verstand sich als ein universelles Unternehmen, das keine Grenzen kannte. Die Autonomie der Kirche forderte in den Augen der Reformer mehr Hierarchie im Inneren sowie die Ausrichtung der gesamten katholischen Kirchen auf Rom. Verbunden mit dem Kampf um Einfluß, Macht und Gehorsam, ließ diese Politik die Päpste immer wieder in die regionalen und lokalen Konflikte eingreifen. Ein Instrument, dessen sie sich dabei bedienten, war das Appellationsrecht, das dem ortsansässigen Klerus im Konfliktfall die Möglichkeit eröffnete, einen Bischof beim Papst anzuklagen.³ Damit wurde nicht allein der Bischofsherrschaft ein Teil ihres Fundamentes zugunsten der römischen Kirche entzogen. Es bedeutete zugleich, daß immer mehr Streitigkeiten innerhalb der Kirche vom Papst entschieden werden mußten. Zunächst einmal aber führte der Kampf für die Reform zu wiederholten Eingriffen der Reformpäpste – und hier ist besonders Gregor VII. zu nennen – in die Auseinandersetzungen zwischen den Reformkräften und deren Gegnern in den einzelnen Königreichen.

Da aber der Papst nicht überall sein konnte, schickte er seine Gesandten, die päpstlichen Legaten.⁴ Legaten gab es seit jeher, aber wer in halb Europa die Reform der Kirche durchsetzen wollte, mußte doch Gesandtschaft an Gesandtschaft reihen, und so gab es in dieser Zeit einen unübersehbaren quantitativen Anstieg der päpstlichen Legationen. Da diese zugleich auch die Oberhoheit der römischen Kirche verkörpern und deren Reform vorantreiben sollten, erhielten sie nunmehr nicht allein Einzelaufträge und gegebenenfalls in diesem Rahmen eine uneingeschränkte Entscheidungsgewalt, sie bekamen gleichsam einen Generalauftrag zur Reform und damit einhergehend eine allgemeine Vollmacht. Das galt zumindest für jene Legaten, denen bestimmte Gebiete fest zur Kontrolle anheimgestellt wurden, und für die Anführer vieler Gesandtschaften. Sie verfügten somit über päpstliche Befugnisse, konnten Bischöfe weihen und absetzen und auch Synoden im Namen des Papstes leiten. Ohnehin wurde ihnen das Recht zugestanden, kirchliche Strafen auch über Laien zu verhängen und – was noch wichtiger war – bei Konflikten als Schiedsrichter zu fungieren, eine Aufgabe, die ihnen allerdings weiterhin auch in einzelnen Fällen speziell, und dann ebenfalls mit allen Vollmachten zugestanden wurde.⁵ Bei Personen, die solche Kompetenzen erhielten, achtete man darauf, daß sie ihnen auch gerecht wurden. Und so rekrutierten sich die Legaten mehr und mehr aus dem Kreis der Kardinäle und damit aus der Bildungselite an der Kurie, die auch über besondere Rechtskenntnisse verfügte.[6] Von daher bildete sich in dieser Zeit ein institutioneller Unterbau heraus, ohne den die Päpste bei allem guten Willen niemals ihre große Bedeutung als Friedensstifter in den nachfolgenden Jahrhunderten gewonnen hätten.

Dazu trug schließlich auch noch eine weitere Entwicklung bei. Die Päpste begannen seit Mitte des 11. Jahrhunderts ihre engen privilegierten Bindungen an den deutschen König zu lösen. Andere Länder traten verstärkt in den Blick. Spanien und Frankreich, England und Dänemark fanden ebenso das Interesse der Kurie – der Reform wegen, aber nicht zuletzt auch, um auf diese Weise ein Gegengewicht zum Reich zu schaffen, mit dessen König Gregor VII. in ständiger Auseinandersetzung stand.[7]

Im Zuge dieser Veränderungen wurde die päpstliche Präsenz im Rahmen der Konfliktbeilegung allmählich zur Selbstverständlichkeit. Immer häufiger wurden Konflikte an der Kurie behandelt, immer häufiger übernahmen von nun an der Papst oder seine Legaten die Aufgabe, in den einzelnen europäischen Ländern Frieden zu stiften. Dazu fühlten sie sich aus ihrer Verantwortung für die gesamte Christenheit heraus aufgerufen, wie sie denn ohnehin als Bischöfe von ihrem Amtsverständnis her zum Engagement für den Frieden verpflichtet waren. Das galt für Gregor VII. ebenso wie für seine Nachfolger im 13. Jahrhundert.[8] Sie betrachteten es folglich als die vordringliche Pflicht ihres Amtes, „Frieden und Eintracht zwischen den gläubigen Christen" zu stiften.[9] Während sich solche Deklarationen im Kern kaum von den Äußerungen unterscheiden, mit denen die Päpste im 8. Jahrhundert ihre Friedensmissionen begründeten,[10] setzten die Juristen des 13. Jahrhunderts insofern einen anderen Akzent, als sie diese Pflicht zur Friedensstiftung expressis verbis auf die Beilegung von Konflikten zwischen weltlichen Herrschern bezogen, wobei die Päpste sich nunmehr zusätzlich noch als Stellvertreter Christi auf Erden verstanden und vor allen anderen gehalten fühlten, die göttliche Friedensbotschaft umzusetzen.[11] Ein solches Bewußtsein verhinderte selbstverständlich ebensowenig wie bei den Bischöfen, daß sie im Namen des Friedens, der ja immer auch der Rechtsfrieden war, und später dann im Namen der bedrohten Christenheit, Kriege führten oder auch nur befürworteten. Aber sie erklärten sich stets für den Frieden verantwortlich und konnten so Aufträge zur Schlichtung von Konflikten nur schwer ablehnen, wie sie sich denn auch umgekehrt sofort aufgefordert fühlten einzugreifen, wo es in ihrer Macht stand.

Vor diesem Hintergrund nimmt es denn auch nicht Wunder, wenn es den Päpsten und ihren Legaten seit der Zeit Gregors VII. immer wieder gelang, Konflikte zwischen weltlichen Potentaten, Städten oder Kommunen vermittelnd beizulegen.[12] Doch insbesondere im Hinblick auf das römisch-deutsche Reich offenbarten sich in der Politik des Papstes noch lange Zeit die Schwierigkeiten, die sich aus der weiterhin offenen, nicht genau bestimmten Rolle des Friedensstifters ergaben. Daß dieses Problem gerade hier mit besonderer Wucht hervortrat, lag natürlich an dem ungelösten und sich immer komplizierter darstellenden Verhältnis zwischen Papst und Kaiser, das in dieser Hinsicht wie ein Katalysator wirkte.

Obwohl in der Zeit Gregors VII. im Kirchenrecht die Figur und damit die Aufgaben und Befugnisse des Schiedsrichters immer deutlicher herausgestellt wurden und damit theoretisch auch die Möglichkeit gegeben war, zwischen den Rollen eines Richters, Schiedsrichters und eines Vermittlers zu unterscheiden,[13] blieb dies für das konkrete Verhalten des Papstes weithin bedeutungslos. Das zeigen schon die Bemühungen Gregors VII., den Auseinandersetzungen zwischen Heinrich IV. und dessen Gegnern Herr zu werden.

Bereits zu Beginn seines Pontifikates griff der Papst in den Konflikt zwischen dem König und den aufständischen Sachsen ein.[14] Er unterbreitete sowohl den Sachsen als auch dem König das Angebot, mit Hilfe seiner Legaten eine Aussöhnung herbeizuführen. So schrieb er wohl gegen Ende des Jahres 1073 an die sächsischen Großen, er habe sich „an den König gewandt und ihn ermuntert und seitens der Apostel Petrus und Paulus ermahnt, sich der Waffen und jeglicher kriegerischer Beunruhigung zu enthalten, bis wir Boten seitens des apostolischen Stuhls zu ihm senden, die die Ursachen Eurer Uneinigkeit sorgfältig erforschen und, so Gott will, durch einen Entscheid nach Billigkeit zu Frieden und Eintracht hinzuführen vermögen. Und ebenso", fährt Gregor VII. fort, „möchten wir Euch gebeten und aus apostolischer Autorität gemahnt haben, Eurerseits jede feindliche Unruhe beizulegen und eine Zeit des Friedens zu beobachten und Euch nicht aus irgendeinem Anlaß hinderlich dem Frieden in den Weg zu stellen, den wir mit Gottes Hilfe herstellen wollen. Da es nämlich für uns ein Sakrileg ist zu belügen, vom Recht abzuweichen aber zum Untergang der Seele führt, soll niemand von Euch bezweifeln, daß in dieser Angelegenheit die Wahrheit erörtert wird und mit Gottes Vorsehung wir bemüht sind zu entscheiden und durch ein festes Abkommen auch durchzusetzen, was billig erscheint; und sollten wir erfahren, daß irgendeiner Seite Unrecht oder Gewalt infolge Rechtsbruch widerfährt, werden wir ihr entschlossen ... Gunst und Schutz aus apostolischer Vollmacht zukommen lassen."[15] Was Gregor VII. hier den sächsischen Bischöfen und Magnaten anbot, entsprach zunächst einmal jener Praxis der Friedensstiftung, wie sie im weltlichen Bereich jener Zeit geübt wurde. Er richtete Mahnungen an die Kontrahenten, forderte sie zu einem Waffenstillstand auf, drohte damit, bei weiteren Rechtsverletzungen und Gewalttätigkeiten die Opfer zu schützen und zu begünstigen, und wollte anschließend Verhandlungen über seine Boten einleiten, die zu einer friedlichen Übereinkunft führen sollten.

Auf den ersten Blick ungewöhnlich ist indes sein Hinweis auf die eigene Überparteilichkeit, vor allem angesichts eines Konfliktes zwischen zwei Parteien, von denen die eine der anderen zu Gehorsam und Unterordnung verpflichtet war, was Gregor auch anerkannte.[16] In solchen Fällen nahmen, wie gesehen, die Vermittler zumeist die Position des Königs ein, was nicht verwundert, da dieser sich durch ein neutrales Auftreten schnell herausgefordert sah. Nur in Notlagen ließen sich ja die Herrscher auf derartige Vermittlungen ein, und insofern dürfte Gregor VII. seine Haltung nicht um des Erfolges willen an den Tag gelegt haben. Allerdings hatte Heinrich IV. nach den Worten Lamperts von Hersfeld im Oktober 1073, wenn auch widerwillig, sein Plazet zu einem vorläufigen und dann doch nicht zustande gekommenen Abkommen gegeben, das bei einer Unterwerfung den Sachsen Straffreiheit und die Anerkennung ihrer alten Rechte in Aussicht gestellt haben soll.[17] Und das war ein Ergebnis, das auch der Papst mit seinem neutralen Auftreten durchaus hätte erreichen können, ganz abgesehen davon, daß er auf diese Weise die Sachsen wesentlich einfacher zu Verhandlungen mit dem König bewegen konnte.

Doch da es für solche Überlegungen keinen Anhaltspunkt in den päpstlichen Äußerungen gibt und der Hinweis auf die eigene Unparteilichkeit bei ähnlich gelagerten Konflikten mehr als eine Seltenheit darstellte, erweist sich die Betonung der eigenen Neutralität schnell als Ausfluß des päpstlichen Anspruchs, selbst die Entscheidung über die Art des Friedens zu treffen. Denn in derartigen Zusammenhängen – und davon war schon die Rede – war es nicht nur Usus, sondern in der Kirche sogar geboten, jeglichen Eindruck der Parteilichkeit zu zerstreuen. Und so offenbart der Hinweis auf die eigene Unparteilichkeit mehr als Gregor VII. in seinem Brief eigentlich sagen wollte, nämlich daß er in dem Konflikt wie ein Schiedsrichter oder Richter ein Urteil zu fällen beabsichtigte.

Mochte auch der Papst seinen Anspruch zurückhaltend formulieren, mochte er auch auf die einschlägigen Signalwörter wie Urteil und Schiedsspruch noch verzichten, so ließ er doch kaum einen Zweifel an seiner Absicht, den Konflikt nach den Regeln der Billigkeit von sich aus respektive durch seine Legaten zu entscheiden. Bereits dieser Anspruch mußte aber für den König unannehmbar sein, zumal er schon in der Frage der gebannten Räte mit dem Papst zerstritten war.[18] Eine regelrechte Entscheidung des Papstes über sein Tun hätte der König aber ohnehin nicht hinnehmen können, ohne die Superiorität des Papstes auch in weltlichen Belangen anzuerkennen, was ihm fern lag. Und so ist die päpstliche Friedensinitiative aller Wahrscheinlichkeit allein schon deshalb gar nicht erst über das Stadium der Ankündigung hinaus gekommen.[19] Damit aber tritt die grundlegende Problematik der päpstlichen Friedensstiftung zutage.

Nun entspringt der Plan Gregors zumindest in diesem Stadium offenkundig weniger dem bewußten Griff nach der Entscheidungsgewalt denn einer bestimmten, aber doch vagen Vorstellung von der Rolle eines Friedensstifters. Der Papst wollte den Frieden vermitteln, ohne damit ein spezifisches Verfahren zu verbinden. Gewiß bot er sich expressis verbis nicht als Schiedsrichter an und auch von einem Urteil ist nicht die Rede.[20] Aber er übertrug ohne weiteres jenes Procedere der gütlichen Friedensstiftung, wie sie einem Herrschaftsträger eigen war und ihm selbst als dem Herrn des Patrimonium Petri und der Kirche generell zukommen mochte, auf jene, die in diesem Sinne gar nicht seiner Herrschaft unterstanden. Anders gesagt: Er wollte schlichten, so wie auch die Könige zwischen ihren Großen zu schlichten trachteten, doch das lief eben auf ein Machtwort und einen regelrechten Entscheid hinaus.[21] Hinzu trat noch ein zweiter Faktor. Das Streben des Papstes zielte nach den eigenen Worten darauf ab, die Wahrheit zu erkunden. Er wollte wissen, wer im Recht und wer nicht im Recht war, und damit die Grundlage für ein Abkommen schaffen. Doch ein solches Bemühen führte nahezu zwangsläufig zu einem Urteilsspruch. Gerade das Beharren auf Recht und Gerechtigkeit verlieh den Interventionen Gregors eine, wenn man so will, individuelle Note, die sich auch bei seinen anderen Friedensmissionen offenbarte.[22] Aber im Grunde genommen reflektieren sie doch nur die offene Struktur der hochmittelalterlichen Friedensstiftung, die in den Händen eines Herrschers unversehens zu einem außergerichtlichen, aber nichtsdestotrotz richterlichen Vorgehen geriet, vor allem dann, wenn der Konflikt von vornherein nur einen Sieger kennen konnte, also Entweder-Oder-Entscheidungen gefordert waren. Und so strebte Gregor VII. dann auch ganz offen ein Urteil in der Sache an, als er zwischen 1077 und 1080 in einen solchen Konflikt eingriff, nämlich den zwischen Heinrich IV. und Rudolf von Rheinfelden.

Nachdem sich der Papst nolens volens im Winter 1077 in Canossa mit Heinrich IV. ausgesöhnt hatte, trat ein, was Heinrich mit dem Gang nach Canossa eigentlich hatte verhindern wollen. Die ihm feindlich gesonnenen Fürsten wählten in Forchheim mit Rudolf von Schwaben einen Gegenkönig. Das brachte aber nicht nur Heinrich in Schwierigkeiten.[23] Auch Gregor VII. stand nunmehr vor einem Dilemma. Einerseits hatte er in Canossa die geforderte Bußleistung des Königs angenommen und konnte ihm seine Königswürde nicht mehr einfach nehmen. Andererseits hatte er den Fürsten im Oktober 1076 versprochen, den Streit zwischen ihnen und dem König beizulegen. Damals hatte der Papst vorgeschlagen, nach Deutschland zu kommen, um dann auf einem Fürstentag die Entscheidung zu treffen, ein Vorhaben, das er nochmals in Canossa vor der Wahl des Gegenkönigs bekräftigt hatte und dann bis 1080 weiter verfolgte.[24] Während anfänglich, gerade auch den Fürsten unklar war, wie der Papst eingreifen sollte,[25] trat das Bestreben, sich zum Richter zwischen den beiden Königen aufzuschwingen, nach 1077 unverkennbar hervor. In einem Brief an die beiden Legaten, die seine Reise vorbereiten sollten, schrieb Gregor von seinem Plan, den Konflikt zwischen den Königen mit dem Rat gottesfürchtiger Kleriker und Laien beizulegen und zu entscheiden, wer nach Recht und Gerechtigkeit eher die Herrschaft verdiene.[26] „Ihr wißt", so fügte er hinzu, „daß es unsere Pflicht und Sorge ist, die wichtigeren Angelegenheiten der Kirchen zu untersuchen und dem Recht entsprechend zu entscheiden."[27] Damit kam nun auch ein neuer, wenn man so will zukunftsweisender Faktor ins Spiel. Kraft seiner geistlichen Autorität sah er sich jetzt auch expressis verbis zu einem Urteil in der Sache legitimiert.[28] Der Schaden des Streites nagte in seinen Augen an den Grundfesten der Kirche. So schwang er sich als Richter über die Könige auf und drohte beiden sogar unmißverständlich mit der Exkommunikation, sollten sie sich seinem Plan widersetzen.[29]

Die doppelte Drohung verweist zugleich auf den großen Wert, den Gregor mehr noch als beim ersten Mal auf seine Unparteilichkeit legte. Im folgenden forderte er denn auch seine Legaten wiederholt dazu auf, sich neutral zu verhalten, und setzte sich mit diesem Anspruch auch der Kritik einiger Sachsen aus, die von ihm eine unverzügliche Anerkennung Rudolfs verlangten.[30] Hier sieht man recht deutlich, wie die nunmehr von sächsischer Seite als problematisch empfundene Neutralität daraus erwuchs, daß Gregor VII. jenes Attribut, das dem Richter nach der kirchlichen Rechtstradition eigen war, auf den Friedensstifter übertrug. Auch jetzt war das Gut der Neutralität nur zum Preis eines richterlichen Auftretens zu haben. Dieser Preis trat aber gar nicht in Erscheinung – und das gilt es festhalten –, weil der Papst mit einem Bewußtsein agierte, für das es keinen Widerspruch zwischen der Vermittler- und der Richterrolle gab, da ja beide in der Figur des Friedensstifters koexistierten. Dem entsprach es dann auch nur, wenn seine Legaten in Deutschland wie Ratgeber, Vermittler und Zuchtmeister auftreten sollten, zumindest in der Optik eines papstfreundlichen Chronisten, der mit diesen Worten den autoritären Charakter der Mission herunterspielt, aber letztlich auch nicht ganz verkennt.[31]

Obwohl Heinrich IV. das päpstliche Vorgehen zeitweilig akzeptierte, war er sich von Anfang an der Anmaßung des Papstes bewußt. Sein kurzfristiges Versprechen, dem Urteil zu folgen, war nicht mehr als ein taktischer Schachzug angesichts einer politischen und militärischen Schwäche.[32] Denn ansonsten ließ er keinen Zweifel an seiner festen Überzeugung, daß jedwedes Urteil, das der Papst in dieser Frage fällen würde, seine königliche Majestät in unzumutbarer Weise schmälern würde.[33] Und so hintertrieb der König, wo er nur konnte, die päpstlichen Bemühungen, die dann 1080 von selbst mit dem Tod Rudolfs und der zweiten Exkommunikation des Königs hinfällig wurden. Der Papst war gescheitert. Dazu hatten viele Faktoren beigetragen, die er gar nicht beeinflussen konnte. Aber ebenso deutlich scheiterten seine Vermittlungsinitiativen eben auch an seinem richterlichen Anspruch.

Die negativen Erfahrungen, die Gregor VII. im Streit zwischen Heinrich und Rudolf gemacht hatte, wirkten sich zunächst in keiner Weise auf die Praxis aus. Auch wenn dem autoritativen Vorgehen des Papstes keine Zukunft beschieden war,[34] so sollte diese Art der Friedensstiftung ihren Höhepunkt erst fast 150 Jahre später erreichen.

Als Innozenz III. im Januar 1198 zum Papst gewählt wurde, fand er sich in einer Stellung und in einem politischen Umfeld wieder, das sich gegenüber den Zeiten Gregors VII. erheblich gewandelt hatte, mochte so manches auch unter den Reformpäpsten in Ansätzen schon vorhanden gewesen sein. Die Vorherrschaft des Papstes in der römischen Kirche war nunmehr nahezu unumstritten. Seine Autorität als oberster Richter stand nicht mehr zur Debatte. Die kuriale Gerichtsbarkeit hatte einen enormen Aufschwung erlebt. Inzwischen stöhnten die Kardinäle bereits unter dieser Last und suchten nach neuen Lösungen, um die Zahl der Prozesse in Rom zu vermindern.[35] Auch deshalb übernahmen der Papst und häufiger noch seine Gesandten immer wieder regelrechte Schiedsaufträge. Zunehmend traten die von Rom geschickten Legaten auch als delegierte Richter auf,[36] was den Machtzuwachs des Papsttums sichtbar dokumentierte, da sie ihre Autorität als Schlichter aus Rom und nicht mehr wie bei einer schiedsrichterlichen Lösung aus den Händen der Kontrahenten bezogen.

Mit dem Einfluß der Päpste in der Kirche war auch ihr Ansehen in der politischen Welt gestiegen. Von Norwegen bis Sizilien galten sie als moralische Instanz, und die Kreuzzugsbewegung hatte ihnen zusätzlich Statur verschafft. Zugleich verstand der Papst sich als oberster Lehnsherr bestimmter Königreiche – Sizilien und Ungarn – und hatte von daher ein Wort in der Politik mitzureden. Dank der Aufnahme intensiver Beziehungen zu den verschiedenen Herrschern Europas, verfügten die Päpste über ein politisches Kapital in Form von persönlichen Beziehungen und Bündnissen, das ihre Möglichkeiten, auf die Beteiligten Einfluß zu nehmen, erweiterte. Die Nachfolger Petri waren nunmehr gegenüber den europäischen Königreichen zu einer Macht geworden, die die nötige Autorität und Unabhängigkeit besaß, um bei Auseinandersetzungen von außen befriedend einzugreifen.[37] Wahrnehmen konnte der Papst diese Rolle aber nur, weil sich inzwischen in halb Europa politische Strukturen herausgebildet hatten, die es den Päpsten zumindest idealiter erlaubten, zu den verschiedenen Ländern gleichwertige Beziehungen aufzubauen, entwickelten sich doch die mittelalterlichen Königreiche mit Frankreich an der Spitze allmählich zu souveränen Gebilden.[38] Damit waren im Endeffekt die besten Voraussetzungen für eine Vermittlungstätigkeit des Papstes zwischen den einzelnen Monarchen entstanden.

Vor diesem Hintergrund trat also Innozenz III. sein Amt an und nutzte die ihm damit gegebenen Möglichkeiten zur Friedensstiftung nicht nur nach Kräften, sondern intervenierte bei weltlichen Streitigkeiten weit mehr als seine Vorgänger. Dabei wurde er wiederholt gezwungen, sich zu rechtfertigen, und so entstand eine reiche Literatur vor allem aus Dekretalen, Briefen und Instruktionen über die päpstlichen Kompetenzen in weltlichen Konflikten, ein Diskurs, in dem sich Kirchenrecht, Geschichte und politische Nützlichkeitserwägungen gegenseitig durchdrangen und der die päpstliche Interventionspolitik unterstützte, ohne sich jedoch darin zu erschöpfen.[39] Von daher wechselten die Gründe und Motive zwar je nach Rechtslage und politischen Opportunitätsüberlegungen. Sie lassen sich dennoch auf einen gemeinsamen Grundstock zurückführen. Ausgehend vom christlichen Friedensgebot über das große Unglück, das dieser oder jener Konflikt über die Christenheit bringe, bis zur Abscheu vor Blutvergießen und Gewalt, – Motive, die in etwa schon bei Gregor VII. anzutreffen waren,[40] – stellte Innozenz seine weltlichen Friedensmissionen unter drei Leitgedanken. Zum einen nahm er als Oberhaupt der Christenheit für sich in Anspruch, dort in weltliche Konflikte einzugreifen und durch sein Urteil Gerechtigkeit walten zu lassen, wo keine ordentliche richterliche Instanz vorhanden war.[41] Einen richterlichen Entscheid, zuweilen auch nur Mitsprache, beanspruchte der Papst zum zweiten auch in solchen Fällen, in denen einer der Beteiligten sich einer schweren Sünde schuldig gemacht hatte, wozu insbesondere der Bruch von beeideten Friedensvereinbarungen zählte.[42] Praktisch von gleicher Bedeutung war der dritte Gedanke: die Verantwortung des Kaisers, der Könige oder Fürsten für den Kreuzzug erlaube keine Streitereien. Brächen sie aber aus, wäre es die Pflicht des Papstes, sie zu schlichten. Gerade dieser Gedanke fiel auf fruchtbaren Boden. Denn mit diesem Argument gelang es Innozenz III. und später auch seinen Nachfolgern immer wieder, akute Konflikte zu befrieden und zumindest vorläufig einen Gewaltverzicht durchzusetzen.[43]

Wenn Innozenz III. zuweilen den Richterspruch für sich reklamierte, weil es keine zuständigen gerichtlichen Instanzen für den entsprechenden Konflikt gab und es den Kontrahenten nicht gelang, selbst einen Frieden auszuhandeln, so war er sich der Problematik seines Anspruchs durchaus bewußt. Aber die Vorstellung, als Papst zugleich der höchste Richter auf Erden zu sein, war doch immer wieder stärker als sein Blick für die Gefahren, die aus diesem Anspruch für seine Friedensinitiativen erwuchsen, zumal dieser Anspruch ähnlich wie bei Gregor VII. durch ein starkes Rechtsbewußtsein gefördert wurde, demzufolge die Beilegung eines Konfliktes mittels der Wahrheitsfindung dem Recht zum Sieg verhelfen müsse.⁴⁴ Der Papst neigte so dazu, Konflikte autoritativ schlichten zu wollen, und das lief seinen Bemühungen um Frieden wiederholt entgegen, wie es in besonderer Weise sein Eingreifen im deutschen Thronstreit in den Jahren nach 1198 illustriert.

Nachdem ein Teil der deutschen Fürsten Philipp von Schwaben und ein anderer Otto IV. gewählt hatte und beide Könige nun um die Anerkennung des Papstes nachsuchten, verhielt sich Innozenz nach außen hin anfänglich zurückhaltend, obgleich er von Anfang an dem Staufer mehr als reserviert gegenübergestanden haben mochte.⁴⁵ Jedenfalls nahm er zunächst einmal die Rolle eines Vermittlers ein, der sich damit begnügt, die Beteiligten zu einer einvernehmlichen Lösung anzuspornen. Immer wieder ermahnte er die Bischöfe und Fürsten, die die beiden Könige auf den Schild gehoben hatten, zur Eintracht.⁴⁶ Doch da er sich zugleich und nach seiner Auffassung mit Recht, die Entscheidung über den rechten Kandidaten für das Kaisertum vorbehielt und davon in der Folge auch nicht mehr abwich,⁴⁷ entstand eine Situation, in der er einerseits nur seine guten Dienste anzubieten schien, zugleich aber auch seine Befugnis, in den Konflikt einzugreifen, betonte und so die Zurückhaltung wieder aufgab. In einem Brief an die deutschen Fürsten vom Mai 1199 kommt dies deutlich zum Ausdruck. Zwar spricht der Papst zunächst von seiner ursprünglichen Hoffnung, die Fürsten würden den Streit von selbst beenden, womit er eben auch der kirchlichen Wertschätzung des Gütegedankens Rechnung trug, aber seine Gedanken gingen doch in eine andere Richtung. Im gleichen Atemzug bot er nämlich den Fürsten seine Hilfe an, um dann hinzuzufügen, daß ihm ohnehin in der Sache von Hause aus die Entscheidung zukomme und er von Gott über Völker und Menschen gesetzt sei.⁴⁸ Innozenz redete von seiner Hilfe, meinte aber seinen Ratschluß oder Entscheid, den sich die Fürsten zu eigen machen sollten. Noch drohte er nur mit seiner Entscheidung, legitimierte sie aber schon einmal im voraus.

Der richterliche Anspruch Innozenz' III. trat noch deutlicher in dem Brief zutage, den er im Frühjahr 1199 an den Mainzer Erzbischof Konrad schrieb. Besonderen Wert legte er zu diesem Zeitpunkt noch auf seine Unparteilichkeit. Obwohl beide Kandidaten sich seiner Gunst rühmten, hätte er sich noch für keinen von ihnen entschieden, gab er dem Mainzer Erzbischof zu verstehen.⁴⁹ Auf den ersten Blick paßt diese Aussage gut zu seinem Bemühen, die Bischöfe und Fürsten zu einer Lösung des Konfliktes aufzurufen und sich selbst dabei zurückzunehmen. Doch die gesamte Diktion des Briefes spricht eher für das Gegenteil. Der Papst hatte dem noch im Orient weilenden Erzbischof geschrieben und um dessen Meinung zum Thronstreit gebeten, weil er wußte, über welche Autorität der Mainzer im Reich verfügte und welche Bedeutung ihm dank seines Kardinalats für die Beziehungen zwischen Papst und Reich zukam. Was er aber von Konrad zu allererst verlangte, war die Zusicherung, dem Papst in der Angelegenheit freie Hand zu lassen und die Mainzer Kirche zum Gehorsam gegenüber seiner späteren Entscheidung aufzurufen.[50] Von daher erweist sich der Hinweis auf die eigene Unparteilichkeit auch hier nicht als Zeichen päpstlicher Zurückhaltung, sondern als Folge der Vorstellung, als Richter in den Konflikt eingreifen zu müssen.

Aber zunächst einmal vermied es Innozenz III., sich offen als Richter ins Spiel zu bringen. Er wußte, wie abträglich dies seinen Bestrebungen war, die schon sehr früh darauf hinausliefen, Otto IV. die Anerkennung zu verschaffen. Denn seit der Welfe sich bereit erklärt hatte, die päpstlichen Rechte in Italien anzuerkennen und damit der päpstlichen Rekuperationspolitik einen Freibrief erteilt hatte,[51] war für Innozenz III. die Entscheidung gefallen. Doch diese Entscheidung ließ sich natürlich am einfachsten durchsetzen, wenn die Fürsten sie selbst herbeiführten und die Anhänger des Staufers freiwillig auf ihren Kandidaten verzichteten. Da von dieser Seite aber gegen die päpstliche Intervention protestiert und sie als widerrechtlich hingestellt wurde, konnte er ihnen eigentlich nur den Wind aus den Segeln nehmen, wenn er sich so wenig wie möglich als Richter gebärdete.[52] Und so betonte er denn auch immer wieder, eigentlich nur im Konsens mit den Fürsten handeln und entscheiden zu wollen.

Doch dieser Konsens besaß für den Papst nur solange einen Wert, wie er seinen Erwartungen entsprach. Den Beweis lieferte bald sein Verhalten gegenüber den Bemühungen Konrads von Mainz, den Frieden im Reich wiederherzustellen. Zunächst betrachtete Innozenz dessen Versuch mit Wohlwollen, ja er scheint sogar die Fürsten zur Beteiligung aufgerufen zu haben.[53] Als sich indes der Erzbischof auf eine Art Schiedsverfahren mit den Beteiligten einigte und konkret eine Versammlung für Ende Juli 1200 vereinbarte, an der von jeder Seite acht Fürsten unter seinem Vorsitz eine Entscheidung treffen sollten und als ihn sein Kandidat, Otto IV., darauf hinwies, daß durch dieses Verfahren möglicherweise auch Philipp als Sieger aus dem Thronstreit hervorgehen könne, handelte der Papst relativ schnell.[54] Er sandte einen Brief an die Fürsten, in denen er klar und deutlich zum Ausdruck brachte, was er von ihnen erwartete: nämlich ein Votum für den Welfen.[55] Damit aber hatte er dem sogenannten Friedensplan des Mainzer Erzbischofs den Todesstoß versetzt.[56] Alle wußten, eine Entscheidung für Philipp machte aus dem Thronstreit einen Streit zwischen Reich und Papst und bedeutete nicht das Ende des Krieges, sondern höchstens seine Verlagerung. Und dieses Wissen nutzte der Papst geschickt aus, offenbarte aber eben auch, daß für ihn eine Lösung, die die Fürsten untereinander fanden, so sehr er sie ihnen immer ans Herz legte, nur dann von Bedeutung war, wenn sie seinem Dafürhalten entsprach. Sein richterlicher Anspruch und sein behauptetes gutes Recht auf Intervention erwiesen sich denn auch hier unverkennbar als die größten Hindernisse auf dem Weg zum Frieden.

Was sich in den Briefen und schließlich im Verhalten Innozenz' III. lange Zeit nur andeutete, sprach der Papst dann selbst in einer Ansprache vor den versammelten Kardinälen im Konsistorium um die Jahreswende 1200/1201 ungeschminkt aus. Nachdem er seine Gründe für die Ablehnung Philipps von Schwaben erläutert, zudem ein mögliches Königtum von dessen Neffen Friedrich verworfen und allein Otto IV. als geeigneten Kandidaten für die Kaiserkrone präsentiert hatte, kam er auf das anvisierte Vorgehen von Seiten der Kurie zu sprechen. Er kündigte an, Legaten zu den Fürsten schicken zu wollen, die diesen nahelegen sollten, „entweder sich auf die geeignete Persönlichkeit zu einigen oder aber die Angelegenheit seinem Urteil oder Schiedsspruch zu übertragen."[57] Deutlicher konnte er seinen richterlichen Eingriff nicht zum Ausdruck bringen. Er bot den Fürsten zwei respektive drei verschiedene Verfahren zur Auswahl an, an deren Ende aber stets der gleiche Entscheid, nämlich sein Urteil stehen würde. Dem entsprach es dann nur, daß der Papst im März des gleichen Jahres seinem Legaten die Vollmacht erteilte, die Anerkennung Ottos IV. zu vollziehen, wenn die Fürsten sich nicht in seinem Sinne einigen oder die Angelegenheit seinem Urteil übertragen würden.[58]

Mit der beabsichtigten Anerkennung Ottos IV. brauchte sich Innozenz keine Illusionen mehr über einen freiwilligen Rückzug der Stauferanhänger zu machen, da sie damit nicht nur ihren Kandidaten, sondern faktisch auch ihr Wahlrecht aufgegeben hätten.[59] Zwar hütete sich Innozenz III. davor, seine Entscheidung aus seiner Rolle als Friedensstifter abzuleiten, vielmehr nahm er für sich das Examinationsrecht in Anspruch, das dem Papst gegenüber dem römischen König im Hinblick auf die Kaiserweihe zustehe, und sprach auch nicht von einem Urteil, sondern allein von der Vergabe der päpstlichen Gunst.[60] Doch die Anhänger Philipps von Schwaben warfen ihm auch weiterhin vor, sich die Rolle eines Königswählers respektive eines Richters im Thronstreit angemaßt zu haben, und ließen sich nicht vom Gegenteil überzeugen.[61]

Obwohl mit der Anerkennung Ottos IV. der Frieden nicht näher gerückt war, begründete Innozenz III. seine fortgesetzten Interventionen auch weiterhin mit seiner Verantwortung für den Frieden. So bat er in einem Schreiben aus dem Jahr 1203 die Bischöfe und Fürsten erneut darum, einen Waffenstillstand zu schließen, der abermalige Friedensverhandlungen ermöglichen sollte. Und er bot wieder seine guten Dienste an.[62] Das Hilfsangebot lief aber auch jetzt nur darauf hinaus, seine Entscheidung zur Grundlage eines Übereinkommens zu machen, das dem Welfen den Thron und die Zustimmung der Fürsten sichern sollte.[63] Und so blieb auch dieser Vorschlag ohne Resonanz. Als der Papst 1207 ernst-

Die bitteren Erfahrungen der Päpste 227

hafte Verhandlungen mit Philipp von Schwaben über dessen Anerkennung aufnahm, kam das einem Offenbarungseid für seine bisherige Friedenspolitik gleich.[64]

Der Mißerfolg Innozenz' III. hat gewiß viele Gründe, aber an prominenter Stelle steht ohne Zweifel sein autoritatives Eingreifen, sein Anspruch, den Konflikt durch sein Urteil beizulegen. Wer sich als Vermittler versteht, der zu einer Entscheidung in der Sache berufen ist, stößt, wenn er es mit gleichrangigen oder gleichberechtigten Kontrahenten zu tun hat, auf unüberwindliche Schwierigkeiten. Es setzt sich unweigerlich dem Verdacht aus, Ansprüche auf Superiorität daraus abzuleiten. So gesehen mußte Innozenz III. die gleichen Erfahrungen machen wie schon Gregor VII.

Dennoch scheint er sich stärker als sein Vorgänger von Anfang an der Problematik seines Anspruchs bewußt gewesen zu sein. Zwar ließ er niemals einen Zweifel daran, diesen Konflikt nach seinem Dafürhalten zu entscheiden. Aber im Hinblick auf das Procedere hielt er stets daran fest, ein Urteil nur dann fällen zu können, wenn er dazu die Zustimmung der Fürsten erhielt. Ob bei seiner Ansprache im Konsistorium oder bei den Instruktionen an die Legaten, ob vor der Anerkennung Ottos oder nach dessen Bestätigung, stets band er als Friedensstifter das anvisierte Urteil an das Einverständnis der Bischöfe und Fürsten.[65] Dementsprechend vermied er es, seine Entscheidung für Otto IV. als Resultat eines Schiedsspruchs oder eines Urteils hinzustellen und berief sich allein auf die Ausübung seines Examinationsrechtes. Anders gesagt: Innozenz III. hatte einen Sinn für die Frage nach dem angemessenen Verfahren, während bei Gregor VII. das Problem hinter dem eigenen moralischen Anspruch verschwand.

Das Verfahren, das Innozenz III. dabei vorschwebte, war eine Art Schiedsverfahren, das in seinen Händen liegen sollte. Die wiederkehrenden Einladungen an die Fürsten, ihm die Sache zu übertragen,[66] auch die anfängliche Betonung der Neutralität gehören in diesen Zusammenhang. Hinzu kommt, daß er auch in anderen Konflikten zwischen Herrschern dieses Instrument ins Spiel brachte – wenngleich auch dann nicht immer mit dem erwünschten Erfolg.[67] Allerdings unterschied Innozenz III. im Thronstreit niemals genau zwischen einem schiedsrichterlichen und einem richterlichen Vorgehen, sprach hier vom Urteil und da vom Schiedsspruch oder auch nur von seinem Rat. Darüber hinaus brachte er sich just in dem Moment, in dem er sich offenkundig für Otto IV. entschied, als Mediator ins Spiel. In dem Beglaubigungsschreiben für seine Legaten vom Januar 1201 verlangte er von den Fürsten, sollten sie sich nicht auf den Kandidaten, den er krönen könne, also auf Otto IV., einigen, den Fall seinem Urteil anzuvertrauen.[68] Und dies, so fügte er hinzu, könnten sie unbeschadet ihrer Freiheit und des Reiches Würde tun, da sich niemand besser als der römische Bischof zum Vermittler in dieser Angelegenheit eigne, ein Vermittler, der für das, was gerecht und nützlich ist, sorgt.[69]

Aber gerade wenn man die Selbstbezeichnung als Mediator genauer betrachtet, erweisen sich die Unschärfen in der Ausdrucksweise als Reflex eines gestiegenen Bewußtseins für die adäquaten Verfahren der Friedensstiftung. Zunächst einmal eröffnet dieser Begriff dem Papst die Möglichkeit, die Art seines Eingreifens nicht genau benennen zu müssen. Nach damaligem Verständnis konnte ein Mediator seine Aufgabe sowohl durch ein eigenes Urteil als auch durch einen Schiedsspruch oder nur durch kluge Ratschläge wahrnehmen.[70] Zwar ließ Innozenz III. keinen Zweifel daran, daß er als Mediator gleich einem Schlichter zu agieren gedachte, der die Kontrahenten zu Einsicht und zu Eintracht bringt und notfalls die Lösung selbst vorgibt.[71] Aber indem er sich als Mediator und nicht als Schiedsrichter oder gar als Richter bezeichnete, konnte er viel besser dem Vorwurf der widerrechtlichen Intervention aus dem Weg gehen, ohne seinen Entscheidungswillen in Abrede stellen zu müssen. Denn gerade die kleinen, aber feinen Unterschiede zwischen einem Mediator und Schiedsrichter schienen wie geschaffen für seine Situation. Wie ein Schiedsrichter konnte auch ein Vermittler eine Streitfrage nach seinem Willen entscheiden, wenn er denn dazu aufgefordert wurde. Aber sein Handeln wurde weniger von dieser delegierten Entscheidungskompetenz her gedacht, sondern von dem Ergebnis, und damit als Suche nach einer einvernehmlichen Lösung. Dem entsprach es nur, daß seine Entscheidungsmacht nicht primär aus dem Auftrag der Beteiligten hervorgehen mußte, sondern sich auch aus einer wie auch immer begründeten Zuständigkeit für den Gegenstand des Konfliktes herleiten konnte, und die Zustimmung auch nur grundsätzlich erfolgen mußte. So gesehen nannte sich der Papst mit Bedacht einen Mediator, weil er wußte, daß ein solcher sowohl mehr als auch weniger als ein Schiedsrichter darstellte. Hinzu kam natürlich noch ein zweites Moment. Nicht ohne Grund pries sich der Papst erst als Vermittler, als seine Entscheidung so gut wie feststand und er die Rolle eines Schiedsrichters oder auch Richters gar nicht mehr hätte spielen können. Die Selbstbezeichnung als Mediator trug dieser Veränderung Rechnung, ohne einen Bruch zu den vorgehenden Schlichtungsversuchen anzudeuten, und das, obwohl sich nunmehr die Koordinaten seiner Politik verändert hatten. Denn während er zu Beginn eine richterliche Vollmacht zu erlangen wünschte und deshalb die Beilegung des Konfliktes als ergebnisoffen und sich als neutral hinstellte, konnte es ihm nach dem Votum für Otto IV. nur noch darum gehen, die bis dato widerspenstigen Bischöfe und Fürsten von den Vorteilen zu überzeugen, die sich aus der Akzeptanz des fait accompli ergaben. Da aber auch diese Vorgehensweise seit dem 11. Jahrhundert bestens mit den Vorstellungen vom Handeln eines Mediators übereinstimmte, machte der Papst mit dem Rückgriff auf dieses Wort den Unterschied zu seiner früheren Position letztendlich vergessen. Darüber hinaus bot sich der Begriff des Mediators auch aus einem weiteren Grund an: Er stellte nämlich die Frage der Entscheidungsfindung zurück und die Suche nach einer einvernehmlichen Lösung in den Vordergrund und ließ den Gedanken an eine mögliche Superiorität nicht zwangsläufig aufkommen. Wenn sich aber Innozenz III. in dieser Situation bewußt als Mediator bezeichnete, so offenbarte er auch in diesem Punkt ein differenziertes Bewußtsein von den Möglichkeiten eines Friedensstifters.

Dieses Bewußtsein dürfte der Papst zu einem Gutteil seiner juristischen Ausbildung und den damit erworbenen Fähigkeiten verdanken. Doch ohne die Entwicklung, die das Kirchenrecht in den zurückliegenden gut hundert Jahren durchlaufen hatte, wäre alles Lernen umsonst gewesen. Als Innozenz III. sein Pontifikat begann, war mit der Rezeption des römischen Rechts das Schiedsverfahren zum Gegenstand einer systematisierenden Betrachtung von seiten der kurialen Rechtsgelehrten geworden und hatte einen festen Platz in der kirchlichen Streitbeilegung gefunden.[72] Die Ausbreitung der Schiedsgerichtsbarkeit seit dem Ende des 11. Jahrhunderts in der Kirche, aber auch im weltlichen Bereich, wobei primär an die oberitalienischen Kommunen zu denken ist, hatte hier ihre Wirkung getan.[73] Und die Verankerung im kanonischen Recht hatte dann wieder der Verbreitung neue Impulse verliehen, so daß das Schiedsverfahren im 12. Jahrhundert zu einem wichtigen Verfahren der Streitschlichtung geworden war.[74]

Indem Innozenz III. für sein Urteil im deutschen Thronstreit die Zustimmung der beteiligten Fürsten vorab suchte, liebäugelte er mit einem Verfahren, das dem Schiedsverfahren schon sehr nahe kam, aber aus den geschilderten Gründen nicht zu nahe kommen sollte. Daß er auch dort, wo er sich im Recht sah und zum Richter berufen fühlte, die Zustimmung der Beteiligten als unumgängliche Voraussetzung seines Urteils ansah, zeigt den Einfluß, den die Idee des Schiedsgerichts bereits ausübte, ebenso wie das Bewußtsein, daß in derartigen Konflikten eigentlich nur im Einvernehmen mit den Beteiligten ein Frieden erreicht werden konnte. Hier hatte sich eine Form der Konfliktschlichtung herausgebildet, die dort, wo kein ordentlicher Richter vorhanden oder erwünscht war, am ehesten zu einem Frieden im Konsens führen konnte – zumindest in der Sicht der Zeitgenossen. Und so griffen denn auch in den nachfolgenden Jahrhunderten die Päpste immer wieder als Schiedsrichter in die weltlichen Konflikte ein und versuchten zumindest, die Kontrahenten zu schiedsartigen Lösungen zu bewegen.[75]

Die zunehmende Inanspruchnahme der Schiedsgerichtsbarkeit führte zwangsläufig zu einer Differenzierung der Verfahren und des Vokabulars.

Schon im 12. Jahrhundert wurden die Trennlinien zwischen dem ordentlichen Richter und dem Schiedsrichter immer deutlicher gezogen,[76] was dann zur Verbreitung des Wortes *arbiter* führte. Die Kanonisten am Ende des 13. Jahrhunderts wußten nicht nur genau, was ein Schiedsrichter tun und lassen durfte. Sie unterschieden auch zwischen dem ordentlichen Richter, dem delegierten Richter und dem Schiedsrichter, die allesamt innerhalb der kurialen Streitschlichtung und Rechtsprechung eine spezielle Rolle zugeschrieben bekamen.[77] Für das innerkirchliche Schiedsgericht wurden prozessuale Normen aufgestellt. Man legte fest, in welchen Fällen ein solches und von wem es einberufen werden konnte, welche Sanktionen die Nichtbeachtung des Schiedsspruchs nach sich zog.[78] Von hier aus war es dann auch kein großer Schritt mehr, die Schiedsrichter, die ein angemessenes Urteil in der Sache sprachen, von den Schiedsleuten abzuheben, die in erster Linie auch ohne Ansehung der Rechtsordnung einen Kompromiß zwischen den streitenden Parteien erzielen sollten.[79]

Im Zuge der Ausbildung einer regelrechten Schiedsgerichtsbarkeit mit festen Formen und prozessualen Normen mußte auch die Vermittlung an Kontur gewinnen, da die Grenzen nunmehr deutlicher gezogen wurden. Allerdings blieb die Abgrenzung negativ. Vermittlung war Streitschlichtung ohne die Anrufung eines Schiedsrichters oder eines ordentlichen Richters. Von daher blieben die Vorstellungen vom Mediator auch weiterhin in vielerlei Hinsicht unbestimmt, und das galt um so mehr, als man zunächst einmal eine Annäherung an den Begriff des Schiedsrichters feststellen kann. Wie gesehen tendierte und drängte Innozenz III. zu einer eigenmächtigen Entscheidung im deutschen Thronstreit, die er als Vermittler treffen wollte, und legte damit ein Verhalten an den Tag, das ganz ähnlich schon bei einigen Interventionen Friedrich Barbarossas zutage getreten war. Beide wollten kraft ihrer apostolischen respektive königlichen Autorität Entscheidungen fällen, die man ihnen von Rechts wegen niemals zugebilligt hätte. Denn wie Innozenz III. hinter der Vermittler-Terminologie das Examinationsrecht bei strittigen Königswahlen gleichsam versteckte, so ging es Barbarossa um die Wahrnehmung eines Devolutionsrechts bei strittigen geistlichen Wahlen.[80] Von daher konnte keiner sich in den jeweiligen Konflikten als ordentlicher Richter oder Schiedsrichter ausgeben, so daß sich der Begriff Mediator am ehesten anbot, um den nichtsdestoweniger imperativen Eingriff zu bezeichnen, da mit diesem Wort nur wenig über die Art des Eingreifens gesagt und das Bemühen um Versöhnung hervorgehoben wurde. Die Angleichung des Mediators an den Schiedsrichter wurde aber auch durch die im Umfeld der Kurie aufkommende Gewohnheit gefördert, auch jene Personen, die bei Friedensverhandlungen in strittigen Fragen ein Kompromiß erzielen sollten, als Mediatoren zu bezeichnen.[81] Diese Mediatoren rekrutierten sich aus der

Anhängerschaft der Kontrahenten, und auch hier sollte die Bezeichnung vor allem Programm sein, sprich diese parteigebundenen, abkommandierten Vermittler an ihre Versöhnungsaufgabe erinnern.

Mediatoren trafen also Entscheidungen, gleichviel ob sie allein oder als paritätische Kommission dazu berufen waren. Folglich verhielten sie sich in dieser Hinsicht auch wie Schiedsrichter. Sinnvoll war ein solches Verfahren aber nur, wenn den Interessen beider Konfliktparteien Rechnung getragen wurde. Während bei der Besetzung einer Schiedskommission dieses Ziel durch die paritätische Anzahl der Schiedsleute erlangt wurde, konnte es im Falle eines einzelnen Mediators nur durch die Unparteilichkeit gesichert werden, so daß sich hier der Anspruch auf Neutralität gleichsam von selbst einstellte. Hier galt zumindest nach außen der Grundsatz, beide Parteien gleich zu behandeln. Ob Gregor VII. in den Sachsenkriegen, Friedrich Barbarossa oder Innozenz III. – sie alle legten davon Zeugnis ab. Das Modell des Richters oder Schiedsrichters, der zwischen den Parteien steht und ein gerechtes Urteil spricht, wurde so auf den Vermittler, den Mediator, übertragen.

Diese Entwicklung hatte zwei gegensätzliche, ja widersprüchliche Konsequenzen. Zum einen verringerten sich in der Praxis die Unterschiede zwischen dem Schiedsrichter und dem Vermittler, so daß man vielfach die Schiedsrichter auch als Vermittler bezeichnete – allerdings nicht umgekehrt. Ja, der Anspruch auf Überparteilichkeit verband sich um so mehr mit dem Begriff des Mediators, als man immer wieder gerade auch jene Person so benannte, die den Vorsitz einer paritätisch besetzten Schiedskommission inne hatte und durch ihre Stimme eine Mehrheitsentscheidung ermöglichte. Dies galt etwa auch für das oben erwähnte Schiedsgericht, das der Mainzer Erzbischof Konrad von Mainz zur Beilegung des Thronstreits ins Leben rufen wollte. Hier sollte er selbst als Mediator gemeinsam mit den 16 Schiedsleuten, von denen jede Partei acht benannt hatte, eine für alle bindende Lösung finden, die notfalls auch durch die Mehrheit beschlossen werden konnte.[82] Wenn man seine Position hier besonders hervorhob und mit dem Wort Mediator belegte, so weist dies – und viele andere Fälle stützen den Befund – daraufhin, daß für seine Funktion und damit für seine Bezeichnung nicht sein Urteil, sondern seine über- oder zwischenparteiliche Stellung von entscheidender Bedeutung war, wie denn auch Konrad von Mainz weder als Parteigänger Ottos IV. noch als Sympathisant Philipps von Schwaben galt.[83] Denn erst diese Stellung ließ die Kontrahenten die ausschlaggebende Stimme in solchen Kommissionen akzeptieren.

Hier nahm im Grunde genommen die zweite Wirkung, die die Gestaltung der Vermittlungstätigkeit nach dem Modell des Schiedsrichters zeitigte, ihren Ausgang: die allmähliche Identifizierung der Vermittlungstätigkeit mit dem Gebot der Überparteilichkeit, das mit der Zeit dann auch für jene Vermittler gelten konnte, die gar keinen Anspruch auf eine eigenmächtige Entscheidung erhoben. Ein Prozeß wurde so in Gang gesetzt, der den unparteiischen Vermittler als spezifischen Typus des Friedensstifters hervorbringen sollte.

Daß sich dieser Prozeß zuerst im Rahmen der päpstlichen Friedensstiftung zeigte, hatte einen einfachen Grund. Mit den gleichrangigen päpstlichen Beziehungen zu den verschiedenen Königreichen entstanden zuerst jene politischen Bedingungen, derer es bedurfte, damit überhaupt unparteiische Vermittler zum Einsatz kommen konnte. Dennoch ließ diese Entwicklung lange auf sich warten, weil eben die Päpste dank ihrer wachsenden Macht immer wieder eine Entscheidung in der Sache treffen wollten. Trotz der Mißerfolge Gregors VII. oder Innozenz' III. dauerte es noch fast hundert Jahre, bis die Päpste bewußt von ihrem richterlichen Anspruch Abschied nahmen, ohne damit auch gleich, wie es noch Innozenz III. getan hatte, den Anspruch auf Unparteilichkeit fallen zu lassen.

Dies ist deshalb zu betonen, weil die Päpste und insonderheit ihre Legaten auch schon im 12. und 13. Jahrhundert ohne richterlichen Anspruch allein durch Reden und Überzeugen Waffenstillstände herbeigeführt und Frieden gestiftet hatten.[84] Aber diese Initiativen standen noch in der Tradition des Friedensvermittlers, für den das Vorgehen hinter dem Ziel der Handlung zurückstand. Erst als das Vorgehen selbst zum Problem wurde, konnte das Bewußtsein für die Vermittlung als spezielles Verfahren entstehen. Zu Problemen kam es aber dort, wo der richterliche Anspruch und das Gebot der Unparteilichkeit auf unüberwindbare Schwierigkeiten stießen. Folglich wurden gerade die Konflikte, in denen die Päpste Anspruch auf ein Urteil erhoben, zum Katalysator der beschriebenen Entwicklung.

Nachdem Innozenz III. bereits die eigene Entscheidung als Friedensstifter an die Zustimmung der Konfliktparteien gekoppelt hatte, konnte der nächste Schritt allein im bewußten Verzicht auf ein Urteil bestehen. Doch noch im nachfolgenden deutschen Thronstreit – zwischen Richard von Cornwall und Alfons von Kastilien – versuchten die Päpste den Konflikt durch ihr Urteil zu beenden und scheiterten erneut.[85] Anders verhielt sich dann aber Gregor X., als er im Streit zwischen Ottokar II. von Böhmen und Rudolf von Habsburg um das Erbe der Babenberger, also um Österreich, intervenierte. Auch er wollte diesen Konflikt zunächst durch sein Urteil entscheiden, wobei die böhmische Seite ihn dazu drängte, da sie sich von seinem Entscheid weit mehr versprach als von einem Urteil der deutschen Fürsten, die ja gerade erst Rudolf ohne die Zustimmung Ottokars zum römischen König gewählt hatten.[86] Aber auch Rudolf von Habsburg stimmte schließlich dem päpstlichen Vorschlag zu. Doch der Papst scheiterte wieder einmal; die Bedingungen, die der böhmische König nach der Zusage Rudolfs und der sich abzeichnenden päpstlichen Anerkennung Rudolfs stellte, waren so gut wie unerfüllbar.[87] Doch im Unterschied zu seinen Vorgängern änderte Gregor X. nun seine Strategie, nahm seinen Anspruch zurück und gab sich mit der bloßen Vermittlung zufrieden, wie es ihm der Abgesandte Ottokars, Bischof Bruno von Olmütz geraten hatte, als er dem Papst die überzogenen Bedingungen des böhmischen Königs mitteilte, die ein Urteil des Papstes hintertreiben sollten.[88] Gregor X. hatte auf diesem Wege gezeigt, daß der Friedensprozeß zuweilen vom Vermittler Zurückhaltung einforderte, und hatte sich bewußt der Vermittlung zugewandt. Da er jedoch zugleich den Bischof von Olmütz damit beauftragte, legte er jenes überkommene Verständnis von Vermittlung an den Tag, für das ein Vermittler keinesfalls neutral sein mußte. Allerdings wurde der Papst schon deshalb zu diesem Schritt gedrängt, weil nach der Anerkennung Rudolfs das Hauptproblem darin bestand, den böhmischen König für Verhandlungen zu gewinnen, und eine Lösung am ehesten von einen vertrauten Ratgeber zu erwarten war, selbst wenn dieser nicht immer der gleichen Meinung war wie sein Herr.[89] Dennoch offenbarte sich die Problematik der Wahl Brunos unversehens, da die Anhänger Rudolfs von Habsburg keine Anstalten machten, mit ihm in Verhandlungen zu treten.[90]

Das Scheitern des Bischofs von Olmütz als Vermittler weist schließlich bereits auf das letzte Hindernis hin, das auf dem Weg zur spezifischen Vermittlungstätigkeit noch überwunden werden mußte. Es bedurfte eines zusätzlichen Anstoßes, um auch die Forderung nach Unparteilichkeit ins Bewußtsein zu rücken. Und dazu kam es, als die Päpste nach Avignon ins babylonische Exil gingen. Die augenfällige Anbindung an die französische Krone führte zu einem gesteigerten Bedürfnis, die eigene Neutralität hervorzukehren.[91] Da man zugleich je nach Lage auch bewußt auf die eigene Entscheidung verzichtete, kam es zu einem bis dahin nicht gekannten Aufschwung der päpstlichen Schlichtungs- und Vermittlungstätigkeit, in deren Folge dann auch der vermittelnde Vermittler deutlich von Schiedsleuten und anderen Friedensstiftern unterschieden wurde.

Dieser Zusammenhang tritt bei den Friedensinitiativen Benedikts XII. deutlich zutage. Der Papst war seit dem Beginn seines Pontifikats ständig auf der Suche nach einer Befriedung der französisch-englischen Auseinandersetzungen und versuchte so unparteiisch wie nur möglich den Kontrahenten gegenüberzutreten. Als Philipp VI. im Mai 1337 die englischen Reste des aquitanischen Herzogtums, die Guyenne, konfiszierte, war ein Krieg so gut wie unausweichlich.[92] Der Papst suchte ihn zu verhindern. Er überzeugte zunächst den französischen König, seinen Plan nicht unmittelbar umzusetzen, und berief schließlich am 23. Juni mit Pedro Gomes und

Bernhard de Montfavence zwei Kardinäle zu seinen Legaten, die den gefährdeten Frieden sichern sollten.[93] Der Auftrag war klar und deutlich, ein Urteil wollte der Papst von Anfang an nicht fällen. Er hoffte zu diesem Zeitpunkt, mit dringlichen Mahnungen und Überzeugungsarbeit noch einen Krieg verhindern zu können, und vertraute dabei auf das Wissen und die Klugheit der beiden Legaten, die wie „Friedensengel" agieren sollten. Aus seiner Sicht übernahm er im Endeffekt nur jene Aufgabe, die eigentlich Sache der Fürsten und Adligen beider Königreiche und der Nachbarländer gewesen wäre, nämlich auf freundschaftliche Weise den Konflikt zu entschärfen.[94] Wie in vielen Fällen üblich, konzedierte der Papst den Legaten das Recht, Eide und Verpflichtungen jederzeit aufzuheben, sofern sie dem Friedenswerk entgegenstünden, und erlaubte ihnen, diejenigen zu exkommunizieren, die sich nicht an ihre Friedensgebote und die zu vereinbarenden Waffenstillstände halten würden.[95]

An der Linie, die Benedikt XII. hier vorgeben hatte, änderte sich im Verlauf der beiden nachfolgenden Jahre nicht mehr viel. Allein das Bemühen, die rein vermittelnden Dienste der Kardinäle zu betonen, trat noch deutlicher zutage. In zwei Briefen, von denen der eine an Philipp VI. und der andere an Eduard III. adressiert war, sprach er deutlich von dem Nutzen, den die von ihm initiierten Verhandlungen mit der Gegenseite besäßen, Verhandlungen, die von seinen Legaten im Geiste der Freundschaft wie durch gemeinsame Freunde geführt werden sollten.[96] Selbst als der Konflikt 1338 eskalierte, der englische König mit einem Heer in Flandern landete und gegen den Willen des Papstes ein Bündnis mit Ludwig dem Bayern, dem noch immer gebannten römisch-deutschen König, schloß, hielt sich Benedikt XII. zurück und bat seine Legaten, ihre Mission fortzusetzen, um zumindest einen Waffenstillstand herbeizuführen.[97] Von nun an lag ihre vordringliche Aufgabe darin, zunächst einmal die Bedingungen dafür zu schaffen, daß bevollmächtigte Gesandte beider Seiten zusammenkommen konnten, sprich sie mußten sich vor allem um den Geleitschutz für die jeweils andere Seite kümmern.[98] Um jede Eskalation zu vermeiden, wies der Papst seine Legaten sogar an, auf den Einsatz der geistlichen Strafen zu verzichten.[99] Im weiteren Verlauf gelang es den beiden Kardinälen schließlich sogar, konkrete Verhandlungen in Gang zu setzen. Und wieder machte der Papst deutlich, daß sie keinerlei Entscheidungskompetenz anstreben oder nur den entsprechenden Verdacht aufkommen lassen sollten. Denn als die Legaten ihm die seiner Ansicht nach zum Teil überzogenen Bedingungen des englischen Königs präsentierten, wies er sie an, bei den anstehenden Verhandlungen ja nicht selbst auf dessen Forderungen zu reagieren, sondern der anderen Seite den Vortritt zu lassen und sich dann damit zu begnügen, die Gemüter zu beruhigen und auf eine Annäherung der Positionen hinzuarbeiten.[100] Und dieses Vorgehen setzte der Papst mit dem eines Vermittlers, eines Mediators gleich, nicht anders, als man es heute tun würde.[101] Gleichsam zur Bestätigung benutzte er dann kurze Zeit darauf das nämliche Wort, um die Vorstellungen des englischen Königs über die Rolle, die die Kardinäle in dem Konflikt spielen sollten, wiederzugeben. Er sprach von ihnen – und diese Worte wurden bereits am Anfang dieses Buches zitiert – als Vermittler, die wie gemeinsame Freunde und nicht als Schiedsrichter und Richter auftreten sollen.[102] Der Vermittler, den der Papst vor Augen hatte, war nicht mehr nur ein Vermittler des Friedens, er war weder Richter noch Schiedsrichter, sondern nahm sich zurück und sorgte sich um den Eindruck der Unparteilichkeit.

Wenngleich sich somit im Verlauf des 13. Jahrhunderts auch ein geschärftes Bewußtsein für die Unterschiede zwischen den einzelnen Formen der Friedensstiftung herausgebildet hatte und in seinem Gefolge nunmehr die Praxis der Vermittlung einen anderen Stellenwert bekam, so besaß sie doch weiterhin einen prekären Status. Es bestand die Möglichkeit, eine Vermittlung durch Kommunikationshilfen, Zureden und Überzeugen als eigenständige Form zu erfassen, und als solche konnte sie dann, wie das Beispiel Benedikts XII. zeigt, auch den Gegebenheiten entsprechend eingesetzt werden. Aber da im Prozeß der Konfliktbeilegung schnell der Wunsch geäußert werden konnte, der Vermittler möge eigene Vorschläge unterbreiten und ein Urteil sprechen, blieb die Abgrenzung des Vermittlers vom Schiedsrichter eine Frage der Situation.

Daß die Päpste am Ende des 13. und zu Beginn des 14. Jahrhundert die Vermittlung als eigenständige Form der Friedensstiftung entdeckten, lag nicht zuletzt an den Mißerfolgen bei ihren Bemühungen, als Schiedsrichter Konflikte zu lösen. Immer wieder fehlten ihnen die Mittel, um ihren Schiedsspruch in die Realität umzusetzen, und so sahen sie zunehmend auch von der Schiedsgerichtsbarkeit ab.[103] Nicht von ungefähr sollten auch die Legaten Benedikts XII. nicht als Schiedsrichter auftreten. Mochte nun auch die päpstliche Schiedsgerichtsbarkeit nicht den gewünschten Erfolg erzielen, so blieb das Schiedsverfahren doch im 13. und 14. Jahrhundert im römisch-deutschen Reich das Instrument der Streitschlichtung, dem man am meisten vertraute. Die Schiedsgerichtsbarkeit stellte hier die Vermittlungspraxis in den Schatten, und so fand diese weit weniger Beachtung. Aber vermittelt wurde auch weiterhin, selbst wenn es zuweilen nur der Installierung eines Schiedsgerichtes diente.

3. Vermitteln im Schatten der Schiedsgerichtsbarkeit

Die Entwicklung, die die päpstliche Friedensstiftung seit dem ausgehenden 12. Jahrhundert nahm, die Hinwendung zur Schiedsgerichtsbarkeit und die Ausdifferenzierung der Formen und Verfahren, erfolgte nicht im luftleeren Raum. Die päpstlichen Initiativen selbst waren in entscheidenden Punkten von den Konflikten, die an sie herangetragen wurden, bestimmt. Und die Päpste waren darauf angewiesen, daß ihre Überlegungen und Vorschläge auch von den Beteiligten verstanden und angenommen wurden. Dies geschah schon relativ früh. Denn die vorgeschlagenen Praktiken bauten auf bekannten Gepflogenheiten auf. Zudem bestanden die Neuerungen eher in einem Transfer von der kirchlichen in die weltliche Schlichtungspraxis oder waren rein terminologischer Natur. Obschon die Schiedsgerichtsbarkeit innerhalb der Kirche zuerst eine feste Gestalt fand und von hier ein entscheidender Impuls für ihre Ausbreitung ausging und die zugehörige Theorie auch als erstes formuliert wurde, gab es genügend Verknüpfungspunkte, die einen Transfer leicht machten, zumal all die Veränderungen meistens nur in kleinen Verschiebungen bestanden.[1] Wenn sich in der zweiten Hälfte des 12. Jahrhunderts Friedrich Barbarossa in Italien auf schiedsartige Abkommen einließ, so mag er dazu von seinen Gegnern, den Kommunen und dem Papst, animiert worden sein. Aber die Rolle des Schiedsrichters war ihm ja durchaus vertraut, zumindest im Hinblick auf die Lösung innerkirchlicher Konflikte.[2] Darüber hinaus bestand das, was von Deutschland her gesehen neu war, allein darin, jene seit dem 11. Jahrhundert entstandene Vorstellung von dem Fürsten, der als Friedensvermittler ein Urteil oder einen Spruch fällte, mit der Idee von den Friedensvermittlern, die von beiden Seiten entsandt wurden, zu verknüpfen. Kurzum, man stattete diese Vermittler mit dem Auftrag aus, eine bindende Entscheidung in der Sache zu fällen, denn nichts anderes stellte der Schiedsmann dar. Und so ist es auch nicht verwunderlich, wenn diese Schiedsleute anfänglich auch als Mediatoren bezeichnet wurden.

Diese Entwicklung kündigte sich bereits bei den Verhandlungen, die 1177 zum Vertrag von Venedig führten, deutlich an, weshalb an dieser Stelle nochmals darauf zurückzukommen ist. Schon im Vorfrieden mit dem lombardischen Bund, der 1175 in Montebello geschlossen wurde, hatte sich Friedrich Barbarossa auf eine Art Schiedsverfahren eingelassen. Der Frieden mit den Italienern sollte von je drei Personen aus jedem Lager im einzelnen ausgehandelt werden.[3] Dabei wurde möglichst jeder Anklang an ein förmliches Schiedsverfahren unterbunden. Von Schiedsrichtern oder auch nur Vermittlern war nicht die Rede, man bezeichnete jene, die eine Lösung herbeiführen sollten, allein als gewählte Personen.[4] Barbarossa legte Wert darauf, hier nicht mit einer gleichberechtigten Partei zu verhandeln. Schon die Anerkennung der Städteliga als Verhandlungspartner war ihm schwer gefallen. Aber der Unterschied zwischen Herrscher und Beherrschten sollte zumindest nach außen hin gewahrt bleiben, wie denn der Kaiser auch auf einer regelrechten Unterwerfung der Lombarden bestand, die dem Abschluß eines Friedensvertrages vorausging.[5] Die Unterwerfung selbst war eine Folge der Verhandlungen, die zuvor von einer Gruppe von Fürsten um den Grafen von Savoyen geführt wurden,[6] und die, da eine schnelle Einigung nicht möglich schien, die Wahl jeweils dreier Personen vorschlug, um eine umfassende Regelung der kontroversen Fragen innerhalb einer bestimmten Frist zu erreichen. Diesen Personen, zu denen von kaiserlicher Seite neben zwei Italienern der Erzbischof von Köln gehörte, räumte man das Recht ein, die schriftlich abgefaßten Vorschläge beider Seiten zu ergänzen, umzuschreiben oder aufzuheben.[7] Ihnen wurde in den kritischen Fragen die Entscheidung zugeschrieben, und beide Seiten versprachen, sich daran zu halten.[8] Und wie es später für viele Schiedsverfahren üblich wurde, ging man noch einen Schritt weiter und hielt fest, wie zu verfahren sei, wenn die gewählten Personen nicht zu einer Einigung kommen würden. Für diesen Fall unterstellten sich beide Seiten dem Spruch, den die Konsuln von Cremona in der Angelegenheit fällen würden.[9] Die Cremonesen mußten dann wirklich hinzugezogen werden, doch konnte auch dieser Schritt ein Scheitern der Verhandlungen nicht verhindern.[10] Es kam zum Krieg, den Barbarossa eindeutig verlor und der ihn nun aus einer schlechteren Position heraus zwang, Frieden mit den Lombarden, vor allem aber mit dem ihnen verbündeten Papst zu suchen. War somit auch das Abkommen von Montebello hinfällig, die dort geübte Verfahrenspraxis blieb Vorbild für die nachfolgenden Verhandlungen.

Mit der Vollmacht versehen, einen Frieden auszuhandeln, schickte der Kaiser bekanntlich zunächst einmal seine Gesandten mit dem Erzbischof Wichmann von Magdeburg und dessen Mainzer Kollegen Christian von Buch an der Spitze nach Anagni. Ihnen gelang es, den Papst für ein Abkommen zu gewinnen, das bereits zu diesem Zeitpunkt die Grundlinien des späteren Vertrages von Venedig vorwegnahm. Dieser sogenannte Vorvertrag von Anagni wurde von den Gesandten beider Seiten geschlossen, die sich dann auch eidlich verpflichteten, die Zustimmung des Kaisers zu erlangen. Diese Gesandten bezeichneten sich in dem Vertragstext zugleich als Vermittler des Friedens, als sie auf eine von ihnen zuvor getroffene Abmachung verwiesen. Dies ist deshalb von Bedeutung, weil im Vertragswerk zugleich auch der Begriff des Vermittlers auftaucht, aber dabei allein Schiedsleuten vorbehalten bleibt, die die weiterhin offenen und für den Moment nicht beantwortbaren Fragen einvernehmlich lösen sollten. Diejenigen, denen man die Beilegung der Streitpunkte zwischen Barbarossa und dem oberitalienischen Städtebund übertrug, sollten vom Kaiser, vom Papst und von den Lombarden jeweils in gleicher Zahl bestellt werden.[11] Bei ausbleibender Einigung sollte allein die Mehrheit der Mediatoren, die von Papst und Kaiser bestimmt waren, die Entscheidung treffen.[12] Darüber hinaus verständigten sich beiden Seiten auch darauf, sowohl die alten Streitfragen zwischen dem Reich und den Nachfolgern Petri als auch jene zwischen dem Kaiser und Wilhelm II. von Sizilien ebenfalls dem Urteil von eigens bestellten Vermittlern zu überantworten. Ernannt werden sollten diese Personen allein vom Papst und vom Kaiser. Im Falle eines Scheiterns gab der Vertrag den beiden Hauptakteuren das Recht, die Probleme selbst oder durch andere von ihnen zu benennende Schiedsleute zu regeln.[13] Den zunächst bestellten Vermittlern übertrug man auch die Aufgabe, Bischöfe zur Untersuchung kontroverser Bischofsbesetzungen auszuwählen.[14]

Offenkundig unterschieden die Gesandten in Anagni zwischen zwei Typen von Friedensstiftern: den Vermittlern des Friedens und Vermittlern sui generis. Dabei erwiesen sich die einen, nämlich die Vermittler des Friedens, de facto als Gesandte, die anderen als Schiedsrichter. Diese Unterscheidung wurde auch im Vertrag von Venedig aufrechterhalten, der die meisten Bestimmungen wiederholte, nur als Vermittler des Friedens diesmal jene Personen bezeichnete, die im Namen des Kaisers mit dem sizilischen König einen Waffenstillstand geschlossen hatten, wobei wiederum die verhandlungsführenden Gesandten gemeint waren.[15] Der differenzierte Sprachgebrauch der Vertragstexte wurde allerdings bald von der Realität wieder eingeholt. Die Gesandten Friedrich Barbarossas, die als Vermittler des Friedens auftraten, agierten schließlich auch als jene Schiedsleute, deren Einsetzung sie zuvor selbst vereinbart hatten. Als sie 1177 in Ferrara mit dem Papst zusammentrafen, um die Verhandlungen fortzusetzen, ernannte Alexander III. unmittelbar nach ihrer Ankunft selbst genau so viele Verhandlungsführer und veranlaßte die Lombarden, Nämliches zu tun, kurzum, er sah in den Gesandten des Kaisers die vereinbarten Mediatoren.[16] Damit war jenes Gremium entstanden, dessen Einrichtung man in Agnani zur Beilegung der Streitfragen beschlossen hatte. Aus den Vermittlern des Friedens waren ohne weiteres delegierte Schiedsleute geworden. Der Schritt war nicht groß. Denn diese Schiedsleute unterschieden sich wiederum kaum von den Unterhändlern, da im einen wie im anderen Fall die betreffenden Personen von ihren Herren bestimmt und ausgewählt wurden. Das galt hier um so mehr, als sich die Parteien nicht vorab zur Anerkennung eines Schiedsspruchs verpflichtet, sondern diesen nur in Einzelfragen als eine Möglichkeit, der man dann zustimmen konnte, erwogen hatten. Gebildet wurde de facto eine paritätische Unterhändlerkommission, die in Einzelfragen einen Schiedsauftrag besaß, so daß die einzelnen mehr Friedensvermittler und weniger Schiedsrichter darstellten. Und so verwundert es auch nicht, wenn ein Augenzeuge sie einmal als Vermittler und Schiedsleute des Friedens und ein anderes Mal nur als Friedensvermittler anspricht.[17] Weil es die gleichen Personen waren, die im Zuge der Beilegung beide Rollen wahrnahmen, offenbaren sich in diesem Fall einmal mehr die fließenden Übergänge zwischen einem Friedensvermittler und einem Schiedsmann.

Und doch verweisen diese Verhandlungen schon auf künftige Entwicklungen. Daß sich die Gesandten als Friedensvermittler bezeichneten, sollte sich als Übergangsphänomen erweisen. Diese Mediatoren waren nichts anderes als die Interessensvertreter ihrer Parteien, die aufgrund der Verhandlungen Verpflichtungen gegenüber der anderen Seite eingingen, nicht zuletzt in Form eines eidlichen Versprechens, wie es Christian von Mainz Alexander III. leistete. Doch das Versprechen bestand allein in der Zusage, den Kaiser für die ausgehandelten Friedensbedingungen zu gewinnen. Damit antizipierten diese Friedensmittler das sogenannte zusammengesetzte Vertragsverfahren, wie es sich im 13. Jahrhundert allmählich im Gesandtenverkehr durchsetzen sollte. Gemeint ist jene noch heute praktizierte Gepflogenheit, den Unterhändler beider Seiten die Vollmacht zu erteilen, einen Vertrag detailliert auszuhandeln und abzuschließen und dann durch den König, also modern gesprochen durch den Souverän, ratifizieren zu lassen, damit er seine volle Gültigkeit erlangt.[18] Die Ratifizierung selbst erfolgte dann durch eine Eidesleistung des Königs, die in seinem Namen von einem seiner Gefolgsleute vollzogen wurde, und durch die Übergabe des Vertrages, der zur zusätzlichen Sicherheit die Unterschriften der Fürsten enthielt.[19] Der Eid aber, mit dem die Gesandten Barbarossas dem Papst die Ratifizierung des abgeschlossenen Vertrages durch ihren Herrn versprachen, war für sich genommen kein Novum. Er stand ganz in der Tradition der Zusagen, die, wie gesehen, die Vermittler des Friedens jenen gaben, die sich etwa dem König unterwerfen wollten. Und wie diese Versprechen letztlich schon ein Zeichen für den wachsenden Handlungsspielraum der Fürsten darstellten, so galt das für das zusammengesetzte Verfahren der Vertragsschließung noch viel mehr. Anders gesagt: Dieses Verfahren institutionalisierte auf der Ebene der Gesandten jenes fallweise seit dem 10. Jahrhundert vermehrt praktizierte eigenständige Vorgehen der Großen im Rahmen der Konfliktbeilegung, die ihren prekären Status zunächst einmal dadurch abzusichern gesucht hatten, daß sie sich seit dem 11. Jahrhundert als Vermittler des Friedens bezeichneten und aufwerteten. Wurde nun aber dieses Maß an Eigenständigkeit in die Gesandtentätigkeit integriert, so mußte man sich in Zukunft auch nicht mehr als Vermittler des Friedens ins Spiel bringen, um mit der besonderen Aufgabe einen besonderen Status zu beanspruchen. Und so verschwanden im 13. Jahrhundert auch die Vermittler des Friedens aus dem diplomatischen Diskurs.

Doch – so muß man hinzusetzen – von Vermittlern des Friedens sollte ohnehin von nun an kaum noch die Rede sein. Und auch dafür geben schon die Verhandlungen mit Alexander III. eine Erklärung. Denn sofern sich diese Vermittler nicht im Gesandten auflösten, so wurden sie in Zukunft wie in diesem Fall zu regelrechten Schiedsrichtern, mochte man sie auch als Mediatoren bezeichnen. Dabei handelte es sich um Schiedsrichter, die von ihren Herren in ein Schiedsgremium berufen wurden, in dem sie zunächst einmal die Belange ihrer Auftraggeber verfolgen sollten. Der letzte Punkt ist deshalb festzuhalten, da auch vor Venedig diese Mediatoren keinesfalls wie zuweilen behauptet unabhängig agierten oder auch nur agieren sollten.[20] Denn die mehr oder weniger förmliche Einberufung in eine Schiedskommission bedeutete ja keineswegs eine Aufgabe der Interessensvertretung. Selbst wenn diese Personen wie in Montebello einen Eid ablegten und versprachen, eine Entscheidung ohne Liebe, Furcht und Haß zu treffen,[21] so handelten sie bei der Suche nach einem Konsens doch im Namen ihrer Partei und verliehen mit ihrem Eid lediglich ihrem Bestreben Ausdruck, sich nicht von Affekten leiten zu lassen. Daß aber die Vermittler des Friedens zu Mediatoren im Sinne von Schiedsrichtern wurden, lag an der großen Verbreitung von Schiedsgremien, die im 13. Jahrhundert auf allen Ebenen der politischen Auseinandersetzung eingesetzt wurden, um Konflikte beizulegen.

Während sich hier also auch für die Großen und Gesandten abzeichnete, was sich bei der königlichen und päpstlichen Schlichtungspraxis im 12. Jahrhundert ohnehin schon andeutete, daß nämlich ein Mediator auch eine Entscheidung, ein Urteil fällen konnte, illustrieren die Verhandlungen, die zum Vertrag von Venedig führten, zu guter Letzt noch einen weiteren, ebenso bedeutsamen Entwicklungsstrang: die Tendenz zur Überparteilichkeit, die dem Schiedsverfahren innewohnte, vor allem wenn mit Mehrheit oder von einem einzigen Schiedsrichter entschieden werden sollte. So übertrugen Friedrich Barbarossa und der Lombardenbund 1175 den Konsuln der Stadt Cremona die Entscheidung, falls die eingesetzten sechs Mediatoren keine Übereinkunft zustande brächten,[22] ein Procedere, das nur Sinn machte, wenn keiner die Konsuln von vornherein der Parteilichkeit zieh. Und ebenso übertrug man zur gleichen Zeit bereits einzelnen Schiedsrichtern die Aufgabe, einen Konflikt beizulegen, wie etwa König Alfons von Kastilien und sein Pendant Sancho von Navarra 1176 Heinrich II. von England um einen Schiedsspruch baten.[23] Hier wuchs die Vorstellung, daß der Schiedsmann über den Parteien oder genauer in gleicher Distanz zwischen beiden stehen mußte und ein in der Sache gerechtes Urteil zu sprechen hatte. Diese Erwartungshaltung mußte zwangsläufig an Eigengewicht gewinnen, sobald die auserwählten Schiedsrichter ihre Autorität in derartigen Fällen allein ihrem Auftrag verdankten und nicht wie etwa Heinrich IV. im Thüringischen Zehntstreit und Barbarossa im dänischen Thronstreit von 1152 zugleich auch ihrer herrschaftlichen respektive lehnsrechtlichen Vorrangstellung. Auf diese Weise wurde die Überparteilichkeit zu einem Aushängeschild des Verfahrens, auch wenn die Wirklichkeit weiterhin anders aussah und die Konsuln von Cremona die eine Seite, sprich Barbarossa, so deutlich begünstigten, daß die Lombarden den Spruch ablehnten.[24]

Die Schiedsgerichtsbarkeit entfaltete sich nördlich der Alpen nicht nur mit zeitlicher Verzögerung, sondern auch regional in ganz unterschiedlichem Tempo.[25] Doch nichtsdestotrotz wurde sie im 13. Jahrhundert zu dem prägenden Mittel der Konfliktschlichtung. Die Defizite der ordentlichen und insbesondere der königlichen Gerichtsbarkeit begünstigten diese Entwicklung zum Teil. Obwohl sich das königliche Gericht ansatzweise institutionalisiert hatte und seit 1235 als Hofgericht sogar über einen eigenen Richter verfügte, der, wichtige Fürstensachen einmal ausgenommen, in Stellvertretung des König agieren konnte und dazu angehalten war, seine wichtigen Entscheidungen schriftlich festzuhalten, bestanden die strukturellen Probleme fort.[26] Das Gericht blieb an die Person des Königs gebunden, durch dessen Gebot die Urteile erst rechtswirksam wurden. Der Herrscher aber und mit ihm das Gericht waren weiterhin permanent unterwegs und dementsprechend schlecht zu erreichen. Darüber hinaus war die Möglichkeit, Angeklagte vor das Gericht zu bringen, begrenzt, und so zogen sich die Verfahren häufig lange hin. Wer vor dem Hofgericht klagte, brauchte Zeit und Geduld. Und auch deshalb nahm man mit einem Schiedsspruch vorlieb, der schneller als ein Urteil zu erreichen war. Andere Faktoren kamen hinzu. Im Zuge der Territorialisierung war es vielfach umstritten oder umkämpft, wer in dem fraglichen Fall als Richter in Frage kam, und in solchen Fällen stellte ein Schiedsgericht eine sinnvolle Alternative dar. Das gleiche galt, wenn die Kontrahenten das Eingreifen des zuständigen Richters bewußt umgehen wollten. Und nicht zuletzt konnte man sich auch anderen als Schiedsrichter aufdrängen, um so den eigenen Einflußbereich zu erweitern.[27]

Der Aufschwung der Schiedsgerichtsbarkeit spiegelte sich auch in dem rasanten Anstieg der Konflikte wider, die der König seit dem 13. Jahrhundert als Schiedsrichter beizulegen suchte. In dieser Funktion trat er zahlenmäßig sogar häufiger denn als Richter in Erscheinung.[28] Das ist nicht unbedingt als Schwäche auszulegen, da dieses Vorgehen für den König durchaus Vorteile bot. Es eröffnete ihm zum einen die Chance, die Fürsten außen vor zu lassen. Zum zweiten verpflichteten sich bei einem Schiedsverfahren die Konfliktparteien vorab, dem Urteil zu folgen. Seine Umsetzung war damit viel wahrscheinlicher als bei einem Gerichtsprozeß. Denn noch immer gab es keine Organe, die halfen, ein Urteil auszuführen. Doch ein Urteil, das nicht exekutiert wurde, bedeutete stets einen Autoritätsverlust für den Richter, und so war das Bestreben, den Parteien als Schiedsrichter gegenüberzutreten, allein deshalb schon sehr stark, weil damit die Akzeptanz des Urteils wesentlich höher lag. Diese Faktoren hatten aber auch schon in den Jahrhunderten zuvor den König zur Schlichtungstätigkeit animiert. Und so erscheint das verstärkte Auftreten des Königs als Schiedsrichter zu einem Gutteil als Fortsetzung seiner schon immer praktizierten Vermittlungsbemühungen zu sein, nur eben in den geregelten Formen der Schiedsgerichtsbarkeit.

Der König des 13. Jahrhunderts agierte indes nicht nur als Schiedsrichter, er suchte auch seine eigenen Auseinandersetzungen zu lösen, indem er auf Schiedsleute zurückgriff. Das war nicht neu, wie die Regelungen belegen, auf die sich Barbarossa in Montebello einließ, stieß aber in andere Dimensionen vor. Dabei ist strikt zu unterscheiden zwischen jenen Fällen, in denen die Schiedsrichter zu gleicher Anzahl von beiden Seiten bestellt wurden, und jenen, in der eine Person mit der Lösung beauftragt wurde. Letzteres kam auch jetzt noch selten vor und war vor allem taktisch bestimmt. Wenn sich Rudolf von Habsburg bereit erklärte, seine Auseinandersetzung mit Ottokar von Böhmen dem päpstlichen Urteil anheimzustellen, so ging er damals davon aus, durch den Spruch des Papstes Bestätigung zu erfahren. Umgekehrt nahm Ottokar von Böhmen, der bekanntlich einen päpstlichen Entscheid zunächst anvisiert hatte, um einem Urteil durch die Fürsten zu entgehen, sofort davon Abstand, als er voraussah, daß es ihm nicht nützen würde.[29] Häufiger unterstellte sich der König indes dem Urteil einer paritätischen Schiedskommission. Auch hier kann man auf die Auseinandersetzung zwischen Rudolf und Ottokar von Böhmen verweisen, die zwischenzeitlich durch den Schiedsspruch von vier hochrangigen Personen beigelegt wurde, von denen jeweils zwei von Rudolf und zwei von Ottokar gestellt worden waren.[30] Dabei zeigt sich gerade nochmals in diesem Fall der hohe Stellenwert solcher Konfliktlösungen, denn der Spruch der vier Schiedsrichter hob alle in der Zwischenzeit ergangenen Urteile des Hofgerichts sowie die gegen den Böhmen und seine Verbündeten ergangenen Exkommunikationen auf.[31] Doch dieser Fall war nicht der einzige. Im Konflikt mit Philipp von Savoyen und im Streit mit dem Kölner Erzbischof ließ sich Rudolf von Habsburg ebenfalls auf die Bestellung gemeinsamer Schiedsrichter ein.[32] Und bei Auseinandersetzungen zwischen den Königen wurde selbiges Verfahren ebenso angewandt. Der Vertrag, den Albrecht I. 1299 mit dem französischen König abschloß und der ein paritätisch besetztes Schiedsgremium zur Regelung der Streitigkeiten vorsah, ist da nur ein Beispiel für eine zunehmend gängige Praxis.[33]

Aber nicht nur im Umfeld des Königs blühte die Schiedsgerichtsbarkeit auf. Die Fürsten, die Landesherren und die Städte bedienten sich ebenso immer wieder dieses Instruments, wenn sie ihre Konflikte untereinander zu beenden suchten. Auch die verschiedenen Einungen und Bündnisse, die im 13. Jahrhundert zwischen einzelnen Landesfürsten, Rittern und Städten zur Wahrung des Landfriedens geschlossen wurden, sahen prophylaktisch die Einrichtung von Schiedsgerichten vor, um mögliche Differenzen beilegen zu können.[34] So entwickelte sich das Schiedsgericht zu einer festen Institution, die im Falle der Einungen die ordentliche Gerichtsbarkeit zuweilen ganz ersetzte.

Im Hinblick auf das Verfahren gab es keine grundlegenden Unterschiede, und das gilt auch für die fallweise operierenden Schiedsgerichte und jene, die durch den Abschluß von Bündnisverträgen oder Einungen vorab institutionalisiert worden waren.[35] Aufs ganze gesehen bildeten sich drei verschiedene Vorgehensweisen heraus. Zum einen einigten sich, wie gesagt, die Konfliktgegner auf eine bestimmte Anzahl von Schiedsrichtern, denen sie die Vollmacht erteilten, den Konflikt durch ihr Urteil zu beenden. Dabei entstammten die Schiedsleute gerade bei den politisch bedeutsamen Fällen vielfach dem Gefolge der jeweiligen Partei und wurden, um den Zwang zum Konsens zu erhöhen, in gleicher Anzahl berufen.[36] Da dieser Zwang aber nicht gerade entscheidungsfördernd wirkte, sah man sich zum zweiten immer häufiger gezwungen, einen weiteren Schiedsmann zu beauftragen, der Mehrheitsentscheidungen auch gegen die Abgeordneten einer der Parteien ermöglichen sollte.[37] Dies konnte schon Teil der ursprünglichen Abmachung sein, wie etwa im Fall des Friedensplans, den der Erzbischof Konrad von Mainz für den deutschen Thronstreit vorgesehen hatte. Dort übernahm er selbst den Vorsitz in dem paritätisch von je acht Fürsten besetzten Schiedsgremium, und hatte das Recht mit seiner Stimme ein Patt aufzuheben.[38] In anderen Fällen – und damit kommt die dritte Verfahrensart ins Spiel – sah man mehrere Stufen der Entscheidungsfindung vor. Erst wenn sich die von beiden Seiten bestellten Schiedsrichter nicht einigen konnten, sollten nach diesem Modell eine oder mehrere zuvor benannte Personen hinzutreten und mit ihren Stimmen die Entscheidung fällen.[39] Manchmal übertrug man auch bei ausbleibender Einigung die gesamte Streitfrage in die Hand eines bis dahin unbeteiligten Dritten, so wie man in Montebello 1075 die Entscheidung für diesen Fall den Konsuln der Stadt Cremona vorbehielt.[40] Solche Oberschiedsrichter wurden hin und wieder sogar von den Schiedsleuten selbst ausgewählt.[41]

Die Art und Weise, wie die Schiedsrichter den jeweiligen Konflikt beilegen sollten, war selten genau vorgeschrieben. Die Schiedsrichter konnten den Konflikt ebenso gut durch einen Vergleich oder durch ein Urteil abschließen. Das kam in dem Auftrag, den Streit mit „Minne oder Recht" zu lösen, ebenso zum Ausdruck wie in der Gewohnheit, die Schiedsleute in einem Atemzug als *arbitri* und *arbitratores* zu bezeichnen. Da die einen streng genommen nach Recht und die anderen eher nach dem Gebot zu einer Einigung ihre Entscheidung treffen sollten, bedeutete die simultane Bezeichnung der Schiedsleute mit diesen Termini, daß sie je nach Lage so oder so verfahren konnten.[42] In jedem Fall aber kam dem Vergleich wie dem Urteil bindende Rechtswirksamkeit zu.[43]

Wer nun mit der Ausbreitung der Schiedsgerichtsbarkeit die Schlichter und Vermittler des hohen Mittelalters in den Schiedsrichtern aufgehen sieht, hat recht und doch wieder unrecht.[44] Er hat recht, weil diejenigen, die als Mediatoren bezeichnet wurden, in der Tat seit dem ausgehenden 12. Jahrhundert häufig als Schiedsrichter agierten und mit diesen gleichgesetzt wurden.[45] Und da man zugleich kaum noch von einem Konflikt liest, bei dessen Beilegung nicht schiedsartige Verfahren zum Einsatz kamen, scheint hier auf den ersten Blick ein Verdrängungsprozeß auf Kosten der Vermittlung stattgefunden zu haben. Doch sowohl im Hinblick auf Semantik und Wahrnehmung als auch in bezug auf die Vermittlungspraxis stellt sich diese Entwicklung viel komplexer dar.

Schon die königlichen Bemühungen um die Beilegung von Konflikten weisen darauf hin. Denn so sehr sich auch in der Schiedsrichterrolle, die der König immer wieder annahm, ein Teil seiner eher informellen Schlichtungsaktivitäten institutionalisiert hatte, so wenig reduzierten sich seine Interventionen allein auf den richterlichen oder schiedsrichterlichen Eingriff. Die gütliche Einigung war für Rudolf von Habsburg wie für seine Nachfolger weiterhin das Ziel ihrer Maßnahmen, wobei der Weg nur von untergeordneter Bedeutung war, aber grundsätzlich die Einigung durch die Parteien selbst als beste Lösung galt. Nicht von ungefähr begann Rudolf von Habsburg seine Regierung mit einem Aufruf an all jene, die in den fast 25 Jahren seit dem Tod Friedrichs II. andere in ihrem Recht verletzt hatten oder selbst in ihren Recht verletzt worden waren. Sie sollten sich, so der König, mit ihren Gegnern vergleichen.[46] Solche Forderungen richteten Rudolf und seine Nachfolger auch direkt an zwei Kontrahenten, die sich gerade befehdeten. Adressaten waren Fürsten, Äbte, Grafen, Städte und auch einzelne Gruppen von Bürgern. Die Könige ermahnten sie, den Frieden zu halten, forderten sie auf, sich mit dem Gegner zu vergleichen, und drohten ihnen nicht selten mit einer Klage vor dem Hofgericht.[47] Wie schon im hohem Mittelalter war dieser Weg auch jetzt nicht versperrt, wenn bereits eine Klage vor dem Hofgericht anhängig war. Denn nicht nur einmal riet der König in solchen Fällen den Beteiligten, es noch einmal mit einem Vergleich untereinander zu versuchen.[48] Den Erfolg solcher Bemühungen kann man allerdings nicht abmessen, da sie kaum schriftlichen Niederschlag gefunden haben.

Aber die Bedeutung der königlichen Vermittlungstätigkeit reduzierte sich keinesfalls auf Mahnungen und Drohungen. Vielmehr – und auch das war nicht neu – beteiligten sich die Könige auch jetzt noch konkret am Abschluß von Vergleichen, ohne daß die Parteien ihnen eigens das Urteil in der Sache überantwortet hätten.[49] So ließ etwa Rudolf von Habsburg 1290 einen Vergleich zwischen dem Abt Heinrich von Hersfeld und dem Grafen Günter von Käfernburg über die Entschädigungen, die der Graf dem Kloster zu leisten versprach, in seiner Anwesenheit abschließen und beurkundete ihn dann.[50] Dabei hat er aller Wahrscheinlichkeit nach seine Anwesenheit, sprich seine Autorität genutzt, um diese Personen auch zu dem Vergleich zu drängen. Nicht anders dürfte der Beitrag Ludwigs des Bayern ausgefallen sein, der 1339 mit einer Urkunde die Versöhnung einer Gruppe von Bopparder Hauptleuten mit dem Grafen Walram von Spanheim besiegeln ließ. Mit seinem „Worte und Wille" sei, so Ludwig, die Sühne zustande gekommen.[51] Die einseitige Belastung der Bopparder, die den Grafen von jedem Unrecht freisprachen, weist allerdings schon darauf hin, daß die königliche Autorität zu einem imperativen Verhalten einlud. Und in der Tat fiel die Vermittlungstätigkeit des Königs jenseits der Schiedsgerichtsbarkeit nicht immer zurückhaltend aus. So führte sie in anderen vergleichbaren Fällen fast bis zu einem richterlichen Spruch. Wieder sei Rudolf von Habsburg genannt, der im Jahre 1289 einen Vergleich zwischen dem Abt von Murhardt und Graf Albrecht von Löwenstein nicht nur herbeiführte, sondern mehr oder minder diktierte.[52]

Gleichviel ob nun der König seine ganze Autorität in die Waagschale warf, um die Parteien von sich aus zu einer Einigung zu bewegen, oder ob er ihnen diese mehr oder minder vorgab – in jedem Fall bevorzugten die Herrscher diese Praxis der Konfliktschlichtung auch im späten Mittelalter, wenn es um Konflikte mit und im hohen Adel ging, während sie aufs ganze gesehen häufiger als Schiedsrichter auftraten.[53] So scheinen die Könige bewußt im Umgang mit den Fürsten und dem Adel, also dort, wo Rang und Ehre, wo das stets prekäre Gleichgewicht von Privilegierung und Gleichbehandlung dominierten, nicht-formalisierte und damit anpassungsfähigere Formen der Schlichtung bevorzugt zu haben, da sie so besser auf die bestehenden Kräfteverhältnisse reagieren konnten.[54] Zuweilen spürt man dabei immer noch die familiären Wurzeln der Vermittlungstätigkeit, da einzelne Könige wie Albrecht I. nur in Konflikten als Vermittler auftraten, in die ihre Verwandten verwickelt waren.[55]

Obwohl die Schiedsverfahren in den Beziehungen zwischen den Königen und Königreichen seit dem 13. Jahrhundert besonders dominierten, konnten sie auch auf diesem Terrain die Vermittlungstätigkeit nicht verdrängen. Das war nicht allein der päpstlichen Friedensstiftung zu verdanken, die ja nicht immer mit richterlichem Anspruch aufgetreten war, sondern auch den Königen. Wo sie miteinander ihre Probleme zu lösen suchten, bedienten sie sich zwar gern eines Schiedsverfahrens. Konnten sie indes mit dem Gegner nicht reden, so beauftragten sie einen anderen König mit einer Verhandlungsmission, ohne ihm besondere Rechte dabei einzuräumen. Denn für jene Könige, die damals in Europa den Ton angaben, kam es nicht in Frage, einem anderen Herrscher die Rolle eines Schiedsrichters anzutragen, und so baten sie allein um Vermittlungsdienste, wie etwa der gebannte Kaiser Ludwig der Bayer den französischen König Philipp VI. darum anging, zwischen ihm und dem Papst eine Aussöhnung auf dem Wege von Verhandlungen herbeizuführen.[56]

Daß das Schiedsgericht die Vermittlungstätigkeit nicht verdrängte, läßt sich auch jenseits der königlichen Schlichtungsversuche beobachten. Zum einen kam es weiterhin zu den gleichsam klassischen Bemühungen einzelner Magnaten, ihresgleichen mit dem König auszusöhnen.[57] Da nunmehr auch immer häufiger einzelne Städte und Kommunen mit dem König in Konflikt traten, erweiterte sich zugleich der Kreis der potentiellen Vermittler. Und so tauchte bereits zu Beginn des 13. Jahrhundert im deutschen Thronstreit mit Dietrich von der Ehrenpforte ein wohlhabender Bürger unter jenen auf, die die Unterwerfung der Stadt Köln unter Philipp von Schwaben aushandelten.[58] Und auch in einer anderen wohlbekannten Form hielt sich der Vermittlungsgedanke. So erinnern die Vorschläge, die die Reichsfürsten 1339 Eduard III. unterbreiteten, als dieser, zum Reichsvikar erhoben, sie um Unterstützung im Kampf gegen Frankreich bat, an die Pläne Bischof Embrichos, der 1075 im Heer Heinrichs IV. mitzog, um, wie er sagte, eine Versöhnung mit dem Gegner herbeizuführen. Denn die Fürsten erklärten dem englischen König, sie wollten gern an der Heerfahrt gegen Frankreich teilnehmen, aber doch nur, um zu guter Letzt einen Frieden zwischen ihm und dem französischen König zu vermitteln.[59] Da dieses Bündnis, das Ludwig der Bayer schon zwei Jahre später zugunsten des französischen Königs aufgab, höchst umstritten war,[60] scheint die Vermittlungstätigkeit noch immer einen Ausweg für all jene dargestellt zu haben, die der offiziellen Politik und den damit einhergehenden Verpflichtungen eher distanziert gegenüberstanden, aber den Konsens und den Gehorsam nicht aufkündigen wollten.

Vor allem aber lebte die Vermittlungstätigkeit im unmittelbaren Zusammenhang mit der Schiedsgerichtsbarkeit fort, die ohne sie gar nicht denkbar war. Denn jede schiedsgerichtliche Aussöhnung erforderte ein grundsätzliches Einverständnis der beiden Parteien im Hinblick auf das Verfahren der Konfliktbeilegung.[61] Und genau hier stand das Tor für die Vermittlungstätigkeit weit offen.[62]

Allerdings sind die vorangehenden Ausgleichsbemühungen nur in seltenen Fällen faßbar. Auf der Ebene der großen, inzwischen europäisch gewordenen Politik sorgte das Interesse der zeitgenössischen Chronisten und der rege Schriftverkehr der Kurie für einen gewissen Niederschlag in der Überlieferung. So erfährt man, wie die Päpste ihre Legaten schickten, um immer wieder Waffenstillstände in den englisch-französischen Auseinandersetzungen auszuhandeln. Aber zumeist geben nur die schriftlichen Vereinbarungen über die Bestellung von Schiedsleuten, die sogenannten Sühneurkunden und die Schiedsurkunden selbst Nachricht. Da diese Schriftstücke aber in erster Linie die Regelung der Streitfrage zum Inhalt haben und nur ausnahmsweise die Vorgeschichte der Einigung erzählen, fallen die Informationen recht dürftig aus. Doch einen gewissen Einblick geben auch sie.

So kam es im Jahr 1273, noch vor der Wahl Rudolfs von Habsburg, zu einer Einigung zwischen dem Kölner Erzbischof Engelbert II. und dem Pfalzgrafen bei Rhein, dem Wittelsbacher Ludwig, die sich seit mehr als zehn Jahren über bestimmte Herrschaftsrechte an Mosel und Mittelrhein stritten.[63] Schon 1262 hatte man eine Übereinkunft erzielt, die nicht umgesetzt worden war. Jetzt kam man unter der Obhut des Mainzer Erzbischofs erneut in Sprendlingen zusammen und einigte sich, jeweils sechs Schiedsrichter zu bestellen, die die strittigen Fragen klären und entscheiden sollten. Sollte keine Einigung zustande kommen, wollten der Erzbischof und der Pfalzgraf entweder selbst einen Mediator mit allen Vollmachten wählen oder diese Wahl zwei Personen überlassen, die jeweils zu ihren engsten Räten gehörten.[64] Doch mehr als das interessiert an dieser Stelle die Rolle, die der Mainzer Erzbischof spielte. Er hatte die beiden langjährigen Kontrahenten nach Sprendlingen geladen, hatte somit das Treffen organisiert. Er war es auch, der die erzielte Vereinbarung in einer Urkunde festhalten und rechtswirksam werden ließ. Er hatte also die Kontrahenten von den Vorteilen einer friedlichen Lösung überzeugt und so den Friedensschluß buchstäblich vermittelt. Seine Rolle wird denn auch in der Urkunde in diesem Sinne gewürdigt. Er habe sich, so läßt er dort verlauten, zwischen die Parteien gestellt, um Eintracht und Frieden zu restaurieren.[65] Zugleich aber illustriert der Fortgang der Ereignisse, wie schnell aus solchen Vermittlern Schiedsrichter wurden. Als nämlich der Mainzer Erzbischof elf Tage nach der Übereinkunft selbst mit dem Pfalzgrafen einen Bündnisvertrag schloß, da übertrug ihm der Wittelsbacher nicht nur jedwede Vollmacht, seine Differenzen mit den Erzbischöfen von Köln und Trier auszuhandeln, sondern auch das Mandat, in diesen Angelegenheiten selbständig einen Vergleich herbeizuführen.[66]

In einer ganz ähnlichen Stellung trat derselbe Erzbischof 1282 im Konflikt zwischen Rudolf von Habsburg und dem Kölner Erzbischof hervor. Damals stellte der König eine Urkunde aus, die die Abmachungen festhielt, die er mit fünf, mit Prokura versehenen Abgesandten des Kölner

Metropoliten getroffen hatte.⁶⁷ Einen Teil der Streitpunkte, wie etwa die Rückgabe der Feste Werden an den König, hatte man bereits jetzt aus dem Weg geräumt.⁶⁸ Aber andere Fragen, so die Höhe der Entschädigung, die der Kölner für unrechtmäßig erhobene Zölle zahlen sollte, harrten noch einer Lösung, und man kam überein, sie durch einen Schiedsspruch des Grafen von Katzenellenbogen und des Bischofs von Basel zu klären.⁶⁹ Der Anteil des Bischofs von Basel an der Beilegung des Konfliktes erschöpfte sich aber nicht allein in diesem Schiedsauftrag. Denn das Ergebnis der Verhandlungen zwischen den erzbischöflichen Prokuratoren und dem König war, wie es in der Urkunde heißt, vermittels des Mainzers und eben des Basler Bischofs zustande gekommen.⁷⁰ Sie hatten also die Parteien auf den Weg der friedlich-gütlichen Streitbeilegung geführt, hatten vermittelt, nicht aber als Schiedsrichter gewirkt. Dabei spiegelt ihre Stellung gegenüber den Konfliktparteien im übrigen jene Konstellation wider, die man so häufig im hohen Mittelalter antraf. Beide Bischöfe standen offenkundig im Lager des Königs und dürften sogar dessen Verhandlungsführer gewesen sein. Es erstaunt deshalb auch nicht, daß einer von ihnen dann vom König in das Schiedsgremium delegiert wurde. Aufschlußreich erscheint dieses Abkommen aber noch in anderer Hinsicht, denn es belegt, wie die Anbahnung des Schiedsverfahrens mit konkreten Verhandlungen einherging, die bereits, noch ehe man das Gremium einsetzte, erste Ergebnisse zeitigten, wie eben die Rückgabe der Feste Werden. Und so etwas kam vielfach vor.⁷¹ Auch von daher ließ die allenthalben praktizierte Schiedsgerichtsbarkeit der Vermittlungstätigkeit durchaus ihren Platz. Allerdings wurde diese Tätigkeit der Verhandlungsführer nicht genauer fixiert, solange sie nicht die Rolle des Schiedsrichters übernahmen. Nicht umsonst heißt es in der Urkunde von 1282 nur, vermittels der Bischöfe sei die Einigung zustanden gekommen, und solche unspezifischen Formulierungen sind weithin schon das Präziseste, was die Urkundenschreiber verlauten lassen.⁷²

Mag nun auch vor und neben der Schiedsgerichtsbarkeit genügend Raum für die Vermittlung bestanden haben, so muß man doch wieder einschränkend hinzufügen, daß diese Vermittlungstätigkeit häufig nicht aus einer Mittlerstellung heraus erfolgte. Für die Intervention des Mainzer Erzbischofs zwischen dem Pfalzgrafen und dem Kölner Erzbischof mag das zutreffen, da die Freundschaftsbündnisse, die der Erzbischof in den letzten Jahren mit beiden Seiten geschlossen hatte, ihn dazu prädestinierten.⁷³ Aber schon im Zusammenhang des Abkommens, das er gemeinsam mit dem Bischof von Basel zwischen dem König und Engelbert II. von Köln aushandelte, agierte er wie der Basler Bischof als Parteigänger des Königs. Daß das grundlegende Einverständnis zur friedlichen Beilegung weniger durch Vermittler als durch Gesandte, Abgeordnete und Prokuratoren, sprich durch bilaterale Verhandlungen erzielt wurde, ergibt sich vor allem, wenn man die Schiedsleute genauer in den Blick nimmt, die schon in den Zeugenlisten jener Urkunden auftauchen. Sie hielten die Einigung über den Einsatz eines Schiedsgremiums fest, was eben zeigt, daß die Betreffenden bereits an der Übereinkunft über die Suche nach einer friedlich-freundschaftlichen Lösung teilgenommen hatten.[74] Denn bei diesen zunächst als Vermittler und dann als Schiedsrichter auftretenden Personen handelt es sich zumeist nur um auftragsgebundene Schiedsmänner. Von einer dritten Instanz, die in den Konflikt eingriff, kann hier nur selten geredet werden, die Einigung auf den Schiedsspruch erfolgte vielmehr auf dem Wege der bilateralen Verhandlung. Daß die betreffenden Personen gleich doppelt an der Beilegung des Konfliktes beteiligt waren, hatte vor allem einen Grund: Sie waren die bevorzugten Ratgeber der Protagonisten und handelten als deren Verhandlungsführer.

Anders wiederum lag der Fall, wenn Schiedsrichter ohne privilegierte Beziehungen zu einer der Parteien gewählt wurden, was in erster Linie für die sogenannten Obmänner und Mediatoren galt, mit deren Stimmen die Parität aufgehoben und der Zwang zum Konsens erhöht werden sollte. Sie standen in der Tat zwischen den Parteien und waren gezwungen, sich zurückzunehmen. Zuweilen verfügten auch einzelne Personen über soviel Autorität, daß sie bei den Verhandlungen, die zur friedlichen Beilegung führten, eine eigenständige Rolle spielen konnten, auch wenn sie später als Schiedsrichter die Interessen einer Seite zu vertreten hatten. Zu jenen, für die beides zutraf, gehört der Provinzial der deutschen Dominikaner Albertus Magnus, der sich in erster Linie als Gelehrter einen Namen gemacht hat. Dank seiner engen Beziehungen zu Köln, wo er auch als Lektor tätig war, wurde er wiederholt als Schiedsrichter zur Beilegung der zahlreichen Konflikte zwischen dem Kölner Erzbischof und der immer selbstbewußter auftretenden Bürgerschaft berufen.[75] Schon der sogenannte kleine Kölner Schied im Jahre 1252 wurde durch ihn entschieden, nachdem er wahrscheinlich auch die Vorverhandlungen geführt hatte. Zwar dürfte er zunächst einmal als Vertrauensmann der Stadt Köln agiert haben, doch die besonderen Umstände bei der Verkündigung des Schiedsurteils lassen an seinem bestimmenden Einfluß keinen Zweifel. Denn obschon sich der Erzbischof Konrad von Hochstaden mit seinen Gegnern, nämlich der Stadt Köln und dem Grafen von Jülich, nach militärischen Auseinandersetzungen auf ein zweiköpfiges Schiedsgericht geeinigt hatte, dem neben Albertus Magnus der damals in Deutschland weilende Kardinallegat Hugo von Saint-Cher angehören sollte, war es der Dominikaner dann allein, der einen sogenannten Vorausspruch verkündete, in dem die vorangegangenen Vermittlungsbemühungen ihren Niederschlag fanden.[76] Der Kardinallegat war zu jenem Zeitpunkt nämlich noch gar nicht in

Köln, man wartete zwar noch seine Ankunft ab, um den endgültigen Schiedsspruch zu veröffentlichen und den Formalitäten Genüge zu tun, ja dem Urteil apostolische Autorität zu verleihen, aber für die momentane Lösung der Konfliktes war er nicht vonnöten gewesen. Die hatte Albertus Magnus allein erzielt, der somit als die Person erscheint, der beide Parteien von Anfang an so sehr vertrauten, daß sie ihren Streitfall in seine Hände legten. Umgekehrt weist diese Bereitschaft darauf hin, daß er gewillt war, seinen Spruch eng mit den Kontrahenten abzustimmen und auf deren Wünsche einzugehen. Insofern trat Albertus Magnus hier sowohl als Mediator in Erscheinung, der von Anfang an zwischen den Parteien stand und den Frieden vermittelte, und die von beiden Seiten im Vorfeld schon akzeptierte Lösung nur deshalb in ein Urteil kleidete, um ihr dann Rechtskraft zu verleihen. Angesichts dieser Intervention ist es dann auch nicht mehr verwunderlich, daß der gelehrte Dominikaner sechs Jahre später beim sogenannten großen Kölner Schied gleichsam als Obmann in ein vierköpfiges Schiedsgremium gewählt wurde, das einerseits vom Erzbischof und andererseits von der Stadt bestellt wurde.[77] Doch nicht nur das. Erneut war er im Vorfeld der endgültigen Einigung hervorgetreten, hatte sich an den Vorverhandlungen beteiligt und erweist sich so als die Person, die den Konflikt wieder auf den Pfad des friedlichen Ausgleichs zurückführte.[78]

Doch bei allem Kredit, den Albertus Magnus auf beiden Seiten besaß, und der ihn in die Lage versetzte, die verfeindeten Kontrahenten an den Verhandlungstisch zu bringen, so war und blieb er dabei doch ein Mann der Stadt Köln. Denn nicht nur wurde er immer wieder von den Bürgern als Schiedsrichter nominiert, auch seine Verhandlungsführung und sein Urteile selbst weisen darauf hin.[79] Gewiß kann man ihnen im einzelnen den Kompromißcharakter nicht absprechen. Aber ebenso deutlich zeichnete sich der Dominikaner gerade im Vorfeld der Schiedssprüche durch eine Politik aus, die darauf abzielte, den Kölner Erzbischof für die Anerkennung der städtischen Rechte und damit der städtischen Überlegenheit zu gewinnen. Unter dieser Prämisse hat man dann auch weniger Mühen mit der fast zeitgleichen Kölner Historiographie, die sich so schlecht mit dem Bild des über den Parteien stehenden Schlichters Albertus Magnus in eins bringen läßt. So muß man nicht an der Darstellung zweifeln, die der zeitgenössische Chronist Gottfrid Hagen vom Auftritt des Albertus Magnus im Konflikt zwischen der Stadt und Erzbischof Engelbert II. im Jahre 1271 gibt.[80] Hier werden Albertus Magnus Reden in den Mund gelegt, die allein die Position der Stadt wiedergeben und dem Bischof klarmachen, wie sinnlos ein weiteres Beharren auf dem eigenen Standpunkt ist. Aber diese Reden entsprechen doch genau dem Ton, den auch die Vermittler des hohen Mittelalters anschlugen, wenn sie im Namen des Königs oder eines Herzogs die andere Partei dazu brachten, sich in die Verhältnisse zu fügen. Und nichts anderes wollte und sollte Albertus Magnus 1271 erreichen.[81]

Komplizierter stellt sich die Lage beim Schied des Jahres 1258 dar, als es die Stadt war, deren Repräsentanten die Gnade des Bischofs suchen mußten.[82] Dieser Bußgang steht auf den ersten Blick mit der Aussage Gottfried Hagens in Widerspruch, die Kölner hätten 1257 den Erzbischof bei Frechen besiegt. Aber dieser Bußgang war keinesfalls das Eingeständnis einer Niederlage, sondern allein die Voraussetzung für ein Schiedsverfahren, das am Ende dann die Stadt begünstigte, indem es dessen Rechte anerkannte,[83] so daß ein Sieg der Kölner durchaus im Rahmen des Möglichen liegt. Und da es Albertus Magnus war, dem die entscheidende Stimme im Schiedsgremium zukam, vertrat er auch hier im Endeffekt die Interessen der Stadt.

Aber auch das Ritual war letztlich kein grandioser Triumph für den Bischof.[84] Gewiß, ein Schuldeingeständnis wurde geliefert und anerkannt, wer Herr in der Stadt war. Aber allein jene Personen, die den Domherrn Heinrich von der Nürburg angegriffen hatten, um einen Anschlag zu rächen, den einer von dessen Verwandten auf einen angesehenen Kölner Patrizier ausgeübt hatte, sollten im Bußgewand dem Bischof zur ehemaligen Hinrichtungsstätte entgegenziehen.[85] Das war für die Betreffenden nicht schön, zumal sie auch noch eine materielle Buße an das Domkapitel auf sich nehmen mußten, aber gegenüber dem Erzbischof sollte diese Selbstdemütigung genug der Genugtuung sein. Denn die anderen Bürger der Stadt mußten sich gar nicht demütigen. Von ihnen wurde verlangt, der Sühneprozession zu folgen, aber ohne jegliches Zeichen der Buße, um am Ende den Bischof um dessen Gnade zu bitten. Der Bischof indes verpflichtete sich im Gegenzug, in seinem Namen und im Namen seiner Bündnispartner nunmehr alle bis zu diesem Tage begangenen Vergehen der Kölner Stadt zu verzeihen und auf Entschädigungsleistungen jedweder Art zu verzichten. Darauf sollte auch die Stadt den Verzicht auf Entschädigungsleistungen aussprechen und anschließend dem Bischof mit der Leistung des Treueeids huldigen.[86] Dieser Akt stellte für die Stadt Köln in erster Linie eine abermalige Huldigung gegenüber dem Erzbischof dar, die das alte Herrschaftsverhältnis erneuerte, das zuvor durch die Fehde aufgekündigt worden war. Was die Bürger und die Patrizier anbelangte, so bedeutete der Umzug gewiß eine Konzession, doch andererseits wurde bei der Gestaltung der einzelnen Akte auf Gleichberechtigung geachtet. Die Bürger baten zuerst um die Huld, der Erzbischof aber mußte als erster auf Entschädigung verzichten, und als die Bürger ebenfalls ihre vergleichbaren Ansprüche aufgaben und den Treueid geschworen hatten, da mußte der Bischof sich nochmals öffentlich dazu bekennen, ein gnädiger Stadtherr zu sein. Insofern nimmt auch diese Sühne partiell jenes gleichberechtigte Miteinander schon vorweg, das anschließend bei der Bestellung des Schiedsgerichtes praktiziert wurde – eines Schiedsgerichtes, das mit seinem Urteil dann vor allem die städtischen Freiheiten schützte.[87]

Welchen Anteil Albertus Magnus an der Gestaltung der Sühne hatte, ist schwer zu sagen. Er hat, nur soviel weiß man, an den Verhandlungen teilgenommen. Dabei dürfte er in jedem Fall die Lösung nicht diktiert, sondern sie zusammen mit den Konfliktparteien ausgehandelt haben. Zu diesem Zeitpunkt hatte er ja noch kein Mandat zu einem wie auch immer gearteten Spruch, wie denn auch die Kölner in dieser Phase die Abmachungen mit dem Bischof über ihre Boten trafen.[88] Doch dessenungeachtet macht die Lösung des Konfliktes deutlich, daß die Schiedsrichter, wenn sie an den Vorverhandlungen beteiligt waren, insofern schon die klassische Vermittlungsarbeit leisteten, als sie bereits zu diesem Zeitpunkt bestimmte Formen der Genugtuung festlegten, die auch die Gestaltung des Versöhnungsrituals mit einschlossen, was, wie dieser Fall zeigt, nunmehr auch schriftlich fixiert wurde.[89] Besonders hervorgehoben wurde diese Vermittlungstätigkeit allerdings nicht, sie war Teil des Friedensschlusses, der sich vornehmlich in dem Schiedsurteil manifestierte, so daß Albertus Magnus auch nicht als Vermittler, sondern als Schiedsrichter in Erinnerung blieb.

Allerdings stellte die Schiedsgerichtsbarkeit nicht allenthalben die Vermittlung in ihren Schatten. Und zuweilen trat dann sogar die Gestaltung der Versöhnungsrituale gleichsam als ihr Markenzeichen hervor. Das führt besonders eindrucksvoll die vorläufige Beilegung der sogenannten Braunschweiger Schicht im Jahre 1380 vor Augen. Dieser Fall ist darüber hinaus auch deshalb von großem Interesse, weil er zeigt, wie die Formen der informellen Konfliktbeilegung, die sich im Laufe des hohen Mittelalter verfestigt hatten, nunmehr auch jenseits von König und Adel von jenen neuen historischen Subjekten wie etwa den verbündeten Städten aufgegriffen wurden.

Die Aussöhnung im Anschluß an die Braunschweiger Schicht von 1374 war jedenfalls das Werk der Hanse oder präziser formuliert, der hansischen Seestädte, die sich hier besonders engagiert hatten.[90] In den zunächst innerstädtischen Konflikt war die Hanse relativ schnell hineingezogen worden. Empört über die Finanzpolitik ihres von den alten im Fernhandel tätigen Geschlechtern bestellten Rates, der nach einer gescheiterten Fehde gegen das Erzbistum Magdeburg die fällige Entschädigung auch noch durch eine Erhöhung der Steuer aufbringen wollte, hatten sich die Braunschweiger Gilden verschworen, sich des Rates bemächtigt und auf dem Weg dahin auch gleich den Bürgermeister sowie eine Reihe weiterer Räte umgebracht.[91] Überdies vertrieben sie einen Teil der ehemals führenden Familien aus der Stadt, was andere dann wieder bewog, ebenfalls das Weite zu suchen. Der Besitz dieser Familien wurde eingezogen. Die Exilierten nahmen ihre Vertreibung und Enteignung nicht hin und wandten sich an die Hansesstädte mit der Bitte, ihnen wieder zur ihrem Recht zu verhelfen.[92] Da Unruhen wie in Braunschweig damals kein Einzelfall waren,[93] stießen die Vertriebenen bei den Ratsfamilien in den anderen norddeutschen Städten auf offene Ohren, galt es doch auch in deren Augen, allen Anfängen zu wehren und sich selbst ein solches Schicksal zu ersparen.[94] Und so bemühten sich insbesondere die Seestädte der Hanse schon ziemlich früh darum, den neuen Braunschweiger Rat zur Wiedergutmachung gegenüber den Exilierten zu bewegen. Das war einfacher gesagt als getan. Schon die ersten Vermittlungsversuche des 1360 gegründeten Sächsischen Städtebundes, in dem Braunschweig eine führende Rolle spielte,[95] waren restlos gescheitert, die Vertreter der Städte Hildesheim, Helmstedt und Goslar hatte man einfach nicht in die Stadt gelassen.[96] Doch selbst die hansischen Städte, die mehr Macht und Einfluß geltend machen konnten, taten sich schwer. Sie agierten allerdings von Anfang an wesentlicher autoritärer, bestellten die Braunschweiger dreimal zu Verhandlungen und sahen sich, als diese nicht kamen, schließlich gezwungen, Braunschweig zu verhansen, sprich aus der Hanse auszuschließen.[97] Das kam einem Wirtschaftsboykott nahe; jegliche Zusammenarbeit mit Braunschweiger Kaufleuten wurde den Mitgliedern der Hanse untersagt, von Brügge bis nach Nowgorod.[98] Aller wirtschaftlichen Nachteile zum Trotz gab der neue Rat zunächst nicht nach. Der Konflikt schwelte so mehrere Jahre vor sich hin. Doch auf Dauer konnte Braunschweig dem Boykott der Hanse nicht standhalten, selbst wenn dieser zumindest regional immer wieder unterlaufen wurde.[99] 1379 ließ sich die Stadt schließlich auf Verhandlungen ein, wozu auch der Einzug moderater Kräfte in den Rat mit beigetragen haben mag.[100] Die hansischen Seestädte selbst ernannten zu diesem Zweck die Ratssendboten von Lübeck, Hamburg und Lüneburg, die in ihrem Namen die Verhandlungen mit ihrem Braunschweiger Pendant führen sollten.[101] Doch ein ganzes Jahr dauerte es, bis die Gespräche einen Abschluß fanden. Am 12. August 1380 kam es zu der zuvor vereinbarten Sühneleistung des Braunschweiger Rates, der acht Repräsentanten nach Lübeck geschickt hatte. In einem öffentlichen Akt baten sie vor den Augen einer Ansammlung hansischer Ratssendboten und der Vertriebenen um Vergebung und beteuerten, daß die Schicht in Hast geschehen sei und es ihnen leid täte.[102] Zugleich suchten sie um die Wiederaufnahme in die Hanse nach. Ob sie diesen Akt in Bußkleidung vollzogen, sprich barhäuptig und barfuß, in wollenem Gewandt und mit Kerzen in der Hand, sei dahingestellt. Hermen Bote, der fast 150 Jahre später das Ende der Schicht ausführlich beschreibt, sagt es, voller Antipathien für den neuen

Rat. Die Tradition der Unterwerfung spricht dafür, aber in dem Sühnebrief von 1380 ist im Unterschied zu jenem, der bei den ersten Verhandlungen in Mölln entworfen wurde, von einem bußfertigen Aufzug nicht die Rede.[103] Darüber hinaus hatte man in dem aktuellen Sühnebrief die Rückkehr der Vertriebenen unter bestimmten Bedingungen und die Restitution ihrer Güter festgelegt.[104] Auch diese Bestimmung wurde feierlich in Szene gesetzt. Denn nach der Lübecker Abbitte machten sich die zuvor als Vermittler eingesetzten Ratssendboten aus Lübeck, Hamburg und Lüneburg mit eben den Vertriebenen auf den Weg nach Braunschweig, um sie wieder in die Stadt zu führen.[105]

Dieses vorläufige Ende der Braunschweiger Schicht war offenkundig das Ergebnis einer Vermittlungsaktion. Zwar wurde in diesem Fall schließlich für die Lösung besitzrechtlicher Fragen zwischen der Stadt und den Vertriebenen ein Schiedsverfahren vorgesehen, aber das eigentliche Ende entsprang doch den Verhandlungen zwischen den Vertriebenen, den hansischen Ratssendboten und den Braunschweiger Abgesandten. Allerdings erinnert das Vorgehen der Hanse zunächst stark an königliche Schlichtungsbemühungen. Von Anfang war sie Partei, ja mußte es auch sein, da sie sich darauf beschränkte, für die Wiedergutmachung der in ihren Augen offenkundigen Rechtsverletzung einzutreten. Und wie der König auf die Mißachtung seiner Vorschläge mit Gericht und Acht und damit mit dem Ausschluß aus der Rechtsgemeinschaft reagieren konnte, so handelte auch die Hanse, indem sie die unbotmäßigen Braunschweiger ausschloß. Damit gewann der Konflikt eine neue Dimension. Nunmehr trat auch die Hanse als ein Gegner und Kontrahent Braunschweigs auf den Plan. Die Hansestädte suchten dennoch weiterhin ihrer vermittelnden Rolle gerecht zu werden. Die langwierigen Verhandlungen ihrer Vertreter seit 1379 zeigen, daß sie weder ein Urteil fällen wollten noch konnten, sondern auf eine Einigung zwischen den Parteien hinarbeiteten. Bezeichnenderweise überließen sie es den Vertriebenen und dem Braunschweiger Rat, die Schiedsleute zu beauftragen und die ausstehenden Differenzen zu lösen.[106] Somit erschöpfte sich die Vermittlungstätigkeit der Hanse in der Aushandlung einer angemessenen Sühne. Als Vermittler mit eindeutigen Parteipräferenzen handelte sie wie ein Fürsprecher, wie ein Anwalt, der für seinen Klienten das Beste herauszuholen sucht, und folgte damit einer Logik des Handelns wie sie den hochmittelalterlichen Friedensstiftern eigen war. Selbst die Bedeutung, die der symbolischen Sühneleistung zukam, stand in dieser Tradition. Allerdings trat die Hanse nicht immer so auf, wenn sie unter ihren Mitgliedern Frieden stiftete. Kam es nämlich zu Streitigkeiten zwischen zwei Städten, agierte sie auch als überparteiliche Instanz, die Frieden und Freundschaft durch Verhandlungen wiederherstellen wollte.[107]

Das zunehmende Nebeneinander von ritueller Versöhnung auf der einen Seite und vertraglicher Abmachung mit oder ohne schiedsrichterlichem Urteil auf der anderen Seite eröffnete den Schiedsrichtern die Möglichkeit, die rechtlichen Ansprüche mit den symbolischen Leistungen zu verrechnen. Das schien schon beim großen Kölner Schied der Fall gewesen zu sein – ganz gleich, ob man nun in der rituellen Sühne eine tiefe Demütigung der Bürger auf Kosten des Bischofs oder ein angesichts des ohnehin bestehenden Herrschaftsverhältnisses ausgeglichenes Schauspiel erkennt. Denn am Ende der Prozession stand der Bischof weit besser da als bei der Verkündigung des Schiedsspruches. Auch in Braunschweig verlangte der öffentliche Akt der Wiedergutmachung der Stadt mehr ab als die rechtlichen Forderungen, die sie zu erfüllen hatte. Zwar mußte der Rat die Rückkehr der Verbannten hinnehmen, ihnen den eingezogenen Besitz restituieren und auch eine Kapelle bauen, in der für die Seelen der einst getöteten Ratsmitglieder gebetet werden sollte, aber eine Rückkehr zu den Verhältnissen vor der Schicht war ihr nicht zugemutet worden: Der neue aus der Schicht erwachsene Rat blieb in Amt und Würden.[108] So gesehen verlagerten sich auch hier die Konzessionen auf den symbolischen Bereich. Inwieweit es zu solchen Lösungen kam, hing indes gemeinhin von den Kräfteverhältnissen ab. Denn in anderen Fällen konnte die rituelle Versöhnung ebensogut die Niederlage der einen Partei samt der Minderung ihrer Rechte zum Ausdruck bringen. Das Zeremoniell, mit dem der Lübecker Ratsstreit von 1416 sein Ende fand, versinnbildlichte den Sieg des alten, zuvor vertriebenen Rates und inszenierte seine Wiedereinsetzung und Anerkennung besonders feierlich.[109]

Daß aber in Braunschweig die symbolische Gestaltung der Versöhnung als ein Werk der Vermittler in Erscheinung trat, lag eben auch am Auftreten der Hanse, die nicht als Schiedsrichter agierte und selbst nicht auf eine umfassende Regelung der Rechtsbeziehungen zwischen den Kontrahenten drang. Andernorts sah dies jedoch ganz anders aus. Dort stand am Ende zumeist ein Schiedsspruch oder ein Schiedsurteil, das nicht nur die Forderungen und Ansprüche der Konfliktparteien den Rechts- und Kräfteverhältnissen angemessen miteinander verglich, sondern zuweilen auch mit den symbolischen Genugtuungsleistungen verrechnete. Und dies verwandelte dann leicht die Vermittlungstätigkeit in ein Anhängsel der Schiedsgerichtsbarkeit, zumal das Ende des Konfliktes vornehmlich in den Regelungen, die die gegenseitigen Rechtsansprüche betrafen, weiter lebte.

Aus dieser Perspektive scheint im späten Mittelalter der Vermittler zum Schiedsrichter zu werden. Dieser übernahm ein Gutteil der Aufgaben, die zuvor von den Vermittlern geleistet wurden. Dabei hat man nicht nur an die Gestaltung der Versöhnungsrituale zu denken. Auch die Schiedssprüche selbst reflektieren die hochmittelalterliche Tradition, etwa wenn dort der Verzicht auf Entschädigungsleistungen ausgesprochen wird, die angestammten Rechte der einen oder anderen Partei bekräftigt oder die ihnen geschuldete Ehre besonders herausgestellt wird.[110] Darüber hinaus bürgte auch der Schiedsrichter nicht selten für den durch sein Urteil diktierten Vertrag und griff, wie man das schon bei den Friedensstiftern des 10. Jahrhundert beobachten kann, bei einem Bruch des Abkommens wieder vermittelnd ein.[111] Und doch kamen die Tätigkeit des Schiedsrichters und die eines Vermittlers nicht vollständig zur Deckung, sondern lösten sich im Zuge der Konfliktbeilegung eher immer wieder ab. Anders gesagt: Der Vermittler wurde vom Schiedsrichter weniger verdrängt denn verdeckt. Als eigenständige Form der Friedensstiftung trat die Vermittlungstätigkeit deshalb allerdings kaum mehr in Erscheinung.

Diese Beobachtung wird auch durch die Terminologie gestützt. Denn einerseits bezeichnete man die Schiedsleute vielfach unterschiedslos als *arbitri* und *mediatores*,[112] doch andererseits waren beide Termini nicht beliebig austauschbar. Der Begriff *mediator* wies gegenüber dem Wort *arbiter* stets einen Bedeutungsüberschuß oder ein Bedeutungsdefizit auf. Er meinte mehr, weil er vor allem zur Bezeichnung jener Personen gebraucht wurde, die einem Schiedsgericht vorstanden und eine Mehrheitsentscheidung ermöglichen sollten. Wenn man aber diese Leute vor allem als Mediatoren bezeichnete, dann geschah dies, um ihre Stellung zwischen und über den Parteien deutlich zu markieren und das Wohl beider Parteien zu ihrem Anliegen zu erklären, was auch im volkssprachlichen Äquivalent des Begriffs *mediator* – im Wort Obmann – angedeutet wird.[113] Da diese Obmänner zugleich zu den eigentlichen Richtern in dem außergerichtlichen Verfahren wurden, verstärkte sich die Forderung nach Un- und Überparteilichkeit, wie sie an den Richter sowohl nach kirchlichem Recht, aber auch nach römischen Recht gestellt wurde.

Umgekehrt wies der Begriff *mediator* aber, wenn er in einem Atemzug mit dem Wort *arbiter* die bestellten Schiedsleute meinte, in erster Linie auf deren Fürsprecheraufgaben hin respektive auf deren Stellung als Sondergesandte ihres Herrn. Hier setzte sich also jene hochmittelalterliche Tradition fort, derzufolge eine jede Partei über ihre Vermittler verfügte. Was beide Typen von Vermittlern, die Obmänner wie die Sondergesandten, mit den Schiedsrichtern gemeinsam hatten, war der ihnen zugewiesene Auftrag, eine Entscheidung in der Sache zu fällen, und diese Gemeinsamkeit führte denn auch wiederholt zur Gleichsetzung von *mediator* und *arbiter*, die aber eben nicht vergessen machen darf, daß der Mediator ein Urteil fällen konnte, aber im Unterschied zum Schiedsrichter nicht fällen mußte.[114] Da nunmehr das Schiedsurteil praktisch zum Kern der außergerichtlichen Konfliktbeilegung wurde, setzte man den Mediator allenthalben mit einem Schiedsrichter in eins. Und so taugte der Begriff kaum noch, um jene Personen hervorzuheben, die überhaupt erst den Weg für eine schiedsartige Lösung frei gemacht hatten. Das war auch um so weniger notwendig, als es sich ja nicht selten um dieselben Personen handelte.

Die Vorherrschaft des Schiedsrichters in der spätmittelalterlichen Konfliktbeilegung hat ihre Gründe, Gründe, die zugleich auf die Grenzen der Vermittlungstätigkeit im Mittelalter verweisen. Zunächst einmal entsprach die Ausbreitung der Schiedsgerichtsbarkeit im 13. Jahrhundert einem starken Bestreben, die Beilegung des Konfliktes in den eigenen Händen zu halten. Vor allem die häufig wiederkehrenden paritätisch besetzten Schiedsgremien legen davon Zeugnis ab.[115] Aber auch die Wahl von Autoritäten, die eine richterliche Gewalt hätten geltend machen können, zu Schiedsrichtern oder Obmännern weist darauf hin.[116] Denn so konnte man ihnen weit besser den Rahmen der Entscheidung vorgeben.

Dem Bedürfnis der Parteien, den Streitfall selbst zu regeln, hätten generell auch Vermittler Genüge getan. Doch die Vermittler, wie sie das Mittelalter bis dahin kennengelernt hatte, konnten einer wesentlichen Aufgabe nicht gerecht werden. Sie waren nicht in der Lage, die Machtverhältnisse in neue Rechtsverhältnisse zu übertragen – eine Aufgabe, die mit dem Prozeß der Territorialisierung und mit dem Partizipationsverlangen neuer sozialer Schichten immer dringlicher wurde. Denn ihr Vorgehen hatte in den meisten Fällen auf die Wiederherstellung des status quo ante abgezielt. Nichts anderes stand ja auch hinter dem Bemühen, den einen oder anderen zur Wiedergutmachung oder gar zur Unterwerfung aufzufordern. Vermittlungsarbeit war folglich zumeist rückwärtsgewandt und auf die Wahrung der alten subjektiven Rechte ausgerichtet. Sie erwies sich als ohnmächtig, sobald sich die Verhältnisse über den alten Zustand hinwegsetzten und Kompromisse und damit einen Verzicht auf Rechtsansprüche notwendig machten. Das äußerte sich schon bei den ersten Ansätzen zur Vermittlung in frühen Mittelalter. Als Karl der Kahle 869 das Mittelreich besetzte und damit die legitimen Ansprüche Kaiser Ludwigs einfach überging, schaltete sich, wie zu Anfang erwähnt, Hadrian II. ein und wurde sogar von Karl zur Vermittlung aufgefordert. Aber mit seinen Mahnungen, die Besetzung rückgängig zu machen und das Recht Ludwigs anzuerkennen, erreichte der Papst bei Karl nichts. Erfolg hatten solche Vermittler nur, wo der Schwächere klein beigab, angesichts der Machtverhältnisse zur Wiedergutmachung bereit war und die bestehenden Herrschaftsverhältnisse anerkannte. Auch die vergeblichen Bemühungen eines Friedrich von Mainz, Otto I. zu einem regelrechten Ausgleich mit Eberhard von Franken und später mit Liudolf und Konrad dem Roten zu bewegen, wie auch der gescheiterte Vergleich von Gerstungen, den einige Fürsten zwischen Heinrich IV. und den Sachsen aushandelten, belegen dies zu Genüge. Kurzum, wo ein Kompromiß gefragt war, fehlte es diesen Vermittlern an der nötigen Autorität. Wo es schließlich um einen Kompromiß ging, um die Neuordnung der Verhältnisse, da schlug natürlich auch ihre fehlende Überparteilichkeit negativ zu Buche. Der Mangel an Neutralität war kein Hindernis auf dem Weg zu einer einvernehmlichen Lösung, bei der die eine der anderen Seite Wiedergutmachung leistete. Aber er führte dazu, daß solche Leute über ein ungewöhnlich hohes Maß an Autorität verfügen mußten, um bei einem Ausgleich, der für beide Seiten die Aufgabe von Rechtspositionen nach sich zog, mitsprechen zu können.

Neutralität und Überparteilichkeit waren Forderungen, die überhaupt nur dadurch erwuchsen, daß man meinte, einen Streit wie vor Gericht austragen, sprich durch ein Urteil abschließen zu müssen. Damit aber ist der entscheidende Vorteil des Schiedsgerichts angesprochen. Es sanktionierte mit seinem Urteil die Kompromisse und Neuerungen, die auf diese Weise rechtmäßig anerkannt wurden. Nur ein Vermittler, der auch die Autorität besaß, als Schiedsrichter auftreten zu können, erschien von daher sinnvoll. Er war ein Richter und doch an den Parteiwillen gebunden. Von daher erstaunt es dann nicht, daß im späten Mittelalter die Befugnisse der Vermittler gleichsam erweitert und diesen die Entscheidungsgewalt zugestanden wurde, man sie kurzum zu Schiedsrichtern machte.

Etwas anders nimmt sich die Entwicklung bei den Herrschaftsträgern aus, die zwischen ihnen untergebenen Konfliktparteien eingriffen. Denn sie verfügten von Hause über jene Autorität, um eine Lösung, die den Charakter eines Ausgleichs hatte, zu vermitteln. Da sie zugleich eine solche Lösung noch sanktionieren, sie immer auch als Richter sprechen konnten, tendierte ihre Form der Friedensstiftung, zwischen Bitte und Befehl angesiedelt, immer schon zu einer Art Schiedsurteil und nahm nunmehr nur feste Formen an. Die Schlichtungsbemühungen der Könige, Päpste und anderen Herrschaftsträger zwischen ihren Untergebenen förderten aber auch selbst die Entwicklung zur Schiedsgerichtsbarkeit. Sie standen als Friedensstifter stets zwischen den Parteien, auch wenn sie ihre Präferenzen nicht versteckten, und schufen damit ein neues Bild vom Mediator. Der Vermittler, einst nach dem Vorbild Christi gedacht, erschien nicht mehr als ein Vermittler zwischen Oben und Unten, sondern als ein Mittler zwischen zwei gleichberechtigten Parteien. Und hier war der Ansatz gegeben, die Rolle des Mediators nach dem Bild des Richters oder Schiedsrichters zu gestalten, die ihn dem Schiedsrichter immer ähnlicher werden ließ.

Da nun aber der Vermittler niemals ganz im Schiedsrichter aufging, änderte sich mit der Ausweitung der Schiedsgerichtsbarkeit auch das Bild vom Vermittler. Die richterliche Neutralität blieb schließlich an ihm haften, und er wurde, als man ihn bewußt zum Verzicht auf jeglichen richterlichen Anspruch anhielt, zu einer eigenständigen Figur auf dem Parkett der Friedensstiftung. Der neutrale Vermittler als besonderer Typus des Friedensstifters tauchte allerdings, wie gesehen, allein in der zwischenstaatlichen Politik im Verlauf des 14. Jahrhunderts auf, während er innerhalb des Reiches eher untertauchte. Das Vermitteln blieb hier Teil der Suche nach einer friedlichen Lösung, als deren Krönung, wenn erforderlich, das Schiedsurteil galt. Ein Widerspruch zwischen dem schiedsrichterlichen Tun und dem Ziel der Friedensstiftung trat hier wie bei den Päpsten nicht offen zutage. Die Schiedsurteile, sofern sie nicht dem Willen der Konfliktparteien entsprangen, wurden diesen von außen durch Personen wie dem König oder dem Landesherrn aufgedrängt, die herrschaftliche oder richterliche Autorität geltend machen konnten. Das Problem, mit der Wahl solcher Schiedsrichter auch deren Herrschaft oder Vorrechte anzuerkennen, stellte sich so nicht.

Daß der Vermittler im spätmittelalterlichen Reich von dem Schiedsrichter aufgrund der Personalunion in den Schatten gestellt wurde, stellt der Vermittlungstätigkeit nicht von vornherein ein schlechtes Zeugnis aus. Allerdings ist es müßig, hier Erfolge und Mißerfolge zu zählen. Die Formen der Konfliktbeilegung, auf die man im Einzelfall zurückgreifen kann, sind zwar für den Austrag der Konflikte entscheidend. Aber schon auf dieser Ebene werden alle Optionen im Hinblick auf das Verfahren der Befriedung zur Makulatur, wenn die Interessen, seien sie nun materieller oder ideeller Natur, unvereinbar aufeinanderprallen. Im ganzen erweist sich die Frage nach Erfolg und Mißerfolg noch problematischer, da die Zunahme von Vermittlungsaktionen mit der Zunahme von Konflikten in engem Zusammenhang steht. Auf der anderen Seite ist ihr Beitrag zur Wiederherstellung des Friedens aber nicht gering zu veranschlagen. Er bestand darin, eine Form der Kommunikation für die Fälle zu liefern, in denen man sich einigen konnte. Anders gesagt: weil man immer damit rechnen mußte, daß im Laufe von Auseinandersetzungen Personen auftraten, die die Konfliktparteien zu einem friedlichen Austrag der Streitigkeiten zu überzeugen suchten, war es leichter, sich zu einigen. Aber weniger Gewalt gab es deshalb noch lange nicht.

Die Geschichte der Vermittlung im Mittelalter erscheint im Endeffekt als eine Vielzahl zum Teil widersprüchlicher Geschichten. Es ist die Geschichte einer Praxis, die sich in einer hierarchisierten und von personalen Beziehungen geprägten politischen Welt nur in Ansätzen entfalten konnte. Es ist aber auch die Geschichte einer alltäglichen, besonders in der Familie verwurzelten Praxis, die mit der Politisierung der Familienangelegenheiten im frühen Mittelalter ihren Weg in die Politik fand. Es ist die Geschichte einer Praxis, die mit dem Aufstieg der Großen als Fürsten an Bedeutung gewann, dann aber auch im Zuge der gesellschaftlichen und politischen Veränderungen von Kaufleuten, Bürgern und Ratssendboten getragen wurde. Es ist die Geschichte einer schleichenden Institutionalisierung, einer Praxis, die sich allmählich verfestigte, indem sie bestimmte seit langem bekannte Praktiken wie insbesondere die Fürsprache und die Leistung von Sicherheitseiden zusammenführte. Es ist aber auch die Geschichte einer Praxis, die, kaum verfestigt, sich schon wieder ausdifferenzierte und dabei ein Gutteil des gerade erst gewonnenen Profils zugunsten der Schiedsgerichtsbarkeit verlor. Und es ist schließlich die Geschichte einer Praxis, in deren Verlauf der Typus des neutralen Vermittlers, wie man ihn heute kennt, in Erscheinung trat. Auf dieser Weise begegnet man am Ende des Mittelalters allen Formen der Konfliktbeilegung von der bilateralen Verhandlung über das Schiedsgericht bis zur Vermittlung, Formen, die dann im Laufe der neueren Geschichte mal mehr und mal weniger praktiziert wurden.

Anmerkungen

Einleitung

[1] Vgl. insbes. Princen, Intermediaries, S. 4 ff.; Skjelsbaek, Peaceful Settlement; die Beiträge in: Mediation in international relations, hrsg. von Bercovitch; Bercovitch, International Mediation, S. 167 f., mit einer Liste der internationalen Konflikte aus der Zeit zwischen 1945 bis 1985, bei denen Vermittlungsversuche initiiert wurden.

[2] Vgl. allg. zur Vermittlung bei Problemen im Wirtschafts- und Arbeitsleben Ross, Art. Labor Relations III. Settlement of Industrial Disputes, S. 506–510.

[3] Vgl. Douglas, Industrial Peacemaking; ders., The peaceful settlement.

[4] Vgl. Breidenbach, Mediation, S. 9 ff.

[5] Vgl. insbes. die Beiträge von Meinfried Striegnitz und Georges M. Füllgraf, in: Mediation, hrsg. von Dally u. a., S. 9–32 u. 33–61; Hoffmann-Riem, Verhandlungslösungen und Mittlereinsatz, S. 13–43.

[6] Vgl. Duchardt, Studien, bes. S. 89 ff.; Koller, Die Vermittlung, S. 1 ff.; Repgen, Friedensvermittlung.

[7] Zu Somaliland vgl. Prunier, Rätedemokratie, und zur jüngsten Entwicklung in Albanien vgl. Krasztev, Blutdurst; zu Nordafrika Bourdieu, Entwurf, S. 18 f., und zu China Bercovitch, The Structure, S. 1, mit weiterer Literatur.

[8] Vgl. Roberts, Ordnung, S. 76 f. u. 141.

[9] Vgl. S. 127, 115, 132 u. 175.

[10] Vgl. Breidenbach, Mediation, S. 9 f.

[11] Vgl. ebd., S. 3 u. 13 f., und Mediation, hrsg. von Dally u. a., S. 5 ff.

[12] Vgl. Roberts, Ordnung, S. 172 ff.

[13] Vgl. ebd., S. 76 ff., und Nader – Todd, Introduction, S. 12 ff.

[14] Vgl. umfassend Waitz, Deutsche Verfassungsgeschichte, insbes. II,1, S. 136 ff.; II,2, S. 168 ff., 254 ff.; III, S. 308; IV, S. 111 f. u. 365 ff.; VI, S. 457 ff.; sodann Sprandel, Verfassung, S. 89 ff.; Durliat, Les finances, S. 285 ff.; Boshof, Königtum, S. 91 u. 98 f. Zur Diskussion, inwiefern man schon vom 12. Jahrhundert an wieder von Steuern reden kann, vgl. Wild, Steuern und Reichsherrschaft, S. 13 ff.

[15] Vgl. hierzu und zum folgenden Krause, Königtum, S. 28 ff.; Brunner, Land, S. 150 ff.; Kaiser, Selbsthilfe, insbes. S. 55 f.; Keller, Zum Charakter, S. 248 ff.; Boshof, Königtum, S. 89 f. u. 98 f., und Köbler, Recht, S. 100 ff.

[16] Vgl. Keller, Zwischen regionaler Begrenzung, S. 42 f. u. 69 f.; Moraw, Von offener Verfassung, S. 156 f. u. 164 ff.

[17] Vgl. Althoff, Verwandte, insbes. S. 134 ff.; Fried, Formierung, S. 54, und ders., Der Weg, S. 153 f.

[18] Vgl. Moraw, Von offener Verfassung, S. 174 f. u. 188 ff.; Genet, L'Etat moderne, bes. 265 ff.

[19] Vgl. Roberts, Ordnung, S. 145 ff.

[20] Siehe etwa Mitteis, Politische Prozesse; Battenberg, Herrschaft und Verfahren; Boshof, Staufer und Welfen. Vgl. auch zur Einschätzung dieser Untersuchungstradition Althoff, Spielregeln, S. 2 ff. u. 7.

[21] Vgl. zum 'Paradigmenwechsel' vor allem Schulze, Das Recht, bes. 456 ff. und Dilcher, Mittelalterliche Rechtsgewohnheit, S. 47 ff.

[22] Vgl. Cheyette, 'Suum Cuique Tribuere', S. 278–299.

[23] Vgl. Miller, Bloodtaking, bes. S. 259–299; ders., Avoiding Legal Judgement, S. 95–134. Der Konfliktführung und der dabei entstehenden Klientelbindung, die durchaus gewisse Affinitäten zur Vermittlung aufwies, widmet sich Byock, Medieval Iceland.

[24] Vgl. James, Beati pacifici, bes. S. 46.

[25] Vgl. Geary, Extra-Judicial Means, S. 581.

[26] Vgl. Martindale, 'His Special Friend', S. 47 u. 54 f.

[27] Vgl. White, 'Pactum', und Geary, Vivre en conflit.

[28] Vgl. White, Feuding, S. 206 ff. und Koziol, Monks, S. 531 ff.

[29] Vgl. Teubner-Schoebel, Bernhard von Clairvaux als Vermittler.

[30] Vgl. insbes. Althoff, Spielregeln, mit den Aufsätzen zur Konfliktführung (S. 21–56) sowie dem Beitrag über Huld (S. 199–228). Eingehender ders., 'Compositio', S. 69 f.; ders., Heinrich der Löwe, S. 123- 129; ders., Genugtuung (satisfactio), S. 247–265; sowie ders., Art. Vermittler, in: LMA 8, Sp. 1555–1557.

[31] Vgl. Reuter, Unruhestiftung, S. 321 u. 323.

[32] Vgl. Suchan, Königsherrschaft.

[33] Vgl. Krieb, Vermitteln.

[34] Vgl. Görich, Der Herrscher, und ders., Ein Kartäuser.

[35] Vgl. Broekmann, Süenen, und Unzeitig-Herzog, Artus mediator.

[36] Zum Schiedsverfahren vgl. u. a. Janssen, Bemerkungen, und Stehkämper, Pro bono pacis.

[37] Vgl. Maleczek, Das Frieden stiftende Papsttum, insbes. S. 251 ff. u. 326 ff.

[38] Vgl. Von der Heydte, Geburtsstunde, S. 128–133, und Revon, L'arbitrage internationale, S. 124.

[39] Vgl. Müller, Konzil, S. 333–390.

[40] Vgl. Garnier, Amicus.

[41] Vgl. Ohler, Krieg und Frieden, S. 304–306.

[42] Vgl. dazu Kap. I.1.

[43] Zu betonen ist dies angesichts der Neigung und der Gefahr, die systematisch analysierten isländischen Verhältnisse zu nutzen (vgl. Miller, Bloodtaking, S. 179 ff. u. 257 ff), um Zustände und Entwicklungen im europäischen Frühmittelalter zu klären. Beides läßt sich im übrigen an der Diskussion, die auf den Vortrag von Patrick Geary in Spoleto folgte, bestens erkennen. Vgl. Geary, Extra- Judicial Means, S. 604 ff. Vgl. auch Kamp, Konflikte, S. 394.

[44] Vgl. zu den Schwierigkeiten, den Begriff Konflikt zu definieren u. a. Roberts, The Study of Dispute, S. 7, der darauf hinweist, daß Konflikte weder allein als Regelverletzungen noch bloß als Ausfluß normaler Interessensvertretung zu begreifen sind. Man wird beides in Rechnung stellen und überdies noch die Wahrnehmung der jeweiligen Subjekte von dem, was rechtens und angemessen ist. Von daher er-

scheint jeder Konflikt schon immer als ein soziales Phänomen, das voraussetzt, daß sich jemand aufgrund seiner Vorstellung von dem, was andere zu tun und zu lassen haben, verletzt und angegriffen fühlt, jemand anderen dafür verantwortlich macht und Widerspruch offen artikuliert. Zu weiteren Konfliktmodellen, die auch für die historische Analyse von Konflikten herangezogen werden können, vgl. Pohl, Römer und Barbaren, S. 167 ff., der sich insbesondere auf Luhmann bezieht, allerdings ohne die Kritik bei Huber, Konflikt und Versöhnung, S. 49–71, zu berücksichtigen.

[45] Die folgende Definiton lehnt sich an die Überlegungen von Gulliver, Disputes, S. 209–227; Nader – Todd, Introduction, S. 10 ff.; Eckhoff, The Mediator, S. 148–172, und Breidenbach, Mediation, S. 4 ff., an. Insgesamt läßt sich der Literatur keine einheitliche Definition entnehmen, was aber nur allzu verständlich ist, wenn man sieht, in welch unterschiedlichen Bereichen inzwischen Vermittler auftauchen und in welch unterschiedlichen Wissenschaften sie derzeit ein Thema sind.

[46] Vgl. Gulliver, Disputes, S. 209–227.

[47] Vgl. Kroeschell, Rechtsgeschichte, S. 39 ff.; Weitzel, Dinggenossenschaft, I, S. 198 ff., der allerdings die richtende Funktion des Gerichts im frühen Mittelalter stärker betont.

[48] Vgl. Roberts, Ordnung, S. 73.

[49] Vgl. ebd.

[50] Zum Begriff des imperativen Vermittlers vgl. Berger, Allgemeine Betrachtungen, S. 602, der den Begriff in Anlehnung an die Konfliktbeilegungsformen in der Arbeitswelt gebraucht, allerdings nicht deutlich vom Schiedsrichter unterscheidet, indem er dem Schlichter in den Tarifauseinandersetzungen das letzthin verbindliche Urteil zuschreibt. Doch stimmt das nur bedingt, da im Unterschied zum Schiedsverfahren es hier kein vorheriges Einverständnis der Streitparteien gibt, sich an das Urteil zu halten; sie können vielmehr anschließend den Schlichterspruch ablehnen, ohne Sanktionen befürchten zu müssen. Vgl. auch Breidenbach, Mediation, S. 4. Die Termini, die Berger, Allgemeine Betrachtungen, S. 602 ff., dem Begriff der imperativen Vermittlung gegenüberstellt, sind für die vorliegende Untersuchung nicht sehr hilfreich. Berger spricht dabei einerseits von der pragmatischen Vermittlung, die in seinem Verständnis vornehmlich einer Verhandlungslösung entspricht, die den kleinsten gemeinsamen Nenner sucht. Davon setzt er andererseits die dialogische Vermittlung ab, die auf einen Kompromiß zielt, der das kulturelle Gedächtnis der Konfliktparteien neu definiert, indem er etwa zum Gebrauch neuer Staatssymbole oder -flaggen führt. Betrachtet man wie Berger in erster Linie die Fähigkeit intermediärer Institutionen, also der Berufverbände, Wohlfahrtseinrichtungen oder politischen Stiftungen, bei normativen Konflikten zu vermitteln, wobei Vermittlung hier allgemein den Ausgleich zwischen gesellschaftlichen Segmenten oder gar zwischen Staat und Gesellschaft meint, so mag eine Definition praktikabel sein, die die Form des Ausgleich zum vorwiegenden Unterscheidungskriterium erhebt. Für die Untersuchung der Vermittlungstätigkeit stellt aber eine Klassifizierung nicht zufrieden, bei der es gleichgültig ist, ob die Vermittlung durch Verhandlungen zwischen den Betroffenen, durch eine Debatte im Bundestag oder das Machtwort eines Präsidenten à la Nelson Mandela zustande kommt, da das, was die Vermittlung zu einem spezifischen und mithin auch sozial-

historisch aussagekräftigen Instrument der Konfliktlösung macht, das Eingreifen Dritter und die Bereitschaft zur Selbstregulierung, verlorengeht.

[51] Vgl. dazu Rennefahrt, Beitrag, S. 9

[52] Vgl. Nader – Todd, Introduction, S. 11. Im übrigen ist davon auszugehen, daß eine Vermittlung selten einen Konflikt löst. Insofern darf und soll der Begriff der gütlichen Einigung wie auch die Rede von der Konfliktbeilegung keinesfalls den Gedanken aufkommen lassen, mit einer erfolgreichen Vermittlungsaktion sei ein Konflikt auch aus der Welt geschaffen. Beilegung meint hier nur, daß ein Moment der Befriedung eingetreten ist, das den Widerspruch zunächst auflöst, das aber häufig auch sehr schnell wieder in Vergessenheit gerät, womit die Auseinandersetzung wieder eskaliert. Vgl. hierzu auch Breidenbach, Mediation, S. 6.

[53] Die Bedeutung der sozialen Einbindung unterstrich besonders Gluckman, The Judicial Process, S. 18–21. Vgl. dazu Nader – Todd, Introduction, S. 12 f.

[54] Vgl. Princen, Intermediaries, S. XIII.

[55] Vgl. Garnier, Amicus, S. 210 ff.

I.1 Vermitteln ohne Vermittler?

[1] *... paratus erat vos non tamquam judices vel arbitros, sed velut mediatores et amicos communes ... extrajudicialiter informare.* Benoit XII., 1334–1342. Lettres closes, Nr. 644, S. 388. Vgl. dazu Gaudemet, Le rôle, S. 95 f. u. 101; Maleczek, Das Frieden stiftende Papsttum, S. 332. Ob die Formulierung selbst auf den Papst zurückgeht, wie ebd. gesagt wird, oder vom englischen König stammt, kann man nicht mit Sicherheit sagen.

[2] Vgl. Von der Heydte, Geburtsstunde, S. 129 f., und Maleczek, Das Frieden stiftende Papsttum, S. 278 ff.

[3] Vgl. Ziegler, Arbiter, S. 380.

[4] Vgl. zur Bezeichnung von Schiedsleuten Garnier, Amicus, S. 214 f.

[5] So schrieb etwa das Domkapitel von Hildesheim um 1190 einen Brief an den Erzbischof von Mainz, mit der Bitte, einen Richter als Vermittler in einem Streit in der Halberstädter Kirche einzusetzen (*ut iudicem mediatorem inter ipsas ponatis.* Die jüngere Hildesheimer Briefsammlung, Nr. 103, S. 160).

[6] Vgl. Bulhardt, Art. mediator, in: TLL, Bd. 8, Sp. 526.

[7] 1. Timotheus, 2,5; Galater, 3,19(20) und Buch der Richter 11,10.

[8] Die Belege sind so zahlreich, daß hier nur stellvertretend auf einige hingewiesen sein soll. Vgl. Augustinus, Confessionum libri, VII,18, S. 108; X,43, S. 192; ders., De civitate, X,20, S. 294; X,22, S. 296; XI,2, S. 322; XIII,23, S. 408. Vgl. insgesamt zu diesem Aspekt der Christologie in patristischer und dann in mittelalterlicher Zeit Angenendt, Geschichte, S. 124 ff.

[9] Vgl. z. B. Augustinus, Confessionum, X,42, S. 192: *... mediator autem inter deum et homines oportebat ut haberet aliquid simile deo, aliquid simile hominibus, ne in utroque hominibus similis longe esset a deo aut in utroque deo similis longe esset ab hominibus atque ita mediator non esset.*

[10] Vgl. X,42 u. 43, S. 192 sowie ders., De Civitate, IX,9, S. 257 f. u. IX,18, S. 266.

[11] Vgl. Bulhardt, Art. mediator, in: TTL, Bd. 8, Sp. 529.

Anmerkungen zu S. 15–16   265

¹² Vgl. insbesondere Augustinus, Enarrationes in Psalmos, 103, sermo 4,8, S. 1527: *ut autem sit mediator, descendat a superiore ad inferiorem, ab aequalitate patris; faciat quod ait apostolus: semetipsum exinaniuit formam serui accipiens, in similitudine hominum factus, et habitu inuentus ut homo. fundat sanguinem suum, deleat chirographum nostrum, componat inter nos et deum, nostram uoluntatem corrigens ad iustitiam, illius sententiam flectens ad misericordiam.*

¹³ Vgl. z. B. Gregor I., Moralia in Iob, 2,21, S. 84; 2,24, S. 86; 2,35, S. 95 u. 96; 2,56, S. 113; Beda Venerabilis, In Cantica canticorum, Prol., S. 171 u. 173; I, S. 205f. u. 218; III, S. 284 u. IV, S. 289; Rhabanus Maurus, Enarrationum in epistolas, 15, Sp. 300–306; 23, Sp. 588; 28, Sp. 758; sodann Agobard von Lyon, Opera omnia, S. 494, wo die *enumeratio verborum* 25 Belege enthält. Zum hohen Mittelalter siehe u. a. Petrus Damiani, Epistolae, Nr. 1, S. 76; 8, S. 123; 24, S. 232; 31, S. 307; Rupert von Deutz, De sancta Trinitate, III, S. 243; IV, S. 287 u. 301; V, S. 362 u. 367. Eingehende Überlegungen zur Bedeutung der Vermittlung Christi finden sich seit dem 12. Jahrhundert, wobei insbesondere Petrus Lombardus zu nennen ist. Vgl. ders., Sententiarum, dist. 19, Sp. 797f.

¹⁴ Vgl. Bulhard, Art. mediator, in: TLL, Bd. 8, Sp. 527, und Schieffer, Mediator, S. 354, Anm. 50.

¹⁵ Vgl. z. B. zu den Bischöfen die *episcoporum relatio* von etwa 820 an Ludwig den Frommen in Capitularia I, S. 367, cap. 4: *Ut sacerdotes Domini, qui sunt mediatores inter Deum et homines, per quos homines Deo reconciliantur ...*

¹⁶ Vgl. Regino von Prüm, Libri duo, I, 303, S. 140: *Domine Deus omnipotens, ... qui me indignum propter tuam misericordiam ministrum fecisti officii sacerdotalis, et me exigum humilemque mediatorem constituisti ad orandum et intercedendum ad Dominum nostrum Iesum Christum ...* Mit gleichem Wortlaut findet sich das Gebet bereits im Poenitentiale Valicellanum II aus dem 9. Jahrhundert (Wasserschleben, Die Bußordnungen, S. 551).

¹⁷ Vgl. Schieffer, Mediator, S. 354f.

¹⁸ Vgl. Boshof, Königtum, S. 77f.

¹⁹ Vgl. Augustinus, Enchiridion, 33, S. 68.

²⁰ Vgl. Jonas von Orléans, De institutione laicali, Sp. 125.

²¹ Vgl. Augustinus, Enarrationes in Psalmos, 71,1, S. 971f., wo ausgehend von einer typologischen Betrachtung Salomons Vermittlung und Friedensstiftung im Hinblick auf Christus eng zusammengeführt werden.

²² Vgl. Georges, Lateinisch-deutsches Handwörterbuch, Sp. 1719ff.

²³ Vgl. Du Cange, Glossarium, Bd. 5, Sp. 321; Bulhart, Art. mediator, in: TLL, Bd. 8, S. 526.

²⁴ Vgl. etwa die Admonitio generalis, 21: *Clericis et monachis. In Concilio Calcidonense, ut non oporteat episcopos aut quemlibet ex clero per pecunias ordinari quia utrique deponendi sunt, necnon et qui mediator est inter eos*. Capitularia I, Nr. 22, S. 55. Die gleiche Formel findet sich auch im Kapitular von Pîtres (Capitularia II, Nr. 275, S. 335) und bei Ansegis (Capitularia N.S. 1, 1,19, S. 450).

²⁵ Vgl. Capitularia II, Nr. 252, S. 212: *Inter alia namque ... communi voto et pari consensu de collegio sanctorum sacerdotum gnaros et idoneos direxerunt* [sci. die Bischöfe] *mediatores ad praefatum pium regem inquirentes, quo studio vel quali benignitate ...*

²⁶ Vgl. dazu Kapitel III.3, S. 180 f.
²⁷ Vgl. Capitularia, I, Nr. 178, S. 367, und Nr. 180, S. 374.
²⁸ Vgl. Capitularia II, Nr. 243, S. 163 u. 164. Siehe dazu auch Kapitel II.2 bei Anm. 35, mit ausführlichem Zitat.
²⁹ Vgl. ebd., S. 164: ... *sicut patruus meus Hludowicus et episcopi qui cum eo inter me et patruum meum Karolum mediatores fuerunt.*
³⁰ Vgl. Epistolae papae Hadriani, Nr. 21, S. 725: *De pacis vero et concordiae unitate, cuius nos inter piissimum Caesarem et te mediatores esse debere suggesseras ...*
³¹ Vgl. Epistolae papae Johanne, Nr. 260, S. 230: *Unde obnixe rogamus vestram magnitudinem, ut sicut nobis ore propio promisistis et per epistolam vestram atque legatos nostros Liutuuardo venerabili sanctae Bercellensis Ecclesiae episcopo mediatore existente mandastis, praesentialiter nobis adimplere satagatis.*
³² Vgl. Annales qui dicuntur Einhardi, ad 787, S. 171. Ob die Einhardsannalen den neuen Sprachgebrauch einläuten, sei dahingestellt. Zumindest muß man in diesem Zusammenhang noch auf einen Brief Papst Zacharias' aus der Zeit um 750 hinweisen, der schon einmal von Mediatoren im Zusammenhang mit der Konfliktbeilegung spricht. Allerdings ist der Brief nur durch eine Abschrift der um 850 entstandenen Miracula S. Benedicti überliefert und wird zudem von einigen ohnehin als Fälschung des 9. Jahrhunderts betrachtet. Aber selbst für jene, die ihn nicht als Fälschung betrachten, weist er sprachliche und stilistische Besonderheiten auf, die nicht in die Mitte des 8. Jahrhunderts passen; und angesichts dieser Tatsache wird man denn auch den Gebrauch des Wortes *mediator* mit zu den Anachronismen zählen. Vgl. Hahn, Ein übersehener Brief, S. 580 ff.
³³ Poeta Saxo, Annalium, II, S. 25.
³⁴ Vgl. Flodoard, Annales, ad 943, S. 88 f.
³⁵ Vgl. den Brief Nicolaus' I. an die fränkischen Bischöfe von 863: *Nam accusatores quaecumque volunt, dicunt, et dicunt et scimus, iustum mediatorem non esse, qui sic unam partem audit, ut alteri parti nichil reservet ...* Nicolai I. epistolae, Nr. 57, S. 357. Ähnlich auch das Brieffragment an Wenilo von Sens: *Revera iustus mediator non est, qui uno litigante et altero absente amborum emergentes lites decernere non formidat.* Ebd., Nr. 119, S. 638. Auch Johannes VIII. bezog sich in einem Brief an den Mailänder Bischof Ansbert von 874 expressis verbis auf diesen Lehrsatz (Epistolae papae Johanne, Nr. 35, S. 35).
³⁶ Vgl. Concilium universale Chalcedonense, S. 6: *iustus mediator non est, qui sic unam partem audit, ut nihil alteri parti reservet.*
³⁷ Vgl. Die Urkunden Ludwigs des Deutschen, Nr. 72, S. 102: ... *mediatore rege interrogante causam terminandam ...*
³⁸ Vgl. Du Cange, Glossarium, Bd. 5, S. 321.
³⁹ *Guadium mihi dederunt Simeon Clericus et Judex, et Radoaldus Diaconus, ... et Mediatores posuerunt Gaidarios de jam dicta civitate Sipontina. Similiter tam Marcus Clericus guadium mihi dedit, et posuit Mediatorem Milum fratrem suum, ... ea ratione, ut si aliquo tempore adveniente aliquam contrarietatem fecerint, ... obligaverunt se omnes componere cum praedicto Archiepiscopo.* Die Urkunde stammt aus den Beständen der Erzbischöfe von Benevent und wird hier nach Du Cange, Glossarium, Bd. 5, S. 321 f., zitiert.
⁴⁰ Vgl. Bulhart, Art. mediator, in: TLL, Bd. 8, Sp. 627.

⁴¹ Vgl. Die Urkunden Ludwigs des Deutschen, Nr. 170, S. 239: *Christo igitur propitio ac mediatore, qui pacis et karitatis amator et dator est ...* Allerdings ist der Aussagewert der Urkunde schwer zu bestimmen. Es handelt sich um eine Abschrift des 10. Jahrhunderts, und die einzige Urkunde, die den gleichen Passus enthält, ist zweifelsohne eine Fälschung des 11. Jahrhunderts, wobei auch diese Urkunde für das Kloster Fulda ausgestellt wurde (vgl. ebd., Nr. 185, S. 269, mit Vorrede, S. 267 f.).

⁴² Vgl. Vita Mathilidis posterior, 9, S. 161.

⁴³ Vgl. den Brief Bischof Embrichos von Augsburg an Burchard von Halberstadt, in: Die Hannoversche Briefsammlung, Nr. 54, S. 100 f.: *Regis ... expeditione noviter in vos destinate ... interesse decrevi ... amicabiliter ... in gratiam restituendum, sub ipsius mediatoris ope, qui pax nostra est, qui facit uterque unum.*

⁴⁴ Vgl. Bruno, Vom Sachsenkrieg, cap. 95, S. 88.

⁴⁵ Vgl. Lampert von Hersfeld, Annales, ad 1074, S. 180: *In haec verba omnes ut erant conglobato agmine ad videndam faciem regis processerunt ipso die purificationis sanctae Mariae, preeuntibus his qui reparandae pacis mediatores fuerant episcopis et aliis principibus.*

⁴⁶ Vgl. den Brief Abt Friedrichs von St. Godehard in Hildesheim an Wibald, in dem er sich als Mediator zwischen diesem und dem abgesetzten Corveyer Abt Heinrich anbietet (Wibaldi epistolae, Nr. 135, S. 211). Vgl. auch Wibalds Brief an Heinrich von Minden von 1150, in dem von Mediatoren auch im Rahmen der Konfliktbeilegung die Rede ist. Ebd., Nr. 306, S. 435.

⁴⁷ Vgl. Ekkehard von Aura, Chronicon, I, S. 189: *Hartwicus magedeburgensis archiepiscopus ... pro scismate quoque sepedicto resarciendo inter utramque partem mediator infatigabilis.*

⁴⁸ Otto von Freising, Gesta Frederici, II, 44, S. 372: *At cum multis modis ad transigendum nos, qui mediatorum ibi vice fungebamur, operam daremus, infecto ad huc negotio, insalutati ab invicem separati sunt* [Heinrich der Löwe und Heinrich Jasomirgott].

⁴⁹ Vgl. Historia Welforum, cap. 14, S. 24, u. cap. 24, S. 46.

⁵⁰ Zu Galbert vgl. Althoff, Colloquium, S. 179 mit Anm. 6. Zu Bernhard von Clairvaux vgl. unter den vielen Belegen dessen Brief an die Mailänder von 1134 (Epistolae, Bd. 1, Nr. 133, S. 329) und den Brief von 1134 an den französischen König Ludwig (ebd., Bd. 2, Nr. 221, S. 84); Wilhelm von Tyrus, Chronique, 9,13, S. 437; 11,9, S. 507 f.; 19,17, S. 886; 19,29, S. 906 u. 21,8, S. 973., und vgl. Herbert von Bosham, Vita S. Thomas Becket, IV, cap. 25–28, S. 418–445.

⁵¹ Garnier, Amicus, S. 208.

⁵² ... *mediator dicitur qui inter aliquos medius est ut eos pacificet, unde Jesus Christus fuit mediator Dei et hominum vere quia inter Deum et homines fuit medius constitutus, ut homines ad Deum perduceret.* Huguccio, zit. nach Novum Glossarium, S. 292.

⁵³ Vgl. Du Cange, Glossarium, Bd. 4, Sp. 437, zu *iudex*, einem Wort, was nicht nur den Richter, aber immer auch den Richter meinte. Zu den anderen Bedeutungen siehe ebd. Zu *arbiter* vgl. Mittellateinisches Wörterbuch, Bd. 1, S. 857 f.

⁵⁴ Vgl. Centlivres, Art. interventio, in: TLL 7, Sp. 2300 f.

⁵⁵ Vgl. Kuhlmann, Art. intercedere, in: TLL 7, Sp. 2153 ff.

⁵⁶ Vgl. Kuhlmann, Art. intercessor, in: TLL 7, Sp. 2160.

[57] Zu *internuntius* vgl. für die Spätantike Kühnen, Art. internuntius, in: TTL 7,1, Sp. 2234, und zu *nuntius* vgl. Novum Glossarium, Sp. 1541–1548. Die Bedeutung 'Bote/Gesandter' kommt deutlich in der Darstellung der Fuldaer Annalen zu den Verhandlungen zwischen den karolingischen Königen vor dem Treffen von Andernach 859 zum Ausdruck, wo es heißt, daß Ludwig der Deutsche durch Gesandte Kontakt zu seinem Bruder und seinem Neffen aufgenommen habe und deren Antwort *per internuntios* erhalten habe. Vgl. Annales Fuldenses, ad 859, S. 53. Wenn es allerdings bei Thietmar von Merseburg, Chronicon, VIII,21, S. 518, heißt, er habe an den Sohn Markgraf Ekkehards, der sich am Merseburger Besitz vergangen habe, seinen *internuntius*, nämlich dessen Bruder, geschickt, so konnotierte der Begriff bereits die Bedeutung 'Mittelsmann'. Vgl. auch Historia Welforum, 24, S. 46, wo beide Termini identisch gebraucht werden: *Internuntii autem ac mediatores ad hanc causam praenominati ... nichil profecerunt.*

[58] So beschrieb der Autor der Fuldaer Annalen das Vorgehen Luitberts von Mainz, als dieser den Konflikt zwischen Ludwig dem Deutschen und dessen gleichnamigem Sohn beilegte mit dem Wort *reconciliare*, und es ist klar, daß hier kein gerichtliches Procedere stattfand. Beim Continuator Reginonis wird vom Grafen Udo gesagt, daß er einen gewissen Hatto *non ... imperatori reconciliari potuit* (Continuatio Reginonis, ad 964, S. 175). So schreibt Lampert von Hersfeld, Annales, ad 1073, S. 162, vom Mainzer Erzbischof, als dieser 1073 mit den Sachsen verhandelte: *residens cum Saxonibus ... sedulo nitebatur pacare eos regique reconciliare.* Über Adalbert von Bremen heißt es bei Adam von Bremen, Gesta Hammaburgensis, III,42, S. 184: *... ut discordantem populum* [sci. die Friesen] *duci* [sci. Bernhard II. von Sachsen] *reconciliaret.* Die Liste der Belege ließe sich problemlos fortsetzen. Vgl. zur Begrifflichkeit auch Althoff, Das Privileg, S. 100.

[59] Vgl. ebd., und Angenendt, Das Frühmittelalter, S. 210 ff.

[60] Vgl. Althoff, Das Privileg, S. 100.

[61] Vgl. Concilia Galliae, Conc. Turonense. A. 567, S. 177: *Verum si pro peccatis ut assolet, ex causa livor emerserit, ut pendente certamine sibi invicem reconciliare non possint ...*

[62] Vgl. Mittellateinisches Wörterbuch, Bd. 2, Sp. 1017.

[63] In diesem Sinne erscheint die Formulierung vor allem in den Kapitularien. Vgl. z. B. das Capitulare missorum von 819, in: Capitularia I, Nr. 141, S. 290.

[64] Vgl. Novum Glossarium, Sp. 635 f.

[65] Vgl. etwa den Ausgleich, den Karl der Kahle zwischen Ludwig d. Dt. und dessen Sohn aushandelt, wo sein Handeln in den Annales Bertiniani, ad 865, S. 124, als *pacificare* bezeichnet wird und der Zusammenhang jedwede gerichtliche Klärung abwegig erscheinen läßt. Das gleiche gilt auch z. B. für die Annalen von Fulda, ad 846, S. 36; ad 847, S. 36; ad 871, S. 74, wo sie von den Versuchen der karolingischen Könige berichten, Frieden zwischen ihren Verwandten zu stiften.

[66] Vgl. Janssen, Art. Friede, in: GG, Bd. 2, S. 545 ff., und Kurze, Krieg und Frieden, S. 20.

[67] Auf ein gerichtliches Vorgehen weist das Wort *pacificare* etwa in einem Beschluß des Konzils von Frankfurt von 794 hin, der die Gerichtsbarkeit von Bischöfen, Grafen und Erzbischöfen abgrenzt und in dem die entsprechende Tätigkeit der Erzbischöfe mit den Worten *corrigere et pacificare* zum Ausdruck gebracht wird (Capitularia I, Nr. 28, 74 f.).

Anmerkungen zu S. 23–25

[68] Vgl. Du Cange, Glossarium, Bd. 2, S. 469f., und Mittellateinisches Wörterbuch, Bd. 2, S. 1088–1092. Siehe z. B. auch aus dem 12. Jahrhundert den Brief Eberhards von Bamberg an den Salzburger Erzbischof, in dem er von den Gesandten Barbarossas spricht, die der Kaiser nach Ferrara beordert hatte, *ad discordiam et seditionem componendam* (Die Admonter Briefsammlung, Nr. 60, S. 114), ohne daß damit eine gerichtliche Klärung ausgeschlossen ist.

[69] Vgl. Du Cange, Glossarium, Bd. 5, Sp. 320f., und Novum Glossarium, Sp. 305ff.

[70] Wenn es etwa bei Gregor von Tours, Libri Historiarum IX,20, S. 437, vom Vertrag von Andelot heißt, der Frieden sei *mediantibus sacerdotis atque proceribus* zustande gekommen, so zeigt der Kontext, daß es sich bei diesen Leuten, letztlich um Gesandte der beiden Konfliktparteien handelte. In der Formulierung *mediantibus bonis hominibus*, die die Gesta Aldrici einer Urkunde entnehmen, wird durch die genannten *boni homines* der Gedanke an eine Schlichtung durch Dritte evoziert. Vgl. dazu Nehlsen-Stryk, Die boni homines, S. 100f., mit dem Zitat.

[71] Vgl. Kroeschell, Deutsche Rechtsgeschichte, S. 39f. Hinzu kommt noch das Problem, daß einzelne Termini wie etwa *bonus vir* sowohl Richter als auch Schlichter bezeichnen konnten und der Kontext nur selten eine Entscheidung in dieser Sache zuläßt. Vgl. dazu auch Kapitel II.3, S. 51f.

[72] Wieder kann man den oben in Anm. 61 erwähnten Kanon des Konzils von Tours anführen, der bei dem Bemühen um eine gütliche Lösung zwei aufeinanderfolgende Vorgehensweisen vorschlug, aber dabei sowohl das anfängliche Bemühen um Konsens durch einzelne Priester als auch jenes Procedere als Rekonziliation bezeichnete, demzufolge von den Gegnern jeweils eine gewisse Anzahl von Vertretern bestimmt werden sollte, die dann eine Lösung vorzuschlagen hatten.

[73] *Intercurrentibus nuntiis,* heißt es bei Gregor von Tours, Libri Historiarum, IV,42, S. 176, sei Frieden zwischen den in Gallien einfallenden Sachsen und dem Patricius Mummolus gemacht worden. Mehrfach tauchen derartige Redewendungen bei Fredegar auf. Vgl. Fredegar, Chronicarum, III,71, S. 112 *(... sed intercurrentes legatus pacificati sunt)* und ebd., IV,37, S. 139 *(Hanc conveniciam a Theudericum et Chlotharium, legatus intercurrentes, firmatam ...)*. Die gleiche Formulierung findet sich auch bei Regino von Prüm, Chronicon, ad 898, S. 146: *sed intercurrentibus legatis pax firmatur ...*

[74] Vgl. z. B. Annales Fuldenses, ad 850, S. 39, die davon sprechen, daß die Verhandlungen zwischen Lothar und dem Normannen Rorich *legatis mediantibus* geführt wurden. Und noch im 12. Jahrhundert benutzte Friedrich Barbarossa die nämliche Formel, als er von seinen Friedensverhandlungen mit dem französischen König sprach. Vgl. Die Admonter Briefsammlung, Nr. 86, S. 145 (Brief von 1152 an Konrad von Augsburg).

[75] Vgl. Kuhlmann, Art. intercessio, und Art. intercessor, in: TLL 7, Sp. 2160.

[76] Vgl. Centlivres, Art. intervenire, in: TLL 7, Sp. 2300f.

[77] Vgl. Bulhart, Art. mediator, in: TLL 8, Sp. 526f.

[78] Vgl. Thietmar von Merseburg, Chronicon, VI,2, S. 276; Otto von Freising und Rahewin, Gesta, III,48, S. 490, und zur Tätigkeit der dort genannten Friedensstifter Althoff, Colloquium, S. 177f. Die Kongruenz läßt sich im übrigen auch bei Lampert von Hersfeld fassen, der in den Annales, ad 1074, S. 180, mit Blick auf den gleichen Personenkreis von *mediatores pacis* und ad 1074, S. 224, von *pacis intercessores* spricht.

⁷⁹ Vgl. allg. Gawlik, Zur Bedeutung, S. 73 ff.
⁸⁰ Vgl. Du Cange, Glossarium, Bd. 5, S. 321.
⁸¹ Vgl. Gaudemet, Le rôle, S. 89.
⁸² Vgl. dazu auch Kapitel II.2., Anm. 35.

I.2 Richten und Verhandeln

[1] Vgl. hierzu und zum folgenden Geary, Merowinger, S. 95 ff., und Ewig, Merowinger, S. 87 ff.

[2] Vgl. Ewig, Die Merowinger, S. 97 ff.; Bleiber, Das Frankenreich, S. 111.

[3] Vgl. hierzu Ewig, Die Merowinger, S. 106, und Angenendt, Das Frühmittelalter, S. 86 u. 177 ff., Heinzelmann, Bischof und Herrschaft, bes. S. 37 ff., und zur Etablierung zuletzt Jussen, Über 'Bischofsherrschaft', bes. S. 715 ff.

[4] Vgl. Scheibelreiter, Der Bischof, S. 172 ff.

[5] Vgl. Ewig, Die Merowinger, S. 106.

[6] Vgl. Scheibelreiter, Der Bischof, S. 149 ff., sowie zusammenfassend Ewig, Die Merowinger, S. 105 ff.

[7] Vgl. Geary, Die Merowinger, S. 131; Ewig, Die Merowinger, S. 83, sowie allgemein zum Adel im 6. Jahrhundert Irsigler, Ergebnisse, S. 551–553.

[8] Vgl. Geary, Die Merowinger, S. 126.

[9] Vgl. ebd., S. 126 f.

[10] Vgl. ebd. und Bleiber, Das Frankenreich, S. 136 ff.

[11] Vgl. Geary, Die Merowinger, S. 126 f. u. 129 ff.

[12] Vgl. ebd. und Bleiber, Das Frankenreich, S. 123, 127 u. 131.

[13] Vgl. Bleiber, Das Frankenreich, S. 114, mit einigen Hinweisen auf derartige Auseinandersetzungen.

[14] Vgl. Wallace-Hadrill, The Bloodfeud, S. 131 ff., und Geary, Die Merowinger, S. 125.

[15] Vgl. zuletzt Geary, Extra-Judicial Means, S. 571 f.; Esders, Römische Rechtstradition, S. 401, und Guillot, La Justice, S. 713 u. 729 f., für das Königsgericht.

[16] So legte es das Pariser Edikt Chlothars II. von 614 fest. Vgl. Geary, Die Merowinger, S. 156, und zuletzt zur Einordnung des Edikte Esders, Römische Rechtstradition, S. 102, sowie allg. Hartmann, Der Bischof, S. 817 ff.

[17] Vgl. zuletzt Weitzel, Strafe, S. 102 f., und Pontal, Die Synoden, S. 136 f.

[18] Vgl. Waitz, Deutsche Verfassungsgeschichte, II,2, S. 183 ff.

[19] Vgl. Guillot, La justice, S. 660 f.

[20] Weitzel, Dinggenossenschaft I, S. 219, 309 ff., 349 ff. u. 476 ff.

[21] Inwieweit dem fränkischen Richter in der Merowingerzeit de facto eine Zwangsgewalt im Sinne des Rechtsgebotes zukam, ist immer wieder kontrovers diskutiert worden. Allerdings wird sie ihm wohl niemals gänzlich gefehlt haben. Vgl. Weitzel, Dinggenossenschaft, I, S. 47.

[22] Vgl. Bader, Unrechtsausgleich, S. 13 ff. u. 36 ff.

[23] Vgl. Weitzel, Strafe, S. 137 f. Zum Umgang der merowingischen Könige mit ihren politischen Gegnern vgl. Waitz, Verfassungsgeschichte, II,1, S. 194 f., mit vielen Belegen und Busch, Attentat, bes. S. 573 f., zu den Veränderungen, die in der Karo-

Anmerkungen zu S. 31–34   271

lingerzeit hervortreten. Zu Amtsenthebung und Konfiskation in karolingischer Zeit vgl. auch Krah, Absetzung, S. 373 ff.

[24] Vgl. dazu Kroeschell, Deutsche Rechtsgeschichte, S. 39 f., und Bader, Unrechtsausgleich, bes. S. 13 ff.

[25] Vgl. Fouracre, Placita, S. 41.

[26] Dies meint die wiederholt anzutreffende Rede von der *legalis compositio*. Zum Charakter des Urteils vgl. Schott, Traditionelle Formen, S. 945.

[27] Vgl. zu den Gerichtsabgaben Sohm, Gericht, S. 168 ff., und Buchda, Art. Gerichtsgefälle, in: HRG, I, Sp. 1545 ff.

[28] Vgl. Geary, Extra-Judicial Means, S. 581 f., und Esders, Römische Rechtstradition, S. 397, für den burgundischen Bereich.

[29] Vgl. Fouracre, Carolingian Justice, S. 772 ff. u. 803.

[30] Vgl. zum Charakter der „schlüpfrigen rechtlichen Konstruktion der maiestas und den verfahrensrechtlichen Unkorrektheiten" Esders, Römische Rechtstradition, S. 386 ff.

[31] Vgl. Waitz, Deutsche Verfassungsgeschichte, II,2, S. 189 ff.

[32] Vgl. die Auflistung bei Hübner, Gerichtsurkunden, Nr. 27–31, 34–39, usw.; Bergmann, Untersuchungen, S. 9 ff. u. 74; Nelson, Disputes, S. 55.

[33] Vgl. Weitzel, Dinggenossenschaft, I, S. 338 f.

[34] Zu Praetextatus vgl. insbes. den Bericht bei Gregor von Tours, Libri Historiarum, V,18, S. 216 ff., der eine ganze Fülle von Synoden nennt, auf denen Klagen gegen Bischöfe verhandelt wurden. Vgl. die Zusammenstellung bei Pontal, Die Synoden, S. 136 ff. Zu Ebo von Reims vgl. Boshof, Ludwig der Fromme, S. 211 ff.

[35] Vgl. die Beispiele bei Pontal, Die Synoden, S. 136 ff. u. 272 ff.

[36] Vgl. Gregor von Tours, Libri Historiarum, V,27, S. 233. Schon früher hatte eine Synode in Lyon die beiden Bischöfe verurteilt (vgl. ebd., V,20, S. 227 ff.). Vgl. auch Pontal, Die Synoden, S. 142 f.

[37] Vgl. Gregor von Tours, Libri Historiarum, IX, 39–43, S. 460–475, u. X,15–17, S. 501–509, u. X,20, S. 513. Dazu auch Pontal, Synoden, S. 149 ff.

[38] Vgl. Gregor von Tours, Libri Historiarum, VI,38, S. 309. zum ersten und X,8, S. 488 f., zum zweiten Fall. Vgl. auch Pontal, Synoden, S. 154 f., mit weiteren Literaturhinweisen.

[39] Vgl. Hübner, Gerichtsurkunden, Nr. 5, 15, 21, 72, 86, 87, 88 usw.; Bergmann, Gerichtsurkunden, S. 106 ff.

[40] Vgl. die von Gregor von Tours, Libri Historiarum, VII,2, S. 327, geschilderten Auseinandersetzungen zwischen den Loire-Städten im Jahre 584, in die die zuständigen Grafen eingreifen, für Ruhe sorgen und einen Gerichtstag einberufen, wo die Steitpunkte verhandelt werden sollen. Dazu vgl. auch Kapitel I.3, bei Anm. 55.

[41] Vgl. u. a. Guillot, La justice, S. 659 f.; Martindale, His special friend, S. 50, und Delamarre, La paix, S. 182 ff.

[42] Vgl. Fouracre, Carolingian Justice, S. 788 f.

[43] Vgl. Hartmann, Der Bischof, S. 817 ff.; Scheibelreiter, Bischof, S. 172 ff., und Heinzelmann, Bischofsherrschaft, S. 179–183.

[44] Vgl. Gregor von Tours, Libri Historiarum, IX,33, S. 454, der selbst einmal vom König zusammen mit seinem Mitbruder Marowech einen solchen Auftrag erhielt. Zuweilen wurden mit derartigen Aktionen auch nur gewöhnliche Priester betraut.

Vgl. ebd., wo ein Priester abgesandt wird, um die Klagen der Betroffenen vor Ort zu klären.

[45] Vgl. Werner, Missus, S.197 u. 203 ff.

[46] Vgl. Pohl, Römer und Barbaren, S.167. Zum spätantiken Gesandtschaftswesen vgl. Helm, Über den auswärtigen Verkehr, S.330 ff.

[47] Vgl. die Belege in Kapitel I.1, in Anm. 73 f.

[48] Vgl. allgemein Ganshof, Histoire, S.38 ff.

[49] Vgl. dazu auch Georgi, Legatio, S.62.

[50] Vgl. Ganshof, Histoire, S.39, und Löhren, Beiträge, S.4–23.

[51] Vgl. zum sozialen Profil der Gesandten auch Georgi, Legatio, S.69 ff. Wenn er indes darauf hinweist, daß auch manchmal Knechte zu Gesandtschaften abkommandiert wurden, so ist zu fragen, ob solche vereinzelten Beobachtungen ohne weiteres verallgemeinert werden können oder nur deshalb zum Befund werden, weil nicht weiter zwischen Gesandten- und Botentätigkeit unterschieden wird.

[52] Vgl. Gregor von Tours, Libri Historiarum, VII,38, S.359 f. Eine ähnliche Überlegung scheint auch beim Friedensschluß zwischen Guntram und Chilperich Pate gestanden zu haben. Hier legten die Berater Guntrams ihrem König nahe, er solle erst einmal Boten an seinen Bruder schicken, um zu erfragen, ob dieser zu einer Entschädigung bereit sei (ebd., VI,19, S.288).

[53] Vgl. Ganshof, Histoire, S.47.

[54] Vgl. Löhren, Beiträge, S.98 f., und Ganshof, Histoire, S.36. Zu den karolingischen Herrschertreffen und ihrer Vorbereitung vgl. auch Kolb, Herrscherbegegnungen, S.77 f.

[55] Vgl. Löhren, Beiträge, S.100, der allerdings diese Praktik nur beiläufig erwähnt.

[56] Vgl. Ganshof, Histoire, S.42, und Löhren, Beiträge, S.61.

[57] Vgl. Gregor von Tours, Libri Historiarum, III,31, S.125 ff.

[58] Vgl. Fredegar, Chronicarum, IV,68, S.154 f. Zu Samo vgl. Kunstmann, Über die Herkunft, S.309.

[59] Vgl. Gregor von Tours, Libri Historiarum, VI,19, S.288.

[60] Vgl. Hanning, Ars donandi, S.12 f.

[61] Daß Geschenke generell ein Mittel der Versöhnung darstellten, macht eine Meldung der Fuldaer Annalen zum Jahr 887 deutlich, derzufolge König Berengar von Italien in jenem Jahr auf dem Hoftag in Waiblingen erschienen sei und er dort durch große Geschenke die Schmach sühnte, die er im vorigen Jahr dem Liutward angetan hatte (... *Berngarius ad fidelitatem caesaris pervenit magnisque muneribus contumeliam, quam in Liutwardo priori anno commiserat, componendo absolvit* (Annales Fuldenses, ad 887, S.115)).

[62] Vgl. Tellenbach, Vom Zusammenleben, S.6, und Ganshof, Histoire, S.49.

[63] Vgl. Continuator Fredegari, 32, S.182. Nach gleichem Muster wurden auch Konflikte mit den Aquitaniern, Bretonnen, Basken, Sachsen und Slawen beendet. Vgl. dazu Tellenbach, Vom Zusammenleben, S.7 f.; Ganshof, Histoire, S.49 f.

[64] Vgl. etwa den Bonner Vertrag von 921 (Constitutiones I, Nr.1, S.1) und dazu Althoff, Demonstration, S.244 ff.

[65] Zum Vertrag von Andelot vgl. Ewig, Die Merowinger, S.48 f., und zuletzt Woll, Untersuchungen, S.175 ff. Zu Meersen vgl. Dümmler, Geschichte, 2, S.297 ff., und Schieffer, Die Karolinger, S.163.

[66] Zum Problem der Vollmachten vgl. Menzel, Deutsches Gesandtschaftswesen, S. 7 ff., der allerdings das frühe Mittelalter nur streift.
[67] Vgl. Pohl, Römer und Barbaren, S. 192.
[68] Vgl. Gregor von Tours, Libri Historiarum, IX,20, S. 435: *mediantibus sacerdotibus atque proceribus*, heißt es im Prolog.
[69] Vgl. zum Tätigkeitsprofil von Gesandten im frühen Mittelalter Ganshof, Histoire, S. 44; Trautz, Art. Gesandte, in: LMA, Bd. 4, Sp. 1367 ff., und zuletzt Georgi, Legatio, S. 63.
[70] Vgl. hierzu und zum folgenden exemplarisch Gregor von Tours, Libri Historiarum, VII,12 und 13, S. 333 ff., wo er beschreibt, wie die Bürger der Stadt Tours und später auch die der Stadt Poitiers eine Gesandtschaft an König Guntram schicken, um sich ihm zu unterwerfen respektive ihm den Treueid zu leisten.
[71] Nicht anders war das Verhalten der lothringischen Grafen Matfrid und Gerhard, die sich 906 einer Belagerung durch die Konradiner gegenübersahen (vgl. Regino, Chronica, ad 906, S. 151: *Porro Gerardus et Matfridus a castro ... legationem mittentes pacem petierunt*).
[72] Vgl. dazu und zum folgenden Geary, Extra-judicial means, S. 575 ff.
[73] Vgl. Wood, Disputes, S. 9.

I.3 Formen der Schlichtung

[1] Vgl. Fredegar, Chronicarum, IV,55, S. 148: *Paene fuerat exinde nimia multorum estragiis, nisi, pacientia Clothariae interveniente semul et haec currente, fuisset repraesum.* Sofern es nicht eigens vermerkt wird, stammen die Übersetzungen hier und im folgenden aus der Freiherr-vom-Stein-Gedächtnis-Ausgabe, deren entsprechende Bände im Literaturverzeichnis jeweils unter den Autoren aufgeführt sind.
[2] Vgl. ebd.: *Chlotharius ad Burgundefaronis specialius iobet, ut, cuius pars suum volebat devertere iudicium, eorum instantia et utilitate opprimiretur. Ea pavore uterque iussione regio pacantur.*
[3] Vgl. hierzu und zum folgenden Fredegar, Chronicarum, IV,90, S. 166 ff. Zum Hintergrund der Auseinandersetzung siehe Geary, Die Merowinger, S. 186 f.
[4] Vgl. Fredegar, Chronicarum, IV,90, S. 166: *Amalbertus vero, germanus Flaochado, ad pagandum intercurrens, ubi iam in congressione certamene conflige debuerant, Willebadus Amalberto secum retenens, de hoc aevasit periculum.*
[5] Vgl. ebd.: *Intercurrentes et citiris persunis, separantur inlese.*
[6] Dies geht aus dem nachfolgenden Kämpfen hervor, in denen Amalbertus auf der Seite seines Bruders stand. Vgl. ebd., S. 166 ff.
[7] Vgl. ebd., S. 166: *Flaochadus deinceps vehementem inibat consilium de interetum Villebadi.*
[8] *... Brunichildis regina ... praecingens se viriliter, inrupit medios hostium, cuneos dicens: 'Nolite, o viri, nolite malum hoc facere, nolite persequere innocentem; nolite pro uno hominem committere proelium, quo solatium regionis intereat.'* Gregor von Tours, Libri Historiarum, VI,4, S. 268. Allgemein zu diesem Konflikt Ewig, Die Merowinger, S. 44 ff., und Nelson, Politics, S. 12.
[9] *'Recede a nobis, o mulier. Sufficiat tibi sub viro tenuisse regnum; nunc autem fi-*

lius tuus regnat, regnumque eius tua, sed nostra tuitione salvatur. Tu vero recede a nobis, ne te ungulae equorum nostrorum cum terra confodiant.' Haec et alia cum diutissime inter se protulissent, obtinuit reginae industria, ne pugnarent. Gregor von Tours, Libri Historiarum, VI,4, S. 268.

[10] Vgl. Thietmar von Merseburg, Chronicon, IV,37, S. 175: *Perventum est ad hoc, ut armati ex utraque parte periculosissime convenire et plures vita deberent carere, nisi quod domna abbatissa se in medio eorum prostravit et a Deo pacem inter illos vel ad momentum rogavit.*

[11] Vgl. allg. zur Rolle der Königinnen in fränkischer Zeit Nelson, Politics, S. 4 ff., 23 ff. u. 45 ff.

[12] Zur Situation vgl. zuletzt Zuckermann, Qui a rappellé, S. 13 f.

[13] *Tunc inter Francos et Saxones seditio non modica exorta est, et nisi Hludowicus iunior citius cum suis intervenisset, iam districtis gladiis mutua se caede truncassent.* Annales Fuldenses, ad 875, S. 83.

[14] Da unmittelbar zuvor von einem Hoftag, den Ludwig der Deutsche in Tribur abhielt, die Rede ist und der Autor die Schlichtungsaktion Ludwigs des Jüngeren mit einem 'damals' *(tunc)* einleitet, kann man daran denken, daß sich die besagten Sachsen und Franken wie auch der Sohn der Königs in Tribur befanden und dort dann der Streit ausbrach. So deutet Fried, König Ludwig der Jüngere, S. 9 u. 20, das Geschehen. Weil aber die Fuldaer Annalen nur von der Gleichzeitigkeit der Ereignisse sprechen, kann der Konflikt ebenso gut an einem anderen Ort ausgebrochen sein. Dies gilt um so mehr, als der Autor in bezug auf diesen Hoftag in Tribur von der Anwesenheit Ludwigs des Jüngeren gar nicht spricht, kurz darauf aber, als er den im August stattfindenden Hoftag am selben Ort erwähnt, eigens darauf hinweist, daß ihn Ludwig der Deutsche gemeinsam mit seinen Söhnen abgehalten habe. Vgl. Annales Fuldenses, ad 875, S. 84.

[15] Vgl. Gregor von Tours, Libri Historiarum, III,33, S. 128 f.

[16] *Qua de causa* [sci. eine Gesandtschaft, die den einen, Secundinus, hochmütig gemacht hatte] *factum est, ut inter illum atque Asteriolum lis saeva consurgeret, quae usque ad hoc proficit, ut, oblitus verborum obiectionibus, propriis se manibus verberarent. Cumque haec per regem pacificata fuissent et Secundinus adhuc de sua caede tumeret, nata est inter eos rursum intentio; ...* Ebd., S. 129.

[17] *... et rex suscipiens Secundini causam, Asteriolum in eius potestatem dedidit. Qui valde humiliatus est et ab honore depositus.* Ebd.

[18] Vgl. ebd.

[19] Insofern kann man auch nicht, wie Wallace-Hadrill, The Bloodfeud, S. 136 ff., diese Geschichte als Beispiel für eine Fehde hinstellen, die von einem König nicht aufzuhalten ist. Denn nach dem Scheitern seiner Schlichtung verschärfte der König ja bewußt den Konflikt. Allerdings hat Wallace-Hadrill zumindest teilweise recht, wenn er dem König die Kontrolle über den weiteren Ausgang der Angelegenheit abspricht. Denn in der Tat konnte Theudebert I. die Wiedereinsetzung des Asteriolus auf Geheiß der Königin nicht verhindern. Aber inwieweit er für das weitere Geschehen mitverantwortlich war, muß doch offenbleiben. Als der Sohn des Asteriolus sich nämlich anschickte, den Mord an seinem Vater zu rächen, war der König möglicherweise schon tot. Gregor liefert zwar keine genauen Zeitangaben, aber er schreibt davon, daß dieser Sohn erst heranwachsen mußte. Und da allerhöchstens

zwölf Jahre zwischen dem Mord an Asteriolus und dem Tod des König Theudeberts I. liegen, so ist es nicht unwahrscheinlich, daß Secundinus vom König keinen Schutz mehr bekam, weil dieser längst gestorben war.

[20] Vgl. das Capitulare de disciplina palatii Aquisgranensis, cap. 4: *Quicumque homines rixantes in palatio invenerit et eos pacificare potuerit et noluerit, sciat damnum quod inter eos factum fuerit participem esse debere. Quod si rixantes viderit et eos pacificare non potuerit et qui sint illi qui inter se rixantur cognoscere noluerit ut hoc indicare possit, similiter volumus ut damnum quod inter eos commissum fuerit in conpositione communionem habeat.* Capitularia regum Francorum I, S. 298. Da hier gleichsam jedermann angesprochen wird, liegt es auf der Hand, daß mit dem Wort *pacificare* kein gerichtliches Verfahren angesprochen wird.

[21] Vgl. hierzu und zum folgenden Gregor von Tours, Libri Historiarum, X,27, S. 519 f.

[22] *Ex hoc parentes utriusque inter se saevientes a Fredegunde regina plerumque arguebantur, ut, relicta inimicitia, concordis fierent, ne pertinatia litis in maiore subveheretur scandalum.* Gregor von Tours, Libri Historiarum, X,27, S. 520.

[23] Vgl. die vorherige Anm.

[24] *Sed cum eosdem verbis lenibus placare nequiret, utrumque bipenne conpescuit.* Ebd.

[25] Vgl. ebd., S. 520. Es ergingen Aufrufe an Childebert II., die Königin zu töten. Doch dieser kam zu spät, und Fredegunde verschaffte sich mit dem Angebot an König Guntram, Pate ihres Sohnes Chlothar zu werden, Luft und einen Bundesgenossen, der ihren Neffen erst einmal in Schach hielt. Zur Patenschaft Guntrams und deren Implikationen vgl. Jussen, Patenschaft, S. 229–270.

[26] Vgl. Schott, Traditionelle Formen, S. 944; Schild, Art. Wergeld, Sp. 1269.

[27] Vgl. Schott, Traditionelle Formen, S. 944 ff.

[28] Vgl. Weitzel, Dinggenossenschaft, I, S. 110 ff.

[29] Vgl. dazu Kapitel III.1.

[30] Vgl. Wallace-Hadrill, The Bloodfeud, S. 129 f.; Esders, Römische Rechtstradition, S. 396 f.

[31] Vgl. Gregor von Tours, Libri Historiarum, VI,21, S. 340.

[32] Vgl. dazu Fredegar, Chronicarum, IV,83, S. 163.

[33] Vgl. Sohm, Die fränkische Reichs- und Gerichtverfassung, S. 104 f. Zu dem veränderten Umgang mit der Fehde zur Zeit Karls des Großen vgl. Wallace-Hadrill, The Bloodfeud, S. 145 ff.

[34] Vgl. zu Dagobert I. Fredegar, Chronicarum, IV,58, S. 149, der unter den Vorzügen Dagoberts dessen Gerechtigkeitssinn aufzählt und dies dann erst einmal mit einer Hinrichtung illustriert. Zu den Gerechtigkeitsvorstellungen Karl des Großen vgl. Le Jan, Justice royale, bes. S. 66 ff., und Nelson, Kings with Justice, S. 804.

[35] *Circa Kalendas autem Octobris generale placitum habuit apud Mogontiacum homines etiam Hrabani episcopi adversus dominum suum conspirantes publice convictos cum eo pacificavit ...* Annales Fuldenses, ad 848, S. 37.

[36] Vgl. das Zitat in der vorherigen Anm.

[37] Über den Vorfall berichten die Annales Fuldenses, ad 879, S. 93, und die Salzburger Annalen, die allein von einem Mordanschlag etwas wissen wollen (Eine neu aufgefundene Salzburger Geschichtsquelle, S. 134). Vgl. zu den Ereignissen Krah,

Absetzungsverfahren, S. 206 ff., und Fried, Der Weg, S. 534, mit Ausblick auf den politischen Kontext.

[38] *Horum causa rex in Baioariam profectus dissidentes aliquo modo ad concordiam revocavit et eis pristinam restituit dignitatem.* Annales Fuldenses, ad 879, S. 93.

[39] Vgl. auch Krah, Absetzungsverfahren, S. 206.

[40] *Ibi* [sci. Worms] *inter alia Zuentibaldus filius imperatoris ad eum veniens; quem ille benigne suscipiens quibusdam primoribus suis, qui priori anno ab eo honoribus privati sunt, cum eo pacificatis ...* Annales Fuldenses, ad 897, S. 130 f. Bei Regino von Prüm, Chronica, S. 145, wird das Ereignis wie folgt beschrieben: *Eodem anno Arnulfus Wormatiam venit ibique placitum tenuit; ubi ad eius colloquium Zuendibolch occurrit, et interventu imperatoris Stephanus, Gerardus et Matfridus cum filio reconciliantur.*

[41] Vgl. die obige Anm.

[42] *Rex ... apud villam Forahheim generali conventu habito filios suos de regni partitione inter se dissidentes pacificavit et, quam quisque partem post obitum suum tueri deberet, liquido designavit...* Annales Fuldenses, ad 872, S. 75.

[43] *Ibi* [etiam] *Hludowicus et Karolus filii eius in conspectu totius exercitus fidem se illi servaturos esse omni tempore vitae illorum, iuramento firmaverunt.* Ebd.

[44] *Missos quoque nostros constitutos habemus Petrum venerabilem episcopum, Anselmum vocatum episcopum et Witonem inlustrem comitem, qui in Beneventum ad Sigenulfum et Radalgisum vadant et eos inter se pacificent legesque et condiciones pacis aequissimas inter eos decernant et regnum Beneventanum, si pacificati fuerint, inter eos aequaliter dividant atque ex nostra parte eis securitatem et consensum honoris sacramento confirment et ab eis similiter ad nostram partem adiutoriumque filii nostri expulsionemque Sarracenorum sacramentum accipiant.* Capitularia II, Nr. 203, S. 67.

[45] Das wird mit der Forderung, *pacis aequissimas condiciones* zu erlassen, und dem Gebot, *aequaliter* zu teilen, den Königsboten aufgetragen. Vgl. das Zitat in der obigen Anm.

[46] Vgl. Gregor von Tours, Libri Historiarum, IX,33, S. 454.

[47] Vgl. Dümmler, Geschichte, Bd. 1, S. 243.

[48] *Ebrardus quidam Transrhenensis in regnum Lotharii mittitur ab Heinrico, iustitiam faciendi causa, et Lotharienses inter se pace consociat.* Flodoard, Annales, ad 926, S. 36.

[49] Vgl. Capitularia, I, Nr. 20, S. 51, u. Nr. 139, S. 284.

[50] Vgl. Gregor von Tours, Libri Historiarum VII,47, S. 366 ff. u. IX,19, S. 432 ff.

[51] Vgl. ebd., VII,47, S. 367 f.: *Tunc partes a iudice ad civitatem deductae, causas proprias prolocuntur; inventumque est a iudicibus, ut, qui nollens accepere prius conpositionem domus incendiis tradedit, medietatem praetii, quod ei fuerat iudicatum, amitteret – et hoc contra legis actum, ut tantum pacifici redderentur ...*

[52] Vgl. dazu auch Ewig, Zum christlichen Königsgedanken, S. 65 ff., und Nelson, The Search, S. 88.

[53] Vgl. Kapitel I.2, S. 35 mit Anm. 57.

[54] Geary, Extra-Judicial Means, S. 581.

[55] Vgl. hierzu und zum folgenden Gregor von Tours, Libri Historiarum, VII,2, S. 327.

⁵⁶ Vgl. ebd.: *Cumque adhuc inter se iurgia commoventes desevirent et Aurilianensis contra hos arma concuterent, intercedentibus comitibus, pax usque in audientia data est, scilicet ut in die, quo iudicium erat futurum, pars, quae contra partem iniuste exarserat, iusticia mediante, conponerit. Et sic a bello cessatum est.*

⁵⁷ Auf dem Konzil von Orléans 541 wurde festgelegt: *Si inter episcopos de rebus terrenis aut possessionibus sub repetitionis aut retentationis titulo nascatur intentio, intra anni spatio pro studio caritatis, quae cunctis debit rebus temporalibus anteferri, per epistulas fratrum adfectuosae commoniti aut inter se aut in praesentia electorum iudicum negotium sanare festinent.* (Conciliae Galliae, Conc. Aurelianense, A 541, S. 135). Die Phase der informellen Ausgleichsbemühungen wird auch fünf Jahre später von dem fünften Konzil von Orléans angesprochen: *Placuit etiam ut si quaecumque persona contra episcopum uel actores aeclesiae se proprium credederit habere negotium, prius ad eum recurrat caritatis studium, ut familiari aditione commonitus sanare ea debeat, quae in quaerimoniam deducuntur. Quam rem si differe uoluerit, tunc demum ad metropolitiani. De qua re cum litteras suas metropolitanus ad conprouincialem episcopum dederit et causa ipsa inter utrosque quacumque transactione amicis mediis non fuerit definita* ... Conciliae Galliae, Conc. Aurelianense, A 549, S. 154. Vgl. dazu auch Pontal, Die Synoden, S. 98 f.

⁵⁸ Vgl. die in der vorherigen und der nachfolgenden Anm. genannten Konzilsbeschlüsse.

⁵⁹ Vgl. den oben in Anm. 57 zitierten Beschluß des Konzils von 541 und die folgende Bestimmung des Konzils von Tours 567: *Item decernitur proter illud coeleste mandatum: Pacem meam do vobis, ut pontificalis affectus inter consacerdotes inviolabiliter conservetur. Verum si pro peccatis, ut assolet, ex causa livor emerserit, ut pendente certamine sibi invicem reconciliare non possint, electis ab utraque parte fratribus, id est presbyteris, praeponderante dulcidine litis iacula finiant et vota pacis adquirant ... Si quis autem ab utraque parte, ut dictum est, electis presbyteris, hoc est suis membris, atque mediantibus se fratri reconcilari neglexerit, cum ad synodum venerit, non solum reatum coram coepiscopis se cognuscat incurrere, verum etiam congruae poenitentiae intelligat vindictam subire.* Conciliae Galliae, Conc. Turonense, A 567, S. 177.

⁶⁰ Vgl. Caspers, Der kirchliche Gütegedanke, S. 8 f. u. 40 f., und Hartmann, Der Bischof, S. 807.

⁶¹ Vgl. das Capitulare de iustitiis faciendis in: Capitularia I, Nr. 80, cap. 2, S. 176: *Ut episcopi, abbates, comites et potentiores quique, si causam inter se habuerint ac se pacificare noluerint, ad nostram iubeantur venire praesentiam, neque illorum contentio aliubi diiudicetur neque propter hoc pauperum et minus potentium iustitiae remaneant.* Vgl. auch das Kapitular über die Disziplin am Hofe mit dem entsprechenden Zitat in Anm. 20.

⁶² Vgl. hierzu und zum folgenden Nehlsen-von Stryk, Die boni homines, S. 64–80.

⁶³ Vgl. Wood, Disputes, S. 9.

⁶⁴ Das zeigt sich unter anderem auch darin, daß die *boni homines* nur in den Rechtsquellen erwähnt werden, während die tüchtigen und ehrwürdigen Männer vornehmlich in der Geschichtsschreibung als Friedensstifter auftauchen. Vgl. Nehlsen-von Stryck, Die boni homines, S. 343.

⁶⁵ Vgl. Formulae Marculfi, II,18, S. 88, wo es heißt: *intervenientibus sacerdotes* [sic] *et magnificis viris ...*

66 Vgl. Gregor von Tours, Libri Historiarum, IX,20, S. 434.

67 So wird etwa nachträglich in den Annales Xantenses, ad 842, S. 12f., die Teilung des Reiches im Vorfeld des Vertrages von Verdun als ein Werk, das *intervenientibus viris strenuis* vollbracht worden sei, hingestellt, obwohl die zeitlich näheren Darstellungen eindeutig zeigen, daß die angesprochenen Leute eigentlich nur Abgesandte der drei Parteien waren. Vgl. unten S. 60f.

68 Vgl. Geary, Die Merowinger, S. 117.

69 *Hludouuicus ... Prouintiam uenit et quos potuit ipsius regni primores sibi concilauit. Hoc audito, Hlotharius illuc pergit, et mediantibus inter eos domesticis et amicis illorum placitum quo simul redeant et de ipso regno apud se tractent condicunt.* Annales Bertinani, ad 863, S. 96.

70 Vgl. Geary, Extra-Judicial Means, S. 594.

71 Vgl. zur *audientia episcopalis* Selb, Episcopalis audientia, bes. S. 206 u. 214f., der den schiedsrichterlichen Charakter der Einrichtung unterstreicht. Anders Vismara, La Guridizione, S. 224ff. u. 249f.

72 Vgl. Fredegar, Chronicarum, II,58, S. 82f. Zur Bewertung des Berichts vgl. Ewig, Die fränkische Reichsbildung, S. 255, der Bedenken hat, ob es überhaupt zu einem Eingreifen Theoderichs gekommen ist. Dagegen stellt Geary, Die Merowinger, S. 91, die Schlichtung durch den Ostgotenkönig nicht in Frage.

73 Vgl. hierzu und zum folgenden Fredegar, Chronicarum, II,58, S. 82f. Fredegar hat den Bericht über das Eingreifen Theoderichs in diesen Streit zwischen zwei längeren Passagen, die er den Gesta Theoderici entnommen hatte, eingefügt, gleichsam als Scharnier und Übergang zwischen der positiven Würdigung des Ostgoten im ersten (II,57) und der negativen Schilderung im zweiten Teil (II,59). Vgl. zur Textgestalt Kusternig, Einleitung, in: Fredegar, S. 6, 15 u. 17.

74 *... ut veniret legatarius Francorum, sedens super aequum, contum aerictum tenens in manum, ante aula palatiae Alarice, et tam diu Alaricus et Gothi super eum solidos iactarint, quousque legatum et aequum et cacumine conti cum soledis coperirent.* Fredegar, Chronicarum, II,58, S. 83.

75 Darüber hinaus ermöglicht es diese Geschichte dem Autor, die Aneignung des westgotischen Königsschatzes als Wiedergutmachung hinzustellen. Als Fredegar ein Kapitel weiter den Aufstieg der Franken und in diesem Zusammenhang erneut – diesmal jedoch in enger Anlehnung an Gregor von Tours – die Schlacht bei Vouillé und den Raub des Schatzes beschreibt, fehlt allerdings jeder Hinweis auf das Schiedsgericht des Theoderich, allein der Krieg Chlodwigs wird erneut im Gegensatz zu seiner Vorlage als Vergeltung für den Bruch des Friedens durch die Westgoten hingestellt.

76 Die verwandtschaftlichen Beziehungen Theoderichs zu beiden Kontrahenten, die ihn für die Rolle eines Schiedsrichters gleichsam hätten prädestinieren können, werden von Fredegar übergangen. Theoderich hatte 493 eine Schwester Chlodwigs geheiratet, und seine Tochter war die Ehefrau Alarichs II. Vgl. Ewig, Die Merowinger, S. 21.

77 Vgl. die entsprechenden Bestimmungen in den Beschlüssen der Konzile von Orléans (541) und Tours (567) in Anm. 57 u. 59.

78 *Ut electi iudices de utriusque partibus non spernantur.* Capitularia I, Nr. 28, cap. 44, S. 77.

⁷⁹ Vgl. Annales Bertiniani, ad 868, S.150f.

⁸⁰ Vgl. hierzu und zum folgenden Gregor von Tours, Libri Historiarum, VI,31, S.300f.

⁸¹ *Mane autem concurrentibus legatis, pacem fecerunt, pollicentes alter ab alterutrum, ut quicquid sacerdotes vel seniores populi iudicarent, pars parte conponerent, quae terminum legis excesserat; et sic pacificati sund discesserunt.* Gregor von Tours, Libri Historiarum, VI,31, S.300.

⁸² *Chlotharius respondebat et per suos legatus Brunechilde mandabat, iudicio Francorum electorum quicquid, precedente Domino, a Francis inter eosdem iudicabatur, pollicetur esse implere.* Fredegar, Chronicarum, IV,40, S.140. Die obige Übersetzung stammt vom Autor, da die Übertragung von Andreas Kusternig in der FSGA 4a, S.191, das anvisierte Vorgehen nicht gerade erhellt, spricht er doch in Ansehung der Worte *iudicio Francorum electorum* von einer Gerichtsversammlung auserwählter Franken und in bezug auf das *iudicabatur* von einem Schiedsspruch.

⁸³ *Anno 15. regni Theuderici, cum Alesaciones, ubi fuerat enutritus, preceptum patris sui Childeberti tenebat, a Theudeberto rito barbaro pervadetur. Unde placetus inter his duos regis, ut Francorum iudicio finiretur.* Fredegar, Chronicarum, IV,37, S.138. Vgl. dazu auch Waitz, Deutsche Verfassungsgeschichte, II,2, S.197f.

⁸⁴ Vgl. Fredegar, Chronicarum, IV,53, S.146f., und dazu auch Geary, Die Merowinger, S.158.

⁸⁵ *... petensquae Dagobertus cuncta que ad regnum Austrasiorum pertinebant suae dicione vellere recipere; quod Chlotharium vehementer denegabat, eidem ex hoc nihil velle concedere. Elictis ab his duobus regibus duodicem Francis, ut eorum disceptatione haec finirit intentio ...* Fredegar, Chronicarum, IV,53, S.147.

⁸⁶ *... tandem a pontificebus vel sapientissimis viris procerebus pater paceficatur cum filio. Reddensque ei soledatum quod aspexerat ad regnum Austrasiorum, hoc tantum exinde, quod citra Legere vel Provinciae partibus situm erat, suae dicione retenuit.* Ebd. Vgl. zum Inhalt des Schiedsspruches Ewig, Die fränkischen Teilreiche, S.194f. Als Herrscher in dem ihm nunmehr zugesprochenen großaustrasischen Herrschaftsbereich trat Dagobert frühestens seit dem 31.12.625 auf. Vgl. Weidemann, Zur Chronologie, S.182.

⁸⁷ Vgl. Waitz, Deutsche Verfassungsgeschichte, II,2, S.195ff., mit weiteren Belegen für die sich überschneidende Tätigkeiten der Großen am Hofe.

⁸⁸ Vgl. dazu den Bericht in den Continuationes Fredegarii, 38, S.185.

⁸⁹ Vgl. Gregor von Tours, Libri Historiarum, VI,31, S.300f.

⁹⁰ Vgl. Capitularia I, Nr.28, S.77.

⁹¹ Vgl. Nithard, Histoire, IV,1, S.118–120, der selbst zu den Bevollmächtigten gehörte: *Hinc autem uterque illorum* [sci. Ludwig und Karl] *duodecim e suis ad hoc opus elegit, quorum unus extiti; et sicut illis congruum, ut inter illos hoc regnum divideretur, visum est, contenti sunt.* Vgl. auch Richet, Die Karolinger, S.199.

⁹² *Hlutharius vero collecto fido satis exercitu apud Madasconam Galliae urbem consedit; quem consecuti fratres sui, cum iam vidissent proniorem ad faciendam cum eis pacem, foedus inire maluerunt, quam contentionibus diutius deservire; ea tamen conditione, ut e partibus singulorum XL ex primoribus electi in unum convenientes regnum aequaliter describerent, quo facilius postmodum inter eos pari sorte divideretur.* Annales Fuldenses, ad 842, S.33. Die Annales Bertiniani, ad 842, S.43, sprechen

erst im Zusammenhang des Treffens zwischen Karl dem Kahlen und Ludwig dem Deutschen in Koblenz von diesem Plan. Daß die Großen nicht allein eine Bestandsaufnahme des Reiches, sondern zugleich einen Teilungsplan vorlegen sollten, geht aus den Fuldaer Annalen zum Jahr 843, S. 34, ebenso hervor wie aus Nithard, Histoire, IV,5, S. 134–140.

[93] Vgl. hierzu und zum folgenden Nithard, Histoire, IV,5, S. 134–140.

[94] Vgl. hierzu und zum folgenden Annales Bertiniani, ad 870, S. 171 f.

[95] Ein Fülle von Belegen für die immer wiederkehrende Zwölfzahl in Religion, Politik und Recht bei den verschiedenen germanischen Völkern liefert Waitz, Deutsche Verfassungsgeschichte, I, S. 497–510.

[96] Vgl. Annales regni Francorum, ad 811, S. 134. Ein weiteres Beispiel liefert Lothar II. Er schickte dem päpstlichen Legaten Arsenius, der mit der Regelung seiner Ehefrage vom Papst beauftragt worden war, zwölf Große entgegen, die dem päpstlichen Abgesandten den Eid schworen, daß er, Lothar, seine erste Ehefrau wieder zur Frau nehmen werde. Vgl. Annales Bertiniani, ad 865, S. 119.

II.1 Das Bitten um Nachsicht und Milde

[1] Vgl. etwa Geary, Extra-Judicial Means, S. 585 ff., und Koziol, Begging Pardon, bes. 25 ff.

[2] Vgl. Althoff, Verwandtschaft, S. 185.

[3] Vgl. hierzu und zum folgenden James, Beati pacifici, S. 36 ff.

[4] Bischof Felix von Nantes verhinderte, daß Chanao, der Graf der Bretonen, mit dem Tod bestraft wurde (Gregor von Tours, Libri Historiarum, IV,4, S. 137). Gregor selbst erwirkte das Leben seines Intimfeindes Riculf (vgl. ebd., V,47, S. 261). Vgl. auch die Belege in der folgenden Anmerkung.

[5] So rettete Gregor einem Dieb, der in seiner Kirche Gold und Silber gestohlen und seinen Kompagnon erschlagen hatte, das Leben, indem er bei König Chilperich intervenierte. Vgl. ebd., VI,10, S. 279 f. Ebenfalls für das Leben eines mit dem Galgen bestraften Diebes setzte sich ein Mönch namens Eparchius ein. Vgl. ebd., VI,8, S. 277 f.

[6] Vgl. Gregor von Tours, Libri Historiarum, VIII,26, S. 390. Dort heißt es in bezug auf die Fürsprache: *Cumque in hoc res ageretur, ut gladius cervicem decideret, interventu episcoporum obtenta vita laxati sunt, nihil tamen de his quae eis ablata fuerant recipientes.*

[7] Vgl. die Rolle Gregors in der Sichar-Fehde, wo er sich als Bischof im Zuge des Gerichtsverfahrens bereit erklärte, die Buße für Sichar zu zahlen, um zu verhindern, daß dieser von Chramnesind, dessen Verwandte er getötet hatte, aus Vergeltung umgebracht wird. Vgl. Gregor von Tours, Libri Historiarum, VII,47, S. 366 f. Auch der Bischof Aetherius von Lisieux verhielt sich ähnlich. Als eine angesehene Familie, deren Tochter von einem Geistlichen entführt worden war, diesen Mann zu fassen bekam, bedrohte sie ihn mit dem Tod, falls ihn niemand mit Geld auslösen wollte. Der Bischof war zur Stelle und zahlte, um den Tod des Geistlichen zu verhindern. Vgl. ebd., VI,36, S. 306 f.

[8] Vgl. James, Beati pacifici, S. 16 f.

9 Vgl. ebd., S. 41 ff.

10 Vgl. etwa den Fall des Herzogs Berulf, dessen Freilassung intervenierende Bischöfe erreichten. Allein die konfiszierten Güter erhielt der Herzog nicht zurück. Gregor von Tours, Libri Historiarum, VIII, 26, S. 390.

11 Vgl. Gregor von Tours, Libri Historiarum, IX,38, S. 459: *Sed venientibus legatis, inter quos episcopi erant, a rege Gunthchramno et petentibus pro his* [i. e. Sunnegisil und Gallomagnus], *ab exilio revocantur; quibus nihil aliud est relictum, nisi quod habere proprium videbantur.*

12 Vgl. Fredegar, Chronicarum, IV,54, S. 147.

13 Vgl. die Hinweise bei James, Beati pacifici, S. 34 u. 36, und Geary, Extra-Judicial means, S. 588 ff.

14 Vgl. Gregor von Tours, Libri Historiarum, IX,7, S. 421.

15 Zum Hintergrund vgl. Ewig, Die fränkischen Teilungen, S. 140–146. Und zum Fall selbst vgl. Weidemann, Kulturgeschichte, I, S. 47–52, und Jussen, Patenschaft, S. 192–199.

16 *Ille vero cum se cerneret positum in discrimene, Veredunensem eclesiam petiit, per Agericum prorsus episcopum, qui erat regis pater ex lavacro, veniam inpetrare confidens. Tunc pontifex ad regem properat depraecaturque pro eo; cui rex cum negare nequiret quae petebat, ait: 'Veniat coram nobis, et datis fideiussoribus in praesentia patrui mei, quicquid illius iudicium decreverit, exsequamur.' Tunc adductus ad locum ubi rex morabatur, nudatus armis ac per manicas tentus, ab episcopo repraesentatur rege. Ad cuius provolutus pedes, ait: 'Peccavi tibi ac genetrice tuae, non oboediendo praeceptionibus vestris, sed agendo contra voluntatem vestram atque utilitatem publicam; nunc autem rogo, ut indulgeatis malis meis, quae in vobis gessi.' Rex autem iussit eum elevari a terra et posuit in manu episcopi, dicens: 'Sit penes te, sanctae sacerdos, donec in praesentia Gunthchramni regis adveniat'. Et iussit eum discidere.* Gregor von Tours, Libri Historiarum, IX,8, S. 421.

17 Diese Auffassung findet sich bei Angenendt, Kaiserherrschaft, S. 107.

18 So mehr oder weniger Jussen, Patenschaft, S. 198.

19 *Sed pontifex ille, qui pro eo fidem fecerat, non adfuit, quia convenerat, ut absque ullius defensione regi praesentaretur, scilicet ut, si ipse decerneret eum morte debere, non excusaretur a sacerdote; sin autem ille vitam concideret, liber abiret.* Gregor von Tours, Libri Historiarum, XI,10, S. 424.

20 *'Scio te, beatissime sacerdos, magnum cum regibus honorem habere. Et nunc ad te confugio, ut evadam ... scias, quod, si a te non eruor, interfectu te, egrediar foris ... O sanctus sacerdos, scio enim, te patrem communem cum rege esse filio eius, et novi, quoniam quaecumque petieris ab eo obtenebis, nec negare omnino poterit sanctitate tuae quaecumque poposceris. Ideoque aut inpertire veniam, aut moriamur simul.' Haec autem evaginato aiebat gladio.* Gregor von Tours, Libri Historiarum, IX,10, S. 425.

21 Vgl. ebd., IX,8, S. 421.

22 Vgl. zur Bedeutung der Patenschaft Jussen, Patenschaft, S. 192 ff., mit Verweis auf weitere Literatur.

23 Vgl. Fredegar, Chronicarum, IV,42, S. 141, und Angenendt, Das geistliche Bündnis, S. 18 ff.

24 Vgl. Gregor von Tours, Libri Historiarum, VIII,6, S. 374 f. Vergeblich war

schließlich Gregors Fürsprache für den oben erwähnten, des Mordes an Chilperich beschuldigten Oberkämmerer Eberulf. Allerdings lag dies nicht allein an dem fehlenden Zugang zu Guntram, sondern ebenso an der Schwere des Vergehens und der in der Öffentlichkeit verkündeten Selbstverpflichtung König Guntrams, den mutmaßlichen Mörder und seine Familie ausrotten zu lassen. Vgl. ebd., VII,22, S. 340 ff.

[25] *Nam cum prius, pro his depraecatus, nihil obtinere potuissem, haec in sequenti locutus sum: 'Audiat, o rex, potestas tua. Ecce! a domino meo in legatione ad te directus sum. Vel quid renuntiabo ei qui me misit, cum nihil mihi responsi reddere vellis?' At ille obstupefactus ait: 'Et quis est dominus tuus, qui te misit?' Cui ego subridens: 'Beatus Martinus', inquio 'misit me.' Tunc ille iussit sibi repraesentari viros.* Gregor von Tours, Libri Historiarum, VIII,6, S. 375.

[26] Vgl. ebd.

[27] Vgl. dazu auch James, Beati pacifici, S. 31, und Geary, Die Merowinger, S. 139 f.

[28] Vgl. hierzu und zum folgenden James, Beati pacifici, S. 36 ff.

[29] *Verumtamen promissionem habitote de vita, etiamsi culpabiles inveniamini. Christiani enim sumus; nefas est enim vel criminosus ab eclesia eductus puniri.* Gregor von Tours, Libri Historiarum, IX,38, S. 459, und vgl. ebd., S. 458 f., und IX,3, S. 416, wo die gleiche Auffassung König Guntram in den Mund gelegt wird.

[30] Das Eintreten der Bischöfe von Poitiers und Tours für den in diesen Gebieten eingesetzten Herzog Berulf, der wegen Unterschlagung zum Tode verurteilt wurde, kann, muß aber nicht als Ausdruck nachbarschaftlicher und politischer Verbundenheit verstanden werden. Denn hinter der Fürbitte der Bischöfe muß sich nicht mehr als der notorische Widerstand gegen die Todesstrafe verbergen. Vgl. Gregor von Tours, Libri Historiarum, VIII,26, S. 390.

[31] Vgl. Gregor von Tours, Libri Historiarum, VII,22, S. 341: *Et quamquam multas nobis insidias prius de rebus sancti Martini fecisset, extabat tamen causa, ut eadem obliviscerem, eo quod filium eius de sancto lavacro suscipissem.* Vgl. auch Jussen, Patenschaft, S. 276 ff.

[32] Vgl. Gregor von Tours, Libri Historiarum, V,18, S. 221 ff. Zu den Umständen Pontal, Synoden, S. 146 ff.

[33] *Et ait: 'Ite, et accendentes ad eum, dicite, quasi consilium ex vobismet ipsis dantes: 'Nosti quod sit rex Chilpericus pius atque conpunctus et cito flectatur ad misericordiam; humiliare sub eo et dicito, ab eo obiecta a te perpetrata fuisse. Tunc nos prostrati omnes coram pedibus eius, dare tibi veniam inpetramus.'* Gregor von Tours, Libri Historiarum, V,18, S. 222.

[34] Vgl. ebd.

[35] Vgl. Gregor von Tours, Libri Historiarum, X,19, S. 512 f.

[36] Vgl. Fredegar, Chronicarum, IV,52, S. 146. Dazu mit weiterer Literatur zuletzt Busch, Vom Attentat, S. 564, der allerdings den Akt der väterlichen Fürsprache auf ein königliches Schutzversprechen reduziert und der Rolle Dagoberts bei den Vorgängen nicht gerecht wird. Zwar hatten die karolingischen Ahnen, sprich Arnulf von Metz und Pippin der Ältere, den Sturz Chrodoalds herbeigeführt, aber beim Fortgang der Ereignisse wird in der einzigen zur Verfügung stehenden Darstellung Fredegars eindeutig Dagobert zum Akteur. Er sagte dem Vater zu, Chrodoald bei angemessener Buße vergeben zu wollen, und er gab den Befehl, den Agilofinger

trotzdem zu töten *(iusso Dagoberti interfectus est)*, wobei der Autor es offenläßt, ob Chrodoald Buße geleistet hat. Immerhin hatte Dagobert ihn soweit wieder in seine Huld aufgenommen, daß Chrodoald in seine Umgebung zurückkehrte, was ihm dann jedoch zum Verhängnis wurde, da er bei einem Aufenthalt des Hofes in Trier vor dem Schlafengehen mit dem Schwert getötet wurde.

[37] Vgl. etwa den Fall des Desiderius, der von Guntram auf Fürsprache einiger Großer wieder zu Gnaden aufgenommen wurde, nachdem ihn der König zunächst einmal gar nicht empfangen wollte. Vgl. Gregor von Tours, Libri Historiarum, VIII,27, S. 390.

[38] Vgl. oben S. 68 mit Anm. 24f.

[39] Vgl. dazu Gregor von Tours, Libri Historiarum, V,48–49, S. 257–263.

[40] Das Ende des Leudast berichtet Gregor von Tours, ebd., VI,32, S. 302–304.

[41] *Depraecante igitur omni populo, rex se videndum ei praebuit. Prostratusque pedibus eius, veniam flagitavit.* Ebd., S. 303.

[42] *Cui rex: 'Cautum,' inquid, 'te redde paulisper, donec, visa regina, conveniat, qualiter ad eius gratiam revertaris, cui multum inveniris esse culpabilis.'* Ebd.

[43] *At illa frendens et execrans aspectum eius, a se repulit, fusisque lacrimis, ait: 'Et quia non extat de filiis, qui criminis mei causas inquerat, tibi eas, Iesu domine, inquerendas committo.' Prostrataque pedibus regis, adiecit: 'Vae mihi, quae video inimicum meum, et nihil ei praevaleo.'* Ebd., S. 303.

[44] Vgl. dazu auch Kamp, Die Macht der Zeichen.

[45] *Desiderius vero dux cum aliquibus episcopis et Aridio abbate vel Antestio ad regem Gunthchramno properavit. Sed cum eum rex aegre vellit accipere, victus precibus sacerdotum, in gratia sua recepit.* Gregor von Tours, Libri Historiarum, VIII,27, S. 390.

[46] Vgl. ebd., VIII,18, S. 385.

[47] So James, Beati pacifici, S. 27.

[48] So im Falle Baddos, der in Chalon-sur-Saône von Guntram in Haft gehalten wurde, dann aber, „als sich Gesandte und besonders Bischof Leudovald von Bayeux für ihn verwendeten," freigelassen wurde. Gregor von Tours, Libri Historiarum, IX,13, S. 428. Auch die Rückkehr des Marschalls Sunnegisil und seines Mitverschwörers Gallomagnus aus dem Exil wurde durch eine Gesandtschaft, zu der auch weltliche Große gehörten, erwirkt. Vgl. ebd., IX,38, S. 459.

[49] So spielte Arnulf von Metz bei dem Schiedsverfahren zwischen Chlothar II. und Dagobert die entscheidende Rolle (Fredegar, Chronicarum, IV,53, S. 147), so wurde der Konflikt zwischen dem Hausmeier Waratto und dessen Sohn durch Fürsprache eines Bischofs entschärft (Continuatio Fredegarii, cap. 4, S. 171) und so schickte Ebroin einen Bischof an den von ihm verfolgten *dux* Martin, um ihn zur Umkehr und Versöhnung zu bewegen, allerdings in hinterhältiger Absicht (ebd., 3, S. 170).

[50] Vgl. James, Beati pacifici, S. 45, und Geary, Die Merowinger, S. 211 f.

[51] Vgl. Hartmann, Die Synoden, S. 138.

[52] Vgl. das Kapitular von Herstal in: Capitularia I, Nr. 20, S. 48.

[53] Vgl. z. B. den Brief Einhards an einen unbekannten Erzbischof, in dem dieser um Nachsicht gegenüber einem Mörder bittet, der sich in sein Kloster geflüchtet hatte (Einhardi epistolae, Nr. 49, S. 134).

[54] So heben die Reichsannalen eigens hervor, daß Karl der Große um Strafnach-

laß gebeten habe, da er ein Vetter Tassilos sei. Vgl. Annales regni Francorum, ad 788, S. 80.

⁵⁵ Vgl. Continuatio Fredegarii, cap. 38, S. 185.

⁵⁶ Vgl. die Schilderung in den Annales Nazariani, ad 786, S. 41 ff. Siehe zu der Erhebung auch Krah, Absetzungsverfahren, S. 16–19.

⁵⁷ Vgl. Böhmer – Mühlbacher, Regesta Imperii, Nr. 515o.

⁵⁸ Vgl. ebd., Nr. 333.

⁵⁹ Vgl. Lupi abbatis Ferrariensis eipstolae, Nr. 84, S. 75–77.

⁶⁰ Vgl. Annales regni Francorum, ad 801, S. 114. Vgl. dazu auch Hageneder, Das crimen maiestatis, S. 61.

⁶¹ Vgl. Einhardi epistolae, Nr. 49, S. 134.

⁶² Einer der wenigen, der vollständig wieder in seine alte Stellung kam, war der Graf Aio, der 774 zu den Verschwörern um den *dux* Hrotgaud gehörte, dann auf die Seite der Awaren gewechselt war und 796 von Pippin gefangengenommen wurde. Doch schon drei Jahre später erhielt er seinen gesamten Besitz in Norditalien zurück. Vgl. Krah, Absetzungsverfahren, S. 15 ff. Zu jenen, die möglicherweise in den Genuß einer *restitutio in integrum* gekommen sind, gehört der Markgraf Autgar, der zunächst mit den Söhnen Karlmanns vor Karl dem Großen nach Italien floh, sodann gemeinsam mit den Langobarden gegen diesen kämpfte, sich ihm schließlich aber freiwillig unterwarf (... *protinus Autcarius et uxor adque filii saepius nominati Carolomanni propria voluntate eidem benignissimo Carulo regi se tradiderunt.* Vita Hadriani, 34, S. 496). Einige Zeit später ist es dann wohl zu einer Aussöhnung gekommen. Vgl. Krah, Absetzungsverfahren, S. 10 ff. Welche Sanktionen Karl der Große nach dieser Unterwerfung ergriffen hat, weiß man nicht, ja gegen Krah, Absetzungsverfahren, S. 10 f., ist festzuhalten, daß nicht einmal zu erkennen ist, ob er welche ergriffen hat. Darüber hinaus sollte man diesem Fall ohnehin nicht zu viel Gewicht beimessen, da selbst die Annahme einer Aussöhnung nicht auf festem Grund steht. Denn ob der besagte Otgarius/Autcharius mit dem 14 Jahre später genannten Audaccrus identisch ist, muß schon aufgrund der unterschiedlichen Namensschreibung in Frage gestellt werden.

⁶³ Geblendet wurden Hadrad und ein Teil seiner Gefolgsleute, Bernhard von Italien, später dann Karlmann, ins Kloster schickte man Grifo, Pippin den Buckligen und Tassilo, um nur die bekanntesten Empörer zu nennen.

⁶⁴ Eine weitgehende Schonung kann man aber im Falle des Grafen Bera von Barcelona feststellen, der, der Infidelität angeklagt, den eingeforderten Zweikampf verloren hatte und somit als Majestätsverbrecher erachtet wurde, auf den nunmehr die Vollstreckung des Todesurteils wartete. Doch der Kaiser begnadigte ihn, verbannte ihn nach Rouen, ließ ihm aber immerhin seine Eigengüter. Das Amt des Grafen blieb ihm zwar versagt, aber nicht seinen Nachkommen. Vgl. dazu Krah, Absetzungsverfahren, S. 56 f. Schon vor dem Zweikampf soll Ludwig dem Grafen Straffreiheit zugesagt haben, wenn er sich schuldig bekenne. Vgl. Boshof, Ludwig der Fromme, S. 116.

⁶⁵ Vgl. Boshof, Ludwig der Fromme, S. 148.

⁶⁶ Vgl. die Beispiele für die Merowinger bei Waitz, Deutsche Verfassungsgeschichte, II,1, S. 194 f. mit Anm. 4. Siehe auch Busch, Vom Attentat, S. 571 u. 575 mit Anm. 48. Zu den karolingischen Königen vgl. Krah, Absetzungsverfahren, S. 373 ff.

⁶⁷ Vgl. Böhmer – Mühlbacher, Regesta Imperii, I, Nr. 41a.
⁶⁸ Vgl. ebd., Nr. 54c, 57 b u. f, sowie Busch, Vom Attentat, S. 572 f.
⁶⁹ Vgl. Annales regni Francorum, ad 788, S. 80.
⁷⁰ Vgl. Böhmer – Mühlbacher, Regesta Imperii, I., Nr. 311a mit den Quellenbelegen und vgl. Brunner, Oppositionelle Gruppen, S. 62 f.
⁷¹ Vgl. ebd. Nr. 515n, mit den Belegen und dazu Wolf, 'Aufstand'.
⁷² Vgl. ebd., Nr. 661a.
⁷³ Vgl. Gregor von Tours, Libri Historiarum, IV,20, S. 153 f.
⁷⁴ Vgl. hierzu auch Busch, Vom Attentat, S. 575, mit weiteren Beispielen.
⁷⁵ Vgl. Boshof, Ludwig der Fromme, S. 182–186 u. 208; Althoff, Das Privileg, S. 116–122; Schieffer, Die Karolinger, S. 131 ff., 156 ff., 159 u. 183 f.
⁷⁶ Vgl. zu Karlmann Kasten, Königssöhne, S. 466–475, und zu Ludwig Althoff, Das Privileg, S. 122 mit Anm. 43.
⁷⁷ Vgl. McKitterick, The Frankish Kingdoms, bes. S. 182, und Schieffer, Die Karolinger, S. 153 f.
⁷⁸ Vgl. Fried, Ludwig der Jüngere, S. 9.
⁷⁹ Vgl. Notker Balbulus, Gesta Karoli, cap. 11, S. 67.
⁸⁰ Generell verzichtete Ludwig der Deutsche im übrigen nicht auf abschreckende Strafen. Denn den Heiden Rastislaw ließ er blenden, nachdem dieser zum Tode verurteilt worden war, was erklären mag, daß Notker Balbulus, als er Ludwigs negative Haltung zu blutigen Strafen rühmte, diesen Verhaltenszug auf den Umgang mit Christen begrenzte. Doch de facto scheute Ludwig der Deutsche auch vor der Blendung von Christen nicht zurück, wie der Vollzug dieser Strafe an einem sächsischen Vasallen des ostfränkischen Grafen Heinrich zeigt, die dann den anvisierten Friedensschluß mit seinen jüngeren Söhnen Ludwig und Karl platzen ließ. Vgl. zu Rastislaw Dümmler, Geschichte, Bd. 2, S. 301 f., und zu dem geblendeten Sachsen ebd., S. 318.
⁸¹ Vgl. dazu Boshof, Ludwig der Fromme, S. 143 ff.
⁸² Vgl. Althoff, Das Privileg, S. 119, und Boshof, Ludwig der Fromme, S. 191.
⁸³ *Hoc modo princeps liberis vel propinquis, si peccaverint, recognoscentibus ac poenitentibus parcere debet.* Hincmar von Reims, De regis persona et ministerio, cap. 30, S. 854. Vgl. dazu auch Wolf, 'Aufstand', S. 582.
⁸⁴ Vgl. oben, bei Anm. 14 ff.
⁸⁵ Vgl. Kapitel I.1, S. 17 f.

II.2 Der Einsatz für den Familienfrieden der Karolinger

¹ Vgl. Annales Fuldenses, ad 846, S. 36 f., und vgl. dazu Dümmler, Geschichte, Bd. 1, S. 296 ff.
² Vgl. Dümmler, Geschichte, Bd. 1, S. 300.
³ Vgl. ebd., S. 299.
⁴ Vgl. ebd., S. 268 f. u. 298 f.
⁵ Vgl. zur politischen Situation Schieffer, Die Karolinger, S. 146 u. 150.
⁶ *Hludowicus occidentem profectus mense Martio cum Karlo placitum habuit; in quo uterque eorum publice contestatus est suae non fuisse voluntatis, quod Gisalber-*

tus filiae Hlutharii iungeretur, ut his auditis Hlutharius facilius placari potuisset. Annales Fuldenses, ad 846, S. 36.

[7] Vgl. ebd.

[8] *Hic annus a bellis quievit, quem Hlutharius et Hludowicus mutua familiaritate transegerunt; nam uterque eorum ad domum alterius invitatus conviviis et muneribus regiis honoratus est.* Annales Fuldenses, ad 847, S. 36.

[9] Vgl. Annales Fuldenses, ad 847, S. 36, die allerdings nur von dem Scheitern der Friedensbemühungen Ludwigs sprechen, ohne das Treffen von Meersen explizit zu erwähnen. Dennoch kann man mit Dümmler, Geschichte, Bd. 1, S. 299, Anm. 2, die Aussage der Fuldaer Annalen vom Inhalt wie vom Kontext her auf die Zusammenkunft von Meersen beziehen und würde dann zu der oben vorgelegten Interpretation kommen. Zu Meersen vgl. Capitularia II, Nr. 204, S. 69ff., mit dem dort erzielten Abkommen.

[10] *Hludowicus tamen Hlutharium et Karlum, ita ut voluit, pacificare non potuit, renuente Hluthario propter iniuriam sibi a Gisalberto vasallo Karli in raptu filiae suae factam.* Annales Fuldenses, ad 847, S. 36.

[11] Vgl. ebd.

[12] Vgl. Annales Fuldenses, ad 848, S. 37f.

[13] Vgl. ebd.

[14] Vgl. ebd. Daß die Leistung des Treueides nicht vor nachträglicher Strafe schützte, zeigt im übrigen auch die Behandlung der Verschwörer um Hadrad, die nach ihrem Treueid noch auf mannigfache Art büßen mußten. Vgl. dazu Kapitel II.3, bei Anm. 19.

[15] Vgl. Dümmler, Geschichte, Bd. 1, S. 338.

[16] Vgl. insbes. Annales Fuldenses, ad 858, S. 49ff., und dazu Schieffer, Die Karolinger, S. 154, und Schneider, Brüdergemeine, S. 158.

[17] Wann Karl der Kahle diese Ansprache gehalten hat, ist nicht genau zu datieren. Seine Rede wird stets zu Anfang der in Koblenz gefaßten Beschlüsse und der dort von allen beteiligten Königen vorgetragenen Reden überliefert und ist in ihren zeitlichen Angaben nicht eindeutig auf das Jahr 860 zu beziehen, so daß sie auch schon 859 gehalten worden sein kann. Vgl. die einleitenden Bemerkungen der Edition, in: Capitularia II, Nr. 242, S. 153, und Schneider, Brüdergemeine, S. 159, für den die Ansprache vor Beginn der Koblenzer Verhandlungen erfolgte.

[18] *Post hoc laboravit adiuvante Domino iste carissimus nepos noster, ut inter nos pax fieret, sicut per rectum esse debet, et ut monentibus episcopis ad illam caritatem et fraternam concordiam rediret, sine qua nullus christianus salvus esse non potest.* Capitularia II, Nr. 242, S. 153.

[19] *Propterea transmisit ad nos suos missos, et mandavit nobis primum tale missaticum, quod nobis impossibile visum fuit. Deinde, quia illud missaticum non suscepimus, aliud missaticum nobis sui missi dixerunt; quod quia et secundum Deum salubre et secundum seculum utile nobis videtur, volumus vobis illud dicere; et si vobis ita, sicut et nobis, videtur, cum vestro consilio volumus illud recipere et quod Deus concesserit, ad necessarium effectum perducere.* Capitularia II, Nr. 242, S. 153f.

[20] Vgl. Schneider, Brüdergemeine, S. 153, zum Vertrag von Saint-Quentin vom 1. März 857.

[21] Vgl. Schieffer, Die Karolinger, S. 153.

²² Zumindest in den Augen der Annalen von Fulda richtete sich der Bündniswechsel Lothars bewußt gegen Ludwig. Vgl. ebd., ad 858, S. 48 f.

²³ Vgl. Annales Bertiniani, ad 858, S. 79: *Quo Lotharius rex ei occurit et confirmatis inter se pactionibus, ad sua repedat.*

²⁴ Vgl. zur Ereignisfolge Schneider, Brüdergemeine, S. 15 ff.

²⁵ *Frequentibus legatorum suorum discursibus* lauten die entsprechenden Worte in den Annales Fuldenses, ad 859, S. 53.

²⁶ Vgl. den Eid Ludwigs, in dem dies deutlich zum Ausdruck kommt. Capitularia II, Nr. 242, S. 154.

²⁷ Vgl. ebd., S. 155 f., und Schneider, Brüdergemeinde, S. 22.

²⁸ Vgl. Capitularia II, Nr. 242, S. 156, cap. 7.

²⁹ Vgl. ebd., S. 158: *Illis hominibus, qui contra me sic fecerunt, sicut scitis, et ad meum fratrem venerunt, propter Deum et propter illius amorem et pro illius gratia totum perdono, quod contra me misfecerunt* ... Es folgen dann die Bestimmungen über den Besitz und über die Verpflichtung Ludwigs, ähnlich mit Karls Getreuen zu verfahren, um sodann mit dem folgenden Versprechen zu schließen: *Sedet de illis alodibus, quos de mea donatione habuerunt, et etiam de honoribus, sicut cum illo melius considerabo, illis, qui ad me se retornabunt, voluntarie faciam.*

³⁰ Seine Rolle als Vermittler erklärt denn auch eher seinen Verzicht als die Annahme, mit der Verkündigung der Beschlüsse durch seine Onkel sei der Pflicht zur Veröffentlichung gegenüber dem *populus* schon Genüge getan, welche Schneider, Brüdergemeine, S. 45, in den Raum stellt.

³¹ Vgl. Annales Fuldenses, ad 859, S. 53.

³² Vgl. Schneider, Brüdergemeine, S. 33 u. 154.

³³ Vgl. Kapitel I.3, S. 60 f.

³⁴ Vgl. Anm. 18.

³⁵ Vgl. Capitularia II, Nr. 243, S. 163, wo es in der Ansprache Ludwigs heißt: *Interea pervenit ad me, quia meus frater et communis nepos noster ita inter se non erant, sicut tunc fuerunt, quando nos simul coniunximus. Et ideo ad hoc veni, ut inter eos privatus mediator existerem et ipsi sic inter se sint, sicut per rectum esse debent.* Und in der Verlautbarung Karls des Kahlen liest man sodann: *Et si hic communis nepos noster fecerit, sicut frater noster et episcopi, qui cum eo inter nos mediatores fuerunt* ... (S. 164). Siehe auch Althoff, Staatsdiener, S. 142 f., Anm. 37.

³⁶ Vgl. Annales Bertiniani, ad 860, S. 83 f.: *Lotharius rex, metuens auunculum suum Karlum, Ludoico regi Germaniae sociatur* ...

³⁷ Vgl. Capitularia II, Nr. 243, S. 160 ff., cap. 4, 5 und 6. Zur Bewertung des Schreibens, in dem die Vorwürfe Karls des Kahlen aufgelistet sind vgl. Schneider, Brüdergemeine, S. 32 f. Zum Ehekonflikt Lothars II. zuletzt Bauer, Rechtliche Implikationen, S. 41 ff., und Böhringer, Einleitung, S. 4–20.

³⁸ Vgl. Capitularia II, Nr. 243, S. 160 ff., cap. 4 u. 5.

³⁹ Vgl. Schneider, Brüdergemeine, S. 161.

⁴⁰ Vgl. Annales Bertiniani, ad 862, S. 94: *Hludouuicus rex Germaniae, directis missis blandiloquis ad fratrem suum Karolum* ...

⁴¹ Vgl. Annales Bertiniani, ad 862, S. 94.

⁴² Vgl. Capitularia II, Nr. 243, S. 159. Dieses Procedere wird allein durch die Vorrede, die sich nur in einigen überlieferten Handschriften des Abkommens von Savonnières befindet, belegt. Vgl. auch Schneider, Brüdergemeine, S. 40 f.

43 Vgl. Annales Bertiniani, ad 862, S. 94.

44 Vgl. Annales Bertinani, ad 862, S. 94 f., und dazu Schneider, Brüdergemeine, S. 41.

45 Vgl. oben Anm. Nr. 35.

Daß *privatus* in diesem Kontext mehr oder minder ein Synonym von *familiaris* darstellt, geht aus den Eiden Karls und Lothars hervor, wo einmal *privatus* und das andere Mal *familiaris* an gleicher Stelle dazu benutzt werden, um die künftigen Beziehungen zwischen Neffen und Onkel zu bezeichnen, die demgemäß im Geiste der verwandtschaftlichen Verbundenheit sein sollten. Vgl. Capitularia II, Nr. 243, S. 164: *et ita mihi familiaris et amicus ... extiterit,* sagte Karl mit Blick auf Lothar, um dann selbst zu versprechen: *sic ei privatus et amicus ... esse volo.* Anschließend wiederholte Lothar dann diese Redewendungen mit Bezug auf sich.

46 Vgl. allgemein zum Vater-Sohn-Verhältnis im frühen Mittelalter Kasten, Königssöhne, bes. 199 ff., im Hinblick auf die Konfliktträchtigkeit des Verhältnisses.

47 Vgl. Annales Bertiniani, ad 865, S. 123 f.

48 *Karolus obuiam fratri suo Hludouuico, eius conloquio fruiturus, Coloniam pergit et inter alia conlocutionum suarum uerba patrem et filium de iam dicta praesumptione pacificat, ea conditione ut iam ultra Adalardi filiae non copuletur.* Ebd.

49 Vgl. hierzu und zu den folgenden Ereignissen mit den entscheidenden Belegen Dümmler, Geschichte, Bd. 2, S. 329 ff.

50 *Praedicti quoque nepotes regis in Duciacum uenerunt ad eum, petentes, ut eos cum patre suo pacificaret. Sed et missi Hludouuici fratris sui ad eum uenerunt, postulantes ut obuiam illi secus Treiectum municipium ad conloquium illius ueniret; sicut et fecit, ducens secum missos nepotum suorum, qui ea quae petierunt apud patrem suum ex illorum uoce narrarent.* Annales Bertiniani, ad 871, S. 182.

51 *Vbi etiam missos Karlomanni filii sui, interueniente Hludouuico fratre suo, Karolus rex audiuit et sicut antea sub conditione suae correctionis eum redire ad se inuitauit, quae inuitatio nihil profecit.* Ebd.

52 *Mense Augusto Hludowicus rex cum Karolo fratre suo colloquium habuit prope Masam fluuium; sed nec ibi filios suos secum pacificare potuit ...* Annales Fuldenses, ad 871, S. 74.

53 Vgl. das Zitat oben in Anm. 48. In einem Brief an den Papst rühmte sich Karl selbst seiner Friedensbemühungen, nicht zuletzt, um das Wohlwollen des Papstes, mit dem er sich überworfen hatte, wiederzugewinnen. Vgl. dazu Dümmler, Geschichte, Bd. 2, S. 330.

54 Vgl. Gregor von Tours, Libri Historiarum, V, 38, S. 243 ff. Zu diesem Konflikt vgl. auch Thompson, The Goths, S. 64–73, und Claude, Geschichte der Westgoten, S. 67 ff.

55 Vgl. Thompson, The Goths, S. 68 ff.

56 Vgl. ebd.

57 Vgl. Gregor von Tours, Libri Historiarum, V, 38, S. 245: *... Leuvichildus, misit ad eum fratrem eius; qui, data sacramenta ne humiliaretur, ait: 'Tu ipse accede et prosternere pedibus patris nostri, et omnia indulget tibi.'*

58 *At ille poposcit vocare patrem suum; quo ingrediente, prostravit se ad pedes illius. Ille vero adpraehensum osculavit eum et blandis sermonibus delitinum duxit ad castra, ...* Ebd.

59 *... oblitusque sacramenti, innuit suis et adpraehensum spoliavit eum ab indu-*

mentis suis induitque illum veste vile; regressusque ad urbem Tolidum, ab latis pueris eius, misit eum in exilo cum uno tantum puerolo. Ebd.

⁶⁰ Man hat es hier mit einer typischen Form der *deditio* zu tun, wie sie Althoff, Das Privileg, S. 113 ff., mit Blick auf die Karolingerzeit und das hohe Mittelalter in ihren Formen beschrieben hat.

⁶¹ Vgl. Continuationes Fredegarii, 4, S. 171. Zu Audoin vgl. zuletzt Scheibelreiter, Audoin von Rouen.

⁶² Lakonisch vermerken die Annales Fuldenses, ad 866, S. 65: *Hludowicus vero mediante Liutberto archiepiscopo aliisque pacis amatoribus mense Novembrio apud Wormatiam patri suo reconciliatur.*

⁶³ Nur die Annalen von Xanten, ad 873, S. 31 f., berichten von einem Fußfall, mit dem Ludwig der Jüngere um Verzeihung gebeten habe. Vgl. Dümmler, Geschichte, Bd. 2, S. 354.

⁶⁴ Zum Rückhalt, den Ludwig der Jüngere beim fränkischen und sächsischen Adel fand, vgl. Fried, Ludwig der Jüngere, S. 9, der auch darauf hinweist, daß die Nachsicht, mit der Ludwig der Deutsche seinen Söhnen begegnete, mit dieser Unterstützung durch die regional führenden Adelsfamilien zu tun habe.

⁶⁵ Vgl. dazu auch Kapitel III.2, S. 160 ff., und III.3, S. 173 f.

⁶⁶ Vgl. Althoff, Das Privileg, S. 161 ff., und zu den Einzelheiten hinsichtlich der Unterwerfung Ludwigs des Jüngeren auch Dümmler, Geschichte, Bd. 2, S. 354, wobei hier die besondere Situation ohnehin Vermittler überflüssig machte, da sich Ludwig der Jüngere bei seinem Vater aufhielt, als sein aufrührerischer Plan ans Tageslicht kam.

⁶⁷ Vgl. Annales Bertiniani, ad 865, S. 121: *Interea Hlotharius missos suos ad Karolum dirigit, uolens et petens ut mutua firmitate inter eos amicitia federarentur, quod et Irmentrude regina interueniente optinuit.*

⁶⁸ Vgl. ebd.

⁶⁹ Vgl. ebd., ad 864, S. 106.

⁷⁰ Vgl. ebd., ad 869, S. 153 f.

⁷¹ Vgl. ebd., ad 869, S. 154: *Hlotharius ... ad suum fratrem in Beneuentum usque peruenit, et apud eum per Engelbergam multis petitionibus et muneribus atque inconuenientibus obtinuit ut ipsa Engelberga cum eo ... rediret.*

⁷² Vgl. Bougard, Art. Engelberga, in: DBI, Bd. 42, S. 670.

⁷³ *Quo etiam Adrianum papam eidem Engelbergae et sibi ex iussione imperatoris uenire fecit, et apud eum, datis illi multis muneribus, per ipsam Engelbergam obtinuit ut idem papa illi missam cantauerit et sacram communionem hac couenientia ei donauerit, si, postquam Nicolaus papa Vualdradam excommunicauit, ... quin nec conloquium quoddam habuerit.* Annales Bertiniani, ad 869, S. 154. Vgl. dazu auch Dümmler, Geschichte, Bd. 2, S. 238 ff.

⁷⁴ Es sei an dieser Stelle noch auf die bedeutsame Rolle der verwitweten Königin Bertrada hingewiesen, die den aufkommenden Streit zwischen ihren Söhnen Karl und Karlmann mit löste, indem sie entscheidend an dem Bündnis zwischen den Langobarden und Franken arbeitete und zugleich den Papst wie den bayrischen Herzog in ihre Friedensbemühungen mit einbezog. Vgl. Fried, Der Weg, S. 303. Allerdings bleiben die Umstände der ganzen Aktion ziemlich dunkel, da die Reichsannalen nicht mehr als eine Reise der Königin nach Bayern und nach Italien

vermelden (Annales Regni Francorum, ad 770, S. 30) und auch die Hinweise in den päpstlichen Briefen der Angelegenheit kaum Kontur verschaffen (vgl. JE, Nr. 2381, 2386 u. 2388).

[75] Vgl. dazu Regino von Prüm, Chronica, ad 885, S. 123 f.

[76] Vgl. ebd., S. 124: *Heinricus* [der Babenberger, der im Auftrag Karls Gottfried umbringen sollte] *episcopum hortatur, ut die subsequenti Gislam uxorem Godefridi extra insulam evocaret eamque ad pacis studium provocare satageret, interim ipse cum Godefrido causam Everhardi comitis agitaret ...*

[77] Einige Hinweise zur Rolle der karolingischen Königin finden sich bei Stafford, Queens, S. 99 f.

[78] Nicolai I papae epistolae, Nr. 8, S. 274 f.

[79] Vgl. bes. den Brief Pauls I. an Pippin von 758, in dem dieser einem Ausgleich zwischen Pippin und Desiderius das Wort redet und die Sorge für den Frieden in der Welt ins Zentrum der päpstlichen Fürsorge rückt. Vgl. Codex carolinus, Nr. 16, S. 513 f.

[80] Vgl. Angenendt, Das geistliche Bündnis, insbes. S. 92 f.; Fritze, Papst und Frankenkönig; Hartmann, Zur Autorität, S. 119, 114 u. 122, und einschränkend Fried, Ludwig der Fromme, S. 234 ff.

[81] Vgl. Jahn, Ducatus, S. 169, 393 f. u. 523 ff.

[82] Vgl. Annales Mettenses priores, ad 743, S. 34 f. Siehe auch Jahn, Ducatus, S. 186 ff., generell zu dieser Auseinandersetzung.

[83] Vgl. Watttenbach – Levison, Deutschlands Geschichtsquellen, II,2, S. 260 ff.

[84] Vgl. hierzu und zum folgenden Annales Mettensis priores, ad 743, S. 33 ff.

[85] Vgl. ebd.

[86] Vgl. dazu Becher, Eid, S. 45–48, und Wolf, Bemerkungen, S. 356 ff. Gegen Becher, der zuweilen das nur in den Reichsannalen und davon abhängigen Berichten überlieferte Zusammentreffen von Nevers und die Weigerung Tassilos ganz ins Reich der Fabel verbannen will, ist festzuhalten, daß die päpstlichen Versuche, einen Ausgleich herbeizuführen, auf eine bedeutsame Verstimmung verweisen, für die die Vorfälle in Nevers bestens als Anlaß taugen. Um seine These zu erhärten, muß Becher ohnehin die Angabe der Reichsannalen zu 764, Pippin habe sich auf einem Hoftag in Worms mit der Sache zwischen Tassilo und dem aquitanischen Herzog Waifar *(causa inter Waifarium et Tassilonem)* befaßt, als quantité négligeable hinstellen und fragt demgemäß auch nicht weiter, worin diese causa bestanden habe. Becher, Eid, S. 47, diskutiert ein Bündnis zwischen Tassilo und Waifar allein unter dem Gesichtspunkt einer möglichen Gegenmaßnahme Tassilos angesichts der anzunehmenden Reaktion Pippins auf seinen Eidbruch. Angesichts der früheren Bündnisse zwischen den bayerischen und aquitanischen Herzögen kann man wohl mit Wolf ein Motiv für die Weigerung Tassilos, gegen Aquitanien zu ziehen, in eben einem solchen Bündnis zwischen Tassilo und Waifar sehen, das es dem Bayern in seinen Augen verbot, militärisch gegen seinen Bundesgenossen tätig zu werden, ein Bündnis, das eben als causa *inter Waifarium et Tassilonem* in den Reichsannalen bezeichnet wurde. Damit ist selbstredend nicht gesagt, daß man bereits zu Zeiten Pippins das Verhalten Tassilos als Heeresverlassung begriffen hat, so wie es die Reichsannalen behaupten. Das kann in der Tat spätere Interpretation sein, was dann auch erklären würde, warum, wie Becher unterstreicht, die Reaktion Pippins eher zurückhaltend ausfiel.

Anmerkungen zu S. 97–99　　　　　　291

[87] Vgl. Codex Carolinus 36, in: MGH Epistolae III,1, S. 545 f., und dazu auch Becher, Eid, S. 49 mit Anm. 182.

[88] Vgl. auch Classen, Bayern, S. 327. An dieser Aussage wird man im übrigen auch dann festhalten können, wenn der Friedensmission ein anderer Anlaß zugrunde gelegen haben sollte.

[89] Vgl. Annales regni Francorum, ad 871, S. 58, und Becher, Eid, S. 52, mit den weiteren einschlägigen Belegen.

[90] Vgl. Becher, Eid, S. 52.

[91] Vgl. dazu Angenendt, Das Frühmittelalter, S. 285.

[92] Vgl. Wolf, Tassilo III., S. 358, und Becher, Eid, S. 50 mit Anm. 188.

[93] Vgl. Annales regni Francorum, ad 871, S. 58.

[94] Vgl. etwa Löhren, Beiträge, S. 14.

[95] Vgl. Annales Mettensis priores, ad 881, S. 69, die davon reden, daß Tassilo seinen Eid auf Befehl des Papstes *(Tassilo vero consentiens iussioni pontificis)* geleistet habe.

[96] Vgl. Annales regni Francorum, ad 781, S. 58. Zu Riculf vgl. auch Wolf, Bemerkungen, S. 358 f.

[97] Vgl. oben bei Anm. 42.

[98] Vgl. Eigil, Vita Sturmi, cap. 22, S. 157 f., die für die *amicitia* zwischen dem Herzog und Karl allerdings den einzigen Beleg liefert. Vgl. dazu auch Classen, Bayern, S. 236, und Jahn, Ducatus, S. 466 ff., der von einer regelrechten Allianz zwischen Tassilo und Karl spricht, die sich letztlich aber nur darin zeigt, daß zwischen 771/2 und 781 keine Vorfälle vermerkt werden.

[99] Vgl. Annales regni Francorum, ad 781, S. 58.

[100] Der Bericht der Reichsannalen ist verworren. Die Obsession des Autors, wo immer es geht, die alten Treueide Tassilos zu thematisieren, läßt auch an dieser Stelle die seiner Darstellung zugrunde liegenden Begebenheiten nur umrißhaft hervortreten und macht es möglich, daß man wie Becher, Eid, S. 53, behaupten kann, Karl habe hier von Tassilo keine Zugeständnisse erlangt, sondern habe sich von seinem Vetter die Bedingungen diktieren lassen. Diese Interpretation ist aber nur möglich, weil es der Autor am Beginn seiner Schilderung unterläßt, die persönliche Leistung des Treueids als den eigentlichen Zweck des Unternehmens hinzustellen. Statt dessen hält er allein die Aufforderung an Tassilo, sich der alten Eide zu erinnern, als Botschaft der Gesandten fest. Aber es liegt auf der Hand, daß es Karl von Anbeginn um die persönliche Leistung der Eide ging. Zum einen brauchte es für eine solche Mahnung nicht eines so aufwendigen Verfahrens. Zum zweiten heißt es dann gleich im nächsten Satz der Reichsannalen, daß Tassilo zugestimmt habe, sich in die Gegenwart Karls zu begeben *(Et tunc consensit Tassilo ..., ut sumptos obsides a domno rege Carolo et tunc ad eius veniret praesentiam.* Annales regni Francorum, ad 781, S. 58), was voraussetzt, daß diese Bitte an ihn herangetragen wurde, ein Vorgehen, was dann auch im Bericht der Metzer Annalen beschrieben wird, die zwar weithin hier den Reichsannalen als Vorlage folgen, aber den Satzteil *ad eius veniret praesentiam* als Teil des vorhergehenden Satzes und damit als Quintessenz des Auftrages der päpstlichen Gesandtschaft hinstellen *(... ut reminisceretur priscorum sacramentorum, quae Pippino et Carolo regi promiserat ... et ad suam presentiam veniret.* Annales Mettenses priores, ad 781, S. 69). Von daher

kann aber auch keine Rede davon sein, daß Tassilo hier Karl großartige Zugeständnisse abtrotzen konnte oder man es gar mit einem Kompromiß zu tun habe.

[101] Vgl. Becher, Eid, S. 56 ff.

[102] *Ibique* [sci. Rom] *venientes missi Tassiloni ducis, hii sunt Arnus episcopus et Hunricus abba, et petierunt apostolicum, ut pacem terminaret inter domnum Carolum regem et Tassilonem ducem.* Annales regni Francorum, ad 787, S. 74.

[103] Vgl. hierzu und zum folgenden ebd., S. 76 ff.

[104] Vgl. zur anschließenden Unterwerfung Becher, Eid, S. 61 ff., mit den einschlägigen Belegen.

[105] Vgl. dazu auch Becher, Eid, S. 59 f.

[106] Vgl. oben Anm. 99 und den nachfolgenden Satz aus den Annales regni Francorum, ad 787, S. 74 u. 76: *Unde et domnus apostolicus multum se interponens, postolando iamdicto domno rege.*

[107] *... tunc prespiciens idem rex, ut missos mitteret, et iussit Tassiloni, ut omnia adimpleret secundum iussionem apostolici, vel sicut iustitia erat: eo quod sub iureiurando promissum habebat, ut in omnibus oboediens et fidelis fuisset domno rege Carolo et filiis eius vel Francis et veniret ad eius praesentiam ...* Annales regni Francorum, ad 787, S. 78.

[108] Vgl. zu den sogenannten Einhardsannalen Wattenbach – Levison, Deutschlands Geschichtsquellen I,2, S. 253 ff.

[109] Vgl. die Annales qui dicuntur Einhardi, ad 787, S. 75: *Cum adhuc rex Romae ageret, Tassilo dux Baioariae misit legatos suos, Arnum videlicet episcopum et Hunricum abbatem, ad Adrianum papam, petens, ut inter regem atque illum mediator pacis fieri dignaretur.* Vgl. dazu auch Kapitel I.1.

[110] Das zeigt sich etwa an der Art und Weise, wie die Metzer Annalen die Reichsannalen in diesem Punkt umschrieben: Sie schauten auf die Form und da blieb vom Gedanken an eine Vermittlung nichts mehr übrig, zumindest wurde sie letztlich durch die Fürsprache, als die die Annalen das Tun des Papstes hinstellten, abgedeckt. Vgl. Annales Mettensis priores, ad 787, S. 74: *Ibi etiam venientes missi Tassilonis ... supplices postulaverunt domnum Adrianum ..., ut pro Tassilone apud regem intercederet.*

[111] Vgl. zu den Umständen und zum Ablauf Boshof, Ludwig der Fromme, S. 182–203.

[112] Vgl. Astronomus, Vita Hludowici, cap. 48, S. 474.

[113] Vgl. den Brief Gregors IV. von 833, in: Agobardi epistolae, Nr. 17, S. 228 ff. Vgl. auch zur Überlieferungssituation Boshof, Erzbischof Agobard, S. 225 ff., der die Zweifel an Gregors Autorschaft zurückweist.

[114] Vgl. Fried, Ludwig der Fromme, S. 267 f., und auch Boshof, Erzbischof Agobard, S. 223, die beide dann aber zu sehr unterschiedlichen Bewertungen der Aktion Gregors IV. kommen.

[115] So Boshof, Erzbischof Agobard, S. 225. Dagegen schon Fried, Ludwig, S. 268: „Der Frieden, den der Papst vermitteln will, ist somit kein den Kompromiß suchender Teilungsfrieden, ist nicht Ludwigs Frieden, sondern klar und eindeutig Lothars Frieden."

[116] Vgl. den Brief Gregors IV. von 833, in: Agobardi epistolae, Nr. 17, S. 228 ff., und insbes. die rhetorische Frage: *Et quid pocius pertinet ad dehonestacionem imperialis*

potestatis, opera digna excommunicacione, an ipsa excommunicacio? Kurz zuvor geht Gregor IV. auf den Vorwurf der Bischöfe, er zeige nicht genug Zurückhaltung, ein: *Set ... stolide nos iudicatis inmemores esse pastoralis officii et districtissime moderacione.* (Ebd., S. 229). Mit diesem Satz beginnt Gregor die Auseinandersetzung um seine Exkommunikationsdrohung. Insofern dürfte der Vorwurf mangelnder Zurückhaltung im Zusammenhang mit dieser Drohung stehen, die von den Bischöfen eben als maßlos empfunden wurde. Doch selbst wenn das Gebot der Zurückhaltung weniger konkret gemeint sein sollte, so kann man keineswegs aus diesem Satz, wie Boshof, Erzbischof Agobard, S. 220 mit Anm. 22, meint, ablesen, daß hier Neutralität von Gregor IV. als Friedensstifter eingefordert wurde.

[117] Vgl. den Brief Agobards an Ludwig den Frommen von 833, in dem er auf das päpstliche Schreiben Bezug nimmt: *... perlate sunt ad me littere istius apostolici precipientes, ut ieiunia et orationes cum abstinentia faceremus, si forte omnipotens Dominus effectum conatui eius prestare dignetur; quatinus apud vos obtineri possit, ut pax et concordia pristina domui et regno vestro restituatur.* Agobardi Epistolae, S. 228.

[118] Vgl. ebd.

[119] Vgl. Boshof, Erzbischof Agobard, S. 218.

[120] Insofern kann man auch nicht wie Fried, Ludwig, S. 267, den Sinn der päpstlichen Reise allein auf das Bestreben reduzieren, neue Anhänger für die Sache Lothars und seiner Brüder Ludwig und Pippin zu gewinnen.

[121] Vgl. Astronomus, Vita Hludowici, cap. 48, S. 476.

[122] Vgl. zu den Ereignissen zuletzt Boshof, Ludwig der Fromme, S. 195 ff.

[123] Vgl. Astronmus, Vita Hludowici, cap. 48, S. 476: *Deductus autem papa in habitationem castrensem, multis assertionibus perdocuit, non se tantum iter ob aliud suscepisse, nisi quia dicebatur, quod inexorabili contra filios discordia laboraret, ideoque pacem in utramque partem serere vellet. Audita vero parte imperatoris, mansit cum eo aliquot diebus. Remissus autem ab imperatore ad filios, ut pacem mutuam necteret ...*

[124] Vgl. Thegan, Vita Hludowici, cap. 42, S. 228: *Non post multos dies venerunt ad colloquium imperator et supradictus pontifex. Qui non diu loquentes, honoravit eum pontifex inprimis magnis et innumeris donis. Postquam uterque rediit ad tabernaculum, misit imperator dona regalia ... supradicto pontifici.* Daß Thegan den Verhandlungen nicht viel Gewicht beimißt, hängt auch mit seiner Darstellungsabsicht zusammen, was das obige Argument aber nicht relativiert, sondern stärkt. Ihn interessierten eigentlich nur die großen Geschenke, die Gregor IV. Ludwig dem Frommen mitbrachte, und die Gegengaben des Kaisers. Für ihn zählte, daß der Papst, allen Differenzen zum Trotz, Ludwig eine Aufwartung machte, die zumindest zeigte, daß er guten Willens war und Ludwig die nötige Ehrerbietung und Anerkennung zollte und daß auch Ludwig angemessen zu reagieren wußte. Das päpstliche Engagement sollte hier nicht zu einem Argument gegen Ludwig dienen, und so wurden die Differenzen einfach ausgeblendet. Und nimmt man jetzt an, daß die Differenzen weiterbestanden und in den Verhandlungen mit Sicherheit angesprochen wurden, so erklärt sich dann auch ihre kursorische Behandlung durch den Autor. Wie lange die Verhandlungen nun selbst gedauert haben, ist damit noch nicht entschieden und man wird es einfach offen lassen müssen.

[125] Dieser Vorwurf scheint allgemein von den Befürwortern Ludwigs an die Adresse des Papstes gerichtet worden zu sein, da er auch bei Nithard zu finden ist. Nithard, Histoire, I,4, S. 14.

[126] Diese Lesart unterstreicht der Astronomus, Vita Hludowici, cap. 48, S. 478, noch dadurch, daß er schließlich Papst Gregor sehr traurig *(cum maximo merore)* nach Rom zurückkehren läßt. Diese Aussage hat man dann auch als Argument benutzt, um das Bemühen des Papstes, als ein Ausgleich suchender Schiedsrichter aufzutreten, zu belegen (s. Boshof, Erzbischof Agobard, S. 241, mit Bezug auf S. 221). Zusätzlich kann man sich dabei noch auf Nithard, Histoire, I,4, S. 16, berufen, der den Papst voller Reue den Heimweg antreten läßt. Doch ist diese Lesart nicht überzeugend. Denn weder Reue noch Trauer des Papstes werden unmittelbar in beiden Texten auf das Scheitern der Friedensstiftung bezogen. Die Vita Hludowici sieht in der Trauer des Papstes ein Resultat der Vorgänge, die sich nach der Selbstaufgabe und Sicherungsverwahrung Ludwigs ereigneten und die in der Tat für den Papst nichts Gutes verhießen: die Teilung des Reiches unter die Söhne und die Verbannung der Kaiserin nach Italien. Und auch die Reue, die der Papst über seine Reise ins Frankenreich laut Nithard empfunden haben soll, scheint, wenn man den Kontext, in dem dieser Satz steht, berücksichtigt, auf die unversöhnliche Politik Lothars nach seinem Erfolg bei Colmar zurückzugehen – die Verbannung der Kaiserin, die Haftbedingungen für Ludwig den Frommen und den nachgeborenen Karl werden expressis verbis genannt. Vgl. Nithard, Historiarum, I,4 , S. 16 ff.

[127] Vgl. Fried, Die Formierung, S. 89.

[128] Vgl. ebd.

[129] Vgl. Hadriani II. papae epistolae, Nr. 16–19, S. 717 ff., und vgl. insbes. ebd., Nr. 16, S. 718: ... *quae, cum sint in regno gloriosae memoriae Hlotharii quondam regis germani sui, ad se* [sci. Ludwig] *suffragantibus cunctis legibus non tam pro fraterna succesione quam per paternam dispositonem hereditario iure pertinere probantur.*

[130] ... *praecipue iam fatum inclitum regem vestrum* [sci. Karl der Kahle], *qui hunc nepotem suum, magnum scilicet augustum, de patris proprii dextra cum omnibus, quae ad eum pertinere viderentur, ad fovendum roborandumque pro viribus veluti secundus pater accepisse dinoscitur.* Ebd.

[131] Vgl. ebd., Nr. 16–19, jeweils die einleitenden Sätze der päpstlichen Briefe, die die moralische Bedeutung der Friedensstiftung hervorheben.

[132] Vgl. Dümmler, Geschichte, Bd. 2, S. 283–8.

[133] Vgl. Annales Bertinani, ad 869, S. 168 und allg. Dümmler, Geschichte, Bd. 2, S. 288, sowie Schieffer, Die päpstlichen Legaten, S. 11 ff.

[134] Dies geht aus dem Brief Hadrians II. vom 27. Juni 870 hervor: *De pacis vero et concordiae unitate, cuius nos inter piissimum Caesarem et te mediatores esse debere suggesseras, libentissime suscepimus et agere coepimus.* Hadriani II papae epistolae, Nr. 21, S. 725. Daß der Papst die Vertretung der kaiserlichen Interessen mit der päpstlichen Verantwortung für den Frieden verknüpfte und als Akt der Friedensstiftung hinstellte, bot Karl dem Kahlen ohnehin die Möglichkeit, sein eigenes Vorgehen zu rechtfertigen und schließlich durch Hinkmar von Reims verkünden zu lassen, daß die Besetzung des Lotharreiches notwendig gewesen sei, um einen Bürgerkrieg zu verhindern. Vgl. Dümmler, Geschichte, Bd. 2, S. 311 f.

¹³⁵ Vgl. den Brief Hadrians vom 27. Juni 870: *Sed illi* [Ludwig] ... *cedere noluisti, quin potius non ut pacis amator, sed ut scandali concitator, etiam et tyrannidis manifestissimus executor pacis tempus non es praestolatus, quia, postquam haec illi callide mandare curasti, domni imperatoris regnum magis ac magis invasisti, sollicitasti, ordinasti et homines ipsius regni ad tuam fidelitatem iurare fecisti.* Hadriani II papae epistolae, Nr. 21, S. 725.

¹³⁶ Vgl. ebd., S. 726: *Igitur ... monemus et auctoritate apostolica ... spiritaliter suademus paternoque affectu praecipimus, ut iam tertio monitus ab invasione regni spiritalis filii nostri christianissimi principis te penitus subtrahas et compescas, aliena non concupiscas* ... Siehe auch die Briefe Nr. 22–24.

¹³⁷ Vgl. Dümmler, Geschichte, Bd. 2, S. 308, und Hadriani II papae epistolae, Nr. 25 und 26, S. 730 ff., die deutlich machen, daß Ludwig, allein weil er das Reich Lothars nicht besetzt hatte und so seine Hände in Unschuld waschen konnte, vom Papst als jemand betrachtet wurde, der die Rechte seines Neffen wahrte und deshalb auch die einst geschlossenen Bündnisse mit dem Kaiser anerkannte. Die Briefe, die Ludwig 870 an den Papst, an seinen Neffen und dessen Frau, die Kaiserin Angilberga, schickte, um für die umstrittene Wahl Williberts zum Erzbischof von Köln das päpstliche Plazet samt Pallium einzuholen, beschwören allesamt die Eintracht und Verbundenheit mit dem Kaiser. Vgl. Epistolae Coloniensis, Nr. 6–9, insbes., Nr. 7, S. 249, u. 8, S. 251.

¹³⁸ Vgl. Annales Bertiniani, ad 870, S. 171.

¹³⁹ Vgl. ebd., ad 870, 177: *Et deprecantibus eisdem missis* [sci. die Gesandten Hadrians II.] *cum aliquantis fidelibus suis, Karlomannum filium suum a custodia ex Siluanectis ciuitate absoluit et secum manere precepit* ... Ob die anderen Getreuen, die sich für Karlmann stark machten, aus eigener Initiative handelten oder auch von dem Papst vorher bearbeitet worden waren, sei dahingestellt.

¹⁴⁰ Vgl. Hadriani II papae epistolae, Nr. 31, S. 735 ff.

¹⁴¹ Vgl. ebd., Nr. 32, S. 736: *Ideoque pacem et non bella volentes ... ea quae pacis sunt, inter genitorem et genitum, si potestis, constituite. Porro si non potestis, saltem bellis cedite, praelia dissipate.*

¹⁴² Laut den Annales Bertiniani, ad 871, S. 179, waren es die unerfüllbaren Forderungen Karlmanns, die eine Aussöhnung verhinderten. Allerdings ist dem Zeugnis nur bedingt Glauben zu schenken, da der Verfasser dieser Partie der Annalen, Hinkmar von Reims, selbst auf Seiten Karls des Kahlen verhandelt hatte. Vgl. dazu Dümmler, Geschichte, Bd. 2, S. 321. Zum Eingreifen Ludwigs des Deutschen s. oben S. 88 f.

¹⁴³ Das kann man dem Brief Nikolaus' I. vom 863 entnehmen, in dem der Papst den Söhnen seine Freude über die Versöhnung mit dem Vater mitteilt und dieses Geschehen mit dem Gleichnis in Verbindung bringt. Vgl. Nicolai I papae epistolae, Nr. 12, S. 278 f.

¹⁴⁴ Vgl. Annales Bertiniani, ad 862, S. 92 f., zu Ludwig. Von der Intervention des Papstes sprechen die Annalen von Saint-Bertin nicht, seinen Einsatz kann man allein aus dem späteren Brief schließen, in dem er sein Engagement für die Söhne schildert und es nicht allein auf Karl beschränkt, für den er laut einem späteren Brief eindeutig Fürsprache eingelegt hatte (Nicolai I papae epistolae, Nr. 9 und 10, S. 276–279). Vgl. auch zur Aussöhnung zwischen Ludwig und seinem Vater Dümmler, Geschichte, Bd. 2, S. 41 f.

[145] Vgl. Annales Bertiniani, ad 863, S. 104.
[146] Vgl. ebd., ad 865, S. 117f.
[147] Vgl. ebd.
[148] Vgl. mit den einschlägigen Belegen Dümmler, Geschichte, Bd. 2, S. 92ff.
[149] Vgl. Nicolai I papae epistolae, Nr. 7, S. 273: *Idcirco ad beatissima sanctorum apostolorum principum Petri ac Pauli confugere limina nostrumque pontificium Balduinus, vassallus vester, ardenti animo accedere studuit, qui vestram se habere indignationem, eo quod Iudith filiam vestram ... sine vestrae voluntatis consensu in coniugium elegerit eamque volentem acceperit, ore proprio retulit. Quamobrem praesulatui nostro preces multimodas fudit, orans et petens obnixe, ut magnitudinis vestrae per nostram interventionem adipiscpi gratiam mereretur ...* Die Haltung des Papstes in der Sache wird in dem gleichzeitig an die Königin Irmintrud abgeschickten Brief deutlich: *... hic Balduinus, qui carissimam filiam vestram contra divinarum legum sancciones rapuit, de his se esse recognovit, ... Cuius cum lamentabilem et tanto scelere plenam cognovissemus petitionem, ad mentem rediit, quod per prophetam Dominus dicit: 'Misericordiam volui et non sacrificium'.* Ebd., Nr. 8, S. 274. Vgl. auch die Briefe ebd., Nr. 57, S. 361f. (863); Nr. 60, S. 369f. (863).
[150] Vgl. hierzu und zum folgenden Dümmler, Geschichte, Bd. 2, S. 92ff.
[151] Vgl. Nicolai I papae epistolae, Nr. 78, S. 413f.
[152] Vgl. Nicolai I papae epistolae, Nr. 7, S. 272: *... valde precamur* [sci. Nikolaus I.] *... ut ... nostraque dilectione ... iam dicto Balduino, quia et tale iam olim aliis evenisse regibus scitur, indulgentiam pariter et plenariam gratiam largiamini ...* Vgl. auch ebd., Nr. 57, S. 370: *Non plane inmemor, quod ante aliquot annos quidam, qui in huiuscemodi noxam incurrerat, memoriam et sedem adisset caelestis clavigeri eiusque vicarii interventu apud piae memoriae imperatorem Hlotharium, non perdita coniuge, plenissimam indulgentiam simul et gratiam percepisset.*
[153] Vgl. Richet, Die Welt der Karolinger, S. 39.
[154] Vgl. oben bei Anm. 126ff.
[155] Vgl. die Annales Fuldenses, ad 865, S. 63, die die Friedensmission des Legaten zwischen Ludwig dem Deutschen und dessen Neffen ausgiebig beschreiben. Den Eindruck, den Arsenius im Frankenreich hinterlassen hat, kann man nicht besser als mit der folgenden Bemerkung Reginos von Prüm, Chronica, ad 866, S. 84, auf den Punkt bringen: *Anno ... DCCCLXVI. Arsenius episcopus, apocrisiarius et consiliarius Nicholai papae, vice ipsius directus est in Franciam; quo perveniens tanta auctoritate et potestate usus est, ac si idem summus presul advenisset.*
[156] Vgl. insbes. die päpstlichen Interventionen gegenüber Karl dem Kahlen oben, S. 104ff., mit den entsprechenden Belegen.
[157] Dieser Umstand brachte es natürlich mit sich, daß im Einzelfall die Hintergründe nur schwer aufzudecken sind. Wenn die Annalen von Saint-Bertin die Aussöhnung zwischen Karl dem Kahlen und seinem Sohn Karl von Aquitanien der Fürsprache einiger Bischöfe zuschreiben (vgl. oben Anm. 146) oder wenn an anderer Stelle die Freilassung Karlmanns auf das Engagement einzelner Getreuer und der päpstlichen Gesandten zurückgeführt wird (vgl. oben Anm. 139), so muß man folglich damit rechnen, daß sowohl die Bischöfe als auch die Getreuen vorher vom Papst für diese Aufgaben gewonnen wurden.

II.3 Die vermittelnde Fürsprache der Großen

[1] Vgl. hierzu und zum folgenden Gregor von Tours, Libri Historiarum, VII,37–38, S. 359 ff., und zum Hintergrund des Geschehens Zuckermann, Qui a rappellé, S. 9–15.

[2] *Tunc ille promittunt, quod, si haec impleret, ipsum in caritate susceperint, et si cum rege excusare non possint, in aeclesia ponerent, ne vitae amissione multaretur.* Gregor von Tours, Libri Historiarum, VII,38, S. 360. Zum folgenden vgl. ebd., VII,38–39, S. 360 ff.

[3] Daß de facto die Situation der Belagerten in diesem Fall viel besser war, als die Boten Mummolus glauben machten, steht nicht im Widerspruch zu dieser Annahme, da ja die von ihm empfundene Aussichtslosigkeit das entscheidende Handlungsmotiv gewesen war.

[4] Vgl. dazu auch Kolmer, Promissorische Eide, S. 127 ff., der im übrigen auch nicht mehr als die hier erörterten Fälle aufzählen kann, um das Phänomen der Sicherheitseide im frühen Mittelalter zu illustrieren, was aber zeigt, daß der Eidbruch die spektakuläre Ausnahme darstellte.

[5] Vgl. hierzu Gregor von Tours, Libri Historiarum, III,14, S. 110 f.

[6] *Ingressus autem Aregisilus, ait Munderico: '... Audi potius consilium meum et subde te regi, ut viviere possis tu et fili tui.'* Ebd.

[7] *Cui Aregisilis ait: 'Noli timere, sed, si vis egredi, accipe sacramentum de hac culpa et sta securus coram regi. Ne timeas, sed eris cum eum, sicut prius fuisti'. Ad haec Mundericus respondit: 'Utinam securus sim, quod non interficiar!' Tunc Aregisilus, positis super altarium sanctum manibus, iuravit ei, ut securus egrederetur.* Ebd., S. 111 f. Vgl. hierzu und zum folgenden ebd.

[8] Vgl. Gregor von Tours, Libri Historiarum, V,25, S. 231.

[9] *Quem [sci. Dacco] vinctum ad Chilpericum regem Brannacum deduxit [sci. Dracolen], data ei sacramenta, quod vitam illius cum rege obtinerit.* Ebd.

[10] Vgl. ebd.

[11] Vgl. Liber Historiae Francorum, 46, S. 320, und die Continuationes Fredegarii, 3, S. 170, die die Namen der Unterhändler mit Agilbert und Reolus, seines Zeichen Bischof von Reims, angeben. Zum Hintergrund der Ereignisse von 680 Ewig, Die Merowinger, S. 172; zu Ebroin ders., Art. Ebroin, LMA 3, Sp. 1531–1533.

[12] Vgl. Annales Alamannici, ad 906, S. 54: *Item Hludowicus super Adalbertum; et ille ficta fide deceptus, capite decollatur.* Auf die Bischöfe als die eigentlichen Urheber des Hinterhalts weisen die Annales Laubacenses, ad (907), S. 54, hin *(ficta fide episcoporum deceptus)*. Ausführlicher dann Hermann der Lahme, der sich auf zeitgenössische Annalen stützt: Hermann der Lahme, Chronicon, ad 907, S. 111 f.: *Adalpertus, cum praedia eius utpote rebellantis a Ludowico rege vastarentur et castrum oppugnaretur, perfidia, ut fama est, Hattonis archiepiscopi et cuiusdam Liutpaldi, de quibus plurimum confidebat, ad Ludowicum regem spe pactionis adductus, decollari iussus est ...* In der ottonischen Historiographie erhält die Geschichte dann sagenhafte Elemente. Vgl. Dümmler, Geschichte, Bd. 3, S. 543 mit Anm. 1., und zum letzten Aspekt Althoff, Verformungen, S. 438 f., 442, u. 449 f.

[13] An dem Fall des Babenbergers wird die Selbstverständlichkeit, mit der man auf diese Weise Konflikte zu lösen suchte, noch dadurch unterstrichen, daß die

Handlungsweise selbst in der Version, die den Babenbergern feindlich gesonnen und dem König und dem Mainzer Erzbischof verpflichtet ist, durchscheint. Zwar erwähnt Regino von Prüm, aus dessen Feder sie stammt, Verhandlungen mit dem belagerten Adalbert mit keinem Wort. Aber das geschieht ganz offenbar nur aus dem Grund, Hatto und den bayerischen Grafen aus dem Spiel zu lassen. Denn was Adalbert dann in der Folge praktiziert, ist eben nichts anderes als eine freiwillige Übergabe, die, wie die anderen Geschichten zeigen, Verhandlungen voraussetzte. Bezeichnenderweise weiß auch Regino von List und Tücke zu berichten, nur eben auf Seiten des Babenbergers, der seine freiwillige Unterwerfung und Reue nur geheuchelt habe und dementsprechend, als er sich stellen wollte, zurecht verhaftet und verurteilt worden sei. Vgl. Regino von Prüm, Chronica, ad 906, S. 152, und Dümmler, Geschichte, Bd. 3, S. 543, Anm. 1.

[14] Vgl. oben bei Anm. 2.

[15] Vgl. hierzu und zum folgenden Fredegar, Chronicarum, IV,78, S. 159 ff., und allgemein, Barroux, Dagobert, S. 150 ff.

[16] *Tandem Wascones oppressi seo perdomiti, veniam et pacem subscriptis ducibus petentes, promittent se gluriae et conspectum Dagoberti regi presentaturus et, suae dicione traditi, cumta ab eodem iniuncta empleturus.* Ebd., S. 160.

[17] Vgl. zur möglichen Inszenierung derartiger Akte Althoff, Demonstration, S. 251 ff.

[18] Vgl. Kapitel II.1, S. 68 f.

[19] Vgl. Annales Nazariani, ad 786, S. 41 ff., und dazu sowie zu den Einzelheiten des Aufstandes insbes., Krah, Absetzungsverfahren, S. 16–19.

[20] Vgl. ebd., S. 42: *Porro pater monasterii illius consolabatur eos verbis pacificis dulcisque sermonibus, per nuntiumque suum intimavit haec omnia regi.* Der Gebrauch friedfertiger Worte wird später zum Kennzeichen der Vermittlungstätigkeit, wobei dann allerdings mehr an eine Besänftigung denn an das Spenden von Trost gedacht wird. In diesem Zusammenhang scheint die Verbindung zwischen der Tätigkeit (Verb) und ihrer Form (adverbiale Bestimmung) in erster Linie durch den vorangehenden Hinweis auf die Angst der Aufständischen motiviert, so daß man den Satz der Murbacher Annalen so zu verstehen hat, daß der Abt mit seinen Worten den Flüchtlingen die Furcht nahm, auf ewig einer erbarmungslosen Verfolgung durch den König ausgesetzt zu sein und sie damit zugleich für Verhandlungen mit demselben zu erwärmen suchte.

[21] Die Wirksamkeit der Fürsprache, die der Abt für die Geflüchteten einlegte, ist schwer einzuschätzen. Versprach die Fürsprache gemeinhin nur Erfolg, sofern die Betroffenen ihre Taten bereuten, so könnten in diesem Fall die Rebellen selbst die durch den Abt vermittelte Gunst des Königs wieder verspielt haben, als sich einer von ihnen offen dazu bekannte, den König nur deshalb nicht getötet zu haben, weil seine Mitverschworenen Angst gehabt hätten (ebd., ad 786, S. 42). Andererseits kann man aber auch nicht ausschließen, daß der Abt nicht viel mehr als die Zusicherung von Seiten Karls, die Verschwörer nicht zum Tode zu verurteilen, aushandeln konnte.

[22] *... namque timore perterriti* [sci. die ostfränkischen Aufständischen] *ad corpus beati Bonifacii martyris confugierunt, ut per merita venerationemque ipsius sancti rex relaxeretur illis noxam, dolum, insidiasque quae praeparare conati fuerant.* Vgl. ebd., S. 42.

²³ Vgl. ebd., S. 42 f.
²⁴ Vgl. allg. Hannig, Consensus fidelium, S. 299 f., und Fried, Die Formierung, S. 55 f.
²⁵ Im Liber pontificalis ist es indes Papst Stephan II., der 754 Pippin bittet, ein Blutvergießen zu verhindern und einen Frieden mit Aistulf zu schließen. Der Papst hatte zuvor Pippin ins Land geholt, um seine Ansprüche gegenüber den Langobarden mit Gewalt durchzusetzen, nachdem sich deren König den schriftlichen Aufrufen des Frankenkönigs, dem Papst den beanspruchten Besitz zurückzuerstatten, widersetzt hatte. Vgl. Vita Stephani, 47, S. 450.
²⁶ Vgl. Continuationes Fredegarii, 37, S. 184: *Hec cernens Aistulfus rex Langobardorum, quod nullatenus se evadere potuisset, pacem per sacerdotes et obtimates Francorum petens, dictiones superdicto rege Pippino faciens, et quicquid contra Romanam ecclesiam vel sedem apostolicam contra legis ordinine fecerat, plenissima solutione emendaret ...*
²⁷ Vgl. ebd. und Vita Stephani, 44, S. 450, zur Verschriftlichung der Abmachungen.
²⁸ Vgl. Continuationes Fredegarii, 37, S. 184: *... et multa munera Aistulfus rex partibus praedicto rege donat; nam et obtimates Francorum multa munera largitus est.*
²⁹ *Haec Aistulfus rex Langobardorum cernens, et iam nullam spem se evadendi speraret, iterum per subplicationem sacerdotum et obtimates Francorum veniam et pacem praedicto rege subplicans, et sacramenta, quod contra praefato rege dudum dederat hac contra sedem apostolicam rem nefariam fecerat, omnia per iudicio Francorum vel sacerdotum plenissima solutione emendaret.* Ebd., 38, S. 185.
³⁰ *Igitur rex Pippinus solito more iterum misericordia motus, ad petitionem obtimatibus suis vitam et regnum iterato concessit.* Ebd. Vgl. auch Oelsner, Pippin, S. 193 ff. u. 199 ff. Wenn ders., ebd., S. 207 mit Anm. 4, dem König für 754 das Recht abspricht, den Langobardenkönig mit dem Tod zu bedrohen, weil dieser einfach ein fremder Herrscher gewesen sei, so denkt er dabei zu sehr in staatsrechtlichen Kategorien. Denn das Angebot Aistulfs und die Reaktion Pippins hatten zuerst einmal ihre Wurzel in den Gewohnheiten, die sich rund um die Praxis der Belagerung eingespielt hatten und die bei vor- oder frühzeitiger Aufgabe eben den freien Abzug und die Gewähr, nicht getötet zu werden, beinhalteten. Von daher muß man beim Fortsetzer Fredegars auch keine Rückprojektion der Verhältnisse von 756 auf 754 diagnostizieren, wenngleich nicht abgestritten werden kann, daß sich die Formulierungen ähneln.
³¹ Vgl. das Zitat in Anm. 29.
³² Ob er mit der freiwilligen Unterwerfung unter das Urteil der Großen zugleich dessen Charakter als königliches Gericht unterlaufen und dieses vielmehr wie ein Schiedsgericht aussehen lassen wollte, muß dahingestellt bleiben.
³³ Vgl. Fried, Die Formierung, S. 55 f. u. 63 f., und McKitterick, The Frankish Kingdoms, S. 182 f.
³⁴ Vgl. Epistolae variorum, Nr. 27, S. 343 ff., und dazu Dümmler, Geschichte, Bd. 1, S. 184.
³⁵ Vgl. ebd., S. 344: *Si enim benefactorum esset memoria et preterita recolerentur tempora, inveniretis me saepius pro seniore vestro* [sci. Lothar I.] *certasse, ut pacem haberet et concordiam, et propterea multorum in me odium provocasse, quod tempore beatae memoriae domni imperatoris* [sci. Ludwig der Fromme] *erupit, ita ut eius*

offensam incurrerem propter illum ... Post obitum etiam illius ... semper in hoc laboravi, ut ipsi inter se concordes efficierentur.

[36] Vgl. ebd. den unmittelbar anschließenden Satz: *Et in hac senior meus* [sci. Karl der Kahle] *et fideles eius hactenus persistunt, et perseverare cupiunt, si ex parte illius rite observatum fuerit.*

[37] *Inde* [Metz] *egressus Strazburgensem urbem adiit ibique episcopum ac plebem inter se dissidentem ad concordiam revocavit* ... Regino von Prüm, Chronica, ad 906, S. 152.

[38] Vgl. Fried, Der Weg, S. 544.

[39] Vgl. Georgi, Legatio, S. 69f., 72 u. 75.

[40] Vgl. Annales Vedastini, ad 888, S. 66: ... *cum Nortmannis sibi notos agere coeperunt, ut data civitate vivi sinerentur abire.*

[41] Vgl. Annales Vedastini, ad 884, S. 55: *Initoque consilio Sigefridum Danum Christianum regique fidelem ... mittunt, ut cum principibus suae gentis tractaret, ut tributum acciperent et e regno abirent.*

[42] Vgl. Annales Bertiniani, ad 871, S. 179: *Karolus autem rex ad eundem filium suum Karlomannum cum duobus illius missis ... Gauzlinum abbatem et Balduuinum comitem, ipsius Karlomanni sororium, misit* ... Obwohl die verwandtschaftlichen Bindungen eines Gesandten auch bei der Aussöhnung zwischen Ludwig dem Frommen und dessen Sohn Lothar 834 eigens hervorgehoben wurden, ist der Fall nicht vergleichbar. Zwar stellt Thegan bei seiner Beschreibung den Gesandten, Markgraf Berengar von Toulouse, expressis verbis als Verwandten des Kaisers dem Leser vor (Thegan, Vita Hludowici, 54, S. 249). Aber ob diese Verwandtschaft für Lothar irgendeine Bedeutung besessen hat, wird nicht gesagt, und darüber hinaus erscheint der Hinweis auf die Verwandtschaft im Anschluß an eine persönliche Würdigung des Gesandten, die ganz und gar mit der korrespondiert, die vorher dem anderen weltlichen Gesandten, dem Herzog Gebhard, gewidmet wird. Denn wie Thegan letzteren als edel und treu hinstellt, so sucht er dessen Partner nun in gleicher Weise hervorzuheben, indem er ihn weise und einen Verwandten des Kaisers nennt. Vgl. zu diesem Fall auch Althoff, Das Privileg, S. 117f.

[43] Vgl. dazu Nithard, Histoire, II,5, S. 50, u. III,2, S. 84.

[44] Nithard, Histoire, II,5, S. 50f.: *Hinc quoque Bernhardus humilior effectus paulo post supplex ad Karolum venit, dicens et fidelem se illi fuisse et tunc, si liceret, esse voluisset, et deinceps, quanquam hac contumelia affectus esset, in futurum fore minime diffideret; ... Quibus Karolus credulus effectus ditatum muneribus et gratia in societatem amicitiae suscepit et, ut Pippinum ac suos, uti promiserat, subditos sibi efficere temptaret direxit.*

[45] Vgl. ebd., III,2, S. 84.

[46] Vgl. Althoff, Verwandte, S. 96.

[47] Vgl. Annales Bertiniani, ad 878, S. 222.

[48] Während es zur derartigen Unterwerfungen zwischen Geschwistern nicht gekommen ist, gibt es mit Grifo durchaus ein Beispiel dafür, daß Halbbrüder von Unterwerfungen nicht verschont blieben. Bei Neffen waren die Skrupel dann noch geringer, wie das Beispiel Bernhards von Italien zeigt. Vgl. dazu auch Kapitel II.1, bei Anm. 68 u. 71 mit Belegen.

⁴⁹ Vgl. hierzu und zum folgenden Annales Fuldenses, ad 882, S. 98: *Cumque iam expugnanda esset munitio et hi, qui intus erant, timore perculsi mortem se evadere posse desperassent, quidam ex consiliariis augusti nomine Liutwartus pseudoepiscopus caeteris consiliariis, qui patri imperatoris assistere solebant, ignorantibus iuncto sibi Wigberto comite fraudulentissimo imperatorem adiit et ab expugnatione hostium pecunia corruptus deduxit, atque Gotafridum ducem illorum imperatori praesentavit; quem imperator more Achabico quasi amicum suscepit et cum eo pacem fecit, datis ex utraque parte obsidibus.*

⁵⁰ Vgl. ebd.

⁵¹ Vgl. ebd., wo von seinen unnützen Beschlüssen auf einem Hoftag in Worms (S. 99) ebenso die Rede ist, wie von seinem Geschick, die Gemüter der Großen in Italien gegen sich aufzubringen (S. 100) und seinen hinterlistigen, zum Glück von Gott durchkreuzten Nachfolgeplänen (S. 103).

⁵² In den Annales Bertiniani, ad 882, S. 248, ist der Frieden Karls III. mit dem Normannenfürsten *interuentione quorundam* zustande gekommen.

⁵³ Vgl. Annales Fuldenses, ad 882, S. 99, und Annales Bertiniani, ad 882, S. 248.

⁵⁴ Daß bei dem Abkommen Tribute vereinbart wurden, ist unumstritten. Sowohl die Wiener Handschrift (S. 99) als auch die Fortsetzung der Fuldaer Annalen aus Niederaltaich (S. 108 f.) sprechen davon und nennen konkrete Zahlen, und ebenso weisen die Annalen von Saint-Bertin darauf hin. Allerdings spricht die Wiener Handschrift von Tributzahlungen, während die andere Fortsetzung der Fuldaer Annalen, die Karl III. wohlgesonnen ist, hier allein Geschenke des Kaisers an Gottfried sehen will. Angesichts der konkreten Zahlen, die beide Texte nennen, der generellen Praxis der Tributzahlung gegenüber den Normannen und der Mitteilung der Annalen von Saint-Bertin, daß das Geld dem Schatz der Stephanskirche in Metz entnommen worden sei, (S. 248) wird man in diesem Fall von Tributzahlungen ausgehen können, die von der einen Seite dann einfach zu Geschenken deklariert wurden. Ohnehin legen die Annalen von Saint-Bertin, ad 882, S. 248, nahe, daß diese Tribute nicht an Gottfried, wie es die Fuldaer Annalen behaupten, sondern an dessen Komplizen, wie sie es nennen, gezahlt wurden. Vgl. ebd., Anm. 2.

⁵⁵ Vgl. ebd.

⁵⁶ Vgl. hierzu Annales Fuldenses, ad 849, S. 38 f., und Dümmler, Geschichte Bd. 1, S. 347 f., 427, mit einigen zusätzlichen Hinweisen zu Thachulf.

⁵⁷ *Barbari vero pro pace et securitate sua obsides se daturos et imperata facturos per legatos ad Thaculfum directos promittunt, cui prae ceteris credebant quasi scienti leges et consuetudines Sclavicae gentis* ... Annales Fuldenses, ad 849, S. 38.

⁵⁸ *Cumque quibusdam ex primatibus per missos suos legatorum verba nuntiasset* [sci. Thachulf], *indignati sunt aliqui eorum adversus eum, quasi ceteris praeferri cupiens summam rerum gerendarum in se vellet inclinare* ... Ebd., S. 39, u. vgl. ebd., S. 39 f.

⁵⁹ Vgl. Annales Fuldenses, ad 859, S. 53: *Hludowicus rex quasi inchoante verni tempore de Galliis rediens Wormatiam venit. Cum frequentibus legatorum suorum discursibus fratris ac nepotis sui sibi animos reconciliare studeret ..., tandem condicto tempore singuli cum aequo numero principum suorum ex adversa parte nominatim expressorum, iuxta Anternacum castellum in quadam insula Rheni fluminis navigio vecti convenerunt, reliquo singulorum comitatu super litus ex utraque parte flu-*

minis consistente. Warum Schneider, Brüdergemeine, S. 158 mit Anm. 175, hier ein Gipfeltreffen der Herrscher ohne Gefolge sieht, ist nicht nachvollziehbar.

[60] *Huius autem foederis pactum inviolabiliter omni tempore conservandum testes et admonitores idonei ex utraque parte statuuntur ... ut, si forte ab aliquo eiusdem pacti iura laederentur, his admonentibus et gesta priora ad memoriam revocantibus facilius in pristinum statum reformari possent.* Annales Fuldenses, ad 864, S. 62 f. Ludwig wählte als Mahner aus dem Gefolge Karls Hinkmar von Reims und den Grafen Engilram, Karl die Bischöfe Liutbert von Mainz und Altfrid von Hildesheim. Vgl. auch Capitularia II, Nr. 244, S. 165 ff. Zur Datierung vgl. Voss, Herrschertreffen, S. 12 f.

[61] Vgl. Regino von Prüm, Chronica, ad 869, S. 100.

[62] Vgl. die Rolle, die den Großen beim Vertrag von Andelot zugeschrieben wurde, oben S. 36 f. mit Anm. 65 u. 68.

[63] Vgl. hierzu und zum folgenden Annales Bertiniani, ad 864, S. 114: *Egfridus, qui transactis temporibus cum Stephano filium et equiuocum regis ab obedientia paterna subtraxerat, a Rodberto capitur et regi in eodem placito presentatur. Cui rex per deprecationem ipsius Rodberti ceterorumque suorum fidelium quod in eum commiserat perdonauit, et sacramento firmatum ac sua gratia muneratum inlesum abire permisit.* Vgl. dazu auch Kalckstein, Robert der Tapfere, S. 90.

[64] Vgl. Annales Vedastini, ad 897, S. 79: *Balduinus etiam Rothberto faciente venit ad regem; quem rex honorifice suscepit, et de omnibus quae iusserat illi rex satis illi fecit, et ita remisit eum rex ad sua.*

[65] Vgl. ebd., S. 76 f.

[66] Man könnte an dieser Stelle noch auf den Abt Hugo verweisen, der selbst sogar als Vermittler zwischen Ludwig III. und dessen Onkel Ludwig dem Jüngeren auftrat und der außerdem auch zwischen einzelnen Großen vermittelte. Allerdings führte er damals die Regierung für den unmündigen König. Vgl. Annales Vedastini, ad 880, S. 46, und zu Hugo Schieffer, Die Karolinger, bes. S. 174 f.

[67] Das Abkommen, das unter der Ägide Liudwards von Vercelli mit den Normannen ausgehandelt wurde, unterstreicht im Grunde genommen nochmals diesen Befund, da die Kritik sich ja gerade daran entzündete, daß man auf eine Unterwerfung verzichtete, obwohl der Normanne zumindest in den Augen der Gegner des Friedensschlusses keine andere Chance mehr gehabt hätte. Vgl. oben bei Anm. 48 f.

[68] Vgl. Annales Bertinani, ad 871, S. 183: *Tandem episcopus ipsius ciuitatis obtinuit apud Beneuentanos ut, acceptis ab eodem imperatore sacramentis, illum uiuum et sanum abscedere permitterent. Iurauit autem ipse et uxor eius et filia eius ac omnes eis quos secum habebat quia numquam uel nusquam pro eadem causa ullam uindictam aut per se aut per quemcumque de ipsa causa erga se perpetrata requireret, et numquam cum hoste in Beneuentanam terram intraret.* Vgl. auch Regino von Prüm, Chronica, S. 103 f., der allerdings das Eingreifen des Bischofs übergeht. Siehe auch Dümmler, Geschichte, Bd. 2, S. 272 ff.

III.1 Der König als Schlichter

[1] Vgl. zur Kontinuität karolingischer Herrschaftspraxis unter den Ottonen Keller – Althoff, Heinrich I., S. 34 ff. u. 230 ff.

[2] Vgl. Annales Vedastini, ad 895, S. 75. Zum politischen Hintergrund vgl. auch Brühl, Deutschland, S. 376 ff., mit weiterer Literatur.

[3] Vgl. Brühl, Deutschland, S. 378.

[4] Nur so dürfte es zu verstehen sein, daß die Räte Karls diesen von Anfang an beschwörten, sich nicht an den Hof Arnulfs zu begeben, so daß Karl im Unterschied zu Odo dann nur Gesandte schickte. Vgl. Annales Vedastini, ad 895, S. 75 f.

[5] Vgl. dazu Beumann, Die Ottonen, S. 37 f.; Schmid, Zur amicitia, S. 138 ff.; Schneidmüller, Französische Lothringenpolitik, S. 18 ff.

[6] Vgl. Ehlers, Geschichte, S. 29 u. 39 ff.

[7] Vgl. Beumann, Die Ottonen, S. 64.

[8] Vgl. Ehlers, Geschichte, S. 39.

[9] Vgl. ebd., S. 43, und zu Brun Schoene, Die politischen Beziehungen, S. 44 ff.

[10] Vgl. Flodoard, Annales, ad 935, S. 61.

[11] Vgl. Flodoard, Annales, ad 935, S. 62. Dazu auch Ehlers, Geschichte, S. 29, und Brühl, Deutschland, S. 458 ff.

[12] Vgl. Flodoard, Annales, ad 942, S. 85 f.: *multumque de pace inter regem Ludowicum et Hugonem laborans Otho, Hugonem tandem ad eundem regem convertit.* Zu den Umständen vgl. auch Heil, Die politischen Beziehungen, S. 68 ff.

[13] Vgl. ebd., ad 947, S. 105: *Treugae vel indutiae belli inter regem Ludowicum et Hugonem principem usque ad synodi tempus, Othone rege mediante, disponuntur.*

[14] Vgl. ebd., ad 950, S. 126: *Anno DCCCCL rex Ludowicus ad Ottonem regem proficiscitur trans Mosellam, consilium quaerens et auxilium ab eo de pace fienda inter se et Hugonem; qui promittit se missurum ei ducem Chonradum cum Lothariensibus, ad id exequendum.*

[15] Vgl. zu Bruns Politik gegenüber dem Westfrankenreich auch Ehlers, Geschichte, S. 45 ff., und Schoene, Die politischen Beziehungen, S. 44 ff.

[16] Vgl. Flodoard, ad 960, S. 169.

[17] Vgl. Ruotger, Vita Brunonis, cap. 43, S. 45: *et mox in occidente Compendium adiit, ut ibidem nepotes suos ab invicem dissidentes ad concordiam revocaret ...*

[18] Vgl. zu den Beziehungen zwischen Heinrich und Heribert Büttner, Heinrichs I. Südwest- und Westpolitik, S. 83 ff.

[19] Vgl. Flodoard, ad 948, S. 111 f., dessen Beschreibung dies deutlich zum Ausdruck bringt, wenn er schreibt, wie Ludwig mit Ottos Zustimmung sich erhebt und seine Anklage laut verliest. Sie endet dann mit dem Angebot, sich gemäß dem Urteil der Synode und der Anweisung Ottos notfalls von den ihm zur Last gelegten Anklagen zu reinigen. Vgl. die Synodalakten von Ingelheim mit der Vorrede des Herausgebers, in: Die Konzilien Deutschlands, hrsg. von Ernst Hehl, Teil 1, S. 135 ff., und Beumann, Die Ottonen, S. 65 f.

[20] *Preterea Lotharium, sororis sue filium, de antiqua regum prosapia ortum, cum a sobrinis suis vehementer esset oppressus, mirifice eruit et exaltavit nec cessavit, donec in locum patris sui regem constituit ac maiores ipso potentioresque Hugonis filios*

omnesque illius regni principes sub iugum eius stravit ... Ruotger, Vita Brunonis, cap. 39, S. 41 f.

[21] Es waren Wilhelm von der Normandie und Wilhelm von Poitou, der Herzog von Aquitanien, die 942 nach einer Intervention des Papstes zugunsten Ludwigs IV. dessen Herrschaft anerkannten. Vgl. Heil, Die politischen Beziehungen, S. 68 f.

[22] ... *Ruodolfus rex promissa sua irrita fieri voluit. Chuonradus autem ... Basileam sibi subiugavit, ut animadverteret, si rex Ruodolfus promissa attenderet. Quos postea Gisela regina, filia sororis ipsius regis Ruodolfi, bene pacificavit.* Wipo, Gesta, cap. 8, S. 31, und vgl. dazu Bresslau, Konrad II., Bd. 1, S. 221 f.

[23] Vgl. Beumann, Die Ottonen, S. 90 f.

[24] Zu Ungarn vgl. Boshof, Die Salier, S. 169 f., und Georgi, Friedrich Barbarossa, S. 96 f.

[25] Vgl. dazu Otto von Freising, Gesta Frederici, II,5, S. 290, der schildert, wie die beiden Dänen dem Kaiser ihre Einwilligung gaben, sich dem Entscheid Barbarossas zu beugen, womit der schiedsrichterliche Charakter der Friedensstiftung deutlich hervortritt, auch wenn ihm natürlich die Beteiligung der Fürsten einen eigentümlichen Anstrich verleiht: *Eo* [sci. Merseburg] *prefati iuvenes* [sci. die dänischen Thronprätendenten] *venientes eius se mandato humiliter supposuerunt; eorumque ad ultimum causa iudicio seu consilio primatum sic decisa fuisse dicitur...* Vgl. auch Helmold von Bosau, Chronica, 73, S. 139: *Missa quoqe legacione reges Danorum tumultantes evocavit, ut decerneret inter eos mediante iusticia.*

[26] Vgl. etwa die Verhandlungen zwischen Otto I. und Ludwig IV. in den Jahren 940 und 944 (Böhmer – Ottenthal, Regesta Imperii, II,1, Nr. 91a u. 123b) und zwischen Barbarossa und Ludwig VI. Vgl. insbesondere den Brief Friedrichs I. von 1162 an Bischof Konrad von Augsburg, in dem dieser Umstand mit der alten wohlbekannten Formel zum Ausdruck gebracht wird: *... mediantibus hinc inde legatis tandem pari voluntate et unanimi consensu inter nos convenit ...* (Admonter Briefsammlung, Nr. 86, S. 145 f.). Zu den damaligen Verhandlungen vgl. auch Heinemeyer, Die Verhandlungen, S. 155 ff., und Schuster, Das Treffen, S. 223 f. u. 234, und allgemein Ganshof, Histoire, S. 121 ff.

[27] Vgl. allg. Ganshof, Histoirc, 129 f., Maleczek, Das Frieden stiftende Papsttum, S. 258 f., und Kapitel IV.2.

[28] Vgl. Opll, Friedrich Barbarossa, S. 129, und Ganshof, Histoire, S. 128 f. Eine ähnliche Rolle spielte auch der Graf Heinrich von der Champagne zwischen Barbarossa und dem französischen König im Jahr 1162. Vgl. Heinemeyer, Die Verhandlungen, S. 160 ff., und Schuster, Das Treffen, S. 223 f.

[29] Vgl. den Brief des Girard Pucelle an Thomas von Canterbury von 1166, in: Materials for the History of Thomas Becket, Bd. 6, S. 31: *Promisit* [sci. der Kölner Erzbischof Rainld von Dassel] *autem mihi in hac aegritudine sua, quod ipse in Italiam non iverit, sive imperator iverit sive non, consilio Cisteriensum et regis Francorum et vestro se committet de facienda pace cum Alexandro ...*

[30] Vgl. dazu RNI, Nr. 13, S. 31 f., und dazu Holzapfel, Innozenz III., S. 57 f.

[31] Vgl. dazu Jordan, Heinrich der Löwe, S. 216, und Ganshof, Histoire, S. 129. In ähnlicher Weise vermittelte Heinrich II. auch zwischen Philipp von Flandern und dem französischen König Philipp August.

[32] Vgl. Constitutiones II, Nr. 41, S. 51 f.: *Imperator marchioni ... promisit, se me-*

diatorem studiosum et efficacem inter regem Dacie et ipsum marchionem et Slavos existere. Zu den vorherigen Auseinandersetzungen vgl. Die Regesten der Markgrafen von Brandenburg, Bd. 1, S. 97 ff.

[33] Vgl. Otto von Freising und Rahewin, Gesta, III, 12, S. 416 ff. Zu Besançon vgl. zusammenfassend Engels, Die Staufer, S. 69 f.

[34] *At Fredericus auctoritate presentie sue interposita tumultum quidem compescuit* ... Otto von Freising und Rahewin, Gesta, III,12 , S. 416.

[35] *Ibi* [sci. Aachen] *temerarius tumulutus coram rege exoritur, sed moderatione eius adnullatur.* Chronica regia Coloniensis, ad 1127, S. 65.

[36] Vgl. Thietmar, Chronicon, VIII,17, S. 514: *Godefridus quoque dux et Gerhardus comes inperatoria potestate pacificati sunt.* Zum Konfliktverlauf siehe auch ebd., VII, 60–62, S. 474 ff.

[37] Vgl. Reuter, Unruhestiftung, S. 306 f.

[38] Vgl. Annales Patherbrunnensis, ad 1111, S. 125: *Seditio inter ducem Liutgerum et marchionem Ruodulfum oritur, set ante natalem domini coram imperatore Goslariae pacificantur.* Vgl. dazu auch Meyer-von Knonau, Heinrich IV. und Heinrich V., Bd. 6, S. 219.

[39] Vgl. Annales Marbacenses, ad 1162, S. 50 f.: ... *eos quoque quos comes captivaverat expugnato et destructo castro Girbaden liberavit* [sci. Friedrich]. *Deinde post menses aliquot imperator civili bello ... finem im*[posu]*it, hostibus inter se pacificatis.*

[40] Vgl. Alpert von Metz, De diversitate, II,4, S. 48, und Reuter, Unruhestiftung, S. 307, mit weiteren Beispielen.

[41] Vgl. den Überblick bei Kaiser, Selbsthilfe, S. 63 ff. Zu den einzelnen Land- und Reichsfrieden und Vorformen vgl. Gernhuber, Die Landesfriedensbewegung, S. 26 ff., und zuletzt Wadle, Gottesfrieden, S. 63 ff., der die verschiedenen Forschungspositionen analysiert und die einschlägige Literatur aufführt.

[42] Einen Zusammenhang von Landfrieden und der Schlichtung aktueller Konflikte läßt sich zum Beispiel bei der Versöhnung Lothars III. mit den Staufern Friedrich und Konrad im Jahr 1135 beobachten (vgl. Böhmer – Petke, Regesta Imperii, IV/1, Nr. 429). Ob gleiches auch für den bekannten Hoftag Heinrichs III. 1043 in Ulm galt, wo der König alle Beteiligten aufrief, Verzeihung zu üben und Frieden zu halten, ist umstritten. Vgl. dazu auch Reuter, Unruhestiftung, S. 307 mit Anm. 56. Friedrich I. hat möglicherweise, als er sich mit Ulrich von Halberstadt wieder versöhnte, ebenfalls einen Landfrieden erlassen. Vgl. Simonsfeld, Friedrich I., S. 421.

[43] Vgl. Kaiser, Selbsthilfe, S. 66 ff. Zur Gottesfriedensbewegung vgl. allg. Hoffmann, Gottesfriede, S. 5 ff.

[44] Vgl. Reuter, Unruhestiftung, S. 306 f.

[45] *Et cum diu cause eorum discuterentur et rex sine offensione multorum neutrum familiariorem in reconciliando habere posset, inter se regia potestate pacem habere iussit. Qua sacramento firmata discesserunt* [sci. Balderich und Wichmann]. Alpert von Metz, De diversitate, II,4, S. 48.

[46] Vgl. Thietmar von Merseburg, Chronicon, VII,50, S. 460 ff., zur Beendigung der Auseinandersetzung zwischen den Nachkommen des Markgrafen Werner und dem Markgrafen Bernhard. Auch die Aussöhnung zwischen Erzbischof Albero und dem Grafen von Namur wurde durch Konrad III. mit einem solchen Eid abgeschlossen (Baldericus, Gesta Alberonis, cap. 20, S. 253 f.)

⁴⁷ Vgl. Thietmar, Chronicon, VII,44, S. 452, zum Überfall u. VII, 50, S. 458 ff., zur Konfliktlösung.

⁴⁸ Vgl. ebd., VII,50, S. 460 ff.

⁴⁹ Ekkehard, Casus sancti Galli, 12, S. 36 ff.

⁵⁰ Vgl. Dümmler, Geschichte, Bd. 3, S. 579, und Zeiler, Bischof Salomon III., S. 82.

⁵¹ Vgl. Thietmar, VII, 50, S. 558 u. 560: *Anno dominicae incarnationis MXVII Kal. Ianuarii Gero archiepiscopus iussu imperatoris Bernhardum marchionem nudis pedibus emendationem sibi promittentem suscepit et aecclesiae presentavit, solutis omnibus bannis ab eo inpositis.* Vgl. auch Hirsch, Heinrich II., Bd. 3, S. 46 f.

⁵² Vgl. Baldericus, Gesta Alberonis, cap. 14, S. 251: *Tandem Lodoycus vacuum suis sumptibus servans palacium, ad tantam devenit humilitatem, quod nudis pedibus in laneis Palaciolo ad pedes se provolvit archiepiscopi, misericordiam petens et palatium resignans.*

⁵³ Vgl. zu diesem Konflikt Althoff, Konfliktverhalten, S. 65 ff.

⁵⁴ Vgl. Baldericus, Gesta Alberonis, cap. 20, S. 253 f.

⁵⁵ Vgl. Althoff, Konfliktverhalten, S. 71 f.

⁵⁶ Vgl. Historia Welforum, cap. 31, S. 66.

⁵⁷ Vgl. dazu Hirsch, Heinrich II., S. 47.

⁵⁸ Vgl. Breßlau, Konrad II., Bd. 2, S. 230 ff., und Erkens, Konrad II., S. 177 f.

⁵⁹ Vgl. Arnold von Lübeck, Chronica, II,10, S. 48 f.: *In Haldeslef tamen constitutus, per internuncios colloquium domni imperatoris expetiit. Imperator itaque exivit ad eum ad locum placiti. Quem dux verbis compositis lenire studuit. Imperator autem quinque milia marcarum ab eo expetiit, hoc ei dans consilium, ut hunc honorem imperatorie maiestati deferret et sic ipso mediante gratiam principum, quos offenderat, inveniret.* Vgl. dazu auch Althoff, Konfliktverhalten, S. 77, der hier von einer saftigen Vermittlungsgebühr spricht. Dennoch hat man es hier wohl eher mit einem Unterpfand der Vermittlung zu tun. De facto handelt es sich um eine Wiedergutmachungsleistung, die der Kaiser von seinem einst so geliebten Herzog einforderte, was man auch daran erkennen kann, daß diese Zahlung nicht als Bedingung der Vermittlung, sondern als hinreichende Voraussetzung für den Wiedergewinn der Huld der übrigen Fürsten hingestellt wird, was sich schon aus der Gleichzeitigkeit der beiden Verben *deferre* und *invenire* ergibt. Unterstützt wird eine solche Deutung auch dadurch, daß das von Arnold den beiden Protagonisten zugeschriebene Verhalten, läßt er doch Heinrich den König erst einmal durch milde Worte besänftigen. Das alles heißt aber nicht, daß man hier wie Heinemeyer, Kaiser, S. 73, einen Teil des Gerichtsverfahrens zu sehen hat, soll doch die Zahlung des Geldes genau eine Fortsetzung des gerichtlichen Procedere verhindern. Mit der Zahlung brachte Heinrich seine Achtung des königlichen *honor* wieder zum Ausdruck und schaffte damit überhaupt erst die Bedingungen für eine funktionierende Kommunikation. Im übrigen entsprach das Angebot Friedrichs ganz den Usancen, die seit etwa 1100 um sich griffen, wenn es galt, den König für eine vorzeitige Unterwerfung zu gewinnen, die dem Betroffenen am Ende die Huld des Herrschers sichern sollte. Vorab mußte erst einmal an die königliche Majestät ein Betrag zwischen 1000 und 3000 Mark Silber gezahlt werden. Vgl. dazu Kapitel IV.1, S. 204 f.

⁶⁰ Vgl. zum Prozeß zuletzt Heinemeyer, Kaiser, S. 75, und Weinfurter, Philipp von Heinsberg, S. 456 ff. u. 476 ff.

Anmerkungen zu S. 139–143

⁶¹ Vgl. dazu Keller, Die Idee der Gerechtigkeit, S. 119 f.
⁶² Vgl. Böhmer – Ottenthal, Regesta Imperii, II,1, Nr. 23, und dazu Büttner, Heinrichs I. Südwest- und Westpolitik.
⁶³ Vgl. DH IV., Nr. 59.
⁶⁴ Vgl. Codex diplomaticus Fuldenses, Nr. 764, S. 370 f. Zur politischen Einordung siehe Jäschke, Zu Quellen, S. 279 ff.
⁶⁵ Vgl. Jordan, Heinrich der Löwe, S. 65.
⁶⁶ *Iuxta Heinrici IIIIti regis edictum aliorumque multorum consilium ab utrique conlaudatum est* ... Codex diplomaticus Fuldensis, Nr. 764, S. 371.
⁶⁷ Zu beiden Praktiken vgl. Waitz, Deutsche Verfassungsgeschichte, VIII, S. 40 u. 43, und Krause, Consilio, S. 429 u. 431.
⁶⁸ *Welfone placato* sei Barbarossa nach Italien zurückgekehrt, heißt es bei Otto von Sankt Blasien, Chronica, 19, S. 22.
⁶⁹ Helmold, Chronica, cap. 107, S. 210: *Et cesserunt omnia iuxta placitum ducis, et ereptus est a circumventione principum absque omni suimet diminucione.* Vgl. auch Jordan, Heinrich der Löwe, S. 121 f.
⁷⁰ *Iamque in eo res vertebatur, ut Turingi, improbata sinodo, sedem apostolicam appellarent. Sed rex sub attestatione nominis divini affirmabat se in eum, si quis id presumpsisset, capitali sententia animadversurum et omnia quae eius essent usque ad internitionem dissipaturum, clademque eius diei multis postea seculis non abolendam. Ita abbas Herveldensis suorum periculo conterritus, quoniam aliud, in artum conclusis rebus, non patebat effugium, rem consilio regis permisit, quatenus, prout ipse bonum et equum iudicaret, causam inter se et archiepiscopum terminaret.* Lampert von Hersfeld, Annales, ad 1073, S. 143 f.
⁷¹ Vgl. ebd.
⁷² Vgl. Neumeister, Hermann I., S. 284.
⁷³ Vgl. Thietmar von Merseburg, Chronicon, VI,98, S. 390.
⁷⁴ Vgl. Waitz, Deutsche Verfassungsgeschichte, VIII, S. 35, und Krause, Consilio, 430 f.
⁷⁵ Ein solches Vorgehen berichtet zumindest Thietmar von Merseburg von dem Prozeß, den Heinrich II. gegen den Markgrafen Gunzelin führte. In bezug auf diesen Prozeß ist Reuter, Unruhestiftung, S. 318, durchaus Recht zu geben, wenn er feststellt, daß zuweilen beim Hofgericht darüber verhandelt wurde, ob man prozessual verfahren sollte. Daß Heinrich II. allerdings in diesem Fall, als er die Fürsten um ein Urteil bat, von diesen gleichsam gezwungen wurde, statt dessen eine Unterwerfung anzunehmen, ist eher unwahrscheinlich. Zum einen ist bei Thietmar nur von einem *consilium*, um das der König die Fürsten bat, die Rede (Thietmar, Chronicon, VI,54, S. 342), und zum zweiten eröffnete dieser Rat Heinrich Möglichkeiten, die ihm ein regelrechtes Urteil gar nicht an die Hand gab. Denn so konnte er den Markgrafen ungeachtet aller Appelle an die Milde bestrafen, wie es ihm angemessen schien. Und er tat es auch, konfiszierte bald darauf dessen Burg, die Markgrafschaft und hielt ihn überdies noch neun Jahre in Haft.
⁷⁶ Vgl. DH II., Nr. 255, S. 294 ff.; Thangmar, Vita Bernwardi, 43, S. 777 f., und allg. Görich, Der Gandersheimer Streit, S. 90.
⁷⁷ Vgl. Thangmar, Vita Bernwardi, cap. 43, S. 777: *Quocumque vero sapientissimus imperator ora sui sacratissimi vultus circumtulit, si quos dissidentes forte repperit, aut*

statim reconciliabat, vel si quicquam obstitit, ut id non posset efficere, numquam mente feriabat, donec violatam caritatem reformabat.

[78] Vgl. Thietmar von Merseburg, Chronicon, VI,81, wo der Autor schildert, wie er von Heinrich II. beiseite genommen wurde und der König ihm mitteilte, daß in dem Streit zwischen Magdeburg und Merseburg die Sache gerichtlich oder auf andere heilsame Weise beigelegt werde *(cum iustitia aut alio salubri consilio).*

[79] Vgl. allg. Engels, Die Staufer, S. 35 f. u. 53; Jordan, Heinrich der Löwe, S. 51 f., und zuletzt Richter, Friedrich Barbarossa, S. 30 ff., der die Darstellung Ottos von Freising mehr oder minder paraphrasiert.

[80] Vgl. zum folgenden Engels, Die Staufer, S. 53 ff., und Böhmer – Opll, Regesta Imperii IV/2, Nr. 95, 135, 202, 224, 364, 365, 415, 417, 418.

[81] Die Vorstellung, daß seit dem Hoftag in Würzburg 1152 vor dem Königsgericht ein förmlicher Prozeß um Bayern geführt wurde, liegt etwa den einschlägigen Darstellungen von Engels, Die Staufer, S. 55 f., und von Jordan, Heinrich der Löwe, S. 51 f., zugrunde.

[82] Vgl. Alpert von Metz, De diversitate, II,4, S. 48, und Böhmer – Petke, Regesta Imperii, IV/1, Nr. 16, S. 11.

[83] Wenn der Herausgeber der Gesta Frederici, II,7, S. 293, meint, daß man im Anschluß an das *iudicio vel consilio* des besseren Verständnisses halber „der Fürsten" zu ergänzen habe, so zeigt das nur, wie tief die Vorstellung von einem Prozeß im Bewußtsein verankert ist.

[84] Das ist grundsätzlich gegen Krause, Consilio, S. 430 mit Anm. 89, einzuwenden, der die Formel nur im Kontext eines Gerichtsverfahrens sehen will, aber die Besonderheiten, das *vel*, die in seiner Optik vertauschte Reihenfolge von *consilio* und *iudicio* und das Fehlen eines Hinweises auf die Mitwirkung der Fürsten, zu Zufällen erklärt.

[85] Vgl. Otto von Freising, Gesta Frederici, II,7, S. 292; II,12, S. 302; II,58, S. 390.

[86] Vgl. ebd., II,9, S. 298, u. II,12, S. 301 f.

[87] Darauf weist Otto von Freising, Gesta Frederici, II,12, S. 302, expressis verbis hin.

[88] Vgl. ebd.

[89] Generell zu den sogenannten Kontumazialverfahren Mitteis, Politische Prozesse, S. 10 f. u. 35 ff.

[90] Vgl. Helmold, Chronica, 79, S. 150, und dazu auch die Regesten der Markgrafen von Brandenburg, Nr. 241 a.

[91] Vgl. Otto von Freising, Gesta Frederici, II,44, S. 370 f.: *... princeps ... alloquitur in confinio Ratisponensium patruum suum Heinricum ducem, ut ei de transactione facienda cum altero Heinrico, qui iam, ut dictum est, ducatum Baioraie iudicio principum obtinuerat, persuaderet. Cui dum ille tunc non acquiesceret, iterum diem alium, quo eum super eodem negotio per internuntios conveniret, in Baioaria versus confinium Boemorum constituit.*

[92] Vgl. Böhmer – Opll, Regesta Imperii, IV/2, Nr. 365.

[93] Vgl. hierzu Böhmer – Opll, Regesta Imperii, IV/2, Nr. 415 u. 417, mit der Zusammenstellung der einschlägigen Quellen sowie dazu Appelt, Privilegium minus, S. 38 ff. u. 49 f.

[94] Vgl. zum folgenden Böhmer – Opll, Regesta Imperii, IV/2, Nr. 415 u. 417.

⁹⁵ Vgl. Krause, Consilio, S. 429.

⁹⁶ Vgl. Otto von Freising, Gesta Frederici, II,7, S. 292: *Rex ergo predictam litem iudicio vel consilio decisurus* ... Zur anderen Redewendung vgl. ebd., II,12, S. 300 f.: *Proximo dehinc mense Decembrio utrique duces Heinricus itidem et Heinricus in civitate Spira principis adsistunt iudicio* ...

⁹⁷ Vgl. Otto von Freising, Gesta Frederici, I,69, S. 276 f.: *Quos rex in causam ponens ad pacemque cum adversariis suis sine litis contestatione revocare volens, cum hoc modo procedere non posset, tandem eis iuris districtionem obtulit.* Übersetzung ebd., S. 277 f.

⁹⁸ Vgl. DF I., Nr. 219, S. 366: *Primum igitur dilectos nostros domnum Bremensem et Bawarie ac Saxonie ducem tante dilectionis vinculo unire dignum censemus, ut, si alteruter in alterum excesserit, per se ulcisci non presumat, sed dictante sententia ad examen nostre iusticie, prout decet, recurrere festinet.*

⁹⁹ Interessanterweise – und auch das reflektiert die zunehmende Differenzierung – sagte der König dem Bremer Erzbischof im Hinblick auf seine Auseinandersetzungen mit der Verdener Kirche, also im Hinblick auf einen innerkirchlichen Konflikt, eine andere Form der Beilegung zu. Hier sollte aufgrund der alten Privilegien ein Schiedsgericht aus weisen Männern eine Lösung des Streites bewirken. Vgl. ebd.

¹⁰⁰ ... *atque ut possessio Bernhardi plenarie marchionem adtingeret, duce que Heremanni fuerant obtinente, secundum auctoritatem regis egerunt.* Annales Palidenses, ad 1152, S. 86. Vgl. dazu auch Jordan, Heinrich der Löwe, S. 50.

¹⁰¹ Vgl. dazu allg. Keller, Zwischen regionaler Begrenzung, S. 342 ff.

¹⁰² Vgl. zu den sächsischen Konflikten die Regesten der Markgrafen von Brandenburg, Nr. 206–209 und 354–369, und zum Streit um München Keller, Zwischen regionaler Begrenzung, S. 381.

¹⁰³ Vgl. Opll, Friedrich Barbarossa, S. 53; weitere Beispiele für ordentliche Gerichtsverfahren bei Hauser, Staufische Lehnspolitik, S. 371 ff. u. 381 ff., und Richter, Friedrich Barbarossa, S. 38 ff., S. 156 ff.

¹⁰⁴ Vgl. Keller, Zwischen regionaler Begrenzung, S. 324 ff., und Conrad, Deutsche Rechtsgeschichte, S. 177 f.

¹⁰⁵ Vgl. Diestelkamp, Einleitung, S. XII.

¹⁰⁶ Das gilt etwa für den Konflikt um die Magdeburger Doppelwahl, um das Plötzkauer und Winzenburger Erbe und um das Herzogtum Bayern in den Anfangsjahren. Aber auch bei den Auseinandersetzungen in Sachsen um 1168, versuchte sich der König mehrfach als Vermittler. Vgl. dazu S. 140 f. u. 152 f. mit Anm. 65, 69, 114 u. 120.

¹⁰⁷ Vgl. Kapitel I.3, S. 50 f. u. 56, und Caspers, Der Güte- und Schiedsgedanke, S. 45 ff.

¹⁰⁸ Gemeint ist hier die wiederholt zitierte Maxime, derzufolge ein Vermittler sich nur dann so nennen darf, wenn er beiden Seiten Gehör schenkt. Vgl. Kapitel I.1, S. 18 mit Anm. 35.

¹⁰⁹ Vgl. DH II., Nr. 255, S. 295 f., und Thangmar, Vita Bernwardi, 43, S. 777, u. vgl. zuletzt Weinfurter, Heinrich II., S. 166.

¹¹⁰ *B. quoque episcopus noster fidelis ex nostro suasu W. archiepiscopum et universos episcopos in auxilium sibi convocavit, tantaque concordia et unanimitas dei gra-*

tia inter dissidentes fratres facta est, ut illud sollemne officium dedicationis maxima caritate fieret, archiepiscopo nil suo iuri presumente, nisi quantum episcopus B. concedendo postularet. DH II., Nr. 255, S. 295. Vgl. auch Thangmar, Vita Bernwardi, 43, S. 777, und dazu Görich, Der Gandersheimer Streit, S. 90.

[111] *Et quia perpetuam pacem ecclesiae dei cupio, hanc pactionem conscribi ... feci ...* DH II., Nr. 255, S. 295.

[112] Vgl. die *Pactio de decimis in Thuringia* von 1069, in: Codex diplomaticus Fuldensis, Nr. 764, S. 371: *Acta sunt hec ... sub rege Heinrico IIII. qui et testis et iudex atque mediator extitit.*

[113] *Si autem dissensio inter fratres in electione emerserit, filius noster vel quicumque heredum nostrorum benefitium Augustensis ecclesie possederit, se mediatorem pacis et electionis solo divine miserationis intuitu interponat et cum ipsis fratribus electionem honeste persone rationabiliter promoveat.* DF I., Nr. 577, S. 49.

[114] Vgl. Otto von Freising, Gesta Frederici, II,44, S. 372: *Quo princeps* [sci. Friedrich I.] *veniens Labezlaum ducem Boemie, Albertum marchionem Saxonie, Herimannum palatinum comitem Rheni cum aliis viris magnis obvios habuit. Tantus etenim eos qui remanserant ob ipsius gestorum magnificentiam invaserat metus, ut omnes ultro venirent, et quilibet familiaritas eius gratiam obsequio contenderet invenire. ... At cum multis modis ad transigendum nos, qui mediatorum ibi vice fungebamur, operam daremus, infecto adhuc negotio, insalutati ab invicem separati sunt.*

[115] *Dignitatis nostre ratio deposcuit, ut quotiens ortam inter fideles nostros discordiam intelligimus, nostra eam mediatione precidamus.* DF I., Nr. 981, S. 264. Vgl. zu dieser interpolierten, im Eingangsprotokoll aber kanzleimäßigen Urkunde mit den Bemerkungen des Herausgebers, ebd., S. 263 f. Zuletzt Walther, Die Urkunde, S. 24. Siehe auch Rennefahrt, Beitrag, 1, S. 10.

[116] Vgl. ebd.

[117] Daß diese Überlegungen in der Zeit Barbarossas virulent waren, hat Weinfurter, Erzbischof Philipp, S. 460 ff., anhand des Prozesses gegen Heinrich den Löwen gezeigt, indem er nachwies, daß es die Fürsten um Philipp von Heinsberg herum waren, die auf ein prozeßförmiges Verfahren drängten.

[118] Vgl. Otto von Freising, Gesta Frederici, II,58, S. 390: *Ita ad civitatem, iuxta quod preoptaverat, inter patruum et avunculi sui filium terminata sine sanguinis effusione controversia, letus rediit ...*

[119] Vgl. oben Anm. 113.

[120] Vgl. Otto von Freising, Gesta Frederici, II,6, S. 290 f. Vgl. auch Claude, Geschichte des Erzbistums, II, S. 71 ff.

[121] Vgl. Claude, Geschichte des Erzbistums, II, S. 74.

[122] *Quapropter cepit sopire discordias, quae erant infra ducatum, sapienter precavens, ne tumultus aliqui consurgerent in principum ceterorumque nobilium absentia.* Helmold von Bosau, Chronica, cap. 87, S. 169.

[123] Vgl. zu Albrecht dem Bären die Regesten der Markgrafen von Brandenburg, Nr. 173 u. 174, zu Wichmann vgl. Springer, Wichmann, S. 242.

III.2 Die Königin und die Magnaten als Agenten der Huld

[1] Vgl. allg. zur Stellung der Herrscherinnen im hohen Mittelalter Erkens, Die Frau, S. 245 ff.; Fichtenau, Lebensordnungen, S. 134 ff., u. 239 ff.; Jäschke, Notwendige Gefährtinnen, S. 13 ff., und Vogelsang, Die Frau, und die nunmehr grundlegende Arbeit von Fößel, Die Königin, die unmittelbar vor Abschluß des Manuskriptes erschien.

[2] Zu den Ausnahmen gehören vielleicht die friedensstiftenden Maßnahmen, die die Kaiserin Adelheid auf einer Reise durch Burgund ergriff. Allerdings ist die Nachricht Odilos von Cluny, Die Lebensbeschreibung der Kaiserin Adelheid, 12, S. 28 f., schwer zu beurteilen. Ihm zufolge soll Adelheid die Lehnsleute ihres Neffen in Burgund befriedet haben. Ob sie damit aber akute Konflikte geschlichtet oder nur nach Art der Gottesfrieden in einzelnen Regionen die Großen per Eid zur Friedenswahrung eingeladen hat, ist kaum zu klären. Im ersten Fall hätte sie immerhin von ihrer königlichen Autorität gezehrt und gleichsam das Minimalziel königlicher Schlichtung zu erreichen gesucht, nämlich die Zerstrittenen zu einem beeideten Gewaltverzicht zu bewegen.

[3] Vgl. Vita Mathildis reginae posterior, 9, S. 161, und Widukind, Res gestae, II, 36, S. 95. Vgl. auch Althoff, Königsherrschaft, S. 32 f. Die Frau Ottos I., die englische Königin Edgith, hatte für eine solche Aussöhnung erst den Boden bereitet, indem sie den Streit um das Erbe Heinrichs I. zwischen Mutter und Sohn aus der Welt schaffte. Vgl. Böhmer – Ottenthal, Regesta Imperii II/1, Nr. 101a.

[4] Vgl. Annales Hildesheimenses, ad 1004, S. 29.

[5] Vgl. Wipo, Gesta, X, S. 32, sowie Althoff, Huld, S. 268, zum gesamten Konflikt zwischen Konrad II. und seinem Stiefsohn.

[6] Lampert von Hersfeld, Annales, ad 1072, S. 137 f.

[7] Vgl. Lampert von Hersfeld, Annales, ad 1072, S. 137 f.: *Cumque esset* [sci. Rudolf von Rheinfelden] *imperatrici ob vetus meritum suum acceptissimus, propinquitate etiam devinctus propter filiam eius, quae ei, ut predictum est, nupserat, sed intra paucos dies celebratae coniunctionis decesserat, misit eamque obnixis precibus in Galliam evocavit ad sedandam, quae oriebatur, intestini belli tempestatem. ... Imperatrix ... viro optime erga se merito in angustis rebus opem ferret et filio iuveniliter tumultuanti modum imponeret.*

[8] *Sed dux Ernestus humiliter iter eius prosecutus usque Augustam Vindelicam interventu matris suae reginae et fratris sui Heinrici adhuc pravuli aliorumque principum multum renuente rege vix in gratiam eius receptus est.* Wipo, Gesta, X, S. 32.

[9] Vgl. zu den Umständen Engels, Die Staufer, S. 26 f.

[10] Vgl. Annales Magdeburgenses, ad 1134, S. 185: *Fridericus vero dux, cernens se a pluribus derelictum et destitutum ... necessitate compulsus adiit imperatricem, in predicto loco* [sci. Fulda] *cum imperatore degentem, nudis pedibus satis humiliter flagitans gratiam ipsius, simulque sperans, se per illam, quia neptis sua erat, in gratiam cesaris deventurum.* Zu Richenza Stellung vgl. Petke, Kanzlei, S. 407 ff.

[11] Vgl. Böhmer – Petke, Regesta Imperii, IV/1, Nr. 417.

[12] Vgl. ebd.: *Nam ipsa fecit eum absolvi per legatum apostolici, qui ibi tunc presens fuerat ab excommunicatione ...*

[13] Ob Lothar von Friedrichs Auftritt überrascht war, wie Böhmer – Petke, Rege-

sta Imperii, IV/1, Nr. 417, vermutet, läßt sich nicht klären. Aber die Vertagung der öffentlichen Unterwerfung vor dem Kaiser wie in diesem Fall auf einen späteren Hoftag ist beileibe nichts Ungewöhnliches. Heinrich III. einigte sich so mit dem böhmischen Herzog, und sein Sohn handelte nicht anders, als er der Unterwerfung Ottos von Northeim zustimmte. Das ist auch zu bedenken, wenn man die 'lange Zeit' zwischen der Übereinkunft und der *deditio* wie in diesem Fall mit politischen Zwängen und Überlegungen, die Engels, Die Staufer, S. 26 f., auflistet, zu erklären sucht. Die 'lange Zeit' bis zur Unterwerfung gehörte zum Procedere.

[14] *Receptus ergo in consortium sanctae ecclesie, magnis sacramentis se obligavit, quod imperatori fideliter, et devote in posterum vellet adherere et ad proximum placitum coram principibus gratiam illius cum illorum auxilio exquirere.* Annales Magdeburgenses, ad 1134, S. 185.

[15] Daß Friedrich aus der Unterwerfung ohne Einbuße hervorging, ergibt sich zum einen aus einem negativen Befund, nämlich dem Fehlen eines jeglichen Hinweises in der Überlieferung auf irgendwelche Strafen, die der Kaiser ihm anschließend auferlegt hätte. Vgl. die Zusammenstellung der Belege bei Bernhardi, Lothar von Supplinburg, S. 562 f. Zum anderen kann man von einer *restitutio in integram* auch deshalb ausgehen, weil sie bei der Unterwerfung Konrads, welche nach ähnlichem Muster ablief und ebenfalls von der Kaiserin vermittelt wurde, explizit belegt ist. Vgl. mit den Belegen Böhmer – Petke, Regesta Imperii, IV/1, Nr. 456, und Bernhardi, Lothar von Supplinburg, S. 579.

[16] Vgl. zur Rolle Bernhards und zum Bemühen der zisterziensischen Geschichtsschreibung, diesen zum Friedensstifter zu stilisieren, Dinzelbacher, Bernhard, S. 163 ff.

[17] Vgl. Dinzelbacher, Bernhard, S. 164.

[18] Vgl. Bernhardi, Lothar von Supplinburg, S. 562 mit Anm. 8.

[19] Vgl. dazu Kapitel II.2.

[20] Vgl. Böhmer – Petke, Regesta Imperii IV/1, Nr. 233.

[21] Zur Rolle der Herrscherin als Intervenientin vgl. Erkens, Die Frau, S. 246; Gawlik, Zur Bedeutung, S. 73 ff., und Vogelsang, Die Frau.

[22] Vgl. Böhmer – Graf, Regesta Imperii, II/4, Nr. 1508 a. Als Buße überließ Hermann dem Bischof das in der Stadt gelegene Kloster St. Stephan, das auf seinem Eigengut lag. Vgl. allg. zur Rolle Kunigundes als Vermittlerin Weinfurter, Heinrich II., S. 100 ff.

[23] Vgl. Annales Quedlinburgenses, ad 1020, S. 84 f.

[24] Vgl. Böhmer – Petke, Regesta Imperii, IV/1, Nr. 180, mit den beiden Belegen.

[25] Vgl. Böhmer – Graf, Regesta Imperii II/4, Nr. 1508 a u. 1961 a.

[26] Vgl. Wipo, Gesta, cap. 29, S. 48.

[27] Vgl. Böhmer – Appelt, Regesta Imperii, III/1, Nr. 210 c.

[28] Vgl. Chronica regia Coloniensis, ad 1162, S. 111: *Porro imperator implorantibus illis respondit quaecumque eum decebant, et oportuno tempore misericordiam se facturum ex consilio promisit, et sic dimittens universos, sequenti die item omnes presentari fecit. Illi autem spe misericordiae cruces, quas tenebant in manibus, per cancellos in caminatam imperatricis proiciebant, cum ante conspectum eius introitum non haberent.*

[29] *Godefridus dux Lotharingiae gratiam regis ob novae interventum reginae pro-*

Anmerkungen zu S. 160–162   313

meruit. Vgl. Chronica regia Coloniensis, ad 1110, S. 49. Vgl. dazu Meyer-Von Knonau, Heinrich IV. und Heinrich V., Bd. 6, S. 118 ff.

[30] Vgl. Gawlik, Zur Bedeutung, S. 75.

[31] Zu Agnes vgl. Lampert von Hersfeld, Annales, ad 1072, S. 137 f., und zu Mathilde Vita Mathildis reginae posterior, 9, S. 161.

[32] Für beide galt, daß sie auch im sonstigen politischen Leben einen ungewöhnlich weitreichenden Einfluß geltend machen konnten. Vgl. Erkens, Die Frau, S. 257, zu Richenza und Jäschke, Notwendige Gefährtinnen, S. 47 ff.

[33] Die vermittelnde Rolle der Agnes wird von Gregor VII. in seinen Briefen selbst hervorgehoben. Vgl. Registrum Gregorii, I,19, S. 32; I,20, S. 33. Vgl. auch ebd., I,85, S. 121 f.

[34] Vgl. Jäschke, Notwendige Gefährtinnen, S. 138 u. 143.

[35] Vgl. dazu Erkens, Die Frau, S. 257, und Vogelsang, Die Frau, S. 64.

[36] Zum Liudolf-Aufstand vgl. zuletzt Erkens, Fürstliche Opposition, bes. S. 335 ff.; Glocker, Die Verwandten, S. 101 ff., und Leyser, Herrschaft, S. 36 ff. Zur Rolle der Auseinandersetzungen zwischen Vater und Sohn in der Karolingerzeit vgl. Kapitel II,2.

[37] Vgl. dazu insbesondere Ruotger, Vita Brunonis, cap. 18, S. 16 ff., u. 36, S. 37 f.

[38] Vgl. Vita Oudalrici, 12, S. 400 ff.

[39] Vgl. Widukind, Res gestae, III,38, S. 121: *Interventu proinde principum iterum Liudulfus cum sociis urbe egressus ... pacem obtinuit ...*

[40] Vgl. dazu Kapitel, III.3, bei Anm. 22.

[41] Vgl. Huth, Reichsinsignien, S. 314 ff. und zum Aufstand und zu weiteren Personen, die dabei vermittelt haben, zuletzt Borchardt, Der sogenannte Aufstand, S. 89 f. u. 93 f.

[42] Das wird in einigen Berichten jedenfalls von Heinrichs zweiter Unterwerfung unter seinen Bruder Otto I. 941 berichtet und ist auch von Poppo von Aquileja bekannt, der sich Konrad II. unterwarf, nachdem dieser ihn wegen der Flucht des Mailänder Erzbischofs verfolgt hatte. Vgl. zu Heinrich Böhmer – Ottenthal, Regesta Imperii, II/1, Nr. 102a und zu Poppo vgl. insbes. Annales Altahenses maiores, ad 1037, S. 21, und die Belege bei Böhmer – Appelt, Regesta Imperii III/1, Nr. 258b.

[43] Heinrich von Schweinfurt und der Bruder des Königs boten Heinrich II. die Unterwerfung durch Unterhändler an (Vgl. Böhmer – Graf, Regesta Imperii II/4, Nr. 1555b mit den Belegen und dazu Althoff, Königsherrschaft, S. 24 ff.). Umgekehrt unterwarf sich Heinrich der Zänker 974 Otto II., nachdem er von dessen Gesandten aufgefordert worden war, zu einem Hoftag zu erscheinen (Annales Altahenses maiores, ad 974, S. 12).

[44] Vgl. Widukind, Res gestae, III,59, S. 136, u. 60, S. 136.

[45] Vgl. Annales Disibodienses, ad 1128, S. 24.

[46] Auf all die genannten Fälle wird in den beiden folgenden Kapiteln mit den jeweiligen Belegen eingegangen.

[47] Vgl. zu Heinrich dem Stolzen Historia Welforum 22, S. 40 f., und zu Heinrich dem Löwen Helmold von Bosau, Chronica, 93, S. 183 f.

[48] Vgl. ebd.

[49] Vgl. Otto von Freising, Gesta Frederici, I,13, S. 152 ff.

[50] Vgl. ebd., I,20, S. 160 ff.

⁵¹ Vgl. Böhmer – Ficker, Regesta Imperii V/1, Nr. 84b.
⁵² Vgl. Ruotger, Vita Brunonis, cap. 18, S. 16f.
⁵³ Zu Hartbert von Chur vgl. Böhmer – Ottenthal, Regesta Imperii II/2, Nr. 201 u. 227. Zu Ulrich von Augsburg vgl. zuletzt Weitlauf, Bischof Ulrich, S. 69ff.
⁵⁴ Vgl. Huth, Reichsinsignien, S. 316 u. 318.
⁵⁵ Vgl. Thangmar, Vita Bernwardi, cap. 23, S. 769ff., und dazu Althoff, Otto III., S. 169ff.
⁵⁶ Vgl. Annales Altahenses maiores, ad 1049, S. 45, und Boshof, Lothringen, S. 78 u. 96ff.
⁵⁷ Vgl. Lampert von Hersfeld, Annales, ad 1071, S. 119f., und dazu Meyer-von Knonau, Heinrich IV., Bd. 2, S. 43f., und Hils, Die Grafen, S. 75, der eine Identifizierung des mehrfach von Lampert genannten Grafen Eberhard mit Eberhard von Nellenburg ablehnt, wobei seine Argumentation im Hinblick auf den Vermittler von 1071 aber nur bedingt überzeugt.
⁵⁸ Vgl. Otto von Freising und Rahewin, Gesta Frederici, IV,70–72, S. 654–658, und zu den Ereignissen Opll, Friedrich Barbarossa, S. 68ff.
⁵⁹ *Ita compositis omnibus ex sententia, his qui partes suas impensius curaverant dona iuxta magnificentiam regiam largitus est ...* Lampert von Hersfeld, Annales, ad 1074, S. 180.
⁶⁰ Vgl. Helmold von Bosau, Chronica, cap. 87, S. 169f. Auch Adam von Bremen, Gesta, III,54, S. 198, berichtet von Geschenken, die der Erzbischof Adalbert von Bremen von Wilhelm dem Eroberer erhalten haben soll, um zwischen ihm und dem dänischen König Frieden zu stiften.
⁶¹ Vgl. dazu Kapitel I.3, S. 59.
⁶² Vgl. Rahewin, Gesta Frederici III, 5, S. 402f.
⁶³ Vgl. Lampert von Hersfeld, Annales, ad 1072, S. 137: *Ibi* [sci. Magdeburg] *quoque Otto dux Baioariorum post integrum annum deditionis suae gratiam regis recepit, data vel regi vel his qui regi pro eo suggesserant non modica portione prediorum suorum.*
⁶⁴ Vgl. Otto von Freising und Rahewin, Gesta Frederici, IV,70–71, S. 656ff., der ausführlich den Einfluß, den Heinrich der Löwe und der Patriarch von Aquileja auf das Zustandekommen der Unterwerfung hatten, hervorhebt, während aus der Sicht eines Otto Morena, Historia Frederici, ad 1160, S. 92ff., die Cremasken mit dem Kaiser selbst ihre Unterwerfung aushandelten. In der Narratio de Longobardie, ad 1159/60, S. 262–264, ist auch nicht von den Verhandlungen über Dritte die Rede, wenngleich hier erwähnt wird, daß der Herzog von Österreich die Cremasken aus der Stadt geleitet habe, den die Narratio wohl mit Heinrich dem Löwen verwechselt. In jedem Fall fielen die fürstlichen Vermittler natürlich leicht dem Willen der Geschichtsschreiber, sich kurz zu fassen, zum Opfer.
⁶⁵ Vgl. Frutolf von Michelsberg, Chronica, ad 1098, S. 110: *Welefo Baioariorum denuo dux filios suos et ipsos rebellare temptantes gratie imperatoris reconciliavit et uni eorum ducatum post se committi impetravit.*
⁶⁶ *Missis itaque legatis ad Fredericum ducem Sueuorum eum amice tamquam sororis sue maritum monet, ut ad gratiam principis redeat ...* Otto von Freising, Gesta Frederici, I, 20, S. 160.
⁶⁷ *Contra fas, bone dux, fecisti, qui me in pace vocatum, pacis non ferens signa, ini-*

micum te potius quam amicum ostendisti; nec te ab hoc facto proprie fame revocavit honestas nec carnis, qua coniunigmur, affinitas ... Ebd., S.162.

[68] Vgl. Annales Altahenses maiores, ad 1071, S.81, und Lampert von Hersfeld, Annales, ad 1071, S.127.

[69] Vgl. Lange, Die Stellung, S.20ff.

[70] Vgl. Ekkehard IV., Casus Sancti Galli, 74, S.154.

[71] Vgl. Georgi, Legatio, S.71 ff.

[72] Vgl. zu 939 insbes. Widukind, Res gestae, II,25, S.87 f., und zur ersten Unterwerfung ebd., II,13, S.78, und dazu auch Althoff, Königsherrschaft, S.32.

[73] Vgl. Meyer-von Knonau, Heirich IV., Bd.2, S.519.

[74] Vgl. Thietmar von Merseburg, Chronicon, VI,2, S.276, und dazu Althoff, Königsherrschaft, S.26.

[75] Vgl. Lampert von Hersfeld, Annales, ad 1075, S.235: *Tandem placuit* [sci. Heinrich IV.] *mitti ad eos Mogontium archiepiscopum, Salzburgensem archiepiscopum, Augustensem episcopum, Werzeburgensem episcopum et cum his ducem Gozelonem ... Hos quinque nominatim ad colloquium suum Saxones expetierant, quod hos constantissimae fidei et veritatis esse compererant, et quicquid hi spopondissent, ratum fore haud dubio credebant.*

[76] Vgl. die Hannoversche Briefsammlung. Die Hildesheimer Briefe, Nr. 54, S.100f., und dazu Meyer-von Knonau, Heinrich IV., Bd.2, S.519.

[77] Dies läßt sich an den Verhandlungen zwischen den Fürsten Heinrichs IV. und den Sachsen 1075 im Vorfeld der Unterwerfung von Spier gut ablesen, als die Fürsten den König erst fragten, ob er sich an die Abmachungen halten werde. Vgl. Lampert von Hersfeld, Annales, ad 1075, S.237.

[78] Zur Verhandlung über die Art und Weise, in der Unterwerfungen auszuführen waren, vgl. Althoff, Das Privileg, S.103ff. Siehe auch Kapitel IV.1, S.198ff.

[79] Vgl. dazu Lampert von Hersfeld, Annales, ad 1071, S.119.

[80] *Plurimum eo tempore rex consiliis utebatur Eberhardi comitis, sapientis admodum viri. Is videns hostes ... sine magno detrimento rei publicae nec vinci nec vincere posse, abiit ad ducem Ottonem eumque per Deum obtestari cepit, ne se suosque in tantum discrimen precipitaret; necdum ei omnem spem veniae, omnem respirandi facultatem ereptam esse. Si de monte, quem occupaverat, exercitum abduceret seque regi iustis condicionibus dederet, sub iuramento se ei promittere, quod et veniam culpae, cuius insimulatus fuerat, et omnium quare iure belli amiserat restitutionem ei a rege impetraret. Annuente eo rem ad regem detulit et eum haut difficulter in sententiam adduxit ... Pace per iusiurandum utrimque firmata, induciae datae sunt Ottoni duci usque in pascha, ut Coloniam veniens deditionem lege, quam principes equam iudicassent, perficeret.* Lampert von Hersfeld, Annales, ad 1071, S.119f.

[81] Vgl. Widukind, Res gestae, III,10, S.109f.

[82] Vgl. ebd., II,25, S.87f.

[83] Ursprünglich sollte die Unterwerfung Ostern in Köln stattfinden. Der Termin wurde dann aber verschoben. Vgl. Meyer-von Knonau, Heinrich IV., Bd.2, S.69.

[84] Vgl. insbes. Arnold von Lübeck, Chronica VI,8, S.228f., u. die weiteren Belege bei Böhmer – Ficker, Regesta Imperii V/1, Nr.84b, und dazu auch Krieb, Vermitteln, S.38ff.

[85] Besonders deutlich wird dieser Zusammenhang bei den Verhandlungen, die

die Räte Heinrichs IV. mit den Sachsen kurz nach Ausbruch des Aufstandes führten. Nachdem man sich zunächst darauf geeinigt hatte, daß jede Partei der anderen zwölf Geiseln stellen sollte, weigerte sich der König anschließend, weil ein solcher Vorgang seiner Majestät abträglich sei. Seinen Fürsten blieb so nichts anderes übrig, als ein weiteres Treffen mit den Sachsen zu arrangieren, auf dem sie diesen anboten, sich selbst für deren Sicherheit zu verbürgen. Vgl. Lampert von Hersfeld, Annales, ad 1073, S.163. Zu den Sicherheitseiden vgl. auch Kapitel II.3, S.111.

[86] *Si de monte, quem occupaverat, exercitum abduceret seque regi iustis condicionibus dederet, sub iuramento se ei promittere, quod et veniam culpae, cuius insimulatus fuerat, et omnium quae iure belli amiserat restitutionem ei a rege impetraret.* Lampert von Hersfeld, Annales, ad 1071, S.120.

[87] Zu Friedrich vgl. Althoff, Colloquium, S.176 mit Anm. 51; zu Gozelo Kamp, Vermittler, S.681, und zu Christian von Mainz Görich, Der Herrscher, S.286. An dieser Stelle ist auch noch einmal an Hatto von Mainz zu erinnern, der laut Widukind, Res gestae, I,22, S.32, dem Babenberger Adalbert eidlich versprochen haben soll, ihn mit dem König auszusöhnen. Vgl. dazu auch Kapitel II.3, S.113.

[88] Vgl. zu Friedrich von Mainz III.3, S.174f., und zu Christian von Mainz Kapitel III.3, S. 181f., und IV.3, S. 236ff.

[89] Vgl. Helmold von Bosau, Chronica, cap.90, S.183.

[90] Vgl. dazu Althoff, Das Privileg, S.114.

[91] *Sed Gozelo dux et qui cum eo erant ... etiam sub iureiurande confirmantes, non salutis, non libertatis, non prediorum, non beneficiorum, non caeterae suppellectilis suae ullam eos iacturam sensuros, sed postquam faciem regis et regni maiestatem momentanea satisfactione magnificassent, statim deditione absolvendos et patriae libertatique, in nullis imminuto sibi condicionis suae statu, restituendos esse.* Lampert von Hersfeld, Annales, ad 1075, S.237.

[92] Vgl. auch Meyer-von Knonau, Heinrich IV., Bd. 2, S.531ff., mit Exkurs 1, S.821ff., zu den schon früh aus anderen Gründen geäußerten Zweifeln an dem angeblichen Versprechen Gozelos. Zur Selbstverständlichkeit, Unterworfene in Haft zu nehmen, vgl. auch die verschiedenen Beispiele bei Althoff, Königsherrschaft, S.31ff., und Reuter, Unruhestiftung, S.320. Zur Darstellungsweise Lamperts vgl. Vollrath, Konfliktwahrnehmung, S.281ff.

[93] Davon spricht denn auch die Heinrich wohlgesonnene Vita Heinrici IV., cap.3, S.15.

[94] Vgl. den Brief bei Bruno, Vom Sachsenkrieg, 59, S.53ff.

[95] Vgl. dazu Chronica regia Coloniensis, ad 1162, S.109f.

[96] Vgl. Lampert von Hersfeld, Annales, ad 1075, S.237: *... se, si minus salutis eorum, at propriae existimationis curam permaximam habere, qui profecto maculam sibi et crimen nulla deinceps aetate, nulla virtute abolendum contraherent, si fidei suae creditos adversitatis cuiusquam vel levis aura perstringeret ...*

[97] Vgl. oben Anm. 82.

[98] Vgl. oben S. 164f. mit Anm. 66 mit dem Zitat aus Otto von Freising.

[99] Vgl. dazu Kapitel IV.1, S. 198ff., mit Belegen.

[100] Dies wird dort im Falle Heinrichs des Löwen besonders deutlich, wo sich der König weigerte, der Bitte um Unterwerfung nachzukommen, obschon der abge-

setzte sächsische Herzog seine wichtigsten Gefangenen, den Landgrafen von Thüringen und dessen Bruder, als Zeichen seines guten Willens nicht nur freigelassen, sondern auch mit der Vermittlung seines Anliegens beauftragt hatte. Vgl. Arnold von Lübeck, Chronica, II,22, S. 66: *Captivos etiam suos, Lodewicum lantgravium et Hermannum fratrem eius palatinum, de captivitate laxavit, sperans se his beneficiis gratiam aliquam mereri; set nichil inde consecutus est.* Erst später zeigte sich dann Barbarossa bekanntlich zur Annahme der Unterwerfung bereit.

[101] Vgl. zur unterschiedlichen Ausgestaltung von Unterwerfungen Althoff, Das Privileg, S. 111 ff., und ders., Zur Bedeutung, S. 384 ff.

[102] Vgl. Reuter, Unruhestiftung, S. 322 ff., und Althoff, Otto III. und Heinrich II., S. 86 f. u 94. Im übrigen ist die Kritik Lamperts und Brunos an Heinrich, der sich 1075 nicht an die Gepflogenheiten gehalten haben soll, als er die Gefangenen länger in Haft behielt, als sie es wünschten, auch kein Novum. Schon Thietmar von Merseburg, Chronicon, VI,83, S. 372 f., kritisiert Heinrich II., weil er den böhmischen Herzog nicht sofort begnadigt, sondern in Haft gegeben habe, wobei es sich wahrscheinlich um die Kritik eines erfolglosen Fürsprechers handelt, denn der besagte Herzog war zuvor nach Magdeburg gekommen, hatte dort den Erzbischof als Fürsprecher gewinnen wollen, mußte dann aber feststellen, daß dieser aufgrund seiner Krankheit nicht mehr dazu in der Lage war. Er vertraute sodann auch Thietmar seine Angelegenheiten an und möglicherweise eben auch eine Bitte um Gnade (ebd., VI,71, S. 360).

[103] Zu Gunzelin vgl. Althoff, Otto III. und Heinrich II., S. 84, und zu Bernhard vgl. Hirsch, Heinrich II., Bd. 2, S. 117 f.

[104] ... *cum saepe dictus Otto iam sentiret, res suas non proficere, episcopum Adalbertum, quem prius offenderat, sibi conciliavit, eumque causae suae oratorem erga regem fore rogavit. Is ergo inter missarum sollemnia non cessavit tamdiu pro eo agere, quousque regis gratiam meruit recipere praediaque sua ex integro possidere. Beneficia, quae inmensa habuerat, perdidit ex parte maxima...* Annales Altahenses Maiores, ad 1071, S. 81. Vgl. auch Lampert von Hersfeld, Annales, ad 1071, S. 127, mit der Unterwerfung, aber ohne Nennung Adalberts, und vgl. Adam von Bremen, Gesta, III,60, S. 206, der aber nur ganz allgemein die Aussöhnung Adalbert zuschreibt.

[105] Vgl. Thietmar, Chronicon, VI,2, S. 76. Vgl. dazu auch Althoff, Königsherrschaft, S. 30 f.

[106] Vgl. den Brief bei Bruno, Vom Sachsenkrieg, 59, S. 53 ff.

[107] Vgl. dazu oben bei Anm. 13 ff.

[108] Vgl. dazu Böhmer – Mikoletzky, Regesta Imperii II/2, Nr. 667b: Die Abgesandten waren Bischof Poppo II. von Würzburg und ein Graf Gebhard.

[109] Vgl. hierzu auch Kapitel IV.1, S. 206 ff.

III.3 Bischöfe und Fürsten als Gesandte des Friedens

[1] Gerhard, Vita sancti Oudalrici, cap. 12, S. 401: ... *tunc amabilis Deo Oudalricus episcopus in Deum tota fiducia confidens, assumpto Curiensis aecclesiae Hardperto religioso episcopo, legationes inter eos* [sci. Otto und Liudolf] *facere coepit, et ad*

pacis concordiam exhortare, et ne populus, qui a Deo illis commendatus est ad regendum, pro eorum reatu duceretur ad perditionem. Deo autem annuente, durae amborum mentes, patris scilicet Ottonis et filii eius Liutolfi, de proficua ammonitione et doctrina venerandorum episcoporum in molliciam versae, pactum pacis inter se placitaverunt, et turbine belli mitigato, in sua cum pace redierunt. Vgl. auch Kamp, Vermittler, S. 684 f.

² Vgl. Widukind, Res gestae, II,25, S. 87 f.: *Summus pontifex missus ad Evurhardum pro concordia et pace, cum esset earum rerum desiderantissimus, pacto mutuo suum interposuit iuramentum, et ideo ab eo non posse desipere fertur narrasse. Rex autem per pontificem officio suo congruentia dirigens responsa, nil ad se pertinere voluit, quicquid episcopus egisset sine suo imperio.* Zu den Auseinandersetzungen und ihrem Hintergrund vgl. Leyser, Herrschaft, S. 33 ff.

³ Vgl. Widukind, Res gestae, III,14 u. 15, S. 110 f. Über den Inhalt des Vertrages ist nichts bekannt. Vgl. dazu auch Glocker, Die Verwandten, S. 110 f., und Erkens, Fürstliche Opposition, S. 329 f.

⁴ Vgl. Widukind, Res gestae, III,15, S. 112: *Nam confortatus amicorum gentisque propriae presentia, irritum fecit pactum, quod coactus inire confessus est. Edictumque est filio generoque auctores sceleris puniendos tradere aut certe se hostes publicos nosse. Pactis pristinis pontifex* [sci. Friedrich von Mainz] *intercessit, tamquam paci et concordiae consulturus. Ob id regi fit suspectus, amicis regalibus consiliariisque omnimodis spernendus.*

⁵ Vgl. dazu auch Erkens, Die fürstliche Opposition, S. 330 ff., der darauf hinweist, daß man bei allen Verbindungen Friedrichs zu den Gegnern des Königs ihm niemals nachweisen konnte, gemeinsame Sache mit den Aufständischen gemacht zu haben.

⁶ Vgl. insbesondere die Wertungen bei Widukind, Res gestae, III,15, S. 112, und in der Continuatio Reginonis, ad 954, S. 168, sowie bei Ruotger, Vita Brunonis, cap. 20, S. 20.

⁷ Vgl. Widukind, Res gestae, II,25, S. 88.

⁸ In diesem Zusammenhang fallen einem sofort die Freundschaftsbündnisse Heinrichs I. als mögliches Gegenbeispiel ein, doch ist dabei zu bedenken, daß sich zumindest Arnulf von Bayern, Burchard von Schwaben und Giselbert ihre Freundschaft erst einmal durch einen Unterwerfungs- respektive Huldigungsakt verdienen mußten und insofern der Vergleich hinkt. Vgl. zu den Bündnissen und ihren Umständen Althoff, Amicitiae, S. 21 ff.

⁹ Vgl. dazu auch Goez, 'iuravit', S. 542 ff.

¹⁰ Vgl. dazu vor allem Lampert von Hersfeld, Annales, ad 1074, S. 177 ff., und dazu Meyer-von Knonau, Heinrich IV., Bd. 2, S. 319 ff.

¹¹ *Tunc missi sunt quatuor ex episcopis agere cum eis de pace et promittere ex nomine regis, quod omnibus, quae racionabiliter postulassent, et quae electi ex utraque parte iudices equa censuissent, promptissime annueret, dum ipsi quoque vicissim iustis condicionibus adquiescerent ...* Lampert von Hersfeld, Annales, ad 1074, S. 177.

¹² Ebd.

¹³ *Tum ille* [sci. Heinrich IV.] *... principibus permisit, ut pro suo arbitratu tantos motus componerent, promittens se indubitata fide omnibus annuere, quae ipsi conficiendis tantis rebus competere iudicassent.* Ebd., S. 180.

14 *In haec verba omnes ut erant conglobato agmine ad videndam faciem regis processerunt ipso die ..., preeuntibus his qui reparandae pacis mediatores fuerant episcopis et aliis principibus. Quos ille venientes honorifice suscepit, osculum prebuit et pacis condiciones, quas per internuncios significaverat, vivae vocis auctoritate roboravit.* Ebd., S.180.

15 Vgl. dazu weiter unten bei Anm. 22.

16 Vgl. dazu Suchan, Königsherrschaft, S.61 ff., und Keller, Zwischen universalem Horizont, S.206ff.

17 Lampert von Hersfeld, Annales, ad 1073, S.166.

18 Vgl. ebd. Siehe auch Suchan, Königsherrschaft, S.64f. Zur These vom Verrat vgl. das Carmen de bello Saxonico, II,26–45, S.8f. Problematisch erscheint die Episode bei Lampert auch deshalb, weil es für die Verschwörung der Fürsten beider Seiten keinen zusätzlichen Beleg gibt und das spätere Verhalten der vom König gesandten Fürsten sich so gar nicht mit einer Verschwörung verträgt, während umgekehrt der Gedanke an die Verschwörung zwangsläufig dazu führt, die Distanz zwischen Heinrich und seinen Räten überzubetonen.

19 Vgl. Bruno, Vom Sachsenkrieg, 97, S.88.

20 *Quo cognito* [die Ankunft der Verstärkung] *Heinricus nimis fit laetus; factaeque pacis oblitus iam nostros a tergo minus cautos invaderet, si principes illi, qui pacis faciendae mediatores vel auctores fuerant, fidem suam contaminare non timerent. Itaque nostrates domum cum pace reversi ... fuerunt ...* Bruno, Vom Sachsenkrieg, 97, S.88.

21 Vgl. Vita Heinrici IV., cap.9, S.31: *Cumque potentiores utriusque partis tamquam tanti discidii mediatores convenirent, qui ex parte imperatoris erant, persuasibilibus illecti verbis et multis magnisque pollicitationibus attracti, erga imperatorem in fide frigebant ...* Den Übertritt bestätigt auch Ekkehard von Aura, Chronica, ad 1105, S.196.

22 Vgl. hierzu insbes. Ekkehard von Aura, Chronica, IV, S.350ff., und dazu auch Althoff, Staatsdiener, S.136ff.

23 Vgl. Annales Athahensese maiores, ad 1041, S.26f.: *Ubi saepe nuncii ducis advenerunt, sed nihil regia maiestate dignum retulerunt ... Hoc in tempore dux, certior factus de suo et suorum periculo, legatos tandem frequentes direxit ex animo ad omnes principes, ut deprecatores essent, sed quandoquidem conditionem placitam non obtulerunt, saepius infecto negocio redire coacti sunt.*

24 Vgl. Otto von Freising und Rahewin, Gesta Frederici, III,32, S.464.

25 Vgl. ebd., III,4, S.402.

26 Vgl. ebd., III,50, S.402.

27 Vgl. zu Hartwig Ekkehard von Aura, Chronica, ad 1102, S.180: *Hartwicus Magdeburgensis archiepiscopus obiit, vir per multa laudabilis, maxime tamen popularis et ecclesie cui preerat utilitatibus multum insudans dilatandis, pro scismate quoque sepedicto resarciendo inter utramque partem mediator infatigabilis.* Zu Otto von Wittelsbach vgl. Historia Welforum, cap.22, S.40ff., und zu Guido von Biandrate die folgenden Anm.

28 Vgl. Otto von Freising und Rahewin, Gesta Frederici, III,48, S.490: *Is* [sci. Guido von Biandrate] *cum esset naturalis in Mediolano civis, hac tempestate tali se prudentia et moderamine gesserat, ut simul – quod in tali re difficillimum fuit –*

et curie carus et civibus suis non esset suspiciosus. Aptus ergo qui ad transigendum fidus mediator haberetur, pro concione huiuscemodi usus sermone commemoratur ...

[29] Vgl. ebd., III,48, S. 490: *Qui vero acrioris ingenii, seditionibus operam dabant, dicentes pro libertate patrie et honore civitatis vitam se morte velle commutare. His inter se dissidentibus, quidam ex illis quibus sanior mens erat, qui pacem malebant quam bellum, decrevere, ut concione habita populum ad considerationem communis utilitatis provocarent et magnitudine periculorum a rebellione deterrerent. Huius auctor negotii dicitur fuisse Guido comes Blanderatensis.*

[30] Vgl. Historia Welforum 24, S. 46: *Internuntii autem ac mediatores ad hanc causam praenominati per triduum huc ac illuc saepius transmeantes nichil profecerunt.* Vgl. zum Konflikt allgemein zuletzt Vollrath, Fürstenurteile, S. 46-48, und zur Chronologie der Verhandlungen Niederkorn, Der 'Prozeß', S. 72. Daß hier jede Seite ihre Verhandlungsführer bestimmt, geht vor allem aus dem Wort *internuntius* hervor, das dem Autor zuerst in den Sinn gekommen ist und in verwandten Kontexten den Unterhändler bezeichnet.

[31] Bei Adam von Bremen, Gesta, I,37, S. 39, werden sogar die Gesandten, die von zwei Parteien zu einem Treffen geschickt werden, als *mediatores* ohne den Zusatz *pacis* bezeichnet.

[32] Vgl. hierzu auch Laudage, Alexander III., S. 202 ff.

[33] Ob es schließlich wirklich am Ende zu Verstimmungen gekommen ist, läßt sich im nachhinein kaum mehr beurteilen.

[34] Vgl. Romuald von Salerno, Chronik, S. 277.

[35] Vgl. DF I. Nr. 658, S. 163: *Possessionem etiam terre comitisse Matildis ... domino pape Alexandro et ecclesie Romane restituet, sicut etiam dictum est inter mediatores pacis.* Ebenso im Vertrag von Venedig, nur diesmal auf Abmachungen mit dem König von Sizilien bezogen (ebd., Nr. 687, S. 204, Z. 9). Während sich die Verhandlungsführer Friedensvermittler nennen, bezeichnen sie jene, die expressis verbis delegiert werden sollen, um einzelne Problem zu lösen, als *mediatores* (ebd. Z. 12–15). Vgl. ebd. und siehe dazu auch Kapitel IV.3, S. 237 ff. mit Belegen.

[36] Gerade bei dieser Eidesleistung tritt ihr Gesandtenstatus deutlich hervor, bezeichnen sie sich doch dabei als *legati domini imperatoris.* Vgl. die Promissio, in: Constitutiones I, Nr. 250, Nr. 353.

[37] *Cancellarius uero et alii ecclesiastici principes ... spiritu libertatis assumto impertori uiua voce dixerunt: „Bene debet imperialis maiestas recolere, quod quidam e nostris ex mandato uestro Anagniam accedentes cum Alexandro papa de pace ecclesie et imperii, ... tractatum habuimus. Et ipse, utpote uir sanctus, pacis cupidus et amator, nostro consilio ... Campaniam deserens Uenetias iam intrauit paratus ea que de bono pacis promiserat, firmiter consumari. Uos autem, ut credimus, suggestione prauorum hominum a consilio nostro uultis recedere, et a pacis proposito declinare. Nos uero ex iure debiti, quo imperio tenemur adstricti, parati sumus uobis ut domino in temporalibus obedire ... Sed quia nostrorum estis corporum, non animarum dominus nolumus pro vobis animas nostras perdere et terrena celestibus anteferre. Quare noscat imperialis discretio, quod nos de cetero Alexandrum in catholicum papam recipimus et ei ut patri in spiritualibus obedimus."* Romuald von Salerno, Chronica, S. 282 f.

³⁸ Vgl. dazu Opll, Friedrich Barbarossa, S. 90 ff., und Laudage, Alexander III., S. 156 ff.

³⁹ So taucht die Rede von den *legati de pace* in den Annales Quedlinburgenses, ad 1012, S. 81, auf, und zwar anläßlich der Bemühungen Heinrichs II., die Auseinandersetzungen mit den Luxemburgern beizulegen. Es werden damit die Leute bezeichnet, die die Luxemburger zu Verhandlungen mit dem König absenden.

⁴⁰ Das galt ja schon für den Vertrag von Andelot (vgl. Kapitel I.2, S. 38). Auch der Konstanzer Vertrag von 1153 gab sich als Abkommen aus, das vermittelst der Verhandlungsführer beider Seiten zustande gekommen war (ebd., Nr. 1153, S. 201). Und schließlich sei noch an die Übereinkunft Barbarossas mit Piacenza erinnert, in deren Text es auch heißt, sie sei *mediantibus viris illustribus Rainaldo videlicet imperialis aule cancellario et Ottone comite palatino* erfolgt, womit diesmal allein die kaiserlichen Gesandten gemeint waren (ebd., Nr. 172, S. 238).

⁴¹ Vgl. Ekkehard IV. Casus sancti Galli, 74, S. 154 f. Siehe auch Kapitel IV.1, S. 202 f.

⁴² Vgl. hierzu und zum folgenden Thietmar von Merseburg, Chronicon, VI, 96, S. 388–390.

⁴³ Vgl. ebd.: *Et antistes: 'Quid feci?' inquid. 'Vidi abominationem Christi et, quia in meo factam episcopatu cernebam, sustinere non potui. Nil mali factum est. Ponamus diem vobis complacitam; et ubi culpabilis a communibus invenior amicis, digna emendatione restituo.'*

⁴⁴ Vgl. dazu die Vita Meinwerci, 195, S. 112: *Ibi* [sci. Werla] *domnus Meinwercus episcopus et Thietmarus, frater ducis Saxonie, Bernhardi, quicquid iniuriarum vel controversiarum de abbatia Helmwardeshusun aut aliis rebus ad invicem habuerunt, penitus dimiserunt et interventientibus Sigifrido avunculo eius, Herimanno de Westfalan, Bennone, Amulugo comitibus aliisque presentibus plenarie reconciliati* ... Zur Zuordnung der Personen vgl. Bannasch, Das Bistum, S. 193.

⁴⁵ Zum ersten Konflikt vgl. DFI., Nr. 219, S. 365 ff., und zum Konflikt zwischen dem Erzbistum und dem Oldenburger Bischof Helmold von Bosau, Chronica, cap. 83, S. 156 f., wo dem Bischof die folgenden Worte in den Mund gelegt werden: *Demus, si placet, arbitros, qui iudicent inter nos* (157).

⁴⁶ Vgl. Kapitel I.3, S. 50 f.

IV.1 Die Kunst der Vermittlung und ihre Spezialisten

¹ Vgl. insbes. Maleczek, Das Frieden stiftende Papsttum; von der Heydte, Die Geburtsstunde; Gaudemet, Le rôle.

² Ein Teil der folgenden Überlegungen findet sich komprimiert und auf das 10. und 11. Jahrhundert bezogen bei Kamp, Vermittler, S. 690 ff.

³ Vgl. Althoff, Ungeschriebene Gesetze, S. 295 ff.

⁴ Vgl. Lampert von Hersfeld, Annales, ad 1075, S. 212 f.: *In haec verba nuncios regis dimiserunt* [sci. die Sachsen], *et ipsi protinus suos eadem ad eum responsa deferentes destinarunt. Quos ubi rex advenire comperit, precepit, ut nulla ratione in conspectum suum admitterentur, mandavitque eis per occultos indices, ut quantocies recederent nec se oculis eius, cui contumeliam fecissent, sic temere ingererent ...*

⁵ Vgl. Otto von Freising, Gesta Frederici, II,44, S. 372: *At cum multis modis ad transigendum nos, qui mediatorum ibi vice fungibamur, operam daremus, infecto adhuc negotio, insalutati ab invecem separati sunt.*
⁶ Vgl. dazu allg. Fichtenau, Lebensordnungen, S. 39 ff., 48 ff. u. insbes. 74 ff., und Althoff, Demonstration, S. 230 ff. u. 254 ff.
⁷ Vgl. Vollrath, Fürstenurteile, S. 47 f. u. 51 f.
⁸ Vgl. MGH Capitularia II, Nr. 243, S. 160.
⁹ Vgl. Suchan, Königsherschaft, S. 132 f.
¹⁰ Vgl. Annales Bertiniani, ad 873, S. 192: *Hludouuicus imperator ... quoniam aliter Adalgisum obtinere non poterat, mandauit apostolico Iohanni, compatri Adalgisi ut ad eum apud Campaniam ueniret et sibi Adalgisum reconciliaret, uolens ostentare quasi intercedente beati Petri uicario ipsum Adalgisum reciperet, de quo iurauerat quod nunquam de illis partibus rediturus esset antequam illum caperet, quem reuera uirtute sua obtinere non posset.*
¹¹ Vgl. Ehlers, Heinrich der Löwe, S. 115.
¹² Vgl. Weinfurter, Philipp von Heinsberg, S. 469 f.
¹³ Vgl. zu Friedrich Kapitel, III.3, bei Anm. 2, und zu Heinrich von Schweinfurt Althoff, Königsherrschaft, S. 27, Anm. 17.
¹⁴ Vgl. zu den Sachsen Lampert von Hersfeld, Annales, ad 1075, S. 223, wo von der königlichen Initiative die Rede ist, u. 230, wo die Sachsen die Initiative ergreifen. Zu Crema vgl. Otto von Freising und Rahewin, Gesta Frederici, IV, 70–71, S. 656 ff.
¹⁵ Ekkehard IV., Casus sancti Galli, 73, S. 152.
¹⁶ Vgl. Annales Palidenses, ad 1167, S. 93, und die Regesten der Markgrafen von Brandenburg, Nr. 361.
¹⁷ Vgl. zu 743 Kapitel II.2, Anm. 82 f., respektive Anm. 118 ff. zu Gregor IV., und zu Ulrich von Augsburg, Gerhard, Vita sancti Oudalrici, 12, S. 400 f.
¹⁸ Dies tritt besonders eindrucksvoll bei der äußerst gewalttätigen Belagerung von Crema durch Friedrich Barbarossa hervor, wo die Vermittlung, diesmal durch die Belagerten selbst initiiert, nach langem Hin und Her erst erfolgt, als der Kaiser zum alles entscheidenden Angriff ansetzt. Vgl. Otto von Freising und Rahewin, Gesta Frederici, IV,67–70, S. 650–656.
¹⁹ Vgl. Adam von Bremen, Gesta, III,42, S. 184.
²⁰ Vgl. den Brief in der Hannoverschen Briefsammlung, Nr. 54, S. 100, der schon im Gruß *(Domno B. ... dilectionem in spe reconciliationis)* das Ansinnen verrät und dann fortfährt: *Regis igitur expeditioni noviter in vos destinate summopere interesse decrevi, non quidem hostiliter vos persequendum, sed potius amicabiliter, quantum in me situm est, in gratiam restituendum ... Inde ad investigandum vestri perinde animum istas ad vos premisi litteras, scire cupiens, si causam vestram libeat committere Mogontimo et Saltzburgnesi archiepiscopis et Pataviensi epicopo necnon duci Bertholfo, insuper et mihi horum minimo.*
²¹ Vgl. zu Gregor IV., Thegan, Vita Hludowici, cap. 42, S. 228 ff.
²² Annales Fuldenes, ad 847, S. 36. Das entsprechende Zitat in Kapitel II.2, bei Anm. 8.
²³ Vgl. Ruotger, Vita Brunonis, cap. 36, S. 37: *... eum* [sci. Liudolf] *mox in episcopii sui locum venerabilem, Bonnam videlicet, iucunde satis invitavit, iucundius suscepit,*

omni voluptate utriusque digna et commoda cunctisque, qui aderant, gratissima, non immemor regie dignitatis, affecit.
²⁴ Vgl. Historia Welforum 22, S. 40: ... *cogitansque* [sci. Otto von Wittelsbach], *quomodo ad bonum pacis perducat, Fridericum advocatum, cognatum suum, promissionibus ac minis circumveniens ad deditionem hortatur. Illie ... consiliis palatini acquievit et assumpto eo in castra ducis veniens et ad pedes eius se humilians gratiam eius recepit. Quo perpetrato Ottonem quoque generum suum ad deditionem et satisfactionem, exponens ei miserias suorum, compellit.*
²⁵ Vgl. Ruotger, Vita Brunonis, cap. 18, S. 17, wo Brun dem Neffen vorhält, rücksichtslos gegen den Vater zu handeln, so Gott zu beleidigen und keine Entschuldigung für sein Vorgehen finden zu können. Wenn er aber seinen Fehler einsehe, werde er dennoch das väterliche Wohlwollen wiederfinden.
²⁶ Vgl. Otto von Freising und Rahewin, Gesta Frederici, IV, 71, S. 656 f.
²⁷ Vgl. Helmold von Bosau, Chronica cap. 93, S. 183.
²⁸ Vgl. Lampert von Hersfeld, Annales, ad 1075, S. 228 ff.
²⁹ Dies kommt vor allem darin zum Ausdruck, daß die sächsische Forderung nach einem Urteil der Fürsten, dem sie, die Sachsen, sich dann ohne Vorbehalt anvertrauen würden, an allen Stellen monoton wiederholt wird. Vgl. Lampert von Hersfeld, Annales, ad 1073, S. 151, S. 162 f., ad 1075, S. 211.
³⁰ Vgl. ebd., ad 1075, S. 236: *Ad haec illi* [die Abgesandten Heinrichs] *responderunt se causam, qua primum adversus regem arma sumpserint, non admodum improbare, nec placere sibi obstinatum ad perniciem eorum regis animum et pertinax odium; consensisse tamen in hoc omnes regni principes de usurpato in re publica novo hoc et multis retro seculis inaudito facinore non aliter regi vel rei publicae posse satisfieri, quam ut se absque ulla exceptione dedant ...*
³¹ Vgl. die Darstellung bei Helmold, Chronica, cap. 39, S. 77 ff., und zu den Ereignissen Servatius, Paschalis II., S. 243–252.
³² Vgl. Lampert von Hersfeld, Annales ad 1075, S. 228 ff.
³³ Vgl. Historia Welforum, cap. 24, S. 46: *Internuntii autem ac mediatores ad hanc causam praenominati per triduum huc ad illuc saepius transmeantes nichil profecerunt.*
³⁴ Beipielhaft kann die Vermittlung des Grafen Eberhard zwischen Heinrich IV. und Otto von Northeim gelten. Vgl. ebd., ad 1071, S. 119 f.
³⁵ Diese Form der Vermittlung fand am häufigsten im Rahmen von Kriegszügen statt, bei denen die vermittelnden Fürsten ihr Lager stets in der Nähe des Herrschers aufschlugen. Das galt etwa für Adalbert von Bremen, als er einen Frieden zwischen den Friesen und dem billungischen Herzog Bernhard II. herbeiführen wollte (Adam von Bremen, Gesta, III,42, S. 184 f.) oder Adolf von Schauenburg, als zwischen den Slawen und Heinrich dem Löwen verhandelte (Helmold von Bosau, Chronica, 93, S. 182 f.).
³⁶ Vgl. Gerhard, Vita sancti Oudalrici 12, S. 401.
³⁷ Vgl. etwa die langandauernden Bemühungen Barbarossas um einen Ausgleich zwischen Heinrich dem Löwen und Heinrich Jasomirgott in Kapitel III.1, S. 143 ff.
³⁸ Vgl. Vita Meinwerci, S. 112.
³⁹ *Episcopus videns adcrescere dissensiones ... et sperans controversias sua auctoritate minui posse, diem colloquio constituit eosque* [sci. Balderich und Wichmann] *ad hanc venire fecit.* Alpert von Metz, De diversitate, II,7, S. 52 f.

⁴⁰ Vgl. ebd.
⁴¹ Vgl. dazu mit den Belegen Kapitel III.3, S. 174 mit Anm. 3f.
⁴² Dieses Moment muß man auch festhalten, wenn man die gleichsam eingeübte Praxis der Gerichtsverweigerung erklären will. Allgemein zu diesem Thema zuletzt Reuter, Unruhestiftung, S. 318f., und Keller, Die Idee, S. 118.
⁴³ Vgl. allgemein zu den Formen der Beratung im frühen und hohen Mittelalter Althoff, Colloquium familiare, S. 157- 184.
⁴⁴ Vgl. Rupert, Chronicon S. Laurentii Leodiensis, 20, S. 269: *Monet* [sci. Wolboldo] *ergo secretius imperatorem, ne contra sanctum Domini ulterius iram suam protelaret ...*
⁴⁵ Ruotger, Vita Brunonis archiepiscopi Coloniensis, cap. 18, S. 16.
⁴⁶ Vgl Ekkehard IV, Casus sancti Galli, 75, S. 156 u. 76, S. 158f.
⁴⁷ Vgl. Otto von Freising, Gesta Frederici, I,20, S. 162: *Ubi ergo et qua die simul conveniant oreque ad os de hoc familiarius conferant, monasterium quoddam Zwivelton dictum constituitur.*
⁴⁸ So unterwarf nach den Worten Widukinds, Res gestae, II,12–15, S. 78, Eberhard von Franken König Otto *suasione ... Frithurici.* Auch Richer, Histoire II,40, S. 190, benutzt das Wort, um die Vermittlungstätigkeit zu bezeichnen, als er von Ludwig IV. berichtet: *convocatis itaque de amicicia suadet.*
⁴⁹ Vgl. Ruotger, Vita Brunonis, cap. 36, S. 37: *... blandiciis melle dulcioribus ... medicinalia sermonum et exhortacionum.*
⁵⁰ Laut Gerhard, Vita sancti Oudalrici, cap. 12, S. 401, bringen Hartbert von Chur und Ulrich von Augsburg *proficua ammonitione et doctrina* Vater und Sohn zum Frieden.
⁵¹ Vgl. dazu allg. Popitz, Phänomene, S. 79ff.
⁵² Lampert von Hersfeld, Annales, ad 1075, S. 236f.
⁵³ Vgl. ebd., ad 1071, S. 119f.
⁵⁴ Vgl. ebd., ad 1074, S. 179f.
⁵⁵ Vgl. Otto von Freising und Rahewin, Gesta Frederici, III, 49, S. 492ff.
⁵⁶ Vgl. Alpert von Metz, De diversitate, II,8, S. 54, demzufolge Adalbold von Utrecht den Konfliktparteien die *improbas seditiones* darlegt, *quibus plebs leditur, agri depopulantur ...*
⁵⁷ Vgl. Gerhard, Vita sancti Oudalrici, cap. 12, S. 401: *ne populus ... pro eorum reatu duceretur ad perditionem.*
⁵⁸ Daß Rahewin über die Vorgänge in Crema aus erster Hand informiert war, läßt sich aus seiner detaillierten Darstellung schließen. Ohnehin kann man ihm eine gute Kenntnis der politischen Gepflogenheiten zuschreiben. Vgl. Schmale, Einleitung, S. 26ff. u. 47.
⁵⁹ *Quod si ab initio suscepti belli provisum non est, sera saltem penitentia corrigat excessum ... Subeat vos, si non civitatis iam perdite iamque subversioni proxime, saltem miseratio filiorum vestrorum adhuc superstitum atque coniugum. Parcite reliquiis hominum ...! Experti feritatem Germanorum, virtutem et magnitudines corporum, ne dubitetis eos spiritus gerere maiores corporibus et animas contemptrices mortis habere. Breviter vobis quod sentio edam. Placet, ut victori principi colla subdatis; expedit, ut universam salutem vestram in deditione, non in armis reponatis. Si enim spreta pace in defectione perseverantes eritis, haut dubie maioribus*

quam passi estis periculis subdemini. Otto von Freising und Rahewin, Gesta Frederici IV,71, S. 656f.

[60] Helmold von Bosau, Chronica, cap. 93, S. 183.

[61] Diese Botschaft verkündete bereits die Rede, mit denen die Boten König Guntrams Herzog Mummolus zur Unterwerfung einluden. Vgl. Gregor von Tours, Libri Historiarum, VII,37, S. 359 ff. Auch die oben schon in Anm. 24, zitierte Vorgehensweise des Pfalzgrafen Otto von Wittelsbach verfährt nach diesem Motto, weist dieser doch die Gegner auf die Überlegenheit des Herzogs hin und malt ihnen die Schrecknisse aus, die bei einer Fortsetzung des Kampfes über sie hereinbrächen.

[62] Das ist auch bei der Rede, die der Kölner Geschichtsschreiber Gottfried Hagen, Chronic, S. 197, Albertus Magnus als Vermittler zwischen der Stadt Köln und deren Stadtherrn, dem Kölner Erzbischof, in den Mund legte, zu beachten. Denn daß sie ganz und gar die Position der Stadt Köln wiedergab, mag zwar übertrieben sein, darf aber eingedenk der bisherigen Beobachtungen keinesfalls, wie von Stehkämper, Pro bono pacis, S. 320, als Indiz für eine unwahrscheinliche Färbung angesehen werden. Die Einseitigkeit solcher Reden entsprach vielmehr der konkreten Praxis, wie denn auch umgekehrt die Verdächtigung in erster Linie einem modernen Bild vom Vermittler geschuldet ist, dem des neutralen Vermittlers. Allerdings soll das nicht heißen, daß Gotfried Hagen eine wirklichkeitsgetreue Darstellung liefert. Vgl. zu dem Fall Kapitel IV.3, S. 249 mit Anm. 75 ff.

[63] Vgl. hierzu und zum folgenden Historia Welforum, cap. 22, bes. S. 40: ... *Otto palatinus ..., cui ad utramque partem accessus patuit, utriusque exercitus apparatum contemplatur illisque nostrum copiosiorem esse denuntians terrorem incutit; ... Fridericum advocatum ... promissionibus ac minis circumveniens ad deditionem hortatur... Quo perpetrato Ottonem quoque generum suum ad deditionem et satisfactionem, exponens ei miserias suorum, compellit.*

[64] *Obsidione eciam continua eos, qui palas tuebantur, in tantum constrinxit* [sci. Heinrich II.], *ut fame et assidua inpugnatione defatigati aut interius perire aut in potestatem regis inviti deberent exterius venire. Quod ne fieret, Heinricus dux improvisa callididate impediens, eos exire inlesos apud regem obtinuit.* Thietmar von Merseburg, Chronicon VI,35, S. 318.

[65] Vgl. zu diesem Konflikt Renn, Das erste Luxemburger Grafenhaus, S. 91 ff., Erkens, Fürstliche Opposition, S. 349 ff., Weinfurter, Heinrich II., S. 193 ff. und Althoff, Otto III. und Heinrich II., S. 85.

[66] Vgl. zur Reaktion Heinrichs II. Thietmar von Merseburg, Chronicon, VI,35, S. 318, und die zuvor zitierten Arbeiten.

[67] Vgl. dazu Kapitel III.1, S. 137 ff.

[68] ... *alioquin se hostem et vindicem experturus foret, qui prior alteri arma intulisset.* Lampert von Hersfeld, Annales, ad 1071, S. 132, u. vgl. ebd., S. 131 f.

[69] Vgl. den Brief vom Januar/Februar im Regestum Innocentii, Nr. 13, S. 32: *Quod si ipse in hoc consilio nostro non aquiesceret, ipse nos nullatenus amicum inuenerit.*

[70] Widukind von Corvey, Res gestae, III,33, S. 119 f.

[71] *Cui sane ideo vestrae sublimitatis gratiam ... deposcimus, non solum quia pio amore omnibus ... huius apostolicae sedis opem atque misericordiam et praesidium postulantibus ... subvenire debemus, verum etiam metuentes, ne propter iram et in-*

dignationem vestram ipse Balduinus se impiis Nortmannis et inimicis ecclesiae sanctae coniungat et in populo Dei, quem prudenti consilio menteque sollicita salvum et incolomem regere et gubernare debetis, aliquod ingerat periculum et scandali fomitem, quo fidelium coetus depopuletur, immittat, et ob hoc animae verstrae, quod absit, contingat discrimen. Nicolai I papae epistolae, Nr. 7, S. 273 f.

[72] Vgl. Flodoard, Historia Remensis, III,26, S. 336. Vgl. auch Dümmler, Geschichte, Bd. 2, S. 47.

[73] Vgl. Ruotger, Vita Brunonis, cap. 18, S. 16 f.

[74] Vgl. Annales regni Francorum, ad 787, S. 76.

[75] Vgl. Astronomus, Vita Hludowici, cap. 48, S. 474.

[76] Vgl. Hadriani papae epistolae, Nr. 21, S. 726. Nicht anders bedrohte derselbe Papst auch die Bischöfe und Großen mit dem Bann, die sich einer Aussöhnung zwischen Karl dem Kahlen und dessen Sohn Karlmann entgegenstellen und es wagen würden, mit Gewalt gegen Karlmann vorzugehen. Vgl. ebd. Nr. 32, S. 736 f.

[77] Vgl. zu Leo IX. Hermann von der Reichenau, Chronicon, ad 1049, S. 128 f., und zu Gregor VII. Suchan, Königsherrschaft, S. 132.

[78] Vgl. Maleczek, Das Frieden stiftende Papsttum, S. 274.

[79] Vgl. Gregor von Tours, Libri Historiarum, V,18, S. 222.

[80] Vgl. Lupi abbatis Ferrariensis epistolae, Nr. 84, S. 75 ff., insbes., S. 77: *Hoc etiam per tuum ministerium denuntiamus Lanberti hominibus et quibuslibet gentis tuae, quia, si communicaverint ipsi et rebellioni eius consenserint, anathemate condemnabuntur et traditi Satanae sine fine peribunt. Conversos autem recipimus et in pace christiana permanere optamus atque pro eis parati sumus domini nostri regis clementiam, quantum possumus, flecte.*

[81] Vgl. den Brief in der Hannoverschen Briefsammlung, Nr. 54, S. 100: *Domno B. ... dilectionem in spe reconciliationis*, heißt dort die Grußformel.

[82] Vgl. zum Einfluß der kirchlichen Bußvorstellungen auf die Praxis der früh- und hochmittelalterlichen Unterwerfung Althoff, Das Privileg, S. 121.

[83] Vgl. Lampert von Hersfeld, Annales, ad 1071, S. 120.

[84] Vgl. Ruotger, Vita Brunonis, 36, S. 37: *... Liudolfum ... convenit, egrum eius animum blandiciis melle dulcioribus delinivit, statum pristinum, si, que sua erant, accuratius vellet adtendere, repromisit* [sci. Brun].

[85] *Sed non post multum temporis in gratiam clementer recipitur et honori pristino redditur.* Widukind von Corvey, Res gestae, II,13, S. 78. Vgl. auch Althoff, Königsherrschaft, S. 32.

[86] Vgl. Annales Quedlinburgenses, ad 1020, S. 84: *Sed Bernhardus iustitia cedens, interpellante imperatrice, gratiam imperatoris partiter cum beneficio patris obtinuit.* Vgl. auch Adam von Bremen, Gesta, II,48, S. 109, der Unwan, und die Vita Meinwerci, S. 165, die den Paderborner Bischof Meinwerk als Friedensstifter nennt.

[87] Bernwardi, Lothar III., S. 562 ff., u. Böhmer – Petke, Regesta Imperii IV,1, Nr. 429 u 456.

[88] Vgl. Beumann, Die Ottonen, S. 76.

[89] Vgl. Thietmar von Merseburg, Chronicon, VI,29, S. 308. Vgl. dazu auch Weinfurter, Heinrich II., S. 223.

[90] Vgl. Annales Altahenses maiores, ad 1071, S. 81, und Lampert von Hersfeld, Annales, ad 1072, S. 137.

⁹¹ Am ausführlichsten berichtet Arnold von Lübeck, Chronica, II,22, S.66ff., über die Unterwerfung und deren Vorgeschichte, wenn auch mit legitimatorischem Bedürfnis. Vgl. Althoff, Die Historiographie bewältigt, S.167ff., und zum Verlauf auch Heinemeyer, Kaiser, S.76ff.

⁹² Vgl. Ehlers, Heinrich der Löwe, S.113.

⁹³ Vgl. den Brief des Notars Burchard in der Chronica regis Coloniensis, ad 1162, S.109f.

⁹⁴ Vgl. Ekkehard IV, Casus sancti Galli, 76, S.158.

⁹⁵ Vgl. Kapitel III.3, S.175.

⁹⁶ Vgl. Kapitel II.2, S.94f.

⁹⁷ *Tunc perrexit comes ad ducem et alloquens eos, in quibus pendebant consilia, manifestavit eis negocium.* Helmold von Bosau, Chronica, cap.93, S.183.

⁹⁸ Vgl. ebd.

⁹⁹ Vgl. Schreiner, 'Gerechtigkeit', bes. S.49ff., 65ff. u. 78ff., und Althoff, Demonstration, S.230ff.

¹⁰⁰ Vgl. dazu Ekkehard IV., Casus sancti Galli, 74, S.152f.

¹⁰¹ Vgl. Ekkehard IV., Casus s. Galli, 75, S.156: *Optimum autem videri in aurem dixit* [sci. Amelung], *ut ipsum primum fratris, in quem manum misit, animum nec non et omnium fratrum, quantum posset, leniret, ne tristiciam hanc super tristiciam habentes minus parerent consiliis. Surgens vero episcopus, veniam quidem ab omnibus sibi quidem assurgentibus petens, Victori per se prosternitur.*

¹⁰² Vgl. ebd., 76, S.160: *Conferuntur* [sci. die Vermittler, eine Gruppe der Mönche und wohl auch der Abt] *consilia, qualiter totum corpus capiti et caput corpori restituatur. Stat consilium patrem filiis oblatum in sancti Benedicti, cuius imago appicta sedebat, ponere solium. Inducitur manu episcopi locatusque parumper residet. Tandemque assurgens lacrimando in veniam corruit; sed et episcopo secum ruente fratres omnes econtra ruebant.*

¹⁰³ Vgl. ebd., cap.76, S.158: *At ille* [sci. Abt Craloh], *quecumque duo illi* [sci. die Vermittler Ulrich und Amelung] *suadeant – tamen, ne abbatis nomen in se vilesceret, videant – facere spondet.*

¹⁰⁴ Vgl. Thangmar, Vita sancti Bernwardi, 43, S.777f.

¹⁰⁵ Ebd.: ... *sicque Dei gratia rebus pace et caritate sapientia piissimi principis compositis, dicessum est.*

¹⁰⁶ Vgl. Voss, Herrschertreffen, S.129ff., u. 170ff, und Kolb, Herrscherbegegnungen, S.93ff. u. 153ff.

¹⁰⁷ Vgl. Althoff, Das Privileg, S.109, und ders., Zur Bedeutung, S.384ff.

¹⁰⁸ Vgl. dazu im allgemeinen Garnier, Zeichen, S.268ff., und in Kapitel IV.3, S.251ff.

¹⁰⁹ Vgl. Böhmer – Petke, Regesta Imperii, IV,1, Nr.182.

¹¹⁰ Vgl. zu Italien Görich, Geld.

¹¹¹ Vgl. Helmold von Bosau, Chronica, cap.104, S.204.

¹¹² ... *et posuit* [sci. Heinrich der Löwe] *eos* [sci. die Bremer] *dux in proscriptionem, quousque interventu archiepiscopi mille et eo amplius marcis argenti pacem indempti sunt.* Ebd.

¹¹³ Vgl. Kapitel III,3 mit Anm. 22.

¹¹⁴ Das gilt etwa für den Vertrag, den Philipp von Schwaben im Anschluß an die

unter anderem auch von einem Kölner Bürger vermittelte Unterwerfung Kölns mit der Stadt ganz zu deren Gunsten schloß. Vgl. Winkelmann, Philipp von Schwaben, Bd. 1, S. 396 ff.

[115] *Antequam castra ab obsidione moveantur, captivi omnes reddantur in potestatem regis Boemi, qui et securitatem per se et honestos principes eis faciat, quod captivos illos domno imperatori reddet, si eis domnus imperator pacem fecerit cum Cremonensibus, ... Vercellensibus...* Otto von Freising und Rahewin, Gesta Frederici III,50, S. 498, u. vgl. ebd., S. 496.

[116] Vgl. oben Kapitel III.2, S. 168 f. mit Anm.

[117] Das berichtet Lampert von Hersfeld, Annales, ad 1077, S. 294 f., von Hugo von Cluny, der als Vermittler zwischen Gregor VII. und Heinrich auftrat. Und in diesem Punkt kann man seinem Bericht durchaus glauben.

[118] So machten es die Fürsten bei der Unterwerfung des Wratislaw (Helmold, Chronica cap. 93, S. 183).

[119] Vgl. für die Salierzeit bereits Reuter, Unruhestiftung, S. 323. Zum Einlager siehe, Ganshof, Histoire, S. 131 f., und Schuler, Art. Einlager, in: LMA 3, Sp. 1743.

[120] Ein gutes Beispiel liefert der Fall des Thomas Becket, der darauf bestand, daß die Abmachungen mit dem englischen König auch dem vermittelnden Papst zugeschickt werden. Vgl. dazu Schreiner, 'Gerechtigkeit', S. 83.

[121] Vgl. Bernold, Chronicon, ad 1077, S. 434.

[122] Vgl. die Briefe Heinrichs IV., Nr. 37 u. 38, S. 46- 52, und insbes., Nr. 38, S. 51 f.: *Iterum tamen, qualitercumque tractati simus, ponimus nos in consilio vestro patris nostri aliorumque religiosorum virorum, quos ad habere vultis, ita ut salvo honore nostro totum pape faciam, quod disposueritis.*

[123] Vgl. Thangmar, Vita Bernwardi, 23, S. 769.

[124] Vgl. die Narratio de Longobardie obpressione, S. 264–66. Dort wird Herzog Heinrich von Österreich genannt, doch liegt hier möglicherweise eine Verwechslung mit Heinrich dem Löwen vor, der mit Sicherheit die Unterwerfung Cremas mit aushandelte (Otto von Freising und Rahewin, Gesta Frederici, IV,70, S. 656), während der Name des Babenbergers im Zusammenhang der Belagerung von Crema nicht fällt, was aber auch nichts heißen muß.

[125] Vgl. Lampert von Hersfeld, ad 1074, S. 180: *In haec verba omnes ut erant conglobato agmine ad videndam faciem regis processerunt ipso die purificationis sanctae Mariae, preeuntibus his qui reparandae pacis mediatores fuerant episcopis et alii principibus.*

[126] Vgl. Thangmar, Vita Bernwardi, cap. 23, S. 769 f.

[127] Vgl. dazu Kapitel III.2, S. 158 ff. mit Anm.

[128] Vergleichbares wird von Gottschalk von Freising berichtet, der Heinrich II. zur Begnadigung Heinrichs von Schweinfurt aufforderte (vgl. Althoff, Königsherrschaft, S. 30 und Weinfurter, Heinrich II., S. 192), von Aribo von Mainz anläßlich der Krönung Konrads II., in deren Verlauf er den König aufforderte, bestimmten Gegnern zu verzeihen (vgl. Wipo, Gesta, III, S. 22 ff.) und von Adalbert von Bremen im Zusammenhang mit der Beilegung des Konfliktes zwischen Heinrich IV. und Otto von Northeim (Annales Altahenses maiores, ad 1071, S. 81).

[129] Vgl. allg. zu den Hintergründen des Konfliktes Schieffer, Spirituales latrones, S. 22–41.

130 Vgl. Lampert von Hersfeld, Annales, ad 1075, S. 207 f., der zwar die Chronologie der Ereignisse durcheinanderwirft, aber in der Zeichnung des Vermittlungsversuches durchaus glaubwürdig klingt.

131 *Ille* [sci. Siegfried von Mainz] *nihil moratus affuit egitque, ut rogabatur, cum clericis, ne obliti pudoris ac modestiae suae in episcopum suum ..., sine causa exardescerent, cum eos nec dicto nec facto, quod iuste in querelam vocare possent, sciens provocassent, vel si quid, quod eos lederet, forte inscius admissiset, se cognitore atque arbitro paratus esset quovis modo satisfacere offensis ...* Lampert von Hersfeld, Annales, ad 1075, S. 207.

132 Hier sei nochmals auf den Schiedsspruch von Heinrich IV. von 1069 und auf den Ausgleich zwischen Heinrich dem Löwen und Albrecht dem Bären hingewiesen. Vgl. Kapitel III.1. Siehe zu diesem Aspekt auch White, Pactum, S. 295 ff.; Wickham, Land Disputes, S. 117–120.

133 Auch hier kann man es bei dem Hinweis auf den Vorschlag Barbarossas belassen, den Konflikt zwischen dem Bremer Bischof und der Verdener Kirche durch Schiedsrichter zu lösen, die aufgrund der vorgelegten Privilegien entscheiden sollten. Vgl. DF I., Nr. 219, S. 365 ff.

134 Vgl. Constitutiones I, Nr. 106, S. 158: *Domnus inperator apostolice sedi obediat. Et de calumpnia, quam adversus eum habet eclesia, ex consilio et auxilio principum inter ipsum et domnum papam componatur; et sit firma et stabilis pax, ita quod domnus inperator que sua et que regni sunt habeat, eclesie et unusquisque sua quiete et pacifice possideant.* Vgl. dazu auch Althoff, Staatsdiener, S. 139 f.

135 Vgl. Lampert von Hersfeld, Annales, ad 1074, S. 177: *Tunc missi sunt quatuor ex episcopis agere cum eis de pace et promittere ex nomine regis, quod omnibus, quae racionabiliter postulassent, et quae electi ex utraque parte iudices equa censuissent, promptissime annueret, dum ipsi quoque vicissim iustis condicionibus adquiescerent et mansuetudinem eius quam manum militarem experiri mallent.*

136 Alpert von Metz, De diversitate, 8, S. 54 f.

137 Vgl. Annales Mettenses, ad 743, S. 34 f. Allerdings handelt es sich dabei um Worte, die ihm die späteren Sieger der Schlacht in den Mund legten und die mit in den Kreis der Argumente gehören, die allesamt den Geistlichen als Parteigänger und Falschspieler ausweisen sollen, wobei seine Rolle wohl herausgestellt wird, um Pippin verlautbaren zu lassen, daß der Sieg in der Schlacht die Berechtigung der fränkischen Position erwiesen habe. Nichtsdestotrotz zeigt aber die Schilderung, daß eine solche rechtliche Argumentation für einen Friedensstifter nicht ungewöhnlich war.

138 Vgl. Auch bei Wipo, Gesta, cap. 13, S. 35, spricht davon, daß die Unterwerfung Ravennas unter Konrad II. erfolgt sei, „wie es ihr Recht von den besiegten Bürgern verlangt" *(Mane autem facto Ravennates, qui remanserant, in cilicio et nudis pedibus atque exertis gladiis, ut lex eorum praecipit victis civibus, ante regem venientes, sicut ipse praecepit, omnibus modis satisfaciebant.)*

139 Vgl. Lampert von Hersfeld, Annales, ad 1071, S. 120: *lege, quam principes equam iudicassent.*

140 Vgl. den Brief Heinrichs IV., Nr. 38, S. 51 f.: *... ita ut salvo honore nostro totum pape faciam, quod diposueritis.*

141 Auf die Bedeutung der Bischöfe als Vermittler in den Konflikten der Salierzeit wies zuerst Reuter, Unruhestiftung, S. 321, hin.

142 Vgl. zu Heinrich IV. oben bei Anm. 14, zu Konrad III. Bernhardi, Konrad III., S. 112, und zu den Verhandlungen mit Alexander III., die in erster Linie durch Christian von Mainz und Wichmann von Magdeburg geführt worden waren, Kapitel III.3, S. 181 ff. und IV.3, S. 236 ff.

143 Vgl. Alpert von Metz, De diversitate, II,7–8, S. 52- 56.

144 Vgl. Adam von Bremen, Gesta, III,42, S. 184 f.

145 Vgl. Helmold von Bosau, Chronica, cap. 104, S. 204: *Et transfugerunt cives eius* [sci. die Bremer] *in paludes, eo quod peccassent adversus ducem et iurassent Christiano, et posuit eos dux* [sci. Heinrich der Löwe] *in proscriptionem, quousque interventu archiepiscopi mille et eo amplius marcis argenti pacem indempti sunt.*

146 Vgl. zur Stellung der Bischöfe seit dem 10. Jahrhundert im ostfränkischen Reich Engels, Der Reichsbischof, S. 77 ff.; Reuter, The 'Imperial Church System', S. 347 ff., und darauf bezogen Fleckenstein, Problematik, S. 83 ff., und Schieffer, Der ottonische Reichsepiskopat, S. 291 ff. Für die Zeit nach dem Wormser Konkordat vgl. sodann Stehkämper, Reichsbischof, bes. S. 129 ff.

147 Vgl. dazu Engels, Der Reichsbischof.

148 Neben Ruotger sei hier noch auf Thangmar, Vita Bernwardi cap. 23 u. 24, S. 769 f., die Vita Norberts von Xanten, cap. 8 u. 20, S. 676 f. u. 699 f., aber auch auf Helmold von Bosau, Chronica, 47, S. 93, und dessen Ausführungen über Vizelin verwiesen, Schriften, die allesamt die Versöhnung von Streitenden zum Charaktermerkmal der Helden erheben.

149 Vgl. ebd., z. B., cap. 23, S. 23 f.: *Causantur forte aliqui divine dispensationis ignari, quare episcopus rem populi et pericula belli tractaverit, cum animarum tantummodo curam susceperit. Quibus res ipsa facile, si quid sanum sapiunt, satisfacit, cum tantum et tam insuetum illis presertim partibus pacis bonum per hunc tutorem et doctorem fidelis populi longe lateque propagatum aspiciunt, ne pro hac re quasi in tenebras amplius, ubi non est presentia lucis, offendant.*

150 Vgl. Adam von Bremen, Gesta, III,31 u. 32, S. 173 f.: *Tantus apud papam, talis apud cesarem habebatur* [sci. Adalbert von Bremen], *ut de publicis rebus absque eius consilio nihil ageretur. Quapropter ubi vix locum habet clericus, nec in procinctu bellorum imperator illum virum dehabere voluit, cuius inexpugnabile consilium sepe ad evincendos expertus est inimicos. Sensit hoc callidissimus Italorum dux Bonifacius, item Godafrid, Otto, Balduinus et ceteri, qui regnum tumultibus implentes gravi aemulatione cesarem lassare videbantur, tandemque humiliati sola se infractos Adalberti prudentia gloriati sunt.*

151 Vgl. Balderich, Gesta Alberonis, 15, S. 252: *Ipse autem dominus Albero Dei adiutorio elaboravit, quod in pace ab invicem separati sunt, cum tamen multa milia magno odio ad pugnandum convenissent. Ipse vero archiepiscopus Albero, omnibus in pace compositis, singulis principibus singulas misit vini carratas, et maxime Saxonibus. Et notanda in hac re subtilitas ingenii domini Alberonis. Perpendit enim, plus conferre ad victoriam atque ad accendendos animos virorum vini copiam et aliorum victualium quam multa milia famelicorum.* Daß der Autor hier die Rolle des Bischofs besonders hervorgehoben hat, wird deutlich, wenn man andere Quellenaussagen zu den Ereignissen von 1139 danebenstellt. Vgl. Bernhardi, Konrad III., S. 112, und Althoff, Konfliktverhalten, S. 76, Anm. 61.

152 Vgl. Engels, Der Reichsbischof, S. 53.

Anmerkungen zu S. 212–215   331

[153] Ruotger, Vita Brunonis, cap. 20, S. 19f. Der entscheidende Satz lautet: *Dicent fortasse bellis hec sedanda esse, que ad te non pertineant, que tui ministerii dignitatem non deceant.*

[154] Vgl. ebd., S. 20, und dazu auch Kamp, Vermittler, S. 705f.

[155] Vgl. dazu allg. Riché, Les écoles, S. 162ff., und Jaeger, Cathedral Schools, S. 572ff., Ehlers, Dom- und Klosterschulen, S. 42f.

[156] Vgl. die Urkunde des Erzbischofs Heinrich von Mainz von 1147, der im Auftrag des Papstes den Konflikt zwischen dem Benediktinerkloster Disibodenberg und dem Kanonikerstift Mariengreden, geschlichtet hat und sein Ergebnis eben in dieser Urkunde festhält: *Quoniam gratuita dei miseracione vice Christi fungimur, qui verus lapis angularis facit utraque unum statuens pacem inter deum et hominem, nostri debitum exigit officii inter filios ecclesie et maxime religiosos inter se discordantes pacem reformare, ...* Mainzer Urkundenbuch, Bd. 2/1, Nr. 96, S. 186.

[157] Vgl. den Brief vom Oktober 1075 an Burchhard von Halberstadt, einen der Führer des sächsischen Aufstandes (Hannoversche Briefsammlung, Nr. 54, S. 100).

[158] Vgl. dazu zusammenfassend Maleczek, Das Frieden stiftende Papsttum, S. 287ff.

[159] Zu Maiolus' Vermittlungstätigkeit zwischen Otto II. und Adelheid vgl. Odilio, Die Lebensbeschreibung, 6, S. 34

[160] Zu Hugo vgl. Lampert von Hersfeld, Annales, ad 1077, S. 290, und zu den späteren Versuchen Heinrichs IV., den Paten bei seiner Auseinandersetzung mit dem Sohn wieder zu bemühen, um einen Ausgleich mit dem Papst zu erreichen, vgl. die Briefe Heinrichs IV, Nr. 37, S. 46ff.

[161] Zu Poppo von Stablo als Vermittler der Unterwerfung der lothringischen Großen vgl. Bresslau, Konrad II., Bd. 1, S. 122, mit dem entsprechenden Quellenzitat aus der Vita Poppos. Zu seiner Position unter Konrad II. vgl. Erkens, Konrad II., S. 203f.

[162] Zu den Kartäusern vgl. Görich, Ein Kartäuser, S. 35ff.

[163] Vgl. dazu Teubner-Schoebel, Bernhard, etwa S. 294ff., und Dinzelbacher, Bernhard, S. 252ff., 333ff. u. 359. Allg. zur Bedeutung der Friedensstiftung für die Zisterzienser Newman, The boundaries, S. 138ff.

[164] Vgl. dazu Görich, Barbarossa, S. 283.

[165] Vgl. das Schreiben, mit dem Barbarossa dem Generalkapitel der Zisterzienser seinen Dank abstattete, in: Constitutiones I, Nr. 263, S. 366. Auch 1205 beteiligten sich Zisterzienseräbte bei der Suche nach einem Ausgleich zwischen Philipp von Schwaben und Otto IV. an vorderster Stelle. Vgl. dazu Krieb, Vermitteln, S. 70ff.

[166] So wurden während der Auseinandersetzungen zwischen Philipp von Schwaben und Innozenz III. über einen Mönch aus dem Kloster Salem, wiederum ein Zisterzienser, Geheimverhandlungen zwischen den beiden geführt. Vgl. Winkelmann, Philipp von Schwaben, S. 295, und auch Krieb, Vermitteln, S. 158f.

[167] Vgl. die in Anm. 85 zitierte Würdigung des im Sachsenkrieg vermittelnden Herzog Gozelos bei Lampert von Hersfeld sowie die Beschreibung des angesehenen Adligen Amelung, der gemeinsam mit Ulrich von Augsburg den Konflikt zwischen dem Abt Craloh und dessen Konvent aushandelte, bei Ekkehart IV., Casus sancti Galli, 74, S. 154: *... laicus admodum literatus, orator in conciliis facundissimus, consilio magnus... Qui et dulcis ad omnia erat et iocundus, in quodcumque rem, ut*

aiebant, vertere vellet, potentissimus. Mit ähnlichen Eigenschaften wird schließlich auch der Graf Guido von Biandrate geschildert, der zwischen Mailand und Barbarossa nach den Worten Ottos von Freisings und Rahewins, Gesta Frederici, III,48, S. 490, vermittelnd eingreift *(vir prudens, dicendi peritus, ad persuadendeum ideoneus).* Selbstverständlich spielten diese Eigenschaften auch bei der Auswahl von Gesandten eine große Bedeutung, so daß sich auch von dieser Seite die fließenden Übergänge zwischen beiden Praktiken zeigen. Vgl. dazu auch Georgi, Legatio, S. 63 ff.

[168] Lampert von Hersfeld, Annales, ad 1075, S. 235: ... *et cum his ducem Gozelonem, cuius potissimum in ea expeditione auctoritas valebat, et in eo omnium quae agenda erant summa et cardo vertebatur, pro eo quod, licet statura pusillus et gibbo deformis esset, tamen opum gloria et militum lectissimorum copia, tum sapientiae et eloquii maturitate caeteris principibus quam plurimum eminebat.*

[169] Vgl. zu diesem Aspekt auch Kamp, Vermittler, S. 707 ff.

IV.2 Die bitteren Erfahrungen der Päpste

[1] Vgl. Schieffer, Die päpstlichen Legaten, S. 31 ff.

[2] Vgl. Schimmelpfennig, Das Papsttum, S. 129 ff.

[3] Vgl. Boshof, Die Salier, S. 214 u. Hartmann, Der Investiturstreit, S. 46 f.

[4] Vgl. hierzu und zum folgenden Schieffer, Die päpstlichen Legaten, S. 234 ff. u. Ruess, Die rechtliche Stellung, insbes. S. 23 ff. Über die zahlreichen, seit Beginn dieses Jahrhunderts geschriebenen Arbeiten, die die Legatentätigkeit im hohen Mittelalter jeweils zeitlich und räumlich begrenzt behandeln, liefert Ollendiek, Die päpstlichen Legaten, S. 29, einen kurzen Überblick.

[5] Vgl. Schieffer, Die päpstlichen Legaten, S. 241. Ein regelrechtes Legatenrecht bildete sich allerdings erst im 13. Jahrhundert aus. Vgl. dazu mit weiterer Literatur Maleczek, Das Frieden stiftende Papsttum, S. 265 mit Anm. 50.

[6] Vgl. Ollendiek, Die päpstlichen Legaten, S. 32 f.

[7] Vgl. als Zeichen dieser Entwicklung die Briefe im Register Gregors an die französischen Bischöfe, an den spanischen König, IV,28, S. 343 ff., an Salomon von Ungarn II,13, S. 144 ff., an Wilhelm den Eroberer VII,25, S. 505 ff., und an König Sven von Dänemark II,51, S. 192 ff. Vgl. auch Schieffer, Gregor VII. und die Könige Europas, S. 189 ff.

[8] Zu Gregor VII. vgl. Cowdrey, Pope Gregory VII., S. 576 ff.

[9] ... *nos, de cujus cura precipue inter Christi fideles pax et unitas procuranda requiritur,* schreibt Gregor X. an Ottokar von Böhmen und variiert damit nur ein inzwischen eingespieltes Formelgut (Le Registre de Gregoire X., Nr. 713, S. 306).

[10] Vgl. insbes. den schon zitierten Brief Pauls I. an Pippin von 758, in Kapitel II.2 in Anm. 79.

[11] Vgl. Gaudemet, Le rôle, S. 87. Zum päpstlichen Anspruch auf die Stellvertretung Christi und seine Folgen für die päpstliche Friedensstiftung vgl. Krieb, Vermitteln, 224 ff.

[12] Dies galt besonders für Frankreich. Vgl. die Beispiele bei Maleczek, Das Frieden stiftenden Papsttum, S. 264 ff.

Anmerkungen zu S. 218–220   333

[13] Vgl. Maleczek, Das Frieden stiftende Papsttum, S. 256.

[14] Vgl. dazu auch Suchan, Königsherrschaft, S. 72 f., und Leyser, Gregoy VII. and the Saxons, S. 232.

[15] *Qua de rege misimus exhortantes et ex parte apostolorum Petri et Pauli eum* [sci. Heinrich] *ammonentes, ut interim sese ab armis et omni bellorum infestatione contineat, donec tales ad eum ab apostolica sede nuntios dirigamus, qui tante dissensionis causas et diligenter inquirere et annuente Deo ad pacem et concordiam equa valeant determinatione perducere. Atque itidem vos exoratos et apostolica auctoritate commonitos esse volumus, ut ex vestra parte omni motione sopita easdem pacis indutias observetis, nec aliqua occasione nobis cum Dei adiutorio astruende pacis impedimentum opponatis. Cum etenim, ut scitis, nobis mentiri sacrilegum, deserere iustitiam anime sit naufragium, neminem vestrum dubitare volumus, quin super hac re veritate discussa, quicquid equum videbitur, providente Deo decernere et stabili pactione studeamus efficere; et quamcunque partem iniurias et conculcate iustitie violentiam pati cognoverimus, illi procul dubio … favorem et apostolice auctoritatis presidia conferremus.* Das Register Gregors VII., I, 39, S. 62. Übersetzung nach FSGA 12a, S. 67 f. mit geringfügiger Abänderung. Der Brief an Heinrich IV. ist nicht überliefert.

[16] Vgl. ebd., S. 62: ... *quod inter vos* [sci. die Sachsen] *et Heinricum regen, vestrum videlicet dominum* ...

[17] Vgl. Lampert von Hersfeld, Annales, ad 1073, S. 165 f.

[18] Vgl. dazu Cowdrey, Pope Gregory VII., S. 91–98. Diese Auseinandersetzung hoffte Gregor VII. im übrigen durch die Vermittlung der Kaiserin Agnes, Rudolfs von Schwaben, der Markgräfin Beatrix und deren Tochter beilegen zu können, was dann 1074 auch geschah. Vgl. dazu das Register Gregors VII., I, 11, S. 17 ff. u. I, 19, S. 31 f.

[19] Vgl. Suchan, Königsherrschaft, S. 72 f.

[20] Vgl. auch Cowdrey, Pope Gregory VII., S. 96, der bereits in diesem Brief Gregors Vorstellung ungebrochen zutage treten sieht, der apostolische Stuhl sei in diesem Konflikt der zuständige Richter und Schiedsrichter.

[21] Vgl. z. B. seinen Entscheid in dem Konflikt zwischen dem Bischof Cunibert von Turin und dem Abt von St. Michele delle Chiuse, in dem der autoritative Charakter der herrschaftlichen Schlichtung deutlich zum Ausdruck kommt: ... *qualiter et quando finem eorum negotio imponamus* (Register Gregors VII., VI, 6, S. 406 f.).

[22] Vgl. etwa den Brief an Geisa von Ungarn im Register Gregors VII., II, 70, S. 229, in dem der Papst davon spricht, daß sein Amt ihm gebiete, „die Rechte aller zu verteidigen, sowie Frieden unter ihnen zu stiften.". Vgl. allg. zu diesem Aspekt Boshof, Die Salier, S. 210 f. und Cowdrey, Pope Gregory VII., S. 576 ff. Das Beispiel zeigt im übrigen wie selbstverständlich dem Papst der richterliche Anspruch als Friedensstifter erschienen sein mag, da er im Falle Ungarns zumindest theoretisch keine Probleme aufwarf, da Rom hier ja eine Art Oberherrschaft beanspruchte. Zum Verhältnis zu Ungarn allg. ebd., S. 443 ff.

[23] Vgl. hierzu und zu den folgenden Ereignissen Cowdrey, Pope Gregory VII., S. 167 ff. und Hartmann, Investiturstreit, S. 26 ff., mit weiterer Literatur.

[24] Vgl. dazu vor allem Suchan, Königsherrschaft, S. 66–77 u. S. 134 ff., und Vogel, Gregor VII., bes. S. 48 ff. u. 108 ff.

[25] Vgl. Maleczek, Das Frieden stiftende Papsttum, S. 256 f.

[26] Vgl. das Register Gregors VII., IV,23, S. 335: *Desideramus enim cum consilio clericorum atque laicorum eiusdem regni, qui Deum timent et diligunt, causam inter eos Deo favente discutere et, cuius parti magis ad regni gubernacula iustita favet, demonstrare.* Vgl. hierzu auch Vogel, Gregor VII., S. 48.

[27] *Scitis enim, quia nostri officii et apostolicae sedis est providentiae, maiora negotia ecclesiarum discutere et dictante iustiae diffinire.* Ebd.

[28] Vgl. Maleczek, Das Frieden stiftende Papsttum, S. 256 f.

[29] Vgl. Brief an die beiden Legaten (Register Gregors VII., IV,23, S. 335).

[30] Vgl. Suchan, Königsherrschaft, S. 67 f.

[31] Vgl. Berthold, Annales, ad 1078, S. 308: ... *nuntius apostolicus Romam rediret, quatinus sedis apostolicae legati in hoc destinati et electi, in tempore oportuno rectoque itinere ipsi ad hoc instantis causae conventiculum consultores mediatores et correctores idonei pervenirent* ...

[32] Vgl. Suchan, Königsherrschaft, S. 134.

[33] Vgl. ebd.

[34] So Maleczek, Das Frieden stiftende Papsttum, S. 257.

[35] Vgl. ebd., S. 258 f.

[36] Vgl. dazu ebd., S. 259.

[37] Vgl. von der Heydte, Die Geburtsstunde, S. 128 f., und Gaudemet, Le rôle, S. 77 ff.; Maleczek, Das Frieden stiftende Papsttum, S. 251.

[38] Vgl. von der Heydte, Die Geburtsstunde, S. 128 ff.

[39] Dieser Diskurs entfaltete sich insbesondere im deutschen Thronstreit und anläßlich der englisch-französischen Auseinandersetzungen. Da die bisherigen Arbeiten sich der Politik Innozenz III. entweder aus nationalgeschichtlicher Sicht näherten (Innozenz und England, Innozenz und der Thronstreit etc.), sich auf die kirchenrechtliche Fragen spezialisierten und die einzelnen zentralen Themen entweder nur für sich genommen zum Gegenstand des Interesses wählten (z. B. Goez, Translatio) oder dann gleich ganz auf die Darstellung der Weltanschauung abhoben (Kempf, Kaisertum und Papsttum), ist dieser Diskurs bis heute nicht angemessen analysiert und beschrieben worden. Hinzu kommt, daß der Zusammenhang von Programmatik und Reflexion einerseits und den institutionellen Mechanismen und Praktiken, die der Produktion und Umsetzung der Gedankenketten dienten, andererseits bisher unterbelichtet blieb. Hinweise auf die Literatur zu den genannten Untersuchungsthemen finden sich bei Maleczek, Das Frieden stiftende Papsttum, S. 269–287, der dank seines Themas auch zentrale Aspekte dieses Diskurses anspricht.

[40] Vgl. ebd., S. 274.

[41] Vgl. ebd., S. 283 und Kempf, Papsttum, S. 256 ff.

[42] Vgl. von der Heydte, Die Geburtsstunde, S. 130, Maleczek, Das Frieden stiftende Papsttum, S. 285.

[43] Vgl. Maleczek, Das Frieden stiftende Papsttum, S. 272 f.

[44] Vgl. zum Rechtsbewußtsein, ebd., S. 269.

[45] Vgl. allg. zum Thronstreit von 1198 Engels, Die Staufer, S. 119 ff.

[46] Vgl. RNI 2, S. 8 und dazu auch Krieb, Vermitteln, S. 82 f., der die vermittelnde Position Innozenz III. herausstellt.

[47] Vgl. RNI 1, S. 5.

⁴⁸ *Expectantes autem hactenus expectauimus, si forte uos ipsi saniori ducti consilio tantis malis finem imponere curaretis, uel ad nostrum recurreretis auxilium, ut per nos, ad quos ipsum negotium principaliter et finaliter noscitur pertinere, uestro studio mediante, tanta dissentio sopiretur.* RNI, Nr. 2, S. 8f. und vgl. ebd. S. 6ff. Seine Zuständigkeit sah Innonzenz III. zum einen auf Grund seiner Translationstheorie gegeben, derzufolge die Päpste das Kaisertum vom Osten in den Westen übertragen hätten, und zum zweiten aufgrund seines Rechtes, den römisch-deutschen König auf seine Eignung zum Kaiser hin zu überprüfen. Vgl. RNI, Nr. 62, S. 168ff., und dazu Kempf, Papsttum, S. 57f.

⁴⁹ Vgl. den Brief an Konrad von Mainz im RNI, Nr. 1, S. 4: ... *expectauimus hactenus et in neutram partem noluimus declinare, licet uterque de fauore nostro ... glorietur ...*

⁵⁰ Vgl. ebd., S. 5.

⁵¹ Spätestens in der ersten Hälfte des Jahres 1199 waren die Würfel zugunsten Ottos IV. gefallen. Vgl. auch Krieb, Vermitteln, S. 81, und Maleczek, Das Frieden stiftende Papsttum, S. 280.

⁵² Wiederholt spricht er von den Verleumdungen, die im Reich über ihn kursierten und ihm zum Vorwurf machten, daß Reich zu mindern. Vgl. RNI, Nr. 1, S. 4, Nr. 2, S. 8, Nr. 15, S. 40, und bes. Nr. 61, S. 162.

⁵³ Vgl. dazu Winkelmann, Philipp von Schwaben, I, S. 165–182, und zuletzt Krieb, Vermitteln, S. 58ff.

⁵⁴ Die Einzelheiten des Friedensplans beschreibt Otto IV. in einem Brief an Innozenz III.; vgl. dazu RNI, Nr. 20, S. 54ff.

⁵⁵ Vgl. RNI, Nr. 21, S. 59ff.

⁵⁶ Vgl. auch Maleczek, Das Frieden stiftende Papsttum, S. 280.

⁵⁷ *De cetero uero agendum per legatum nostrum apud principes, ut uel conueniant in personam idoneam uel se iudicio aut abitrio nostro committant.* RNI, Nr. 29, S. 90. Daß Innozenz III. hier nicht mit dem Gedanken gespielt hat, die Fürsten könnten eine andere Person mit der Entscheidung beauftragen, wie es Maleczek, Das Frieden stiftende Papsttum, S. 280, liest, liegt bei genauerer Lektüre auf der Hand. Aber auch die Interpretation und Übersetzung von Georgine Tangl, Das Register, S. 79, ist problematisch. Gewiß kann man das Wort *personam* mit unbestimmtem Artikel übersetzen, aber der Kontext verlangt doch nach einer anderen Lesart, wenn man nur bedenkt, daß der Papst zuvor die Idoneität der drei Kandidaten geprüft und diese allein dem Welfen zugeschrieben hat. Allein der Gedanke, der Papst könne den Fürsten nicht eine Frage zu Klärung überantworten, die er gerade selbst entschieden hat, läßt die Vorstellung aufkommen, er fordere die Fürsten auf, notfalls einen weiteren Kandidaten zu präsentieren. Aber der Papst will hier keine Klärung, sondern letztlich nur Zustimmung, wie es dann auch unverkennbar aus dem Brief vom 5.1.1201 an den Kölner Erzbischof hervorgeht, wo er das erste Verfahren mit den folgenden Worten umschreibt: ... *ut per uos* [sci. die Fürsten] *ipsos cum eorum* [sci. die Legaten], *si necesse fuerit, consilio et presidio ad concordiam efficaciter intendatis, concordantes in eum quem nos ... honestate merito coronare possimus ...* RNI, Nr. 31, S. 96f.

⁵⁸ Vgl. RNI, Nr. 33, S. 102ff., und Krieb, Vermitteln, S. 86ff.

⁵⁹ Vgl. insbes. RNI, Nr. 61, S. 162ff.

60 Vgl. RNI, Nr. 62, S. 167–175, und dazu auch Kempf, Papsttum, S. 106 ff., und Krieb, Vermitteln, S. 88 ff.

61 Vgl. ebd., Nr. 62, S. 166 ff., bes. 170; *Exercuit autem denuntiatoris officium,* schreibt dort Innozenz, um den Legaten in Schutz zu nehmen. Siehe auch Maleczek, Das Frieden stiftende Papsttum, S. 280.

62 Vgl. RNI, Nr. 79, S. 214 ff.

63 Vgl. dazu Krieb, Vermitteln, S. 87 f.

64 Vgl. zu diesen Verhandlungen zuletzt Krieb, Vermitteln, S. 183 ff.

65 Vgl. etwa RNI, Nr. 29, S. 90, Nr. 31, S. 96 f., und besonders Nr. 33, S. 104: *sicut uos sepe monuimus, concorditer ad prouisionem intenderetis imperii uel consilio aut arbitrio nostro committere uos uelletis ...*

66 Vgl. die Belege und besonders das Zitat in Anm. 65.

67 Vgl. Gaudemet, Le rôle, S. 91 ff., und die Beispiele bei Maleczek, Das Frieden stiftende Papsttum, S. 269.

68 Vgl. RNI 31, S. 95 ff.

69 *... salua in omnibus tam libertate uestra quam imperii dignitate, cum neminem magis quam Romanum pontificem super hoc deceat uos mediatorem habere, qui uoluntatibus et rationibus intellectis, quod iustum foret et utile prouideret, uosque per auctoritatem celitus sibi datam super iuramentis exhibitis quoad famam et conscientiam liberaret ....* (ebd., S. 97).

70 Vgl. dazu Kapitel IV.3, bei Anm. 15 ff.

71 Das zeigte sich dann auch deutlich in seinem Brief vom 1. März 1200 an die deutschen Fürsten, der zunächst nochmals die gleichen Formulierungen über die angebotene Vermittlerrolle wiederholt und rückblickend von seinen bisherigen Bemühungen spricht, die Fürsten zu veranlassen, ihn mit einem Urteil zu beauftragen (RNI, Nr. 33, S. 104).

72 Vgl. Ziegler, Arbiter, S. 376; Bader, Arbiter, S. 270 f.

73 Vgl. dazu insbes. Caspers, Der Güte- und Schiedsgedanke, S. 60 ff.; Bader, Arbiter, S. 240 f. Zu Italien siehe Frey, Das öffentlich-rechtliche Schiedsgericht. Die weltlichen Vorläufer der Schiedsgerichtsbarkeit werden von Rennefahrt, Zur Frage, S. 8, 9 u. 51 ff., erörtert und vornehmlich in den March- und Grenzgerichten gesehen.

74 Vgl. Maleczek, Das Frieden stiftende Papsttum, S. 287 ff.

75 Vgl. Gaudemet, Le rôle, S. 85 ff, und Maleczek, Das Frieden stiftende Papsttum, S. 287 ff.

76 Vgl. dazu Maleczek, Das Frieden stiftende Papsttum, S. 291.

77 Vgl. Maleczek, Das Frieden stiftende Papsttum, S. 291.

78 Vgl. ebd., S. 288 f.

79 Ausgeformt tritt diese Lehre im Speculum Iudiciale des Wilhelm von Durand hervor, wo es heißt (Buch 1, Teil 1): *Arbiter est, qui de partium consensu eligitur et in eum sub poena stipulationis compromittitur. Est etiam differentia inter arbitrum et abitratorem. Nam arbiter est, quem partes eligunt ad cognoscendum de quaestione vel lite ... Arbitrator vero est amicabilis compositor, nec sumitur super re litigiosa vel ut recognoscat, sed ut pacificet ... Nec tenetur iuris ordinem observare, nec statur eius sententiae, si sit iniqua, sed reducitur ad arbitrium boni viri.* Zit. nach Bader, Arbiter, S. 272 f. Vgl. dazu auch Ziegler, Arbiter, S. 378 f., der die Unterscheidung in erster

Linie aus dem Umstand ableitet, daß die kirchliche, aber auch die oberitalienische Rechtspraxis im Unterschied zum römischen Recht das Kompromiß auf den ordentlichen Richter kannten und die Juristen den Widerspruch zu den römischen Rechtsquellen bei der Ausformulierung des Kirchenrechts eben mit dieser Unterscheidung aufzuheben suchten. Allerdings bleibt er den Nachweis schuldig, daß man vom *arbitrator* auch immer in jenen Fällen gesprochen hat, in denen der tatsächliche Schiedsrichter nach römischem Recht kein *arbiter* sein durfte.

[80] Vgl. zu Barbarossa Kapitel III.1, S. 151 mit Anm. 113.

[81] Vgl. dazu die Verträge von Agnani und Montebello in Kapitel III.3 bei Anm. 32, und IV.3 ab Anm. 3.

[82] Vgl. den Brief Ottos IV. von 1200 in: RNI, Nr. 20, S. 54. Dazu auch Krieb, Vermitteln, S. 58 ff. Weitere Beispiel bei Garnier, Amicus, S. 215 ff.

[83] Vgl. Winkelmann, Philipp von Schwaben, S. 166 ff.

[84] Vgl. die zahlreichen Beispiele vornehmlich aus dem Bereich der englisch-französischen Auseinandersetzungen bei Gaudemet, Rôle, S. 88 ff.; Maleczek, Das Frieden stiftende Papsttum, S. 267 f., 271 f., 274 ff., 293 ff., 300 ff.

[85] Vgl. Unverhau, Approbatio, S. 279 ff., und zusammenfassend Maleczek, Das Frieden stiftende Papsttum, S. 304.

[86] Vgl. dazu Roberg, Konzil, S. 362 f., und zur Wahl Redlich, Rudolf von Habsburg, S. 212 ff.

[87] Vgl. den Brief Brunos von Olmütz an Gregor X. vom Juni 1274, in dem der Bischof den Papst über die Reaktion König Ottokars auf das Angebot des Papstes, den Streit zu entscheiden, berichtet und die Bedingungen des Königs nennt.

[88] Vgl. Constitutiones III, Nr. 621, S. 595: *... cum vix fieri possit, quod negocium submissionis sine alterius eorum gravamine terminetur, nisi forte non per modum arbitrii, sed per modum amicabilem eos contingeret tempore medio concordare.* Vgl. dazu auch Maleczek, Das Frieden stiftende Papsttum, S. 323, der sich dagegen ausspricht, Gregor X. in diesem Streit eine Schiedsrichterrolle zuzuschreiben, da davon nirgends die Rede sei. Allerdings spricht Bruno von Olmütz in dem zitierten Brief davon, daß der Streit nicht *per modum arbitrii* beigelegt werden solle und wird dabei das bisher gewählte Verfahren im Blick gehabt haben. Dies muß selbstverständlich nicht die Optik des Papstes gewesen sein, der vielleicht mit Bedacht von Anfang an vermieden hat, sein Vorgehen genau zu klassifizieren.

[89] Zu Bruno von Olmütz und zu dessen Verhältnis zu Ottokar II. gerade auch in den 70er Jahren vgl. Stoob, Bruno von Olmütz, bes. S. 124 ff.

[90] Vgl. Maleczek, Das Papsttum, S. 323 f.

[91] Vgl. Müller, Konzil, S. 341 f.

[92] Vgl. Deprèz, Les préliminaires, S. 154 ff. Zum Verlauf der Auseinandersetzungen, die dann in den hundertjährigen Krieg hineinführten, siehe ebd. und Ehlers, Geschichte, S. 201 ff. u. 213 ff.; Trautz, Die Könige von England, bes. S. 260–289.

[93] Vgl. Benoît XII., Lettres closes, Nr. 305, Sp. 196 ff.

[94] Vgl. ebd., Sp. 197: *... ut exortas causas discordie inter eos que per magnates et nobiles dictorum regnorum vel partium vicinarum utriusque communes amicos amicabiliter tractari debuerunt et etiam terminari ...;* Sp. 198 f.: *... ad vos* [sci. die Legaten], *viros laudande virtutes, scientia et innata prudentia preditos, cultores justicie, sedulos pacis amicos ... ad eosdem Francie et Anglie reges ... tanquam pacis angelos*

... *providimus destinandos* ... *Quocirca discretioni vestre* ... *committimus* ... *quatinus* .... *vos regum predictorum presentiam adeuntes, ipsos ad pacem et concordiam, juxta datam vobis ex alto prudentiam, solicitis monitibus et efficacibus persuasionibus* ... Schon Innozenz III. sprach im übrigen die Legaten, die er mit Friedensmissionen betraute, als Friedensengel an. Vgl. Maleczek, Das Frieden stiftende Papsttum, S. 273

⁹⁵ Vgl. ebd., Sp. 198.

⁹⁶ Vgl. Benoît XII., Lettres closes, Nr. 374, Sp. 236 *(per viam tractatus amicabilis et amicos communes)*, und Nr. 375, Sp. 235 *(per viam tractatus amicabilis)*.

⁹⁷ Vgl. ebd., Nr. 502, Sp. 313 u. Nr. 559, Sp. 345 f. und zu den Umständen Deprèz, Les préliminaires, S. 194 ff., 202–210. Zum Bündnis mit Ludwig siehe auch Trautz, Die Könige von England, S. 268.

⁹⁸ Vgl. Benoît XII., Lettres closes, Nr. 481, Sp. 302 f.

⁹⁹ Vgl. ebd., Nr. 459, Sp. 397 ff. u. 527, Sp. 324.

¹⁰⁰ Vgl. den Brief vom 16. Juli 1339 an Pedro Gomes ebd., Nr. 620, Sp. 378 f.

¹⁰¹ Vgl. ebd., S. 378: *Sane quia veremur quod via pacis predicte ... intentione recta et modo debito non queratur, expedire credimus, quod per te dictumque cardinalem collegam tuum non respondeatur premissis sed potius per partem alteram* [sci. die französische Seite], *et vos tanquam mediatores ad temperandum partesque reducendum ad concordiam ... intendatis ...*

¹⁰² Vgl. ebd., Nr. 644, Sp. 388 ff., und das Zitat aus dem Brief in Kapitel I.1, in Anm. 1.

¹⁰³ Vgl. Maleczek, Das Frieden stiftende Papsttum, S. 326 ff.

IV.3 Vermitteln im Schatten der Schiedsgerichtsbarkeit

¹ Die Diskussion über die Ursprünge der Schiedsgerichtsbarkeit, ob diese nun allein ein Produkt von kirchlicher Tradition und römisch inspiriertem Kirchenrecht (Bader, Arbiter) oder auf sogenannte deutsch-rechtliche Traditionen (Rennefahrt, Beiträge) zurückgehe, ist deshalb letztlich auch ein Scheingefecht.

² Vgl. dazu Kapitel III.1, S. 150 f.

³ Vgl. DF I., Nr. 638, S. 136, und Heinmeyer, Der Friede, S. 119 ff., sowie Laudage, Alexander III., S. 193 ff.

⁴ Vgl. DF I., Nr. 638, S. 136.

⁵ Vgl. zuletzt Laudage, Alexander III., S. 199 sowie Heinemeyer, Der Friede, S. 120.

⁶ Vgl. Romuald von Salerno, Chronicon, S. 264, und DF I., Nr. 638, S. 135 f. Bei diesem Dokument handelt es sich um eine notarielle, im Auftrag der Italiener erfolgte Niederschrift der Verhandlungsergebnisse vom 15. und 16. April, nicht aber um den eigentlichen Vertrag, der durch die Unterhändler aufgesetzt wurde.

⁷ Vgl. DF I, Nr. 638, S. 135–138, hier 136: ... *quod tres persone debent eligi a parte domini imperatoris et tres ex parte civitatum, que persone visis litteris missis ab imperatore consulibus Cremone et litteris a consulibus civitatum datis consulibus Cremone ... debent iurare, quod bona fide et sine fraude visis supradictis litteris concordiam facient inter imperatorem et eius partem et Lonbardos et eorum partes neque amore neque timore neque odio nec ullo alio modo pretermittent, quin ex utriusque*

litteris extrahent ea, que eis videantur superflua et incongrua, et adiungent ea, que eis videantur necessaria et magis utilia et congrua ad pacem et concordiam .... confirmandam et tenendam.

[8] Vgl. ebd.: *Et imperator et eius curia et civitates et earum partes debent facere securitatem arbitrio predictorum sex electorum stare.*

[9] Vgl. ebd.

[10] Vgl. Laudage, Alexander III., S. 200 ff.

[11] Vgl. DF I. 658, S. 163: *Pacem etiam veram dominus imperator faciet cum Lombardis, secundum quod tractabitur per mediatores, quos dominus papa et dominus imperator et Lombardi ad perficiendum interposuerint.*

[12] *Et postquam de pace inter dominum papam, ecclesiam et imperatorem dispositum fuerit sufficienter, aliquid in tractatu pacis domini imperatoris et Lombardorum ermerserit, quod per mediatores componi non possit, arbitrio maioris partis mediatorum, qui ex parte domini pape et domini imperatoris ad id constituti sunt, stabitur. Ipsorum autem mediatorum par numerus erit.* (DF I., Nr. 658, S. 163).

[13] Vgl. ebd., S. 163. Auch hier ist durchgehend von *mediatores* die Rede.

[14] Vgl. ebd., S. 164: *De Argentinensi autem et Basiliensi dictis episcopis, qui ordinati fuerunt a Guidone Cremensi in eodem regno a predictis mediatoribus committetur vel X vel VIII episcopis, quos ipsi elegerint ...*

[15] Vgl. DF I., Nr. 687, S. 204: *Pacem autem veram reddit dominus imperator et dominus Hericus rex filius eius illustri regi Sicilie usque ad XV annos sicut per mediatores pacis est ordinatum et scriptum.*

[16] Vgl. Romuald von Salerno, Chronicon, S. 274.

[17] So Romuald von Salerno, der als Gesandter des sizilischen Königs an den Verhandlungen teilnahm und für deren Ablauf auch die ausführlichste Darstellung bietet. Er nennt zunächst die päpstlichen Unterhändler *pacis arbitros et mediatores*, um kurz darauf die ausgewählten Personen allesamt als *mediatores pacis* zu bezeichnen. Vgl. Chronicon, S. 274 f.

[18] Vgl. dazu Heinemeyer, Studien, S. 357 ff.

[19] Zur stellvertretenden Eidesleistung vgl. Goez, 'iuravit', S. 530 ff. u. 541 ff.

[20] So Heinemeyer, Studien, S. 331 ff.

[21] Vgl. den Eid, den die in Montebello ausgewählten Schiedsleute versprachen, in: Constitutiones I, Nr. 243, S. 341 f.

[22] Vgl. Constitutiones I, Nr. 242, S. 339, u. den dann in der Tat ergangenen Schiedsvorschlag der Cremoneser Konsuln ebd., Nr. 245, S. 344 ff.

[23] Vgl. Heinemeyer, Studien, S. 325.

[24] Vgl. Laudage, Alexander III., S. 202, und Heinemeyer, Der Friede, S. 134.

[25] Vgl. zu Italien Frey, Das öffentliche Schiedsgericht, S. 17 ff.; Janssen, Bemerkungen, S. 78 ff.

[26] Vgl. dazu und zum folgenden Rödel, Königliche Gerichtsbarkeit, S. 23.

[27] Vgl. zu den Motiven insbes. Janssen, Bemerkungen, S. 84.

[28] Vgl. Rödel, Königliche Gerichtsbarkeit, S. 129.

[29] Vgl. dazu Kapitel IV.2, S. 232 f.

[30] Für Ottokar handelten Bruno von Olmütz und Otto von Brandenburg, für Rudolf der bayerische Herzog und Pfalzgraf bei Rhein Ludwig und Bischof Berthold von Würzburg. Vgl. Constitutiones III, Nr. 113, S. 104. Vgl. zu den Personen und besonders zu Bruno von Olmütz Stoob, Bruno, S. 127.

[31] Vgl. dazu auch Althoff, Rudolf von Habsburg, S. 91, und Battenberg, Herrschaft, S. 47.
[32] Vgl. Constitutiones III, Nr. 310, S. 304 ff., u. Nr. 333, S. 319 ff.
[33] Vgl. Acta imperii inedita, Bd. 2, Nr. 269, S. 188 f., und allg. zu dem Phänomen Ganshof, Histoire, S. 294 f.
[34] Vgl. Engel, Zum Problem, S. 112 u. 116 f., und Garnier, Amicus, S. 239 ff; zu den Städtebündnissen vgl. Schubert, Einführung, S. 146 ff.
[35] Vgl. Engel, Zum Problem, S. 116 ff.; Kobler, Das Schiedsgerichtswesen, S. 24.
[36] Vgl. Garnier, Amicus, S. 291 f.
[37] Vgl. dazu Kobler, Das Schiedsgerichtswesen, S. 44, und Garnier, Amicus, S. 247 ff.
[38] Vgl. dazu Kapitel IV.2, Anm. 53 u. 54, mit Belegen und Literaturangaben.
[39] Vgl. Garnier, Amicus, S. 247 ff.
[40] Vgl. oben, Anm. 7.
[41] Vgl. Garnier, Amicus, S. 249 f.
[42] Vgl. zu Begrifflichkeit Bader, Arbiter, S. 270 ff; Rödel, Königliche Gerichtsbarkeit, u. a. S. 142, und Janssen, Bemerkungen, S. 89 ff.
[43] Vgl. Rödel, Königliche Gerichtsbarkeit, S. 142 ff.
[44] So etwa Kobler, Das Schiedsgerichtswesen, S. 4, in Anlehnung an Bongart, Les cours laiques, S. 103.
[45] Vgl. Janssen, Bemerkungen, S. 90 f., und Garnier, Amicus, S. 236 f. u. 244 f.
[46] Vgl. Constitutiones III, Nr. 72, S. 60: *Item rogat et consulit omnibus illis dominus rex, qui predas, incendia et spolia conmiserunt ... quod amicabiliter transigant et conponant cum offensis. Rogat eciam offensos, ut non sint nimis difficiles in recipienda conposicione ...* Vgl. dazu auch Rödel, Königliche Gerichtsbarkeit, S. 134.
[47] Vgl. Rödel, Königliche Gerichtsbarkeit, S. 132 ff., die solche Schreiben für Rudolf I., Adolf von Nassau und Albrecht I. nachweist.
[48] Vgl. ebd., S. 134 f.
[49] Vgl. ebd., S. 148 ff.
[50] Vgl. Acta imperii inedita, Bd. 2, Nr. 177, S. 131 f.: *... inter venerabilem Henricum ... ex parte una et inter nobilem virum Guntherum ... ex parte altera in nostra presentia talis compositio, intervenit, quod ...*
[51] Vgl. ebd., Nr. 61, S. 373: „... und also habent si sich vor uns mit unserm worte und wille derselben uflouf und stozze aller fruntlichen versunet und verainet ..."
[52] Vgl. ebd., Nr. 172, S. 129: *... prehabito maturo consilio taliter duximus decidendam ...*
[53] Vgl. Rödel, Königliche Gerichtsbarkeit, S. 153.
[54] Vgl. ebd., S. 155.
[55] Vgl. ebd., S. 182 f.
[56] Acta imperii inedita, Bd. 2, Nr. 630 f.
[57] Vgl. etwa Graf Friedrich von Leinigen, der Otto von Orlamünde auf dessen Bitten die Huld König Rudolfs wiederverschaffen sollte, wobei die verwandtschaftliche Beziehung zum Habsburger ihn für diese Mission geeignet erscheinen ließ. Vgl. zu diesem Fall Redlich, Rudolf von Habsburg, S. 265. Weitere Beispiele bei Rödel, Königliche Gerichtsbarkeit, S. 184 ff.
[58] Vgl. Winkelmann, Philipp von Schwaben, Bd. 1, S. 396 ff.

[59] Vgl. Deprèz, Les préliminaires, S. 253 f. Was die Sachsen anbelangt ist zum einen an Embricho von Augsburg zu denken, der, wie er den Sachsen schrieb, mit Heinrich ziehe, um eine Versöhnung herbeizuführen. Vgl. dazu den schon mehrfach zitierten Brief in IV.1, Anm. 20.

[60] Vgl. Trautz, Die Könige von England, S. 305.

[61] Vgl. Engel, Zum Problem, S. 119 u. 121 f.

[62] Vgl. ders., S. 120.

[63] Vgl. dazu Garnier, Amicus, S. 91 ff. u. 96 ff. u. 253 f.

[64] Vgl. den Vertrag in: Constitutiones III, Nr. 1, S. 7 f. Die Mediatoren, die den Mediator wählen sollten, waren Philipp II. von Hohenfels und Gerhard II. von Landskron, die schon bei der Abmachung von 1262 als Mediatoren vorgesehen waren. Vgl. dazu und zu deren Verhältnis zu den beiden Protagonisten Garnier, Amicus, S. 91 ff.

[65] Vgl. Constitutiones III, Nr. 1/1, S. 7: *Quia composicio inter venerabilem patrem dominum E(ngelbertum) ... et illustrem principem Lud(ewicum) ... olim inita non extitit consummata, nos pro bono pacis et concordie interposuimus partes nostras et sic tandem coram nobis in hunc modum hinc inde a partibus est tractatum.*

[66] Vgl. Constitutiones III, Nr. 1/2, S. 9: *Nos etiam Ludewicus comes palatinus Reni dux Bawarie reverendi in Christo patris domini nostri W(ernheri) archiepiscopi Maguntini submittimus arbitrio, ut idem pro bono pacis et concordie potestatem habeat universas questiones inter nos et venerabiles dominos ... Coloniensem et ... Treverensem archiepiscopos subortas et que adhuc suboriri potuerunt decidendi secundum iusticiam vel amorem.*

[67] Vgl. Constitutiones III, Nr. 333, S. 319 ff.

[68] Vgl. ebd., S. 320.

[69] Vgl. ebd., S. 320.

[70] Vgl. Constitutiones III, Nr. 333, S. 319: *... mediantibus venerabilibus partibus Wer. archiepiscopo Maguntinensi et H. Basiliensi episcopo principibus nostris dilectis per honorabiles viros ... canonicos ecclesiarum Coloniensium ex parte dicti archiepiscopi cum pleno mandato ad nostram presenciam destinatos inter nos et memoratum archiepiscopum de nostro consensu libero talis est concordia ordinata: ...*

[71] Vgl. die Beispiele bei Stehkämper, Pro bono pacis, S. 340 ff. u. 349 f.

[72] Vgl. insbes. Kobler, Schiedsgerichtswesen, S. 4 f.

[73] Vgl. zu den Bündnissen Garnier, Amicus, S. 93 ff.

[74] Vgl. Garnier, Amicus, S. 269 ff. u. 291 f.

[75] Vgl. dazu Stehkämper, Pro bono pacis, S. 297 ff., der darüber hinaus auch noch die Beteiligung des Philosophen an verschiedenen anderen Schiedsverfahren auflistet und analysiert.

[76] Vgl. ebd., S. 299 ff.

[77] Vgl. ebd., S. 301 ff.

[78] Vgl. ebd., S. 302.

[79] Vgl. ebd., S. 331.

[80] Vgl. Gotfrid Hagen, Dit is dat boich, S. 52 ff. u. 195 ff. Die Zweifel bei Stehkämper, Pro bono pacis, S. 303 und 319 f., sind in erster Linie einem modernen Bild vom Vermittler geschuldet sind, dem des neutralen Vermittlers.

[81] Vgl. zu den Reden Kapitel IV.1, S. 190 f. u. 193 ff.

[82] Vgl. ebd., und Garnier, Zeichen, S. 279 ff.
[83] Vgl. Stehkämper, Pro bono pacis, S. 301 ff.
[84] So Stehkämper, Pro bono pacis, S. 303 f.
[85] „Die giene, die herin Henrichen van der Nuwerburg ne taisten, die sulen alsus bezzeren. Sie sulen kûmen gande wullin inde barevûz vûr den anderin burgerin van sente Seuerins prozen biz an den jûdenbuchil. Inde sulen gnaide da sûchin des echebischouis. Inde bit der bezzeringe sal ieme genûgin ..." Quellen zur Geschichte, Bd. 2, Nr. 382, S. 382.
[86] Vgl. ebd.
[87] Vgl. Stehkämper, Pro bono pacis, S. 364.
[88] Vgl. die Zusage der Stadt Köln, sich auf die von ihren Boten ausgehandelten Abmachungen mit dem Bischof über eine Frieden einzulassen vom 17.03.1258. Vgl. Regesten der Erzbischöfe von Köln, Nr. 1990, S. 267.
[89] Vgl. zur Verschriftlichung der rituellen Sühnebedingungen Garnier, Zeichen, S. 286.
[90] Vgl. dazu auch Puhle, Braunschweig und die Hanse, S. 105 ff. und Ehbrecht, Die Braunschweiger Schichten, S. 38 f. Vgl. Jenks, Die Friedensvorstellungen, S. 416, zu vergleichbaren Interventionen der Hanse in Minden und Rostock.
[91] Am ausführlichsten berichtet darüber Hermen Bote, 'Das Schichtbuch', S. 311–319, allerdings erst zu Beginn des 16. Jahrhunderts. Vgl. auch Puhle, Die Braunschweiger Schichten, S. 240 ff.
[92] Vgl. Puhle, Die Politik, S. 31.
[93] Vgl. Schubert, Einführung, S. 131 ff., auch zum Charakter der Aufstände in den norddeutschen Städten, und vgl. Ehbrecht, Stadtkonflikte um 1300, S. 18 ff.
[94] Das zeigt insbesondere die Reaktion in Lübeck, die sich in der überaus negativen Darstellung der Schicht bei Detmar wiederspiegelt. Vgl. Detmar, Chronik, 549 f. Dazu auch Ehbrecht, Die Braunschweiger Schichten, S. 43, u. ders. Eintracht und Zweitracht, S. 308 f. Vgl. zum Vorgehen der Exilierten auch Reimann, Unruhe, S. 53.
[95] Vgl. Puhle, Die Politik, S. 30 f.
[96] Vgl. ebd., S. 30.
[97] Vgl. Hanse Rezesse, II,1, Nr. 71, s. 80 u. Nr. 79, S. 91, S. 106. Und vgl. Puhle, Braunschweig und die Hanse, S. 118 ff.
[98] Vgl. dazu Puhle, Braunschweig und die Hanse, S. 119.
[99] Vgl. Ehbrecht, Eintracht und Zwietracht, S. 309.
[100] Vgl. Puhle, Braunschweig und die Hanse, S. 119 f.
[101] Vgl. Hanse Rezesse, I,2, Nr. 182, S. 196 f.
[102] Vgl. ebd., S. 259 f. und Schreiner, 'Gerechtigkeit', S. 71 f., zu den dabei aktivierten Traditionen.
[103] Vgl. Hanse Rezesse, I,2, Nr. 182, S. 197 und Nr. 218, S. 260 sowie Hermen Bote, Das Schichtbuch, S. 317 f.
[104] Vgl. auch Puhle, Braunschweig und die Hanse, S. 120.
[105] Vgl. Hermen Bote, Das Schichtbuch, S. 317 f.
[106] Vgl. Hanse Rezesse, I,2, Nr. 216, S. 259.
[107] Vgl. dazu Jenks, Die Friedensvorstellungen, S. 417.
[108] Vgl. Puhle, Die Braunschweiger Schicht, S. 241 u. 244 ff.

[109] Vgl. Schubert, Einführung, S. 134.

[110] Vgl. Stehkämper, Pro bono pacis, S. 300, 304 u. 341 f.

[111] So engagierte sich etwa auch Albertus Magnus später immer wieder, um den Nachfolger Konrads von Hochstaden dazu zu bewegen, den Schiedsspruch von 1258 anzuerkennen. Vgl. Stehkämper, Pro bono pacis, S. 313 ff. Weitere Beispiele bei Garnier, Amicus, S. 263 ff.

[112] Dabei ist jedoch zu bedenken, daß die synonyme Verwendung zwar grundsätzlich, aber regional unterschiedlich häufig anzutreffen ist. Während nämlich Kobler, Das Schiedsgerichtswesen, S. 5, für das spätmittelalterliche Bayern überhaupt nur einige wenige Belege für die Bezeichnung *mediator* im Zusammenhang mit dem Schiedsgericht nachweisen kann, taucht er bei den Auseinandersetzungen, in die die Mainzer und Kölner Erzbischöfe verwickelt waren, beständig auf (Garnier, Amicus, S. 244 ff.). Möglicherweise spiegelt sich in dem Befund jene, schon für das 11. und 12. Jahrhundert beobachtete Neigung der kirchlichen Würdenträger für den genannten Begriff wieder.

[113] Vgl. zum Terminus Obmann Garnier, Amicus, S. 247 ff.

[114] Dies wird auch daran deutlich, daß man sich, wie bei einem Vergleich zwischen dem Kölner Erzbischof und dem Pfalzgrafen Ludwig, darauf einigte, einen Obmann zu wählen und diesem zugestand, als *mediator cum plenitudo potestatis* agieren zu können. Vgl. den Fall bei Garnier, Amicus, S. 253.

[115] Vgl. Garnier, Amicus, S. 291 f.

[116] Vgl. ebd., S. 250 ff.

Quellen- und Literaturverzeichnis

Abkürzungen

CCSL	Corpus Christianorum. Series latina
CC Cont. med.	Corpus Christianorum Continuatio medievalis
CSEL	Corpus scriptorum ecclesiasticorum latinorum
DA	Deutsches Archiv
DBI	Dizionario Biografico degli Italiani
FMSt	Frühmittelalterliche Studien
FSGA	Freiherr-vom-Stein-Gedächtnisausgabe
GdV	Geschichtsschreiber der deutschen Vorzeit
HJb	Historisches Jahrbuch
HRG	Handwörterbuch zur Deutschen Rechtsgeschichte
HZ	Historische Zeitschrift
JE	Jaffé-Ewald s. Regesta Pontificum
JK	Jaffé-Kaltenbrunner s. Regesta Pontificum
JL	Jaffé-Löwenfeld s. Regesta Pontificum
LMA	Lexikon des Mittelalters
MGH	Monumenta Germaniae Historica
-AA	-Auctores antiquissimi
-Capit.	-Capitularia
-DD	-Diplomata
-Epp.	-Epistolae
-SS	-Scriptores
-SSrG	-Scriptores rerum Germanicarum in usum scholarum
-SSrM	-Scriptores rerum Merovingicarum
Migne PL	Migne Patrologiae cursus completus. Series latina
RhVjbll	Rheinische Vierteljahresblätter
RNI	Regestum Innocentii III papae super negotio Romani imperii
TTL	Thesaurus linguae latinae
VuF	Vorträge und Forschungen
ZSRG	Zeitschrift der Savigny-Stiftung für Rechtsgeschichte.
GA/KA/RA	Germanistische Abteilung/Kanonistische Abteilung/Romanistische Abteilung

Quellen und Hilfsmittel

Acta imperii inedita saeculi XIII et XIV, hrsg. von Eduard Winkelmann, 2 Bde., Aalen ND 1964.

Adam von Bremen, Gesta Hammaburgensis ecclesiae pontificum, hrsg. von Bernhard Schmeidler (MGH SSrG), Hannover – Leipzig 1917. Übersetzung nach FSGA 11, Darmstadt 1961.

Die Admonter Briefsammlung, nebst ergänzenden Briefen, hrsg. von Günther Hödl – Peter Classen (MGH Die Briefe der deutschen Kaiserzeit VI), München 1983.

Agobardi Lugdunensis archiepiscopi epistolae, hrsg. von Ernst Dümmler (MGH Epp. V), Berlin 1899, S. 150–239.

–, Opera omnia, hrsg. von L. van Acker (CCSL Continuatio medievalis 52), Turnhout 1981.

Alpert von Metz, De diversitate temporum, hrsg. von Hans van Rij, Amsterdam 1980.

Annales Alamannici, hrsg. von Georg Heinrich Pertz (MGH SS 1), Hannover 1826, S. 22–60.

Annales Altahenses maiores, hrsg. von Wilhelm Giesebrecht – Edmund von Oefele (MGH SSrG), Hannover ²1891.

Annales Bertiniani, hrsg. von Felix Grat – Jeanne Vieilliard – Suzanne Clémencet – Léon Levillain, Paris 1964. Übersetzung nach FSGA 6, Darmstadt 1972.

Annales Fuldenses, hrsg. von Friedrich Kurze (MGH SSrG), Hannover 1891. Übersetzung nach FSGA 7, Darmstadt 1975.

Annales Hildesheimenses, hrsg. von Georg Waitz (MGH SSrG), Hannover ND 1947.

Annales Laubacences, hrsg. von Georg Heinrich Pertz (MGH SS 1), Stuttgart ND 1963, S. 7–55.

Annales Magdeburgenses, hrsg. von Georg Heinrich Pertz (MGH SS 16), Hannover ND 1963, S. 107–196.

Annales Marbacenses, hrsg. von Hermann Bloch, (MGH SSrG), Hannover – Leipzig 1907.

Annales Mettensis priores, hrsg. von Bernhard v. Simson (MGH SSrG), Hannover 1905.

Annales Nazariani, hrsg. von Georg Heinrich Pertz (MGH SS 1), Hannover 1826, S. 23–31 u. S. 40–45.

Annales Palidinses, hrsg. von Georg Heinrich Pertz (MGH SS 16), Hannover ND 1963, S. 48–98.

Annales Patherbrunnensis, hrsg. von Paul Scheffer- Boichorst, Innsbruck 1870.

Annales Quedlinburgenses, hrsg. von Georg Heinrich Pertz (MGH SS 3), Hannover 1839, S. 22–90.

Annales regni Francorum inde ab anno 741 usque ad annum 829, qui dicuntur Annales Laurissenses maiores et Einhardi, hrsg. von Friedrich Kurze (MGH SSrG), Hannover 1829. Übersetzung nach FSGA 5, Darmstadt 1974.

Annales Vedastini, hrsg. von Bernhard v. Simson (MGH SSrG), Hannover 1909. Übersetzung nach FSGA 6, Darmstadt 1972.

Astronomus, Vita Hludowici imperatoris, hrsg. und übers. von Ernst Tremp (MGH SSrG), Hannover 1995, S. 279–558.

Arnold von Lübeck, Chronica, hrsg. von Johannes Lappenberg (MGH SSrG), Hannover ND 1995.

Augustinus, Ennarrationes in Psalmos, hrsg. von Eligius Dekkers – Jean Fraipont. 3 Bde. (CCSL 38–40), Turnhout 1956–1966.

–, Confessionum libri XIII, hrsg. von Lucas Verheijen (CCSL 27), Turnhout 1981

–, Enchiridion ad Laurentium de fide et spe et caritate, in: ders. Opera XIII,2 (CCSL 46), Turnhout 1969.

–, De civitate dei, hrsg. von Bernhard Dombart – Alphons Kalb 2 Bde., (CCSL 47–48), Turnhout 1955

Baldericus, Gesta Alberonis archiepiscopi, hrsg. von Georg Waitz (MGH SS 8), Hannover 1841, S. 243–260. Übersetzung nach FSGA 22, Darmstadt 1973.

Beda Venerabilis, In cantica canticorum, hrsg. von D. Hurst, in: ders. Opera. Pars II: Opera exegetica, (CCSL 119B) Tunhout 1983.

Benoît XII. 1334–1342. Lettres closes, patentes et curiales se rapportant à la France, hrsg. von Georges Daumet, Paris 1899–1920.

Bernhard von Clairvaux, Opera VII. Epistolae, 2 Bde. hrsg. von Jean Leclecq – H. Rochais, Rom 1974.

Bernold, Chronicon, hrsg. von Georg Heinrich Pertz (MGH SS 5), Hannover ND 1963, S. 385–467.

Berthold, Annales, hrsg. von Georg Heinrich Pertz (MGH SS 5), Hannover ND 1963, S. 264–326.

Johann Friedrich Böhmer – Engelbert Mühlbacher, Regesta Imperii I: Die Regesten des Kaiserreiches unter den Karolingern, vollendet von Johann Lechner und mit Ergänzungen von Carlrichard Brühl und Hans Heinrich Kaminsky, Hildesheim 1966.

– Emil Ottenthal, Regesta Imperii II: Die Regesten des Kaiserreiches unter Heinrich I. und Otto I. 919–973, mit Ergänzungen von Hans Heinrich Kaminsky, Hildesheim 1967.

– Hans Leo Mikoletzky, Regesta Imperii II/2: Die Regesten des Kaiserreiches unter Otto II. 953 (973)–983, Graz 1950.

– Theodor Graff, Regesta Imperii II/4: Die Regesten des Kaiserreiches unter Heinrich II., Wien – Köln – Graz 1971.

– Heinrich Appelt, Regesta Imperii III/1: Die Regesten des Kaiserreichs unter Konrad II., Graz 1951.

– Wolfgang Petke, Regesta Imperii IV/1: Die Regesten des Kaiserreiches unter Lothar III., Köln – Weimar – Wien 1994.

– Friedrich Opll, Regesta Imperii IV/2: Die Regesten des Kaiserreiches unter Friedrich I. 1152–1190, 1. Lieferung: 1152–1158, Wien – Köln – Graz 1980.

Hermen Bote, Das Schichtbuch, hrsg. von Ludwig Hänselmann, in: Die Chroniken der niedersächsischen Städte. Braunschweig, Bd. 2 (Die Chroniken der deutschen Städte vom 14. bis zum 16. Jahrhundert 16), Leipzig 1880.

Die Briefe Heinrichs IV., hrsg. von Carl Erdmann (MGH Deutsches Mittelalter), Leipzig 1937.

Bruno, Buch vom Sachsenkrieg, hrsg. von Hans-Eberhard Lohmann (MGH Deutsches Mittelalter 2), Leipzig 1937. Übersetzung nach FSGA 12, Darmstadt 1963.

Burchard von Ursperg, Chronicon, hrsg. von Oswald Holder-Egger – Bernhard von Simson (MGH SSrG), Hannover – Leipzig ²1916.

Charles du Cange, Glossarium mediae et infimae latinitatis, 10 Bde., Paris 1938.

Capitularia regum Francorum I, hrsg. von A. Boretius (MGH Legum sectio II), Hannover 1883.

Capitularia regum Francorum II, hrsg. von A. Boretius – V. Krause (MGH Legum sectio II), Hannover 1890/97.

Carmen de bello Saxonico, hrsg. von Oswald Holder-Egger (MGH SSrG), Hannover 1889.

Chronica regia Colonienses, hrsg. Georg Waitz (MGH SSrG), Hannover 1880.

Codex Carolinus, hrsg. von Wilhelm Gundlach (MGH Epp. III), Berlin 1892, S. 469–657.

Codex diplomaticus Fuldensis, hrsg. von Ernst Friedrich Johann Dronke, Aalen 1962 (1850).

Concilia Galliae. A 511 – A 695, hrsg. von Charles de Clercq (CCSL 148), Turnhout 1963.

Concilium universale Chalecedonense, hrsg. von Eduard Schwarz, Berlin – Leipzig 1935.

Constitutiones et acta publica imperatorum et regum, Bd. 1 u. 2, hrsg. von Ludwig Weiland, Bd. 3, hrsg. von Jakob Schwalm (MGH Legum sectio 4), Hannover 1893–1906.

Continuationes Fredegarii, siehe Fredegar.

Continuatio Reginonis, hrsg. von Friedrich Kurze, Hannover 1890 (MGH SSrG), Hannover 1890

Detmar, Chronik, hrsg. von R. Koppmann, in: Die Chroniken der niedersächsischen Städte. Lübeck (Die Chroniken der deutschen Städte 19), Leipzig 1884.

Eigil, Vita Sturmi, hrsg. von Pius Engelbert, in: ders., Die Vita Sturmi des Eigil von Fulda. Literaturkritisch-historische Untersuchung und Edition, Marburg 1968, S. 131–163.

Einhard, Vita Karoli Magni, hrsg. von Georg Waitz – Oswald Holder- Egger (MGH SSrG), Hannover ⁶1911.

–, Epistolae, hrsg. von Karl Hampe (MGH Epp. V), Berlin 1899, S. 105- 145.

Ekkehard IV., Casus Sancti Galli, hrsg. und übers. von Hans F. Haefele (FSGA 10), Darmstadt ³1991.

Ekkehard von Aura, Chronica, hrsg. von Franz-Josef Schmale – Irene Schmale-Ott (FSGA 15), Darmstadt 1972.

Epistolae Coloniensis, hrsg. von Ernst Dümmler (MGH Epp. 6), Berlin 1925, S. 241–245.

Flodoard, Annales, hrsg. von Philippe Lauer (Collection de textes 39), Paris 1905.

–, Historia Remensis ecclesiae, hrsg. von Martina Strahtmann (MGH SS 35), Hannover 1998.

Marculfi Formulae, in: Formulae Merowingici et Karolini Aevi, hrsg. von Karl Zeumer (MGH Legum sectio V), Hannover 1884.

Fredegar, Chronicarum libri IV cum continuationibus, hrsg. von Bruno Krusch (MGH SSrM 2), Hannover 1888, S. 1–193. Übersetzung nach FSGA 4a, Darmstadt 1994.

Frutolf von Michelsberg, Chronica, hrsg. und übers. von Franz-Josef Schmale – Irene Schmale-Ott (FSGA 15), Darmstadt 1972.

Gerhard, Vita sancti Oudalrici episcopi Augustani, hrsg. von Georg Waitz (MGH SS 4), Hannover 1841, S. 377–419. Übersetzung nach FSGA 22, Darmstadt 1973.

Gregor I., Moralia in Iob. Libri I–X, hrsg. von Marc Adriaen (CCSL 143), Turnhout 1979.

Gregor von Tours, Libri Historiarum decem, hrsg. von Bruno Krusch – Wilhelm Levison (MGH SSrM 1,1), Hannover ²1951; Übersetzung nach FSGA 3, Darmstadt ⁷1990.

Karl Ernst Georges, Kleines Lateinisch-deutsches Handwörterbuch, Hannover – Leipzig ⁹1909.

Gotfrid Hagen, Dit ist dat boich van der stede Colne, hrsg. von H. Cardanus, in: Die Chroniken der niederrheinischen Städte. Cöln (Die Chroniken der deutschen Städte vom 14. bis ins 16. Jahrhundert 12), Leipzig 1875.

Hadriani II papae epistolae, hrsg. von Ernst Perels (MGH Epp. VI), München ND 1978, S. 691–765.

Hannoversche Briefsammlung. Die Hildesheimer Briefe, hrsg. von Carl Erdmann – Norbert Fickermann (MGH Die Briefe der deutschen Kaiserzeit 5), Weimar 1950.

Hanserecesse II.1: Die Recesse und andere Akten der Hansetage von 1256–1431, Bd. 2, Leipzig 1872.

Helmold von Bosau, Chronica Slavorum, hrsg. von Bernhard Schmeidler (MGH SSrG), Hannover ³1937. Übersetzung nach FSGA 19, Darmstadt 1973.

Herbert von Bosham, Vita Sancti Thomae, in: Materials for the History of Thomas Becket, hrsg. von James C. Robinson, Bd. 3, (Rerum Britannicarum medii aevi Scriptores 67), London 1877 (ND 1965), S. 155–534.

Hermann der Lahme, Chronicon, hrsg. von Georg Heinrich Pertz (MGH SS 5), Hannover 1844, S. 67–133. Übersetzung nach FSGA 11, Darmstadt 1961.

Die jüngere Hildesheimer Briefsammlung, hrsg. von Rolf de Kegel (MGH Die Briefe der deutschen Kaiserzeit), München 1995.

Hincmar von Reims, De regis persona et regio ministerio, in: ders., Opuscula varia (Migne PL 125), Paris 1879, Sp. 833–856.

Historia Welforum, hrsg. und übers. von Erich König (Schwäbische Chroniken der Stauferzeit 1), Stuttgart – Berlin 1938.

Rudolf Hübner, Gerichtsurkunden der fränkischen Zeit. 1. Abteilung: Die Gerichtsurkunden aus Deutschland und Frankreich bis zum Jahre 1000, in: ZSRG GA 12, 1891, Anhang, S. 1–118.

Jonas von Orléans, De institutione laicali (Migne PL 106), Paris 1864, Sp. 122–278.

Die Konzilien Deutschlands und Reichsitaliens 916–1001, Teil 1: 916–960, unter Mitarbeit von Horst Fuhrmann hrsg. von Ernst Dieter Hehl (MGH Concilia 6,1), Hannover 1987.

Lampert von Hersfeld, Annales, hrsg. von Oswald Holder-Egger (MGH SSrG), Hannover – Leipzig 1894. Übersetzung nach FSGA 13, Darmstadt 1968.

Liber Historiae Francorum, hrsg. von Bruno Krusch (MGH SSrM 2), Hannover 1888, S. 215–328.

Mainzer Urkundenbuch, Bd. 2: Die Urkunden seit dem Tode Erzbischof Adalberts I. (1137) bis zum Tode Erzbischof Konrads (1200), Teil 1: 1137–1175, hrsg. von Peter Acht, Darmstadt 1968.

Materials for the History of Thomas Becket, Archbishop of Canterbury, hrsg. von James C. Robertson Bd. 6, (Rerum Britannicarum medii aevi Scriptores 67), London 1882.

Mittellateinisches Wörterbuch bis zum ausgehenden 13. Jahrhundert, Bd. 1: A–B und Bd. 2: C, München 1967f.

Narratio de Longobardiae obpressione et subiectione, hrsg. von Franz-Josef Schmale, in: Italienische Quellen über die Taten Friedrichs I. in Italien und der Brief über den Kreuzzug Friedrichs I., hrsg. von dems. (FSGA 17a), Darmstadt 1986, S. 240- 295.

Nicolai I papae epistolae, hrsg. von Ernst Perels (MHG Epp. VI), München ND 1978, S. 257–690.

Nithard, Histoire des fils de Louis le Pieux, hrsg. von Philippe Lauer (Les Classiques de l'Histoire de France au Moyen Age 7), Paris 1924. Übersetzung nach FSGA 5, Darmstadt 1974.

Novum Glossarium mediae latinitatis ab anno DCCC usque ad annum MCC, M-N, Kopenhagen 1959–1969.

Odilo v. Cluny, Die Lebensbeschreibung der Kaiserin Adelheid, hrsg. von H. Paulhard (MIÖG Ergänzungsband 20,2), Graz – Köln 1962

Otto von Freising und Rahewin, Gesta Friderici seu rectius cronica, hrsg. und übers. von Franz-Josef Schmale (FSGA 17), Darmstadt 1965.

Otto von Morena und Fortsetzer, Historia Frederici I., hrsg. von Ferdinand Güterbock, (MGH SSrG N.S. 7), Berlin ND 1964.

Otto von Sankt Blasien, Chronica, hrsg. von Adolf Hofmeister (MGH SSrG), Hannover – Leipzig 1912.

Poeta Saxo, Annalium de gestis Caroli Magni imperatoris libri quinque, hrsg. von Paul von Winterfeld (MGH Poetae latini aevi Carolini IV) Berlin 1896, S. 1–71.

Petrus Lombardus, Sententiarum libri quatuor, (Migne PL 192), Paris 1880.

Quellen zur Geschichte der Stadt Köln, hrsg. von Leonard Ennen, Bd. 3, Aalen ND 1970.

Rabanus Maurus, Enarrationum in Epistolas beati Pauli libri IX–XXIX, (Migne PL 112) Tunhout ND 1963.

Regesta Pontificum Romanorum ad annum 1198, hrsg. von Philipp Jaffé und bearbeitet von Samuel Löwenfeld, Ferdinand Kaltenbrunner und Paul Ewald, 2 Bde., Graz ND 1956.

Regesten der Erzbischöfe von Köln im Mittelalter, Bd. 3: 1205–1304, bearb. von R. Knipping, Bonn – Köln 1909–1913.

Regesten der Markgrafen von Brandenburg aus askanischem Hause, bearb. von Hermann Krabbo, Leipzig 1910.

Regestum Innocentii III papae super negotio Romani imperii, hrsg. von Friedrich Kempf (Miscellanea Historiae Pontificiae 12), Rom 1947. Übersetzung in: Das Register Innozenz III. über die Reichsfrage. 1198–1209, übersetzt nach der Ausgabe von Baluze von Georgine Tangl (GdV 95), Leipzig 1923.

Regino von Prüm, Chronica, hrsg. von Friedrich Kurze (MGH SSrG), Hannover 1890. Übersetzung nach FSGA 7, Darmstadt 1975.

–, Libri duo de synodalibus causis et disciplinis ecclesiasticis, hrsg. von F. Wasserschleben, Leipzig 1840.

Das Register Gregors VII., hrsg. von Erich Caspar, 2 Teile, (MGH Epistolae selectae 2) Berlin 1920–1923 ND 1955–1967. Übersetzung nach FSGA 12a, Darmstadt 1978.

Le Registre de Gregoire X. (1272–1276), hrsg. von J. Guiraud (Bibliothèque des écoles françaises d'Athènes et de Rome 12), Paris 1892.

Romuald von Salerno, Chronicon, hrsg. von C.A. Garufi (Rerum Italicarum Scriptores 7,1), Città di Castello 1725.

Ruotger, Vita Brunonis archiepiscopi Coloniensis, hrsg. von Irene Ott (MGH SSrG NS 10), Weimar 1951. Übersetzung nach FSGA 22, Darmstadt 1973.

Rupert, Chronicon S. Laurentii Leodiensis, hrsg. von Wilhelm Wattenbach (MGH SS 8), Hannover 1848, S. 261–279.

Rupert von Deutz, De sancta Trinitate et operibus eius, hrsg. von Hrabanus Haacke (CCCM 21), Turnhout 1971.

Eine neu aufgefundene Salzburger Geschichtsquelle, hrsg. von Ernst Klebel, in: ders.: Probleme der bayerischen Verfassunggeschichte. Gesammelte Aufsätze (Schriftenreihe zur bayerischen Landesgeschichte 57), München 1957, S. 123–143.

Thangmar, Vita Bernwardi episcopi Hildesheimensis, hrsg. von Georg Heinrich Pertz (MGH SS 4), Hannover 1841, S. 754–782. Übersetzung nach FSGA 22, 1973.

Thegan, Gesta Hludowici imperatoris, hrsg. und übers. von Ernst Tremp (MGH SSrG), Hannover 1995, S. 168–277.

Thietmar von Merseburg, Chronicon, hrsg. von Robert Holtzmann (MGH SSrG NS 9), Berlin ²1955. Übersetzung nach FSGA 9, Darmstadt 1974.

Die Urkunden Ludwigs des Deutschen, hrsg. von Paul Kehr (MGH Diplomata), Berlin 1956.

Die Urkunden Heinrichs II und Arduins, hrsg. von Harry Bresslau (MGH Diplomata), Berlin ²1957.

Die Urkunden Friedrichs I., hrsg. von Heinrich Appelt, 10 Bde. (MGH Diplomata), Hannover 1979.

Urkundenregesten zur Tätigkeit des deutschen Königs- und Hofgerichts bis 1451. Bd. 1: Die Zeit von Konrad I. bis Heinrich VI. 911–1197, hrsg. von Bernhard Diestelkamp – Ekkehart Rotter, Köln – Wien 1988.

–, Bd. 3: Die Zeit Rudolfs von Habsburg. 1273–1291, bearb. von Bernhard Diestelkamp – Ute Rödel, Köln – Wien 1986.

Vita Hadriani I, in: Le Liber pontificalis, hrsg. von L. Duchesne, Bd. 1, Paris ND 1955, S. 486–529.

Vita Heinrici IV. imperatoris, hrsg. von Wilhelm Wattenbach – Wilhelm Eberhard (MGH SSrG), Hannover ND 1949.

Vita Mathildis reginae posterior, hrsg. von Bernd Schütte (MGH SSrG), Hannover 1994.

Vita Meinwerci episcopi paterbrunnensis, hrsg. von Franz Tenckhoff (MGH SSrG), Hannover 1921.

Vita Norberti archiepiscopi Magdeburgensis, hrsg. von Roger Wilmans (MGH SS 12), Hannover ND 1963, S. 663–703.

F. Wasserschleben, Die Bußordnungen der abendländischen Kirche, Graz ND 1958.
Wibald von Stablo, Epistolae, hrsg. von Philipp Jaffé, in: Monumenta Corbeiensia, Bd. 1 (Biblioteca Rerum Germanicarum 1), Berlin 1864, S. 76–616.
Wilhelm von Tyrus, Chronique, hrsg. von Robert B.C. Huygens, 2 Bde. (CC Cont. Med. 63), Turnhout 1986.
Wilhelm Wattenbach – Wilhelm Levison, Deutschlands Geschichtsquellen im Mittelalter. I. Vorzeit und Karolinger, 2. Heft, bearb. von Heinz Löwe, Weimar 1953.
Widukind, Rerum Gestarum Saxonicum libri tres, hrsg. von Paul Hirsch – Hans Eberhard Lohmann (MGH SSrG), Hannover ⁵1935. Übersetzung nach FSGA 8, Darmstadt 1977.
Wipo, Gesta Chuonradi II imperatoris, hrsg. von Harry Bresslau (MGH SSrG), Hannover – Leipzig ³1915. Übersetzung nach FSGA 11, Darnstadt 1961.

Literatur

Gerd Althoff – Hagen Keller, Heinrich I. und Otto der Große. Neubeginn auf karolingischem Erbe, 2 Bde., Göttingen ²1994.
–, Amicitiae und Pacta. Bündnis, Einung, Politik und Gebetsgedenken im beginnenden 10. Jahrhundert, Hannover 1992.
–, Königsherrschaft und Konfliktbewältigung im 10. und 11. Jahrhundert, in: ders. Spielregeln, a. a. O., S. 21–56.
–, Verwandte, Freunde und Getreue. Zum politischen Stellenwert der Gruppenbindungen im früheren Mittelalter, Darmstadt 1990.
–, Huld. Überlegungen zu einem Zentralbegriff der mittelalterlichen Herrschaftsordnung, in: ders. Spielregeln, a. a. O., S. 199–228.
–, Konfliktverhalten und Rechtsbewußtsein. Die Welfen im 12. Jahrhundert, in: ders., Spielregeln, a. a. O., S. 57- 84.
–, Demonstration und Inszenierung. Spielregeln der Kommunikation in mittelalterlicher Öffentlichkeit, in: Spielregeln, a. a. O., S. 229- 257.
–, Verformungen durch mündliche Tradition. Geschichten über Erzbischof Hatto von Mainz, in: Iconologia sacra. Mythos, Bildkunst und Dichtung in der Religions- und Sozialgeschichte Alteuropas, Festschrift Karl Hauck, hrsg. von Hagen Keller – Nikolaus Staubach, Berlin – New York 1994, S. 438–450.
–, Compositio, Wiederherstellung verletzter Ehre im Rahmen gütlicher Konfliktbeendigung, in: Verletzte Ehre. Ehrkonflikte in Gesellschaften des Mittelalters und der frühen Neuzeit, hrsg. von Klaus Schreiner – Gerd Schwerhoff, Köln – Weimar – Wien 1995, S. 63- 76.
–, Genugtuung (satisfactio). Zur Eigenart gütlicher Konfliktbeilegung im Mittelalter, in: Modernes Mittelalter, hrsg. von Joachim Heinzle, Frankfurt a. M. 1994, S. 247–265.
–, Das Privileg der deditio. Formen gütlicher Konfliktbeendigung in der mittelalterlichen Adelsgesellschaft, in: ders., Spielregeln, a. a. O., S. 99- 125.
–, Colloquium familiare – colloquium secretum – colloquium publicum. Beratung im politischen Leben des früheren Mittelalters, in: Spielregeln, a. a. O., S. 157–184.
–, Ungeschriebene Gesetze. Wie funktioniert Herrschaft ohne schriftlich fixierte Normen, in: ders., Spielregeln, a. a. O., S. 282–304.

–, Rudolf von Habsburg und Ottokar von Böhmen. Formen der Konfliktaustragung und -beilegung im 13. Jahrhundert, in: ders., Spielregeln, a. a. O., S. 85–98.
–, Die Historiographie bewältigt. Der Sturz Heinrichs des Löwen in der Darstellung Arnolds von Lübeck, in: Die Welfen und ihr Braunschweiger Hof im hohen Mittelalter, hrsg. von Bernd Schneidmüller, Wiesbaden 1995, S. 163–182.
–, Art. Vermittler, in: LMA, Bd. 8, München-Zürich 1997, Sp. 1555- 1557.
–, Otto III., Darmstadt 1996.
–, Spielregeln der Politik im Mittelalter. Kommunikation in Frieden und Fehde, Darmstadt 1997.
–, Heinrich der Löwe in Konflikten. Zur Technik der Friedensvermittlung im 12. Jahrhundert, in: Heinrich der Löwe und seine Zeit. Herrschaft und Repräsentation der Welfen 1125–1235, Bd. 2, München 1995, S. 123–128.
–, Otto III. und Heinrich II. in Konflikten, in: Otto III. – Heinrich II. Eine Wende?, hrsg. von Bernd Schneidmüller – Stefan Weinfurter, Sigmaringen 1997, S. 77–94.
–, Zur Bedeutung symbolischer Kommunikation für das Verständnis des Mittelalters, in: FMSt 31, 1997, S. 370–389.
Arnold Angenendt, Das geistliche Bündnis der Päpste mit den Karolingern (754–796), in: HJb 100, 1980, S. 1–94.
–, Das Frühmittelalter. Die abendländische Christenheit von 400 bis 900, Stuttgart – Berlin – Köln 1990.
–, Geschichte der mittelalterlichen Religiosität, Darmstadt 1997.
Heinrich Appelt, Das Privilegium minus. Das staufische Kaisertum und die Babenberger in Österreich, Wien – Köln – Graz 1973.
Karl Siegfried Bader, Arbiter, arbitrator seu amicabilis compositor. Zur Verbreitung einer kanonistischen Formel in Gebieten nördlich der Alpen, in: ZRG KA 46, 1960, S. 239–276.
–, Zum Unrechtsausgleich und zur Strafe im Frühmittelalter, in: ZRSG GA 112, 1995, S. 1–63.
Hermann Bannasch, Das Bistum Paderborn unter den Bischöfen Rethar und Meinwerk. 983–1036, Paderborn 1972
R. Barroux, Dagobert, roi de Francs, Paris 1938.
Friedrich Battenberg, Herrschaft und Verfahren. Politische Prozesse im mittelalterlichen Römisch-deutschen Reich, Darmstadt 1995.
Thomas Bauer, Rechtliche Implikationen des Ehestreits Lothars II. Eine Fallstudie zu Theorie und Praxis des geltendes Eherechts in der späten Karolingerzeit, in: ZSRG KA 111, 1994, S. 41–80.
Matthias Becher, Eid und Herrschaft. Untersuchungen zum Herrscherethos Karls des Großen, Sigmaringen 1993.
Jacob Bercovitch, International Mediation: A Study of Incidence, Stratgeies and Conditions of Successfull Outcomes, in: Cooperation an Conflict 21, 1986, S. 155–168.
–, The Structure and Diversity of Mediation in International Relations, in: Mediation, hrsg. von dems. – Rubin, a. a. O., S. 1–29.
Peter L. Berger, Allgemeine Betrachtungen über normative Konflikte und ihre Vermittlung, in: ders., Die Grenzen der Gemeinschaft, a. a. O., S. 581–614.
Werner Bergmann, Untersuchungen zu den Gerichtsurkunden der Merowingerzeit, in: Archiv für Diplomatik 22, 1976, S. 1–186.

Wilhelm Bernhardi, Jahrbücher des deutschen Reiches unter Lothar von Supplinburg, Leipzig 1879

Helmut Beumann, Die Ottonen, Stuttgart u. a 1987.

Waltraut Bleiber, Das Frankenreich der Merowinger, Wien – Köln – Graz 1988.

Letha Böhringer, Einleitung, in: Hinkmar von Reims, De divortio Lotharii regis et Theutbergae reginae, hrsg. von ders. (MGH Concilae IV, Suppl. 1) Hannover 1992, S. 1–98.

Yves Bongart, Recherches sur les cours laïques du Xe au XIIIe siècles, Paris 1949.

Karl Borchardt, Der sogenannte Aufstand Heinrichs (VII.) in Franken 1234/35, in: Forschungen zur bayrischen und fränkischen Geschichte. Festschrift P. Herde, hrsg. von dems. – Enno Bünz, Würzburg 1998, S. 53–119.

Egon Boshof, Erzbischof Agobard von Lyon. Leben und Werk, Köln – Wien 1969.

–, Lothringen, Frankreich und das Reich in der Regierungszeit Heinrichs III., in: RhVjbll. 42, 1978, S. 63–127.

–, Staufer und Welfen in der Regierungszeit Konrads III.: Die ersten Welfenprozesse und die Opposition Welfs IV., in: Archiv für Kulturgeschichte 70, 1988, S. 313–341.

–, Die Salier, Stuttgart – Berlin – Köln ²1992.

–, Königtum und Königsherrschaft im 10. und 11. Jahrhundert (Enzyklopädie Deutscher Geschichte 27), München 1993.

–, Ludwig der Fromme, Darmstadt 1996.

François Bougard, Art. Engelberga, in: DBI, Bd. 42, S. 668–676.

Pierre Bourdieu, Entwurf einer Theorie der Praxis, Frankfurt 1979.

Stefan Breidenbach, Mediation. Struktur, Chancen und Risiken von Vermittlung im Konflikt, Köln 1995.

Harry Breßlau, Jahrbücher des deutschen Reiches unter Konrad II., 2 Bde., Leipzig 1879/1884.

Theo Broekmann, Suenen und bescheiden. Der 'Reinhart Fuchs' des Elsässers Heinrich im Spiegel mittelalterlicher Verhaltenskonventionen, in: FMSt 32, 1998, S. 218–262.

Carlrichard Brühl, Deutschland – Frankreich. Die Geburt zweier Völker, Köln – Wien ²1995.

Otto Brunner, Land und Herrschaft. Grundfragen der territorialen Verfassungsgeschichte Österreichs im Mittelalter, Darmstadt 1984.

G. Buchda, Art.: Gerichtsgefälle, in: HRG I, Berlin 1971, Sp. 1545–47.

Heinrich Büttner, Heinrichs I. Südwest- und Westpolitik, Konstanz – Stuttgart 1964.

–, Die Zähringer und Burgund im Lichte der Gesta Frederici Ottos von Freising, in: Speculum historiale. Geschichte im Spiegel von Geschichtsschreibung und Geschichtsdeutung, Festschrift für Johannes Spörl, hrsg. von Clemens Bauer – Laetitia Boehm – Max Müller, Freiburg – München 1965, S. 237–241.

Vinzenz Bulhard, Art. mediator, in: TTL, Bd. 8, Leipzig 1936–1966, Sp. 256 f.

Jörg Busch, Vom Attentat zur Haft. Die Behandlung von Konkurrenten und Opponenten der frühen Karolinger, in: HZ 263, 1996, S. 561- 588.

Jesse L. Byock, Medieval Iceland. Society, Sagas and Power, Berkeley – Los Angeles – London 1990.

Paul Caspers, Der Güte- und Schiedsgedanke im kirchlichen Zivilgerichtsverfahren. Eine kirchenrechtliche Untersuchung über das Wesen der episcopalis audientia, Düsseldorf 1953.
Claire Centlivres, Art. interventio, in: TTL, Bd. 7/1, Leipzig 1934–1964, Sp. 2300 ff.
Fredric L. Cheyette, „Suum Cuique Tribuere", in: French Historical Studies 6, 1970, S. 278–299.
Peter Classen, Bayern und die politischen Mächte im Zeitalter Karls des Großen und Tassilos III., in: ders., Ausgewählte Aufsätze, hrsg. von Josef Fleckenstein, Sigmaringen 1983.
Dietrich Claude, Geschichte der Westgoten, Stuttgart – Berlin – Mainz – Köln 1970.
–, Geschichte des Erzbistums Magdeburg bis in das 12. Jahrhundert, 2 Teile, Köln – Wien 1975.
Hermann Conrad, Deutsche Rechtsgeschichte. Ein Lehrbuch, Bd. 1: Frühzeit und Mittelalter, Karlsruhe 1962.
Herbert E. J. Cowdrey, Pope Gregory VII. 1073–1085, Oxford 1998.
Roger Bonnaud Delamarre, L'idée de paix à l'époque carolingienne, Paris 1939.
E. Deprèz, Les préliminaires de la Guerre de Cents Ans, 1328–1342, Paris 1902.
Deutsche Fürsten des Mittelalters. Fünfundzwanzig Lebensbilder, hrsg. von Eberhard Holtz – Wolfgang Huschner, Leipzig 1995.
Bernhard Diestelkamp, Einleitung, in: Urkundenregesten zur Tätigkeit des deutschen Königs- und Hofgerichts, a.a.O., S. VII- XXXVII.
Gerhard Dilcher, Mittelalterliche Rechtsgewohnheit als methodisch- theoretisches Problem, in: Gewohnheitsrecht und Rechtsgewohnheiten im Mittelalter, hrsg. von dems. u. a., Berlin 1992, S. 21–65.
Peter Dinzelbacher, Bernhard von Clairvaux. Leben und Werk des berühmten Zisterziensers, Darmstadt 1998.
Disputes and Settlements. Law and Human Relations in the West, hrsg. von John Bossy, Cambridge 1983.
The Disputing Process. Law in Ten Societies, hrsg. von Laura Nader – Harry F. Todd Jr., New York 1978.
A. Douglas, The peaceful settlement of industrial and inter-group disputes, in: Journal of Conflict Resolution 1, 1957, S. 69–81.
–, Industrial Peacemaking, New-York 1962.
Heinz Duchardt, Studien zur Friedensvermittlung in der Frühen Neuzeit, Wiesbaden 1979.
Ernst Dümmler, Geschichte des ostfränkischen Reichs, 3 Bde., Darmstadt 1960 (Leipzig ²1887).
Jean Durliat, Les finances publiques de Diocletian aux Carolingien, Sigmaringen 1990.
Torstein Eckhoff, The Mediator, the Judge and the Administrator in Conflict-Resolution, in: Acta Sociologica 10, 1967, S. 148–172.
Wilfried Ehbrecht, Die Braunschweiger 'Schichten'. Zu Stadtkonflikten im Hanseraum, in: Brunswiek 1031 – Braunschweig 1981, hrsg. von Gerd Spieß, Braunschweig 1981, S. 37–50.
–, Stadtkonflikte um 1300. Überlegungen zu einer Typologie, in: Schicht – Protest – Revolution in Braunschweig 1292 bis 1947/48, hrsg. von Birgit Pollmann – Anette Boldt-Stülzebach, Braunschweig 1995, S. 11–26.

Wilfried Ehbrecht, Eintracht und Zwietracht. Ursache, Anlaß, Verlauf und Wirkung von Stadtkonflikten, in: Hanse – Städte – Bünde. Die sächsischen Städte zwischen Elbe und Weser um 1500, hrsg. von Matthias Puhle, Magdeburg 1996.

Joachim Ehlers, Geschichte Frankreichs im Mittelalter, Stuttgart – Berlin – Köln – Mainz 1987.

–, Dom- und Klosterschulen in Deutschland und Frankreich im 10. und 11. Jahrhundert, in: Schule und Schüler im Mittelalter. Beiträge zur europäische Bildungsgeschichte des 9. bis 15. Jahrhunderts, hrsg. von Martin Kintzinger u. a., Köln – Weimar – Wien 1996.

–, Heinrich der Löwe. Europäisches Fürstentum im Hochmittelalter, Göttingen – Zürich 1997.

Josef Engel, Zum Problem der Schlichtung von Streitigkeiten im Mittelalter, in: XIIe Congrès International des Sciences Historique. Vienne. Rapports. Bd. IV, Wien 1965, S. 111–129.

Odilo Engels, Der Reichsbischof (10. und 11. Jahrhundert), in: Der Bischof in seiner Zeit. Bischofstypus und Bischofsideal im Spiegel der Kölner Kirche. Festschrift Joseph Kardinal Höffner, hrsg. von Peter Berglar – dems., Köln 1986, S. 41–94.

–, Die Staufer, Stuttgart – Berlin – Köln ^{5}1993.

Franz-Reiner Erkens, Fürstliche Opposition in ottonisch-salischer Zeit. Überlegungen zum Problem der Krise des frühmittelalterlichen deutschen Reiches, in: Archiv für Kulturgeschichte 64, 1982, S. 307–370.

–, Die Frau als Herrscherin in ottonisch-frühsalischer Zeit, in: Kaiserin Theophanu. Begegnung des Ostens und des Westens um die Wende des ersten Jahrtausends, hrsg. von Anton de Euw – Peter Schreiner, Bd. 2, Köln 1991, S. 245–259.

–, Konrad II. (um 990–1039). Herrschaft und Reich des ersten Salierkaisers, Darmstadt 1998.

Stefan Esders, Römische Rechtstradition und merowingisches Königtum, Göttingen 1997.

Eugen Ewig, Die fränkische Reichsbildung, in: Handbuch der europäischen Geschichte, hrsg. von Theodor Schieder, Bd. 1, Stuttgart 1979, S. 250–265.

–, Die fränkischen Teilungen und Teilreiche. 511–613, in: ders., Gesammelte Schriften (1952–1973), Bd. 1, München 1976, S. 114–171.

–, Zum christlichen Königsgedanken im Frühmittelalter, in: ebd., S. 3–71.

–, Die Teilungen des 7. Jahrhunderts, in: ebd., S. 172–230.

–, Art. Ebroin, in: LMA 7, 1986, Sp. 1531–33.

–, Die Merowinger und das Frankenreich, Stuttgart – Berlin – Köln ^{2}1993.

Heinrich Fichtenau, Lebensordnungen des 10. Jahrhunderts. Studien über Denkart und Existenz im einstigen Karolingerreich, München 1992.

Josef Fleckenstein, Problematik und Gestalt der ottonisch-salischen Reichskirche, in: Reich und Kirche vor dem Investiturstreit. Festschrift Gerd Tellenbach, Sigmaringen 1985, S. 83–98.

Amalie Fößel, Die Königin im mittelalterlichen Reich, Stuttgart 2000.

Paul Fouracre, Placita and the settlement of disputes in later Merovingian Francia, in: The Settlement of Disputes, a. a. O., S. 23–43.

–, Carolingian Justice: The Rhetoric of Improvement and Contexts of Abuse, in: La guistizia nell'alto medioevo (secolo V–VIII), Bd. 2, Spoleto 1995 (Settimane di studio del centro italiano di studi sull'alto medioevo XLII), S. 771–803.

Siefried Frey, Das öffentlich-rechtliche Schiedsgericht in Oberitalien im XII. und XIII. Jahrhundert, Luzern 1928.
Johannes Fried, König Ludwig der Jüngere in seiner Zeit, Lorsch 1984.
–, Ludwig der Fromme, das Papsttum und die fränkische Kirche, in: Charlemagne's Heir. New Perspectives on the Reign of Louis the Pious (814–840), hrsg. von Peter Godman – Roger Collins, Oxford 1990, S. 231–273.
–, Die Formierung Europas. 840–1046 (Grundriss der Geschichte 6) München 1991.
–, Der Weg in die Geschichte: die Ursprünge Deutschlands bis 1024, Berlin 1998 (Frankfurt 1994).
Wolfgang Fritze, Papst und Frankenkönig. Studien zu den päpstlich-fränkischen Rechtsbeziehungen, Sigmaringen 1973.
Funktion und Form. Quellen- und Methodenprobleme der mittelalterlichen Rechtsgeschichte, hrsg. von Karl Kroeschell – Albrecht Cordes, Berlin 1996
François L. Ganshof, Histoire des relations internationales. Bd. 1: Le Moyen Age, Paris 1953.
Claudia Garnier, Amicus amicis – inimicus inimicis. Politische Freundschaft und fürstliche Netzwerke im 13. Jahrhundert, Stuttgart 2000.
–, Zeichen und Schrift. Symbolische Handlungen und literale Fixierung am Beispiel von Friedensschlüssen des 13. Jahrhunderts, in: FMSt 32, 1998, S. 263–287.
Jean Gaudemet, Le rôle de la papauté dans le règlement de conflits entre Etats aux XIIIe et XIVe siècles, in: La Paix II (Recueils de la Société Jean Bodin 15) Brüssel 1961, S. 79–106.
Alfred Gawlik, Zur Bedeutung von Intervention und Petition, in: Grundwissenschaften und Geschichte. Festschrift Peter Acht, hrsg. von Waldemar Schlögl – Peter Herde, Kallmünz 1976, S. 73–77.
Patrick Geary, Vivre en conflits dans une France sans état: Typologies des mécanismes de règlement des conflits (1050–1200), in: Annales ESC 41, 1986, S. 1107–1133.
–, Die Merowinger. Europa vor Karl dem Großen, München 1996 (Oxford – New York 1988).
–, Extra-Judicial Means of Conflict-Resolution, in: La guistizia nell'alto medioevo (secolo V–VIII), Bd. 1, Spoleto 1995 (Settimane di studio del centro italiano di studi sull'alto medioevo XLII), S. 569–601.
Jean-Philippe Genet, L'Etat moderne: un modèle operatoire, in: L'Etat moderne: Genèse. Bilans et Perspectives, hrsg. von dems., Paris 1990, S. 261–281.
Wolfgang Georgi, Friedrich Barbarossa und die auswärtigen Mächte. Studien zur Außenpolitik 1159–1180, Frankfurt – Bern – New York – Paris 1990.
–, Legatio uirum sapientem requirat. Zur Rolle der Erzbischöfe von Köln als königlich-kaiserliche Gesandte, in: Köln. Stadt und Bistum in Kirche und Reich des Mittelalters. Festschrift für Odilo Engels, hrsg. von Hanna Vollrath – Stefan Weinfurter, Köln – Weimar – Wien 1993, S. 61–124.
Joachim Gernhuber, Die Landfriedensbewegung in Deutschland bis zum Mainzer Reichslandfrieden von 1235, Bonn 1952.
Winfried Glocker, Die Verwandten der Ottonen und ihre Bedeutung in der Politik. Studien zur Familienpolitik und zur Genealogie des sächsischen Kaiserhauses, Köln – Wien 1986.

Knut Görich, Ein Kartäuser im Dienst Friedrich Barbarossas: Dietrich von Silvebénite (c. 1145–1205), (Analecta Cartusiana 53), Salzburg 1987.

–, Der Gandersheimer Streit zur Zeit Ottos III. Ein Konflikt um die Metropolitanrechte des Erzbischofs Willigis von Mainz, in: ZSRG KA 79, 1993, S. 56–94.

–, Der Herrscher als parteiischer Richter: Barbarossa in der Lombardei, in: FMSt 29, 1995, S. 273–288.

–, Geld und honor. Friedrich Barbarossa in Italien, in: Formen und Funktionen öffentlicher Kommunikation im Mittelalter, hrsg. von Gerd Althoff, Sigmaringen 2001, S. 177–200.

Werner Goez, „... iuravit in anima regis": Hochmittelalterliche Beschränkungen königlicher Eidesleistung, in: DA 42, 1986, S. 517–554.

Die Grenzen der Gemeinschaft. Konflikt und Vermittlung in pluralistischen Gesellschaften, hrsg. von Peter L. Berger, Gütersloh 1997.

Olivier Guillot, La justice dans le royaume franc à l'époque merovingienne, in: La guistizia nell'alto medioevo (secolo V–VIII), Bd. 2, Spoleto 1995 (Settimane di studio del centro italiano di studi sull'alto medioevo XLII), S. 653–731.

Philip Hugh Gulliver, Disputes and negotiations. A cross-cultural Perspective, New York – London – Toronto 1979.

Hans F. Haefele, Art.: Ekkehard IV. von St. Gallen: in: Verfasserlexikon, Bd. 2, ²1978, S. 455–465.

Othmar Hageneder, Das crimen maiestatis, der Prozeß gegen die Attentäter Papst Leos III. und die Kaiserkrönung Karls des Großen, in: Aus Kirche und Reich. Studien zu Theologie, Politik und Recht im Mittelalter, Festschrift F. Kempf, hrsg. von Hubert Mordek, Sigmaringen 1983, S. 55–79.

H. Hahn, Ein übersehener Brief des Papstes Zacharias, in: Neues Archiv 1, 1876, S. 580–583.

Jürgen Hannig, Consensus fidelium. Frühfeudale Interpretation des Verhältnisses von Königtum und Adel am Beispiel des Frankenreichs (Monographien zur Geschichte des Mittelalters 27), Stuttgart 1982.

–, Ars donandi. Zur Ökonomie des Schenkens im früheren Mittelalter, in: Armut, Liebe, Ehre, hrsg. von Richard von Dülmen, Frankfurt 1988, S. 11–37.

Wilfried Hartmann, Die Synoden der Karolingerzeit im Frankenreich und in Italien, Paderborn u.a 1989.

–, Der Bischof als Richter nach den kirchengeschichtlichen Quellen des 4. bis 7. Jahrhunderts, in: La guistizia nell'alto medioevo (secolo V–VIII), Bd. 2, Spoleto 1995 (Settimane di studio del centro italiano di studi sull'alto medioevo XLII), S. 805–837.

–, Zur Autorität des Papsttums im karolingischen Frankenreich, in: Mönchtum – Kirche – Herrschaft, hrsg. von Dieter R. Bauer u. a., Sigmaringen 1998, S. 113–132.

Sigrid Hauser, Staufische Lehnspolitik am Ende des 12. Jahrhunderts 1180–1197, Berlin u.a. 1998.

August Heil, Die politischen Beziehungen zwischen Otto dem Gr. und Ludwig von Frankreich, Berlin 1904.

Karl Heinemeyer, Kaiser und Reichsfürst. Die Absetzung Heinrichs des Löwen

durch Friedrich Barbarossa (1180), in: Macht und Recht. Große Prozesse in der Geschichte, hrsg. von Alexander Demandt, München 1990.
Walter Heinemeyer, Studien zur Diplomatik mittelalterlicher Verträge vornehmlich des 13. Jahrhunderts, in: Archiv für Urkundenforschung 26, 1936, S. 321–412.
–, Der Vertrag von Montebello 1175, in: Deutsches Archiv 11, 1954/55, S. 101–139.
–, Die Verhandlungen an der Saône im Jahre 1162, in: Deutsches Archiv 20, 1964, S. 155–189.
Martin Heinzelmann, Bischofsherrschaft in Gallien. Zur Kontinuität römischer Führungsschichten vom 4. bis zum 7. Jahrhundert, München 1976.
–, Bischof und Herrschaft vom spätantiken Gallien bis zu den karolingischen Hausmeiern. Die institutionellen Grundlagen, in: Herrschaft und Kirche. Beiträge zur Entstehung und Wirkungsweise episkopaler und monastischer Organisationsformen, hrsg. von Friedrich Prinz, Stuttgart 1988, S. 23–82.
Rudolf Helm, Untersuchungen über den diplomatischen Verkehr des Römischen Reiches im Zeitalter der Spätantike, in: Antike Diplomatie, hrsg. Eckart Olshausen, Darmstadt 1979, S. 321–413.
Friedrich August Freiherr von der Heydte, Die Geburtsstunde des souveränen Staates, Regensburg 1952.
Kurt Hils, Die Grafen von Nellenburg im 11. Jahrhundert. Ihre Stellung zum Adel, zum Reich und zur Kirche, Freiburg 1967.
Siegfried Hirsch, Jahrbücher des Deutschen Reiches unter Heinrich II. (1002–1024), 3 Bde., Berlin 1862–1875.
Hartmut Hoffmann, Gottesfriede und Treuga Dei, Hannover 1986.
Wolfgang Hoffman-Riem, Verhandlungslösungen und Mittlereinsatz im Bereich der Verwaltung: Eine vergleichende Einführung, in: Konfliktbewältigung a.a.O., S. 13–42.
Theo Holzapfel, Papst Innozenz III., Philipp II. August von Frankreich und die englisch-welfische Verbindung 1198–1216, Frankfurt u.a. 1991.
Wolfgang Huber, Konflikt und Versöhnung, in: Kultur und Konflikt, hrsg. von Jan Assmann – Dietrich Harth, Frankfurt 1990, S. 49–71.
Volkhard Huth, Reichsinsignien und Herrschaftsentzug. Eine vergleichende Skizze zu Heinrich IV. und Heinrich (VII.) im Spiegel der Vorgänge von 1105/6 und 1235, in: FMSt 26, 1992, S. 287–330.
Franz Irsigler, Ergebnisse aus 'Untersuchungen zur Geschichte des frühfränkischen Adels (1969), in: Siedlung, Sprache und Bevölkerungsstruktur im Frankenreich, hrsg. von Franz Petri, Darmstadt 1973, S. 551–553.
C. Stephen Jaeger, Cathedral Schools and Humanist Learning 950-1150, in: Deutsche Vierteljahrsschrift für Literaturwissenschaft und Geistesgeschichte 61, 1987, S. 569–616.
Kurt-Ulrich Jäschke, Zu Quellen und Geschichte des Osnabrücker Zehntstreits, in: Archiv für Diplomatik 9/10, 1963/64, S. 112–287.
–, Notwendige Gefährtinnen. Königinnen der Salierzeit als Herrscherinnen und Ehefrauen im römisch-deutschen Reich des 11. und beginnenden 12. Jahrhunderts, Saarbrücken 1991.
Joachim Jahn, Ducatus Baiuvariorum. Das bairische Herzogtum der Agilolfinger (Monographien zur Geschichte des Mittelalters 37), Stuttgart 1991.

Edward James, 'Beati pacifici': Bishops and the Law in Sixth- Century Gaul, in: Disputes and Settlements, a. a. O., S. 25–46.

Wilhelm Janssen, Art.: Frieden, in: Geschichtliche Grundbegriffe, Bd. 2, Stuttgart 1992, S. 543–591.

–, Bemerkungen zum Aufkommen der Schiedsgerichtsbarkeit am Niederrhein im 13. Jahrhundert, in: Jahrbuch des Kölner Geschichtsvereins 43, 1971, S. 77–100.

Stuart Jenks, Friedensvorstellungen der Hanse (1356–1474), in: Träger und Instrumentarien, a. a. O., S. 405–439.

Karl Jordan, Heinrich der Löwe. Eine Biographie, München 1993.

Bernhard Jussen, Patenschaft und Adoption im frühen Mittelalter. Künstliche Verwandtschaft als soziale Praxis, Göttingen 1991.

–, Über 'Bischofsherrschaften' und Prozeduren politisch-sozialer Umordnung in Gallien zwischen 'Antike' und 'Mittelalter', in: HZ, 260, 1995, S. 673–718.

Reinhold Kaiser, Selbsthilfe und Gewaltmonopol. Königliche Friedenswahrung in Deutschland und Frankreich im Mittelalter, in: FMSt 17, 1983, S. 55–72.

Karl von Kalckstein, Robert der Tapfere. Markgraf von Anjou. Der Stammvater des kapetingischen Hauses, Berlin 1871.

Hermann Kamp, Konflikte und ihre Beilegung im hohen Norden. Ein Blick auf einige Neuerscheinungen zur isländischen und norwegischen Geschichte, in: HZ 259, 1994, S. 391–409.

–, Vermittler in den Konflikten des hohen Mittelalters, in: La Giustizia nell'alto Medioevo (Secoli IX–XI). Settimane di studio del Centro italiano di studi sull'alto medioevo XLIV, 1997, S. 675–710.

–, Die Macht der Zeichen und Gesten. Öffentliches Verhalten bei Dudo von Saint Quentin, in: Formen und Funktionen mittelalterlicher Öffentlichkeit, hrsg. von Gerd Althoff, Sigmaringen 2001, S. 125–155.

Brigitte Kasten, Königssöhne und Königsherrschaft. Untersuchungen zur Teilhabe am Reich in der Merowinger- und Karolingerzeit, Hannover 1997.

Hagen Keller, Zwischen regionaler Begrenzung und universalem Horizont. Deutschland im Imperium der Salier und Staufer 1024 bis 1250, Frankfurt – Berlin 1990.

–, Zum Charakter der 'Staatlichkeit' zwischen karolingischer Reichsreform und hochmittelalterlichem Herrschaftsaufbau, in: FMSt 23, 1989, S. 248–264.

–, Die Idee der Gerechtigkeit und die Praxis königlicher Rechtswahrung im Reich der Ottonen, in: La Giustizia nell'alto Medioevo (Secoli IX–XI). Settimane di studio del Centro italiano di studi sull'alto medioevo XLIV, 1997, Spoleto, S. 91–120.

Friedrich Kempf, Papsttum und Kaisertum bei Innozenz III. Die geistigen und rechtlichen Grundlagen seiner Thronstreitpolitik, Rom 1954.

Gerhard Köbler, Recht, Gesetz und Ordnung im Mittelalter, in: Funktion und Form, a. a. O., S. 93–116.

Werner Kolb, Herrscherbegegnungen im Mittelalter, Frankfurt 1988.

Alexander Koller, Die Vermittlung des Friedens von Vossem (1673) durch den jülich-bergischen Vizekanzler Stratmann. Pfalz-Neuburg, Frankreich und Brandenburg zwischen dem Frieden von Aachen und der Reichskriegserklärung an Ludwig XIV. (1668–1674), Münster 1995.

Lothar Kolmer, Promissorische Eide im Mittelalter (Regensburger Historische Forschungen 12), Kallmünz 1989.

Konfliktbewältigung durch Verhandlungen, hrsg. von Wolfgang Hoffman-Riem – Eberhard Schmidt-Aßmann, Bd. 1: Informelle und mittlerunterstützte Verhandlungen in Verwaltungsverfahren, Bd. 2: Konfliktmittlung in Verwaltungsverfahren, Baden-Baden 1990.

Geoffrey Koziol, Monks, Feuds and the Making of Peace in Eleventh-Century Flanders, in: Historical Reflections 14, 1989, S. 531–549.

–, Begging Pardon and Favor. Ritual and Political Order in Early Medieval France, Ithaca – London 1992.

Adelheid Krah, Absetzungen als Spiegelbild von Königsmacht. Untersuchungen zum Kräfteverhältnis zwischen Königtum und Adel im Karolingerreich und seinen Nachfolgestaaten, Aalen 1987.

Péter Krasztev, Blutdurst. Über das Wiederaufleben der Blutrache in Albanien, in: Lettre international 41, II, 1998, S. 11–14.

Hermann Krause, Königtum und Rechtsordnung in der Zeit der sächsischen und salischen Könige, in: ZRG GA 82, 1965, S. 1–98.

–, Consilio et iudicio. Bedeutungsbreite und Sinngehalt einer mittelalterlichen Formel, in: Speculum historiale. Geschichte im Spiegel von Geschichtsschreibung und Geschichtsdeutung, Festschrift für Johannes Spörl, hrsg. von Clemens Bauer – Laetitia Boehm – Max Müller, Freiburg – München 1965, S. 416–438.

Steffen Krieb, Vermitteln und Versöhnen. Konfliktregelung im deutschen Thronstreit 1198–1208, Köln – Weimar – Wien 2000.

Karl Kroeschell, Deutsche Rechtsgeschichte, Bd. 1: bis 1250, Opladen [11]1999.

Gerhard Kuhlmann, Art. intercedere, in: TTL, Bd. 7/1, Leipzig 1934–1964, Sp. 2153 ff.

–, Art. intercessio, in: TTL 7, Sp. 2160 f.

Joseph Kühnen, Art. internuntius, in: TTL 7,1, Sp. 2234.

Heinrich Kunstmann, Über die Herkunft Samos, in: Die Welt der Slawen 25, 1980, S. 293–313.

Dietrich Kurze, Krieg und Frieden im mittelalterlichen Denken, in: Zwischenstaatliche Friedenswahrung in Mittelalter und Früher Neuzeit, hrsg. von Heinz Duchardt, Köln – Wien 1991, S. 1–44.

Andreas Kusternig, Einleitung, in: Fredegar, Vier Bücher Geschichte, a.a.O., S. 3–43.

Karl-Heinz Lange, Die Stellung der Grafen von Northeim in der Reichsgeschichte des 11. und 12. Jahrhunderts, in: Niedersächsisches Jahrbuch 33, 1961, S. 1–107.

Johannes Laudage, Alexander III. und Friedrich Barbarossa, Köln – Weimar – Wien 1997.

Manfred Laufs, Politik und Recht bei Innozenz III, Köln 1980.

Régine Le Jan, Justice royale et pratiques sociales dans le Royaume franc au IXe siècle, in: La Giustizia nell'alto Medioevo (Secoli IX–XI). Settimane di studio del Centro italiano di studi sull'alto medioevo XLIV, Spoleto 1997, S. 47–85.

Karl J. Leyser, Herrschaft und Konflikt. König und Adel im ottonischen Sachsen, Göttingen 1984.

–, From Saxon Freedoms to the Freedom of Saxony: The Crisis of the Eleventh

Century, in: ders., Communication and Power in Medieval Europe. The Gregorian Revolution and beyond, London 1994, S. 51- 68.

Karl J. Leyser, Gregory and the Saxons, in: ebd., S. 69–76.

Alfred Löhren, Beiträge zur Geschichte des gesandtschaftlichen Verkehrs im Mittelalter. Die Zeit vom vierten bis zum Ende des neunten Jahrhundert, Marburg 1884.

M. Lundgreen, Art. Friedensschluß, in: Realenzyklopädie zur germanischen Altertumskunde IX, Berlin – New York 1995, Sp. 603–611.

Werner Maleczek, Das Frieden stiftende Papsttum im 12. und 13. Jahrhundert, in: Träger und Instrumentarien des Friedens, a. a. O., S. 249–332.

Jane Martindale, 'His Special Friend'. The Settlement of Disputes and Political Power in the Kingdom of the French (tenth to mid-twelfth century), in: Transactions of the Royal Historical Society 6/5, 1995, S. 21–57.

Rosamond McKitterick, The Frankish Kingdoms under the Caolingians. 751–987, London 1983.

Mediation in International Relations. Multiples Approaches to Conflict Management, hrsg. von Jacob Bercovitch – Jeffrey Z. Rubin, New York 1992.

Mediation als politischer und sozialer Prozeß, hrsg. von Andreas Dally – Helmut Weidner – Hans-Joachim Fietkau, Loccum ²1995.

Victor Menzel, Deutsches Gesandtschaftswesen im Mittelalter, Hannover 1892.

Gerold Meyer von Konau, Jahrbücher des deutschen Reiches unter Heinrich IV. und Heinrich V. (1056–1125), 7 Bde., Leipzig 1890–1909.

William I. Miller, Avoiding Legal Judgement. The submission of Diputes to Arbitration in Medieval Iceland, in: American Journal of Legal History 28, 1984, S. 95–134.

–, Bloodtaking and Peacemaking. Feud, Law and Society in Saga Iceland, Chicago 1990.

Heinrich Mitteis, Politische Prozesse des früheren Mittelalters in Deutschland und Frankreich, in: Sitzungsberichte der Heidelberger Akademie der Wiss. Phil.-Hist. Klasse, 1926/27, Sonderdruck Darmstadt 1974.

–, Der Staat des hohen Mittelalters, Weimar ⁵1955.

Peter Moraw, Von offener Verfassung zu gestalteter Verdichtung. Das Reich im späten Mittelalter. 1250–1490, Frankfurt – Berlin 1989.

Heribert Müller, Konzil und Frieden. Basel und Arras (1435), in: Träger und Instrumentarien des Friedens, a. a. O., S. 333–390.

Laura Nader – Harry F. Todd, Introduction, in: The Disputing Process, a. a. O.

Karin Nehlsen-von Stryk, Die boni homines des frühen Mittelalters unter besonderer Berücksichtigung der fränkischen Quellen, Berlin 1981.

Janet L. Nelson, Politics and Ritual in Early Medieval Europe, London 1986.

–, Dispute settlement in Carolingian West Francia, in: The Settlement of Disputes, a. a. O., S. 45–64.

–, Kings with Justice, in: La Giustizia nell'alto Medioevo (Secoli IX–XI). Settimane di studio del Centro italiano di studi sull'alto medioevo XLIV, Spoleto 1997, S. 797–823.

–, The Search for Peace in a Time of War: the Carolingian Brüderkrieg, 840–843, in: Träger und Instrumentarien, a. a. O., S. 87–114.

Peter Neumeister, Hermann I., Landgraf von Thüringen (1190–1217), in: Deutsche Fürsten, a.a.O., S. 276–291.

Martha Gay Newmann, The boundaries of charity: The Cistercians in twelfth century society, Stanford 1988.

Jan Paul Niederkorn, Der 'Prozeß' Heinrichs des Stolzen, in: Diplomatische und chronologische Studien aus der Arbeit an den Regesta Imperii, hrsg. von Paul-Joachim Heinig, Köln – Wien 1991, S. 67–82.

Ludwig Oelsner, Jahrbücher des fränkischen Reiches unter König Pippin, Berlin 1975 (1871).

Norbert Ohler, Krieg und Frieden im Mittelalter, München 1997.

Hans Ollendiek, Die päpstlichen Legaten im deutschen Reichsgebiet von 1261 bis zum Ende des Interregnums, Freiburg 1976.

Ferdinand Opll, Friedrich Barbarossa, Darmstadt 1994.

Wolfgang Petke, Kanzlei, Kapelle und königliche Kurie unter Lothar III. (1125–1137), Köln – Wien 1985.

Walter Pohl, Konfliktverlauf und Konfliktbewältigung: Römer und Barbaren im frühen Mittelalter, in: FMSt 26, 1992, S. 165–207.

Odette Pontal, Die Synoden im Merowingerreich, Paderborn u.a. 1986.

Heinrich Popitz, Phänomene der Macht, Tübingen ^{2}1992.

Thomas Princen, Intermediaries in International Conflict, New Jersey/Oxford 1992.

Gérard Prunier, Rätedemokratie Somaliland, in: Le Monde diplomatique. Deutsche Ausgabe, Oktober 1997, S. 9.

Matthias Puhle, Die Braunschweiger 'Schichten' (Aufstände) des späten Mittelalters und ihre verfassungsrechtlichen Folgen, in: Rat und Verfassung im mittelalterlichen Braunschweig, hrsg. von Manfred Garzmann, Braunschweig 1986, S. 235–251.

–, Braunschweig und die Hanse, in: Brunswiek 1031 – Braunschweig 1981, Festschrift zur Ausstellung, hrsg. von Gerd Spieß, Braunschweig 1981, S. 117–127.

–, Die Politik der Stadt Braunschweig innerhalb des Sächsischen Städtebundes und der Hanse im späten Mittelalter, Braunschweig 1985.

Oswald Redlich, Rudolf von Habsburg. Das Deutsche Reich nach dem Untergang des alten Kaisertums, Aalen ND 1965.

Hans Leo Reimann, Unruhe und Aufruhr im mittelalterlichen Braunschweig, Braunschweig 1962.

Heinz Renn, Das erste Luxemburger Grafenhaus (963–1136), Bonn 1941.

Hermann Rennefahrt, Beitrag zur Frage der Herkunft des Schiedsgerichtswesens, besonders nach westschweizerischen Quellen, in: Schweizer Beiträge zur Allgemeinen Geschichte 16, 1958, S. 5–55, u. 17, 1959, S. 196–218.

Konrad Repgen, Friedensvermittlung und Friedensvermittler beim Westfälischen Frieden, in: Westfälische Zeitschrift 147, 1997 S. 37–61.

Timothy Reuter, The 'Imperial Church System' of the Ottonian and Salian Rulers: a Reconsideration, in: Journal of Ecclesiastical History 33, 1982, S. 347–374.

–, Unruhestiftung, Fehde, Rebellion, Widerstand: Gewalt und Frieden in der Politik der Salierzeit, in: Die Salier und das Reich, hrsg. von Stephan Weinfurter, Bd. 3, Sigmaringen 1991, S. 297–325.

Michel Revon, L'arbitrage international, Paris 1892.

Pierre Riché, Die Welt der Karolinger, Stuttgart ²1984.
–, Die Karolinger. Eine Familie formt Europa, München 1994.
–, Les écoles et l'enseignement dans l'occident chrétien de la fin du Ve siècle au milieu du XIe siècle, Paris 1979.
Klaus Richter, Friedrich Barbarossa hält Gericht. Zur Konfliktbewältigung im 12. Jahrhundert, Köln – Weimar – Wien 1999.
Burkhard Roberg, Das Zweite Konzil von Lyon (1274), Paderborn u. a. 1990.
Simon Roberts, Ordnung und Konflikt, Stuttgart 1981.
–, The Study of Dispute: Anthropological Perspectives, in: Disputes and Settlements, a. a. O., S. 1–24.
Arthur M. Ross, Art.: Labor Relations III. Settlement of Industrial Disputes, in: International Encyclopedia of the Social Sciences, Bd. 8, o. O. 1968, S. 506–510.
Karl Ruess, Die rechtliche Stellung der päpstlichen Legaten bis Bonifaz VIII., Paderborn 1912.
Georg Scheibelreiter, Der Bischof in merowingischer Zeit, Wien – Köln – Graz 1993.
–, Audoin von Rouen. Ein Versuch über den Charakter des 7. Jahrhunderts, in: La Neustrie. Les pays au nord de la Loire de 650 à 850, hrsg. von Hartmut Atsma, Bd. 1, Sigmaringen 1989, S. 195–216.
Rudolf Schieffer, Spirituales Latrones. Zu den Hintergründen der Simonieprozesse in Deutschland zwischen 1069 und 1075, in: Historisches Jahrbuch 92, 1972, S. 19–60.
–, Der ottonische Reichsepiskopat zwischen Königtum und Adel, in: FMSt 23, 1989, S. 291–301.
–, Gregor VII. und die Könige Europas, in: La riforma gregoriana e l'Europa, Bd. 1, (Studii Gregoriana 14), Rom 1991, S. 189–211.
–, Die Karolinger, Stuttgart – Berlin – Köln 1992.
–, Mediator cleri et plebis. Zum geistlichen Einfluß auf Verständnis und Darstellung des ottonischen Königtums, in: Herrschaftsrepräsentation im ottonischen Sachsen, hrsg. von Gerd Althoff – Ernst Schubert, Sigmaringen 1998.
Theodor Schieffer, Die päpstlichen Legaten in Frankreich vom Vertrage von Meersen (870) bis zum Schisma von 1130, Berlin 1935.
Wolfgang Schild, Art.: Wergeld, in: HRG Bd. 5, Berlin 1998, Sp. 1268–1271.
Bernhard Schimmelpfennig, Das Papsttum. Grundzüge seiner Geschichte von den Anfängen bis zur Renaissance, Darmstadt 1984.
Karl Schmid, Zur amicitia zwischen Heinrich I. und dem westfränkischen König Robert im Jahre 923, in: Francia 12, 1984, S. 119–147.
Reinhard Schneider, Brüdergemeine und Schwurfreundschaft. Der Auflösungsprozeß des Karolingerreiches im Spiegel der caritas-Terminologie in den Verträgen der karolingischen Teilkönige des 9. Jahrhunderts, Lübeck – Hamburg 1964.
–, Zum frühmittelalterlichen Schiedswesen, in: Aus Theorie und Praxis der Geschichtswissenschaft, hrsg. von Dietrich Kurze, Berlin – New York, S. 389–403.
Bernd Schneidmüller, Französische Lothringen-Politik im 10. Jahrhundert, in: Jahrbuch für westdeutsche Landesgeschichte 5, 1979, S. 1–31.
Curt Schoene, Die politischen Beziehungen zwischen Deutschland und Frankreich, Berlin 1910.

Clausdieter Schott, Traditionelle Formen der Konfliktlösung in der Lex Burgundionum, in: La Giustizia nell'alto medioevo (secoli V–VIII), Bd. 2 (Settimane di studio del centro italiano di studi sull'alto medioevo XLII), Spoleto 1995, S. 933–961.

Klaus Schreiner, 'Gerechtigkeit und Frieden haben sich geküßt' (Ps. 84,11). Friedensstiftung durch symbolisches Handeln, in: Träger und Instrumentarien, a. a. O., S. 37–86.

Ernst Schubert, Einführung in die Grundprobleme der deutschen Geschichte im späten Mittelalter, Darmstadt 1992.

Johann Peter Schuler, Art.: Einlager, in: LMA, Bd. 3, München – Zürich 1986.

Reimer Schulze, Das Recht fremder Kulturen. Vom Nutzen der Rechtsethnologie für die Rechtsgeschichte, in: Historisches Jahrbuch 119, 1990, S. 446–470.

Beate Schuster, Das Treffen von St. Jean de Losne im Widerstreit der Meinungen. Zur Freiheit der Geschichtsschreibung im 12. Jahrhundert, in: Zeitschrift für Geschichtswissenschaft 43, 1995, S. 211–245.

Walter Selb, Epicopalis audientia von der Zeit Konstantins bis zu Nov. XXXV Valentians, in: ZSRG KA 84, 1967, S. 162–217.

Carlo Servatius, Paschalis II. (1019–1118). Studien zu seiner Person und Politik, Stuttgart 1979.

The Settlement of Disputes in Early Medieval Europe, hrsg. von Wendy Davies – Paul Fouracre, Cambridge 1986.

Henry Simonsfeld, Jahrbücher des deutsches Reiches unter Friedrich I., Leipzig 1908.

Kjell Skjelsbæk, Peaceful Settlement of Disputes by the United Nations and Other Intergovernmental Bodies, in: Cooperation and Conflict 21, 1986, S. 139–154.

Rudolph Sohm, Die fränkische Reichs- und Gerichtsverfassung, Leipzig 1911.

Rolf Sprandel, Verfassung und Gesellschaft im Mittelalter, Paderborn – München – Zürich – Wien ³1998.

Matthias Springer, Wichmann Erzbischof von Magdeburg (1152–1192), in: Deutsche Fürsten, a. a. O., S. 234–244.

Pauline Stafford, Queens, Concubines and Dowageres. The King's Wife in the early Middle Ages, London 1983.

Hugo Stehkämper, 'Pro bono pacis'. Albertus Magnus als Friedensstifter und Schiedsrichter, in: Archiv für Diplomatik 23, 1977, S. 297–382.

–, Der Reichsbischof und Territorialfürst (12. und 13. Jahrhundert), in: Der Bischof in seiner Zeit. Bischofstypus und Bischofsideal im Spiegel der Kölner Kirche. Festschrift Joseph Kardinal Höffner, hrsg. von Peter Berglar und Odilo Engels, Köln 1986, S. 95–184.

Heinz Stoob, Bruno von Olmütz, das mährische Städtenetz und die europäische Politik von 1245 bis 1281, in: ders. (Hrsg.) Die mittelalterliche Städtebildung im südöstlichen Europa, Köln – Wien 1977, S. 90–129.

Monika Suchan, Königsherrschaft im Streit. Konfliktaustragung in der Regierungszeit Heinrichs IV., Stuttgart 1997.

Gerd Tellenbach, Vom Zusammenleben der abendländischen Völker im Mittelalter, in: Festschrift für Gerhard Ritter, Tübingen 1950, S. 1–60.

Sabine Teubner-Schoebel, Bernhard von Clairvaux als Vermittler an der Kurie. Eine Auswertung seiner Briefsammlung, Bonn 1993.

Volker Thenn, Leitfragen, in: Die Grenzen der Gemeinschaft, a.a.O., S. 21–28.

E. A. Thompson, The Goths in Spain, Oxford 1969.

Träger und Instrumentarien des Friedens im hohen und späten Mittelalter, hrsg. von Johannes Fried, Sigmaringen 1996.

Fritz Trautz, Art. Gesandte, in: LMA, Bd. 4, München – Zürich 1989, Sp. 1367–1370.

–, Die Könige von England und das Reich. 1272–1377, Heidelberg 1961.

Dagmar Unverhau, Approbatio – Reprobatio. Studien zum päpstlichen Mitspracherecht bei Kaiserkrönung und Königswahl vom Investiturstreit bis zum ersten Prozeß Johannes XXII. gegen Ludwig IV., Lübeck 1973.

Monika Unzeitig-Herzog, Artus mediator. Zur Konfliktlösung in Wolframs 'Parzival' Buch XIV, in: FMSt 32, 1998, S. 196–217.

Giulio Vismara, La Giuridizione civile dei vescovi nel mondo antico, in: La guistizia nell'alto medioevo (secolo V–VIII), Bd. 1, Spoleto 1995 (Settimane di studio del centro italiano di studi sull'alto medioevo XLII), S. 224–251.

Jörgen Vogel, Gregor VII. und Heinrich IV. nach Canossa, Berlin 1983.

Walter Vogel, Die Normannen und das fränkische Reich bis zur Gründung der Normandie (799–911), Heidelberg 1906.

Thilo Vogelsang, Die Frau als Herrscherin im hohen Mittelalter. Studien zur 'consors regni' Formel, Göttingen – Frankfurt – Berlin 1954.

Hanna Vollrath, Konfliktwahrnehmung und Konfliktdarstellung in erzählenden Quellen des 11. Jahrhunderts, in: Die Salier und das Reich, hrsg. von Stefan Weinfurter, Bd. 3, Sigmaringen 1991, S. 279- 298.

–, Fürstenurteile im staufisch-welfischen Konflikt von 1138 bis zum Privilegium Minus. Recht und Gericht in der oralen Rechtswelt des früheren Mittelalters, in: Funktion und Form, a.a.O., S. 39–62.

Ingrid Voss, Herrschertreffen im frühen und hohen Mittelalter. Untersuchungen zu den Begegnungen der ostfränkischen und westfränkischen Herrscher im 9. und 10. Jahrhundert sowie der deutschen und französischen Könige vom 11. bis 13. Jahrhundert, Köln – Wien 1987.

Elmar Wadle, Gottesfrieden und Landfrieden als Gegenstand der Forschung nach 1950, in: Funktion und Form, a.a.O., S. 63–92.

Georg Waitz, Deutsche Verfassungsgeschichte, 8 Bde., Darmstadt ⁴1953.

J. M. Wallace-Hadrill, The bloodfeud of the franks, in: ders., The Long-Haired Kings and other studies in Frankish history, London 1962, S. 121–147.

Helmut G. Walther, Kaiser Friedrich Barbarossas Urkunde für Lübeck vom 19. September 1188, in: Zeitschrift des Vereins für Lübecker Geschichts- und Altertumskunde 69, 1989, S. 11–48.

Margarete Weidemann, Zur Chronologie der Merowinger im 7. und 8. Jahrhundert, in: Francia 25, 1998, S. 177–230.

Stefan Weinfurter, Erzbischof Philipp von Heinsberg und der Sturz Heinrichs des Löwen, in: Köln. Stadt und Bistum in Kirche und Reich des Mittelalters. Festschrift für Odilo Engels, hrsg. von Hanna Vollrath – dems., Köln – Weimar – Wien 1993, S. 61–124.

–, Konflikt und Konfliktlösung in Mainz: zu den Hintergründen der Ermordung Erzbischof Arnolds, in: Landesgeschichte und Rechtsgeschichte. Festschrift Alois Gerlich, Stuttgart 1995, S. 67–83.

–, Heinrich II., Herrscher am Ende der Zeiten (1002–1024), Regensburg 1999.

Manfred Weitlauf, Bischof Ulrich von Augsbrug (923–973). Leben und Werk eines Reichsbischofs der ottonischen Zeit, in: Bischof Ulrich von Augsburg 890–973. Seine Zeit – sein Leben – seine Verehrung, hrsg. von dems., Weissenhorn 1993, S. 69–142.

Jürgen Weitzel, Dinggenossenschaft und Recht. Untersuchungen zum Rechtsverständnis im fränkisch-deutschen Mittelalter, 2 Bde., Köln – Wien 1985.

–, Strafe und Strafverfahren in der Merowingerzeit, in: ZSRG GA, 111, 1994, S. 66–147.

Karl-Ferdinand Werner, Missus – Marchio – Comes. Entre l'administration centrale et l'administration locale de l'Empire carolingien, in: Histore comparée de l'administration (IVe–XVIIIe siècles), hrsg. von Werner Paravicini und dems., München 1980, S. 191–239.

Chris Wickham, Land disputes and their social framework in Lombard-Carolingian Italy. 700–900, in: The Settlement of Disputes, a. a. O., S. 105–124.

Werner Wild, Steuern und Reichsherrschaft. Studien zu den finanziellen Ressourcen der Königsherrschaft im spätmittelalterlichen deutschen Reich, Bremen 1984.

Eduard Winkelmann, Philipp von Schwaben und Otto IV. von Braunschweig, 2 Bde., Darmstadt 1963 (1873).

Stephen D. White, 'Pactum ... Legem Vincit et Amor Judicium'. The Settlement of Disputes by Compromise in Eleventh-Century Western France, in: The American Journal of Legal History 22, 1978, S. 281–308.

–, Feuding an Peace Making in the Touraine around the Year 1100, in: Traditio 42, 1986, S. 195–263.

Gunther Wolf, Bemerkungen zur Geschichte Herzog Tassilos III. von Bayern (748–788), in: ZSRG, GA, 109, 1992, S. 353–373.

–, Nochmals zum sogenannten 'Aufstand' und zum 'Prozeß' König Bernhards von Italien 817/818, in: ZSRG, GA, 115, 1998, S. 572– 588.

Ingrid Woll, Untersuchungen zu Überlieferung und Eigenart der Merowingischen Kapitularien, Frankfurt u. a. 1995.

Ian Wood, Disputes in late fifth- and sixth-century Gaul, in: The Settlement of Disputes, a. a. O., S. 7–22.

Ulrich Zeiler, Bischof Salomon III. von Konstanz. Abt von Sankt Gallen, Leipzig – Berlin 1910.

Karl Heinz Ziegler, Arbiter, arbitrator und amicabilis compositor, in: ZSRG, RA 84, 1967, S. 376–381.

Constantin Zuckermann, Qui a rappellé en Gaule le Ballomer Gondovald?, in: Francia 25, 1998, S. 1–18.

Register

Folgende Abkürzungen werden verwendet: A.: Abt; B.: Bischof; Br.: Bruder; Eb.: Erzbischof; Ebm.: Erzbistum; dt.: deutsch; frk.: fränkisch; Gem.: Gemahl/Gemahlin; Gf.: Graf; Gfn.: Gräfin; hl.: heilig; Hz.: Herzog; Hzn: Herzogin; Kg.: König; Kgn.: Königin; Ks.: Kaiser; Ksn.: Kaiserin; Mgf.: Markraf; Mgfn.: Markgräfin; n.: nach; Pfgf.: Pfalzgraf; röm.: römisch; S.: Sohn; T.: Tochter.
Die Ziffern mit Schränkstrich verweisen auf Personen- und Ortsnamen im Anmerkungsapparat. Die Zahlen hinter dem Strich bezeichnen die jeweilige Anmerkung. Geschichtsschreiber wurden nur dann aufgenommen, wenn sie selbst am Geschehen teilnahmen.

AACHEN 135, 305/35
Adalbero, Elekt von Trier († n.1015) 196, 321/40
Adalbero, B. von Würzburg († 1090) 170, 315/75
Adalbert, ostfrk. Gf., Babenberger († 906) 113, 169, 297/12,/13
Adalbert, Eb. von Hamburg-Bremen († 1072) 165, 172, 189, 210, 211, 268/58, 314/60, 317/104, 323/35, 328/128, 330/150
Adalbert I. Eb. von Mainz († 1137) 162, 178
Adalbold, B. von Utrecht († 1026) 192, 194, 209, 210, 324/56
Adalhard, Gf., Seneschall 90, 118f., 288/48; Tochter 90
Adelgis, Hz. von Benevent († 878) 127, 187, 322/10
Adelheid, Ksn., Gem. von Ks. Otto I. († 999) 213, 311/2, 311/159
Adolf von Nassau, röm.-dt. Kg. († 1298) 340/47
Adolf II. von Schauenburg, Gf. von Holstein († 1164) 162, 190, 195, 201, 214, 323/35
Adolf III. von Schauenburg, Gf. von Holstein († 1225) 152
Adolf I. von Altena, Eb. von Köln († 1205) 335/57

Aeghyna, Hz. in Aquitanien 115 f.
Aetherius, B. von Lisieux 280/7
Agerich, B. von Verdun († 591) 66 ff., 71, 74, 80, 281/16
Agilbert (Gesandter des Hausmeiers Ebroin) 297/11
Agina, Vasall von Hz. Heinrich I. von Bayern 166
Agnes von Poitou, Ksn., Gem. von Ks. Heinrich III. († 1077) 156, 160, 311/7, 313/33, 333/18
Agobard, Eb. von Lyon († 840) 103, 265/13, 293/117
Aigulf, A. von Saint-Denis († n. 652) 115
Aio, langobard. Gf. 284/62
Aistulf, langobard. Kg. († 756) 59, 76, 117 f., 163, 299/25,/26,/28,/29,/30
Alarich II., Kg. der Westgoten († 507) 53 f., 278/74
Albero, Eb. von Trier, († 1152) 137, 138, 212, 305/46, 330/151
Albertus Magnus, Provinzial der dt. Dominikaner († 1280) 249–252, 325/62, 343/111
Albrecht I., röm.-dt. Kg. († 1308) 242, 245, 340/47
Albrecht der Bär, Mgf. von Brandenburg († 1170) 149, 154, 310/114, 329/132

Albrecht II., Mgf. von Brandenburg († 1220) 135, 305/32
Albrecht I. von Schenkenberg, Gf. von Löwenstein († 1304) 245
Alexander III., Papst († 1181) 134, 169, 181 f., 210, 214, 237–240, 304/29, 320/35,/37, 330/142
Alfons VI., Kg. von Kastilien († 1109) 332/7
Alfons VIII. Kg. von Kastilien († 1214) 240
Alfons X., Kg. von Kastilien, röm.-dt. Kg. († 1284) 232
Altfrid, B. von Hildesheim († 874) 124, 302/60
Altmann, B. von Passau († 1091) 322/20
Amalasuntha, ostgot. Kgn., T. von Kg. Theoderich († 535) 35
Amalbert, Br. des Hausmeiers Flaochad 39, 41, 273/4/6
Amelung, Gf., Vogt der Paderborner Kirche (?) 321/44
Amelung, Br. Ekkehards I. von St. Gallen 183, 193, 202, 327/101,/103, 331/167
ANAGNI bei Frosinone (I) 181, 237 f., 320/37
Anaklet II., Gegenpapst († 1138) 158
ANDELOT bei Chaumont (F), Vertrag von (596/7) 36, 37, 52, 269/70, 302/62, 321/40
ANDERNACH 86, 87, 124, 268/57, 301/59
Anfred II., B. von Utrecht († 1010) 40; Tochter, Äbtissin von Thorm 40
Angilberga, Ksn., Gem. von Ludwig II. von Italien († n. 889) 93 f., 289/71/73, 295/137
Ansbert, Eb. von Mailand († 882) 266/35
Anselm, B., Gesandter Lothars I. 48, 276/44
Antestius, Großer am Hof Kg. Guntrams 283/45
AQUILEJA, Patriarchen siehe Pilgrim, Poppo
AQUITANIEN 5, 82, 97, 290/86

Aregisilus, Gesandter Theuderichs I. 112 f., 297/6,/7
Aribert II., Eb. von Mailand († 1045) 139, 313/42
Aribo, Eb. von Mainz († 1031) 328/128
Arn, B. u. Eb. von Salzburg, Gesandter Hz. Tassilos III. († 821) 99 f., 292/102,/109
Arnold von Selenhofen, Eb. von Mainz († 1160) 149
Arnulf von Kärnten, Ks. († 899) 16, 46 f., 130, 133, 137, 276/40, 303/4
Arnulf, Hz. von Bayern († 937) 318/8
Arnulf, Pfgf., S. von Hz. Arnulf von Bayern 163
Arnulf, B. von Halberstadt († 1023) 183, 184
Arnulf, B. von Metz, († 640) 282/36, 283/49
ARRAS (F) 6, 126
Arsenius, päpstl. Legat 109, 280/96, 296/155
Asteriolus, Ratgeber von Kg. Theudebert I. 42 f., 274/16,/17,/19
ATTIGNY an der Aisne bei Rethel (F) 85
Audofleda, Gem. von Kg. Theoderich dem Großen († n. 526) 278/76
Audoin, B. von Rouen († 683) 92, 289/61
AUGSBURG 157, 181; Klerus 173, B. siehe Brun, Embricho, Konrad, Ulrich
Augustinus, B. von Hippo († 430) 14, 16
Autgar, Mgf., Vasall des frk. Kg. Karlmann 284/62

Baddo, Gesandter der Kgn. Fredegunde 283/48
Baldrich, Gf. im Drenthegau, Präfekt († 1021) 136, 144, 192, 194, 209, 210, 305/45, 323/39
Balduin I., Gf. von Flandern († 879) 87, 95, 108 f., 120, 125, 126, 197 f., 200, 296/149,/152, 300/42, 326/71
Balduin II., Gf. von Flandern († 919) 126, 302/64

Balduin IV., Gf. von Flandern († 1035) 200
Balduin V., Gf. von Flandern († 1067) 330/150
Baltram, B. von Straßburg († 906) 119
BAMBERG 157f., 207; B. siehe Eberhard II., Hermann
BASEL (CH) 6
Baugulf, A. von Fulda († 803) 116, 298/21
BAYERN 46f., 95f., 98, 143–147, 149, 150, 151ff., 167, 200, 209, 276/38, 289/74, 308/81, 309/106, 343/112
Beatrix, Ksn., Gem. von Friedrich I. († 1184) 159, 163, 312/28
Beatrix, Mgfn. von Tuszien-Canossa († 1076) 333/16
Benedikt XII., Papst († 1342) 13, 14, 20, 233ff., 264/1
Benedikt II., A. von S. Michele della Chiusa 333/21
BENEVENT 48, 94, 127, 187, 276/44, 289/71, 302/68; Bischof 127, 302/68
Benno, Gf. von Northeim († 1047/49) 321/44
Bera, Gf. von Barcelona († n.820) 284/64
Berengar I., Kg. von Italien († 924) 272/61
Berengar II., Kg. von Italien († 966) 168, 171
Berengar, Gf. von Toulouse († 835) 300/42
Bernhard, Kg. von Italien († 818) 76, 77, 78f., 80, 284/63, 300/48
Bernhard I., Hz. von Sachsen, Billunger († 1011) 166, 172, 188
Bernhard II., Hz. von Sachsen, Billunger († 1059) 159, 189, 199, 210, 268/58, 321/44, 323/35, 326/86
Bernhard, Mgf. von der Nordmark († um 1025) 137, 138f., 305/46, 306/51
Bernhard, Mgf. von Septimanien († 844) 120f., 127, 300/44
Bernhard, Gf. von Plötzkau († 1147) 149, 309/100

Bernhard, A. von Clairvaux, hl. († 1153) 5, 20, 158, 172, 214, 267/50, 312/16
Bernhard de Montfavence, Kardinallegat 234
Bernhard von Saint-Victor, päpstlicher Legat († 1079) 206
Bernward, B. von Hildesheim († 1022) 150f., 162, 163, 173, 203, 206, 207, 309/110
BERNY-RIVIÈRE bei Soissons (F) 297/9
Bertha, Ksn. ,Gem. von Heinrich IV. († 1088) 160
Berthold I. von Zähringen, Hz. von Kärnten († 1078) 322/20
Berthold IV., Hz. von Zähringen, Rektor von Burgund († 1186) 188
Berthold, schwäb. Gf., Kammerbote († 917) 137f.
Berthold von Sternberg, B. von Würzburg († 1287) 339/30
Bertrada, Kgn., Gem. von Pippin († 783) 289/74
Bertram, B. von Bordeaux († n. 585) 72
Berulf, Hz. von Tours und Poitiers 64, 281/10, 282/30
BESANÇON (F) 135
Bladast, Hz. 68f., 71, 116
BLOIS (F) 50, 271/40
BÖHMEN 123, Hz. und Kg. siehe Břetislav I., Vladislav II., Jaromir, Ottokar I. u. II., Wartislav II.
Boleslav II., Hz. von Polen († 1083) 197
Boleslav IV., Hz. von Polen († 1173) 163, 179
Bonifatius, Eb. von Mainz († 754) 116, 298/22
Bonifaz II. von Canossa, Mgf. von Tuszien († 1052) 330/150
BONN 189, 322/23; Vertrag von (921) 272/64
BOPPARD, Hauptleute 245
BORDEAUX (F), B. siehe Bertram
Boso, Gf., Gem. von Engiltrud 87
Branthog, B. von Halberstadt († 1036) 159
BRAUNSCHWEIG, Schicht von (1380) 252ff.

BREMEN, Bürgerschaft 204, 210, 327/112, 330/145; Eb. siehe Adalbert, Hartwig, Liemar, Unwan
Břetislav I., Hz. von Böhmen († 1055) 179, 312/13
BRÜGGE (B) 253
Brun, Eb. von Köln († 965) 93, 131, 132f., 161, 162, 189, 190, 192, 193, 199, 210, 211, 212, 303/15, 323/25, 326/84, 330/149
Brun, B. von Augsburg († 1029) 155, 313/43
Brun, B. von Toul (= Papst Leo IX.) († 1054) 162, 163, 198
Brunichilde, frk. Kgn., Gem. von Kg. Sigibert I. († 613) 39f., 41, 57, 65f., 273/8, 279/82
Bruno, B. von Straßburg († 1131) 159
Bruno von Schauenburg, B. von Olmütz († 1281) 233, 337/87,/88, 339/30
Bruno, A. von Claravalle, Zisterzienser 214
Burchard I., Hz. von Schwaben († 926) 318/8
Burchard II., B. von Halberstadt († 1088) 166, 189, 191, 199, 267/43, 322/20, 331/157
BURGUND 132, 311/2

CAMPAGNA 181, 320/37
CANOSSA (I) 220
CHALCEDON (TR), Konzil 16, 18
CHALON-SUR-SAÔNE (F) 33, 39, 283/48
Chanao, Gf. der Bretonen 280/4
Charibert II., frk. Kg. († 632) 38f.
CHARTRES (F) 50, 271/40
CHÂTEAUDUN bei Orléans (F) 50, 271/40
Childebert I., frk. Kg. († 558) 35
Childebert II., frk. Kg. († 596) 44, 48, 52, 57, 64, 65–68, 69, 70, 71, 74, 271/44, 275/25, 279/83
Chilperich I., frk. Kg. († 584) 32, 36, 50, 57, 58, 59, 65f., 70, 72f., 113, 125, 199, 272/52, 280/5, 282/24,/33
Chlodwig I., frk. Kg. († 511) 53ff., 278/75

Chlothar I., frk. Kg. († 561) 78
Chlothar II., frk. Kg. († 629) 38f., 41, 42, 43, 45, 57, 57f., 60, 62, 64f., 68, 71, 78, 269/73, 270/16, 273/1/2, 275/25, 279/82,/85,/86, 282/36, 283/49
Chram, S. von Chlothar I. († 560) 78
Chramnesind, Bürger in Tours 280/7
Christian, Gf. von Ammerland († 1167) 204
Christian I. von Buch, Eb. von Mainz († 1183) 169, 181f., 188, 237, 239, 320/37, 330/142
Chrodoald, Agilofinger († 625) 71, 282/36
Chulderich, Sachse († 590) 74
CLICHY bei Paris (F) 115
COLMAR (F) 102, 294/126
COMMINGES = Saint-Bertrand de Comminges bei Montréjeau (F) 35, 111
COMPIÈGNE (F) 132, 303/17
CORDOBA (E) 91
CORVEY, Kloster 177
Craloh, A. von St. Gallen († 958) 165, 183, 188, 193, 200, 202f., 327/103, 331/167
CREMA (I) 162, 163, 164, 188, 190, 194f., 206, 314/64, 322/18, 324/58, 328/124
CREMONA (I) 205, 237, 240f., 243, 328/115, 338/7, 339/22
Cunibert, B. von Turin († 1082) 333/21

Dacco 113, 114, 297/9
Dagobert I., frk. Kg. († 638/39) 35, 46, 57f., 60, 62, 64f., 71, 114ff., 118, 275/34, 279/85,/86, 282/36, 283/49, 298/16
Damasus, B., päpstlicher Gesandter (von Hadrian I.) 98f.
DÄNEMARK 134, 163, 217, 241; Kg. siehe Hemming, Knut, Sven Estridsen, Sven III., Waldemar I. u. II.
Desiderius, Kg. der Langobarden († n. 774) 97, 290/79
Desiderius, Hz. 74, 283/37,/45
DIEDENHOFEN = Thionville (F), Hoftag 84

Dietpold von Vohburg, Gf. († 1146) 161, 171
Dietrich von der Ehrenpforte, Bürger von Köln 246
Dietrich, B. von Metz († 1047) 321/40
Dietrich, B. von Münster († 1022) 136
Dietwin von Santa-Rufina, Kardinallegat († 1151) 157, 158
Dionysius, hl. 116
DISIBODENBERG, Kloster bei Odernheim 331/156
DOUZY bei Sedan (F) 288/50
Dracolen, Hz. in Poitiers 113, 125, 297/9
Drogo, B. von Metz, Sohn Karls d. Gr. († 859) 78

Eberhard, Hz. von Franken († 939) 48, 131, 162, 165f., 168, 169, 174f., 188, 199, 257, 276/48, 318/2, 324/48
Eberhard, Gf., Berater Heinrichs IV. 162, 163, 167ff., 172, 194, 199, 314/57, 315/80, 323/34
Eberhard, Gf. von Friesland († 898) 290/76
Eberhard, Obermundschenk Karls d. Gr. 98
Eberhard I., Gf. von Katzenellenbogen († 1311) 248
Eberhard I., Eb. von Salzburg († 1164) 269/68
Eberhard II., B. von Bamberg († 1170) 269/68
Eberulf, Oberkämmerer Kg. Chilperichs I. 70, 282/24
Ebo, Eb. von Reims († 851) 32
Ebroin, Hausmeier († 680) 113, 283/49
Edgith von England, Kgn., Gem. von Otto I. († 946) 311/3
Eduard III., Kg. von England († 1377) 13, 14, 234, 246, 264/1
Egfrid, Gf. 125f., 302/63
Egidius, B. von Reims († 590) 71
Ekbert I. der Einäugige, Gf., († 994) 161
Ekkehard II., Mgf. von Meißen († 1046) 268/57
ELSLOO an der Maas (NL) 121

Embricho, B. von Augsburg († 1077) 19, 166, 170, 189, 191, 199, 213, 246, 267/43, 315/75, 341/59
Engelbert II. von Falkenburg, Eb. von Köln († 1274) 247f., 250, 341/65,/66, 343/114
Engilram, Gf. in Flandern 302/60
Engiltrud, Gem. des Gf. Boso 87
ENGLAND 217; Kg. siehe Eduard III., Heinrich II., Wilhelm I.
Eparchius, Mönch 280/5
Erchanger, Gf. in Schwaben, Kammerbote († 917) 137f.
ERFURT 200
Ermbert, Gf. (im Westergau o. Isengau) 46
Ernst, Hz. im bayerischem Grenzgebiet zu Böhmen († 865) 123
Ernst II., Hz. von Schwaben, Stiefsohn von Ks. Konrad II. († 1030) 155f., 311/8

Felix, B. von Nantes († 582) 280/4
FERRARA (I) 238, 269/68
FLANDERN 5, 234
Flaochad, Hausmeier in Burgund († 642) 39, 41, 42, 273/4,/6,/7
FÖHRING an der Isar 140
FORCHHEIM 276/42
Formonsus, B., päpstlicher Gesandter (von Hadrian I.) 98f.
FRANKFURT, Synode (794) 56, 30, 268/67
FRANKREICH 4, 5, 134, 214, 217, 246; Kg. siehe Hugo Capet, Ludwig IV. u. VI. u. VII., Philipp II. August, Philipp VI.
FRECHEN bei Köln 251
Fredegunde, Kgn., Gem. von Kg. Chilperich I. († 596/97) 44f., 72f., 275/22,/25
FREISING 140, B. siehe Gottschalk, Otto
Friedrich I. Barbarossa, Ks. († 1190) 5, 20, 134f., 136, 138, 139, 140f., 143–150, 151ff., 154, 159, 163, 164, 169, 175, 179f., 181f., 183, 186, 187, 188, 194f., 200, 205, 208, 210, 214, 230, 231, 236–239, 240, 241, 242,

269/68,/74, 304/25,/26,/28,
305/34,/39,/42, 306/59, 307/68, 309/99,
310/114, 312/28, 314/64, 316/100,
321/40, 322/18, 329/133, 331/165,
332/167
Friedrich II., Ks., Kg. von Sizilien
(† 1250) 161, 163, 226, 244
Friedrich II., Hz. von Schwaben
(† 1147) 156 ff., 164 f., 171, 173, 199,
305/42, 311/10,/13, 312/15, 314/66
Friedrich von Rothenburg, Hz. von
Schwaben, S. Kg. Konrads III.
(† 1167) 138
Friedrich III. von Leinigen, Gf. († 1287)
340/57
Friedrich II. Gf. von Falckenstein 189,
323/24, 325/63
Friedrich, Eb. von Mainz († 954) 93,
161, 162, 165 f., 168, 169, 174 f., 177,
188, 197, 199, 206, 210, 257,
318/2,/4,/5, 324/48
Friedrich, A. von St. Godehard in Hildesheim († 1155) 267/46
FRIESLAND 122
FULDA 156, 158, 311/10; Kloster 76, 116,
267/41; Äbte siehe Baugulf, Sigihard,
Sturmi, Widerad

Gallomagnus, Referendar unter Kg.
Childebert II. 64, 69, 281/11, 283/48
GANDERSHEIM, Streit 143, 150, 203
Garachar, Gf. 68 f., 71
Gauzlin, A. von Saint-Denis u. a., B. von
Paris († 886) 300/42
Gebhard, Gf. des Lahngaus 300/42
Gebhard, Gf. 317/108
Gebhard, Eb. von Salzburg († 1088)
166, 170, 315/75, 322/20
Geisa, Kg. von Ungarn († 1077)
333/22
Gerberga, Kgn., Gem. von Ludwig IV.
von Frankreich († 968/69) 131
Gerhard, Gf. von Geldern († 1131) 204
Gerhard II. von Landskron, Amtmann
zu Sinzig († c.1273) 341/64
Gerhard, elsäss. Gf. 136, 305/36

Gerhard, Gf. von Metz 273/71, 276/40
Gero I., Mgf. der sächs. Ostmark († 965)
161
Gero II., Mgf. der sächs. Ostmark
(† 1015) 142, 183
Gero, Eb. von Magdeburg († 1022) 137,
138, 141, 306/51
Gerold, B. von Oldenburg († 1163) 184,
321/45
GERSTUNGEN, Frieden von (1074) 163,
175, 177, 194, 205, 207, 209, 257
GIRBADEN, Burg bei Molsheim/Elsaß
(F) 305/39
Gisela, Ksn., Gem. von Ks. Konrad II.
(† 1043) 133, 155 f., 159, 160, 304/22,
311/8
Gisela, illegitime T. von Lothar II.,
Gem. des Normannenfürsten Gottfried († 907) 94 f., 122, 290/76
Gisela von Burgund, Mutter von Heinrich II. († 1004) 155 f.
Giselbert, Hz. von Lothringen († 939)
131, 139 f., 174, 318/8
Giselbert, Gf. im Maasgau, Gem. einer
Tochter Lothars I. 82 ff., 89, 109,
285/6, 286/10
Godinus 64 f.
GONDREVILLE bei Toul (F) 105
GOSLAR 147, 253, 305/38
Gottfried II., Hz. von Niederlothringen
(† 1023) 136, 305/36
Gottfried III. der Bärtige, Hz. von
Oberlothringen († 1069) 162, 163,
198, 330/150
Gottfried VI., Hz. von Niederlothringen
(† 1139) 160, 312/29
Gottfried, Normannenfürst, Gem. von
Gisela (T. von Lothar II.) 94 f., 121 f.,
290/76, 301/49,/52,/54
Gottschalk, B. von Freising († 1006)
172, 328/128
Gottfried, Gf. 121
Gozelo IV., Hz. von Lothringen († 1076)
169, 170, 190, 191, 214, 215, 315/75,
316/91,/92, 331/167, 332/168
Gregor I., Papst († 604) 15, 265/13

Gregor IV., Papst († 844) 102 ff., 105, 106, 188, 189, 198, 292/114,/115, 293/116,/124, 294/125,/126
Gregor VII., Papst († 1085) 5, 160, 185, 187, 198, 206, 210, 213, 215–223, 227, 231, 232, 313/33, 328/117, 331/160, 333/18
Gregor X., Papst († 1276) 232 f., 332/9, 337/87,/88
Gregor, B. von Tours, († c. 593) 48, 64, 68 f., 70, 71 ff., 74 f., 116, 271/44, 280/4,/5,/7, 282/24,/30
Grifo, Stiefbr. von Pippin († 753) 78, 284/63, 300/48
Guido, Gf. von Biandrate 162, 180, 194, 319/28, 320/29, 332/167
Guido von Crema siehe Paschalis III.
Gundowald, angeblicher S. von Kg. Chlothar I. († 585) 65, 68, 111
Günter von Käfernburg, Gf. 245, 340/50
Guntram, frk. Kg. († 592) 33, 35, 36, 45, 52, 57, 58, 59, 64, 65 ff., 68 f., 70, 71, 74, 111 f., 114, 116, 272/52, 273/70, 275/25, 281/11 ,/16, 282/24, 283/37,/45,/48, 325/61
Guntram Boso, Hz. († 587) 65–68, 69, 70, 71, 80
Gunzelin, Mgf. von Meißen († n. 1017) 143, 172, 307/75
GUYENNE 233

Hadrian I., Papst († 795) 97–101, 198, 291/95, 292/109,/110
Hadrian II., Papst († 872) 17, 94, 105 ff., 109, 198, 257, 289/73, 294/134, 295/137,/139, 326/76
Hadwig, Gem. von Hugo dem Großen († nach 958) 131
HALBERSTADT 168, 264/5, B. siehe Arnulf, Branthog, Burchard II., Ulrich
HALDENSLEBEN 139, 306/59
HAMBURG, Ratssendboten 253 f.
HANSE 252, 253, 254 f., 342/90
Hardrad, Gf. 76, 116 f., 284/63, 286/14
Hartbert, B. von Chur († ca. 970) 161, 162, 173, 188 f., 191, 324/50

Hartwig I., Eb. von Hamburg-Bremen († 1168) 148, 184, 210, 309/98,/99, 329/133
Hartwig, A. von Hersfeld, 141 f., 175, 307/70; Eb. von Magdeburg († 1102) 20, 180, 267/47, 319/27
Hatto I., Eb. von Mainz († 913) 113, 119, 297/12, 298/13, 316/87
Hatto, Befehshaber einer Insel im Comer See 268/58
Heinrich I., ostfrk.-sächs. Kg. († 936) 48, 130, 131, 132 f., 139 f., 276/48, 303/18, 311/3, 318/8
Heinrich II., Ks. († 1024) 136, 137, 138 f., 141, 142, 143, 144, 148, 150 f., 155, 159, 166, 171, 172, 192, 196, 199, 203, 209, 214, 307/75, 308/78, 313/43, 317/102, 321/39, 325/64, 328/128
Heinrich III., Ks. († 1056) 134, 156, 179, 198, 211, 305/42, 311/8, 312/13
Heinrich IV., Ks. († 1106) 5, 19, 140, 141 f., 144, 151, 153, 156, 160, 161, 163, 164, 166 ff., 170, 175, 176 ff., 180, 181, 186, 187, 188, 189, 190, 194, 197, 198, 199, 200, 206, 210, 213 f., 218–222, 241, 246, 257, 307/66, 310/112, 312/13, 314/65, 315/75,/77, 316/85, 317/102, 318/13, 319/18, 323/30,/34, 328/117,/128, 329/132, 331/160, 333/15, 341/59
Heinrich V., Ks. († 1125) 20, 136, 144, 159 f., 161, 178, 180, 191, 205, 206, 208, 210
Heinrich VI., Ks., Kg. von Sizilien († 1197) 339/15
Heinrich (VII.), röm.-dt. Kg. († 1242) 161, 163
Heinrich II., Kg. von England († 1189) 134, 187, 240, 304/31, 328/120
Heinrich I., Hz. von Bayern († 955) 19, 155, 160, 166, 174, 313/42
Heinrich II. der Zänker, Hz. von Bayern († 995) 313/43
Heinrich von Luxemburg, Hz. von Bayern († 1026) 196, 321/39, 325/64

Heinrich der Schwarze, Hz. von Bayern
(† 1126) 164
Heinrich der Stolze, Hz. von Sachsen
und Bayern († 1139) 143, 161, 162,
164f., 171f., 180f., 187, 189f., 191, 193,
195, 210, 325/61
Heinrich Jasomirgott, Hz. von Bayern,
dann von Österreich († 1177)
143–148, 149, 150, 152f., 208, 267/48,
308/91, 309/96, 314/64, 328/124
Heinrich der Löwe, Hz. von Sachsen
und Bayern († 1195) 135, 139, 140,
141, 143–148, 149, 150, 152f., 154, 162,
163, 169, 187, 188, 190, 200, 201, 204,
207, 211, 214, 267/48, 306/59, 308/91,
309/96,/98, 310/117, 314/64, 316/100,
323/35, 327/112, 328/124, 329/132,
330/145
Heinrich von Schweinfurt, Mgf. im bayrischen Nordgau († 1017) 166, 172,
188, 313/43, 328/128
Heinrich, ostfrk. Gf., Babenberger
(† 886) 285/80, 290/46
Heinrich I., Gf. der Champagne
(† 1181) 304/28
Heinrich der Blinde, Gf. von Namur
(† 1196) 137f., 305/46
Heinrich, Gf. 140
Heinrich I., Eb. von Mainz († 1153) 213,
331/156
Heinrich von Vinstingen, Eb. von Trier
(† 1286) 341/66
Heinrich, B. von Basel, Eb. von Mainz
(† 1288) 248, 341/70
Heinrich I., B. von Augsburg († 982)
173
Heinrich, B. von Minden († 1056)
267/46
Heinrich, A. von Corvey († 1046)
267/46
Heinrich, A. von Hersfeld 245, 340/50
Heinrich von der Nürburg, Domherr
251, 342/85
HELMARSHAUSEN bei Bad Karlshafen,
Kloster 183, 321/44
HELMSTEDT 253

Hemming, Kg. von Dänemark
(† 810/811) 62
HERBRECHTINGEN bei Ulm, Augustinerchorherrenstift 151, 153, 310/113
Heribert II., Gf. von Vermandois
(† 943) 130, 131, 132f., 303/18
Heribert, Eb. von Köln († 1021) 192
Hermann II., Hz. von Schwaben
(† 1003) 159, 312/22
Hermann I., Landgf. von Thüringen
(† 1217) 142, 317/100
Hermann, Gf. von Werl 136, 321/44
Hermann II., Gf. von Winzenburg
(† 1152) 149, 309/100
Hermann von Stahleck, Pfgf. bei Rhein
(† 1156) 149, 310/114
Hermann von Salza, Hochmeister des
Deutschen Ordens († 1239) 161, 163
Hermann I., B. von Bamberg († 1085)
207f.
Hermann, B. von Utrecht († 1156) 148
Hermenegild, S. von Kg. Leovigild 91f.
HERSFELD, Kloster 142; Zehntstreit 48;
Äbte siehe Hartwig, Heinrich
Hilderich 159
HILDESHEIM 253; Domkapitel 264/5,
B. siehe Altfrid, Bernward
Hinkmar, Eb. von Reims, († 882) 56, 80,
108, 294/134, 295/142, 302/60
Hinkmar, B. von Laon († 879) 56
HOHORST, Kloster bei Amersfoort (NL)
40
HOMBURG an der Unstrut 166
Hrabanus Maurus, Eb. von Mainz
(† 856) 46, 275/35
Hrotgaud, Hz. von Friaul († 776) 284/62
Hugo Capet, Kg. von Frankreich
(† 996) 132
Hugo der Große, Hz. von Franzien
(† 956) 131 ff., 303/12,/13,/14
Hugo, A. von Saint-Quentin, S. von
Karl d. Gr. († 844) 78
Hugo, S. von Kg. Lothar II. († nach 895)
79
Hugo, Gf. von Dagsburg 136
Hugo, Pfgf. von Tübingen († 1182) 138

Register 377

Hugo der Abt, A. von Saint-Germain u. a. († 866) 302/66
Hugo, A. von Cluny († 1109) 206, 210, 213 f., 328/117, 331/160
Hugo von Saint-Cher, Kardinallegat († 1263) 249
Humbert, Gf. von Savoyen († 1189) 237
Hunrich, A. von Mondsee, Gesandter Hz. Tassilos III. 99 f., 292/102,/109

ILLERTISSEN bei Ulm 173
INGELHEIM, Synode 132, 302/19
Innozenz II., Papst († 1143) 158
Innozenz III., Papst († 1216) 5, 134, 197, 222–230, 231, 232, 331/166, 334/39, 335/48,/54, 336/61, 338/94
Irmingard, Ksn., Gem. von Ks. Lothar I. († 851) 118
Irmintrud, Kgn., Gem. von Karl dem Kahlen († 869) 93, 95, 296/149
ISLAND 4, 5, 262/43
ITALIEN 59, 100, 102, 117, 118, 154, 199, 225, 284/62, 289/74, 294/126, 301/51, 304/29, 307/68
IVOIS am Chiers = Carrignan bei Sedan (F), Hoftag 131

Jaromir, Hz. von Böhmen († n. 1012) 317/102
Jesus Christus 14 ff., 19 f., 25, 72 f., 265/21, 267/52
Johannes VIII., Papst († 882) 17, 187, 266/35, 322/10
Judith, Ksn., Gem. von Ludwig dem Frommen († 843) 294/126
Judith, T. von Ks. Karl dem Kahlen, Gem. von Gf. Balduin I. von Flandern († c. 870) 87, 108 f., 296/149
JÜLICH, Gf. siehe Wilhelm

Karl I. der Große, Ks. († 814): 17, 26, 44, 45, 46, 62, 76, 77, 78, 82, 97–101, 104, 116 f., 171, 275/33,/34, 283/54, 284/62, 289/74, 291/98,/100, 292/102,/107, 298/21

Karl II. der Kahle, Ks. († 877) 17, 36, 56, 60 ff., 79, 82 ff., 85–88, 89 ff., 93, 95, 98, 102, 105 ff., 108 f., 118, 120 f., 124, 125 f., 130, 187, 197 f., 257, 266/29,/30, 268/57/65, 279/91, 280/92, 285/6, 286/10,/17, 287/29,/30,/35,/36,/37,/40, 288/45,/48,/51 ,/52, 289/67, 294/126,/130,/134, 295/142,/144, 296/156,/157, 300/36,/42,/44, 302/60, 326/76
Karl III. der Dicke, Ks. († 888) 17, 47, 90 f., 94, 121 ff., 276/42,/43, 285/80, 290/76, 301/49,/52,/54
Karl III. der Einfältige, westfrk. Kg. († 929) 130 f., 303/4
Karl, Kg. von Aquitanien, S. von Karl dem Kahlen († 866) 107, 120, 295/144, 296/157
Karl, Kg. von der Provence († 863) 86
Karl Martell, Hausmeier († 741) 78
Karl, Eb von Mainz, Neffe von Ks. Karl dem Kahlen († 863) 84
Karlmann, frk. Kg., Br. von Karl dem Gr. († 771) 289/74, 284/62
Karlmann, S. von Karl d. Gr. siehe Pippin
Karlmann, ostfrk. Kg. († 880) 46, 47, 79, 276/42
Karlmann, Hausmeier, S. von Karl Martell († 754) 95 f.
Karlmann, S. von Karl dem Kahlen († 876) 79, 90, 106 f., 288/51, 295/139,/142, 326/76
Knut Magnusson, Kg. von Dänemark († 1157) 134, 304/25
KOBLENZ 60, 280/92; Frieden von (860) 85 ff., 88, 90, 286/17
KÖLN 89, 168, 249 ff., 288/48, 315/80,/83, 325/62, 328/114, 342/88; Bürgerschaft 249, 252, 328/114; Schied von (1252) 249 f.; Schied von (1258) 251, 255; Eb. siehe Adolf, Brun, Engelbert, Heribert, Konrad, Philipp, Rainald, Willibert
Konrad I., ostfrk. Kg. († 918) 113

Konrad II., Ks. († 1039) 133, 139, 155 f.,
159, 209, 214, 304/22, 311/5, 313/42,
328/128, 329/138
Konrad III., röm. Kg. († 1151) 137, 138,
143, 148, 156, 158, 171, 173, 180 f., 187,
191, 199, 210, 212, 305/42,/46, 312/15
Konrad der Rote, Hz. von Lothringen
(† 955) 132, 168, 171, 197, 199, 257,
303/14
Konrad von Landsberg, Mgf. von
Meißen († 1210) 162, 168, 214
Konrad von Hochstaden, Eb. von Köln
(† 1261) 249–252, 255, 325/62, 342/88,
343/111
Konrad I., Eb. von Mainz († 1200) 210,
224 f., 231, 243, 264/5, 335/49
Konrad, B. von Augsburg († 1167)
269/74, 304/26
KONSTANZ, Vertrag von (1153) 321/40;
B. siehe Salomon III.
Kunigunde, Ksn., Gem. von Heinrich II.,
hl. († 1033) 159, 199, 326/86

Landramnus, B. von Tours († c. 849) 76
Lantbert, Gf. von Nantes 199, 326/80
LAON (F) 113
Leo III., Papst († 816) 76
Leo IX., Papst († 1054) siehe Brun von
Toul
Leovigild, westgot. Kg. († 586) 91 f.,
288/57
Leudast, Gf. von Tours († 583) 72 f., 75,
283/40
Leudovald, B. von Bayeux († 614)
283/48
Liemar, Eb. von Hamburg-Bremen
(† 1101) 166
Liudolf, Hz. von Schwaben, S. Ottos I.
(† 957) 93, 132, 160 f., 162, 173, 174,
188, 189, 190, 191, 192, 193, 194, 197,
199, 212, 257, 313/39, 317/1, 322/23,
323/25, 324/50, 326/84
Liutbert, Eb. von Mainz († 889) 19, 92,
121, 124, 268/58, 289/62, 302/60
Liutpold, bayerischer Gf. († 907) 113,
297/12, 298/13

Liutward, B. von Vercelli († 899) 17,
121 ff., 127, 266/31, 272/61, 301/49,
302/67
Lothar I., Ks. († 855) 48, 60 f., 79, 80,
82 ff., 93, 102 ff., 105, 118, 269/74,
279/92, 286/6,/8,/10, 292/115, 293/120,
294/126, 296/152, 299/35, 300/42
Lothar II., frk. Kg. († 869) 17, 53, 61, 79,
84–89, 93, 94, 98, 105, 106, 108, 109,
122, 124, 130, 187, 189, 266/29, 268/57,
278/69, 280/96, 287/22,/23,/30,/36,/37,
288/45, 289/67,/71, 294/129, 295/137
Lothar III. von Süpplingenburg, Ks.
(† 1137) 135, 136, 144, 156 ff., 159,
161, 162, 165, 171, 173, 199, 204,
305/38,/42, 311/13, 312/15
Lothar, westfrk. Kg. († 986) 131, 132,
303/20
LOTHRINGEN 48
LÜBECK 152, 253 f., 342/94; Ratssendboten 253 f.; Ratsstreit von (1416)
255
Lucius III. Papst († 1185) 187
Ludwig I. der Fromme, Ks. († 840) 17,
32, 44, 76, 77, 78, 79, 80, 93, 102 ff.,
106, 118 f., 188, 189, 198, 265/15,
284/64, 292/115, 293/117,/124,
294/125,/126, 299/35, 300/42
Ludwig II., Ks., Kg. von Italien († 875)
17, 53, 86, 93 f., 106, 127, 187, 257,
266/30, 278/69, 289/71, 295/135,/137,
302/68, 322/10
Ludwig II. der Deutsche, ostfrk. Kg.
(† 876) 17, 18, 19, 26, 36, 46, 47, 48,
60 ff., 79 f., 82 ff., 85–89, 89 ff., 92, 93,
98, 102 ff., 105 f., 107, 109, 124, 130,
133, 153, 187, 189, 266/29, 268/57/58,
274/14, 276/42, 279/91, 280/92,
285/80,/6, 286/8,/9,/10, 287/22,/26,
/29/30,/35,/36,/40, 288/48,/50,/51,/52,
289/62,/64,/66, 293/120, 294/126,/129,
295/137, 296/155, 301/59, 302/60
Ludwig III. der Jüngere, ostfrk. Kg.
(† 882) 42, 46 f., 79, 89–93, 268/58,/65,
274/13,/14, 276/42,/43, 285/80, 288/48,
289/63,/64,/66

Ludwig das Kind, ostfrk. Kg. († 911) 119, 130, 297/12, 298/13
Ludwig IV. der Bayer, Ks. († 1347) 234, 245, 246, 338/97
Ludwig II. der Stammler, westfrk. Kg. († 879) 107, 121, 295/144
Ludwig III., westfrk. Kg. († 882) 302/66
Ludwig IV. d'Outremer, westfrk. Kg. († 954) 131 ff., 303/12,/13,/14,/19, 304/21,/26, 324/48
Ludwig VI., Kg. von Frankreich († 1137) 267/50, 304/26
Ludwig VII., Kg. von Frankreich († 1180) 134, 269/74, 304/28
Ludwig II. der Strenge, Hz. von Bayern, Pfgf. bei Rhein († 1294) 247, 248, 339/30, 341/65,/66, 343/114
Ludwig III., Landgf. von Thüringen († 1190) 317/100
Ludwig, Burggf. von Trier 137, 306/62
Ludwig, B. von Basel († 1179) 339/4
LÜNEBURG, Ratssendboten 253 f.
LÜTTICH (B), B. siehe Wolbodo
Lupus, Hz. der Champagne 39
LYON (F) 271/36

MAASTRICHT (NL) 288/50; Servatius-Abtei 139 f.
MÂCON (F) 60, 279/92
MAGDEBURG 137, 168, 308/78, 314/63; Ebm. 153, 252, 309/106; Klerus 170, 172, 173; Eb. siehe Gero, Hartwig, Tagino, Werner, Wichmann
Magnarich, B. von Trier (596) 67 f.
MAILAND (I) 162, 170, 179 f., 194, 200, 205 f., 332/167; Bürgerschaft 159, 160, 267/50, 312/28, Eb. siehe Ansbert, Aribert II.
MAINZ 162, 174, 192; Ebm. 225; Eb. siehe Adalbert, Aribo, Arnold, Bonifacius, Christian, Friedrich, Hatto, Heinrich I., Heinrich von Basel, Hrabanus, Karl, Liutbert, Siegfried, Werner, Willigis
Maiolus, A. von Cluny († 994) 213, 331/159

Mariengreden, Kanonikerstift in Mainz 331/156
Markus, Kleriker, 266/39
Marowech, B. von Poitiers († 590) 48, 271/44, 282/30
Martin, Hz. in Austrasien († 680) 113, 283/49
Martin, B. von Tours, hl. († 397) 69, 116, 282/25
Matfrid, Gf. von Metz 273/71, 276/40
Mathilde von England, Ksn., Gem. von Ks. Heinrich V. († 1167) 159 f.
Mathilde, Kgn., Gem. von Kg. Heinrich I. († 968) 19, 155, 160, 311/3
Mathilde, Mgfn. von Tuszien († 1115) 333/18
MEAUX (F), B. siehe Sigmund
MEERSEN bei Maastricht (NL) 83, 86, 286/9; Vertrag von (870) 36, 61, 106
Meinwerk, B. von Paderborn († 1036) 183, 184, 192, 210, 321/44, 326/86
MEISSEN 197
MERSEBURG 134, 268/57, 304/25, 308/78; B. siehe Thietmar
METZ (F) 60, 106, 300/37; Stephanskirche 301/54, B. Arnulf, Dietrich, Drogo
Mieszko II., Kg. von Polen († 1034) 159
MINDEN 342/90; B. siehe Heinrich
MÖLLN 254
MONTEBELLO bei Voghera (I) 236 f., 242, 243, 339/21
MONTECASSINO (I) 94
Mummolus (Eunius), Patricius († 585) 111 f., 113, 114, 269/73, 297/3, 325/61
MÜNCHEN 149
Munderich, Verwandter von Kg. Teuderich I. 112 f., 297/6,/7
MÜNSTER, B. siehe Dietrich
Murrhardt, Abtei bei Schwäbisch-Hall 245

NAMUR (B), Gf. siehe Heinrich
Nanthilde, frk. Kgn. († 642) 45
NEUSTRIEN 78
NEVERS (F) 290/86

NIJMEGEN (NL) 144
Nikolaus I., Papst († 867) 18, 93, 95, 107 ff., 123, 125, 197 f., 266/35, 280/96, 289/73, 295/143,/144, 296/149,/152,/155
Nikolaus II., Papst († 1061) 88
Nominoë, Kg. der Bretonen († 851) 199
NOWGOROD (RUS) 253

Odilo, Hz. von Bayern († 739) 95 f., 188
Odo, westfrk. Kg. († 898) 126, 130, 302/64, 303/4
Offa, Kg. von Mercien († 796) 76
OLDENBURG, B. siehe Gerold, Vizelin
ORLÉANS (F) 50, 277/56; Konzile von (541 u. 546) 277/57,/59, 278/77
ÖSTERREICH 146 f., 232
Otto I., Ks. († 973) 19, 93, 131 ff., 155, 160, 161, 162 f., 165 f., 168, 171, 173, 174 f., 188, 190, 192, 193, 194, 199, 206, 212, 257, 303/12,/13,/14,/19, 304/26, 311/3, 313/42, 317/1, 323/25, 324/48,/50
Otto II., Ks. († 983) 173, 213, 313/43, 331/159
Otto III., Ks. († 1002) 142, 163, 173, 206
Otto IV., Ks. († 1218) 135, 224–228, 231, 331/165, 335/51,/54, 337/82
Otto von Northeim, Hz. von Bayern († 1083) 162, 163, 164, 165, 167 f., 172, 194, 199, 200, 209, 312/13, 314/63, 315/80, 317/104, 323/34, 328/128, 330/150
Otto IV., Mgf. von Brandenburg († 1308) 339/30
Otto, Gf. von Orlamünde († 1285) 340/57
Otto, Gf. von Wolfratshausen († 1136) 162, 190
Otto V. von Wittelsbach, bayr. Pfgf. († 1156) 162, 180, 189 f., 195, 214, 319/27, 321/40, 323/24, 325/61
Otto, B. von Freising († 1158) 20, 140, 149, 152, 186, 210
Ottokar I. Přemysl, Kg. von Böhmen († 1230) 162, 168

Ottokar II. Přemysl, Kg. von Böhmen († 1278) 232 f., 242, 332/9, 337/87, 339/30

PADERBORN, B. siehe Meinwerck
Paschalis II., Papst († 1118) 20, 191
Paschalis III., Gegenpapst († 1168) 339/14
Paul I., Papst († 767) 96 f., 290/79, 332/10
Paulus, hl. 14
PASSAU, B. siehe Altmann
PAVIA (I) 117, 118
Pedro Gomes, Kardinallegat (von Benedikt XII.) 233 f., 338/100
Petrus, B. von Spoleto († 861) oder von Arezzo († 867), Gesandter Lothars I. 48, 276/44
Philipp von Schwaben, röm.-dt. Kg. († 1208) 134, 142, 162, 168, 197, 224, 226 f., 231, 246, 327/114, 331/165,/166
Philipp II. August, Kg. von Frankreich († 1223) 134, 197, 304/31
Philipp VI., Kg. von Frankreich († 1350) 13, 233 f., 246
Philipp I., Gf. von Savoyen († 1285) 242
Philipp vom Elsaß, Gf. von Flandern († 1191) 134, 304/31
Philipp II. von Hohenfels 341/64
Philipp I. von Heinsberg, Eb. von Köln († 1191) 237, 310/117
PIACENZA (I) 321/40
Pilgrim, Patriarch von Aquileja († 1161) 163, 188, 190, 194 f., 314/64
Pippin I. der Ältere, Hausmeier († 640) 282/36
Pippin II. der Mittlere, Hausmeier († 714) 113
Pippin III. der Jüngere, frk. Kg. († 768) 59, 76, 78, 95 ff., 98 f., 117 f., 188, 284/62, 290/79,/86, 299/25,/26,/30, 329/137, 332/10
Pippin (zunächst Karlmann), Kg. von Italien († 810) 97
Pippin I., Kg. von Aquitanien, († 838) 102 ff., 120 f., 293/120, 294/126, 300/44

Pippin II., Kg. von Aquitanien († n. 864) 84
Pippin der Bucklige, S. von Karl d. Gr. († 811) 76, 78, 284/63
PLÖTZKAU, Grafschaft 309/106
POITIERS (F), Bürger 273/70
POLEN, Hz. siehe Boleslav II. u. IV., Mieszko
POITOU 132
Poppo, Patriarch von Aquileja († 1042) 313/42
Poppo II., B. von Würzburg († 984) 317/108
Poppo, A. von Stablo und St. Maximin († 1048) 214, 331/161
Praetextatus, B. von Rouen († 586) 32, 70, 199

Radelchis, Hz. von Benevent († c. 851) 48, 276/44
Radoald, Diakon, 266/39
Rainald von Dassel, Eb. von Köln († 1167) 304/29, 321/40
Rastislaw, mährischer Fürst († nach 870) 285/80
RAVENNA (I) 117; Bürgerschaft 209, 329/138
Reccared I., westgot. Kg. († 601) 91
REGENSBURG 146, 161, 308/91
Reolus, B. von Reims († zw. 688 u. 693) 297/11
Richard von Cornwell, röm.-dt. Kg. († 1272) 232
Richenza von Northeim, Ksn., Gem. von Ks. Lothar III. († 1141) 156ff., 159, 160, 172, 173, 199, 311/10, 312/15
Riculf, Diakon, Gesandter Karls d. Gr. 98
Riculf, Priester in Tours 280/4
Robert I., westfrk. Kg. († 923) 126, 127, 130, 302/64
Robert der Tapfere, Gf. von Anjou († 866) 125f., 127, 302/63
ROM (I) 94, 97, 99f., 102, 104, 108, 109, 134, 158, 292/109, 294/126

Romuald von Salerno, Eb. von Salerno († 1181) 339/17
Rorich, Anführer der Normannen 122, 198, 269/74
ROSTOCK 342/90
Rothad II., B. von Soissons († 869) 18
ROUEN (F) 284/64
Rudolf I. von Habsburg, röm.-dt. Kg. († 1291) 232f., 242, 244, 245, 247f., 339/30, 340/47,/57
Rudolf II., Kg. von Hochburgund († 937) 131, 132f.
Rudolf III., Kg. von Burgund († 1032) 131, 133, 304/22, 311/2
Rudolf von Rheinfelden, Gegenkg., Hz. von Schwaben († 1080) 156, 160, 177f., 180, 198, 220ff., 311/7, 333/18
Rudolf, Gf. von Stade, Mgf. der Nordmark († 1124) 136, 144, 305/38
Rudolf, B. Straßburg († 1179) 339/4
Ruotger, Eb. von Trier († 930) 140ff.

SAALFELD 174
SACHSEN 174, 175, 200, 309/106; Sachsenkriege 175, 178, 231; Stellinga-Aufstand 79f.; Sächsischer Städtebund 253
SAINT-DENIS bei Paris (F) 115, A. siehe Aigulf
SAINT-QUENTIN (F), Vertrag von (857) 286/20
SALEM, Kloster 331/166
Salomon, Kg. von Ungarn († um 1087) 332/7
Salomon III., B. von Konstanz († 919) 137, 138
Salomon, bibl. Kg. 265/21
SALZBURG, B. u. Eb. siehe Arn, Eberhard, Gebhard
Samo, frk. Slawenherrscher († um 660) 35
Sancho VI., Kg. von Navarra († 1194) 240
SAVONNIÈRES bei Toul (F), Abkommen von (862) 17, 88, 287/42
SAVOYEN, Gf. siehe Humbert, Philipp I.

SCHALKSBURG, Burg = Hausberge bei Minden 159
SCHWABEN 162; Hz. siehe Burchard I., Ernst II., Friedrich II., Friedrich von Rohtenburg, Hermann II., Liudolf, Rudolf von Rheinfelden
Secundinus, Ratgeber von Kg. Theudebert I. 42f., 274/16,/17, 275/19
SELZ (F) 57
SENLIS (F) 295/139
Sergius, Priester, päpstlicher Legat 95f., 188, 209
SEVILLA (E) 91
Sichar, Bürger aus Tours († 585) 49, 280/7
Siegfried I. von Eppstein, Eb. von Mainz († 1084) 140f., 166, 170, 207f., 210, 268/58, 322/20, 329/131
Siegfried, Däne 120, 300/41
Siegfried, Gf. von Stade († 1037) 321/44
Sigenulf, Hg. von Salerno († c. 849) 48, 276/44
Sigibert I., frk. Kg. († 575) 65
Sigihard, A. von Fulda 19
Sigmund, B. von Meaux († 887) 120
Simon, Kleriker, 266/39
SIZILIEN 222
SPANIEN 217
SPEYER 148, 308/96
SPIER bei Sondershausen 166, 169, 190, 191, 194, 315/77
SPRENDLINGEN bei Bingen 247
Stephan, Gf. von Clermont († 864) 302/63
Stephan, Gf. (901) 276/40
Stephan II., Papst († 757) 117, 299/25
ST. GALLEN (CH), Kloster 165, 188, 200, 202
STRASSBURG (F) 117, 159, 300/37; Bistum 140; Kloster St. Stephan 312/22; B. siehe Baltram, Bruno, Rudolf
Sturmi, A. von Fulda († 779) 98
Sunnegisil, Marschall von Kg. Childebert II. 64, 69, 281,/11, 283/48
Sven Estridsen, Kg. von Dänemark († 1074 od. 76) 314/60, 332/7

Sven III. Grathe, Kg. von Dänemark († 1157) 134, 304/25

Tagino, Eb. von Magdeburg († 1012) 166, 172, 188
Tassilo III., Hz. von Bayern († n. 794) 17, 76, 78, 96–101, 104, 198, 284/54,/63, 290/86, 291/98,/99,/100, 292/102,/107,/109,/110
Thachulf, Mgf. der sorbischen Mark († 873) 123, 127, 301/56,/58
Theodahad, Kg. der Ostgoten († 536) 35
Theoderich der Gr., Kg. der Ostgoten († 526) 53ff., 59, 278/72,/73,/75,/76
Theodo, S. von Hz. Tassilo III. von Bayern 97
Theodora Komnene, Gem. von Hz. Heinrich Jasomirgott († 1184) 147
Theudebert I., frk. Kg. († 547) 35, 42ff., 274/19
Theudebert II., frk. Kg. († 612) 57, 279/83
Theuderich I., frk. Kg. († 533) 112f.
Theuderich II., frk. Kg. († 612/13) 57, 68, 269/73, 279/83
Theuderich III., frk. Kg. († 690/91) 113
Theuderich, Sohn Karls d. Gr. († n. 818) 78
Theutberga, frk. Kgn., Gem. von Lothar II. († nach 869) 87, 280/96
Thietmar, billung. Gf. († 1048) 183, 192, 321/44
Thietmar, B. von Merseburg († 1018) 308/78, 317/102
Thiudigotho, Gem. von Kg. Alarich II., T. von Kg. Theoderich d. Gr. 278/76
Thomas Becket, Eb. von Canterbury († 1170) 20, 304/29, 328/120
THÜRINGEN, Zehntstreit 140f., 144, 151, 153, 241, 310/112; Landgf. siehe Hermann I., Ludwig III.
TIVOLI (I) 162, 163, 173, 206, 207
TOLEDO (E) 289/60

TORTONA (I) 214
TOURNAI (B) 45
TOURS (F) 116; Grafschaft 72; Bistum 70; Kirche des Hl. Martin 68, 74; Konzil von (567) 277/59, 278/77; Bürger 273/70
TRIBUR 42, 274/14; Konzil 16
TRIER 196, 283/36; Kirche 139; Eb. siehe Adalbero, Albero, Heinrich, Magnarich, Ruotger, Udo
TÜBINGEN, Fehde 138, 148
TUSEY bei Vaucouleurs (F), Frieden von (865) 124

Udo, Gf. von Stade, Mgf. von der Nordmark († 1082) 166
Udo, Gf. († 949) 268/58
Udo, Eb. von Trier († 1078) 170, 172
ULM 305/42
Ulrich, B. von Augsburg († 973) 161, 162, 165, 173, 183, 188f., 191, 193, 194, 200, 202f., 204, 210, 317/1, 324/50, 327/103, 331/167
Ulrich, B. von Halberstadt († 1180) 305/42
UNGARN 134, 155, 165, 199, 222
Unwan, Eb. von Hamburg-Bremen († 1029) 159, 210, 326/86
UTRECHT (NL) 40; Bürgerschaft 40, 148; B. siehe Anfried, Hermann, Adalbold

VALENCIENNES (F) 200
VENEDIG (I) 181, 320/37; Vertrag von (1177) 181, 236, 237, 320/35
VERCELLI (I) 205, 328/115
VERDEN 184, 309/99, 329/133
VERDUN (F) 66, 281/16; Teilungsvertrag von (843) 61, 82, 83, 104, 278/67
Viktor, Schulleiter in St. Gallen 202, 327/101
Vizelin, B. von Oldenburg († 1154) 330/148
Vladislav II., Kg. von Böhmen († 1174) 147, 179, 205, 310/114, 328/115
VOUILLÉ bei Poitiers (F), Schlacht (507) 54, 278/75

WAIBLINGEN 272/61
Waifar, Hz. von Aquitanien († 768) 290/86
Waldemar I., Kg. von Dänemark († 1182) 163
Waldemar II., Kg. von Dänemark († 1241) 135
Waldrada, frk. Kgn., Gem. von Lothar II. († nach 869) 87, 289/73
Walram, Gf. von Sponheim († 1380) 245
Waratto, Hausmeier († 686) 92, 283/49
Welf IV., Hz. von Bayern († 1101) 164, 214, 314/65
Welf V., Hz. von Bayern († 1120) 164
Welf VII., Gf. († 1167) 138, 141, 307/68
Wenilo, Eb. von Sens († 865) 266/35
WERDEN, Feste, bei Essen 248
WERLA 192, 321/44
Werner, Mgf. der sächs. Nordmark (1009) 137, 305/46
Werner, Eb. von Magdeburg († 1078) 170, 172f.
Werner von Eppstein, Eb. von Mainz († 1284) 247f., 341/66,/70
Werner, B. von Straßburg († 1029) 312/22
Wibald, A. von Stablo und Corvey († 1158) 20, 267/46
Wichmann II., sächs. Gf., Billunger († 967) 161
Wichmann III., Gf. am Niederrhein († 1016) 136, 144, 192, 194, 200, 210, 305/45, 323/39
Wichmann, Eb. von Magdeburg († 1192) 153, 154, 210, 237, 330/142
Widerad, A. von Fulda († 1075) 140ff.
Wido I., Mgf. von Spoleto († ca. 859) 48, 276/44
Wido, A. von St. Vaast und St. Wandrille († c. 738) 78
Wigbert, Gf. 121 ff., 301/49
Wilhelm I. der Eroberer, Kg. von England († 1087) 314/60, 332/7
Wilhelm II., Kg. von Sizilien († 1189) 238, 320/35, 339/15

Wilhelm III., Hz. von Poitou, Hz. von Aquitanien († 963) 132, 304/21
Wilhelm Langschwert, Hz. der Normandie († 942) 132, 304/21
Wilhelm IV. von Jülich, Gf. († 1278) 249
Willebad, burgund. Patricius († 642) 39, 41, 273/4,/7
Willibert, Eb. von Köln († 889) 295/137
Willigis, Eb. von Mainz († 1011) 150f., 203, 210, 309/110
WINZENBURG bei Alfeld 309/106
WORMS 99, 100, 276/40, 289/62, 290/86, 301/51–59

Wolbodo, B. von Lüttich († 1021) 192, 324/44
Wratislaw II., Hrsg. von Böhmen († 1092) 197
Wratislaw, Obotritenfürst († 1164) 162, 169, 190, 195, 328/118
WÜRZBURG, 144, 182, 308/81; B. siehe Adalbero, Berthold, Poppo

Zacharias, Papst († 752) 266/32
Zwentibold, Kg. von Lotharingien († 900) 47, 276/40
ZWIEFALTEN, Kloster 193, 324/47